Analecta Gregoriana

Cura Pontificiae Universitatis Gregorianae edita
Vol. 296. Series Facultatis Theologiae: sectio B, n. 109

JOSÉ GRANADOS

LOS MISTERIOS
DE LA VIDA DE CRISTO
EN JUSTINO MÁRTIR

EDITRICE PONTIFICIA UNIVERSITÀ GREGORIANA
ROMA 2005

IMPRIMI POTEST

Romae, die 20 maii 2005

R.P. Francisco J. Egaña, S.J.
Vice-Rector Universitatis

IMPRIMATUR

Dal Vicariato di Roma, 6 luglio 2005

Mons. Mauro Parmeggiani
Prelato Segretario Generale

ISBN 88-7839-048-8

Editrice Pontificia Università Gregoriana

Piazza della Pilotta, 35 - 00187 Roma, Italia

A mi madre, María Antonia, *in memoriam*

A mi padre, Eduardo

A los Discípulos de los Corazones de Jesús y María

AGRADECIMIENTOS

Publicar una deuda de gratitud es a veces la única forma de empezar a saldarla. La he adquirido con muchas personas en el curso de esta investigación. Tengo presente, en primer lugar, el recuerdo vivo de mi madre María Antonia; en medio de su enfermedad se empeñó en que no pospusiera mi viaje a Roma para empezar mis estudios. Junto al suyo, el apoyo de mi padre, Eduardo, y de mis hermanos, Eduardo, Juan Antonio, Carlos, Luis, María Antonia y Marta, me sostuvo durante mi larga estancia en la Ciudad Eterna. Con los Discípulos de los Corazones de Jesús y María, mi familia religiosa y mis amigos en el Señor, he aprendido la pasión por contemplar y vivir de cerca los misterios de la vida de Cristo, elemento que se desveló clave a la hora de interpretar al mártir Justino. Especial mención merecen quienes fueron mis superiores durante estos años romanos, los padres Luis de Prada, José Noriega y Luis Sánchez. Junto a ellos, me ayudaron también con sus sugerencias durante la elaboración de la tesis los PP. Juan de Dios Larrú y Armando Marsal.

Colaboraron algunos con su hospitalidad prolongada, como Bernd y Marie Luise Frey en Düsseldorf, Margaret Flynn, en Matlock (U.K.) y los Hermanos de San Juan de Dios en Paris y Munich (especialmente los hermanos Rudolf Knopp, Richard Binder y Olivier Bonnaud); contribuyeron otros, como Mons. Eugenio Romero Pose y el profesor Juan José Ayán, descubriéndome los amplios horizontes del estudio de Justino.

En la Universidad Gregoriana, gracias sobre todo a la sabia guía de sus profesores, he podido disfrutar de un espacio idóneo para la reflexión teológica. Agradezco al Vicerrector académico, el P. Francisco Egaña, la ayuda que me prestó durante mis primeros años de estudio en Roma. Tengo también presentes a los miembros del tribunal, los profesores Sergio Bonanni y P. Joseph Carola, cuyas indicaciones y preguntas enriquecieron mi visión de Justino. Gracias a Joël Spronck, Cristóbal

Robledo, Gaspar Hernández y José Gascó he disfrutado la preciosa experiencia de estudiar teología en amistad.

Desde mi llegada a la Universidad Gregoriana tuve siempre entrada franca al despacho del P. Luis Ladaria, que aceptó ser mi mentor en el estudio de la teología. Director paciente de este trabajo, su palabra, a la vez oportuna y respetuosa, ha sido la un maestro y amigo. No es el menor de los dones que he recibido por su cauce el legado del P. Antonio Orbe, quien falleció mediado el curso de esta investigación. A él va también mi agradecimiento, *in communione sanctorum*.

Falls Church, Virginia
en la Solemnidad de Pentecostés, Mayo de 2005

INTRODUCCIÓN

¿Quién fue Jesús de Nazaret según el mártir Justino?
Merece la pena intentar una respuesta, dada la importancia de nuestro
autor. Su testimonio es valioso, ya sólo por el tiempo que le tocó habitar[1].
Y es que entonces resonaban todavía los ecos de la predicación apostólica
y se andaba fraguando la primera teología cristiana[2]. Además la nueva fe
se confrontaba a la sazón con muy variadas instancias: judíos, filósofos
griegos, emperadores romanos, los primeros herejes. Justino no pasó de

---

[1] Nació Justino hacia el año 100 d.C. en Flavia Neápolis, colonia establecida en
territorio de Samaria para soldados que habían combatido en la toma de Jerusalén (70
d.C.). De familia pagana, se dedicó a la filosofía y aprendió mucho del platonismo medio.
Después de su conversión al cristianismo estuvo en Roma, donde formó una escuela
cristiana. Murió mártir bajo el prefecto Rústico, hacia el año 164 d.C. Los datos de su
vida están bien resumidos en C. MUNIER, *L'apologie de Saint Justin, philosophe et
martyr* (Par. 38; Fribourg S. 1994) (7-13). Para alguna cuestión particular pueden verse
B. BAGATTI, "San Giustino nella sua patria", *Aug* 19 (1979) 319-331 y A. HAMMAN,
"Essai de chronologie de la vie et des oeuvres de Justin", *Aug* 35 (1995) 231-239; sobre
la actividad de Justino como maestro, cf. B. POUDERON, "Sur la formation d'une élite
chrétienne", *Les apologistes chrétiens et la culture grecque* (ed. B. POUDERON –
J. DORÉ) (ThH 105; Paris 1998) 237-269.

[2] El interés que ha despertado Justino le viene en gran medida por el tiempo en que
vivió; cf. A. STÄHLIN, *Justin der Märtyrer und sein neuester Beurteiler* (Leipzig 1880),
(1-2): "was der hier vorliegenden Aufgabe eine unerschöpfliche Anziehungskraft gebe,
sei nicht nur die geistige Kraft und Bedeutung des Mannes, sondern fast noch mehr die
Zeit seines Auftretens [...]. Es liegt sehr viel an dem Verständnis Justins, da er an den
Anfang einer neuen Epoche kirchengeschichtlicher Entwicklung gestellt ist und den
hiermit gegebenen Wendepunkt ohne Frage mitbedingt hat". En el mismo sentido se
expresa E.R. GOODENOUGH, *The Theology of Justin Martyr. An investigation into the
conceptions of Early Christian Literature and its Hellenistic and Judaistic influences*
(Jena 1923) (VII): "The great interest in Justin is his transitional position. In his writings
are to be found for the first time in Christian literature many conceptions and phrases
which later theologians used to great effect".

largo ante ellas, sino que se empeñó en un diálogo fructuoso[3]. Y esto sin renunciar a presentar lo propio cristiano, aun a riesgo de provocar aversión: fue filósofo, pero también mártir[4]. Oyente y testigo del Evangelio, reflexionó sobre él y trató de hacerlo inteligible a sus coetáneos; no carece, pues, de todo fundamento que se le haya llamado el primer teólogo cristiano[5].

No extraña, por tanto, que sus escritos continúen suscitando interés. Es especialmente instructivo ver cómo se ha interpretado al mártir en los últimos cien años. Estudiando la historia de su exégesis, en sus idas y venidas, se tiene como un retrato de los movimientos teológicos que han agitado el siglo XX. Es buena prueba de la vitalidad que encierran los escritos de Justino. Sentarse ante ellos significa sacar a plaza la propia comprensión de la fe y del cristianismo, y no en lo que toca a sus aledaños, sino en su misma esencia[6].

Esta ojeada a la historia de la interpretación nos hace también caer en la cuenta de una tarea pendiente. Se hace necesario, en efecto, reconsiderar la cristología de Justino. Pues, por un lado, la última monografía dedicada a este asunto es la que A. Feder publicó en 1906[7]; un siglo de investigaciones sobre el mártir ha tenido que enriquecer en mucho las conclusiones del jesuita alemán. Por otro, el avance en el conocimiento de Justino ha sido notable; tanto, que nos obligará a escoger otro enfoque y a variar (en algunos puntos sustancialmente) la figura de Cristo que Feder delineó.

Este estado de cosas puede ilustrarse bien acudiendo a la obra ya clásica de A. Grillmeier, "Cristo en la tradición cristiana"[8]. En la edición inglesa,

---

[3] Cf. E.F. OSBORN, *Justin Martyr* (BHTh 47; Tübingen 1973) (1-6; 199-203).

[4] Cf. TERTULIANO, *Adv. Val.* V, 1 (CCL 2, 756): "uiri sanctitate et praestantia insignes [...] ut Iustinus, philosophus et martyr..."

[5] Cf. A.L. FEDER, *Justins des Märtyrers Lehre von Jesus Christus dem Messias und dem menschgewordenen Sohne Gottes* (Freiburg im B. 1906) (1-2): "[Seine Schriften] bieten nicht nur die erste philosophisch-rationelle Verteidigung des Christentums, sondern auch eine Fülle rein theologischer Ausführungen, welche ihrem Verfasser mit Recht den Titel des ersten eigentlichen Theologen in der kirchlichen Literatur der älteren Periode eingetragen haben".

[6] Como ha puesto bien de relieve OSBORN, *Justin* (200-201): "The complexity of Justin's response makes it more than a response. Justin does not only answer what has been said against Christianity. He puts down clearly and convincingly what he believes the gospel is about. The range of his exposition is immense. There is scarcely an aspect of Christian thought and practice which he does not touch upon [...] Justin has been venerated for his death and not for his life, yet the study of his thought shows the importance of his life and thought in the spread of the gospel. His ideas were as much the seed of the church as was the blood of the martyrs".

[7] A.L. FEDER, *Justin*.

[8] A. GRILLMEIER, *Christ in Christian Tradition I. From the Apostolic Age to Chalcedon (451)* (Oxford 1974); A. GRILLMEIER, *Jesus der Christus im Glauben der*

publicada en 1974, se dedicaban varias páginas a Justino y se presentaba su cristología partiendo del término clave "Logos".

Pocos años después (1979) el libro se editaba en alemán. Grillmeier aprovechaba entonces para revisar el texto; intercalaba al principio una sección nueva, dedicada a los títulos cristológicos, en la que se daba cabida de relieve a Justino. Se recogían allí las últimas investigaciones, señalando la importancia del nombre "Cristo" (Ungido) para el mártir[9]: Justino elabora una cristología que refleja la tradición mesiánica vetero-testamentaria y ve en Jesús al Mesías ungido con el Espíritu. No se trataba sólo de ligeros cambios con respecto a la edición anterior; Grillmeier anotaba: "Si uno considera en Justino sólo al teólogo del Logos, deja de lado la mitad de su teología"[10]. La nueva aportación resultaba por tanto decisiva para comprender al Cristo del mártir.

Después de esta sección sobre los títulos cristológicos, la edición alemana seguía el mismo curso que la inglesa, analizando la cristología de las distintas épocas. Cuando le tocaba el turno a Justino, Grillmeier reproducía, sin apenas cambio, el texto de la edición en inglés en torno al Logos. Indicando, eso sí, que se tuviese en cuenta lo añadido en las páginas precedentes acerca del título "Cristo"[11]. La tarea de síntesis quedaba, pues, pendiente y no ha sido abordada hasta el momento.

Antes de presentar el recorrido que seguiremos en nuestro trabajo, daremos una visión de conjunto de la investigación sobre el mártir. El *status quaestionis* (1) no sólo corroborará el diagnóstico de Grillmeier; nos indicará además la perspectiva adecuada para estudiar la cristología de Justino (2). Diremos por último algo acerca del método seguido en esta investigación (3).

1. El Cristo de Justino, según sus intérpretes

Justino gozó de gran prestigio ya en la Iglesia antigua[12]. Era un testigo de la tradición primera. Esto quedaba claro por la cercanía en el tiempo a

---

Kirche I. Von der Apostolischen Zeit bis zum Konzil von Chalcedon (451) (Freiburg im B. 1979).

[9] Grillmeier se refiere sobre todo a los estudios de A. ORBE, *La unción del Verbo. Estudios Valentinianos III* (AnGr 113; Roma 1961) y J.P. MARTÍN, *El Espíritu Santo en los orígenes del cristianismo, Estudio sobre I Clemente, Ignacio, II Clemente y Justino Mártir* (BSRel 2; Zürich 1971), que comentaremos enseguida.

[10] GRILLMEIER, *Jesus* (70): "Sieht man in Justin nur den Logostheologen, so geht man an der Hälfte seiner Theologie vorbei".

[11] GRILLMEIER, *Jesus* (202-207): "Von hier aus fragen wir weiter nach der Auffassung Justins von der Person Jesu Christi, *wobei nicht vergessen werden darf, was Justin uns zum Christus-namen zu sagen hatte (oben 63-64)*". Las palabras que hemos puesto en cursiva son el único cambio de la sección con respecto a la edición anterior inglesa.

[12] Cf. los lugares que trae FEDER, *Justin* (14-16).

los Apóstoles, pero no sólo: también su santidad de vida hacía al muy admirable Justino allegado a los Doce[13]. Tal aprecio por el mártir continúa después de la reforma protestante. Sobre todo en la teología católica perdurará la convicción de que la enseñanza de Justino está libre de errores[14]. Pero la aparición de la escuela de Tubinga fundada por F.C. Baur y, en especial, de los nuevos puntos de vista que introdujo A. Ritschl, iban a cambiar profundamente el panorama[15].

Adolf von Harnack: Cristo, Logos y Nomos

Para verlo nos fijaremos en la obra de dos seguidores de Ritschl, M. von Engelhardt y A. Harnack, de influjo duradero en la interpretación del mártir[16]. Estos estudiosos se interesaban por la relación entre el apologista y el ambiente cultural griego. Tras reconocer que Justino fue capaz de presentar el cristianismo a su mundo, añadían que pagó por ello un precio muy alto: la actuación salvadora de Dios testimoniada por los apóstoles se convertía en un conjunto de enseñanzas, verdades de corte filosófico; la noticia de la gracia redentora predicada por Pablo degeneraba en un moralismo de la ley, el mérito y la recompensa.

Fácil es deducir la figura de Cristo que este enfoque conlleva. Jesús es visto ante todo como Maestro, cuyo oficio es instruir en una doctrina y conminar a la observancia de una moral, al tiempo que promete premio o castigo. Harnack sintetizaba así la cristología de Justino: Cristo es Logos y Nomos, razón y ley. Eran dos categorías fundamentales del mundo antiguo en cuyo estrecho molde vertió el mártir la figura del Salvador.

Es forzado reconocer que en este esquema queda poco sitio para la Encarnación, vida y muerte redentoras del Hijo de Dios. Éstas habían de quedar reducidas a un simple ejemplo, sin más valor salvífico para el hombre. No es la divinidad de Cristo, opina Harnack, sino la humanidad,

---

[13] Cf. TACIANO, *Or.* 18 (ed. WHITTAKER, 36): "el muy admirable Justino"; METODIO, *De resurrectione* 2, 18, 9 (ed. BONWETSCH, GCS 27, 370): "Justino, ni por el tiempo ni por la virtud lejano a los Apóstoles".

[14] Cf. FEDER, *Justin* (26): "Auf katholischer Seite behauptete sich lange die aus alter Zeit ererbte Überzeugung, dass Justins Lehre in allen wesentlichen Stücken frei von Irrtum sei".

[15] Cf. el análisis de N. HYLDAHL, *Philosophie und Christentum. Eine Interpretation der Einleitung zum Dialog Justins* (AThD 9; Kopenhagen 1966) (22-42).

[16] Cf. M. VON ENGELHARDT, *Das Christentum Justins des Märtyrers. Eine Untersuchung über die Anfänge der katholischen Glaubenslehre* (Erlangen 1878); cf. A. HARNACK, *Lehrbuch der Dogmengeschichte I. Die Entstehung des kirchlichen Dogmas* (Tübingen 1909).

la que sufre menoscabo en Justino[17]. De ahí que el mártir no sea capaz de explicar el porqué del nacimiento y muerte de Jesús[18].

¿Qué decir entonces de los numerosos párrafos que Justino dedica a estos misterios? Harnack intenta hacer justicia al mártir y le concede que es, entre los apologetas, el más cristiano; que intentó incluir el nacimiento y muerte del Salvador en su sistema[19]; del mismo modo dice que la Encarnación conserva para él un puesto preeminente, y supera a las anteriores manifestaciones del Logos[20]. Pero, una vez matizada la respuesta, Harnack no cambiará su hoja de ruta. Enseguida añadirá, siguiendo a Engelhardt, que todo esto no son sino palabras, fórmulas tradicionales que no llegaron a empapar el pensamiento de Justino[21].

Alfred Feder: Jesucristo, Mesías e Hijo de Dios encarnado

Esta lectura un tanto selectiva de las páginas del mártir dejó a muchos sin convencer. Entre ellos al jesuita alemán A. Feder, a cuya obra nos hemos referido más arriba[22]. Ya su título ("Jesucristo, el Mesías y el Hijo de Dios hecho hombre") nos advierte que nos movemos en horizontes muy otros a los de Harnack. El término "Logos" no define, para Feder, lo esencial que vio Justino en el Salvador[23]. Mejor conviene llamarle Mesías e Hijo de Dios. Y es que el mártir, antes que filósofo, es para Feder

---

[17] "Nicht die Gottheit kommt bei Justin zu kurz – oder doch nur sofern sie eine zweite Gottheit ist – sondern die Menschheit" (HARNACK, *Lehrbuch I*, 543, nota 1). Harnack habla de la incapacidad de los apologetas "für die Person Christi eine specifische Bedeutung innerhalb der Offenbarung ausfindig zu machen" (*ibid.*, 526).

[18] *Ibid.*, 542.

[19] Justino es declarado "der christlichste unter den Apologeten" (*ibid.*, 526, nota 2). Y también se dice: "Allein [unter den Apologeten] mindestens Justin hat ganz deutlich das Bestreben kundgetan, die historischen Aussagen von Christus in die philosophisch-moralischen Heilslehren hineinzuziehen und Jesus Christus als den Erlöser zu fassen" (*ibid.*, 542).

[20] *Ibid.*, 543.

[21] "Allein v. Engelhardt hat sehr richtig gesehen, dass dies nur Anläufe resp. Worte sind, denen die Ausführung keineswegs entspricht, weil Justin bei der Überzeugung verharrt, dass die Kenntniss des wahren Gottes, seines Willens und seiner Verheissungen, oder die Gewissheit, dass Gott den Reuigen stets Vergebung und den Gerechten das ewige Leben geben will, ausreichte, um den seiner selbst mächtigen Menschen zur Umkehr zu bewegen" (*ibid.*, 543). En algo, sin embargo, consiguió el mártir presentar a Cristo como verdadero Redentor, según Harnack: cuando habló de su Resurrección, que le constituye maestro, juez, dador de la recompensa (cf. *ibid.*, 545).

[22] Cf. FEDER, *Justin*.

[23] Cf. FEDER, *Justin* (154): "Der Logosbegriff ist auf der andern Seite nicht grundlegend für die Theologie Justins. Der Dialog kennt den Logos nicht mit Namen, und in den Apologien geht der Philosoph nicht von der Logosidee aus, sondern von dem theologischen Glauben an die Gottessohnschaft. Der Logosbegriff soll diesen nur erklären, erläutern, stützen".

hombre de fe, que aprende mucho de la tradición recibida. Su Cristo, por eso, no es el maestro al que se sigue por mera convicción racional. Ciertamente Justino no desprecia la filosofía, que tiene cabida en su visión: a la fe acompañan una prueba y un convencimiento; pero esto no implica que sus esquemas cristianos claudiquen ante el helenismo.

Desde esta perspectiva Feder se complace en presentar la importancia de la redención en los esquemas de Justino. El Logos es, sí, Maestro, pero esto no agota su eficacia salvadora. Si Justino usa con abundancia de este título, el centro de la redención se encuentra en otro lugar: la muerte en Cruz[24]. De esta forma la salvación que Cristo nos trae no es mera instrucción filosófica, sino un nuevo inicio en la historia humana. A esta luz gana en importancia la vida en carne del Salvador. Es interesante que Feder la recoja, aunque brevemente, en los dos últimos apartados del libro.

Feder consigue así mostrar que muchas de las contradicciones señaladas por Engelhardt y Harnack son aparentes. Su trabajo, muy equilibrado, sigue siendo de útil consulta, y varias de sus intuiciones serán confirmadas por la crítica posterior. Algo, sin embargo, se le puede reprochar: el haberse dejado influir demasiado por los esquemas escolásticos de su tiempo. ¿Habría entendido Justino la separación entre cristología y soteriología? ¿Hace justicia al pensamiento del mártir sobre Cristo el esquema: divinidad, humanidad, unión hipostática, que adopta Feder? Se hace difícil reconocer en este marco la perspectiva propia de Justino.

Goodenough: el Cristo creído y confesado hasta el martirio

De más repercusión que la obra de Feder iba a resultar la monografía de Goodenough: "La teología de Justino mártir"[25]. Para exponer su postura podemos partir de una de sus conclusiones, en directa oposición a Harnack: "Siendo así que debemos honrar en Justino al mártir y venerar al santo, hay que admitir en modo definitivo el hecho de que Justino no fue, en ningún sentido, un filósofo"[26].

---

[24] Cf. FEDER, *Justin* (214): "In der Tat haben manche Forscher durch die Häufigkeit der justinischen Hinweise auf die Lehrtätigkeit des Erlösers sich dazu verleiten lassen, das Werk der Erlösung bei Justin ausschliesslich oder fast ausschliesslich in die Mitteilung der Wahrheit von seiten Christi zu setzen [...] Dass Justin aber als Hauptmoment und Mittelpunkt der Erlösung das Leiden und den Kreuzestod Christi dargestellt, haben wir oben bereits gesehen".

[25] E.R. GOODENOUGH, *The Theology of Justin Martyr. An investigation into the conceptions of Early Christian Literature and its Hellenistic and Judaistic influences* (Jena 1923).

[26] GOODENOUGH, *Theology* (292): "But while we honour the Martyr and revere the Saint the fact must definitely be admitted that Justin was in no sense a philosopher".

De esta forma pretende Goodenough resolver el contraste entre las fórmulas especulativas en que Justino habla del Logos y sus afirmaciones sobre la Encarnación y cruz del Salvador: en Justino hay que distinguir entre experiencia de fe y pensamiento especulativo. Una cosa es el Cristo a quien Justino siguió, por quien acabó dando la vida; otra distinta el Cristo que Justino pensó, recogiendo esquemas influidos por el judaismo helenizado de Filón de Alejandría[27].

Atendiendo a lo primero (experiencia de fe) Goodenough se opone a Engelhardt y Harnack: en ningún modo vio Justino la redención como mera enseñanza. El mártir es consciente de que Cristo trae un cambio real al hombre, un poder alcanzado por su muerte en cruz y comunicado por Dios en la predicación evangélica.

Si nos fijamos, sin embargo, en lo segundo (pensamiento especulativo), se comparten muchas de las conclusiones de Harnack. Así, se reconoce que el acento de Justino recae sobre el Logos y que el carácter mesiánico de Jesús no tiene alcance de relieve[28]. Por otra parte se admite que la cruz no parece jugar gran papel en su esquema de salvación ni la Encarnación de Cristo tener lugar bastante en sus teorías[29].

Así se da la paradoja de que, en oposición a Harnack, se acaban compartiendo muchos de sus puntos de vista. Sigue abriéndose una profunda brecha entre dos términos: las afirmaciones sobre el Logos y las que hablan de la Encarnación y cruz. Si Harnack resolvía el contraste quitando valor a estas últimas, Goodenough lo hace dándoselo[30]. Pero

---

[27] Cf. *ibid.* (175): "For Justin was primarily not a speculative thinker but a Christian who wanted to find for Apologetic use an explanation of his experience through Christ in terms of what he thought was sound science. Throughout his writings it was not the science but the experience through Christ to which he gave first heed. As a result he describes in Greek-Jewish terminology a Logos doctrine which was as strange to Greek Judaism as to the Synoptic tradition...".

[28] Cf. *ibid.* (234): "Extended as are Justin's demonstrations of how Christ fulfilled Old Testament prophecy, they do not lead one to believe that Justin associated a proportionate importance with the conception of Jesus' Messianic character".

[29] Cf. *ibid.*: "It must be noticed that in this scheme of salvation there has been no mention of the Cross, and that there is no admission of a real significance for the Incarnation. It is in the incarnate Logos that men come to know the entire Logos, but the special value of the facta that the Logos became a man is not included in this theory of the work of Christ" (257). "We must then agree with von Engelhardt that the Cross receives little real significance in Justin's writings as marking the triumph of Christ over the demons" (259). Y sin embargo, se debe afirmar: "Nor is the absence of an adequate theory of the Crucifixion to be taken as an indication that the Cross meant little to Justin" (261).

[30] Así resume Goodenough la teología del mártir: "a belief in the universal need for salvation, but only a feeble account of the cause of such a need [...]; an overmastering conviction that eternal salvation was given through Christ, but only contradictory fragments of explanations of such a belief" (*ibid.* 294). Por su parte, Harnack había

sigue tratándose de compartimentos estancos. De esta forma, para rehabilitar al mártir como cristiano se disminuye su valía como pensador.

Esta solución de Goodenough va a dejar impronta duradera en la investigación sobre Justino. Se irá afianzando la convicción de que el santo es ante todo hombre de la fe y la tradición. Pero no se dudará a la vez en considerar escasa su capacidad de síntesis; en negar que haya podido integrar en su pensamiento (centrado en el Logos) la Encarnación, la vida y muerte de Jesús.

Ciertamente se han ido abriendo camino explicaciones más equilibradas que la de Goodenough. Buen ejemplo es otra monografía importante sobre Justino, obra de L.W. Barnard[31], quien ha mostrado que su teología del Logos hunde raíces en la tradición bíblica. No se puede, pues, ver ésta en contradicción con el cristianismo del mártir. Para Barnard Justino es capaz de hacer una síntesis entre fe bíblica y pensamiento helenístico.

Resulta, sin embargo, que el mismo trabajo de Barnard deja ver el influjo de los estudios anteriores. ¿Cuál es el valor de la cruz para Justino? Por un lado se reconoce, con Harnack, la preponderancia del título de Maestro y se admite que la cruz no encontraba lugar en la visión del santo. Pero se recuerda por otro, con Goodenough, la importancia vital de la cruz para el mártir, quien la mencionó sin cesar aunque no entraba en sus esquemas[32]. Así, en líneas generales, se sigue considerando el pensamiento de Justino bajo el signo de una cierta incoherencia.

Predomina, pues, en la obra de Justino la teología del Logos; no hay apenas sitio para la vida, historia y muerte de Jesús. Tal juicio estaba

---

hablado de dos mitades inconexas en la cristología de los apologetas: "Die einzelnen Stücke der Geschichte Jesu (des Taufbekenntnisses) haben folgerecht keine directe Heilsbedeutung, und somit scheinen die Lehren der Christen in zwei innerlich nicht mit einander verbundenen Gruppen zu zerfallen, in die Sätze der vernünftigen Gotteserkenntniss und in die geweissagten und erfüllten historischen Facta, welche jene Lehrsätze und die Glaubenshoffnungen, die sie einschliessen, beweisen" (cf. HARNACK, *Lehrbuch I*, 542). Conserva este planteamiento R. JOLY, *Christianisme et Philosophie. Études sur Justin et les Apologistes grecs du deuxième siècle* (Bruxelles 1973) "[chez Justin] la raison occupe la première place; la grâce, au contraire, est un thème traditionnel que Justin ne pouvait qu'accueillir, mais qu'il laisse en marge, qu'il évoque rarement, qu'il n'élabore nullement" (112).

[31] L.W. BARNARD, *Justin martyr. His life and thought* (Cambridge 1967).

[32] Cf. BARNARD, *Justin* (122-125): "Justin emphasises that Christ saves *as Teacher*. [...] This theory of redemption has strictly no place for the Cross as it is in the Incarnation that men come to know the whole logos. However, Justin, more than any other second-century Apologist, states repeatedly that Christ saves us by his death on the Cross and by his resurrection [...] The significance of Justin's statements about the Cross should not be underestimated. In strict logic his philosophical presuppositions, which controlled his intellectual apprehension of Christianity, had no place for any objective theory of the Atonement [...] Justin accepted this faith as fundamental although it did not easily fit into the philosophy which he had imbibed..."

bastante extendido hace unos treinta años. Así lo prueba el tratamiento que P. Smulders hace de la enseñanza de Justino en la obra *Mysterium Salutis*[33]. El caso es, como veremos, de nuestro interés; porque Smulders trata precisamente de recorrer la cristología de los Padres bajo la perspectiva de los misterios de la vida de Cristo. Ciertamente Smulders reconoce el peso que Justino dio a la Encarnación, coronación de toda la historia de la humanidad[34]. Y sin embargo, la vida y obra del Jesús terreno no adquieren peso de relieve[35]; de nuevo notamos la tendencia a destacar la falta de síntesis de que adoleció el mártir[36].

Carl Andresen: Cristo, Salvador en la historia

Y sin embargo, hacía ya tiempo que se habían introducido en el debate nuevas perspectivas. Vino la cosa de manos de C. Andresen, en un trabajo importante y de gran influjo[37]. Andresen parte de los términos Logos y Nomos usados por Harnack. No le parece mal condensar en estos nombres la cristología del santo. Siempre que se note que Justino introduce en ellos una novedad fundamental con respecto a la filosofía helenística. En efecto, Logos y Nomos no se ven ya como magnitudes estáticas, eternas, atemporales; sino cual realidades que se revelan en la historia de acuerdo con los designios divinos. Esta es para Andresen la novedad cristiana: el valor teológico que recibe la historia como lugar de la revelación divina. En pocas palabras: "en Cristo, para Justino, toman cuerpo Logos y Nomos en su originalidad y en la unicidad de su revelación histórica"[38].

Aquí piensa Andresen que se encuentra la clave para entender las aparentes contradicciones del santo. Cuando toma un concepto griego (por ejemplo, la transcendencia absoluta del Padre o la misma figura del

---

[33] P. SMULDERS, "Dogmengeschichtliche und lehramtliche Entfaltung der Christologie", *Mysterium Salutis III/I* (ed. J. FEINER - M. LÖHRER) (Einsiedeln - Zürich - Köln 1970) 389-476.

[34] Cf. *ibid.* (405): "Für Justin wird mit der Menschwerdung des Sohnes Gottes nicht nur die Heilsgeschichte, sondern die ganze Menschheitsgeschichte gekrönt".

[35] Cf. *ibid.* (405): "Die Wirklichkeit des irdischen Lebens und der Taten Jesu spielen also kaum eine entscheidende Rolle. Daß gerade diese Ereignisse das mächtige Heilswort Gottes sind, ist hier vergessen. Trotzdem spricht Justin über die Heilsbedeutung des Leidens Christi".

[36] Cf. *ibid.* (406): "Die traditionelle Lehre von dem erlösenden Leiden Jesu hat Justin also auch auf ganz eigene Weise überdacht. Doch stellt er nirgendwo einen ausdrücklichen Zusammenhang her zwischen dieser Heilsmacht des Leidens und der göttlichen Würde des Wortes, unseres Lehrers".

[37] C. ANDRESEN, *Logos und Nomos. Die Polemik des Kelsos gegen das Christentum* (AKG 30; Berlin 1955).

[38] Cf. ANDRESEN, *Logos und Nomos* (345): "Christus ist für ihn [Justin] die Verkörperung des Logos und Nomos in ihrer Ursprünglichkeit und offenbarungsgeschichtlichen Einmaligkeit".

Logos) no lo hace sin ton ni son: lo pone siempre al servicio de esta teología de la historia. Esto queda especialmente de relieve en la cristología. Justino es capaz de sintetizar dos esquemas de sesgo contrario. De un lado, la cristología descendente de Juan, tipificada en la Encarnación; de otro, la mesiánica de los sinópticos, cuya máxima cifra es el Bautismo del Jordán. ¿Cómo puede el mártir afirmar, por un lado, que Jesús tenía desde su nacimiento la divinidad; y hablar, por otro, del Bautismo de Jesús, en que viene sobre Él el Espíritu divino? Para quien piensa a lo filósofo griego hay aquí contradicción. No para quien mira las cosas como teólogo de la historia. En ambos casos la coherencia la proporciona el fin que se busca: poner de relieve el papel de Cristo como revelador del Padre en el tiempo. Esto queda de manifiesto en la Encarnación, donde es patente para Justino la mediación del Logos; y también en el Bautismo, donde es el mismo Logos quien media el testimonio paterno[39].

La contribución de Andresen es muy positiva, pues devuelve vigor y originalidad al Justino teólogo. Además, al poner de relieve un factor nuevo, la importancia de la *historia salutis*, resulta que la Encarnación, la vida de Cristo, su muerte, podrán recibir tratamiento distinto, saliendo de la marginación en donde habían quedado relegadas.

Ahora bien, esta interpretación no deja de presentar problemas. Un trabajo de E.F. Osborn criticará la neta separación que Andresen establecía entre esquema platónico estático y visión histórica cristiana[40]. Importa precisar los términos y ver qué se quiere decir exactamente cuando se habla de "teología de la historia".

Lo que Osborn quiere poner de relieve es el riesgo de subrayar unilateralmente la continuidad de la *historia salutis*. Andresen había dicho, en efecto, que la Encarnación del Logos supone poca novedad en el contexto teológico de la revelación histórica; si acaso una diferencia cuantitativa, una mayor intensidad[41]. Osborn, aceptando el análisis de Andresen, cree necesario insistir en la novedad de la Encarnación. Es entonces cuando Jesucristo completa y perfecciona la economía divina, comenzada en los albores del mundo.

---

[39] El mismo juicio se da para la doctrina de la creación (312-316) y la escatología (323-325).

[40] OSBORN, *Justin*. A nuestro intento interesan especialmente los capítulos 2 y 12. El primero, sobre el Logos; el segundo, sobre la historia y su continuidad.

[41] Cf. ANDRESEN, *Logos und Nomos* (323): "Im Aufriß eines geschichtstheologischen Geschichtsbildes erscheint die Inkarnation des Logos grundsätzlich als nichts Neues". Algo más matizada esta otra afirmación suya (322): "Mag auch ein Unterschied zugegeben werden, indem die früheren Offenbarungen in vielfacher Verhüllung stattfanden, während die Inkarnation eine unverhüllte Manifestation des Logos darstellt..."

Desde este punto de vista hay que contemplar la vida de Jesús. En ella se desarrolla una historia, y Justino tiene interés por contarla. De ahí que hable de la cueva del nacimiento, de los magos, de las curaciones y predicación del Cristo, de su muerte bajo Poncio Pilato. Es justa, entonces, la insistencia de Andresen. Pero a la vez esa historia es única: quien se ha encarnado es el mismo Logos, que trasciende la historia[42]. Osborn plantea la necesidad de unir dos principios: el de la economía, (una salvación que se despliega y realiza en la historia), y el de la recapitulación (una salvación que supera la historia)[43].

Es preciso entonces compaginar las dos líneas que, según vamos viendo, la investigación sobre Justino ha mantenido separadas: la teología de la preexistencia del Logos por una parte, los sucesos de la *historia salutis*, y especialmente la vida en carne del mismo Salvador, por otra. Ambas pertenecen al cristianismo de Justino. Pero Osborn deja el problema planteado en forma de contraste, sin probar a esbozar una síntesis.

Antonio Orbe: la unción del Verbo

Así las cosas, la discusión parecía haber llegado a un punto muerto. Faltaban elementos nuevos que la hicieran progresar. El primero que los puso de relieve fue A. Orbe, en sus investigaciones sobre el nombre "Cristo" en Justino[44]. Situando al mártir en la tradición teológica del tiempo, tanto herética como eclesiástica, Orbe mostró que el título conserva en Justino claro valor funcional: Jesús es "el Cristo", es decir el Ungido con el Espíritu Santo. El mártir recoge así la tradición profética del Antiguo Testamento, que veía al Espíritu obrar en hombres escogidos. El Mesías vendrá a dar cumplimiento a esta actuación, pues recibirá la plenitud del *Pneuma*.

A esta luz, Orbe da gran valor a la escena del Bautismo en el Jordán, momento en que el Espíritu desciende sobre Jesús. Tal descenso no se contrapone con la teología de la preexistencia: Jesús posee de siempre la plenitud del Espíritu. No lo recibe en el Jordán por indigencia, sino con

---

[42] Cf. OSBORN, *Justin* (161): "The fact of the incarnation is a fact within and yet beyond history. Justin shows interest in the reputed facts of the birth and life of Jesus [...]. Yet he [Jesus] did not fit into the general pattern of men's ways. He was unique because he certainly did not sin. The elders laid their hands upon him, acknowledging him as their scapegoat and sending him to death. Particular and universal are combined in this event. Christ was born one hundred and fifty years ago, when Cyrenius was governor. Yet those who lived before this date were not outside his influence..."

[43] Cf. OSBORN, *Justin* (40): "Justin argues for the continuity and cohesion of the work of God. On the other hand he is sure that Christ does not merely continue but consummates the dispensation. He rounds off (ἀπαρτίζω), completes and perfects the work begun at the creation".

[44] Cf. ORBE, *La unción del Verbo*.

fines soteriológicos, en beneficio del hombre: el Espíritu realizará en los discípulos la misma obra que primero llevó a cabo en el Maestro; su paso por Jesús, el Hijo de Dios, hará posible que los creyentes adquieran la filiación divina[45]. Por otra parte, la unción recibe en Justino un trasfondo más amplio, pues Orbe descubre una unción anterior al tiempo, en que el Padre entrega al Logos la plenitud del Espíritu[46].

Los resultados de Orbe fueron recogidos en un estudio de J.P. Martín, quien insistió en la importancia de la pneumatología de Justino[47]. Su ausencia en las investigaciones anteriores estrechaba las miras. A la teología del Logos hay que añadir ésta del Cristo, del Mesías ungido con el Espíritu

Estos nuevos estudios enriquecen la cristología de Justino. Ya Andresen había señalado la importancia que tiene en el mártir la teología de la historia. Ahora este juicio se precisa y concreta: la historia, y especialmente la vida en carne de Jesús, es vehículo de salvación para el hombre; el elemento capaz de articular tal teología de la historia es el Espíritu Santo. Por otra parte, al considerar la unción precósmica, se hace ver que no hay contraposición, sino íntima unidad, entre teología de la preexistencia e historia terrena de Jesús: la teología es fundamento ontológico de la economía.

En este contexto Martín se da cuenta de que es necesaria una síntesis: "No conocemos una obra que haya tomado el argumento a fondo, es decir, que estudie el aspecto histórico-escatológico del sistema de Justino, principalmente respecto a su doctrina del Logos"[48]. De este aviso se hacía eco Grillmeier en 1979, tal como señalamos más arriba. Nos quedan por estudiar algunas contribuciones que indican, de forma independiente, en la misma dirección.

Perspectivas recientes

Constatamos, por una parte, un esfuerzo por conectar la teología de Justino con la primera tradición cristiana. Dado el influjo de Harnack en la interpretación de Justino, no es de extrañar que la revisión de sus teorías sobre la helenización del cristianismo trajera aires nuevos a la cristología del mártir. En esta línea se sitúa un trabajo de D.-C. Trakatellis sobre la

---

[45] *Ibid.*, 60: "Había una razón positiva para que el Espíritu descansara en la humanidad de Cristo. Cabeza de la Iglesia, la humanidad de Jesús, llamada desde su primer origen a la Filiación natural de Dios, había de recibir en sí los dones veterotestamentarios para connaturalizarlos y extender por su medio al cuerpo su filiación y con ella el título a la paternidad de Dios".

[46] *Ibid.*, 65-66.

[47] Cf. MARTÍN, *El Espíritu*.

[48] *Ibid.*, 239.

teología de la preexistencia en Justino: lejos de ser ésta especulación filosófica, se halla sólidamente unida a las fórmulas kerygmáticas de humillación y exaltación que encontramos en el Nuevo Testamento[49]. Preexistencia e historia terrena de Jesús van así de la mano, según Trakatellis.

En este ámbito hay que mencionar la obra de O. Skarsaune[50]. Trata este autor de encontrar las tradiciones teológicas de que bebió el mártir, estudiando para ello sus citas y exégesis escriturarias. Sus resultados, al poner de relieve la importancia de la prueba profética, muestran que la cristología de Justino continúa la línea mesiánica del Antiguo Testamento: Jesús es el Mesías esperado, la culminación de las antiguas promesas. Corresponde a esta visión un esquema histórico, que tiene en mucho los sucesos de la vida del Salvador, descritos en los vaticinios veterotestamentarios. Se comprende entonces mejor la teología de la historia: jalonada por las profecías del Antiguo Testamento, culmina en la vida del Señor[51].

Con esta cristología combina Justino otra, basada en el concepto de Logos. No es que nazca esta segunda en suelo pagano: su trasfondo es el de la Sabiduría bíblica y la reflexión sobre ella en ambiente judío[52]. Así, Skarsaune no ve contradicción entre ambas perspectivas, la del Mesías, la del Logos. Precisamente en la fusión de estos dos elementos es donde se da la novedad cristiana, no aceptada por judíos ni griegos: identificar al Mesías esperado con la Sabiduría divina[53].

---

[49] D.-C. TRAKATELLIS, *The pre-existence of Christ in the writings of Justin Martyr* (HDR 6; Missoula 1976); en esta línea cf. el trabajo de J. HOWTON, "The Theology of the Incarnation in Justin Martyr", *StPatr 4/2* (ed. F.L. CROSS) (TU 94; Berlin 1966) 231-239.

[50] Cf. sobre todo O. SKARSAUNE, *The Proof from Prophecy. A Study in Justin Martyr's Proof-Text Tradition: Text-Type, Provenance, Theological Profile* (NT.S 56; Leiden 1987); cf. también O. SKARSAUNE, *Incarnation - myth or fact?* (St. Louis, MO 1991); O. SKARSAUNE, "Judaism und Hellenism in Justin Martyr, elucidated from his portrait of Socrates", *Geschichte - Tradition - Reflexion, Fs. M. Hengel* (ed. H. CANCIZ - H. LICHTENBERGER - P. SCHÄFER) (Tübingen 1996) 585-611; O. SKARSAUNE, "Altkirchliche Christologie - jüdisch/unjüdisch", *EvTh* 59 (1999) 267-285.

[51] O. SKARSAUNE, "Altkirchliche Christologie" (279): "es ist ein ausgesprochen jüdischer Messias, der uns in Justins christologischem Kerygma und Schriftbeweis entgegentritt"; *ibid.* (276): "das christologische Kerygma des zweiten Artikels des Bekenntnisses, die Jesus-Geschichte, ganz von Anfang an mit einem alttestamentlichen Schriftbeweis verbunden war. Die Jesus-Geschichte der kerygmatischen Summarien war grundsätzlich die Erzählung davon, wie Jesus die biblischen Messias-Prophetien Punkt für Punkt erfüllte".

[52] *Ibid.* (267).

[53] Duda Skarsaune que esta síntesis la haya realizado el mismo Justino. Prefiere atribuir la línea mesiánica de su cristología a una tradición anterior, de que bebió el mártir. Tendremos ocasión en este trabajo de comprobar si tal posición está bien fundada; cf. sobre todo el cap. V, apdo. 1, p. 232.

Otra aportación importante en esta línea es la visión sintética elaborada por D. Bourgeois[54]. El autor se inspira en las investigaciones de Martin Hengel, acerca del nacimiento de las primeras fórmulas cristológicas[55], y prolonga sus consideraciones a la obra de Justino. Hasta ahora, piensa Bourgeois, se ha intentado descomponer su pensamiento en elementos tomados en préstamo de aquí y de allá, para destilar la esencia cristiana, como si ésta fuera una parte más en el todo de su pensamiento. De dar crédito al mártir, sin embargo, la conversión al cristianismo supuso en él un verdadero cambio, no solo en su comportamiento, sino en su misma comprensión del mundo. ¿Por qué no preguntarse entonces, en primer lugar, por las líneas directrices del pensamiento de Justino, que se enraízan en la tradición cristiana? Ellas son capaces de comunicar vigor, estructura y unidad a la visión del santo. En su originalidad nos darán la clave para ver, en un segundo momento, cómo se han integrado en esta visión los variados elementos culturales[56].

Bourgeois se pregunta entonces por ese centro focal de la perspectiva de Justino. Y responde: es la economía de la salvación, el plan que lleva a cabo el Padre en la historia por medio del Logos, y que tiene su culmen en la Encarnación, vida y muerte de Cristo. Tal plan, dice Bourgeois, no se contrapone a la teología de la preexistencia del Logos. Al revés, esta última se encuentra en estrecha unidad con la *economia salutis*: es su fundamento ontológico. Las dos líneas que los críticos, desde Harnack, señalaban como divergentes, se ven ahora en un mismo plano, apoyándose mutuamente en la construcción.

Antes de sacar conclusiones para nuestro recorrido recojamos todavía una última aportación, en relación con el misterio de la cruz. Ha sido corriente negar que Justino lograra integrarlo en su teología. Los más benévolos concedían que ocupaba papel central en su existencia cristiana pero reconocían que el mártir no supo qué hacerse de él en su visión teológica, y acabó yuxtaponiéndolo a la verdadera línea de fuerza de su pensamiento, la doctrina del Logos. Saliendo al paso de estos puntos de vista, M. Fédou publicó en 1986 un trabajo sobre la cruz en Justino en que afirma que, a más de tener valor en su experiencia, la cruz es el centro de su respuesta a la cultura circundante[57]. Es decir, es el meollo de su

---

[54] D. BOURGEOIS, *La Sagesse des Anciens dans le Mystère du Verbe. Évangile et Philosophie chez Saint Justin* (Paris 1983).

[55] Cf. sobre todo M. HENGEL, *Der Sohn Gottes. Die Entstehung der Christologie und die jüdisch-hellenistische Religionsgeschichte* (Tübingen 1975) y la bibliografía que da BOURGEOIS, *La Sagesse* (181-182).

[56] Cf. BOURGEOIS, *La Sagesse* (42).

[57] M. FEDOU, "La vision de la Croix dans l'oeuvre de saint Justin *philosophe et martyr*", *RechAug* 19 (1984) 29-107.

reflexión teológica, que no hay por qué separar, entonces, de la vivencia cristiana de Justino.

Así Fédou devuelve a la cruz su *status* propiamente teológico en el pensamiento del santo. Se sitúa de este modo en la misma línea que los estudios anteriores, y sugiere pistas que continúen su trabajo. ¿No han quedado relegados al olvido otros misterios de la vida de Jesús, como la resurrección?

Hasta aquí, pues, las aportaciones más importantes. Nos permiten sacar algunas conclusiones sobre el desarrollo de la investigación. 1) Se ha ido viendo poco a poco la importancia que tiene para Justino la economía de la salvación. Y cómo ésta apunta, por medio de las profecías, a la vida en carne del Logos. Esto indica que los sucesos de la vida de Cristo tienen un puesto central. La fecundidad de estudios como los dedicados al Bautismo y la Cruz animan a seguir esta ruta[58]. 2) Se ha ido abandonando la contraposición entre una teología del Logos preexistente y otra centrada en la vida y muerte de Jesús. La teología de la historia hunde sus raíces en el misterio de Dios. 3) Habrá que tener en cuenta también la importancia de la pneumatología, asociada al título de "Cristo", esencial para articular los diferentes momentos salvíficos.

Entiendo que esto justifica nuestro proyecto de revisar la cristología del mártir, e indica el método más adecuado para abordar tal puesta al día. Se trata de recorrer la historia de Cristo en la carne en cuanto a) historia de salvación para el hombre, b) revelación del ser divino y cumplimiento de su designio. Es decir, se trata de *contemplar los diferentes momentos de la vida de Cristo como misterios.*

2. Itinerario de la exposición

Se nos abre un camino de trazado simple: seguir la historia en carne de Jesús, desde su Encarnación hasta la parusía gloriosa.

Los mismos presupuestos de que partimos hacen necesario un estudio preliminar, en dos partes. a) Acabamos de indicar que la historia de la salvación hunde sus raíces en el misterio divino, que constituye su fundamento. Por eso hemos de comenzar analizando la generación del Hijo de Dios y su unción con el Espíritu antes de la creación del mundo (cap. I). b) Esencial para comprender la vida de Jesús será considerar el tiempo de preparación a su nacimiento. De acuerdo con la perspectiva histórico-salvífica que se ha adoptado, se mostrará (cap. II) cómo desde antiguo el Verbo actuaba en todos los hombres, con miras siempre a su venida en carne. De modo particular se abordará su acción en el pueblo

---

[58] En este sentido cf. también S.A. PANIMOLLE, "Storicità e umanità del Cristo nelle Apologie di S. Giustino Martire", *RivBib* 38 (1990) 191-223.

elegido. La nueva perspectiva arrojará luz sobre el debatido problema del Λόγος σπερματικός y sobre la importancia dada por Justino a la Ley mosaica.

Vendrá entonces propiamente el estudio de los misterios, a comenzar con la Encarnación (cap. III). Seguirán otros hitos de la vida de Cristo: la infancia y la vida oculta (cap. IV), el Bautismo y la vida pública (cap. V), la Pasión y muerte (cap. VI), la resurrección, ascensión y segunda parusía (cap. VII). ¿Qué criterio se ha seguido para esta división? Sólo el análisis logrará hacérnoslo ver.

Adelantemos ya que tal recorrido no será vano. Justino no será refractario a la luz con que queremos observarle. Su visión teológica se dejará contar como historia salvadora, en que los pobres hechos humanos son capaces de albergar un sentido divino. Es posible entonces considerar la vida, muerte y resurrección de Jesús, centro de esta historia, como misterio. Así, tal vez el pensamiento del santo nos permita iluminar el proyecto, propuesto por algunos autores contemporáneos, de elaborar una cristología centrada en los misterios de la vida de Jesús[59].

3. Acerca del método

Nos quedan por añadir algunas líneas sobre el método que seguiremos. Ya hemos dicho que el estudio se ceñirá a las páginas del Diálogo y las Apologías. Como es natural, se tendrán en cuenta en la interpretación los distintos destinatarios y el carácter de cada escrito[60]. Asimismo, habrá que atender a otras obras contemporáneas a Justino. Se tratará de situar el pensamiento del mártir en el ambiente del siglo II. En contraste con judíos y paganos, marcionitas y gnósticos, cobrarán relieve líneas en apariencia

---

[59] Cf. un *status quaestionis* en A.R. BATLOGG, *Die Mysterien des Lebens Jesu bei Karl Rahner. Zugang zum Christusglauben* (IThS 58; Innsbruck 2001).

[60] Sobre el propósito y destinatarios del Diálogo, puede verse el análisis reciente de C.D. ALLERT, *Revelation, Truth, Canon and Interpretation. Studies in Justin Martyr's Dialogue with Trypho* (SVigChr 64; Leiden 2002), que encuentro equilibrado; el autor concluye: "even though the Dialogue has primarily a Jewish audience in mind, a combined Jewish/Christian audience can reasonably be posited" (61). Con respecto a la Apología sigo el juicio de E. Munier: "les deux écrits de Justin, que la tradition manuscrite nous a conservés sous le nom Apologies I et II, constituent en réalité un ouvrage unique, composé d'un seul jet, et présenté à Rome comme une requête personnellement adressée à l'empereur Antonin le Pieux et à ses fils adoptifs, sous la forme d'un *libellus* déposé au bureau impérial des rescrits, afin d'obtenir un changement radical de la politique impériale envers les chrétiens" (C. MUNIER, *Saint Justin. Apologie pour les chrétiens* (Par. 39; Fribourg S. 1995), 4); cf. también las estimulantes reflexiones de M. RIZZI, *Ideologia e retorica negli 'exordia' apologetici. Il problema dell'altro (II-III secolo)* StPatrMed 18, Milano 1993 (22-61).

llanas[61]. Por otra parte, será útil saber a Justino en consonancia con otros eclesiásticos, particularmente los de la escuela asiática: estudios recientes confirman la pertenencia de Justino a esta tradición[62].

Será también de interés engarzar las ideas del mártir con las de la tradición bíblica que le precede. Cuando Justino habla de "Escritura" se refiere al Antiguo Testamento. Gran peso habrá que dar a su exégesis de las profecías. Pues en ellas no sólo ve el mártir el anuncio de cosas futuras (especialmente la vida de Jesús), sino también su explicación. Por otra parte, es claro que Justino conoce la mayoría de los escritos del Nuevo Testamento. El análisis mostrará el poso que han dejado Pablo y Juan, los Sinópticos, la carta a los Hebreos...

Queda por hacer un aviso importante. Tanto el texto del Diálogo como el de la Apología sorprenden al lector de hoy. No encuentra en ellos el orden que esperaría. De hecho, durante largos años se consideró a Justino hombre de digresión fácil, incapaz de seguir un hilo consecuente. La tentación de descomponer texto tan desmañado en fragmentos independientes era grande.

Varios estudios, sin embargo, han mostrado que los escritos de Justino no carecen de lógica ni de técnica de composición[63]. El mártir tal vez razona según la retórica de su tiempo, tal vez discurre guiado por la exégesis de la Escritura. Si se sitúan los textos de Justino en un contexto amplio, si uno se pregunta con constancia por la disposición de los párrafos, las páginas del mártir acaban revelando coherencia y sentido, y ayudan a profundizar en su pensamiento. Hemos encontrado aquí una clave importante para iluminar muchas líneas oscuras.

---

[61] Gran importancia revisten los contactos de Justino con la exégesis rabínica; cf. O. SKARSAUNE, *Incarnation - myth or fact?* (62): "For a simple reason I have stressed the affinity of the Jewish-messianic tradition with Justin's Christological tradition: Although it is possible to assume that the church's Christology was moving away from its Jewish starting point, the source materials do not support such a hypothesis. Rather the opposite is true. The outlines of Justin's Scriptural evidence for Jesus'messiahship are in a way more Jewish (i. e., more rabbinic) than we find in the New Testament". Para tener esto en cuenta nos han sido útiles los análisis de SKARSAUNE, *The Proof* y L. MISIARCZYK, *Il midrash nel* Dialogo con Trifone *di Giustino martire*, Płock 1999.

[62] Cf. G. OTRANTO, *Esegesi biblica e storia in Giustino (Dial. 63-84)* (QVetChr 14; Bari 1979); J.J. AYÁN, *Antropología de San Justino* (CSComp 4; Santiago de Compostela 1988).

[63] Cf. F.M.-M. SAGNARD, "Y-a-t-il un plan du *Dialogue avec Tryphon*?", *Mélanges J. de Ghellinck* (Gembloux 1951) I, 171-182; OTRANTO, *Esegesi*; H.H. HOLFELDER, "Eusebeia kai philosophia: literarische Einheit und politischer Kontext von Justins Apologie", *ZNW* 68 (1977) 48-66. 231-251; C. MUNIER, "La structure littéraire de l'Apologie de Justin", *Revue des Sciences Religieuses* 60 (1986) 34-54; A. RUDOLPH, *'Denn wir sind jenes Volk... Die neue Gottesverehrung in Justins Dialog mit dem Juden Tryphon in historisch-theologischer Sicht* (Hereditas 15; Bonn 1999).

Nos ceñiremos a las obras de Justino cuya autenticidad está fuera de duda: el Diálogo con Trifón y las Apologías[64]. El tratado *De Resurrectione*, cuya atribución al mártir es objeto actualmente de animado debate, será usado sólo como apoyo o ilustración de lo que expongamos, sin hacer que dependa de él la argumentación[65].

---

[64] Citaré las obras de Justino de la siguiente forma: D = Diálogo; I = Primera apología; II = Segunda apología (procedo así por encontrar más cómoda y clara tal nomenclatura, aunque considero que las dos Apologías son en realidad una sola obra, escrita de una vez, tal como defiende C. MUNIER, "L'Apologie de Justin: notes de lecture", *RevSR* 77 (2003) 287-300). El texto griego citado será el de la edición de Goodspeed, porque sigue más de cerca el manuscrito; aunque he utilizado abundantemente otras ediciones más modernas, especialmente las de Marcovich, Wartelle y Munier. La traducción castellana estará basada en la de Ruiz Bueno, modificándola cuando sea necesario. Para algunos pasajes de la segunda Apología se dan dos números; es debido a que muchos editores cambian de lugar el capítulo octavo, que pasa a ser el tercero (según indicación de EUSEBIO, *Historia Eclesiástica*, IV, XVII, 13; SC 31, 195); por estar extendida, usaremos esta numeración, y daremos también entre corchetes, para evitar ambigüedades, la que sigue el texto en el manuscrito.

[65] Dos estudios recientes sobre esta obra llegan a conclusiones muy distintas. M. HEIMGARTNER, *Pseudo Justin. Über die Auferstehung. Text und Studie* (PTS 54; Berlin - New York 2001) piensa que el autor es Atenágoras. A. D'ANNA, *Pseudo-Giustino. Sulla Resurrezione. Discorso cristiano del II secolo* (LCA.T; Brescia 2001) lo atribuye a un discípulo de Justino, muy cercano al mártir.

Capítulo I

Preexistencia del Cristo

Queremos narrar la cristología de Justino como historia de salvación, al hilo de los misterios de la vida de Jesús; y resulta que nuestro primer capítulo se sitúa antes de que comience a rodar el mundo. La cosa tiene su paradoja.

Ciertamente es el mismo Justino quien da pie a nuestro íncipit, pues habla repetidas veces de la preexistencia del Logos y de su generación *a Patre* antes de la creación del mundo. Ya sabemos que esto le ha valido reproches; que muchos le han acusado de adulterar con conceptos griegos la salvación que Jesús llevó a cabo por nosotros.

Tendremos ocasión de valorar en detalle tales juicios[1]. De momento nos bastará mostrar cómo Justino no ha roto el cordón umbilical que vivifica toda teología de la preexistencia: el nexo entre la vida y obra de Cristo y las afirmaciones sobre su divinidad. Un mismo hilo conductor hilvana la generación divina del Logos, su misión en el mundo desde la creación, su Encarnación redentora; denominaciones como Hijo, Logos o Cristo, tienen tanto un valor transcendente, indicando la condición divina del Primogénito, como un significado salvífico en la historia del hombre.

Visto desde aquí, nuestro primer capítulo no se desgajará de los demás, sino que pondrá sus bases. Intentaremos así mostrar que la paradoja a que nos acabamos de referir tiene profundo sentido. Pues si la historia ha de traer la salvación, y si esta salvación consiste en la comunión del hombre con Dios, entonces los fundamentos de esta historia deben trascenderla a ella misma. Nos enfrentamos, pues, a un problema de cimentación: mostrar cómo los tiempos van más allá de su propia fragilidad.

---

[1] Cf. *infra*, cap. III, pp. 113ss.

Procederemos del siguiente modo. Nos remontaremos primero al origen de esa relación entre el Padre y el Hijo, fundamento último que permite al Logos dar a conocer al Padre: la generación divina (1). Estudiaremos luego un acontecimiento importante para la mediación del Hijo: la unción precósmica (2). Terminaremos viendo otra conexión entre el ámbito divino y la *historia salutis*: la imposición del nombre (3).

1.   Generación divina del Hijo de Dios

Partamos de algunos hechos consabidos[2]. Una piedra fundamental de la teología del santo es la transcendencia del Padre. Éste es invisible, su forma no puede describirse y carece de nombre impuesto[3]. La idea era común en la filosofía del tiempo[4]; pero Justino pudo encontrarla también en la tradición cristiana[5].

Inaccesible en sí, el Padre nos comunica todo por medio de su Hijo. Este se presenta siempre como mediador, cumpliendo en cada momento las órdenes del Padre y transmitiéndolas a los hombres. A través de Él podemos conocer "todo lo del Padre" (cf. D 121, 4).

Es en este suelo donde crece la teología del Logos. Mucho se ha discutido sobre ella. ¿Especulaba Justino en torno al Logos griego? ¿O bebía de la tradición cristiana que, desde San Juan y con raíces en el Antiguo Testa-

---

[2] Cf. J. BARBEL, *Christos Angelos. Die Anschauung von Christus als Bote und Engel in der gelehrten und volskstümlichen Literatur des christlichen Altertums, zugleich ein Beitrag zur Geschichte des Ursprungs und der Fortdauer des Arianismus* (Theoph. 3; Bonn 1941); G. AEBY, *Les misions divines de saint Justin à Origène* (Fribourg 1958).

[3] Cf. por ejemplo D 60, 2; D 127, 2-4.

[4] Cf., para el platonismo medio del siglo II, A.J. FESTUGIÈRE, *La Révélation d'Hermès Trimégiste IV: Le Dieu inconnu et la gnose* (CEA 77; Paris 1954) (92-140), quien pone de relieve cómo en esa época va tomando fuerza la idea de un Dios desconocido, alcanzable sólo por un conocimiento místico (140). Cf. también, para la relación del platonismo medio con Justino en este punto, C. ANDRESEN, "Justin und der mittlere Platonismus", *ZNW* 44 (1952-1953) 157-195 (167).

[5] Basta recordar a San Juan: *A Dios nadie le ha visto nunca...* (Jn 1, 18). Cf. también 1 Tm 6, 16: *Al único que tiene la inmortalidad, a quien nadie ha visto ni puede ver...* La idea de la transcendencia divina en Justino no hace falta buscarla sólo en el platonismo medio. Se trata de una doctrina en que coincidían el mensaje bíblico y la filosofía griega. Cuando Justino objeta a Trifón que es imposible que el Padre se haya aparecido a los patriarcas dada su transcendencia (D 61, 2), lo hace sólo después de presentar una amplia prueba basada en la Escritura (D 55-60). Lo mismo ocurre al final del Diálogo (la prueba escriturística, D 126-127, 2, precede a las afirmaciones con más sabor filosófico, D 127, 2-3). Justino considera los dos caminos independientes y concordantes, dando testimonio de lo mismo; pero la precedencia corresponde a la Escritura. Sobre el asunto cf. MISIARCZYK, *Il midrash* (72-73).

mento, llama a Cristo Logos[6]? No será inútil resumir la investigación sobre el origen del nombre de *Logos* en Justino.

1.1. El Logos en la historia de la salvación

El término proviene de la filosofía estoica. Para el Pórtico se trataba del principio ordenador del mundo, inherente a todas las cosas, también llamado fuego o espíritu[7]. Ahora bien, si Justino tomó del estoicismo el nombre, hubo de transformarlo radicalmente, eliminando todo residuo panteísta. ¿A qué escoger entonces una palabra que sólo podía conducir a equívocos?

Un intento de respuesta a esta pregunta lo aportó C. Andresen, haciendo ver el punto de partida de las ideas filosóficas del mártir: el platonismo medio[8]. Pero, pese a mostrar muchos puntos de contacto entre esta escuela filosófica y Justino, no explicaba satisfactoriamente el caso concreto del "Logos"[9]. Ciertamente se trata de una noción conocida en la cultura del tiempo, que permite a Justino presentar el mensaje cristiano. Pero el alcance que da el mártir a la palabra no lo ha tomado de estos ambientes.

En busca de una respuesta se ha investigado la relación entre Filón de Alejandría y Justino[10]. Filón une la especulación filosófica con la teología bíblica de la Palabra. El Logos es para él un principio intermedio entre Dios y el mundo, con rasgos personales[11].

Pero la similitud entre Filón y Justino puede explicarse más fácilmente si se acude a la fuente común del AT[12]. Efectivamente, algunos textos nos muestran que el mártir concibe al Logos como agente revelador en la historia, en la misma línea que la Escritura: "Y se le llama Logos porque

---

[6] Cf. G. KITTEL, "λέγω", *ThWNT* IV (137).

[7] Cf. M. POHLENZ, *Die Stoa. Geschichte einer geistigen Bewegung* (Göttingen 1948) (64-75).

[8] Cf. ANDRESEN, "Justin".

[9] Cf. R.M. PRICE, "*Hellenization* and Logos Doctrine in Justin Martyr", *VigChr* 42 (1988) 18-23 (20); SKARSAUNE, "Altkirchliche Christologie" (281-283).

[10] Cf. sobre todo GOODENOUGH, *Theology* (139-175).

[11] Para Filón el Logos es un segundo Dios, llamado imagen del sumo Dios, un mediador salido de Dios y que establece una mediación entre el Dios lejano y transcendente y el mundo del hombre. Como diferencias con el concepto filosófico griego se pueden señalar: (1) que se hable de λόγος θεοῦ; (2) que se dé un valor personal al logos. Cf. H. KLEINKNECHT, "λέγω", *ThWNT* IV (87s).

[12] Cf. L.W. BARNARD, "The Logos Theology of Justin Martyr", *DR* 89 (1971) 132-141 (137). En esta línea se colocan los estudios de M.J. EDWARDS, "Justin's Logos and the Word of God", *JECS* 3 (1995) 261-280 y J. BEHR, "The Word of God in the Second Century", *PE* 9 (2000) 85-107, quienes tienden sin embargo a radicalizar la postura, como si Justino no pretendiera entablar siquiera diálogo con la filosofía griega; que las perspectivas del mártir fueran más amplias no implica que no pudiese compartir terreno con sus coetáneos filósofos.

lleva a los hombres lo que el Padre les habla"[13]. Habría que añadir a esto todas las expresiones en que el Logos aparece como principio inspirador de las profecías[14]. Si tenemos en cuenta que el Logos de San Juan hunde también sus raíces en el AT, notaremos la continuidad con Justino[15].

El mártir mismo dice encontrar el nombre de Logos en la Escritura (D 61, 1). ¿A qué texto puede estar refiriéndose? Otto señala en su edición una referencia a Sal 32, 6 y Sal 106, 20[16]. Ninguno de ellos aparece citado por Justino en otro lugar. Considerémoslos por separado:

a) El primero (Sal 32, 6) dice: "con la Palabra del Señor se extendieron los cielos" (τῷ λόγῳ τοῦ κυρίου οἱ οὐρανοὶ ἐστερεώθησαν). La intervención del Logos en la creación está atestiguada claramente por Justino, cuando comenta un pasaje en que se habla precisamente de los cielos:

> Si cuando dice el profeta: "Miraré los cielos, obra de tus dedos", no lo entiendo de la operación de su Verbo (μὴ ἀκούω τοῦ λόγου αὐτοῦ τὴν ἐργασίαν), tendré que interpretarlo neciamente... (D 114, 3).

En torno a un pasaje de los Proverbios (Pr 8, 27-30) y a varios versos del Génesis (Gn 1, 26; Gn 3, 22) Justino confirma esta intervención del Logos en la creación del mundo (cf. D 61-62).

b) Por su parte, Sal 106, 20a dice: "Envió su Palabra y los sanó y los liberó de su perdición" (ἀπέστειλεν τὸν λόγον αὐτοῦ καὶ ἰάσατο αὐτοὺς καὶ ἐρρύσατο αὐτοὺς ἐκ τῶν διαφθορῶν αὐτῶν). El pasaje podría haber inspirado a Justino, para quien Cristo es enviado por el Padre[17]; y que emplea también el verbo "sanar" como descripción de la

---

[13] Cf. D 128, 2. Aunque estas palabras reflejan una opinión judía que Justino luego rechazará, acepta la parte que hemos citado. La parte que rechaza viene claramente introducida por una partícula adversativa al inicio de D 128, 3.

[14] También ante paganos hace valer Justino que sólo con el Logos se puede profetizar (I 33, 9); era idea presente en el estoicismo (cf. POHLENZ, *Die Stoa*, 106). Y también ante ellos se podía hablar del Logos como revelador de Dios, como lo muestra la figura de Hermes (I 22, 2).

[15] P. HOFRICHTER, "Logoslehre und Gottesbild bei Apologeten, Modalisten und Gnostikern: johanneische Christologie im Lichte ihrer frühesten Rezeption", *Monotheismus und Christologie. Zur Gottesfrage im hellenistischen Judentum und im Urchristentum* (ed. H.-J. KLAUCK) (QD 138; Freiburg im B. 1992) 187-217 (197) cree encontrar bastante diferencia entre San Juan y Justino. Según él, este último desatiende la unidad entre Padre e Hijo en que insiste el evangelista. Mostraremos, sin embargo, que tal comunión está presente en la mente del mártir, pues el Hijo siempre hace lo que quiere el Padre. Y no se trata de una mera unidad moral: esta adherencia a la voluntad paterna constituye el ser mismo del Hijo: cf. *infra*, pp. 34ss. La unidad entre Padre e Hijo la ha puesto bien de relieve P. HENNE, "Pour Justin, Jésus est-il un autre Dieu?", *RSPT* 81 (1997) 57-68.

[16] Cf. Otto, *ad locum* (213).

[17] Y llamado por eso "Apóstol"; cf. FEDER, *Justin* (130).

acción de Cristo (cf. II 6 [5], 6). Se presenta así a la Palabra en su obra salvífica, enviada para liberar a los hombres[18].

Esta perspectiva se completa si consideramos cómo habla Justino de la predicación de los Apóstoles, continuada en la Iglesia. La Palabra es ahora proclamada por los mensajeros del evangelio, y se convierte de este modo en una realidad viva, presente a los ojos del mártir, que se complace en mostrar su fuerza a los emperadores paganos[19]. Justino ha enlazado así la teología del Logos divino con una teología de la palabra predicada[20]. Podemos decir, resumiendo, que la actividad del Logos recorre toda la historia, desde su inicio hasta nuestros días.

1.2. La generación divina, fundamento de la misión del Logos

Tenemos, pues, que el Logos actúa en la historia manifestando el plan del Padre. Es característica a este respecto la exégesis de las teofanías veterotestamentarias. Quien se apareció a Abraham y los demás patriarcas no pudo ser el Padre celeste, sino su Hijo. Justino se detiene en esta prueba durante largos números del Diálogo (D 55-60). Pues bien, es al terminar su demostración, cuando incluye las siguientes líneas:

> Os voy a presentar, ¡oh amigos! – dije – otro testimonio de las Escrituras sobre que Dios engendró, principio antes de todas las criaturas, cierta potencia racional de sí mismo (ὅτι ἀρχὴν πρὸ πάντων τῶν κτισμάτων ὁ θεὸς γεγέννηκε δύναμίν τινα ἐξ ἑαυτοῦ λογικήν), la cual es llamada también por el Espíritu Santo Gloria del Señor, y unas veces Hijo, otras Sabiduría; ora Ángel, ora Dios; ya Señor, ya Logos; y ella misma se llama a sí misma Capitán General, cuando se aparece en forma de hombre a Josué, hijo de Navé. Y es así que todas esas denominaciones le vienen de estar al servicio de la voluntad del Padre y de haber sido engendrado del Padre por su querer (ἔχει γὰρ πάντα προσονομάζεσθαι ἔκ τε τοῦ ὑπηρετεῖν τῷ πατρικῷ βουλήματι καὶ ἐκ τοῦ ἀπὸ τοῦ πατρὸς θελήσει γεγεννῆσθαι) (D 61, 1).

---

[18] El texto podría referirse también al Sal 44, 2, que Justino cita en D 38: "Mi corazón ha pronunciado una palabra buena" (ἐξηρίξατο ἡ καρδία μου λόγον ἀγαθόν). El texto se interpretaría más tarde en conexión con la generación del Verbo. Pudo haberlo leído así Justino, aunque no comenta el versículo en las obras que conservamos de él. Cf. G. OTRANTO, *Esegesi*, 51-57.

[19] Cf. D 42; I 45, 5.

[20] Coincido con las observaciones de B. STUDER, "Der apologetische Ansatz zur Logos-Christologie Justins des Märtyrers", *Kerygma und Logos. Fs. C. Andresen* (ed. A.M. RITTER) (Göttingen 1979) 435-448 (446-448), que apunta en esta dirección: "Tatsächlich sind die Äußerungen, nach denen Christus Logos genannt wird, weil Gott in ihm *redet* und *spricht*, gesamthaft gesehen viel bedeutender" (443). Studer hace ver que Justino, al hablar del Logos, mira a fundamentar la fuerza de la predicación cristiana, que vence con poder a los demonios. Sobre esto diremos *infra*, cap. V, apdo. 3, p. 282.

Cristo recibe los nombres de Gloria del Señor, Hijo, Sabiduría, Ángel... Justino señala el motivo: Cristo se llama así por servir a la voluntad del Padre (τῷ πατρικῷ βουλήματι), lo cual hemos visto que realiza a lo largo de la historia. Pero ahora el mártir indica otra causa de mayor calado: la generación del Hijo por querer del Padre (ἐκ τοῦ ἀπὸ τοῦ πατρὸς θελήσει γεγεννῆσθαι). Si Cristo desempeña los papeles de Ángel y Mensajero, no lo hace por determinación exterior a su ser, sino por ser apto para ello desde su mismo nacimiento. La generación se concibe como el fundamento último por el cual puede el Hijo revelar al Padre en la *historia salutis*; como la base ontológica que posibilita un tal servicio.

Confirma lo que decimos el hecho de que esta secuencia (misión – generación) se vuelva a dar en la otra sección del Diálogo (D 126-129) en que se abordan las teofanías veterotestamentarias. Cristo no es sólo el que actúa llevando los misterios del Padre a los hombres, sino que es en su esencia más íntima el indicado para esa misión[21].

Veamos ahora cómo ha concebido Justino este nacimiento anterior a la creación del mundo. El mártir hará uso de dos imágenes para aclararlo. La primera es la de la palabra pronunciada:

> ¿Y no vemos que algo semejante se da en nosotros? En efecto, al emitir una palabra, engendramos la palabra, no por corte, de modo que se disminuya la razón que hay en nosotros al emitirla (λόγον γάρ τινα προβάλλοντες, λόγον γεννῶμεν, οὐ κατὰ ἀποτομήν, ὡς ἐλαττωθῆναι τὸν ἐν ἡμῖν λόγον, προβαλλόμενοι) (D 61, 2).

La comparación insiste por un lado en que quien da no se empobrece. El Padre no disminuye al engendrar al Hijo, como nosotros al emitir una palabra (λόγος) no disminuimos en nuestra razón (λόγος). Se aclara así, además, que no se trata de un corte; es decir, se evita una interpretación material de la generación, a que el verbo "engendrar" podría dar cabida.

Al lado del verbo *engendrar*, Justino ha hablado de *emitir* la palabra (προβάλλειν). Se trata de un término que tendrá transcendencia en la historia de la teología. Fue utilizado en primer lugar por los gnósticos valentinianos para explicar las emisiones divinas[22]. Estas implicaban un deterioro progresivo en Dios. Muchos autores eclesiásticos las identificaron con una concepción material de la generación, y rechazaron por

---

[21] Esta relación es tan estrecha que nuestro autor no tiene fórmulas que indiquen la eternidad de la generación del Logos (cf. ya FEDER, *Justin*, 98ss). Al igual que los autores de su tiempo concibe ésta como anterior a la creación, con vistas a ella. Al engendrar la Palabra, el Padre piensa en comunicarse al mundo por su medio.

[22] Cf. por ejemplo SAN IRENEO, *Adv. haer*. I, 1 (SC 264, 29ss).

tanto la *probolé*[23]. Justino emplea, sin embargo, el término. Lo hace precisamente para mostrar que la generación es inmaterial, y que no se da a manera de corte o segregación[24].

En estas disquisiciones no se aparta el mártir de la Escritura. En efecto, al hablar de la generación (D 61, 1), se apoya en Pr 8, 21-36 (citado en D 61, 3-5; cf. Pr 8, 25: "el Señor me engendró")[25]. Es verdad que este pasaje no menciona al Logos; pero Justino dice, en D 61, 3, que será la misma palabra de la Sabiduría (ὁ λόγος τῆς σοφίας) la que le preste testimonio; y une la "Palabra" con la idea de generación, al decir que se trata de la "Palabra del que le engendró" (λόγος τοῦ γεννήσαντος, D 61, 3). Esto nos indica que el mártir piensa en la Sabiduría como Palabra y pasa naturalmente de su generación (Pr 8, 25) a su emisión[26].

Lo cierto es que esta última imagen no deja satisfecho a Justino. Y no porque esté interesado en alambicadas distinciones. Nada de eso: lo que le preocupa es recoger toda la riqueza que la "Palabra" tiene en la revelación bíblica. Es lo que trataremos de ver a continuación.

---

[23] El estudio de la *probolé* antes de Nicea puede verse en ORBE, *Hacia la primera teología*. Allí se muestra que los herejes tenían en el fondo un esquema mucho más cercano al de la Gran Iglesia. No se puede decir que entendieran materialmente la generación.

[24] Mucho se ha escrito también sobre si Justino conoce la distinción entre la palabra interior (ἐνδιάθετος) y la palabra pronunciada (προφορικός); cf. TEÓFILO, *Ad Autol.* II, 22 (SC 20, 154). Para afirmarlo se ha aducido el siguiente texto: "En cuanto a su Hijo, aquel que sólo propiamente se dice Hijo, el Logos que, antes de las criaturas, está con Él y a la vez está siendo engendrado cuando al principio creó y ordenó por su medio todas las cosas... (ὁ δὲ υἱὸς ἐκείνου, ὁ μόνος λεγόμενος κυρίως υἱός, ὁ λόγος πρὸ τῶν ποιημάτων καὶ συνὼν καὶ γεννώμενος, ὅτε τὴν ἀρχὴν δι᾽ αὐτοῦ πάντα ἔκτισε καὶ ἐκόσμησε)" (II 6 [5], 3). Muchos intérpretes han señalado que la diferencia entre los dos verbos puede indicar la distinción entre el logos interno (συνὼν) y el pronunciado (γεννώμενος); cf. Otto *ad locum.*; más referencias en ORBE, *Hacia la primera teología*, 570-574. Sin embargo, teniendo en cuenta que Justino sigue las expresiones de la Escritura (cf: συνῆν τῷ πατρί, D 62, 4, poco después de haber citado, en D 61, 4, Pr 8, 27: συμπαρήμην αὐτῷ), ORBE, *Hacia la primera teología* (570-574), señala que la expresión συνὼν καὶ γεννώμενος indica la permanencia del Verbo junto al Padre una vez engendrado, aconsejándole en la creación. En todo caso, la distinción (palabra interior / palabra pronunciada) se encontraba en el ambiente; y es muy probable que Justino la conociera, desde el momento en que usa la comparación de la palabra humana.

[25] Cf. la tabla que trae FEDER, *Justin* (150-152).

[26] En otro lugar del Diálogo llama Justino a la palabra de Cristo "palabra de verdad y sabiduría" (ὁ τῆς ἀληθείας καὶ σοφίας λόγος), que penetra en el corazón del hombre y lo ilumina más profundamente que los rayos del sol (cf. D 121, 2).

1.3. Engendrado de la voluntad del Padre

La imagen de la palabra humana se queda corta para expresar lo que indica Justino por el Logos. De ahí que necesite acudir a otra comparación, la del fuego encendido de otro fuego. Este símil muestra también (como en la emisión del *logos* humano) la inmaterialidad del proceso; pero indica además (lo que no hace el otro) la distinción entre el Padre y el Hijo (cf. D 61, 2: τὸ ἐξ αὐτοῦ ἀναφθὲν καὶ αὐτὸ ὄν). Rechaza aquí Justino un modalismo *ante litteram*, que no distingue suficientemente las dos personas. Oigamos sus palabras en otra sección del Diálogo, dedicada también a la preexistencia:

(A) Y no creáis, amigos, que repito todo esto muchas veces por pura palabrería, sino porque sé que algunos quieren salir al paso a mi interpretación, diciendo que la Potencia que se aparece a Moisés, a Abraham o a Jacob, de parte del Padre de todo, se llama Ángel cuando viene a los hombres, porque por ella son traídos a los hombres los mensajes del Padre; y Gloria, porque a veces aparece en magnificencia inmensa: otras veces recibe nombre de Varón y Hombre, porque se aparece en tales formas, según la voluntad del Padre; y se le llama Palabra, porque lleva a los hombres lo que el Padre le habla.

(B) Pero esta potencia sería inseparable (ἄτμητον δὲ...) e indivisible del Padre, a la manera – dicen – como la luz del sol que ilumina la tierra es inseparable e indivisible del sol que está en el cielo (ἄτμητον δὲ καὶ ἀχώριστον τοῦ πατρὸς ταύτην τὴν δύναμιν ὑπάρχειν, ὅνπερ τρόπον τὸ τοῦ ἡλίου φασὶ φῶς ἐπὶ γῆς εἶναι ἄτμητον καὶ ἀχώριστον ὄντος τοῦ ἡλίου ἐν τῷ οὐρανῷ). Y como éste, al ponerse, se lleva consigo la luz, así, según esta teoría, cuando el Padre quiere (ὅταν βούληται), hace saltar de sí (προπηδᾶν) cierta Potencia y, cuando quiere (ὅταν βούληται), nuevamente la recoge hacia sí (ἀναστέλλει εἰς ἑαυτόν) (D 128, 2-3).

La partícula adversativa δέ divide claramente el texto en dos partes. Justino concuerda con la primera (A), rechaza la segunda (B). No basta concebir al Hijo como Palabra (Logos) enviada por el Padre, si luego no se distingue entre Padre e Hijo. Está en juego la existencia misma personal del Hijo, y con ella la seriedad de toda la *historia salutis*.

El rechazo de lo que parece enseñanza rabínica ha hecho reflexionar a Justino sobre la generación del Hijo[27]. Enseñaban los judíos que también los ángeles son emanaciones temporales de Dios. A esto opone Justino su permanencia eterna: no se acaban confundiendo con quien les hizo. Lo mismo ocurre con Cristo:

---

[27] Cf. ORBE, *Hacia la primera teología* (566s); G. URÍBARRI, "Las teofanías veterotestamentarias en Justino, Dial 129 y Tertuliano, Prax 11-13: Un caso de continuidad en la argumentación exegética antimonarquiana", *MCom* 52 (1994) 305-319.

Aunque con brevedad, también anteriormente examiné la cuestión de que esta Potencia que la palabra profética llama juntamente Dios y Ángel – y esto sí que lo hemos demostrado ampliamente – no es sólo distinta por el nombre, como la luz del sol, sino numéricamente otra, y allí dije que esta potencia es engendrada del Padre, por poder y voluntad suya (γεγεννῆσθαι ἀπὸ τοῦ πατρός, δυνάμει καὶ βουλῇ αὐτου), pero no por escisión o corte, como si se dividiera la substancia del Padre (ὡς ἀπομεριζομένης τῆς τοῦ πατρὸς οὐσίας), al modo que las otras cosas todas que se dividen o cortan no son lo mismo antes y después de dividirse. Allí puse el ejemplo de lo que vemos de los fuegos que se encienden de otro y cómo, sin embargo, no disminuye para nada aquel del que pueden encenderse otros muchos, sino que permanece lo mismo (οὐδὲν ἐλαττουμένου ἐκείνου, ἐξ οὗ ἀναφθῆναι πολλὰ δύνανται, ἀλλὰ ταὐτοῦ μένοντος) (D 128, 4).

Frente a la confusión de Padre e Hijo no aduce Justino el ejemplo de la palabra pronunciada por el hombre. Era un modelo aceptado por los adversarios (cf. D 128, 2), y no apto por tanto para distinguir adecuadamente. Vemos que en su lugar: (a) pone el símil del fuego encendido de otro y (b) introduce una fórmula: "engendrado del Padre, por poder y voluntad suya".

a) El símil del fuego se usa otra vez, como en D 61, 2, para distinguir Padre e Hijo; y de nuevo se indica la inmaterialidad del proceso. Podemos ver con qué fin usa Justino los modelos del logos y del fuego:

El logos pronunciado	Inmaterialidad de la generación: El Padre no disminuye.	
El fuego	Inmaterialidad de la generación: El Padre no disminuye.	Distinción de Padre e Hijo.

b) Detengámonos ahora en la fórmula: "esta potencia es engendrada del Padre, por poder y voluntad suya" (γεγεννῆσθαι ἀπὸ τοῦ πατρός, δυνάμει καὶ βουλῇ αὐτου).

La referencia a la voluntad del Padre aparece en otras expresiones de Justino, también en torno a la generación divina. Así en D 100, 4: "saliendo del Padre por su poder y voluntad antes de todas las criaturas" (πρὸ πάντων ποιημάτων ἀπὸ τοῦ πατρὸς δυνάμει αὐτοῦ καὶ βουλῇ προελθόντα)[28]. Y en un texto ya citado encontramos palabras semejantes:

y es así que todas esas denominaciones le vienen de estar al servicio de la voluntad del Padre (1) y de haber sido engendrado del Padre por su querer (2)

---

[28] En D 84, 2 se usa el mismo binomio para la Encarnación.

(ἔχει γὰρ πάντα προσονομάζεσθαι ἔκ τε τοῦ ὑπηρετεῖν τῷ πατρικῷ βουλήματι καὶ ἐκ τοῦ ἀπὸ τοῦ πατρὸς θελήσει γεγεννῆσθαι) (D 61, 1)[29].

La primera parte (1) se refiere al envío del Hijo a lo largo de la historia del hombre, como nuncio y apóstol de la voluntad paterna; la segunda (2) está relacionada con la generación. Las dos categorías se pueden distinguir, pero se ve que Justino las ha vinculado, porque para él hay correspondencia entre generación y envío. El enviado puede comunicar los mensajes del Padre porque es su Hijo en sentido propio. ¿Qué es lo que caracteriza entonces la actividad del Hijo? El punto de unión es la voluntad del Padre, presente en ambos términos. El engendrado por voluntad del Padre sirve también a esa misma voluntad[30].

Volvamos ahora al texto que nos ocupa (D 128, 4). La expresión "por su poder y voluntad" se opone a la usada por los adversarios, quienes defienden que el Logos sale fuera del Padre cuando el Padre quiere, y vuelve cuando quiere el Padre (cf. D 128, 3: ὅταν βούληται). No niega Justino la intervención de la voluntad del Padre, sino la poca estabilidad que se le concede; en efecto, queda convertida en una voluntad que puede retractarse y hacer volver a sí al Hijo cuando le plazca. De esta forma, y este es el punto principal en el que quiere insistir Justino, se da poca consistencia al Logos mismo.

Con esto se ve que ser engendrado por la voluntad del Padre no significa simplemente "porque el Padre quiso". Según lo que estamos diciendo hay que dar más fuerza a la expresión ἀπὸ τοῦ πατρὸς θελήσει. Se da a entender con ella que la voluntad del Padre no tiene sólo un papel causal, exterior al proceso de la generación. Quiere el mártir subrayar la consistencia de la voluntad del Padre al engendrar al Hijo; de forma que éste último no puede desaparecer simplemente cuando vuelva a quererlo el Padre. En opinión del mártir la voluntad del Padre queda fijada definitivamente en el Hijo, el cual se constituye así como distinto del Padre. En paralelo con la imagen del fuego, la expresión ayuda de este modo a distinguir a las dos personas.

A. Orbe ha estudiado la fórmula *tamquam voluntas a mente* en la teología valentiniana y en Orígenes[31], así como en otros representantes

---

[29] Cf. también D 127, 4: ἐκεῖνον τὸν κατὰ βουλὴν τὴν ἐκείνου καὶ θεὸν ὄντα, υἱὸν αὐτοῦ, καὶ ἄγγελον ἐκ τοῦ ὑπηρετεῖν τῇ γνώμῃ αὐτοῦ· ὃν καὶ ἄνθρωπον γεννηθῆναι διὰ τῆς παρθένου βεβούληται.

[30] El paralelismo entre estas dos frases es todavía más claro si consideramos una expresión un poco anterior de Justino, de donde βούλημα y θέλησις resultan sinónimos: τῇ τοῦ ποιητοῦ τῶν ὅλων θελήσει ὑπηρετῶν (D 60, 2) = ἔκ τοῦ ὑπηρετεῖν τῷ πατρικῷ βουλήματι (D 61, 1).

[31] Cf. ORBE, *Hacia la primera teología* (387-430).

cristianos de los primeros siglos. Concluye que estaba en circulación un esquema, común a muchos, que veía dos momentos en la única generación. Uno, como palabra de la mente del Padre (intelectivo); otro, como voluntad de la mente del Padre (volitivo).

El primer momento, intelectivo, no sirve para hacer al Verbo distinto del Padre, sino solo para presentarlo como divino, como quien lleva en sí la imagen del Padre. Para hacerlo persona distinta del Padre hay que contar con la voluntad libre del Padre, que constituye al Hijo como diferente de sí. Orbe propone completar la teología de Justino, que hemos expuesto, haciendo de él un representante de esta corriente[32]:

Engendrado de la Mente	Comunica la divinidad, a imagen del Padre, como "potencia racional".
Engendrado de la Voluntad	Da la distinción: por querer del Padre, hecho distinto del Padre. El Hijo recibe substrato propio, heredando todos los nombres paternos (Hijo, Logos, Ángel).

Llama la atención ciertamente lo que Orbe subraya: Justino rebasa en sus fórmulas a Taciano y Tertuliano, y conecta con Hilario de Poitiers, que rechazaba también la fórmula *tamquam radius a sole*. Es muy probable que su reflexión, alentada por la necesidad de rebasar el modalismo, haya utilizado esquemas más complejos, haciendo intervenir a la voluntad del Padre en la generación. Podemos ahora resumir lo dicho hasta aquí:

1. Al hablar de la emisión del logos pone Justino de relieve que el proceso no es material: la razón (*logos*) del que emite una palabra (*logos*) no disminuye al emitirla. Pero esta comparación no sirve para refutar a los adversarios que negaban la distinción entre el Hijo y el Padre; pues ellos mismos se avenían a utilizarla.

2. Por eso Justino ha empleado también el símil del fuego. Con él se defiende, por una parte, la inmaterialidad, pero se añade además la verdadera distinción: el fuego encendido del otro tiene consistencia propia.

---

[32] Cf. ORBE, *Hacia la primera teología* (579): "Justino viene a ser testigo implícito de la teoría origeniana *tamquam a mente voluntas*. También él enseña las dos acciones conjuntas que hubieron de intervenir en la prolación del Verbo: una intelectiva, como Virtud racional, y en cuanto tal emanada de la Mente o Razón divina; otra volitiva, como Hijo, Logos, Ángel,... y en cuanto tal emanada de la Voluntad paterna. Aunque no me atrevo a asegurarlo, las dos analogías de la prolación, con el verbo humano y con el fuego, evidentemente complementarias, han podido muy bien reflejar de intento – la idea sería profundísima, y supondría una gran elaboración de conceptos – las dos actividades complementarias intelectiva y volitiva, que intervinieron en la única prolación del Logos".

3. Para distinguir al Padre del Hijo, Justino ha usado la fórmula "engendrado del Padre por su poder y voluntad". Se indica así la importancia de esta voluntad en la constitución del Hijo: la intervención de la voluntad del Padre no es sólo la de una causa exterior (el Padre engendra porque quiere), sino que pertenece al ser mismo del Hijo (el Hijo lleva en sí la voluntad del Padre).

Detrás de este esquema no hay una especulación vacía, sino una profunda conexión con la *historia salutis*. Con los dos momentos de la generación se muestra que el Hijo no sólo se constituye reflejo del Padre, apto para hacerlo ver a los hombres; sino que también, por ser engendrado de su voluntad, es capaz de transmitir al hombre los designios paternos, desvelando esta voluntad, cumpliéndola y llevando al hombre a cumplirla.

Para confirmar lo dicho queda un camino abierto: mostrar cómo la generación "del Padre por su voluntad" tiene un reflejo correspondiente en la economía salvífica. Enumeremos algunos hitos, que encontrarán desarrollo más amplio en posteriores capítulos:

a) La voluntad del Padre a lo largo de la *historia salutis*

La misión del Hijo fue siempre cumplir la voluntad (βουλή) del Padre: "Jamás hizo ni habló nada sino lo que el Dios que hizo el mundo, por encima del cual no hay otro Dios, ha querido que haga y hable (βεβούληται καὶ πρᾶξαι καὶ ὁμιλῆσαι)" (D 56, 11). Así lo puso por obra en las teofanías del Antiguo Testamento, siempre al servicio del querer paterno[33]. Esta acción culmina en la Encarnación; en torno a este misterio abundan las fórmulas que hablan del querer del Padre[34]. La voluntad paterna marca luego los compases de la vida del Hijo (cf. D 103, 3), y se pone especialmente de relieve en la Pasión (cf. D 95, 2; D 103, 8): entonces Cristo no se gloría de hacer nada por su propia voluntad, sino que refiere todo al Padre (D 101, 1). No menos importante es el uso de θέλημα, que en Justino aparece muchas veces como sinónimo de βουλή, y se refiere a la intervención de la voluntad paterna en la Encarnación o en la Resurrección[35].

---

[33] Cf. D 125, 3; y D 60, 2, en referencia a la destrucción de Sodoma (τῇ βουλῇ αὐτοῦ ὁμοίως ὑπηρετήσας).

[34] Cf. I 23, 3: hecho hombre por su voluntad... (τῇ βουλῇ αὐτοῦ γενόμενος ἄνθρωπος); I 46, 5: nació hombre de una virgen según la voluntad de Dios, Señor y Padre del universo (κατὰ τὴν τοῦ πατρὸς πάντων καὶ δεσπότου θεοῦ βουλήν); II 6 [5], 5: se hizo hombre según la voluntad de Dios Padre... (κατὰ τὴν τοῦ θεοῦ καὶ πατρὸς βουλήν); D 23, 4: después de Jesucristo, el Hijo de Dios que según la voluntad de Dios (κατὰ τὴν βουλὴν τοῦ θεοῦ) nació... También, referidos a la Encarnación, con fórmulas parecidas: D 41, 1; D 43, 1; D 48, 3; D 61, 1; D 75, 4. D 76, 7; D 84, 2; D 87, 2... Cf. *infra*, cap. III, pp. 125ss.

[35] Así en D 113, 4, referido a las teofanías; en I 63, 10, a la Encarnación: "pero ahora, hecho hombre por voluntad de Dios (διὰ θελήματος θεοῦ) a causa del género

Ya sólo esta insistencia de Justino puede hacernos pensar que no se trata meramente de encomiar la libertad del Padre en la generación y envío del Hijo. Esta sospecha se confirma si analizamos la misión del Salvador con relación a los hombres. Se puede observar en ella la misma referencia a la voluntad de Dios. Cristo no sólo da a conocer al Padre, sino que revela su querer, su designio salvador, y lleva al hombre a su cumplimiento[36].

b) Ángel del gran consejo (Is 9, 6; D 76, 3-7)

Todo esto se condensa en torno a uno de los nombres de Cristo, que es llamado "Ángel del gran consejo" (μεγάλης βουλῆς ἄγγελον). El título nos interesa, pues era usado por gnósticos y eclesiásticos para indicar al Hijo como revelador de la voluntad del Padre[37]:

Y cuando Isaías le llama Ángel del gran consejo (μεγάλης βουλῆς ἄγγελον), ¿no significó de antemano que Cristo había de ser maestro de lo que efectivamente enseñó una vez venido al mundo? Porque las grandes cosas que había decidido el Padre (ἃ γὰρ μεγάλα ἐβεβούλευτο ὁ πατήρ) acerca de todos los hombres que le han sido gratos (εὐαρέστους) o en adelante han de serlo, así como sobre los ángeles u hombres que se apartaron de su voluntad (τοὺς ἀποστάντας τῆς βουλῆς αὐτοῦ), sólo Cristo las enseñó sin velo alguno... (D 76, 3).

Justino dedica un gran espacio a comentar este título (D 76, 3-7). El texto se coloca en medio de una serie de testimonios que muestran un doble elemento: un ser divino, preexistente (a) se ha encarnado (b)[38]. La referencia al "Ángel del gran consejo" (Is 9, 5) parece no casar bien en este contexto. Pero basta considerar que en el mismo versículo del profeta se dice "un niño se nos ha dado", pasaje comentado por Justino en I 35, 1, y referido allí expresamente a la Encarnación. La correspondencia es ahora perfecta; tenemos en nuestro texto los mismos dos elementos. Y

---

humano, se sometió a padecer..."; D 63, 2: "Su sangre no vendría de gérmen humano, sino de la voluntad de Dios...(ἐκ θελήματος θεοῦ)". Otra vez se refiere a la Pasión en D 102, 5; a la Resurrección, en D 85, 4: "éste que resucitó de entre los muertos como Señor de las potencias según la voluntad del Padre" (οὗτος ὁ ἐκ νεκρῶν ἀναστὰς κύριος τῶν δυνάμεων κατὰ τὸ θέλημα τοῦ πατρός); en D 116, 1 se refiere a la redención obrada por Cristo; en D 140, 4, al designio de salvación de los cristianos.

[36] Justino hace varias afirmaciones en este sentido. Así dice que quien desconoce a Cristo desconoce la voluntad de Dios (D 136, 3). Presentando a la Iglesia como nuevo Israel se dice que por medio de Cristo obedecen los hombres a la voluntad de Dios (D 130, 3). La gracia concedida por Cristo consiste en conocer la voluntad de Dios y tener parte en su herencia (D 130, 4). La descripción de la obra salvífica incluye una referencia al cumplimiento de la voluntad de Dios (cf. por ejemplo I 14, 2; I 23, 2).

[37] Cf. ORBE, *Hacia la primera teología* (408-410); sobre este título cf. *infra,* cap. III, apdo. 1.2, p. 125.

[38] Dn 7, 13-14; Dn 2, 34; Is 53, 8; Gn 49, 10; Sal 71, 5.17; Sal 109, 3.

"Ángel del gran consejo" corresponde a la divinidad de este niño recién nacido, en consonancia con la generación por voluntad del Padre.

Otro detalle nos confirma que el título "Ángel del gran consejo (βουλή)" encaja bien en este lugar del Diálogo. Se trata de la repetición del término "voluntad" (βουλή) o del verbo correspondiente, siete veces entre D 75, 4 y D 76, 7[39]. A esta luz se puede ver cómo se desarrolla el pensamiento de Justino: a) en D 75 se piensa en Cristo como ángel, "enviado" para anunciar la voluntad de Dios (D 75, 3); b) se culmina éste número con la Encarnación, llevada a cabo por voluntad del Padre (D 75, 4); c) diciendo "Ángel del gran consejo" se indica entonces que la Encarnación es el momento cumbre del proceso, donde esa revelación de la voluntad del Padre alcanza límites insospechados; pues quien la lleva a cabo fue engendrado antes de la creación por la voluntad del Padre, y constituido así idóneo para desvelarla.

Y en efecto, al explicar el título "Ángel del gran consejo" se insiste en la voluntad paterna. El Hijo revela el querer divino, sus planes definitivos sobre hombres y ángeles (ἃ γὰρ μεγάλα ἐβεβούλευτο ὁ πατήρ), tanto de los que le han agradado (εὐαρέστους) como de los que han apostatado de su voluntad (τοὺς ἀποστάντας τῆς βουλῆς αὐτοῦ)[40]. Enseguida se insiste también en que no basta conocer la doctrina de Cristo, sino que hay que llevar a cabo la voluntad del Padre (se cita Mt 7, 22s). Teniendo en cuenta la importancia que se da en todo el contexto a la voluntad (βουλή) del Padre, hay que leer aquí que Cristo no viene sólo para dar a conocer un mensaje sino, como engendrado por voluntad del Padre, para llevarla a cumplimiento. El cuadro de esta revelación se cierra con la mención de la cruz, donde esta voluntad del Padre se lleva a realización definitiva para todos los hombres[41].

La generación por voluntad del Padre se liga así a la misión del Hijo, cumplidor de esa voluntad.

---

[39] D 75, 4: hecho hombre por voluntad del Padre: κατὰ τὴν τοῦ πατρὸς τῶν ὅλων βουλήν; κατὰ τὴν τοῦ πατρὸς βουλὴν; D 76, 2: Cristo no es obra de hombres, sino de la voluntad de quien le produjo: οὐκ ἔστιν ἀνθρώπινον ἔργον, ἀλλὰ τῆς βουλῆς τοῦ προβάλλοντος αὐτὸν πατρὸς τῶν ὅλων θεου; D 75, 3: el Ángel del gran consejo: μεγάλης βουλῆς ἄγγελον; las grandes cosas que ha querido el Padre: ἃ γὰρ μεγάλα ἐβεβούλευτο ὁ πατήρ; los que se apartan de su querer: τοὺς ἀποστάντας τῆς βουλῆς αὐτοῦ; D 76, 7: nacido según voluntad del Padre: κατὰ τὴν τοῦ πατρὸς βουλήν.

[40] Piénsese en el texto que Ireneo recoge de Justino, en el que se dice que sólo con la llegada de Cristo supo el diablo de su perdición definitiva: *Adv. haer.* V, 26, 2 (SC 153, 335s).

[41] Cf. *infra*, cap. VI, pp. 373ss.

c) Sabiduría y seguimiento del bien (Pr 8, 34-36)

Todavía otra pista confirma la ruta que estamos siguiendo. En D 61, 1 dice Justino que el Hijo es engendrado del Padre por su voluntad (ἀπὸ τοῦ πατρὸς θελήσει) (cf. D 61, 1) y alega en su favor un largo texto de los Proverbios. Extraña que incluya también las siguientes líneas, que exhortan a observar los preceptos de Dios:

> Bienaventurado el varón que me escuche y el hombre que guarde mis caminos [...] Porque mis salidas son salidas de vida, y preparada está complacencia de parte del Señor (αἱ γὰρ ἔξοδοί μου ἔξοδοι ζωῆς, καὶ ἡτοίμασται θέλησις παρὰ κυρίου). Mas los que contra mí pecan son impíos contra su propia alma; los que me aborrecen, aman la muerte (Pr 8, 34-36) (D 61, 5).

La cosa tiene explicación a la luz de lo que venimos diciendo. Hay un nexo entre la generación por voluntad del Padre y la misión de la Sabiduría, que exhorta al hombre a cumplir su voluntad. El Logos, igual que la palabra del AT, revela la acción salvadora del Padre, su voluntad sobre el hombre, que invita a una decisión por el bien y conduce así a la vida[42].

Resumiendo: al decir que el Hijo es engendrado por voluntad del Padre se están poniendo los cimientos de la historia salvífica. En efecto, Cristo no sólo muestra al Padre, sino que lleva a cabo su voluntad y designio, llamado a realizarse en los tiempos. Justino recoge así la riqueza de la Palabra bíblica, que es siempre eficaz: Dios, cuando habla, actúa; no pueden separarse sus dichos y hechos[43]. Lo mismo ocurre con Cristo, Logos de Dios: procede de la mente del Padre, y por eso puede darlo a conocer; pero a la vez viene de la voluntad del Padre, y realiza así sus proyectos. Serán estos proyectos los que hagan de la historia historia de salvación.

2. La unción precósmica: el nombre de Cristo

Hemos analizado la generación del Hijo, considerada también como emisión del Logos; y hemos visto que constituye el fundamento de la

---

[42] P. WIDDICOMBE, "Fatherhood and the conception of God in early Greek Christian literature", *AThR* 82 (2000) 519-536 (525) señala que para Justino el uso del término Padre se adapta muchas veces al empleo filosófico común; pero que, precisamente cuando se habla de la voluntad divina en conjunción con la misión de Jesús, cobra la palabra "Padre" los rasgos que tiene en el Nuevo Testamento, dejando entrever una relación personal.

[43] Cf. O. PROCKSCH, "λέγω", *ThWNT* IV (90-91).

historia de salvación. No ha pasado desapercibido a los exegetas que Justino da también al nombre "Cristo" un valor transcendente[44].

2.1. Unción de profetas y reyes

Comencemos por los textos más claros, en exégesis a Sal 44, 8:

> También hemos demostrado [...] cómo a Él se refiere toda unción (τὸ χρῖσμα πᾶν), ora de aceite, ora de mirra o de cualquier otro compuesto de bálsamo, pues dice la palabra: "Por eso te ungió (ἔχρισε), oh Dios, tu Dios, con óleo de regocijo, con preferencia a tus compañeros (μετόχους)" (Sal 44, 8). Y es así que de Él participaron los reyes y ungidos todos el ser llamados reyes y ungidos (οἱ χριστοὶ ἀπὸ τούτου μετέσχον καὶ βασιλεῖς καλεῖσθαι καὶ χριστοί), a la manera como Él mismo recibió (ἔλαβε) de su Padre el ser rey y Cristo y Sacerdote y Mensajero y todos los otros títulos que tiene o tuvo (D 86, 3-4).

Siguiendo la línea mesiánica del AT, habla Justino de los reyes y demás ungidos. Obtenían la unción de una plenitud poseída por Cristo. Los "compañeros" (μετόχους) del salmo son los que participaron (μετέσχον) de su crisma total. Ahora bien, Cristo a su vez recibió todo del Padre. Por paralelismo con las unciones veterotestamentarias se afirma una unción anterior a la *historia salutis* que hizo del Hijo Ungido, confiriéndole todos los títulos que tiene como enviado del Padre.

No hay duda de que la unción se relaciona con el Espíritu que poseyeron los personajes del Antiguo Testamento. Se presenta a Cristo como dador del Espíritu en el pueblo de Israel por una unción anterior a su venida en carne. Justino ve así en el nombre de Cristo un valor funcional, según su significado propio de "Ungido"[45].

Esta donación del Espíritu se continuará en la Iglesia, como afirma Justino en comentario al mismo salmo 44[46]. La escritura, tras hablar de la unción, describe a la reina, "vestida de vestidura recamada de oro y en variedad de colores" (v. 10). Y añade: "Escucha, hija, mira e inclina tu oído..." (v. 11). Justino identifica a esta reina con la Iglesia, que "de su nombre nace y de su nombre participa (μετασχούσῃ), pues todos nos

---

[44] Las páginas más completas sobre el asunto se encuentran en A. ORBE, *La unción del Verbo* (Estudios Valentinianos III; Roma 1961) (32-38; 61-82); cf. también MARTÍN, *El Espíritu* (231-235).

[45] Pueden verse otros textos en MARTÍN, *El Espíritu* (233s): D 52, 3 (el Espíritu ungía reyes); D 62, 4 (Moisés recibió la fuerza de Cristo); D 87, 3-4 (cada profeta tuvo potencias del Espíritu del Mesías); D 113, 4 (Josué recibe también la fuerza). Se señala también (233) que Cristo es Rey y Sacerdote eterno por esta unción (D 33, 2; D 34, 2; D 36, 1; D 86, 3; D 113, 4-5; D 118, 2). La relación del salmo 44 y el Espíritu aparece también en la exégesis rabínica; cf. MISIARCZYK, *Il midrash* (122-123).

[46] Cf. MARTÍN, *El Espíritu* (234).

llamamos cristianos" (D 63, 5). Esta participación, leída a la luz del fragmento anterior, se refiere de nuevo a los "compañeros" (μετόχους), que antes eran los justos de la Alianza Antigua y ahora son los cristianos.

En otro lugar del Diálogo (D 38, 3-4) cita Justino de nuevo este salmo. En principio parece que se trata de una mera transcripción[47]. Sin embargo, llama la atención que, enseguida, pase Justino a mencionar los dones del espíritu derramados sobre los cristianos (D 39, 2). El hecho se explica fácilmente teniendo en cuenta las exégesis del salmo en otros lugares. Justino conoce una unción del Hijo por el Padre, anterior a la Encarnación, por la que éste se constituye manantial del Espíritu en la historia del Pueblo de Israel y, más adelante, en la Iglesia.

2.2. Unción del mundo en la creación

Esto iluminará un texto de la segunda apología que nos dice el significado del nombre de Cristo.

> En cuanto a su Hijo, aquel que sólo propiamente se dice Hijo, el Verbo, que está con Él antes de las criaturas y es engendrado cuando al principio creó y ordenó por su medio todas las cosas (ὅτε τὴν ἀρχὴν δι' αὐτοῦ πάντα ἔκτισε καὶ ἐκόσμησε), se llama Cristo por haber sido ungido y por haber Dios ordenado por su medio todas las cosas (Χριστὸς μὲν κατὰ τὸ κεχρῖσθαι καὶ κοσμῆσαι τὰ πάντα δι' αὐτοῦ τὸν θεὸν λέγεται) (II 6 [5], 3).

Justino está explicando el nombre de Cristo. Se le llama así, nos dice, (a) por haber sido ungido y (b) porque Dios ordenó por su medio todas las cosas (κατὰ τὸ κεχρῖσθαι καὶ κοσμῆσαι τὰ πάντα δι' αὐτοῦ τὸν θεόν)[48]. Comencemos analizando este último elemento.

Un poco antes Justino habla de la creación en términos bien diferenciados, y distingue dos etapas: Dios no sólo creó (estableció, ἔκτισε), sino que además ordenó (dio ornamento o disposición,

---

[47] Como piensa ORBE, *La unción del Verbo* (22, n. 9).

[48] Es la lectura del manuscrito. Otto comenta (*ad locum*, p. 214): "Quod equidem de divina illa virtute summaque potentia interpretor, qua ornatus est logos ad opus perficiendum." La misma opinión sostiene ORBE, *La unción del Verbo* (66, n. 26). Wartelle traduce: "il est appelé Christ, parce qu'il a reçu l'onction et que Dieu a mis l'ordre dans l'univers par lui". Y comenta (nota a 6.3, p. 305): "il a reçu l'onction: il y a un lien entre l'idée de donner l'onction d'huile et celle d'orner: La correction proposée par Scaliger (XVIᵉ siècle) veut renforcer ce lien et donne le sens suivant: *il est appelé Christ parce que Dieu a donné par lui l'onction et l'ornement au monde*". No se ve la necesidad de cambiar la lectura del manuscrito. Sobre todo considerando su coherencia con la exégesis de Justino al Sal 44, que da testimonio de una unción anterior a la Encarnación.

ἐκόσμησε) esa creación[49]. Justino describe en una ocasión este segundo momento:

> Habiendo Dios hecho el mundo entero, sometido las cosas terrestres a los hombres y ordenado los elementos del cielo para crecimiento de los frutos y variación de las estaciones (τὰ οὐράνια στοιχεῖα εἰς αὔξησιν καρπῶν καὶ ὡρῶν μεταβολὰς κοσμήσας), poniéndoles también una ley divina (II 5 [4], 2).

Como vemos, se contiene aquí la idea de una disposición dinámica, de un orden en el movimiento que hace progresar a la creación en variedad vital.

¿Por qué se vincula esta ordenación del mundo al nombre de Cristo, Ungido? La unción, que en ámbito judío era un rito religioso especial, tiene un significado más amplio entre griegos. Se usaba en el mundo profano con muchos objetos; era el último retoque que los hacía idóneos para el uso. Teófilo relaciona expresamente, en un conocido texto, la unción y el ornato y habla de una cierta unción del mundo por la luz y el viento o espíritu, que culmina en la unción de los cristianos con el óleo de Dios, por la que reciben su nombre[50].

---

[49] La palabra "ordenar" pertenecía al proceso de la creación según los estoicos. Cf. M.L. COLISH, *The Stoic tradition from Antiquity to the early Middle Ages* (1; Leiden 1985) (24): "From Heraclitus they [los estoicos] appropriate the notion of a cyclical cosmology [...] In the diakosmesis part of the cycle, God, the creative fire, generates air, which generates water, which generates earth. Then God, the creative fire, the active principle, acts upon the other elements, which are passive in relation to fire, arranging them in the mixtures which make up the individual beings in the natural order". Justino encuentra esta "ordenación" del mundo ya en Platón; cf. I 20, 4: "Y es así que cuando nosotros decimos que todo fue ordenado y hecho por Dios (ὑπὸ θεοῦ πάντα κεκοσμῆσθαι καὶ γεγενῆσθαι), no parecerá sino que enunciamos una doctrina de Platón"; cf. *Timeo* 69b (ed. RIVAUD, 195). Estos elementos no eran ajenos a otros escritores cristianos contemporáneos; cf. ORBE, *La unción del Verbo* (519).

[50] Cf. *Ad Autol*. I, 12 (SC 20, 62): "En cuanto a reírte de mí, llamándome cristiano, no sabes lo que te dices. En primer lugar, porque, siendo cristiano igual que ungido, lo ungido es agradable y provechoso (εὔχρηστον), y en modo alguno digno de risa. Porque, ¿qué nave puede ser provechosa y salvarse, si no se la unge (χρισθῆ) primero? ¿Qué torre o qué casa es de bella forma o provechosa si no se la ha ungido (κέχρισται)? ¿Qué hombre al entrar en el mundo o al ir al combate no se unge (χρίεται) con aceite? ¿Qué obra o qué ornamento puede tener bella apariencia, si no se la unge y abrillanta (ἐὰν μὴ χρισθῆ καὶ στιλβωθῆ)? En fin, el aire y toda la tierra bajo el cielo está en cierto modo ungida por la luz y el viento (χρίεται φωτὶ καὶ πνεύματι). ¿Y tú no quieres ser ungido por el óleo de Dios? Pues nosotros nos llamamos cristianos porque nos ungimos del óleo de Dios (ὅτι χριόμεθα ἔλαιον θεοῦ)". Para el análisis de este texto cf. ORBE, *La unción del Verbo* (80ss). Se hace referencia también a *Ad Autol*. I, 5. Cf. la nota de Bardy en la edición de SC 20, 62: "Le pneuma dont il est ici question n'est pas le Saint-Esprit; c'est bien plutôt l'esprit conçu à la manière des stoïciens, qui enveloppe l'univers". Respetando la distinción entre Espíritu y espíritu, se puede ver, por el texto que hemos citado, una conexión entre ambos. Son

Tiene su lógica, pues, vincular ese "orden" del mundo y la unción de Cristo. Justino ve una unción del mundo que complementa su constitución, igual que las cosas reciben una unción después de haber sido fabricadas. Ordenar el mundo lo ha entendido Justino como ungirlo. Una presencia del espíritu en esta unción podía apoyarse en concepciones estoicas[51].

Volvamos ahora a la frase de que partíamos: "se llama Cristo por haber sido ungido y porque Dios ha ordenado por su medio todas las cosas" (Χριστὸς μὲν κατὰ τὸ κεχρῖσθαι καὶ κοσμῆσαι τὰ πάντα δι' αὑτοῦ τὸν θεὸν λέγεται) (II 6 [5], 3). A esta unción del mundo por Cristo (activa) corresponde una unción recibida por Cristo (pasiva). Cristo es capaz de ungir (= dar ornamento) el universo, porque a su vez ha recibido la unción del Padre[52].

Nos hacemos la siguiente pregunta. ¿Tienen que ver las unciones de reyes y profetas del AT con esta unción cósmica? Ya hemos visto que en Teófilo y en la filosofía del tiempo se relaciona la unción del mundo con el Pneuma. ¿Ofrece Justino un punto de vista que unifique perspectivas?

2.3. Κοσμεῖν en Justino

A. Orbe ha llevado a cabo un estudio sobre el uso del verbo κοσμεῖν en Justino, cuyos resultados permiten poner en conexión las diversas unciones[53]. El verbo orquesta el crecimiento de la creación, desde sus inicios hasta que alcance su cumbre definitiva:

- Hemos visto ya la ordenación primera de la materia: Justino la relaciona con la unción siguiendo concepciones estoicas. Hay una participación del Espíritu al mundo para darle forma consumada y movimiento.

---

distintas participaciones del mismo Espíritu divino que Cristo posee en plenitud. Así lo sugiere la comparación de la unción del mundo con la unción de los cristianos.

[51] Se trataría del πνεῦμα διῆκον o περιέχον, principio que penetra el mundo dando cohesión a todas las cosas. El fuego original es también llamado espíritu (pneuma) por los estoicos: cf. COLISH, *The Stoic tradition* (24); cf. POHLENZ, *Die Stoa* (75): "Damit erklärt sich nun endlich auch das Sein der Einzeldinge. Es beruht darauf, daß verschiedene bereits qualifizierte Pneumaströmungen in einem Teile der Hyle eine unlösliche Verbindung eingehen, die das Pneuma durch seine Spannkraft zu einer dauernden Einheit macht..."

[52] Compárese con D 86, 4: "Y es así que de Él participaron (μετέσχον) los reyes y ungidos todos el ser llamados reyes y ungidos, a la manera como Él mismo recibió (ἔλαβε) de su Padre el ser rey y Cristo y Sacerdote y Mensajero y todos los otros títulos que tiene o tuvo".

[53] Cf. ORBE, *La unción del Verbo* (63-72). Resumo en este apartado su análisis.

- El término pertenece también al vocabulario sobre la virtud, adorno verdadero frente al aparente del vicio[54]. Esta virtud está en relación con el Espíritu, que es el que dispone al hombre para la visión de Dios. Nadie, en efecto puede ver a Dios sin la virtud, como indica Justino por boca del anciano[55]. Y, por otro lado, el mismo anciano había dicho, un poco antes: *¿O es que la inteligencia humana será jamás capaz de ver a Dios, sin estar adornada del Espíritu Santo?*[56] En la óptica de Justino la virtud no es algo que el hombre alcanza por sus propias fuerzas, sino que se trata de un don de Dios; su ejercicio sólo es posible si se dispone del adorno del Espíritu.

Por último, esta ordenación o κόσμησις se verificará en la Jerusalén reconstruida del milenio (cf. D 80, 5). Dado que Justino ve la consumación de la historia como creación renovada, parece lógico pensar en una definitiva unción de la nueva Jerusalén.

Como vemos, esta κόσμησις está vinculada con el Espíritu divino. El término muestra que las distintas unciones están relacionadas. Lo que empieza con la creación se continúa con la guía del hombre en la virtud, y se culmina en la visión de Dios.

No se hace por tanto difícil encontrar un común denominador, un esquema que Justino sigue en todos estos casos. El Hijo recibe todo del Padre para donarlo a su vez a los hombres; de Él obtiene no sólamente ser Dios, sino también ser ungido, Cristo. Ha recibido entonces la plenitud del Espíritu, el crisma total. En posesión de Él se hace capaz de donarlo al mundo como intermediario del Padre; lo comunicará en grados diversos. Ya en la creación el mundo se unge del Espíritu. En otro grado lo recibe el hombre, que debe ir avanzando en su posesión, siguiendo el camino de la virtud. Hemos de ver que este Espíritu se dona también a los profetas, como Espíritu de profecía; que será el Espíritu que recibirá el mismo Cristo, concentrando en sí todos los dones antiguos; y que, con nueva cualidad, se repartirá a los cristianos, pueblo que nace de la fe y del Espíritu (cf. D 135, 6).

La comunicación del Espíritu no tiene siempre la misma cualidad. En cada momento "Espíritu" significa cosas distintas. Sólo el estudio de cada

---

[54] Cf. II 11, 5: "La virtud, por el contrario, con rostro y vestido severo, le dijo: Mas, si me sigues a mí, no te adornaré (κόσμῳ) con belleza y adornos (κοσμήσεις) pasajeros y corruptibles sino con eternos y de verdad bellos adornos (τοῖς ἀϊδίοις καὶ καλοῖς κόσμοις)"; cf. también I 12, 2; II 11, 4.

[55] Cf. D 4, 3: "Luego – me dijo – no ve el hombre a Dios por su parentesco con Él, ni porque tiene inteligencia, sino porque es templado y justo".

[56] D 4, 1: ἢ τὸν θεὸν ἀνθρώπου νοῦς ὄψεταί ποτε μὴ ἁγίῳ πνεύματι κεκοσμημένος;

fase concreta puede ayudarnos a describir adecuadamente su presencia[57]. Pero podemos ya señalar dos trazos comunes a toda unción: a) el Pneuma es participación dada por Cristo; b) es una fuerza dinámica que perfecciona una realidad ya constituida dándole movimiento hacia una plenitud, animándola vitalmente; en grados diversos según se trate del mundo o del hombre, del crecimiento en la virtud o de la visión definitiva del Padre[58].

2.4. Unción recibida por Cristo

Trataremos de iluminar desde aquí cómo es la unción que recibe Cristo. Sabemos que el Hijo posee el Espíritu en plenitud, y no parcialmente: a Él se refiere toda unción (cf. D 86, 3: τὸ χρῖσμα πᾶν); unción que podrá participar al mundo. Fijémonos, ahora: dos acontecimientos tienen lugar antes de la creación, la generación del Hijo y su unción con el Pneuma[59]. Ahora bien, en su acción sobre el mundo se distinguirán también las dos funciones, la del Logos y la del Espíritu.

Esto se muestra ya en la creación, donde Justino diferencia dos estadios: establecer en el ser y ungir[60]. El Hijo, como Logos, interviene estableciendo las cosas creadas; y como poseedor del Espíritu da a la creación movimiento y vida, la unge. Si admitimos la variedad de grados al donar el Espíritu no hay problema en suponer que la unción indicada en Sal 44, 8 ("por eso te ungió, oh Dios, tu Dios") sea la que permite a Cristo ungir a su vez la creación. Más tarde, en el orden salvífico, el Hijo comunica el Pneuma, haciendo participar de una fuerza que no se

---

[57] Cf., en Taciano, los distintos valores del nombre de Espíritu (TACIANO, *Or.* 12, ed. WHITTAKER, 22-26). Habla de un "espíritu material". Otto comenta, *ad locum*: "Haec mundi anima non eodem cum divino spiritu sed inferiori potius loco habenda est [...] Inest in omnibus creaturis: in stellis, angelis, hominibus, animalibus, plantis; et quamvis una in omnibus (quod qualitatem eius attinet) eademque sit, diverso tamen modo singulis inhaeret [...] plus illius inest angelis quam hominibus, hominibus plus quam animalibus, animalibus plus quam plantis, etc. Prorsus aliter Sotici de anima mundi docebant: nempe eam non pro dei opificio sed pro ipso deo habebant, qui seipsum uniret partibus mundi".

[58] Así se muestra que Justino tiene un concepto coherente de πνεῦμα. G. VERBEKE, *L'Evolution de la doctrine du pneuma du Stoïcisme à S. Augustin* (Paris 1945) había visto una cierta contradicción entre los apologistas al definir el πνεῦμα: "On trouve donc chez eux un curieux mélange de pneumatologie matérialiste et spiritualiste, s'inspirant de doctrines très différentes, qui pouvaient difficilement être fondues en un système harmonieux" (429). Los datos aportados por ORBE permiten ver que esa contradicción es solo aparente.

[59] No coincido, pues, con A. HOUSSIAU, "La Christologie" (184), que dice acerca de Justino: "Il identifie en effet la dignité divine et la qualité de Messie, et confond le Verbe avec l'Esprit en Jésus Christ". Ya indicaba A. PUECH, *Les Apologistes Grecs du IIe siècle de notre ère* (Paris 1912) (322-327), que Espíritu y Logos son realidades distintas para Justino.

[60] Recuérdese II 6 [5], 3: πάντα ἔκτισε καὶ ἐκόσμησε.

confunde con Él y que a su vez ha recibido del Padre. En Él está todo el Espíritu concentrado, y lo va comunicando al mundo; y especialmente al hombre, a reyes y profetas del Antiguo Testamento, a la Iglesia de los cristianos[61].

Esto quiere decir: hay una correspondencia entre lo que Cristo recibe del Padre y lo que dona después a los hombres. Lo cual puede ayudarnos a responder a la siguiente pregunta. ¿Qué añade la unción del Espíritu al ser del Hijo, ya establecido en la generación? Hasta ahora hemos descrito la actividad del Pneuma como movimiento, dinamismo, fuerza. Esto, que ocurre en la creación, ¿se da en modo similar en el propio Hijo, cuando recibe el Espíritu? De hecho, Justino afirma que Jesús es Dios fuerte y digno de adoración, precisamente por ser Cristo:

> Y David proclamó que había de nacer del vientre antes del sol y de la luna, según designio del Padre, y manifestó que, por ser Cristo, era Dios fuerte y adorable (θεὸν ἰσχυρὸν καὶ προσκυνητόν, Χριστὸν ὄντα, ἐδήλωσε) (D 76, 7).

Fijémonos en los adjetivos usados por el mártir: el Salvador es Dios *adorable y fuerte* por ser Cristo. Ahora bien, "adorable" tiene un sentido dinámico en Justino. Llama ya la atención el hecho de que algunos judíos lo acepten como propiedad del Mesías (cf. D 68, 9), señal de que podían admitirlo como algo donado por el Espíritu, recibido con la unción. En un contexto en que se habla de los dones del Espíritu dice Justino que Jesús, en Belén, ya poseía el Pneuma, y da como prueba que los magos le adoraron (D 88, 1). Por su parte, el adjetivo "fuerte" (ἰσχυρός) se puede poner también en conexión con el Espíritu, según el mismo sentido dinámico que le hemos atribuído. Justino dice que Josué recibió fuerza del Espíritu de Cristo (D 113, 4: λαβὼν ἀπὸ τοῦ πνεύματος αὐτοῦ ἰσχύν).

Según esto, podemos decir: la unción con el Espíritu completa la divinidad del Logos dándole propiedades dinámicas; igual que luego

---

[61] Como se ve, no obra aquí Justino una helenización del título de Cristo, sino que mantiene su trasfondo veterotestamentario. Es posible que se inspirara en tradiciones judías como sugiere SKARSAUNE, "Altkirchliche Christologie" (270-271, n.9): "In dieser Vorstellung einer doppelten Schöpfungsmittlung durch Logos und Geist/Weisheit wird der Geist für die *Ordnung* der Schöpfung verantwortlich gemacht. Vielleicht wird hier auf Gen 1, 2 angespielt, und wird vorausgesetzt, dass der Geist Gottes das wirksame Prinzip hinter der Schöpfung (=dem Ordnen) in Gen 1, 3ff. ist. Wenn sich Justin den präexistenten Messias als mit *diesem* Geist gesalbt vorstellt, ist er nicht weit entfernt von einer späteren rabbinischen Idee, die man u. a. in GenRab 2, 4 begegnet". Cf. *Bereshith Rabbah* 2, 4 (ed. FREEDMANN, 17): "and the Spirit of God hovered: this alludes to the spirit of Messiah, as you read, and the spirit of the Lord shall rest upon him (Is 11, 2)".

completará la creación, infundiéndole ornato, disposición y crecimiento[62]. Esta donación del Espíritu supone capacitar al Hijo para su acción en el mundo. El Logos, idóneo para comunicar al Padre invisible, que ha nacido del Padre por su voluntad para llevar al hombre a cumplirla, necesita además el Espíritu para poder actuar en el mundo.

Igual que el Logos es un principio revelador, podemos decir que el Espíritu es principio comunicativo. En efecto, le corresponde la palabra "participar" que Justino utiliza en un contexto de unción (οἱ χριστοὶ ἀπὸ τούτου μετέσχον, D 86, 3). A lo largo de la historia el Hijo comunica el Espíritu en grados diversos. Así, la noción de Espíritu completa al Hijo como revelador del Padre. Pues sólo al recibir el Espíritu puede Cristo comunicar todas las propiedades que tiene en cuanto Hijo y Palabra del Padre, idóneo para transmitir ésta a los hombres. La posesión del Espíritu no es una característica más al lado de las otras, sino que es la propiedad que hace comunicable todo lo que el Hijo tiene[63].

Con esto hemos encuadrado el concepto de Espíritu con dos notas. Se trata en primer lugar de una realidad dinámica, cuya posesión da movimiento y vida; es, en segundo lugar, algo esencialmente comunicativo. Su función es poner en conexión gradualmente el universo creado con su Creador.

Esta unción precósmica tiene consecuencias fundamentales para la Cristología de Justino. Ocurre que habrá que contar con dos principios, Logos y Pneuma; no bastará uno solo para dar cuenta del panorama teológico del mártir[64]. Ciertamente, alguna vez las funciones de ambos se solapan: se debe a que Justino verá en adelante al Logos como portador del Espíritu, el Ungido de Dios antes de la creación; esto le llevará a identificar en ocasiones Logos y Espíritu, sin verse en la precisión de distinguir lo que corresponde a uno u otro[65]. Pero tal cosa no significa mera equivalencia; indica simplemente que los dos principios, con ser distintos, están articulados. El Espíritu se dona siempre a través del Hijo, es distribuido por Cristo; pero, a un tiempo, el Hijo lo posee siempre como donado del Padre, como dádiva que ha de renovarse continuamente y se participa solo a instancias de la voluntad paterna.

---

[62] Cf. ORBE, *La unción del Verbo* (71).

[63] De ahí que el Espíritu pueda pasar de una persona a otra: cf. D 49, 6.

[64] Cf. AYÁN, *Antropología* (81-82), para ver cómo se va fraguando en Justino la teología de las manos de Dios, el Logos y el Espíritu, que desarrollará después Ireneo.

[65] Esto ocurre, por ejemplo, con la inspiración profética; ¿se debe al Logos o al Espíritu? Para una discusión de las soluciones propuestas, cf. H. BACHT, "Die Lehre des hl. Justinus Martyr von der prophetischen Inspiration", *Scholastik* 26-27 (1951-1952) 481-495; 12-33 (I, 489-492).

El concepto de participación del Pneuma se mostrará importante en lo que sigue, pues constituye el núcleo de la acción de Cristo entre los hombres; da unidad a toda la *historia salutis*, a la vez que la articula en fases diversas. Presente en la creación, actuando en todo hombre y llevándolo a la virtud, donado a los profetas y justos y, en el tiempo último, a la Iglesia, al Espíritu corresponderá también la renovación definitiva de lo creado en la Jerusalén reconstruida[66].

3.   La donación del nombre

Estamos viendo cómo Justino establece estrecho vínculo entre la preexistencia del Hijo y su obra salvadora. Tal nexo se captará mejor analizando un mecanismo que aparece con frecuencia en sus escritos: la donación del nombre.

En ambiente judío el nombre tiene una gran importancia. No es una característica externa, sino que indica el ser mismo, la persona. Desde esta perspectiva se habla del "Nombre" divino, que llega a adquirir consistencia propia. El Nombre tiene un oficio teológico preciso, paralelo al de otras figuras del Antiguo Testamento, como la Palabra o la Sabiduría: resguardar la transcendencia de Dios. Así se puede afirmar, por ejemplo, que en el santuario habita el Nombre de Dios[67]. Por otro lado, la acentuación de la inefabilidad divina encajaba con los planteamientos filosóficos del tiempo, y era moneda corriente en el medioplatonismo en que Justino se formó[68].

Entre los primeros escritores cristianos, eclesiásticos y gnósticos, cobrará fuerza esta tradición. El Nombre del Padre es incognoscible; este Nombre se hace presente por medio del Hijo revelador. Incluso se llega a identificar el Nombre con la persona divina del Hijo. La teología del

---

[66] ¿Cómo ha llegado Justino a estas afirmaciones sobre la unción precósmica? Creo que hay aquí una muestra más de la estrecha unión entre teología y economía de que da testimonio el santo. En efecto, por un lado Justino ve continuidad entre a) la obediencia terrena de Jesús a su Padre; b) el servicio a su voluntad en el AT, y c) su generación divina antes de los siglos. La preexistencia de Cristo es así el fundamento de su manifestación escatológica como Hijo de Dios; refleja en esto Justino el mismo proceso que tuvo lugar en la primera comunidad cristiana (cf. *infra*, cap. III, pp. 113-116). Pues bien, algo parecido ocurre con la unción: de la experiencia del Espíritu que se da en la Iglesia, de una contemplación de Cristo como el ungido por Dios y como el dador del Espíritu a los hombres, Justino pasa a la unción divina, anterior a la creación. Sólo si Cristo era desde siempre el Ungido con la totalidad del Pneuma, puede darse ahora en Él la manifestación escatológica y definitiva, la recepción y donación del Espíritu en plenitud.

[67] Cf. H. BIETENHARD, "ὄνομα",*ThWNT* V (253. 258).

[68] Cf. una presentación en R. MORTLEY, *From Word to Silence. I. The rise and fall of logos. II. The way of negation, Christian and Greek* (Theoph. 31; Bonn 1986).

Nombre presenta por un lado un fuerte apofatismo, pero da por otro la posibilidad de conocer a Dios por medio de su Hijo, que revela este Nombre[69].

¿Cuál es la posición de Justino? ¿Qué valor teológico tiene para él el "Nombre"?[70]

3.1. El nombre no impuesto del Padre.

También según Justino salvaguarda el nombre la transcendencia divina. Dios no tiene nombre o al menos no tiene nombre impuesto. Así podemos leer:

> Porque el Padre del Universo, ingénito como es (ἀγεννήτῳ ὄντι), no tiene nombre impuesto (θετόν), como quiera que todo aquello que lleva un nombre supone a otro más antiguo que se lo impuso. Los de Padre, Dios, Creador, Señor, Dueño, no son propiamente nombres, sino denominaciones tomadas de sus beneficios y de sus obras (ἐκ τῶν εὐποιιῶν καὶ τῶν ἔργων προσρήσεις) (II 6 [5], 1-2).

La distinción que hace Justino entre nombre y denominación (πρόσρησις) era típica en la filosofía del tiempo[71]. Dada la incognoscibilidad de Dios no podemos nombrarle propiamente, sino solo denominarlo según las obras que realiza: la creación, dominio y gobierno del universo. ¿Quiere esto decir que Dios no tiene en absoluto nombre?

Justino ha utilizado una expresión escogida: el Padre no tiene nombre *impuesto*. Lo mismo dice en I 10, 1, hablando de un Dios que "por ningún nombre *impuesto* puede ser nombrado". Nos interesa el contexto que precede a esta última cita (I 9). El mártir está criticando la idolatría, el hecho de que los paganos den forma a sus dioses, cuando Dios no tiene forma ni figura (I 9, 1). Esto no quiere decir que no tenga forma en absoluto, sino que posee una forma inefable (I 9, 2)[72].

---

[69] Cf. sobre el nombre en la teología judeo-cristiana, J. DANIÉLOU, *Théologie du Judéo-Christianisme* (BT; Tournai 1958) (199ss); en los sistemas gnósticos, ORBE, *Hacia la primera teología* (98s).

[70] Sobre el nombre en Justino cf. C. NOCE, "Giustino: I. Il nome di Dio", *Div.* 23 (1979) 220-238; D.W. PALMER, "Atheism, apologetic, and negative theology in the Greek apologists of the second century", *VigChr* 37 (1983) 234-259; MORTLEY, *From Word* (II, 33-35); P. BOBICHON, "Fonctions et valeurs des noms dans les écrits de Justin Martyr", *Apochrypha* 11 (2000) 93-121; P. WIDDICOMBE, "Justin Martyr's apophaticism", *StPatr* 36 (ed. M.F. WILES - E.J. YARNOLD) (Louvain 2001) 313-319.

[71] Para el estoicismo, cf. POHLENZ, *Die Stoa* (44); para el platonismo medio, cf. los textos principales en FESTUGIÈRE, *La Révélation* (92-140); cf. también C. NOCE, "Giustino: I. Il nome di Dio", *Div.* 23 (1979) 220-238, quien sitúa bien a Justino en el ambiente.

[72] PALMER, "Atheism", ha puesto de relieve cómo en los apologistas se relaciona la defensa de la acusación de ateísmo con el énfasis en la transcendencia divina.

Pues bien, Justino habla de la trascendencia de Dios poniendo en paralelo el nombre con la forma o figura. Así nos dice que los nombres y formas dados a los ídolos son los nombres y formas de los demonios (I 9, 1). Esto se ve aún más claro cuando afirma que dar forma a los dioses es un insulto a Dios, "pues teniendo Él gloria y *forma* inefable, se da *nombre* de Dios a cosas corruptibles..." (I 9, 2). Este paralelo de nombre y forma nos invita a pensar: si Dios tiene forma inefable, ¿no es lícito hablar de un nombre inefable de Dios? Esta impresión se refuerza cuando Justino resalta, un poco más adelante, que Dios "por ningún nombre *impuesto* puede ser nombrado" (I 10, 1).

Es decir, no es que Dios no tenga nombre, sino que no tiene nombre impuesto. Posee un nombre misterioso, al igual que una forma inefable.

3.2. El Hijo revela el nombre del Padre. Nombre y generación

Teniendo Dios nombre, ¿hay manera de conocerlo? La lógica impone, según las coordenadas teológicas del mártir, que sea el Hijo quien revele este nombre. Justino no llama al Hijo "Nombre divino"[73], pero sí dice que éste, a diferencia del Padre, posee muchos nombres:

> ...unas veces Hijo, otras Sabiduría; ora Ángel, ora Dios; ya Señor, ya Palabra [...] se llama de todas estas formas por estar al servicio de la voluntad del Padre y haber sido engendrado de su voluntad (D 61, 1).

Jesucristo tiene nombres por ser engendrado. Lo cual casa bien con lo que más arriba expusimos. Efectivamente: el Padre, siendo inengendrado, carece de nombre impuesto (cf. II 6 [5], 1-2); pero el Hijo sí tiene alguien superior que le imponga el nombre. Los nombres que posee se los ha dado el Padre al engendrarle y porque el Hijo está continuamente a su servicio. Vemos que la imposición de un nombre se vincula a la generación[74].

Esto queda patente también cuando Justino habla del Bautismo cristiano, al final de la primera Apología. Dice así el santo:

> se pronuncia en el agua sobre el que ha determinado regenerarse y se arrepiente de sus pecados el nombre de Dios, Padre y Soberano del universo, y este solo nombre aplica a Dios el que conduce al baño a quien ha de ser lavado (τὸ τοῦ πατρὸς τῶν ὅλων καὶ δεσπότου θεοῦ ὄνομα, αὐτὸ τοῦτο μόνον ἐπιλέγοντος τοῦ τὸν λουσόμενον ἄγοντος ἐπὶ τὸ λουτρόν). Porque nadie es capaz de poner nombre al Dios inefable; y si alguno se

---

[73] NOCE, "Il nome" (233) piensa que en D 75, 1 se llama a Cristo nombre del Padre, pues Justino dice que "Jesús es el nombre de Dios" (αὐτοῦ τὸ ὄνομα τοῦ θεοῦ καὶ Ἰησοῦς ἦν). Pero aquí "Dios" se refiere a Cristo, que es también llamado Dios y es quien se aparece a Moisés, y hay que traducir: "el nombre de Dios (del Dios que se aparece a Moisés) era Jesús".

[74] Esto mismo defiende WIDDICOMBE, "Apophaticism" (317).

atreviera a decir que ese nombre existe, sufriría la más impudente locura. Este baño se llama iluminación, para dar a entender que son iluminados los que aprenden estas cosas. Y el iluminado se lava también en el nombre de Jesucristo, que fue crucificado bajo Poncio Pilato, y en el nombre del Espíritu Santo... (I 61, I 10-13).

En el Bautismo no se pronuncia sino el nombre de Padre, que es, más que un nombre, una denominación que merece por la largueza de sus beneficios[75]. Es decir, nadie puede imponer nombre a Dios, de quien se encomia así la transcendencia. ¿Quiere esto decir que su misterio queda velado? Eso parece; y sin embargo Justino habla de una iluminación, y deja así abierta la esperanza de un conocimiento de lo divino.

¿Tiene o no fundamento esta esperanza? Notemos que Justino continúa enseguida con la fórmula bautismal, que le lleva a hablar del nombre de Jesucristo y del Espíritu Santo. Para entender adónde apunta el mártir, fijémonos en los números de la Apología que siguen a esta cita (hasta I 64). Lejos de constituir un *excursus*, son un comentario a lo ocurrido en el Bautismo: explican por qué se invocan los nombres del Hijo y del Espíritu[76]. En efecto, por el Bautismo el cristiano recibe el conocimiento de Dios, de ese Dios a quien se acaba de llamar trascendente. ¿Cómo es esto posible? En contraste con los judíos, que confundieron al Padre y al Hijo, es esta distinción la que salva al creyente. La invocación del nombre del Hijo quiere decir que, a través de Él, se puede llegar al Padre.

---

[75] Otto aclara (*ad locum*, 168, n. 15): "Baptizans in baptismi formula hoc nomen, scil. τοῦ πατρός, tribuit deo, tantum distinctionis causa, non ut proprium eius nomen"; cf. también II 6 [5], 1-2.

[76] Tras enunciar la fórmula se pasa a hablar del remedio diabólico del Bautismo en los ritos paganos, que usan de abluciones para la purificación (D 62). El que se mande descalzarse en estos templos es también plagio de la escena del Éxodo, cuando Moisés se acercó descalzo a la zarza ardiendo (cf. Ex 3, 5). Entonces Justino cita todo este pasaje. Da la impresión de haber dejado de tratar del nombre para ocuparse de las imitaciones cristianas en las religiones mistéricas. Pero es una falsa impresión. Enseguida se ve que lo que interesa a Justino del episodio de la zarza es el nombre de Dios: estamos ante un desarrollo de la fórmula bautismal. En efecto, tras enunciarla se explican los nombres que se invocan sobre el que ha sido iluminado: se habla primero del Hijo (I 63), y luego del Espíritu Santo (I 64). A lo largo del número 63 se insiste en ideas ya mencionadas: el Hijo es quien revela al Padre como mensajero suyo; los judíos desconocen a Dios por no saber distinguir entre el Padre y el Hijo, de modo que se les escapa el misterio de ambos; la ignorancia judía se pone en contraste con el saber del cristiano, quien es hijo de la libertad y el conocimiento por haber recibido el Bautismo o iluminación (cf. I 61, 10). La insistencia en el "nombre" es patente en toda esta sección de la Apología (en la fórmula bautismal de I 61, en el episodio de la zarza en I 62-63, y en el nombre del Espíritu en I 64). Sobre la continuidad de esta sección puede verse C.I.K. Story, "Justin's Apology I:62-64: its importance for the author's treatment of Christian baptism", *VigChr* 16 (1962) 172-178.

Por otra parte Justino conoce la importancia del nombre para los judíos[77]. Y aunque ya hemos dicho que no llama nunca a Jesucristo "Nombre", equipara "glorificar el nombre del Padre" con "glorificar a Jesucristo". Así aparece por ejemplo en el comentario a la profecía de Mal 1, 10[78]. Dice allí Dios (por el contexto, el Padre) que en todo lugar su nombre es glorificado entre las naciones. Esto lo interpreta Justino de la defensa del nombre de Cristo por los cristianos, mientras los judíos profanan el nombre al maldecir de Jesús[79]. Por otra parte, tenemos el comentario de Justino a Sal 21, 23: *Anunciaré tu nombre a mis hermanos* (D 106, 1). Es frase dirigida por Cristo a su Padre; tras la resurrección revelará el Hijo el nombre paterno a los creyentes[80].

En resumen, estamos ante una variación de un tema central en Justino. Igual que el Hijo da a conocer la gloria inefable del Padre, igual que actúa como comunicador de todos sus mensajes y decretos, también revela el Nombre misterioso de Dios. La generación y el servicio a su voluntad le confieren los nombres que tiene: por eso el nombre designa a la persona del Hijo en cuanto revelador del Padre. En lo que sigue perfilaremos este resultado.

3.3. El nombre y el cumplimiento de la voluntad del Padre

Se puede precisar más esta teología del nombre situándola en la polémica contra los ídolos paganos, tal como se consigna en la Apología. Justino contrapone estos al Dios cristiano, y se defiende así de la acusación de ateísmo. El contraste es patente: los otros dioses se describen como necesitados de ofrendas y sometidos a las pasiones de sus deseos (II 5 [4], 4), cosas indignas del verdadero Dios. En esta contraposición se dice algo notable, justo antes de hablar del nombre de Dios: "Y en efecto, con el nombre que cada ángel se había puesto a sí mismo y a sus hijos, llamaron los poetas a sus dioses (ὀνόματι γὰρ ἕκαστον, ὅπερ ἕκαστος ἑαυτῷ τῶν ἀγγέλων καὶ τοῖς τέκνοις ἔθετο, προσηγόρευσαν)" (II 5 [4], 6). La idea la había recogido ya Justino en I 5, 2, discutiendo entonces sobre el nombre de "cristiano", y poco antes de

---

[77] Conoce la teología del nombre como presencia de Dios en el templo (cf. D 92, 4) y también valora el nombre de Dios que los judíos llevaban escrito (cf. D 45, 5).

[78] Cf. D 28, 5; 41, 2-3; 117.

[79] San Ireneo aclara el pasaje en el mismo sentido, añadiendo una distinción. Jesucristo es nombre del Padre en lo divino, en cuanto Hijo que le da a conocer; y también en cuanto encarnado, pues la Encarnación traduce el nombre para la salvación humana. Cf. *Adv. haer.* IV, 17, 6 (SC 100, 595). Puede verse el comentario de A. ORBE, *Introducción a la teología de los siglos II y III* (Salamanca 1988) (462ss).

[80] Daremos la prueba más adelante, cf. *infra*, pp. 435ss.

hablar también del Dios innombrable: "llamaron a cada uno con el nombre que cada demonio se había puesto a sí mismo".

Detrás de esta idea está el comentario al pasaje del Génesis (Gn 6, 1-4) en que los ángeles corrompen a las hijas de los hombres y tienen de ellas hijos. Notamos de nuevo el contraste. Justino ve una acción perversa en esta autoimposición del nombre por parte de los demonios y sus hijos. A ellos se opone el Dios cristiano, que no tiene nombre; y su Hijo, el único que puede llamarse propiamente tal, como se preocupa de constatar Justino en el mismo contexto (cf. II 6 [5], 3). El Hijo, lejos de otorgarse a sí mismo el nombre, muestra la perfecta sumisión al Padre (contrapuesta a la rebeldía de los demonios) en el hecho de recibir un nombre impuesto por Él[81].

Esta relación entre llevar el nombre y cumplir la voluntad del Padre se hace patente en otros pasajes. Volvamos, por ejemplo, a la polémica contra las acusaciones paganas, que condenan a los cristianos por su nombre, no por sus obras. En su argumentación trata el mártir de los herejes, que han usurpado el nombre de cristianos[82]. Encadena entonces algunas frases de Jesús:

Mas aquellos que se vea no viven como Él enseñó, sean declarados como no cristianos, por más que con la lengua repitan las enseñanzas de Cristo, pues Él dijo que habían de salvarse no los que sólo hablaran, sino los que también practicaran las obras. Y efectivamente dijo así: *No todo el que me diga "Señor, Señor" entrará en el reino de los cielos, sino el que haga la voluntad de mi Padre que está en los cielos* (cf. Mt 7, 21). *Porque el que me oye a mí y hace lo que yo digo, oye a aquel que me ha enviado* (cf. Lc 10, 16; Lc 6, 47). *Muchos me dirán: Señor, Señor, ¿no es así que en tu nombre comimos y bebimos e hicimos prodigios? Y entonces les contestaré yo: Apartaos de mí, obradores de iniquidad* (cf. Mt 7, 22s) [...]. Ahora bien, que quienes no viven

---

[81] Se podría leer toda la Apología como una defensa del nombre de cristiano. Partiendo de la acusación pagana, Justino defiende por un lado la bondad del nombre, y ataca por otro el nombre de los demonios. En este contexto va apareciendo el nombre inefable de Dios y el de su Hijo, que recibe de Él el nombre, contrapuestos a los dioses paganos. Si al principio Justino había jugado con la etimología popular de "Cristo = bueno" (cf. I 4, 1: ὅσον τε ἐκ τοῦ κατηγορουμένου ἡμῶν ὀνόματος χρηστότατοι ὑπάρχομεν), pronto dirá que es de Cristo de quien reciben el nombre los cristianos (cf. I 12, 9). Centrado en la figura de Jesús, desarrollará Justino la bondad de su doctrina (I 14-19) y la prueba profética que lo atestigua (I 30-53). Los últimos números de la Apología se vuelven a centrar en el nombre, exponiendo la fórmula bautismal. D 61-64 es en realidad, como hemos visto, un comentario al nombre del Padre, del Hijo y del Espíritu Santo. En el apéndice a la Apología está también presente con fuerza la idea del nombre: cf. sobre todo II 5 [4] – 6 [5].

[82] Aquellos que llevan el nombre de cristiano sin obrar conforme a él son sobre todo los herejes (cf. D 35, 5-6).

conforme a las enseñanzas de Cristo y sólo de nombre son cristianos, sean castigados, nosotros somos los primeros en pedíroslo. (I 16, 9-14)

El pasaje se centra en aquellos que son cristianos sólo de nombre. Las citas del Evangelio no son literales; intercalan palabras de Mateo y Lucas. La inserción del versículo inspirado en Lucas entre los dos procedentes de Mateo es interesante. La frase del tercer evangelista está modificada, de forma que queda más clara la relación entre escuchar a Jesús y escuchar al Padre[83]. Con esto se insiste en que quien no cumple lo que Cristo manda se alza contra el mismo Padre. Es decir, quien tiene el nombre de cristiano lo muestra escuchando a Cristo y haciendo lo que Él dice, porque así escucha y cumple el querer del Padre. Hay un intento de referir la verdad del nombre a la voluntad del Padre, origen último de la imposición de dicho nombre.

Otro texto indica en esta misma dirección. Dice Justino:

de antiguo Dios dispersó a todos los hombres según sus linajes y lenguas, escogiendo para sí a vuestro pueblo, que le resultó inútil, desobediente y desleal; mostrando, en cambio, que los escogidos de todas las naciones obedecen a su designio por Cristo, y pues a Este le llama Jacob y le da nombre de Israel, preciso es que aquéllos sean, como antes dije largamente, el verdadero Jacob e Israel (δείξας τοὺς ἀπὸ παντὸς γένους αἱρουμένους πεπεῖσθαι αὐτοῦ τῇ βουλῇ διὰ τοῦ Χριστοῦ, ὃν καὶ Ἰακὼβ καλεῖ καὶ Ἰσραὴλ ὀνομάζει, τούτους καὶ Ἰακὼβ καὶ Ἰσραήλ, ὡς προέφην ἐν πολλοῖς, εἶναι δεῖ) (D 130, 3).

Los cristianos se pueden llamar Jacob e Israel como Cristo porque obedecen al designio del Padre. Por eso puede definir Justino a continuación cuál fue el don que alcanzaron los gentiles: "(el Padre) les concedió la gracia de conocer su voluntad y de tener parte en su herencia" (D 130, 4).

Esto concuerda con lo dicho más arriba sobre el Hijo, engendrado de la voluntad del Padre: el tener nombre impuesto supone alguien superior que

---

[83] Lc 10, 16 dice: Ὁ ἀκούων ὑμῶν ἐμοῦ ἀκούει, καὶ ὁ ἀθετῶν ὑμᾶς ἐμὲ ἀθετεῖ, ὁ δὲ ἐμὲ ἀθετῶν ἀθετεῖ τὸν ἀποστείλαντά με. La relación con el Padre queda aquí menos clara, expresada sólo en forma negativa y con la inclusión de los discípulos. Véase el detallado análisis de A. J. BELLINZONI, *The Sayings of Jesus in the Writings of Justin Martyr* (Leiden 1967), que examina primero los tres versículos de I 16, 10-11 por separado (I 16, 9: Mt 7, 21, p. 67; I 16, 10: Lc 10, 16, pp. 20-22; I 16, 11: Mt 7, 22s, pp. 22-25) y luego la unión entre ellos (98-100). Llega a la conclusión de que Justino usa un texto que armonizaba Mateo y Lucas, del que se encuentran rastros en otros Padres posteriores. Siendo Justino el primer testigo de esta tradición, Bellinzoni no quiere pronunciarse sobre si fue él el autor del texto. Ahora bien, precisamente la inserción de Lc 10, 16 es lo que más difícil resulta de explicar a Bellinzoni en este pasaje. Constatamos además que la nueva lectura encaja perfectamente con la teología del mártir, y que se adapta muy bien al contexto en que se incluye.

lo imponga, supone en último término la generación. De esta forma, el que tiene nombre verdadero es engendrado de la voluntad del Padre y muestra la verdad de su nombre en la adecuación perfecta a esta voluntad.

Así, en la defensa del nombre de Cristo que hacen los cristianos, en su decisión firme de no negarlo ante el verdugo, hay mucho más que un mero formalismo. La fuerza del nombre supone precisamente permanecer en la voluntad de Dios, al contrario que los demonios. Supone aceptar el nacimiento de parte de Dios, el nombre impuesto por Él, y renunciar a darse a sí mismo un nombre[84].

3.4. Donación del nombre y donación del Espíritu.

Esta donación del nombre, vinculada a la generación del Hijo, se proyecta luego en la historia de la salvación. Habiendo recibido del Padre todos los nombres que tiene, Cristo es a su vez capaz de donarlos. Sucede ya esto en el Antiguo Pacto: los nombres de Jacob, Josué, Israel, son impuestos por Cristo, quien los poseía desde siempre[85], y se donarán luego al pueblo de los cristianos. La plenitud se encuentra en la donación del mismo nombre de Hijo, lo cual supone entregar la filiación divina (cf. D 123, 9; D 124). Recibir el nombre equivale, así, a un nacimiento nuevo.

Tenemos, pues, el siguiente esquema: el Padre da el nombre al Hijo y éste a su vez a los cristianos. Llama la atención la similitud con el mecanismo de donación del Espíritu. En efecto, "Espíritu" era un término apto para indicar la comunicación; Cristo donaba al mundo y a los hombres lo que había recibido del Padre. Pues bien, algo parecido podemos decir del nombre: también éste puede comunicarse, y así hace Cristo a lo largo de la historia; el proceso alcanza su clímax en su comunicación a la Iglesia de los cristianos.

Además de estos paralelismos algunos textos hacen sospechar la unión de ambos esquemas. El comentario al salmo 44, por ejemplo, que destaca la importancia de la unción (cf. v. 8: *por esto te ungió, oh Dios, tu Dios...*),

---

[84] Justino es sensible a la aparición del término "nombre" en los salmos. En D 34, 5-6, por ejemplo, el término aparece tres veces al final de la larga cita del salmo 71. Lo que sigue a continuación sobre los herejes (D 34, 7 – D 35) se considera normalmente un *excursus*. Puede sin embargo relacionarse con el contexto si atendemos a las referencias al término *nombre* (los términos ὄνομα / ὀνομάζω, aparecen 8 veces en D 35, 2-8), sobre todo en relación con Sal 71, 14 citado en D 34, 5: *Precioso será su nombre delante de ellos*. La polémica de la idolatría (D 34, 7-8) y la comparación con los herejes (D 35, 1-8) sigue esta línea: en contraste con el cristiano, para quien "es precioso el nombre", el idólatra pone nombre a los dioses, como el hereje se pone a sí mismo el nombre de cristiano (según el padre u originador de la doctrina, cf. D 35, 6), y enseña así a blasfemar del Hacedor del Universo.

[85] Para el nombre de Josué cf. D 75, 1 y *passim*. Para los nombres de Jacob e Israel, cf. D 58, 7; D 130, 3-4.

contiene también referencias al nombre, y Justino no las pasa por alto. El último versículo dice: *me acordaré de tu nombre por toda generación y generación: por eso los pueblos te confesarán por el siglo y por el siglo del siglo* (Sal 44, 18). Tras citar todo el salmo (D 38, 3-5), comentará Justino que los cristianos son discípulos del nombre de Cristo, que confiesan este nombre hasta la muerte, y también que han recibido dones (referencia al Espíritu) de lo alto (cf. D 39, 2-6).

Cuando en D 63 se vuelve a comentar el salmo, se dice que la reina de que habla el salmista es la Iglesia. Esa unción que Cristo ha recibido sobre todos sus compañeros, y que Justino ve como participación del Espíritu, llega a plenitud entre los cristianos. Justino lo expresa, sin embargo, no como nacimiento y participación del Espíritu, sino como nacimiento y participación del nombre de Cristo.

> el Verbo de Dios habla como con hija suya con los que creen en Él, como si formaran una sola alma, una sola congregación, una sola Iglesia – la Iglesia que de su nombre nace y de su nombre participa (τῇ ἐκκλησίᾳ τῇ ἐξ ὀνόματος αὐτοῦ γενομένῃ καὶ μετασχούσῃ τοῦ ὀνόματος αὐτοῦ), pues todos nos llamamos cristianos... (D 63, 5).

Según esto, la participación en el nombre de Cristo es participación en su Espíritu. En efecto, Justino habla en otros lugares de que la Iglesia nace del Espíritu (cf. D 135, 6), y la palabra participar (en conexión también con Sal 44, 9: *te ungió sobre todos tus compañeros*: μετόχους), tiene también alcance pneumatológico (cf. D 86, 3).

Esta relación nombre-espíritu estaba indicada por la misma Escritura en Is 42, 1-4. Justino cita este texto en D 123, 8, hablando precisamente de la donación de los nombres a la Iglesia: *Jacob es mi siervo, yo le protegeré; Israel es mi escogido, yo pondré sobre él mi espíritu*. La cita termina: *Y en su nombre esperarán las naciones*. Este es el comentario de Justino:

> Así pues, como de aquel solo Jacob, que fue también llamado Israel, toda vuestra raza ha tomado los nombres de Jacob y de Israel, así nosotros, por Cristo, que nos ha engendrado para Dios, nos llamamos y somos verdaderos hijos de Jacob, y de Israel, y de Judá, y de David, y de Dios, nosotros los que guardamos los mandamientos de Cristo (D 123, 9).

Nacer de Cristo es, pues, recibir su nombre. Este nacimiento se menciona un poco más adelante como nacimiento del Espíritu:

> ...hay que entender dos descendencias de Judá, y dos linajes, como dos casas de Jacob: uno que nace de la carne y de la sangre; otro de la fe y del espíritu (τὸν μὲν ἐξ αἵματος καὶ σαρκός, τὸν δὲ ἐκ πίστεως καὶ πνεύματος) (D 135, 6).

La relación nombre-espíritu queda patente también en la figura de Josué [=Jesús]. Al hijo de Nave se le cambió el nombre; tal cambio no era un mero símbolo: suponía la presencia de Cristo en su enviado. En efecto, para Justino el nombre adquiere personalidad, es él quien preside la batalla contra Amalec y hace que Israel venza (cf. D 90, 5). Pero fijémonos: a un tiempo se dice que Josué recibió la fuerza del Espíritu de Jesús (μετονομασθεὶς πρότερον τῷ Ἰησοῦ ὀνόματι καὶ λαβὼν ἀπὸ τοῦ πνεύματος αὐτοῦ ἰσχύν) (D 113, 4).

¿Cómo explicar estos datos? Hemos visto, por una parte, que donación del nombre y generación están vinculadas. Sólo quien es engendrado puede recibir nombre impuesto. La imposición de nombres muestra así que el Hijo revela al Padre y cumple sus designios.

Por otra parte, Justino mantiene unidos dos esquemas: la donación del nombre que el Hijo hace a los cristianos y la unción con su Espíritu. Unas veces es la potencia del nombre, otras la del Espíritu la que actúa en la *historia salutis*[86]. Justino indica con ambos esquemas una participación del hombre al ser del Hijo, un nacimiento nuevo.

Creo que se puede dar una explicación coherente. En el mecanismo del cambio de nombre engloba Justino tanto la generación del Hijo por querer del Padre como la unción con el Espíritu divino. El Nombre se refiere así a la persona del Hijo, pero en cuanto rebosa ya de la fuerza dinámica y participativa del Pneuma. De ahí que este nombre pueda comunicarse a los hombres, haciéndoles partícipes de las propiedades del Hijo. Se nace del Nombre (cf. D 63, 5) porque se participa del Espíritu que Cristo da.

Con esto se ha puesto de relieve la importancia de la donación del nombre que el Padre hace a Cristo y éste a la Iglesia. Es un esquema fructífero: indica por un lado el ser y misión del Hijo engendrado del Padre, revelador y vía de acceso hasta Él. Permite explicar por otro la participación en su ser filial, porque el nombre recibido puede ser a su vez impuesto. Sintetiza así la generación (Hijo y Logos del Padre) y la unción (posesión del Espíritu divino para comunicarlo a los hombres).

El estudio de los misterios de la vida de Cristo nos ayudará a precisar en cada caso estas afirmaciones.

4. Conclusión

Se han señalado varias líneas que, partiendo del misterio divino, atraviesan la entera historia de salvación. La primera, vinculada a la

---

[86] Justino puede hablar incluso del carro de la Alianza guiado por el nombre de la fuerza (cf. D 132, 3: τῷ τῆς δυνάμεως ὀνόματι). Esta "fuerza" se refiere al Hijo de Dios, pero indicándolo como poseedor del Espíritu. Compárese con el texto citado antes sobre Josué, que recibe poder del Espíritu de Jesús (D 113, 4).

generación del Hijo y a la emisión del Logos, nos muestra a Jesús como revelador del Dios transcendente. Y no sólo para traer los mensajes del Padre, sino para cumplir su querer, como engendrado de su voluntad.

La segunda línea nos hace intuir hasta qué punto va a ser importante para la cristología de Justino la presencia del Espíritu[87]. Recoge toda la tradición profética del AT, presentando a Cristo como el que posee en plenitud el Pneuma y reparte a los hombres sus dones. Va unida al nombre de "Cristo" que conserva para Justino el significado originario de "Ungido".

Hemos visto que estas líneas no están separadas. Ambas se complementan[88]. Justino ve al Hijo como Palabra, comunicador del Padre y realizador de sus designios; pero a la vez conoce un principio de participación por el que el Hijo se comunica al mundo en diversos grados, desde la creación hasta la consumación perfecta: se trata del Espíritu, que Cristo posee a partir de la unción precósmica.

Otro mecanismo de participación, *la donación del nombre*, apuntaba a una síntesis de estos dos aspectos. a) Al Hijo en sentido propio corresponde la verdadera posesión de los nombres; estos le distinguen del Padre, quien, como ingénito, es innombrable. Los nombres desvelan el misterio del Hijo: se trata de aquel que ha recibido todo del Padre; hacen así referencia en último término a su generación del Padre por su querer. b) A su vez estos nombres pueden transmitirse; están así en conexión con la participación del Espíritu, modo en que Cristo comunica al hombre lo recibido del Padre.

Tanto la generación por voluntad del Padre como la unción con el Pneuma hacen posible narrar la *historia salutis*. Tiene el Padre, cuyas palabras son obras, un designio en que se contiene el guión de esta historia. Tal designio está en su mismo Hijo, pues éste ha sido engendrado del Padre por su voluntad. Por otra parte, gracias a la unción precósmica, se

---

[87] Aspecto que ha permanecido más en la sombra en los estudios sobre el santo; cf MARTÍN, *El Espíritu* (231-243).

[88] MARTÍN, *El Espíritu* (240) ha señalado muy bien estas dos líneas. Ambas muestran a Cristo como salvador de todos los hombres. Al ser el Logos, unifica la historia anterior a Él entre los filósofos paganos; al ser portador del Espíritu, recoge el camino del pueblo de Israel y abre el futuro de la Iglesia. Ambos esquemas se coordinan, según Martín: "Así, la identificación del Logos y del Christos no es en Justino una yuxtaposición de sistemas, sino un acto de fe: como creyente debe afirmar que el Logos es el Ungido de Dios; como filósofo debe proclamar que el Cristo, en quien cree, es el Logos, fundamento de todas las cosas". Este juicio se puede completar. A la luz del análisis de este capítulo hay que insistir más en presentar la Revelación como origen de la teología del Logos (como, por otra parte, observa Martín, 240, n. 295). Logos y Espíritu no se relacionan como lo filosófico y lo teológico. También la figura del Logos hunde sus raíces en la Escritura y se proyecta hacia el futuro para mostrar la fuerza de la palabra predicada.

hace el Hijo comunicador de todo lo recibido; el plan podrá realizarse en forma paulatina, articulando en etapas el correr de los siglos. Están así puestos los cimientos de la historia, y podemos ahora contarla sin miedo: no quedará reducida a anécdota banal. A esta luz consideremos la acción del Hijo en el mundo; empecemos viendo cómo se despliega antes de la Encarnación.

Capítulo II

Acción del Logos antes de la Encarnación

Tras haber tratado del Cristo preexistente a la creación, nos ocuparemos ahora de su acción en la historia antes de encarnarse. Primero, de la que se extiende a toda la humanidad (1); después, de la que sucede dentro de las fronteras de Israel (2).

1. La acción del Logos en todo hombre

Como es natural, el material más abundante para abordar esta cuestión se encuentra en la Apología, obra dirigida a paganos. Allí Justino se sitúa frente a las escuelas filosóficas y presenta el cristianismo como una doctrina capaz de competir con ellas. En esta perspectiva Cristo es el maestro de la doctrina cristiana[1].

Ahora bien, Justino ha de dejar claro que no se trata de una escuela más entre las otras: estamos ante la única filosofía segura y provechosa (cf. D 8, 1). Para hacer ver la diferencia profunda con las otras escuelas acude Justino al concepto de Logos, del que ya hablamos en el capítulo anterior[2].

El término Logos había sido tomado de Heráclito por los estoicos. Estos lo usaron para dar expresión a una nueva visión de la vida que comenzó con el helenismo. Frente al ideal aristocrático de la *polis* griega, los del Pórtico difunden una visión cosmopolita, que afirma la igualdad y unidad

---

[1] Esto no significaba una reducción intelectualista del cristianismo, ya que la filosofía se entendía en la época como empresa vital: cf. G. REALE, *I problemi del pensiero antico. Le scuole ellenistico-romane* (Milano 1973) (11-22); el enfoque del helenismo continuó presente en el siglo II: cf. M. FREDE, "Epilogue", *The Cambridge History of Hellenistic Philosophy* (ed. K. ALGRA) (Cambridge 1999) 771-797.

[2] Mostrábamos allí el trasfondo bíblico de su uso en Justino y cómo este intentaba contactar, por medio de este término, con la filosofía de su época; cf. *supra* pp. 29-31.

entre los hombres. Tal unidad se basa en último término en que todos participan del Logos, principio rector del mundo, origen del conocimiento y norma para la vida moral[3]. Fin de la filosofía es ayudar al hombre a conformar su vida con Él.

Este esquema lo aprovecha Justino para hacer ver que el cristianismo no es una filosofía más, toda vez que Cristo no es un maestro más. En efecto, el cristianismo es superior porque Cristo es el mismo Logos hecho carne, ese Logos que los filósofos han tratado de seguir y del que han alcanzado a ver oscuramente una porción. Así Justino reclama para la fe cristiana todo cuanto de bueno se ha enseñado en el mundo[4].

Ahora bien, según esto los hombres que siguieron a su razón (λόγος) siguieron a Cristo, pues Él es el Logos. Hay por tanto un vínculo entre la razón humana (λόγος) y el Logos que es Cristo; y por tanto entre Cristo y todo hombre, ya antes de la Encarnación. Este vínculo es tal, que cuantos viven conforme al Logos pueden llamarse cristianos[5]. ¿Podemos precisar el alcance de estas afirmaciones?

La pregunta es importante para entender al Cristo de Justino y la salvación que trae al hombre. Algunos intérpretes del mártir afirman que éste diluye la novedad de la Encarnación. Al identificar a Cristo con el Logos reduce el cristianismo a un seguimiento de la razón (λόγος), como si ésta sola bastase para salvar al hombre[6]. El papel de la obra redentora de Cristo quedaría entonces minimizado, la cruz vacía de sentido. ¿Es correcta esta lectura?

1.1. Doctrina sobre el Logos σπερματικός

Para responder hemos de ver cómo describe Justino la relación entre el hombre y el Logos. Es necesario entonces hablar de la doctrina del Logos σπερματικός y la semilla del Logos. Como la cuestión ha sido tratada ya con amplitud, comenzaremos delineando brevemente las conclusiones a que han llegado los distintos estudios[7].

---

[3] Cf. POHLENZ, *Die Stoa* (160); REALE, *I problemi* (221).

[4] Cf. II 13, 4.

[5] Cf. I 46, 2.

[6] La cuestión se enmarca en otra más amplia: la de la relación entre filosofía y religión cristiana. Cf. G. GIRGENTI, "Giustino Martire, il primo platonico cristiano", *RFNS* 82 (1990) 214-255, que presenta un resumen de todas las posiciones y da una solución equilibrada.

[7] Los textos principales en que se expone este sistema son: I 5, 4; I 44, 10; I 46, 2; II 8 [7], 1-3; II 10, 1-8; II 13, 1-6; es también importante la parte primera del Diálogo (D 1-8). Por supuesto, habrá que leer estos párrafos a la luz del resto de la obra del mártir.

La semilla del Logos y el Logos σπερματικός

Para Justino todo el género humano ha participado del Logos[8]. Esta participación consiste en poseer una semilla o parte del Logos[9], que da al hombre una familiaridad con Él[10]. Por esta semilla, sembrada[11] en ellos, los hombres se han comportado con rectitud[12], han conocido en parte[13], según su capacidad y fuerzas humanas[14], las realidades divinas[15] y han hablado de ellas a los demás hombres[16].

Aparte de esta semilla del Logos, Justino menciona también al Logos σπερματικός, del que nos dice que es divino (II 8 [7], 3; II 13, 3). ¿De dónde toma Justino el término, y qué significa para él?

Examinemos primero la procedencia de esta expresión. Era usada por los estoicos y la encontramos también en Filón de Alejandría. Para la Stoa se trataba de gérmenes en que se manifestaba la potencia creadora del Logos cósmico, partes suyas distribuidas por la creación y que la hacían crecer[17]. En Filón adquiere un sentido transcendente, y se usa en conexión con la multiplicación de las especies[18]. De ambiente estoico, sin descartar un posible influjo de Filón, ha tomado Justino el término[19], pero dándole un sentido nuevo que es preciso determinar a partir de los textos del santo.

Fundamental para explicar este sentido fue la aportación de R. Holte, aceptada después casi unánimemente en este punto[20]. Hasta él se suponía

---

[8] I 46, 2: Τὸν Χριστὸν πρωτότοκον τοῦ θεοῦ εἶναι ἐδιδάχθημεν [...], οὗ πᾶν γένος ἀνθρώπων μετέσχε.

[9] σπέρμα (II 8 [7], 1; II 13, 6); σπορά (II 13, 5); κατὰ λόγου μέρος (II 10, 2). También se dice μίμημα (II 13, 6).

[10] τὸ συγγενές (II 13, 3).

[11] ἔμφυτον (II 8 [7], 1).

[12] Cf. II 8 [7], 1.

[13] ἀπὸ μέρους (II 10, 8); la visión de las realidades divinas es oscura: ἀμυδρῶς ἐδύναντο ὁρᾶν τὰ ὄντα (II 13, 5).

[14] κατὰ δύναμιν (II, 13, 6); κατὰ τὸ ἀνθρώπινον (II 10, 4).

[15] τὰ ὄντα (II 13, 5); τὰ πράγματα (II 10, 4).

[16] Cf. II 13, 3.

[17] Cf. POHLENZ, Die Stoa (78s).

[18] Cf. J.H. WASZINK, "Bemerkungen zu Justins Lehre vom Logos Spermatikos", Mullus (Fs. Th. Klausner) (JAC.E 1; Münster 1964) 380-390 (389); D.-C. TRAKATELLIS, The pre-existence of Christ in the writings of Justin Martyr (HDR 6; Missoula, MT 1976) (122-123).

[19] WASZINK, "Bemerkungen zu Justins Lehre" (390) concluye que Justino toma el concepto presente en el estoicismo, y que pudo haber influencia de Filón, así como de la parábola del sembrador (Mt 13, 3ss) (este último punto lo había señalado ya R. HOLTE, "Logos Spermatikos. Christianity and Ancient Philosophy according to St. Justin's Apologies", StTh 12 (1958) 109-168).

[20] HOLTE, "Logos Spermatikos". La visión de Holte tiende a disminuir el valor dado por Justino a la filosofía pagana. Muestra bien cómo Justino discurre a partir de la tradición cristiana. Su reacción fue beneficiosa, en un momento en que se tendía a ver al

la equivalencia de la semilla del Logos con el Logos σπερματικός. Desde esta perspectiva los textos del mártir resultaban difíciles de explicar y se daban soluciones contradictorias[21].

El estudio de Holte empezaba poniendo de manifiesto que Justino depende sobre todo de la tradición cristiana. No es alguien que proyecte ideas filosóficas sobre su fe, sino un creyente que trata de comunicar el Evangelio usando el lenguaje filosófico.

Desde esta perspectiva Holte probó que se debe distinguir entre la semilla del Logos y el Logos σπερματικός. Si la semilla del Logos está presente en el hombre, el Logos σπερματικός hay que identificarlo con el Logos divino en su actividad sembradora. El adjetivo σπερματικός (sembrador) tiene entonces sentido activo: es el Logos que siembra la semilla en el hombre[22]. Holte señala que es posible que Justino se inspirara en la parábola del sembrador (Mt 13, 3ss)[23].

Relación entre la semilla del Logos y el Logos σπερματικός

Afirmada la diferencia entre la semilla del Logos y el Logos sembrador, ¿qué relación hay entonces entre estos dos términos? Aquí se encuentran los principales desacuerdos entre los intérpretes. Todo gira en torno al concepto de participación y al concreto significado de la frase de Justino en I 46, 2: "Cristo es el Logos, del que todo el género humano ha partici-pado" (οὗ πᾶν γένος ἀνθρώπων μετέσχε).

El verbo μετεχεῖν indicaba para Platón la relación entre la esfera superior de las ideas y el mundo terreno de la apariencia[24]. Para los estoicos la participación no planteaba problemas: era natural a su sistema monista, y se entendía de forma física, no solo al modo conceptual

---

mártir ante todo como filósofo. No obstante, exagera un poco la ruptura con la filosofía. En este sentido los estudios posteriores corregirán alguno de sus puntos de vista.

[21] Algunos lo identificaban con el Logos divino, Cristo, y postulaban una relación de este Logos con la razón humana en sentido platónico: J.M. PFÄTTISCH, *Der Einfluss Platos auf die Theologie Justins des Märtyrers* (Paderborn 1910). Otros hacían el Logos σπερματικός igual a la razón humana, pero olvidando entonces textos en que se habla del Logos σπερματικός divino: H. MEYER, *Geschichte der Lehre von den Heimkräften von der Stoa bis zum Ausgang der Patristik* (Bonn 1914). C. ANDRESEN, "Justin und der mittlere Platonismus", *ZNTW* 44 (1952-1953) 157-195 intentó probar una dependencia en este punto entre Justino y el platonismo medio, pero el término no aparece en ningún autor de esta tendencia.

[22] Aspecto confirmado por WASZINK, "Bemerkungen zu Justins Lehre" (387).

[23] HOLTE, "Logos Spermatikos" (128).

[24] Cf. F. NORMANN, *Teilhabe - ein Schlüsselwort der Vätertheologie* (MBTh 42; Münster Westfalen 1978) (36-45).

platónico. El hombre participa del Logos por tener una parte de Él. Con esto el Logos queda reducido a un factor intramundano[25].

Con respecto a Justino, ¿de qué participación se trata? Holte ha intentado quitar importancia a la ligazón del Logos con el hombre, reduciéndola a una iluminación religiosa o moral, dada por el Logos[26]. Sus afirmaciones han sido corregidas en este punto[27].

Waszink[28] critica algún aspecto de la postura de Holte y muestra cómo los contactos de Justino con el platonismo medio son mayores de lo que Holte pensaba: Justino sostiene una familiaridad entre el hombre y el Logos[29], la cual implica una real participación, y no solo una iluminación religiosa y moral. La solución de Waszink, sin embargo, sitúa esta relación sólo en el plano del conocimiento: el hombre participa en el Logos porque el Logos es la verdad, y esta verdad es conocida en parte por el hombre[30].

Otros autores[31] han hecho ver que las afirmaciones de Justino van más allá de una participación gnoseológica[32]. El mártir puede decir (I 46, 1-2) que todo hombre ha participado del Logos aunque muchos hayan vivido sin Logos (ἄνευ λόγου): señal de que distingue el plano del ser y el del conocimiento.

A partir de estos resultados mostraremos a continuación (1.2) cómo la semilla del Logos es participación ontológica del hombre en el Logos, algo que le es dado por creación: se trata de una parte constituyente del ser humano que conlleva una presencia en él del Logos. Después examinaremos la cuestión desde otro punto de vista: la forma concreta en que esa semilla actúa en la historia del hombre nos ayudará a precisar cómo concibe Justino la participación humana en el Logos; veremos que sólo se entenderá a la luz de la vida del Logos encarnado (1.3). Por último, relacionaremos la semilla del Logos con la actividad que el Logos encarnado ejerce en la Iglesia (1.4).

---

[25] Cf. NORMANN, *Teilhabe* (46-47).

[26] HOLTE, "Logos Spermatikos" (147).

[27] Cf. el resumen de N. HYLDAHL, *Philosophie und Christentum. Eine Interpretation der Einleitung zum Dialog Justins* (AThD 9; Kopenhagen 1966) (70-85).

[28] WASZINK, "Bemerkungen zu Justins Lehre" (389).

[29] Cf. II 13, 3.

[30] WASZINK, "Bemerkungen zu Justins Lehre" (390).

[31] D. BOURGEOIS, *La Sagesse des Anciens dans le Mystère du Verbe. Évangile et Philosophie chez Saint Justin* (Paris 1983) (152); N. PYCKE, "Connaisance rationelle et connaisance de grâce chez Saint Justin", *Ephemerides Theologicae Lovanienses* 37 (1961) 52-85, (55-57); S. LILLA, *Clement of Alexandria*, 22-23, n.4.

[32] BOURGEOIS, *La Sagesse* (152-153) señala que tal vez en busca de este realismo ha elegido Justino un término estoico. Como hemos dicho, la participación en el Logos la entendían los estoicos en modo físico.

1.2. La semilla del Logos en la antropología de Justino

Comencemos notando: hay un nexo entre el papel intermediario del Logos en la creación y la participación del hombre en el Logos. En efecto, consideremos la frase de que partíamos (I 46, 2): "Fuimos instruídos en que Cristo es el primogénito de Dios (τὸν Χριστὸν πρωτότοκον τοῦ θεοῦ εἶναι ἐδιδάχθημεν), y anteriormente hemos señalado que es el Logos, del que todo el género humano ha participado". El mártir se inspira en Col 1, 15 ("primogénito de toda la creación"), y alude así a la mediación creadora del Logos[33]. Examinemos este extremo.

Participación del Logos por la creación

Para precisar algo más partamos de una afirmación del anciano con quien Justino habla cuando su conversión. Ambos están tratando de la inmortalidad del alma:

> Mas que el alma viva, nadie habrá que lo contradiga. Luego, si vive, no vive por ser vida, sino porque participa de la vida. Ahora bien, una cosa es lo que participa y otra aquello de que participa; y si el alma participa de la vida, es porque Dios quiere que viva (ὅτι δὲ ζῇ ψυχή, οὐδεὶς ἀντείποι. εἰ δὲ ζῇ, οὐ ζωὴ οὖσα ζῇ, ἀλλὰ μεταλαμβάνουσα τῆς ζωῆς: ἕτερον δέ τι τὸ μετέχον τινὸς ἐκείνου οὗ μετέχει. ζωῆς δὲ ψυχὴ μετέχει, ἐπεὶ ζῆν αὐτὴν ὁ θεὸς βούλεται) (D 6, 1).

Encontramos ahora, como en I 46, 1 ("Cristo es el Logos, del que todo el género humano ha participado"), la palabra "participar" (μετέχειν). Aunque el término procede de Platón no se puede entender aquí la idea de Justino en sentido platónico, pues se presenta precisamente en oposición a esta escuela[34]. La novedad es: el alma no es inmortal por naturaleza, como

---

[33] Cf. O. SKARSAUNE, "Judaism and Hellenism in Justin Martyr, elucidated from his portrait of Socrates", *Geschichte - Tradition - Reflexion, Fs. M. Hengel* (ed. H. CANCIZ - H. LICHTENBERGER - P. SCHÄFER) (Tübingen 1996) 585-611.

[34] En II 13, 3 Justino afirma una familiaridad del hombre con el Logos, usando terminología platónica (τὸ συγγενές). HOLTE, "Logos Spermatikos" (135), traducía uniendo τὸ συγγενές al Logos σπερματικός, negando la familiaridad del hombre con Dios (el hombre conoce "lo que tiene relación con el Logos"). Se basaba en que en D 4, 2 se critica precisamente la συγγένεια platónica. Waszink ha mostrado, por el contrario, que en el texto de II 13, 3 hay influencia del platonismo medio, y que se está afirmando una συγγένεια entre el hombre y Dios. ¿Qué hay entonces de la crítica de D 4, 2? Justino en realidad corrige el pensamiento platónico, afirmando que esa familiaridad del alma con Dios no es algo propio del hombre, sino don de Dios, dependiente de Él: cf. LILLA, *Clement of Alexandrien* (22-23, nota 4).

decía Platón, sino que su pervivencia depende radicalmente de Dios, quien le infunde la vida[35].

Este soplo de vida dado por Dios al hombre es un elemento nuevo de su composición; indica que el hombre es radicalmente dependiente del Creador. Se trata del elemento superior de la antropología tricotómica que mantiene el santo; Justino lo llama a veces "espíritu", a veces "logos"[36]. La razón de este titubeo es que el Logos, ungido con la plenitud del Espíritu, es quien lo posee y dispensa al mundo. En la creación del hombre, el Logos le infundió una participación de su Espíritu, el soplo de la vida (cf. Gn 2, 7). Esta es, pues, la participación en el Logos a que se refiere el mártir (I 46, 2): todo hombre, por creación, participa del Logos divino, pues Éste le dona parte de su Pneuma.

La semilla del Logos ha de entenderse a esta luz[37]. Está en el hombre porque el ser humano participa del Espíritu con que el Logos unge a la creación. Ya dijimos, al tratar de la unción precósmica, que esto no implica deshacer la diferencia entre los grados de participación del Pneuma; queda siempre a salvo la novedad que se da en los creyentes, como veremos enseguida.

La participación del Logos por el Espíritu

En efecto; comparemos la participación que todo hombre tiene en el Logos con el don nuevo que es prerrogativa del creyente; veremos que se ilumina así la esencia de tal participación. Recordemos para ello un texto apenas citado (D 6, 1): todo hombre participa en la vida que le dona Dios. Y comparémoslo con el siguiente pasaje, situado en el contexto de la semilla del Logos; ahora se distingue la semilla que hay en todo hombre de la plenitud de que disfruta el cristiano:

> Una cosa es, en efecto, el germen e imitación de algo que se da conforme a la capacidad, y otra aquello mismo cuya participación e imitación se da, según la gracia que de aquel procede (ἕτερον γάρ ἐστι σπέρμα τινὸς καὶ μίμημα κατὰ δύναμιν δοθέν, καὶ ἕτερον αὐτὸ οὗ κατὰ χάριν τὴν ἀπ'ἐκείνου ἡ μετουσία καὶ μίμησις γίνεται) (II 13, 6)[38].

---

[35] Cf. el análisis de J.C.M. VAN WINDEN, *An Early Christian Philosopher. Justin Martyr's Dialogue with Trypho Chapters One to Nine. Introduction, Text and Commentary* (PP 1; Leiden 1971) (106; 110).

[36] Cf. AYÁN, *Antropología* (93-99). Se trata del mismo esquema que seguirá Ireneo: cf. A. ORBE, "La definición del hombre en la teología del siglo II", *Gregorianum* 48 (1967) 522-576 y el análisis de Y. DE ANDIA, *Homo vivens. Incorruptibilité et divinisation de l'homme selon Irénée de Lyon* (EAug; Paris 1986) (271-273).

[37] Cf. AYÁN, *Antropología* (98).

[38] Cf. para un análisis detallado de esta frase PYCKE, "Connaisance" (84-85).

Estas líneas muestran claramente la diferencia que ve Justino entre la participación dada a los paganos y la alcanzada en Cristo. El fuerte contraste ἕτερον / ἕτερον está de acuerdo con otras expresiones que limitan el alcance de la participación de todo hombre en el Logos (dada sólo en parte, en semilla, oscuramente...). Si Justino enseña la posibilidad del conocimiento del Logos por parte del hombre, no olvida la novedad cristiana: mientras el pagano posee una semilla o imitación otorgada según la humana capacidad, el cristiano posee una participación dada por gracia.

Si antes (D 6, 1) se distinguía entre la misma vida y la participación de esa vida (ἕτερον), se usa también ahora una contraposición (ἕτερον / ἕτερον), esta vez entre la semilla que tiene todo hombre y la participación de que goza el cristiano. Veamos en qué términos se presenta este contraste:

En todo hombre: una semilla e imitación [del Logos] dada según la capacidad [humana] (σπέρμα τινὸς καὶ μίμημα κατὰ δύναμιν δοθέν).

En el cristiano: la participación e imitación por la gracia que viene de Aquél [del Logos] (μετουσία καὶ μίμησις κατὰ χάριν τὴν ἀπ'ἐκείνου).

Frente a lo que posee el hombre por ser creado (σπέρμα καὶ μίμημα), hay en el cristiano una presencia e imitación (μετουσία καὶ μίμησις) dada por gracia (κατὰ χάριν)[39]. La participación, señalada antes con el término μέθεξις / μετέχειν (cf. I 46, 2), se designa ahora con la palabra μετουσία, que expresa la misma idea añadiendo un matiz de relación personal: traduce así bien la experiencia creyente del encuentro con el Logos encarnado[40]. Por otra parte se menciona la gracia: para Justino es ésta un don de Cristo[41], vinculado a la donación del Espíritu a su Iglesia[42]. Es decir, esta participación por gracia supone la participación plena de Cristo por la efusión del Pneuma en Pentecostés, y se distingue de la participación dada al hombre cuando fue creado.

Precisamente en un contexto pneumatológico volvemos a encontrar la idea de participación (y esta vez con el mismo verbo μετέχειν)[43]. Se trata

---

[39] Μίμησις añade con respecto a μίμημα un matiz dinámico; cf. BOURGEOIS, *La Sagesse* (151).

[40] Cf. PYCKE, "Connaisance" (82); NORMANN, *Teilhabe* (39); BOURGEOIS, *La Sagesse* (151).

[41] Cf. PYCKE, "Connaisance" (82).

[42] Cf. MARTÍN, *El Espíritu* (195-196): "En este sentido [χάρις] puede compararse con δύναμις y πνεῦμα: en cuanto es un don propiamente mesiánico, preanunciado en el AT, donado por Cristo después de su Ascensión, en el ejercicio de su eterno reinado".

[43] TRAKATELLIS, *The pre-existence* (114-115) indica con acierto que Justino usa el verbo "participar" influido por el salmo 44; pero este autor no ve el trasfondo pneumatológico del pasaje.

de la exégesis al Sal 44: Cristo, ungido, derrama el Espíritu sobre sus compañeros.

"Por eso te ungió, oh Dios, tu Dios, con óleo de regocijo, con preferencia a tus compañeros (παρὰ τοὺς μετόχους σου)" (Sal 44, 8). Y es así que de Él participaron (ἀπὸ τούτου μετέσχον) los reyes y ungidos todos el ser llamados reyes y ungidos, a la manera como Él mismo recibió de su Padre el ser Rey y Cristo... (D 86, 3).

Los ungidos del AT participaban de la unción de Cristo, por recepción del Espíritu Santo. Ahora bien, la misma participación se dará en los cristianos. En efecto, Justino dice de la Iglesia, después de citar el mismo salmo 44:

La Iglesia que de su nombre nace y de su nombre participa (μετασχούσῃ τοῦ ὀνόματος αὐτοῦ), pues todos nos llamamos cristianos (D 63, 5)[44].

Tratemos de sintetizar todos estos datos, que se agrupan en torno al concepto de participación[45]. Podemos decir que nos hallamos ante un sistema coherente.

El Logos posee en plenitud el Espíritu dado por el Padre en la unción precósmica; es un principio dinámico y comunicativo. En la creación del hombre Dios insufla en Adán, por medio del Verbo, un espíritu vivificante. Se trata de una participación en el Espíritu divino que Cristo tiene en plenitud: el hombre posee así una semilla del Logos. Por otra parte, la participación en el Espíritu admite grados diversos. Otra muy distinta será la participación que Cristo dé al hombre cuando le entregue el Espíritu Santo tras la resurrección, y pueda así habitar en él con potencia (cf. D 54, 1)[46]. Pero el esquema de participación se mantiene, y está basado en la polivalencia del término "espíritu"[47].

---

[44] Hemos visto también que se habla de la unidad de la Iglesia por participar del nombre de Cristo. Recuérdese lo dicho más arriba sobre la relación entre nombre y Espíritu. Esta sería la razón profunda de llamar también cristianos (ungidos) a Sócrates, Musonio y otros griegos. Por la creación eran también ungidos y vivieron conforme al Logos. Cf. ORBE, *La unción del Verbo* (85-86).

[45] Podemos añadir aún que el verbo "participar" aparece también en contexto eucarístico. TRAKATELLIS, *The pre-existence* (115-116) señala una conexión entre este empleo y el uso filosófico del término: "Μετέχειν in the eucharistic idiom conveys the idea of a potentially maximum participation of the people in the flesh and blood of the incarnate Λόγος. The event of partaking of the eucharist would therefore render the usage of the verb μετέχειν – as a term descriptive of a relationship between Christ and men – rather easy" (116).

[46] Para completar la visión habría que hablar de la participación de los profetas en el Espíritu; lo haremos más adelante: cf. *infra*, pp. 87-92.

[47] Este paralelismo se confirma si comparamos las acciones que hace posibles la semilla del Logos, por una parte, y el Espíritu divino, en profetas y cristianos, por otro. Por un lado, para la visión de Dios es necesario el adorno del Espíritu Santo (D 4, 1); y de

Con lo dicho se puede ver la originalidad de la concepción de Justino, aunque se disfrace con ropajes estoicos. Para el pensamiento del mártir ha sido determinante su conversión[48]. Esta supone una mirada nueva sobre la creación y el hombre, mirada que no aportaba la filosofía pagana. En efecto, la participación de todo hombre en el Logos no se explica desde el sistema de Platón, ni tampoco en la perspectiva panteísta estoica. Tiene más bien su fundamento en una antropología cristiana, en la que se pone de relieve que el hombre depende de Dios, de quien recibe la vida.

El punto de partida es la participación que el cristiano tiene en el Espíritu, don del Resucitado; y la unión de la Iglesia con Cristo por la comunicación de su Espíritu. Justino mira ahora al hombre con nuevos ojos, ve su origen primero a la luz de su destino último y explica con nuevas categorías cómo participa del Logos. La semilla del Logos es un reflejo, todo lo débil que se quiera – y Justino se preocupa de señalar claramente esta debilidad – del don del Espíritu.

A la luz de la revelación Justino puede presentar una continuidad fundamental entre creación y Encarnación, entre la constitución del hombre desde los inicios y la plenitud de la gracia[49]. Y al mismo tiempo muestra que la acción de Cristo en relación con todo hombre cobra su sentido sólo considerando la obra del Logos encarnado, que será quien done plenamente el Pneuma. Este último aspecto quedará más claro a continuación, cuando veamos la actuación de esta semilla en el hombre.

1.3. La vida conforme al Logos, prefiguración de la vida de Cristo

¿Cómo describe Justino la conducta de quienes vivieron conforme al Logos antes de su venida? Si prestamos atención notaremos características a primera vista sorprendentes. Pues el mártir no presenta sólo el cuadro de hombres que han obrado según la ley natural; ni trata sólo de filósofos que han buscado la verdad. Se introducen otros elementos; mejor que verlos en abstracto los mostraremos a través de la figura de Sócrates, en quien la semilla del Logos alcanzó su cota más alta entre griegos[50].

---

los profetas se dice que vieron la verdad llenos del Espíritu Santo (D 7, 1). Por otro, también la semilla del Logos permite una visión de Dios (II 13, 5), aunque sea una visión oscura, lograda con el esfuerzo del raciocinio.

[48] Cf. O. SKARSAUNE, "The Conversion of Justin Martyr", *StTh* 30 (1976) 53-73.

[49] Cf. M. FIGURA, "Der göttliche Logos und die menschliche Vernunft beim Philosophen und Märtyrer Justin", *IKaZ* 22 (1993) 486-493 (493).

[50] Cf. II 10, 5; sobre la figura de Sócrates en Justino cf. E. BENZ, "Christus und Socrates in der alten Kirche", *ZNTW* 43 (1950/51) 195-224; M. FEDOU, "La figure de Socrate selon Justin", *Les apologistes chrétiens et la culture grecque* (ed. B. POUDERON - J. DORE) (Paris 1998) (ThH 105; Paris 1998) 51-66; SKARSAUNE, "Judaism". Los textos en que se trata de Sócrates son: I 5, 3-4; I 46, 3; II 7 [6], 3-4; II 3 [8], 6-7; II 10, 4-8.

La lucha contra los demonios

En la exposición nos guiará un pasaje de la segunda Apología. El texto comienza así:

> Y los que antes de Cristo intentaron, conforme a las fuerzas humanas, investigar y demostrar las cosas por razón, fueron llevados a los tribunales como impíos y amigos de novedades. Y el que más empeño puso en ello, Sócrates, fue acusado de los mismos crímenes que nosotros, pues decían que introducía nuevos demonios y que no reconocía a los que la ciudad tenía por dioses. Mas la verdad es que, expulsando de la república a Homero y a los otros poetas, enseñó a los hombres a rechazar a los malos demonios que cometieron las abominaciones de que hablan los poetas (II 10, 4).

La actividad de Sócrates conforme a razón (λόγος) se describe como una lucha por desenmascarar a los demonios, que se arrogaban el título divino. Este combate contra el diablo parece una constante en la presentación de los paganos que vivieron conforme al Logos[51].

Ahora bien, la lucha entre Dios y el diablo es un elemento importante de la soteriología de Justino. El mártir presenta la historia de la salvación como un combate en que estos dos contrincantes se esfuerzan por ganar al hombre[52]. La victoria definitiva, lo veremos, se dará en la Cruz, donde Cristo anulará el poder de Satanás.

Pongamos un ejemplo de esta similitud entre las acciones de Sócrates y Cristo. Como el diablo apóstata apartó al hombre de Dios, la obra redentora de Cristo consistirá en apartar (ἀφίστημι) al hombre del diablo, devolviéndolo a su Creador[53]. Pues bien, de Sócrates se dice también que se esforzó por apartar de los demonios a los hombres (Σωκράτης [...] ἐπειρᾶτο [...] ἀπάγειν τῶν δαιμόνων τοὺς ἀνθρώπους)[54].

Que la lucha contra el demonio sea característica de la figura de Sócrates y por tanto se considere un ingrediente de la filosofía, es ajeno al helenismo. La idea llega a Justino de su fe cristiana[55]. En efecto, la acción

---

[51] Cf. I 5, 3; II 8 [7], 1-5; cf. TRAKATELLIS, *The pre-existence* (96-102).

[52] Cf. AYÁN, *Antropología* (214-218).

[53] Considérese por ejemplo el episodio de los magos, D 78, 9: tras adorar a Cristo se apartaron (ἀποστάντες) de la potencia [un demonio] que los había combatido"; cf. también D 116, 1.

[54] Cf. I 5, 3.

[55] Cf. SKARSAUNE, "The Conversion" (65), quien pone de relieve cómo para Justino pertenece a la filosofía esta lucha contra los demonios. Skarsaune habla de una concepción *unphilosophical* de la filosofía. Se podría hablar mejor de un enriquecimiento de la noción de filosofía, ya que, como hemos señalado, Justino no presenta una ruptura entre filosofía y cristianismo. En D 1, 4 está de acuerdo, por ejemplo, en que la filosofía se ocupa de la búsqueda de Dios. Como Justino entiende vitalmente esta búsqueda, la derrota de los demonios remueve un obstáculo para el conocimiento de Dios.

del Logos en Sócrates cobra luz plena si atendemos a la Encarnación, a través de la cual se producirá la derrota definitiva del diablo[56]: se concibe como combate contra el demonio, que desde la creación es el tentador del hombre.

Conducir al conocimiento del Padre

Esa lucha contra los demonios persigue como objetivo final la conversión al verdadero Dios. Sigamos leyendo el texto de la segunda Apología que antes interrumpimos:

Mas la verdad es que, expulsando de la república a Homero y a los otros poetas, enseñó a los hombres a rechazar a los malos demonios que cometieron las abominaciones de que hablan los poetas, a par que los exhortaba al conocimiento de Dios, para ellos desconocido (πρὸς θεοῦ δὲ τοῦ ἀγνώστου αὐτοῖς), por medio de la investigación de la razón (διὰ λόγου ζητήσεως), diciendo: "Al Padre y Artífice del universo, no es fácil hallarle, ni, hallado que le hayamos, es seguro decirlo a todos"[57]. Que fue justamente lo que nuestro Cristo hizo por su propia virtud (II 10, 6-7).

Sócrates lleva a los hombres al conocimiento del Padre y Creador. La mención del Dios desconocido (cf. Hch 17, 23) centra la atención en una idea familiar al mártir: la revelación del Padre es posible solo por el Logos, engendrado del Padre para comunicar a los hombres su mensaje. En otro lugar Justino atribuye esta acción al Logos, como sujeto último que obra a través de Sócrates (cf. I 5, 3: διὰ Σωκράτους ὑπὸ Λόγου), de modo similar a como describirá la acción de Dios en el Antiguo Testamento[58]. La noción de Logos que hay detrás concuerda con la de la Escritura: es la Palabra que revela al Dios inefable en el mundo. La plenitud de esta revelación la llevará a cabo Jesucristo al hacerse hombre[59]. De nuevo, a la luz de la Encarnación adquiere sentido completo la figura de Sócrates.

---

[56] Cf. D 100, 5-6; la derrota del diablo tendrá lugar, sobre todo, en la pasión y muerte de Jesús. De ahí que pueda afirmar FÉDOU, "La figure de Socrate" (63): "[hombres como Sócrates] ont été d'une certaine manière associés à la Passion du Verbe de Dieu aux jours de sa venue dans la chair"; cf. T. BAUMEISTER, "*Anytos und Meletos können mich zwar töten, schaden jedoch können sie mir nicht* Platon, Apologie des Sokrates 30c-d bei Plutarch, Justin Martyr und Clemens Alexandrinus", *Platonismus und Christentum. Fs. H. Dörrie* (ed. H.-D. BLUME - F. MANN) (JAC.E 10; Münster Westfalen 1983) 58-63 (60-61).

[57] Cf. PLATÓN, *Timeo* 28c, 3-5 (ed. RIVAUD, 141).

[58] Compárese con la acción de Dios a través de Moisés, tal como se recoge en D 79, 4: διὰ τοῦ πιστοῦ θεράποντος Μωσέως ὑπὸ τοῦ θεοῦ.

[59] Cf. D 76, 3ss.

Señalemos por último que Justino ve en la muerte de Sócrates una cierta prefiguración de la obra de Cristo. Perseguido por los demonios, su destino se equipara al de Jesús y al de los mártires[60]. Es ahora la muerte del Verbo encarnado la que ilumina el sentido de la acción de Sócrates y lleva a plenitud lo que éste intentaba.

Cristo, plenitud de lo que intentaba Sócrates

De todo lo dicho podemos concluir: la figura de Sócrates se presenta como esbozo de cuanto Cristo llevará a cabo en plenitud al hacerse hombre. En efecto, veremos que Jesús entablará en su vida terrena un combate con el demonio, con vistas a conducir al hombre al Padre; tal combate pasará por una muerte cruenta. El mismo Justino, al final del pasaje que venimos comentando, establece un parangón entre Cristo y Sócrates:

> Porque a Sócrates nadie le creyó hasta dar su vida por esta doctrina; mas a Cristo, que en parte fue conocido por Sócrates – pues Él era y es el Logos que está en todo, y Él fue quien por los profetas predijo lo por venir y quien, hecho de nuestra naturaleza, por sí mismo nos enseñó estas cosas – ; a Cristo, decimos, no sólo le han creído filósofos y hombres cultos, sino también artesanos y gentes absolutamente ignorantes, que han sabido despreciar la opinión, el miedo y la muerte. Porque Él es la virtud del Padre inefable y no vaso de humana razón (II 10, 8).

Vemos cómo Justino dibuja su retrato de Sócrates a la luz de Cristo. Entendemos ahora mejor por qué Sócrates puede llamarse cristiano: no es porque el cristianismo quede reducido a la búsqueda filosófica de la verdad, sino porque el Logos está prefigurando ya en él la obra que consumará en su Encarnación[61].

El texto que se acaba de citar pone el acento sobre una diferencia crucial entre Cristo y Sócrates, diferencia que nos permite introducir el siguiente apartado. Sócrates no suscitó imitadores, cosa que sí hizo Cristo. A Sócrates nadie le creyó hasta dar su vida por la doctrina que enseñaba; sin embargo son innumerables los que han seguido a Cristo hasta la muerte.

---

[60] Cf. I 5, 3-4; II 7 [6], 3-4.

[61] Se puede establecer una analogía con lo que ocurrirá en el Antiguo Testamento. De hecho en I 46, 1-2, Justino pone juntas la acción del Logos en Sócrates y en Abraham. A partir de aquí SKARSAUNE, "Judaism", ha formulado la siguiente hipótesis. Justino está influido por la apologética judía frente a los paganos. En estos círculos se presentaba a Abraham como modelo del prosélito que se convierte de los ídolos al Dios único. La referencia, en el mismo texto, a Ananías, Azarías y Misael, se explica bien con esta hipótesis: las mismas tradiciones judías hablaban de Abraham en el horno de fuego, por rechazar la idolatría.

Veremos cómo la acción de Cristo en sus discípulos sirve a Justino de comparación con la semilla del Logos ínsita en todo hombre.

1.4. La predicación cristiana y la semilla del Logos

Comencemos recordando que Holte mencionaba en su artículo la parábola del sembrador (Mt 13, 3-9 par.) como posible fuente inspiradora de la doctrina sobre la semilla del Logos. Lo hacía a título de conjetura, sin presentar pruebas. La sugerencia de Holte ha recibido aprobación o crítica, pero, según parece, nadie ha tratado de analizar la exégesis de Justino a esta parábola evangélica[62]. Intentaremos hacerlo en lo que sigue.

La semilla de la predicación

Hay que reconocer que no es mucho el material disponible. Justino cita una vez en el Diálogo el inicio de la parábola[63].

"Quisiera saber de vosotros, amigos, qué quiere decir el nombre de Israel". Como todos se callaron, proseguí: - Yo voy a decir lo que sé; porque ni me parece bien que quien lo sabe no lo diga, ni sospechando que vosotros lo sabéis..., sino decirlo todo sencilla y noblemente, como dijo mi Señor: *"Salió el sembrador a sembrar su semilla, y una parte cayó en el camino, otra entre espinas, otra entre piedras y otra en tierra buena"*. Confiando, pues, que en alguna parte habrá tierra buena, hay que hablar... (D 125, 1-2).

El texto lo refiere Justino a sí mismo, en diálogo con los judíos: el cristiano debe sembrar, es decir predicar interpretando la Escritura (en este caso ha de explicar qué significa el nombre de Israel). Lo hace con la esperanza de hallar tierra buena entre los oyentes.

Tengamos en cuenta, sin embargo, que aunque Justino se presenta a sí mismo arrojando la semilla, es consciente de que el verdadero sembrador es Cristo. Esto resulta claro de cómo el mártir concibe la predicación apostólica. En ella está presente Cristo, de modo que los hombres no creen por lo que dicen los Apóstoles, sino por la fuerza de Cristo, que les envió[64]. La imagen es, por tanto, la de Cristo (Logos) sembrando la palabra (logos) de la predicación en la tierra del mundo a través de los predicadores.

---

[62] La hacen suya WASZINK, "Bemerkungen zu Justins Lehre" (390) y EDWARDS, "Justin's Logos" (277), y la rechazan L.W. BARNARD, "The Logos Theology of Justin Martyr", *DR* 89 (1971) 132-141, (140); TRAKATELLIS, *The pre-existence* (123).

[63] El texto parece pasar desapercibido a BARNARD, "The Logos Theology" (140): "It is significant that St. Justin never quotes directly the parable of the sower".

[64] Cf. D 42, 2: "Y el mismo Isaías, como en persona de los apóstoles, que dicen a Cristo no habérseles creído por lo que ellos dijeron, sino por la virtud de quien los envió, dice así: *Señor, ¿quién ha creído a lo de nosotros oído?...*"

Otras ideas de Justino en torno al término "semilla" (σπέρμα) y a la idea de sembrar completarán lo dicho. Está por un lado la semilla que el Señor promete dejar al pueblo de Israel (según Is 1, 9: "si el Señor no nos hubiera dejado un resto [TM; LXX σπέρμα], habríamos perecido...")[65]. Esta semilla se identifica normalmente con el resto del Pueblo, dejado por Dios como semilla para que no perezca toda la raza de Israel. Sin embargo, conforme al análisis de Pycke, hay un texto en que la semilla se refiere al conocimiento de las Escrituras, dado por gracia[66]. Este conocimiento es el gérmen que hará posible la conservación del resto fiel.

También en conexión con la inteligencia de las Escrituras habla el mártir de una siembra entre espinas. Se trata del trabajo infructuoso que llevan a cabo los judíos al leer el AT. Así les reprocha, en efecto, Justino:

> Puesto que yo parto de las Escrituras y de los hechos para mis demostraciones y exhortaciones – les dije – no vaciléis en creerme, por más que sea incircunciso [...] *Renovad para vosotros vuestros barbechos* – grita Jeremías al pueblo – *y no sembréis sobre espinas* (Jr 4, 3) [...] No sembréis, pues, entre espinas (Μὴ οὖν εἰς ἀκάνθας σπείρετε) y en tierra no labrada, de donde no habéis de recoger fruto. Reconoced a Cristo y he ahí un campo bueno, bueno y feraz (νειὸς καλή, καλὴ καὶ πίων) en vuestros corazones (D 28, 2-3).

Justino depende directamente del texto de Jeremías (Jr 4, 3), pero la mención de la tierra buena (καλή) puede proceder de la parábola del sembrador. Lo confirma la siguiente variante: Jr 4, 3 trae "sobre espinas", ἐπ᾿ ἀκάνθαις; y Justino lee "entre espinas", εἰς ἀκάνθας, como Mt 13, 22 y Mc 4, 18.

En el contexto se está discutiendo sobre el valor de la Ley; Justino dice que los judíos no han comprendido la Escritura. Si acogen a Cristo tendrán en sus corazones un entendimiento fructífero de la Biblia. La semilla es aquí, como en los textos anteriores, la comprensión de las Escrituras dada por gracia. El resto dejado a Israel pasará a los cristianos, pueblo capaz de entender la Sacra Página.

Esta metáfora de la siembra se aplica en otros lugares a la Iglesia. Justino dice que es éste el Pueblo que Dios "prometió que sembraría y engendraría"[67]. A esta luz se puede leer un texto de la *Apologia minor* que habla de la semilla de los cristianos, "recién arrojada al mundo"[68]. La

---

[65] Cf. D 32, 2; D 55, 3; D 64, 2

[66] Cf. PYCKE, "Connaisance" (68-76); el texto es D 55, 3: πλήν τινων, οἷς [...] ἐγκατέλιπε σπέρμα εἰς σωτηρίαν.

[67] Cf. D 136, 2; D 123, 5; Jr 38 [TM 31], 27.

[68] Cf. II 7 [6], 1: "De ahí también que Dios dilata llevar a cabo la confusión y destrucción del universo, por causa de la semilla de los cristianos, recién arrojada al mundo, que Él sabe ser la causa de la conservación de la naturaleza".

semilla de la predicación (que es, en primer lugar, exégesis de la Escritura) se desarrolla dando lugar a un Pueblo nuevo. En el plan de Dios esta semilla está llamada a extenderse por toda la tierra[69].

No es difícil ver algunas líneas de unidad. Cristo es el sembrador. Siembra con potencia a través de la predicación cristiana. La semilla que deja es su palabra (λόγος), dada por gracia, que permite el conocimiento de la Escritura. Esta semilla es capaz de engendrar un pueblo nuevo, el de la Iglesia, como antes conservó un resto entre los judíos.

Una semilla sembrada en todo hombre

La exégesis de Justino, la más obvia a partir de la explicación del mismo Jesús (Mt 13, 18-23), se centra hasta aquí en la evangelización cristiana. La semilla es la palabra de la predicación. ¿Asoció el mártir esta siembra nueva de la palabra (λόγος) a una siembra anterior, hecha por el mismo Logos en la creación: la semilla del Logos? Si es verdad, como hemos mostrado en los apartados anteriores, que un mismo esquema sirve a Justino para entender la plenitud cristiana y los esfuerzos de todo hombre por seguir al Logos, el salto de una siembra a otra no sería difícil. Pero veamos si los textos ofrecen para esta conclusión algún apoyo.

Volvamos al pasaje con el que empezamos, la única cita directa de la parábola del sembrador. He aquí la continuación de la exégesis de Justino:

> *Salió el sembrador a sembrar su semilla y una parte cayó en el camino, otra entre espinas, otra entre piedras y otra en tierra buena* (cf. Mt 13, 3-9). Confiando, pues, que en alguna parte habrá tierra buena, hay que hablar. Porque aquel Señor mío, como fuerte y poderoso, vendrá a requerir lo suyo de todos [los hombres] (τὰ ἴδια παρὰ πάντων ἀπαιτήσει ἐλθών), y no condenará a su administrador (τὸν οἰκονόμον τὸν ἑαυτοῦ οὐ καταδικάσει) que puso en el banco su dinero, pues sabía que su Señor, que es poderoso, había de venir a requerir lo suyo (ἐλθὼν ἀπαιτήσει τὰ ἴδια), y por nada del mundo lo enterró en el suelo (D 125, 1-2).

Vemos que Justino enlaza dos parábolas distintas. Del sembrador (Mt 13, 3-9) pasa al amo que deja sus talentos a los siervos (Mt 25, 14-30). La asociación era fácil a Justino, pues la idea de la siembra está también presente en la segunda parábola, precisamente en los versos finales, cuando el Señor vuelve para requerir lo suyo (cf. Mt 25, 24: *recoges donde no has sembrado* - θερίζων ὅπου οὐκ ἔσπειρας...; cf. también el versículo 26).

Al conectar las dos parábolas, sembrar la semilla equivale a colocar en el banco el talento recibido. Justino sería culpable si se guardase la semilla, lo mismo que si enterrase el talento. Ya hemos indicado cómo es

---

[69] Cf. ORBE, *La unción del Verbo* (94).

Cristo quien actúa a través de la predicación cristiana. Esto queda también claro con la imagen del talento, pues éste es propiedad del Señor, que lo da a su siervo.

Ahora bien, Justino no se contenta con decir que el Señor va a exigir de él, predicador de la palabra, sus talentos. Cuando venga, dice Justino, como fuerte y poderoso, vendrá a pedir *lo que es suyo a todos los hombres* (τὰ ἴδια παρὰ πάντων)[70]. En la exégesis de la parábola entra por tanto un nuevo elemento: los talentos no se dan sólo al predicador, sino a todo hombre. Todos han recibido algo que pertenece a Cristo. Este es un talento o semilla, según la identificación que ha llevado a cabo Justino.

Hay elementos – en el contexto de la narración de Justino – que invitan a identificar τὰ ἴδια (lo que pertenece al Señor en todo hombre) y la semilla del Logos. El primero es la venida de Cristo como juez, expresada en referencia al administrador (τὸν οἰκονόμον τὸν ἐαυτοῦ οὐ καταδικάσει), pero sobreentendida para todo hombre. Esta idea está presente en el contexto anterior a nuestro pasaje (D 124), que muestra a Cristo como juez de todos, ya desde la creación[71]. Ahora bien, la idea del juicio universal es propia de Justino cuando trata de la semilla del Logos[72].

Otro elemento apunta en esta misma dirección. Tanto antes como después de nuestro pasaje se habla del demonio que seduce al hombre y lo lleva a la ruina. Se explica también la lucha que Cristo establece con él, venciéndole como primogénito de la humanidad[73]. Hemos visto ya que la figura de los paganos cristianos incluía una referencia a la lucha contra el demonio.

En su exégesis de la parábola del sembrador, Justino piensa por tanto en el talento (equivalente a la semilla) como algo dado a todo hombre, algo que pertenece a Cristo y que Él vendrá a reclamar al fin de los tiempos. La primogenitura del Logos sobre la creación (cf. D 124, 1; D 125, 3) se

---

[70] Esta expresión no la toma Justino del texto de los sinópticos (cf. Mt 25, 14: τὰ ὑπάρχοντα αὐτοῦ; Mt 25, 27: τὰ ἀργύρια μου - τὸ ἐμόν). Pudo venirle del prólogo de San Juan: εἰς τὰ ἴδια ἦλθεν (Jn 1, 11).

[71] Cf. D 124, 2-3, donde se refiere al plan creador, a todo hombre; D 124, 1: τὴν κρίσιν ἀπὸ παντὸς γένους ἀνθρώπων ποιούμενος; D 124, 4: los hombres, juzgados y condenados (καταδικάζεσθαι) por su propia actuación; este último texto se relaciona con D 125, 2: el Señor no condenará (καταδικάσει) al administrador fiel.

[72] En I 46, 4 se habla de la relación de todo hombre con el Logos para afirmar que los que obraron mal serán también juzgados por Cristo, pues se hicieron enemigos del Logos; un poco antes, en I 45, 6, aparece la condena al fuego de todos los que se enemistan injustamente con los cristianos (τοῖς ἀδίκως ἐχθραίνουσι). Para la relación entre el juicio final y la idea de los paganos cristianos cf. TRAKATELLIS, *The pre-existence* (102-109).

[73] Cf. D 124, 3-4; D 125, 3-5; el texto se analizará en el capítulo dedicado a las tentaciones de Cristo, cf. *infra*, cap. V, apdo. 2, pp. 276-279.

puede ver como su acción sembradora en el hombre, dejando en él lo que es suyo (τὰ ἴδια), por lo que se hace juez universal[74].

Según el análisis que hemos hecho, Justino ha relacionado la semilla del Logos con la siembra poderosa de la palabra (λόγος) de la predicación, llevada a cabo por el mismo Logos. La relación entre la parábola del sembrador y el Logos σπερματικός tiene por tanto base en los textos del santo.

Esta conexión entre predicación cristiana y semilla del Logos se puede confirmar en un texto importante, el que habla de los cristianos anteriores a la Encarnación: "Cristo es el Logos, del que todo el género humano ha participado. Y así, quienes vivieron conforme al Logos son cristianos..." (I 46, 2). Para verlo, consideremos primero el contexto inmediatamente precedente:

> Ahora bien, eso que dice: "Vara de poder te enviará desde Jerusalén" (Sal 109, 2), era anticipado anuncio de la palabra poderosa (Λόγος ἰσχυρός) que, saliendo de Jerusalén, predicaron por doquiera los apóstoles, y que nosotros, a despecho de la muerte decretada contra los que enseñan o en absoluto confiesan el nombre de Cristo, por doquiera también abrazamos y enseñamos. Y si también vosotros leéis como enemigos estas palabras nuestras, fuera de matarnos [...] nada podéis hacer [...] A vosotros, empero, y a todos los que injustamente nos aborrecen y no se convierten, ha de traeros castigo de fuego eterno (I 45, 5-6).

Vemos que se menciona la palabra poderosa (Λόγος ἰσχυρός) de la predicación, salida de Jerusalén. Resuena aquí Is 2, 3: "de Sión saldrá la Ley, de Jerusalén la palabra del Señor". Justino puede identificar la Ley nueva con la palabra predicada por los Apóstoles[75]. Es la misma palabra que Justino enseña a los romanos con riesgo de la vida, palabra que se predica para salvación de los hombres, y que es también juicio para los que no se convierten[76]. Es entonces cuando se plantea a Justino una dificultad:

---

[74] Sobre el juicio final cf. *infra,* cap. VII, apdo. 3.2, pp. 499-502

[75] La conexión entre I 45 y I 46 la sugiere SKARSAUNE, *The Proof* (367), que establece una relación entre la apologética judía y Justino. Para explicar la conversión de los paganos hablaban los judíos, aprovechando terminología estoica, de la Ley escrita en el interior del hombre. Para Justino esta Ley es la Ley nueva, la Palabra predicada por los Apóstoles. De aquí es fácil pasar a una palabra (logos) ya conocida en parte por todo hombre.

[76] Nótese que en I 45, 1 se habla de que Dios lleva al cielo a Jesús y le retiene consigo "hasta herir a los demonios, enemigos suyos, y completar el número de los por Él de antemano conocidos como buenos y virtuosos, aquellos justamente por cuyo respeto no ha llevado a cabo la universal conflagración". La idea del juicio definitivo y la mención de los demonios están presentes en nuestro pasaje, como hemos indicado que ocurre en general cuando se trata de la relación entre Cristo y todo hombre antes de la Encarnación.

Algunos, sin razón, para rechazar nuestra enseñanza [*la predicación cristiana, la palabra poderosa de que se ha hablado en I 45, 5*], pudieran objetarnos que, diciendo nosotros que Cristo nació hace sólo ciento cincuenta años bajo Quirino y enseñó su doctrina más tarde [*Cristo se presenta como quien enseña, es el origen de la predicación cristiana*], en tiempo de Poncio Pilato, ninguna responsabilidad tienen los hombres que le precedieron [*al hablar de responsabilidad se recuerda el juicio de Cristo sobre todo hombre: cf. I 45, 6*] (I 46, 1).

La predicación cristiana comenzó hace solo ciento cincuenta años. ¿Cómo puede ser ésta la palabra (λόγος) por la que se juzgue a todo hombre? Muestra entonces Justino a Cristo como Logos, y dice que muchos antes de su venida vivieron conforme a Él y son, por tanto, cristianos. Todo hombre puede entonces ser juzgado según esta palabra predicada, porque participa de la Palabra divina. Hay una siembra anterior a la que propagaron los Apóstoles, siembra por la que todo hombre es partícipe del Logos (I 46, 2).

Con todo esto tenemos elementos bastantes para afirmar: la predicación cristiana, siembra llevada a cabo por el Logos encarnado, sirve a Justino para presentar su teoría sobre la participación de todo hombre en el Logos. La semilla del Logos no es simplemente un principio de racionalidad; ni se ha inspirado Justino en la filosofía pagana para formularla. La idea brota más bien en suelo bíblico: la Palabra como comunicación de Dios a los hombres; y se concreta en la experiencia cristiana de Justino: la predicación de la palabra que lleva a cabo el Logos por la Iglesia.

1.5. Conclusiones

Nos preguntábamos cómo veía Justino la relación entre Cristo y el hombre, ya desde la creación. Intentemos ahora una respuesta sintética.

Es la fe cristiana, que Justino recibe cuando su conversión, la que ilumina el pensamiento del mártir. En el origen de su reflexión está: a) la acción de Cristo en sus horas terrenas, revelando al Padre y derrotando al demonio; b) la presencia en el cristiano del Logos encarnado, que habita en los creyentes por su Espíritu; c) la predicación evangélica que el mismo Justino propaga con riesgo de su vida.

Esta luz de la Revelación hace ver al mártir la *continuidad* de la historia, la unidad profunda que atraviesa el plan de Dios. Así puede descubrir en los hombres que vivieron conforme al Logos prefiguraciones de la plenitud que Cristo traerá con su venida. Ello implica que la acción del Logos en todo hombre no se puede concebir al margen de la Encarnación.

Por otra parte el retraso de la conflagración universal se pone en relación, en otro pasaje, con la semilla de los cristianos: cf. II 7 [6], 1.

La presencia del Logos se inició ya cuando la creación, momento en que Cristo ungió al hombre con el Espíritu recibido del Padre, poniendo en él una semilla suya. A la misma conclusión se llega considerando la acción del Logos encarnado: la victoria definitiva de Cristo sobre el demonio con su muerte en cruz fue prefigurada tímidamente por hombres como Sócrates, en los que el mismo Logos actuaba para desenmascarar al diablo; y la siembra de una semilla del Logos en la creación hacía ya presentir la poderosa predicación apostólica.

A la vez, este esquema permite a Justino presentar la *novedad* que viene con Cristo. Lo que Sócrates obtuvo sólo en parte y con dificultad, lo hizo Cristo por su propia virtud. Los rasgos de esta novedad sólo podrán perfilarse cuando hayamos estudiado la vida de Jesús en la tierra. Hemos señalado de momento: la derrota definitiva del demonio por parte de Cristo, que se lleva a cabo en la cruz; la plenitud que supone la presencia del Espíritu en el creyente; la potencia de la predicación cristiana.

¿Cómo se relacionan estas dos presencias: la de Cristo en todo hombre desde la Creación y la que se establece a partir de la Encarnación? Según lo que hemos dicho, no es válido un esquema que exagere la ruptura, ni otro que allane las diferencias en uniformidad (y que reduzca en definitiva el cristianismo a una filosofía). En la visión de Justino la fe cristiana representa la plenitud, el cumplimiento nuevo de lo que estaba ya esbozado.

El contraste entre la participación del Logos de que gozaron los filósofos y la experiencia profética en el AT nos iluminará aun más sobre la continuidad y novedad de la acción de Dios en la historia.

2.   Cristo en el Antiguo Testamento

Cristo actúa, pues, entre los hombres desde la creación del mundo; lo hace por la semilla del Verbo sembrada en cada ser humano. Pero además de esta actividad ejerce otra, de intensidad mayor: está presente en el Pueblo elegido, con el que Dios estableció la Alianza antigua. En torno a ella se forjaban en los inicios cristianos posturas encontradas. Para entender la del mártir será necesario situarla antes en su contexto[77].

2.1. El problema: valor de la Antigua Alianza

El enfoque del mártir se puede describir en contraste con el que adoptaron (a) judíos y (b) gnósticos; sin olvidar (c) que su valoración del

---

[77] Para toda la cuestión, cf. H. CAMPENHAUSEN, *Die Entstehung der christlichen Bibel* (BHTh 39; Tübingen 1968); E. FERGUSON, "Justin Martyr on Jews, Christians and the covenant", *Early Christianity in context. Monuments and documents* (ed. E. ALLIATA - F. MANNS) (SBF.CMa 38; Jerusalem 1993) 395-405.

AT no nace principalmente de la polémica, sino que es esencial a su experiencia cristiana.

a) En Diálogo con los judíos

No hace falta insistir en la importancia que tiene el asunto para el judío Trifón. La discusión en torno al AT ocupa un puesto fundamental en el Diálogo. Justino es testigo de una cuestión que había ocupado al cristianismo desde sus comienzos. El problema surgió desde el momento en que la Iglesia reivindicó para sí las Escrituras hebreas. Había un terreno común por el que unos y otros luchaban: el Antiguo Testamento[78]. ¿Con qué argumentos lo reclamaba la Iglesia como propio?

El primero y fundamental era la lectura de los libros sagrados cual profecía cumplida en Cristo. A esta interpretación opondrán los judíos una lectura que ve los vaticinios ya realizados en el Antiguo Pacto (por ejemplo, en las figuras de Ezequiel o Salomón[79]), o los considera aún por cumplirse[80]. Veremos que Justino se esfuerza por mostrar la realización de las profecías en la historia de Jesús.

Ahora bien, esta lectura no resolvía todas las dificultades. Porque la Escritura contiene también la Ley: Dios da al hombre preceptos y le invita a observarlos; dispone que se le ofrezcan sacrificios. La cuestión había ocasionado en su momento la respuesta de Pablo a los judaizantes, y la Iglesia no tuvo problema en admitir que aquellos preceptos no eran ya necesarios.

¿Qué razones se daban para justificar tal postura? Las perspectivas eran variadas. a) Se hablaba por un lado de una *superación* del Antiguo Pacto por la venida de Cristo. En este sentido usa San Pablo la imagen del pedagogo, que deja de actuar al llegar la edad adulta (Ga 3, 23-25). b) Se presentaba también la obra de Cristo como pleno *cumplimiento* de la Ley y culto (cf. Mt 5, 17). c) Encontramos por último una *interpretación tipológica*: el Antiguo Testamento es figura o sombra de las realidades que llegan en el Nuevo[81]. La Iglesia primitiva prolongó estas líneas[82]. Justino

---

[78] Justino se encuentra al final de una época en que por Escritura se entiende principalmente el AT. A su lado habla el mártir de las palabras del Salvador, de los recuerdos de los Apóstoles, llamados Evangelio (cf. I 66, 3), pero el Nuevo Testamento no se ha constituido todavía como Escritura al lado del Antiguo.

[79] Se ven ejemplos de esta exégesis, por ejemplo, en D 83-85.

[80] Cf. por ejemplo la profecía referente a Elías, en D 49, 1.

[81] P. GRELOT, *Sentido cristiano del Antiguo Testamento. Bosquejo de un tratado dogmático* (Bilbao 1995) (29-41), distingue estos tres principios en la respuesta dada en el Nuevo Testamento: principio de cumplimiento, de superación, de prefiguración.

[82] Se acudió de modo especial a la alegoría, interpretando espiritualmente los preceptos mosaicos. La epístola del Pseudo-Bernabé llegaba incluso a negar que Dios hubiera querido en algún momento el cumplimiento literal de las disposiciones antiguas: desde

recoge las tradiciones anteriores, pero debe a la vez dar respuesta a problemas nuevos.

A Trifón no se le escapa esta dificultad que los textos del Antiguo Testamento crean a los cristianos[83]. Observaremos de hecho cómo el judío acentúa el valor de la Torá. Es verdad que Trifón reconoce la figura del Mesías, pero es un Mesías subordinado a la Ley, elegido como tal por cumplirla[84]. La discusión entre Justino y Trifón se puede resumir así: es una lucha por mostrar quién tiene la preeminencia, si Cristo o la Ley. Esto hace que el debate sobre la Ley adquiera, como veremos, significado cristológico.

b) Ante la postura marcionita y gnóstica

Ahora bien, en la presentación del AT Justino no se enfrenta solo a la postura de Trifón. Hay adversarios nuevos, los herejes marcionitas y gnósticos, que hacen necesaria una respuesta nueva[85].

El planteamiento de Marción era el más radical. Obra del Demiurgo, Dios justo, el AT se encontraba en contradicción con lo propio del Padre bueno, que se revelaba en el Evangelio.

Más matizada era la postura gnóstica. Sobre este asunto se conserva la carta de Ptolomeo (representante de la escuela valentiniana) a Flora. El autor trata de buscar una vía media entre la posición de Marción y la eclesiástica[86]. Ni, como opinaba el uno, proviene el AT de un dios malvado, el

---

siempre se dieron con sentido espiritual, pero el pueblo judío las malinterpretó ya al recibirlas de Moisés (cf. PSEUDO-BERNABÉ, *Epístola* IV, 6-8, SC 172, 96-98).

[83] Cf. D 10, 3.

[84] Cf. D 49, 1. Después de la segunda guerra se observa en el judaísmo una disminución de la esperanza mesiánica y una insistencia en el valor de la Ley; cf. A. RODRÍGUEZ CARMONA, *La religión judía. Historia y teología* (BAC 611; Madrid 2001) (618, n. 11).

[85] El mártir tuvo que oponerse a estos herejes (cf. D 35, 6); y tal combate ha dejado muchas huellas en las obras suyas que conservamos. Cf., por ejemplo, I 26, 3; D 11, 1; D 30, 1; D 35, 5. Teniendo presentes a marcionitas y gnósticos hay que interpretar su insistencia en la bondad del Dios Creador, en general, y de la Ley promulgada por Él, en particular (cf. D 22, 1; D 23, 1-2). En estos casos Justino no se dirige contra Trifón sino contra los herejes que negaban valor al antiguo Pacto. Rastros de esta polémica los encontramos también cuando Justino alaba los milagros de los profetas porque estaban de acuerdo con el Dios creador (D 7, 2). Dígase lo mismo de su esfuerzo por mostrar que la disposición del Dios legislador no se opone a los decretos del Hacedor del mundo (cf. por ejemplo D 20, 2; D 23, 3). Cf. P. PRIGENT, *Justin et l'Ancien Testament. L'argumentation scripturaire du traité de Justin contre toutes les hérésies comme source principale du Dialogue avec Tryphon et de la première Apologie* (Paris 1964); cf. SKARSAUNE, *The Proof* (210-213).

[86] Cf. G. QUISPEL, *Ptolémée, Lettre a Flora* (SC 24bis; ²1966). Cf. un estudio de la relación entre Justino y Ptolomeo en G. LÜDEMANN, "Zur Geschichte des ältesten

diablo; ni, como querían los otros, hay que atribuirlo por entero a Dios Padre. La Ley dada por Dios puede dividirse en tres partes[87]: hay preceptos puros que llevará a plenitud Jesucristo; otros con mezcla de injusticia, que Jesucristo abolirá (como la ley del Talión); por fin, una parte tiene valor profético, símbolo de lo venidero[88].

¿Quién es entonces el Dios dador de la Ley? No se trata del Padre bueno sino de una deidad intermedia, el Creador[89]. Éste, como imperfecto, promulga una ley imperfecta. Desde aquí explica Ptolomeo las diferencias en el seno de la Ley: lo que ocurre es que hay distintos principios de inspiración[90].

A la luz de la entera doctrina valentiniana se vislumbra el trasfondo de la interpretación de Ptolomeo. Dada por el Demiurgo, la Ley contiene una parte, la primera que hemos señalado, que proviene del Dios sumo. Ésta puede ser entendida sólo por un tipo de hombres, los llamados "espirituales" y es la que lleva a plenitud Jesucristo. Hay también una porción de preceptos que el Creador puso de su propia cosecha: son válidos para los hombres "psíquicos", que deben cumplirlos si quieren salvar sus almas; adquieren estos una salvación de grado inferior. La discusión sobre la Ley está, por tanto, para los gnósticos, al servicio de una determinada concepción de Dios y de la salvación que Éste ofrece al hombre.

Lo dicho tiene valor para interpretar la doctrina de Justino en torno al AT. En el Diálogo se insiste en la relatividad y caducidad de la Ley. Hay que tener en cuenta, sin embargo, el contexto polémico, en discusión con Trifón, en que estas afirmaciones se hacen. Describir la postura de Justino solo según este debate sería desfigurar su pensamiento. Éste fue sin duda más equilibrado, porque tuvo que hacer frente también a la postura contraria. Las afirmaciones del Diálogo que tienden a valorar positivamente la Ley cobran así una importancia especial: pueden desvelarnos cual fue la solución de Justino al margen de su afán por rebatir a Trifón[91].

Christentums in Rom: Valentin und Marcion; Ptolemäus und Justin", *ZNW* 70 (1979) 86-114 (110-111). Por lo que respecta a la Ley, pone mejor de relieve las diferencias entre ambos autores SKARSAUNE, *The Proof* (323-324).

[87] Ptolomeo explica primero que la ley viene de tres fuentes: Dios, Moisés, las tradiciones de los ancianos: cf. *Panarion* 33, 4, 2 (SC 24bis, 54s). La parte promulgada por Dios se puede a la vez subdividir.

[88] *Panarion* 33, 6, 2-4 (SC 24bis, 66).

[89] Para Ptolomeo, el Creador, aun no siendo el Padre perfecto, es su imagen. Cf. QUISPEL, *Ptolémée* (33).

[90] Cf. A. ORBE, *Teología de San Ireneo I* (BAC.SMa 25; Madrid 1985) 419-423.

[91] En su exposición del concepto de "Alianza" en Justino, K. Backhaus tiende a dejar de lado este aspecto; cf. K. BACKHAUS, "Das Bundesmotiv in der frühkirchlichen

c) Acción de Cristo en la historia del Pueblo según Justino

Se ha situado ya el contexto en que se mueve Justino. ¿Cuál fue su posición? Antes de juzgarla hemos de notar que el interés del mártir por el AT no nace sólo de la polémica ante judíos y gnósticos. Se trata por el contrario de un dato primario de su fe en Cristo, perteneciente a su misma experiencia de conversión.

Prueba de esto es ciertamente la importancia que Justino da al AT en la Apología[92]. Pero, sobre todo, la descripción que el mártir hace de su encuentro con la fe cristiana. El anciano con quien habla Justino le presenta a los profetas como los maestros de la filosofía verdadera (cf. D 7, 2), y Justino afirma que, tras marcharse el viejo, se encendió un fuego en su alma y le invadió un gran amor por los profetas (cf. D 8, 1). El dato no es anecdótico. Indica que para Justino la figura de Cristo no se presenta como una luz aislada. La verdad de la enseñanza de Jesús se percibe cuando se ve la armonía de su doctrina y hechos con lo predicho y realizado en la historia del Pueblo de Israel[93].

Es lógico, pues, que Justino tenga en mucho la Antigua Alianza. Al afirmar, al inicio de su conversación con Trifón, que en todo el AT actúa el único Dios creador (cf. D 11, 1), el mártir se presenta en acuerdo fundamental con los judíos. El Dios que sacó de Egipto al Pueblo, el Dios de Abraham, Isaac y Jacob, es también el Dios cristiano. Pero en una cosa se equivocan Trifón y sus compañeros: confunden al Dios que se muestra en la Alianza Antigua con el Padre trascendente[94]. No es así: el Dios de Abraham, Isaac y Jacob no es el Padre, sino el Hijo, el Logos revelador cuya misión es mostrar al Invisible[95]. Fue Él quien cerró por fuera el arca de Noé, quien se apareció a Abraham en la encina y a Moisés en la zarza, quien dio la Ley en el Horeb y guió al pueblo en la columna de nube.

El Testamento Antiguo es así historia de la acción del Padre por medio de su Verbo. Se dan en él diversas etapas. ¿Por qué las estableció Dios? La respuesta de Justino se forja en oposición a los herejes gnósticos.

Schwellenzeit: Hebräerbrief, Barnabasbrief, Dialogus cum Tryphone", *Der Ungekündigte Bund? Antworten des Neuen Testaments* (ed. H. FRANKEMÖLLE) (QD 172; Freiburg im B. 1998) 211-231 (228): "So setzt Justin das Bundesmotiv als christlichen *Besitzstand* voraus. Es ist ihm kein drängendes Problem christlicher Identitätsfindung mehr, sondern Gegenstand schriftgelehrter Nachfrage innerhalb einer *Theologie des Alten Testaments*".

[92] Sobre todo a partir de I 30. La profecía es para Justino la prueba concluyente de la verdad cristiana (cf. I 30, 1: "demostración que creemos ha de pareceros a vosotros mismos la más fuerte y la más verdadera").

[93] Lo que mostraremos ampliamente al hablar de la predicación: cap. V, apdo. 3, p. 282

[94] Cf., por ejemplo, I 63; D 114, 3.

[95] Cf. I 63, 17; D 55-62.

Recordemos cómo explicaban ellos el distinto valor de la Ley antigua. Separaban diversos estratos, con una división correspondiente en la divinidad que los promulgaba y en los hombres a quienes se dirigían.

Para Justino, por el contrario, el hombre es lo plasmado por Dios del barro de la tierra (cf. D 40, 1). Al ser éste el hombre que Dios creó y éste el hombre que Dios quiere salvar, la acción divina, sus preceptos, sus disposiciones, no son puramente espirituales, sino que tocan la carne y el tiempo humanos: es este factor el que introduce la división en la *historia salutis*. La salvación es la misma, porque uno es Dios y todos los hombres hermanos; pero se escancia a lo largo de la historia en grados diversos, por la humilde condición temporal en que los hijos de Adán fueron constituidos[96].

El análisis que sigue tendrá en cuenta esta atención a la historia concreta del Pueblo. Comenzaremos estudiando en el siguiente apartado (2.2) la acción del Logos en los hombres justos y profetas con los que Éste conversó a lo largo de la historia de Israel; veremos después el caso particular de la Alianza con Abraham (2.3) y de la Ley de Moisés (2.4). Serán estos dos últimos puntos los que pongan mejor de relieve las etapas en que se divide la *historia salutis*.

2.2. Acción del Logos en los patriarcas y profetas

Desde la creación conversó el Verbo con algunos hombres y actuó en ellos de forma especial[97]. Justino considera que ya Noé profetizó (cf. D 139, 1-2) así como los hombres justos que le siguieron. El análisis que haremos vale para todo el tiempo anterior a la Encarnación.

Comenzaremos con la descripción que hace Justino de los profetas en el capítulo siete del Diálogo. Cuando el anciano le hace ver los errores de los mejores filósofos, el mártir queda desconcertado. ¿A quién puede acudir si tampoco estos tienen la verdad? Habla entonces el viejo de unos hombres que enseñan el camino de la verdadera filosofía: son los profetas.

Existieron hace mucho tiempo - me contestó el viejo - unos hombres más antiguos que todos estos tenidos por filósofos, hombres bienaventurados, justos y amigos de Dios, los cuales hablaron inspirados del Espíritu divino (θείῳ πνεύματι λαλήσαντες), y divinamente inspirados predijeron lo porvenir, aquello justamente que se está cumpliendo ahora; son los que se

---

[96] Con razón ha escrito CAMPENHAUSEN, *Die Entstehung* (116): "wichtig ist vielmehr, daß Justin die Antwort auf das Problem des Gesetzes und damit des ganzen alttestamentlichen Kanons – wie vor ihm Paulus und Lukas – wieder durch eine *historische* Betrachtung gefunden hat, d. h. durch eine bestimmte Gliederung des alttestamentlichen Stoffes nach den großen Zeiten der Heilsgeschichte."

[97] Cf. por ejemplo D 113, 4: Jesús conversó con Abraham, Moisés y los patriarcas todos.

llaman profetas. Estos son los únicos que vieron y anunciaron la verdad a los hombres (οὗτοι μόνοι τὸ ἀληθὲς καὶ εἶδον καὶ ἐξεῖπον ἀνθρώποις), sin temer ni adular a nadie, sin dejarse vencer de la vanagloria, sino que, llenos del Espíritu Santo, sólo dijeron lo que oyeron y vieron (μόνα ταῦτα εἰπόντες ἃ ἤκουσαν καὶ ἃ εἶδον ἁγίῳ πληρωθέντες πνεύματι)[98]. Sus escritos se conservan todavía y quien los lea y les preste fe puede sacar el más grande provecho en las cuestiones de los principios y fin de las cosas y, en general, sobre aquello que un filósofo debe saber (καὶ περὶ ἀρχῶν καὶ περὶ τέλους καὶ ὧν χρὴ εἰδέναι τὸν φιλόσοφον). Porque no compusieron jamás sus discursos con demostración, como quiera que ellos sean testigos fidedignos de la verdad por encima de toda demostración (ἀνωτέρω πάσης ἀποδείξεως ὄντες ἀξιόπιστοι μάρτυρες τῆς ἀληθείας) (D 7, 1-2).

El párrafo muestra la superioridad de los profetas sobre los filósofos. Hay en primer lugar una prioridad temporal. Los profetas son los únicos que recibieron una verdadera revelación. En otro lugar indicará Justino que los otros filósofos se limitaron a copiarles[99]; y las religiones paganas a deformar lo profetizado[100].

También en relación con la parte de verdad que pueden alcanzar los filósofos es clara la superioridad del profeta. Para aclarar este punto será bueno poner en paralelo la caracterización que Justino hace de los profetas con un texto ya citado, en que se habla del Logos σπερματικός:

---

[98] "Lo que hemos visto y oído" es una fórmula testimonial que aparece en Hch 4, 20; 22, 15; 1 Jn 1, 1.3.

[99] Cf. I 44, 8-9. Se ha discutido la relación entre la doctrina del Logos σπερματικός y la de los filósofos que plagiaron a Moisés. Parece haber una contradicción, pues ambas posibilidades se excluyen mutuamente: o fueron capaces de alcanzar la verdad por la razón, o lo fueron por tomarla de los libros revelados. Sobre la discusión cf. HYLDAHL, *Philosophie* (80ss), que critica las posturas de ANDRESEN, *Logos und Nomos* y HOLTE, "Logos Spermatikos". Para Andresen no hay contradicción entre las dos posturas, ambas indican la revelación por parte del mismo Logos, y expresan el sentido histórico que tiene la teología de Justino. La postura de Andresen es, más o menos, la de P. PILHOFER, *Presbyteron Kreitton. Der Altersbeweis der jüdischen und christlichen Apologeten und seine Vorgeschichte* (Tübingen 1990) (251). Pero Hyldahl tiene razón al decir que así no se resuelve verdaderamente el problema: admitido que la verdad la toman los filósofos del Logos por su acción en la historia, ¿lo hacen por su capacidad racional o por haberlo copiado a Moisés? Holte (163-165) consigue responder distinguiendo los objetos del conocimiento: los filósofos conocen parte porque su razón participa del Logos, parte por haberlo copiado de los profetas. Hyldahl cree que esta postura no tiene base en los textos pero a cambio propone solo aceptar una contradicción en Justino.

[100] La idea aparece con frecuencia: cf., por ejemplo, D 69-70.

Profetas (D 7, 1)	Llenos del Espíritu Santo (ἀγίῳ πληρωθέντες πνεύματι)...	... dijeron solo lo que escucharon y oyeron (μόνα ταῦτα εἰπόντες ἃ ἤκουσαν καὶ ἃ εἶδον)
	por el Espíritu divino (θείῳ πνεύματι)...	... hablaron (λαλήσαντες)
Filósofos (II 13, 3. 5)	según la parte del Logos sembrador divino que les cupo (ἀπὸ μέρους τοῦ σπερματικοῦ θείου λόγου)...	... vieron lo que les es familiar (τὸ συγγενὲς ὁρῶν)
	por la semilla del Logos sembrada (διὰ τῆς ἐνούσης ἐμφύτου τοῦ λόγου σπορᾶς)...	... podían ver oscuramente la realidad (ἀμυδρῶς ἐδύναντο ὁρᾶν τὰ ὄντα).

Se describe la participación en el Logos σπερματικός en paralelo con la posesión del Espíritu. Si el filósofo tiene una parte del Logos σπερματικός divino, el profeta está lleno del Espíritu divino. Esta plenitud del Espíritu hace que los profetas sean testigos de la verdad que vieron y oyeron directamente, mientras los filósofos sólo oscuramente contemplaron las realidades divinas. Los filósofos siguen el camino de la demostración, válido sólo para los más inteligentes y llegan con esfuerzo a una parte de la verdad; por el contrario, por encima de toda demostración, ven los profetas la misma verdad[101].

Según esto, el Logos actúa en los profetas donándoles su Espíritu. Es un esquema del que ya hemos hablado: el Logos, por ser Cristo (Ungido), posee la plenitud del Espíritu; es Él quien unge a lo largo de la historia a todos los reyes y ungidos[102].

Las diferencias entre filósofos y profetas no deben hacernos olvidar que Justino usa un esquema paralelo para ambos. En la tabla anterior hemos visto la correspondencia. Atendiendo a otros pasajes se puede afirmar, tanto de unos como de otros, aunque en grado diverso:

---

[101] A esta luz, es interesante notar lo que hablan Justino y el anciano (D 3, 6) sobre las distintas ciencias: unas siguen la demostración, otras se basan en la visión. La idea de que una revelación es necesaria para alcanzar a ver a Dios estaba difundida en el ambiente; cf. A.J. FESTUGIÈRE, *La Révélation d'Hermes Trimégiste I. L'Astrologie et les sciences occultes* (CEA 75; Paris ²1950). Lo interesante de la postura de Justino es que tienda a valorar también la razón humana, y establezca una conexión entre la revelación y el razonamiento, aunque deje bien clara la superioridad de la primera.

[102] Cf. D 86, 3.

	Están en comunión con el Logos / Pneuma	Descubren al Padre y lo comunican a los hombres[103]	Sin miedo, afrontan la persecución	Luchan con los demonios
Filósofos	II 13, 3: por la parte del Logos sembrador divino que les cupo	II 10, 7: Al Padre y Artífice del Universo no es fácil hallarlo... ni una vez hallado es seguro decirlo a todos.	I 46, 4: [los que vivieron conforme al Logos] no saben de miedo ni turbación (cf. II 8 [7], 1)	II 10, 6: desenmascar an a los demonios
Profetas	D 7, 1: llenos del Espíritu divino	D 7, 1: vieron la Verdad... y la dijeron a los hombres.	D 7, 1: sin temer ni adular a nadie, sin dejarse vencer por la vanagloria	D 7, 3: vencen a los demonios

Lo dicho nos permite enlazar directamente con las conclusiones del estudio sobre el Logos σπερματικός, llevado a cabo más arriba. La conexión se da, en primer lugar, porque hay continuidad entre (a) la semilla del Logos, participación en el Espíritu dada por Cristo en la creación, y (b) la participación del Espíritu divino que recibe el profeta. Salvando una diferencia cualitativa de actuación[104], funciona el mismo esquema, apoyado en la participación del Espíritu de Cristo, que admite grados diversos. La experiencia profética se describe así sin ruptura con la creación, en oposición a los sistemas marcionitas y gnósticos[105].

Además, y en segundo lugar, tanto para los filósofos como para los profetas el punto de referencia es la obra que realizará el Verbo en la Encarnación. Lo que ya estudiamos para el caso de los paganos antes de la Encarnación podemos señalarlo ahora para los profetas. La eficacia del

---

[103] El texto de II 10 en que se cita a Platón (*Timeo* 28c, 3-5, ed. RIVAUD, 141): "Al Padre y Artífice del Universo no es fácil hallarlo [...] ni es seguro decirlo a todos", distingue el conocimiento y la consiguiente comunicación a los hombres. Esto mismo precisa Justino en los profetas (D 7, 1): vieron la verdad y la comunicaron a los hombres.

[104] Justino se preocupa siempre de limitar con algún término el alcance de sus afirmaciones sobre los filósofos paganos. Prerrogativa de los profetas será, en primer lugar, anunciar el futuro; en segundo, el no necesitar de demostración alguna para alcanzar la visión directa, meta que los filósofos consiguen con esfuerzo; además podrán comunicar a todos con seguridad su hallazgo.

[105] Cf. también la referencia a la creación en D 7, 3: los profetas son dignos de crédito por sus milagros, porque con ellos glorificaron al Creador.

Espíritu divino en ellos se describe sobre la falsilla de la obra del Verbo encarnado: los profetas guían hacia el conocimiento del Padre, luchan con los demonios, sufren la persecución. Ampliemos brevemente esta idea.

La experiencia profética, orientada a la Encarnación

Es clara, por una parte, la relación que se establece entre los profetas y la Encarnación por el mensaje que éstos predicaron[106]; hasta el mínimo particular de la vida del Señor fue predicho por ellos[107]: el expolio de las vestiduras[108], el grito en la cruz[109], la crucifixión en Pascua[110], la hora de su muerte, al caer la tarde[111]... ¿Revela Jesús algo que no se contenga en las Escrituras? No, pues si hemos de dar crédito a Justino, "Dios se adelantó a predecir todos los misterios"[112]. Las palabras de los profetas inspirados se refieren, pues, enteramente a la obra de Cristo a partir de su Encarnación.

Pero, según lo que hemos visto, la presencia del Espíritu en los profetas no es sólo una iluminación para conocer lo que sucederá al encarnarse el Logos. Se da además una prefiguración de la vida de Jesús en la misma vida del profeta, que por acción del Espíritu es capaz de hacer en modo incoativo lo que llevará a término el Salvador. Los profetas adelantan lo que será su obra (y particularmente, como habremos de ver, su pasión y cruz): acercarse al Padre, comunicarlo a los hombres sin miedo ni turbación, vencer a los demonios[113]. Justino ha leído el AT a la luz de Cristo.

---

[106] Justino presenta el mensaje cristiano apoyándose siempre en los profetas. Esto es natural dialogando con el judío Trifón; pero el mártir sigue el mismo método en la Apología: "Vamos, pues, ya a presentar la demostración, no dando fe a quienes nos cuentan los hechos, sino creyendo por necesidad a los que los profetizaron antes de suceder..." (I 30). Así puede decir: "(los profetas) divinamente inspirados predijeron lo porvenir, aquello justamente que se está cumpliendo ahora" (D 7, 1). Y también leemos: "...y por lo demás, los sucesos pasados y los actuales nos obligan a adherirnos a sus palabras" (D 7, 2), pues se trata de la demostración "más fuerte y más verdadera" (I 30, 1).

[107] Cf. I 31, 7: "en los libros de los profetas hallamos de antemano anunciado que Jesús, nuestro Cristo, había de venir, nacido de una virgen; que había de llegar a edad viril y curar toda enfermedad [...]; que había de ser envidiado y desconocido y crucificado; que moriría y resucitaría y subiría a los cielos; que es y se llama Hijo de Dios; que habían de ser enviados por Él algunos para predicar estas cosas a todo el género humano, y serían los hombres de las naciones quienes más le creerían".

[108] Cf. D 97, 3.

[109] Cf. D 99, 1.

[110] Cf. D 111, 3.

[111] Cf. D 97, 1.

[112] Cf. D 111, 3.

[113] Cf. T. BAUMEISTER, "Das Martyrium in der Sicht Justins des Maertyrers", *StPatr 17* (ed. E.A. LIVINGSTONE) (Oxford 1982) 631-642, que ve una línea de continuidad entre los sabios filósofos, los profetas y los mártires cristianos, imitadores todos de Cristo.

No sólo las profecías, sino también los hechos; no sólo las palabras de los profetas, sino también su vida.

Esto tiene importancia, pues se ha puesto en duda que Justino dé verdadero espesor a la historia salvífica, y se le ha acusado de reducir los tipos o figuras a una de sus dimensiones: la de oráculos proféticos[114]. Como vemos, esto no es así. La historia de Israel es tipo, no sólo en su mensaje o contenido simbólico, sino también en su realidad concreta. En los personajes del AT, en las mismas acciones que ellos realizan, hay una verdadera actuación de Cristo, que comunica la fuerza de su Espíritu. Este realismo que Justino concede a la historia tendrá importancia al describir la vida del Señor[115].

Hasta ahora se han considerado elementos que valen para toda la historia del Pueblo. Hemos señalado antes, sin embargo, la importancia de las distintas etapas en la vida de Israel. Esto quedará de manifiesto con el estudio de la Alianza con Abraham y de la Ley mosaica.

2.3. La Alianza con Abraham

Veamos cómo se concreta esto en la figura de Abraham. Al Patriarca concede Justino gran importancia. En la Apología aparece citado junto a Sócrates y Heráclito, Ananías, Azarías y Misael, como alguien que vivió conforme al Logos, y es por tanto cristiano[116]. Pero su valor preeminente se pone de relieve en este otro texto:

Ahora, lo que desde la zarza se le dijo a Moisés: *Yo soy el que es, el Dios de Abraham, el Dios de Isaac y el Dios de Jacob*, significaba que, aún después de muertos, aquellos hombres permanecían y eran de Cristo mismo (μένειν καὶ εἶναι αὐτοῦ τοῦ Χριστοῦ ἀνθρώπους), como que ellos fueron los primeros entre todos los hombres que se ocuparon en la búsqueda de Dios (καὶ γὰρ πρῶτοι τῶν πάντων ἀνθρώπων ἐκεῖνοι περὶ θεοῦ ζήτησιν ἠσχο-

---

[114] Cf. M. STEINER, *La tentation de Jésus dans l'interprétation patristique de Saint Justin a Origène* (Paris 1962) (18), que habla de la dificultad de Justino "commune aux auteurs antérieurs à Irénée, de penser dans toute sa profondeur le rapport des Testaments".

[115] Para ilustrar esto se puede considerar la figura de Josué (cf. G. OTRANTO, "La tipologia di Giosué nel "Dialogo con Trifone ebreo" di Giustino", *Aug* 15 (1975) 29-48). El hijo de Nave recibió parte del Espíritu de Cristo (D 113, 4), y por esta fuerza fue capaz de detener el sol: es en último término Cristo el que actúa a través de él. También la victoria del pueblo sobre Amalec, en que Josué dirigía la batalla, se da en virtud del nombre de Jesús (D 132, 3). En sí, y no solo por una lectura alegórica, tiene la historia del Pueblo valor salvífico y prefigura la acción del Logos encarnado: es el mismo Logos quien guía esta historia (D 131, 3-6). Cf. también C. NOCE, "La tipologia di Giacobbe in Giustino", *Early Christianity in context. Monuments and documents* (ed. E. ALLIATA - F. MANNS) (SBF.CMa 38; Jerusalem 1993) 407-418.

[116] Cf. I 46, 3.

λήθησαν), Abraham, padre que fue de Isaac y éste de Jacob, como el mismo Moisés dejó escrito (I 63, 17).

Abraham permanece y es hombre de Cristo, aun después de muerto, por ser el primero que se ocupó en la búsqueda de Dios. En el contexto Justino está hablando del Bautismo cristiano; en él se llega al conocimiento del Padre a través del Hijo. El Dios de Abraham, Dios de Jacob, Dios de Isaac no es aquí el Padre, sino Cristo, revelador del Padre en el mundo.

Ahora bien, Justino es consciente de que antes que Abraham hubo otros hombres que tuvieron contacto con el Logos. El caso más claro es el de Noé[117]. De él nos dice Justino que fue hombre justo y profeta y que agradó a Dios[118]. El mártir habla también de la presencia del Verbo junto a Noé: fue a Él a quien Noé escuchó, el mismo que le mandó construir el arca y la cerró luego por fuera[119]. Hasta el punto que el pueblo cristiano "es fiel del mismo modo que Noé y tiene los mismos misterios de salvación"[120]. Esta fidelidad de Noé se pone en paralelo con la fe de Abraham[121]. Si esto es así, ¿en qué consiste la primacía del Patriarca, de que habla Justino en I 63, 17? Justino mismo compara a los dos personajes:

> Porque éste es el pueblo que antaño prometiera Dios a Abraham al anunciarle que le haría padre de muchas naciones – a fe que no se refería a árabes,

---

[117] Justino conoce una primera alianza de Dios con Noé, aunque dice de ella sólo que no imponía precepto alguno sobre los alimentos (cf. Gn 9, 3) en contraposición a la Ley mosaica (cf. D 20, 2).

[118] Cf. D 20, 1; D 139, 1-2; D 92, 2.

[119] Cf. D 127, 1; D 138. Noé confía en el Verbo y tiene además los mismos símbolos de la salvación cristiana: el agua y el madero. La fe hace referencia a Cristo y sus misterios en carne, y el mismo Noé conoció símbolos, misterios: "en el diluvio se cumplió el misterio de los que se salvan" (D 138, 1). A Noé corresponde sobre todo anunciar el triunfo de Cristo y los tiempos escatológicos. Así el diluvio es preanuncio del juicio último (cf. II 7 [6], 2, en relación con Mt 24, 37s; Lc 17, 26s). Y la salvación de Noé es la salvación de los cristianos, regenerados por Cristo. Salvado por el agua, la fe y el madero (D 138), Noé se convierte en origen de una nueva raza, nuevo padre de todos los hombres (D 19, 4). Al hacerse inicio absoluto de un linaje nuevo, es comparable a Adán, y como tal figura de Cristo, segundo Adán. Que fueran ocho los salvados en el arca es símbolo también de la resurrección de Cristo al octavo día (D 138; cf. 1 Pe 3, 20). La bendición de Sem y Jafet y la maldición de la descendencia de Canaán recorre toda la historia de la salvación hasta Cristo, que inaugura el tiempo de la Iglesia (D 134, 4).

[120] Cf. D 138, 2.

[121] Hay un paralelismo entre Noé y Abraham. Los que se salvan se equiparan por un lado a Abraham, en D 44, 2: "los que por la fe se asemejen en sentimientos a Abraham (οἱ τῇ γνώμῃ ἐξομοιωθέντες τῇ πίστει τοῦ Ἀβραὰμ) y reconozcan los misterios todos (καὶ ἐπιγνόντες τὰ μυστήρια πάντα) [los mandamientos que se dieron para anunciar misteriosamente a Cristo]"; por otro lado también se equiparan a Noé, en D 138, 2: "al pueblo que es del mismo modo fiel a Dios (τῷ ὁμοίως πιστῷ λαῷ πρὸς θεὸν ὄντι) y tiene los mismos símbolos de salvación (καὶ τὰ σύμβολα ταῦτα ἔχοντι) [referencia al agua y al madero]".

egipcios e idumeos; pues Ismael también fue padre de un gran pueblo, y lo mismo Esaú [...][122] En cuanto a Noé, padre fue del mismo Abrahán [...] ¿Qué ventaja, pues, le concedió aquí Cristo a Abraham? (D 119, 4-6).

Justino está hablando de la promesa que se hace a Abraham: tendrá una descendencia numerosa. El mártir previene contra el peligro de entender carnalmente esta promesa. Si de hijos según la carne se trata, tiene más Noé, pues es padre del mismo Abraham. Justino explica entonces:

> ¿Qué ventaja, pues, le concedió aquí Cristo a Abraham? El haberle llamado por su voz con el mismo llamamiento que a nosotros, al decirle que saliera de la tierra en que habitaba. Por la misma voz nos llamó también a nosotros y ya hemos salido de aquella manera de vivir en que vivíamos y malvivíamos al hilo de los otros moradores de la tierra, y con Abraham heredaremos la tierra santa, posesionándonos de una herencia por eternidad sin término, porque somos hijos de Abraham por tener su misma fe. Y es así que como Abraham creyó a la voz de Dios y le fue reputado como justicia, también nosotros hemos creído a la voz de Dios, pues nos ha hablado nuevamente por boca de los Apóstoles de Cristo, después que fue anunciado por los profetas, y por esa fe hemos renunciado hasta la muerte a todo lo del mundo (D 119, 4-6).

La distinción especial de Abraham consiste en que el Verbo le llamó por su voz como llamaría después a los cristianos. La llamada de Abraham es así una prefiguración de la vocación de la Iglesia. Como él, los cristianos abandonarán un género malvado de vida, la esclavitud del demonio, convirtiéndose al Dios vivo[123]. La figura del Patriarca hace pues referencia a Cristo, a quien Abraham responde con fe.

Hay sin embargo otro aspecto que relaciona a Abraham con Cristo. Se trata de la promesa de una descendencia grande. No es meramente un linaje carnal, pues entonces Noé le superaría; se trata sobre todo de unos hijos que imitarán la vida de su padre. Como horizonte último de esta promesa contempla Justino a los cristianos:

> Dios le promete, pues, un pueblo de fe igual a la suya, pueblo religioso y justo, alegría de su padre (εὐφραῖνον τὸν πατέρα), y no a vosotros [los judíos], que no tenéis fe (D 119, 6).

---

[122] Para el trasfondo rabínico de este texto, cf. D. ROKÉAH, *Justin Martyr and the Jews* JCPS 5, Leiden 2002 (117-127).

[123] Ya la literatura rabínica veía en Abraham el ejemplo del prosélito que, tras abandonar los ídolos, sufrió persecución; cf. L. GINZBERG *The Legends of the Jews* (I, 193-203). Ireneo seguirá esta línea de pensamiento: cf. *Epid.* 24 (ed. ROMERO POSE, 109-110): "cuando [Abraham], siguiendo el ardiente deseo de su corazón, peregrinaba por el mundo preguntándose dónde estaba Dios y comenzó a flaquear y estaba a punto de desistir en la búsqueda, Dios tuvo piedad de aquel que, solo, le buscaba en silencio. Y se manifestó a Abraham [...] Él se fió de la voz celeste [...] Y Dios, viendo la fe y la firme decisión de su espíritu, se lo testimonió..."

Se habla aquí de la alegría de Abraham. Detrás puede estar la frase de Jesús en Jn 8, 56: "Abraham vuestro Padre se llenó de gozo pensando ver mi día; lo vio y se alegró". ¿Cuál será ese día que desea ver el patriarca? Aquél en que nazca la descendencia nueva, Jesús, que se prolonga en la Iglesia. También Justino podría hablar del "día de Cristo", porque Cristo pertenece en forma especial al linaje de Abraham.

En efecto, la promesa incluye en profecía la Encarnación; encuentra en Jesús su cumplimiento. El Pueblo de la Iglesia es engendrado por Cristo, que proviene de Abraham. De ahí que la promesa no pase a todos los descendientes de Abraham, sino sólo a los antepasados de Cristo.

> Mirad, sin embargo, cómo las mismas promesas se hacen a Isaac y a Jacob [...] Esto ya no lo dice ni a Esaú ni a Rubén, ni a otro alguno, sino sólo a aquellos de quienes, por la dispensación de la virgen María, había de descender Cristo (D 120, 1).

En Cristo se condensa esa bendición. Las naciones no son bendecidas en su descendencia, sino en Él mismo[124]. Como vemos, sigue aquí Justino el razonamiento de Pablo en Ga 3, 15-18. El mártir insiste en que Cristo es descendencia de Abraham, por nacer de María. No olvida así la transmisión concreta de las generaciones, según la carne:

> se llamaba a sí mismo Hijo del hombre, ora por razón de su nacimiento de una virgen, que era, como ya he dicho, del linaje de David, de Jacob, de Isaac y de Abraham; o por ser Abraham mismo padre de estos que acabo de enumerar, de quien María trae su linaje (D 100, 3)[125].

Observemos que, como el linaje prometido a Abraham no es sólo carnal, sino que supone imitación de su obediencia a Dios, esto mismo se puede aplicar a Cristo, en quien se concentra la promesa. Siendo descendencia de Abraham según las generaciones, es también hijo suyo según su misma disposición de sumisión a Dios[126]:

> El salmo prosigue: "En ti esperaron nuestros padres; esperaron y tú los libraste. A ti clamaron, y no se avergonzaron [...] (Sal 21, 5)". Con lo que declaraba Cristo reconocer por padres a los que esperaron en Dios y fueron por Él salvados, aquellos justamente que lo fueron de la virgen, de quien Él nació hecho hombre; a par que da a entender que será Él mismo por Dios salvado, pero no se gloría de hacer nada por propia voluntad o por propia fuerza (D 101, 1).

---

[124] Cf. D 121, 1: "Cuando la Escritura habla de Cristo por boca de David, ya no dice que las naciones serán bendecidas en su descendencia, sino en Él".

[125] Cf. *infra*, cap. III, 154-157.

[126] Cf. *infra*, cap. III, apdo. 2.3, pp. 168ss.

Otra imagen nos ayudará a insistir en lo que venimos diciendo. Como es natural ante Trifón, Justino combate con fuerza el modo meramente carnal de entender la descendencia del patriarca. En el Génesis se dice a Abraham que su descendencia será como las estrellas del cielo y las arenas de la playa del mar (cf. Gn 15, 6; Gn 22, 17). Justino ha identificado la descendencia meramente carnal, gran parte del pueblo judío, con la arena marina:

> otros, en cambio, son hijos, sí, de Abraham, pero semejantes a la arena de la orilla del mar, que es infecunda y sin fruto; mucha, ciertamente, e imposible de contar; pero que no produce absolutamente nada, y sólo sirve para beberse el agua del mar. Tal se comprueba que es una grande muchedumbre de vuestra gente, que se beben las doctrinas de amargura y de impiedad y vomitan la palabra de Dios (D 120, 2).

Si seguimos el paralelismo, las estrellas del cielo han de hacer referencia al pueblo de los cristianos, que comienza en Cristo. El mártir ofrece un indicio de tal exégesis al presentar a Cristo como estrella nueva nacida de Abraham por la resurrección:

> Y Moisés mostró con antelación que Él mismo [Cristo] iba a surgir como astro a través del linaje de Abraham, diciendo así: "Surgirá un astro de Jacob y un caudillo de Israel" (Nm 24, 17). Y otra escritura dijo: "Mirad a un hombre, su nombre es Oriente" (Zac 3, 12). Levantándose, pues, en el cielo una estrella apenas hubo nacido Cristo, como se escribe en los *Recuerdos de los Apóstoles*, reconociéndole por ella los magos de Arabia, vinieron y le adoraron (D 106, 4).

La mención de Abraham no se encuentra en la profecía de Nm 24, 17. ¿Por qué habla Justino de su linaje? Es probable que asociara el astro a la descendencia del Patriarca. Otros elementos hacen plausible esta hipótesis. Primero, la mención de los magos: en un capítulo posterior mostraremos cómo esos personajes se comparan con la figura de Abraham[127]. Segundo, el contexto que sigue (D 107ss) comenzará a tratar de los dos pueblos, el infiel de los judíos, el fiel de los cristianos; y la figura de Abraham jugará en esta interpretación un papel importante (cf. D 119, 4-6). Parece, pues, que hay elementos para presentar a Cristo como estrella que surge del linaje de Abraham, y que será origen de una descendencia nueva, como las estrellas del cielo[128].

Con esto podemos determinar cuál es la importancia de Abraham. Otros hombres hubo antes que fueron justos y que siguieron al Logos. Otros hubo que con su vida prefiguraron lo que Cristo realizaría al encarnarse. La peculiaridad de Abraham es que se le prometió una descendencia que

---

[127] Cf. *infra.*, cap. IV, apdo. 2, pp. 200-202.
[128] Ampliaremos este punto *infra.*, cap. VII, apdo. 1.2, pp. 443-447.

perpetuaría su respuesta. La respuesta de fe de Abraham y la promesa con que Cristo le agracia no pueden separarse. Pues lo que se le prometía era precisamente un pueblo imitador suyo, la alegría de unos hijos que repitieran su sumisión a Dios.

En la presentación de Abraham hay que considerar dos extremos. a) Justino insiste, en oposición al planteamiento judío, en que la descendencia rompe las estrechas barreras de una raza determinada. b) Pero a la vez da también importancia al sucederse de la promesa según la generación carnal, hasta llegar a María: cuando Cristo toma carne de la virgen se hace hijo de Abraham.

Así, en Cristo, la descendencia de Abraham según la carne se va a unir a la perfección de una respuesta de entrega a Dios que luego se repetirá en la Iglesia. La respuesta, pues, se hace en la carne; pero romperá las barreras de la generación carnal para engendrar un pueblo nuevo en el Espíritu.

Desde esta perspectiva podemos ilustrar el sentido de la circuncisión, recibida por el Patriarca. Justino distingue este precepto de los pertenecientes a la Ley de Moisés, que trataremos más adelante[129]. En la discusión con Trifón el mártir tiende a disminuir el valor de la circuncisión en la carne. Dice claramente que Abraham no alcanza por ella la justicia: ésta le viene por su fe[130]. ¿Por qué ordena Dios entonces este rito? Dios la da para que sirva de signo ($\varepsilon\grave{\iota}\varsigma$ $\sigma\eta\mu\varepsilon\hat{\iota}o\nu$)[131]. Justino da pie a pensar, por alguno de sus textos, que el signo consiste sólo en un castigo: por estar circuncidados, los judíos podían ser reconocidos y se les impedía la entrada en la Ciudad Santa tras su destrucción en el año 135. Dios, conocedor del futuro, decretó la circuncisión como signo para que el Pueblo pudiera ser excluido de Jerusalén llegado el momento[132].

Esta visión parece, sin embargo, un tanto reductiva. Es verdad que la circuncisión se convierte en castigo, pero ¿consiste sólo en esto su valor de signo? Hay otra explicación más completa: Justino habla de la circuncisión al octavo día, y dice que en ese número se esconde un misterio, el de la resurrección de Cristo[133]. Ahora bien, Cristo resucitado trae una circuncisión nueva, espiritual, con la que forma el pueblo de la Igle-

---

[129] Cf. D 92, 2; la distinción la subraya bien T. STYLIANOPOULOS, *Justin Martyr and the Mosaic Law* (Missoula, MT 1975), 133-141.

[130] Cf. D 23, 4-5; D 92, 2-3.

[131] Cf. D 23, 5.

[132] Cf. D 92, 2; D 16, 2. STYLIANOPOULOS, *Mosaic Law* (133-141) piensa que el valor de signo de la circuncisión se reduce a esto; le sigue J.S. SIKER, *Disinheriting the Jews: Abraham in Early Christian Controversy*, Louisville, Kentucky 1991 (165-170).

[133] Cf. D 24, 1; D 138, 1.

sia[134]. Desde aquí se entiende el valor de signo de la circuncisión carnal: prefigura la definitiva circuncisión del corazón[135].

> El mandamiento de la circuncisión, por el que se mandaba que todos los nacidos habían de circuncidarse absolutamente al octavo día, era también figura (τύπος) de la verdadera circuncisión, por la que Jesucristo nuestro Señor, resucitado el día primero de la semana, nos circuncidó a nosotros del error y la maldad (D 42, 4).

Podemos preguntarnos todavía: ¿tiene algún sentido el rito material, aparte de ser una figura de lo venidero? Hay que responder afirmativamente. En efecto, sólo si la circuncisión carnal tiene valor se puede entender que el mismo Cristo se circuncidara. Según Justino esto obedece al plan del Padre para salvar al hombre. La circuncisión carnal que empezó en el Patriarca debía concluir en Cristo, que la transformará en circuncisión del corazón[136].

Así, la circuncisión indica que se es hijo de Abraham, y cabe considerarla de dos maneras, igual que a la descendencia del Patriarca. Era necesaria la circuncisión carnal, porque Cristo desciende de Abraham según la carne, y viene a salvar la carne concreta del hombre. A su vez, ésta apunta a la circuncisión espiritual, porque Cristo no trae una salvación meramente carnal, sino en la fe y el espíritu, para formar un nuevo pueblo[137].

Concluimos nuestro estudio de la figura de Abraham. En él comienza algo nuevo. La prefiguración de Cristo en la vida del Patriarca, una vida dedicada a la búsqueda de Dios, se une a una promesa que se transmite dentro del linaje de Israel. La posición de Justino alcanza un equilibrio entre dos polos: la respuesta de Abraham se repite en la carne y en la historia, en oposición al planteamiento gnóstico; y a la vez, contrariamente

---

[134] Prefigurada en la segunda circuncisión, con cuchillos de piedra, que lleva a cabo Josué, tipo de Cristo: cf. D 113, 6-7.

[135] Está Justino en línea con Ireneo, *Adv. haer.* IV, 16, 1 (SC 100, 558-560): "et circumcisionem non quasi consummatricem iustitiae sed in signo eam dedit Deus, ut cognoscibile perseveret genus Abrahae [...] secundum carnem circumcisio praefigurabat spiritalem".

[136] Cf. D 67, 5-6: "[*Trifón:*] - Tú nos confesaste que se circuncidó [...] [*Justino:*] Lo confesé y lo sigo confesando: pero no confesé que se sometió a todo eso para ser justificado, sino para cumplir la disposición que quería quien es su Padre y Creador de todo y Señor y Dios. Pues también confieso que se sometió a morir tras ser crucificado, y a hacerse hombre..."; cf. D 43, 1. Este aspecto pasa desapercibido a SIKER, *Disinheriting the Jews* (170).

[137] Por eso la circuncisión, signo de pertenencia al Pueblo, se convierte en castigo una vez que se rechaza a Cristo y se entiende con valor meramente carnal. No es el único caso: también la cruz, signo de bendición, se transforma en maldición del que lo rechaza: cf. *infra*, cap. VI, apdo. 2.2, pp. 407-409.

a las pretensiones de los judíos, no es una sucesión meramente carnal, sino que transmite una disposición de obediencia al Padre y está llamada a romper las barreras de una raza determinada[138].

La historia del Pueblo elegido aparece así bajo una luz muy positiva. Cuando hablemos de la Encarnación pondremos de relieve cómo se engarza Cristo en esta historia[139].

2.4. La Ley de Moisés

Otra etapa importante de la historia de la salvación llega con Moisés. La historia del Pueblo toma ahora otros derroteros, distintos de los que seguía en Abraham.

Comencemos constatando la mediación del Logos, también en esta fase. En su misión de enviado del Padre, se encuentra en el Sinaí[140]. Podemos decir ya desde el principio que la Ley no es ajena a Cristo: al contrario, es Él quien la da a Moisés[141], el mismo que había hablado antes desde la zarza[142].

Estas afirmaciones, sin embargo, no aparecen con claridad en el Diálogo. Hay que leerlas casi entre líneas, como si Justino prefiriese no insistir en ellas; y no se encuentran más que ya avanzada la discusión con Trifón. Justino está poniendo en juego su habilidad estratégica y silencia aspectos que pueden causar escándalo y romperían de entrada toda posibilidad de diálogo.

Esto no significa que la discusión sobre la Ley no gire en torno a Cristo. Desde los primeros compases la cristología está en el centro. Lo que ocurre es que no se presenta a Cristo como dador de la Ley, como Dios al lado del Padre, sino como mediador ante el único Creador, con papel equi-

---

[138] SIKER, *Disinheriting the Jews* (163), dirige a Justino la siguiente crítica: "Justin uses Abraham to render the Jews orphaned, without legitimate claim to Abraham as their father in any meaningful way". Escapa a este autor un punto decisivo: la distinción que Justino establece entre los judíos que creen en Cristo y aquellos que le rechazan. Son sólo estos últimos los que no son hijos de Abraham, pero no por su raza, sino por su negativa a acoger a Jesús. Cf., por ejemplo, D 120, 2: τινὲς τοῦ γένους ὑμῶν εὑρεθήσονται τέκνα 'Αβραάμ, καὶ ἐν μερίδι τοῦ Χριστοῦ εὑρισκόμενοι.

[139] Cf. *infra*, cap. III, apdo. 2.3, p. 168.

[140] Cf. D 67, 9. El Verbo es también quien guía al pueblo desde la columna de nube (cf. D 38, 1; D 37, 2-4).

[141] Justino dice en D 127, 3: "el pueblo no pudo resistir la gloria de su enviado en el Sinaí"; este enviado es el Verbo. Por otro lado, el mártir cita, en D 37, 4, el Sal 98, 7: "En columna de nube los hablaba. Guardaron sus mandamientos y la ley que les dio". Para Justino el Verbo estaba en la columna de nube (cf. D 38, 1); según la cita del salmo, parece lógico pensara también que el Verbo dio la Ley, en su misma función de enviado del Padre.

[142] Cf. I 62-63.

valente al que tiene la Ley para el judío. Justino viene a decir: nuestra religión es la misma que la vuestra, pero en vez de la Ley antigua tenemos a Cristo, Ley nueva[143].

El Espíritu anima la Ley

Nos preguntamos ahora: ¿qué relación guarda Cristo, Ley nueva y definitiva, con la antigua Ley? ¿Se trata de una mera sustitución de lo viejo por lo nuevo, o estamos ante una plenitud y consumación? ¿La disposición antigua ha sido simplemente abolida, o su mejor núcleo permanece en la nueva?

Son dos perspectivas muy diferentes. En ambas queda clara la bondad de la acción divina en la historia del Pueblo. Pero en la primera (Ley abolida) no se ve una relación intrínseca entre el Antiguo Pacto y el Nuevo. La primera disposición contuvo, sí, una prefiguración simbólica de lo que después llegaría; pero los hechos y preceptos concretos no prepararon ni prefiguraron la venida de Cristo. En la segunda perspectiva la historia cobra valor en sí misma, no sólo como signo; las acciones concretas del pueblo adelantaban ya la luz y fuerza de la Encarnación.

Sabemos ya cuál es la postura de Justino, en lo que a los profetas se refiere. En ellos se puede hablar de un vínculo profundo entre las dos Alianzas, pues llevaron a cabo una prefiguración real de lo que ocurrirá en la Encarnación. En efecto, al actuar en ellos el Logos por su Espíritu, se adelantaba lo que obraría en la plenitud de los tiempos, de modo que la historia de Israel es ya verdadera *historia salutis*. La categoría de cumplimiento vale sin duda en este caso para describir la obra de Cristo[144].

Ahora bien, ¿qué ocurre con la Ley mosaica? Algunas de las expresiones de Justino parecen decir simplemente que la antigua disposición ha sido abolida; siguiendo la carta a los Hebreos (Hb 8, 13) el mártir afirma que la Ley ha cesado, que ha sido sustituida por otra (cf. D 11, 2). Ciertamente los preceptos de Moisés prefiguran la Encarnación en cuanto son símbolos de ella (D 40-42); pero leyendo a Justino da a veces la impresión de que todo queda reducido a este simbolismo. Ni el sábado, ni la circuncisión ni el culto, *qua* tales, *qua* preceptos que se han de cumplir en concreto, parecen decir nada en relación con la obra del Logos encarnado. ¿Vale un esquema distinto para la Ley, otro para los profetas?

---

[143] Cf. *infra*, cap. VII, pp. 471-474.
[144] Recuérdese lo que dijimos al empezar el capítulo, distinguiendo superación, cumplimiento, tipología: cf. *supra*, apdo. 2.1, p. 82.

Esta es la línea interpretativa que ha seguido T. Stylianopoulos en su análisis de la Ley mosaica en Justino[145]. Según este autor no se puede hablar en nuestro mártir de un "cumplimiento" de la Ley, a no ser en un sentido tipológico. Ésta es simplemente abolida por Cristo, y su cometido no es otro que particular, restringido al pueblo judío[146].

Algún indicio, sin embargo, nos hace dudar de que esta perspectiva sea la adecuada. La pista nos la da un esquema que usa Justino en momentos importantes de su obra[147]. Dentro de la prueba profética que el santo desarrolla en la Apología (I 30-53), la primera profecía que cita es un texto del Génesis; se trata de la bendición de Judá (Gn 49, 10-11), en que se promete al patriarca: "no faltará un caudillo de Judá [...] hasta que llegue aquel a quien está reservado"[148].

Justino interpreta la profecía en sentido mesiánico (cf. I 32, 1-3). Cuando llegue el Mesías, entonces se le dará el reino definitivo, que cesarán de poseer los judíos, descendientes de Judá. Esto se ha cumplido ante nuestro ojos, les dice el mártir: justamente después de la venida de Cristo el reino ha dejado de perteneceros, ya no tenéis jefes ni reyes y habéis caído bajo la dominación romana (cf. I 32, 3-4).

En el Diálogo el mismo texto del Génesis se explica con más detalle, y se presenta a otra luz (cf. D 52-53). El cambio acaecido a los judíos al venir Cristo, que en la Apología se describía ante todo como pérdida del poder político, tiene en realidad un sentido teológico. No es el gobierno de una tierra lo que está en juego, sino la presencia del Espíritu Santo en Israel. Pues los príncipes y jefes que los judíos tenían, testimoniaban la actuación del Pneuma entre ellos: era Él quien, al ungirlos, los constituía como tales[149]. La derrota ante los romanos es signo de algo más grave: los judíos no poseen ya con ellos la fuerza de Dios.

Ahora bien, Justino no se limita a hablar del gobierno del pueblo. La acción del Espíritu incluye, por medio de los reyes y profetas, toda la actividad de la casa de Israel. También la presentación de los sacrificios y preceptos que ordena la Ley mosaica:

---

[145] STYLIANOPOULOS, *Mosaic Law* (89).

[146] STYLIANOPOULOS, *Mosaic Law* (162): "The Mosaic Law, according to Justin, is intrinsically non essential and unnecessary"; cf. también BACKHAUS, "Das Bundesmotiv" (228).

[147] Cf. I 32, la primera prueba profética que presenta el mártir; cf. D 52-54, como núcleo de la prueba de que Jesús es el Cristo.

[148] Cf. I 32, 1: Οὐκ ἐκλείψει ἄρχον ἐξ ᾽Ιούδα οὐδὲ ἡγούμενος ἐκ τῶν μηρῶν αὐτοῦ, ἕως ἂν ἔλθῃ ᾧ ἀπόκειται.

[149] Cf. D 52, 3: Τὸ γὰρ ἐν τοῖς προφήταις πνεῦμα καὶ τοὺς βασιλεῖς ὑμῖν ἔχριε καὶ καθίστα.

Ahora bien, que jamás faltó en vuestro linaje ni profeta ni príncipe, desde que tuvo principio, hasta que nació y sufrió Jesucristo, no vais a tener la desvergüenza y osadía de negarlo, ni tampoco podríais demostrar vuestra negación. Y, en efecto, Herodes, bajo quien Cristo sufrió, aunque afirmáis que fue natural de Ascalón, sin embargo, decís que fue sumo sacerdote en vuestro linaje (ὅμως ἐν τῷ γένει ὑμῶν ὄντα λέγετε ἀρχιερέα). De suerte que aun entonces tuvisteis quien hiciera las ofrendas conforme a la ley de Moisés y guardara las demás prescripciones legales (καὶ τότε ὄντος ὑμῖν κατὰ τὸν νόμον τοῦ Μωσέως καὶ προσφορὰς προσφέροντος καὶ τὰ ἄλλα νόμιμα φυλάσσοντος), y también profetas que se sucedieron... (D 52, 3).

Toda la historia, toda la actividad del pueblo de Israel, se ve unificada por esta acción del Espíritu en su seno. En tal contexto la Ley se relaciona también con la obra del Pneuma. Al retirarse Éste, el pueblo ha perdido, no sólo el gobierno, sino también el culto y sacrificios del Templo. Justino añadirá, un poco más adelante, que la Ley se dio "por medio de los profetas" (D 53, 4: τὸν γὰρ διὰ τῶν προφητῶν νόμον ἔχετε). Se ve, por tanto, que también a través de las disposiciones concretas de los preceptos y el culto intervenía el Espíritu de Cristo.

Ahora bien, con la venida del Salvador el Pneuma no deja de actuar: pasa a concentrarse en Jesús y se derramará luego sobre la Iglesia[150]. La relación entre los dos Testamentos ha de pensarse, pues, a la luz de la actuación del Espíritu, que animaba el uno y habita con fuerza en el otro[151]. De ahí que, cuando Justino diga que la Ley cesa, haya que entenderle en el mismo sentido en que afirma que el Espíritu cesa en el Pueblo[152]. Así como el cese del Espíritu significa que éste se traslada a Jesús y a los cristianos (cf. D 87, 6), así la Ley no queda simplemente abolida: el Espíritu que obraba en ella pasa ahora a la Iglesia por medio de Cristo, nueva Ley[153].

La Ley ha cesado, ha dejado de tener validez; pero el Espíritu que la animaba sigue manos a la obra, conservando así lo esencial de la alianza

---

[150] Cf. D 51; D 87, 4-5; D 87, 5-6.

[151] Cf. también la relación que se ve entre Ley y profetas en D 86, 6: los profetas querían construir un templo para recitar y meditar la ley y los preceptos divinos.

[152] El mismo verbo παύω se utiliza para hablar del cese de la Ley (D 11, 2; D 43, 1) y del cese del Espíritu, que se traduce en el cese de profetas y reyes propios en Israel (cf. D 51, 1; D 51, 2; D 52, 3 (2x); 52, 4; D 87, 5).

[153] Viene a confirmarlo una exégesis rabínica de Gn 49, 10, texto en torno al que se mueve ahora Justino. El cetro de Judá se vincula a la interpretación de la Ley, que continuará a darse en el pueblo hasta que llegue el Mesías. Véase, por ejemplo, *Targum Neophyti 1, ad Gn 49, 10* (ed. DÍEZ MACHO, I, 331): "No cesarán los reyes de entre los de la casa de Judá ni tampoco los escribas que enseñen la Ley, entre los hijos de sus hijos, hasta que venga el rey Mesías y al que todos los reinos se someterán". Cf. más textos, con la discusión sobre el origen de esta tradición, en MISIARCZYK, *Il midrash* (225-228).

mosaica; puede por eso hablarse de consumación y plenitud, y no solo de sustitución y caducidad del antiguo pacto.

El cumplimiento en Espíritu, fin último de la Ley

Ahora bien, si esto es así, ¿no deberían encontrarse rastros de esta presentación en la parte más amplia dedicada a la Ley, la que va desde D 10 a D 43? ¿Hay otros elementos que permiten ver a Cristo no como supresión de la Ley antigua sino como su plenitud y consumación? Es lo que pretendemos estudiar ahora. Para ello examinaremos la Ley antigua tratando de descubrir la intención de Dios al darla.

En las primeras páginas del Diálogo Trifón comienza planteando una pregunta bien concreta: si es Dios quien da la Ley, ¿por qué no la siguen los cristianos?[154] ¿Cómo se dicen entonces conocedores de Dios, si no cumplen su voluntad? El judío vincula la Ley y el conocimiento de Dios, y acusa a los cristianos de haber abandonado los mandamientos divinos para poner su esperanza en un hombre, Jesús.

Una primera respuesta a las objeciones judías la da Justino atendiendo al valor eterno de muchos preceptos de la Ley. Al dar sus mandatos a Moisés, Dios estaba ordenando lo que todo hombre ha de hacer si quiere alcanzar la salvación, la justicia válida para siempre y para todos[155].

Claro que con esto no tocamos lo específico de la Ley. Si bastan los preceptos eternos, ¿por qué habría de dar Dios una disposición nueva? ¿A qué, sobre todo, los sábados, la circuncisión, los sacrificios y ayunos, cosas todas que no pertenecen a los eternos mandamientos? De hecho, Justino se preocupa por mostrar que muchos hombres fueron justos sin necesidad de observar tales prescripciones[156].

Una posible respuesta consiste ciertamente en poner de relieve el valor simbólico de estos preceptos[157]. Guardar el verdadero sábado de Dios es abstenerse del robo o del perjurio (D 12, 3). Hay que bautizar el alma del mal (D 14, 2), circuncidar el corazón (D 16, 1) y guardar el ayuno verdadero, el de la justicia (D 15). Tras las palabras de Justino resuena la crítica profética al culto decadente de la Ley. Pero esta respuesta no satisface del todo. Pues Dios quiso que los judíos se sometieran a disposiciones particulares que no requirió de otros, y que eran necesarias para ellos. Si tenían

---

[154] Cf. D 10, 2-4.

[155] Cf. D 45, 3-4: "En la ley de Moisés, en efecto, se mandan algunas cosas por naturaleza buenas y piadosas y justas (τὰ φύσει καλὰ καὶ εὐσεβῆ καὶ δίκαια), que han de hacer los que las creen [...] Así, pues, los que cumplieron lo que universal, natural y terrenamente es bueno (τὰ καθόλου καὶ φύσει καὶ αἰώνια καλά), fueron agradables a Dios y se salvarán por medio de Cristo en la resurrección".

[156] Cf. D 19, 3-6; D 20, 1; D 23, 3ss; D 27, 5.

[157] Es la solución que da ALLERT, Revelation (229-231).

sólo un valor simbólico, ¿por qué exigió Dios también su cumplimiento "en la carne"?

La respuesta última de Justino se puede resumir de la siguiente manera: Dios ordenó la ley *por los pecados del pueblo*. Esta idea, repetida varias veces en la primera parte del Diálogo, se presta, con ser exacta, a malinterpretar el pensamiento del apologeta[158]. En efecto, puede hacer pensar que para Justino la Ley es sólo un castigo divino por los pecados de Israel. Hay algún texto que da lugar a esta lectura. Hemos dicho ya que Dios preveía, al ordenar la circuncisión, que este signo iba a impedir a los judíos entrar de nuevo en Jerusalén, tras la prohibición romana. Pero sabemos también que la circuncisión supone un caso especial: fue dada a Abraham, no a Moisés; y obedece a designios particulares[159].

Consideremos la cosa con atención. Al decir Justino que Dios da la Ley por los pecados del pueblo supone sin duda el pecado de idolatría cometido por Israel. Pero esto no implica que reduzca la Ley a un mero castigo:

De ahí que Dios, acomodándose[160] a aquel pueblo (ἁρμοσάμενος πρὸς τὸν λαὸν ἐκεῖνον), mandó que se le ofrecieran también sacrificios, como a su nombre, a fin de que no idolatréis [...] También, pues, el sábado os lo ordenó Dios para que tuvierais memoria de Él (ἵνα μνήμην λαμβάνητε τοῦ θεοῦ). Y efectivamente, su palabra lo significa diciendo: *Para que conozcáis que yo soy el Dios que os ha librado* (Τοῦ γινώσκειν ὅτι ἐγώ εἰμι ὁ θεὸς ὁ λυτρωσάμενος ὑμᾶς) (Ez 12, 12.20). Igualmente, os mandó absteneros de ciertos alimentos, a fin de que aun en el comer y beber tuvierais a Dios ante los ojos, como quiera que sois inclinados y estáis siempre prontos a apartaros de su conocimiento (ἵνα καὶ ἐν τῷ ἐσθίειν καὶ πίνειν πρὸ ὀφθαλμῶν ἔχητε τὸν θεόν, εὐκατάφοροι ὄντες καὶ εὐχερεῖς πρὸς τὸ ἀφίστασθαι τῆς γνώσεως αὐτοῦ) (D 19, 6).

La Ley es dada, sí, por el pecado, pero *no como castigo, sino como remedio*. El pueblo pecó al salir de Egipto, y se hizo idólatra. Entonces Dios se amoldó a este pueblo de corazón duro y accedió a darle una Ley que le obligaba a evitar la idolatría y le invitaba a recordar a su Señor. La

---

[158] Cf. D 19, 6; D 20, 1; D 21, 1; D 22, 1; D 22, 11; D 23, 2; D 27, 2; D 27, 4; D 30, 1; SKARSAUNE, *The Proof* (313-323), estudia el origen de una tal concepción, y concluye: "in his argument against the ceremonial laws as an accomodation necessitated by Israel's hardness of heart (golden calf episode), Justin is dependent on a Judaeo-Christian idea concerning the sacrificial cult [...] In so doing, he is not without contact with contemporary Jewish exegesis".

[159] Cf. D 16, 2-17; D 19, 2: cf. *supra*, pp. 97s.

[160] Es decir, dando mandamientos aptos para un pueblo pecador, además de los aptos para todo el género humano y, por tanto, eternos (cf. D 67, 10). Nótese, además: no es que se considere a Israel especialmente pecador; peores son los paganos, que viven sin la Ley: cf. D 95, 1.

Ley no sólo dificultaba el pecado, sino que acercaba al conocimiento de Dios. Veamos otros textos:

> aun cuando por medio de los profetas todos os mande Dios hacer lo mismo que os mandó por Moisés, siempre os grita las mismas cosas, a causa de la dureza de vuestro corazón y de vuestra ingratitud para con Él (διὰ τὸ σκληροκάρδιον ὑμῶν καὶ ἀχάριστον εἰς αὐτὸν), a ver si así al menos os arrepentís y le agradáis (ἵνα κἂν οὕτως ποτὲ μετανοήσαντες εὐαρεστῆτε αὐτῷ) y no sacrificáis vuestros hijos a los demonios... (D 27, 2).

> De modo que, así como al principio os dio esos mandamientos a causa de vuestras maldades, así, por perseverar vosotros en ellas o, más bien, por agravarlas todavía, por esos mismos os llama a su recuerdo y conocimiento (εἰς ἀνάμνησιν αὐτοῦ καὶ γνῶσιν ὑμᾶς καλεῖ) (D 27, 4).

De nuevo se describe el fin que busca la Ley con trazos positivos[161]. Tiene en cuenta, es cierto, una historia de maldad y pecado. Pero no es un simple castigo, sino que por ella llama Dios a su recuerdo y conocimiento, a la conversión, a evitar la idolatría, a complacerle. Veamos un texto importante, pues recapitula una sección del Diálogo[162]:

> El hecho es que a muchos hombres han parecido sin razón e indignas de Dios tales enseñanzas de la Ley, [*da ahora dos motivos; el primero:*] por no haber recibido la gracia de conocer que por ellas llamó Dios a conversión y penitencia espiritual a vuestro pueblo, dado a la maldad y espiritualmente enfermo (μὴ λαβοῦσι χάριν τοῦ γνῶναι ὅτι τὸν λαὸν ὑμῶν πονηρευόμενον καὶ ἐν νόσῳ ψυχικῇ ὑπάρχοντα εἰς ἐπιστροφὴν καὶ μετάνοιαν τοῦ πνεύματος κέκληκε), [*segundo motivo:*] y porque la profecía que vino después de la muerte de Moisés es eterna (καὶ αἰώνιός ἐστι μετὰ τὸν Μωυσέως θάνατον προελθοῦσα ἡ προφητεία) (D 30, 1).

Justino sintetiza aquí el valor de la Ley. Los hombres que la juzgan indigna de Dios son los herejes de que hemos hablado antes, Marción y los gnósticos. En la cita se han puesto de relieve los dos motivos en que se apoya el valor de la Ley. El primero está en continuidad con lo que

---

[161] Lo mismo se hace en D 45, 5: "Por la dureza de corazón de vuestro pueblo [...] os dio Dios todos estos mandamientos por medio de Moisés, a fin de que por tan múltiples recuerdos tuvierais siempre a Dios ante los ojos en todas vuestras acciones y no os dierais ni a la iniquidad ni a la impiedad. Así, por ejemplo, os mandó poneros en torno el fleco de púrpura, a fin de que por él no os tomara olvido de Dios, y las franjas con ciertas letras escritas en finísimas membranas, lo que nosotros consideramos como absolutamente santo. De este modo quería Dios estimularos a acordaros de Él en todo momento, a la vez que os ponía un reproche en vuestros corazones"; cf. también D 92, 4.

[162] En D 30 continúa la exposición acerca de la Ley, pero pasa ahora a centrarse en la figura de Cristo, nueva Ley.

venimos diciendo: "llamó Dios a conversión y penitencia espiritual a vuestro pueblo, dado a la maldad y espiritualmente enfermo". La conversión espiritual se señala de nuevo como intención última de Dios al dar el precepto.

El segundo motivo ilumina todavía este aspecto, ahora desde la perspectiva de la Ley nueva. Dice Justino que los herejes blasfeman del Creador porque no entienden que "es eterna la profecía que vino tras la muerte de Moisés" (D 30, 1). A continuación introduce el mártir varias referencias al Sal 18:

> es eterna la profecía que vino después de la muerte de Moisés. Y eso mismo, señores, se dice en el salmo (Sal 18); y que nosotros, que hemos alcanzado sabiduría por ellos (cf. Sal 18, 8b), confesamos que los juicios de Dios son más dulces que la miel y el panal (cf. Sal 18, 11b), aparece claro por el hecho de que, aun amenazados de muerte, no negamos su nombre. Y todo el mundo sabe también que nosotros, los que en Él creemos, le pedimos nos preserve de los extraños (cf. Sal 18, 14a), es decir de los malos y embusteros espíritus, como dice la palabra del profeta, en figura de uno de los que en Él creen. Efectivamente, nosotros rogamos siempre a Dios por medio de Jesucristo que seamos preservados de los demonios, que son extraños a la piedad de Dios, y a los que en otro tiempo adorábamos, a fin de que, después de convertirnos a Dios (cf. Sal 18, 8a) por Jesucristo, seamos irreprochables (cf. Sal 18, 14b) (D 30, 1-3).

El salmo 18 hace ver cómo lo que la Ley de Moisés no conseguía lo obtiene en plenitud la Ley cristiana. Son los creyentes los que alcanzan la piedad, la conversión, la sabiduría, el rechazo de los demonios[163]:

Ley antigua	Ley nueva
Aparta de los ídolos (D 27, 2)	Rogamos que seamos preservados de los demonios (D 30, 3)
Llama a conversión espiritual (D 30, 1)	Convertidos a Dios por Jesucristo (D 30, 3)
Lleva al conocimiento y recuerdo de Dios (D 27, 4)	Hemos alcanzado sabiduría (D 30, 2)

Se ve el claro paralelismo: ambas leyes tienen idéntico fin. Desde aquí podemos confirmar lo apuntado anteriormente: la ley nueva se presenta como plenitud de la antigua, porque conserva lo esencial de ella.

---

[163] Sobre Cristo como Ley nueva, cf. SKARSAUNE, *The Proof* (356-363): "Christ is the new Law quite simply because he accomplishes the most important function of the Law: [...] He turns men from idolatry and iniquity to worship of God and a pious life" (360). Esto es así, como veremos, porque es el Cristo (Ungido), el que trae el Espíritu.

El fallo de los judíos es no haber percibido este fin espiritual de la antigua disposición. Justino les reprocha continuamente su falta de entendimiento de los preceptos, que leen de forma carnal[164]. Este defecto, sin embargo, no pertenece a la Ley misma: no fue esta la intención del Creador al promulgarla. La Ley, dada en la carne, tenía miras espirituales. A través de los preceptos concretos quería invitar a un pueblo pecador a la conversión y al conocimiento de Dios. La originalidad de la respuesta de Justino está en que conjuga el cumplimiento en carne de la Ley con una acción del Espíritu que se hace presente a través de las obligaciones concretas que el mandamiento impone.

Pero, ¿en qué forma esta Ley nueva es plenitud de la antigua?

La Ley nueva, plenitud de la antigua

A partir del texto que hemos citado (D 30, 1-3), Justino va a hacer hincapié en esta nueva Ley que llega con Cristo, mostrando su superioridad sobre la antigua.

Recordemos la estrategia que ha seguido el mártir en la primera sección del Diálogo (D 8-30): presenta a Cristo como nueva Ley, con el mismo papel mediador que la Ley de Moisés tiene para el judío. Quiere hacer frente al planteamiento de Trifón, que le ha acusado de abandonar la Ley para seguir a Cristo[165]. Según su enfoque, Cristo es la nueva alianza que sucede a la antigua. Es natural, pues, que el pasaje sobre los preceptos desemboque también en una sección cristológica (D 30-39) que forma parte de la misma exposición sobre la Ley[166]. He aquí el hilo conductor que da unidad a esta parte de la obra.

En efecto, los primeros textos que aduce Justino se centran en Cristo como juez definitivo, ya desde su venida humilde y especialmente con su segunda parusía gloriosa. Justino cita Dn 7, 9-28 (D 31) y Sal 109 (D 32, 6), escrituras ambas que señalan a Cristo como juez en medio de las naciones. Viene a continuación el salmo 71 (D 34), donde se insiste en la

---

[164] Frente a la circuncisión en la carne (ἐπὶ τῇ σαρκί: D 12, 3), entendida por los judíos carnalmente (ὑμεῖς δὲ πάντα σαρκικῶς νενοήκατε: D 14, 2), habla Justino del pueblo de Israel verdadero y espiritual (᾿Ισραηλιτικὸν γὰρ τὸ ἀληθινόν, πνευματικόν: D 11, 5). Ante un bautismo inútil por externo, tienen los cristianos el Bautismo de la vida (D 14, 1; D 19, 2).

[165] Cf. D 10, 3-4; cf. D 8, 3.

[166] Muchos han pensado que hay aquí un largo *excursus* cristológico. Sin embargo esta sección, aun hablando de Cristo, no deja de tratar de la Ley. Era natural que Justino, habiendo presentando a Cristo como Ley eterna, terminase la sección discurriendo en torno al Salvador. Coincido en este punto con el análisis de SKARSAUNE, *The Proof* (174-177).

Ley nueva y en el juicio que Cristo ejerce. Toda la sección muestra que Cristo supera a la Ley porque será Él quien juzgue a todos los hombres.

Justino dará a continuación un paso más. Cristo no es sólo juez futuro, posterior a la Ley, sino también anterior a ella. Esta es la función de las afirmaciones sobre la preexistencia presentadas en D 36, 2 y D 37, 2-3. Como era de esperar, esto levantará una protesta de Trifón (D 38, 1). Nos preguntamos: ¿por qué Justino habla aquí de la preexistencia, de la que va a tratar por extenso más adelante (D 56-62)? ¿Qué necesidad tiene de adelantar ahora un tema que no podía sino recibir el rechazo de su adversario?

No se puede ventilar la cuestión diciendo que Justino compone sin orden el Diálogo. El mártir ha dado hasta aquí pruebas de proceder con una estrategia determinada. Si habla ahora de la preexistencia es porque obedece a su plan: en el contexto de la Ley, quiere hacer ver que Cristo es superior porque es anterior a ella, y que es también el Salvador de todos los que vivieron antes de su venida. La cita, en D 37, 4, del salmo 98, 7: "Guardaron sus mandatos y la Ley que les dio", da el verdadero tono del pasaje: Cristo es presentado como el dador de la Ley. Escuchemos ahora la protesta de Trifón:

> estás diciendo muchas blasfemias, pretendiendo persuadirnos de que ese crucificado existió en tiempo de Moisés y Aarón y que les habló en la columna de nube (D 38, 1).

Ante estas palabras Justino no se echa atrás. Al contrario, anuncia doctrinas más sorprendentes todavía (D 38, 2). ¿Cabe audacia mayor para un judío que la que acaba de exponer Justino? Lo que viene entonces es la cita del Sal 44, al que ya aludimos al tratar la unción precósmica. ¿Por qué son estas palabras "más sorprendentes"? La razón hay que buscarla en que Justino ve aquí la donación del Espíritu a la Iglesia, dado por Cristo. Este es en efecto su comentario:

> Y éstos (los cristianos) iluminados por el nombre de este Cristo, reciben dones según lo que cada uno merece; uno, en efecto, recibe espíritu de inteligencia, otro de consejo, otro de fortaleza, otro de curación, de presciencia, de enseñanza y de temor de Dios (D 39, 2).

Justino tenía razón al pensar que esta doctrina se había de hacer a Trifón aún más escandalosa. Lo confirma la respuesta del judío:

> Quiero que sepas que estás delirando al hablar así (D 39, 3).

Efectivamente, el nuevo paso que ha dado el mártir causa todavía mayor asombro. Estamos en pleno comentario sobre la Ley nueva, que equivale aquí a la efusión del Espíritu sobre los cristianos. Justino puede continuar:

Escucha, amigo – le repliqué – y verás que no estoy loco ni deliro. Pues fue profetizado que después de su ascensión al cielo nos había Cristo de sacar de la cautividad del error y darnos sus dones. Dicen así las palabras: *Subió a la altura, llevó cautiva la cautividad, dio dones a los hombres* (cf. Ef 4, 8; Sal 67, 19). Nosotros, pues, que hemos recibido dones de Cristo, que subió a la altura, os demostramos por las palabras de los profetas que sois unos insensatos, vosotros que os tenéis por sabios a vosotros mismos y entendidos en vuestra propia presencia. Vosotros no honráis a Dios y a su Cristo más que con los labios; nosotros, empero, que hemos sido enseñados con la verdad total, le honramos también con nuestras obras, con el conocimiento y el corazón hasta la muerte (D 39, 4).

Los judíos no son capaces de entender la ley espiritualmente, y son superados por los cristianos, que han recibido el don del Espíritu. Es interesante lo que se dice: "hemos sido enseñados con la verdad total" (οἱ ἐκ πάσης τῆς ἀληθείας μεμαθητευμένοι). Resuena aquí el eco de Jn 16, 13: "El Espíritu os guiará hasta la verdad total (ἐν τῇ ἀληθείᾳ πάσῃ)". Poco antes ha dicho Justino que los que han sido "enseñados" en el nombre de Cristo obtienen dones diversos: se refería también al Espíritu (cf. D 39, 2). Esta instrucción que el cristiano recibe es fruto de la Ley nueva, como afirma Justino comentando el salmo 18: los cristianos han sido hechos sabios por los preceptos de la nueva Ley (cf. D 30, 2).

Con esto viene a decir Justino: la plenitud de la Ley se da con la llegada del Espíritu que Cristo dona. Si Trifón subordinaba Cristo a la Ley, Justino presenta a la Ley dependiente de Cristo, por ser éste el portador del Pneuma. Nos lo confirma otro lugar del Diálogo donde, hablando del Bautismo de Jesús, se dice que Él es la Alianza nueva y definitiva *por ser el Cristo*[167]. Puesto que la Ley antigua estaba animada por el Espíritu, y su fin era espiritual, sólo quien posee la plenitud del Espíritu, el Cristo, está en grado de dar valor a la disposición antigua y de traer al mundo una Ley nueva.

La Ley mosaica adquiere así un puesto determinado en la historia de salvación. Ante el pecado del pueblo, Dios se acomoda en los medios, sin cambiar su fin. Como había hecho con Abraham, quiere llevar al hombre a su seguimiento. Pero deberá hacerlo ahora por el camino de la Ley, dada la dureza de corazón del pueblo. Materia de otros capítulos será ver en detalle cómo Cristo se convierte en cumplimiento de esta Ley[168].

---

[167] Cf. D 51, 3: ἡ πάλαι κηρυσσομένη ὑπὸ τοῦ θεοῦ καινὴ διαθήκη διαταχθήσεσθαι ἤδη τότε παρῆν, τοῦτ' ἔστιν αὐτὸς ὢν ὁ Χριστός. El contexto es el del Espíritu que se concentra en Cristo en el Jordán.

[168] Cf. especialmente *infra*, cap. V, apdo. 1.2, pp. 242-252; cap. VI, apdo. 2.2, pp. 402-423.

2.5. Conclusiones

Recojamos las líneas principales que describen la acción del Logos en el Antiguo Testamento.

a) Antiguo y Nuevo Testamento: continuidad y novedad.

En primer lugar Cristo actúa en la historia del Pueblo como portador del Espíritu. En cuanto que es *el Cristo*, ungido con la plenitud del Espíritu para hacer partícipe de Él a los hombres, puede el Logos ejercer su papel revelador. En efecto, llenos del Espíritu Santo ven los profetas al Padre y lo comunican a los hombres; también la Ley, como hemos mostrado, pertenece a esta dispensación del Espíritu, y persigue un fin espiritual.

Se establece así una relación de clara *continuidad* entre los dos Testamentos[169]. Es un mismo Cristo a través de un mismo Espíritu el que actúa en uno y otro. Los gnósticos presentaban una ruptura entre las dos disposiciones. Siguiendo su distinción entre el Dios creador y el Padre bueno, postulaban dos Cristos diferentes, y también dos Espíritus: el profético y el de la nueva Alianza[170]. En oposición a ellos insiste Justino en la continuidad[171].

La figura de Cristo como portador del Espíritu permite mostrar también la *novedad* de la Alianza definitiva: sólo tras la resurrección el Espíritu, concentrado en Cristo, se derramará sobre todo el Pueblo (cf. D 87, 4). Entonces se realizará plenamente lo que intentaban los profetas en su lucha contra el demonio y en su esfuerzo por desvelar al Padre. En el análisis de los misterios de la vida de Cristo podremos precisar más en qué consiste tal novedad de Espíritu.

b) Valor salvífico de la historia del Pueblo.

Otra línea viene dada por la atención que da Justino a la historia concreta del Pueblo. El AT no tiene sólo un valor simbólico, sino que constituye ya una prefiguración real de los misterios venideros. Esto se ve ya en la vida de los patriarcas y profetas, que son un tipo de la obra del Logos encarnado. Más clara aparece la cosa en Abraham y en la Ley mosaica:

- En el Patriarca la respuesta de fe se liga a una descendencia que pasa por su linaje carnal hasta llegar a Cristo. La descendencia verdadera, contra la pretensión judía, es la que imita la fe; pero ésta atraviesa, a despecho del espiritualismo gnóstico, el concreto sucederse de las generaciones.

---

[169] Esta continuidad se puede ampliar a la obra creadora, si recogemos aquí lo dicho sobre la semilla del Logos. Entre la acción del Verbo a partir de la creación, su acción en el Antiguo Testamento y su acción en el Nuevo, hay gran continuidad; se logra gracias a la participación graduada en el mismo Espíritu que el Logos recibió del Padre.

[170] Cf. ORBE, *Teología de San Ireneo I* (422-423).

[171] Cf. D 49, 7; D 87, 4-6; la continuidad se acentúa también cuando Justino habla de los preceptos eternos, válidos en uno y otro Testamento; cf. D 28, 4; 93, 1.

- Los preceptos de la Ley, por su parte, conducen, a través de su cumplimiento en carne, a una conversión en espíritu. Al contrario de los gnósticos, Justino acepta el valor material (y no meramente simbólico) de los preceptos. Pero a su vez contempla en éstos un fin espiritual que los judíos no acertaban a ver.

Todo obedece a una visión teológica en que cobra especial relieve la historia y mundo del hombre, en los que éste se inserta por su componente corporal. En efecto, los hijos de Adán, plasmados del barro de la tierra (cf. D 40, 1), han de recibir la salvación en la concreta realidad de su carne. Así, los diferentes modos de actuar de Dios en la historia no se deben a que esté fracturado el mundo divino, no implican la existencia de distintos tipos de hombres ni conllevan salvaciones distintas (perspectiva gnóstica). Se trata, por el contrario, de que el único Dios se acomoda al hombre material: busca su respuesta concreta en la carne (como se ve en Abraham y su descendencia) y tiene en cuenta su condición pecadora (como nos muestra la ordenación mosaica, dada como remedio al pecado). La unidad de la disposición salvífica de Dios responde a la unidad de la salvación que este ofrece a su criatura.

c) Armonía entre los dos Testamentos.

Por último hemos de señalar la armonía que Justino percibe entre los dos testamentos y que es determinante para su conversión.

Por un lado *la Encarnación es la clave de lectura que permite comprender el Antiguo Testamento*. Hemos visto que a) la acción de los profetas se leía a la luz de la vida de Cristo; b) la promesa hecha a Abraham apunta hacia el nacimiento en carne del Logos; c) la Ley sólo cumple su objetivo con la venida de Jesús.

Por otro lado, *a Cristo se le reconoce gracias al testimonio de las Escrituras*. Estas permiten saber que ha venido y explican a la vez su misterio. Al contrario del Cristo de Marción, el de Justino no llega en total novedad; solo puede ser creído porque antes ha sido esperado; no se apoya en sí mismo sino en el testimonio de Dios contenido en la Escritura.

Esta circularidad (Cristo que explica la Escritura y a la vez recibe testimonio de ella) será clave para el estudio de los misterios en carne, que abordamos a continuación[172].

---

[172] Diremos más sobre la relación entre la Escritura y el mensaje de Cristo cuando hablemos de la predicación de Jesús; cf. *infra*, cap. V, apdo. 3.2, p. 287.

CAPÍTULO III

La Encarnación

Justino confiesa a Jesucristo como Hijo de Dios preexistente que ha bajado del cielo y se ha hecho hombre por nuestra salvación[1]. El mártir recibió esta profesión de la tradición cristiana[2]. No estará de más investigar cómo había evolucionado antes de llegar a él.

Las fórmulas que hablaban del descenso al mundo del Hijo de Dios se formaron con extraordinaria rapidez en la primitiva Iglesia[3]. M. Hengel ha hecho ver cómo su origen no puede explicarse a partir de la cultura helenística circundante[4]. El camino lo prepararon concepciones ya presentes en la tradición judía: eran figuras intermediarias en la creación, envia-

---

[1] Cf. las fórmulas que recoge FEDER, *Justin* (275-277), quien da como posible que las siguientes palabras perteneciesen a su símbolo cristológico: "que vino de los cielos por nosotros y se hizo hombre por la virgen según la voluntad del Padre (τὸν ἐλθόντα ἐκ τῶν οὐρανῶν δι᾽ ἡμᾶς καὶ ἄνθρωπον γεννηθέντα διὰ τῆς παρθένου κατὰ τὴν τοῦ πατρὸς βουλήν)" (277).

[2] Como atestigua el uso de la forma verbal ἐδιδάχθημεν, "hemos sido instruidos" (cf. I 6, 2; I 13, 1; I 17, 1; I 46, 2; I 66, 2; D 1, 2; D 71, 3; D 133, 6). En este aspecto insiste R. HOLTE, "Logos Spermatikos".

[3] Cf. HENGEL, *Der Sohn*. La tesis de J.D.G. DUNN, *Christology in the Making. An Inquiry into the Origins of the Doctrine of the Incarnation* (London 1980), según el cual la idea de Encarnación del Hijo preexistente se encuentra por primera vez en San Juan, ha recibido fuertes críticas. Cf. J. HABERMANN, *Präexistenzaussagen im Neuen Testament* (Frankfurt 1990); G.D. FEE, "St. Paul and the Incarnation: A Reassessment of the Data", *The Incarnation. An Interdisciplinary Symposium on the Incarnation of the Son of God* (ed. S.T. DAVIS - D. KENDALL - G. O'COLLINS) (Oxford 2002) 62-92. Para la pertinencia de las alusiones que haremos a la obra de Hengel en relación con Justino, cf. BOURGEOIS, *La Sagesse* (173-194); cf. también, en este mismo sentido, SKARSAUNE, "Judaism".

[4] Cf. HENGEL, *Der Sohn*; C. COLPE, "Gottessohn", *RAC* XII (1983) (53-58).

das luego al mundo para ayudar al hombre; entre ellas se contaban la Sabiduría o la misma Ley[5].

Ahora bien, aun teniendo en cuenta estos precedentes, el punto de partida de esta confesión hay que buscarlo en la novedad que vino con Cristo. Determinante en este proceso fue la experiencia pascual de los primeros cristianos[6]. La resurrección se les mostró como la manifestación definitiva e insuperable de Dios, su máxima actuación salvífica. Y el Resucitado como alguien que pertenecía a la esfera de lo divino.

Es cierto: hay aquí un esquema ascendente que ve a Jesús como el Exaltado, constituido Hijo de Dios con poder[7]. Pero esta formulación no bastaba para decir la gloria de la Pascua. La manifestación del Padre que se daba en Cristo, la salvación que en Él se ofrecía al hombre, era de tal modo plena que no podía concebirse como resultado último de un proceso. Sólo si Cristo dominaba ya desde el origen podía ahora ser Señor del final[8]. Hengel habla de una cierta necesidad interna que llevaba a afirmar la preexistencia del Hijo de Dios[9].

Para fijar esto ayudó el parangón con las otras figuras mediadoras del judaísmo, de que hemos hablado. Cristo era más que la Ley, más que la Sabiduría: cuajaron así las fórmulas de preexistencia y descenso. Se salvaguardaba de este modo la fuerza salvífica de Cristo, definitiva manifestación de Dios, superior a la de cualquier otro mediador.

Con sus conclusiones Hengel salía al paso de una interpretación que oponía el *kerygma* de la primitiva comunidad al desarrollo del dogma cristológico. La doctrina de la Encarnación del Hijo de Dios preexistente no es una corrupción de lo cristiano y la encontramos ya en la primera predicación evangélica[10]. No es cierto, pues, que a una cristología ascen-

---

[5] Cf. G. SCHIMANOWSKI, "Die frühjüdischen Voraussetzungen der urchristlichen Präexistenzchristologie", *Gottes ewiger Sohn* (ed. R. LAUFEN) (Paderborn - München - Wien - Zürich 1997) 31-55.

[6] HENGEL, *Der Sohn* (99), señala además como punto de partida para la denominación de Hijo de Dios la relación singular de Jesús con su Padre que los discípulos percibieron durante su vida terrena.

[7] Cf. Rm 1, 3-4.

[8] Cf. HENGEL, *Der Sohn* (108): "Nur wer über den Anfang verfügt, hat das Ganze. Der Anfang *mußte* daher vom Ende her beleuchtet werden".

[9] Cf. HENGEL, *Der Sohn* (106): "Auch in der Weiterentwicklung der Christologie liegt eine *innere Folgerichtigkeit*. Das Bekenntnis zur Erhöhung Jesu als Menschen- und Gottessohn in der Auferstehung [...] stellte das Urchristentum sofort vor die Frage nach dem Verhältnis Jesu zu anderen Mittelwesen..."

[10] Cf. M. HENGEL, "Christological Titles in Early Christianity", *The Messiah. Developments in Earliest Judaism and Christianity* (ed. J.H. CHARLESWORTH) (Minneapolis 1992) 425-448 (447): "The unfolding of New Testament christology, however strange it may appear to us today, was certainly not idle speculation or

dente se sobrepusiera luego otra de descenso: ambas se implican por partir a un tiempo de la misma experiencia pascual de la resurrección de Cristo[11]. Con esto queda claro, además, el profundo interés soteriológico que empapa tales fórmulas de fe[12].

Este trasfondo nos permitirá acercarnos al pensamiento de Justino sobre la Encarnación. El mártir es un eslabón importante en la formación del dogma: encontramos en él fórmulas muy claras sobre el Hijo de Dios que baja al mundo. Recientemente se le ha acusado por ello de desviarse del pensamiento neotestamentario; de exponer la preexistencia y Encarnación desde un punto de vista conceptual, desarraigando estas fórmulas del suelo donde brotaron: la experiencia de la salvación[13]. ¿Es esto cierto? ¿O, por el contrario, guarda Justino continuidad con el proceso que hemos descrito?[14]

---

haphazard mythological 'wild growth'. We find rather an amazing inner consistency from the oldest Christian confession to the Prologue of the Fourth Gospel".

[11] Cf. O. GONZÁLEZ DE CARDEDAL, *Cristología* (Madrid 2001) (20-21).

[12] Cf. HABERMANN, *Präexistenzaussagen*.

[13] Cf. K.-J. KUSCHEL, *Geboren vor aller Zeit? Der Streit um Christi Ursprung* (München - Zürich 1990) (507-508): "Der Vorgang ist bemerkenswert: Für Justin war das Christentum zur *wahren Philosophie* geworden. Konsequenz: Über die Präexistenz wurde jetzt im Philosophengewande diskutiert. Die neutestamentlichen Texte wurden zunehmend aus ihrem Lebenskontext gelöst und zu spekulativen Topoi, zu Beweisstellen im Kampf um die Wahrheit [...] Mit diesem christlichen Philosophen Justin beginnt ein Prozess der Intellektualisierung dessen, was im Neuen Testament noch Tiefenerfahrungen entsprang". Kuschel no plantea ruptura entre *kerygma* y dogma, pero ve dos modos de pensar distintos, un cambio de paradigma cuyo primer claro exponente es Justino. Cf. más recientemente K.-J. KUSCHEL, "Exegese und Dogmatik - Harmonie oder Konflikt? Die Frage nach einer Präexistenzchristologie bei Paulus als Testfall", *Gottes ewiger Sohn. Die Präexistenz Christi* (ed. R. LAUFEN) (Paderborn - München - Wien - Zürich 1997) 143-161: "Hermeutisch sauber aber geht Dogmatik nur vor, wenn sie sieht, dass die Christologie des Paulus und die der altchristlich-hellenistischen Kultur zweierlei sind, ohne dass sie sich ausschlössen. Dazwischen liegt vielmehr ein Paradigmenwechsel zwischen der Welt des Urchristentums und der der altkirchlich-hellenistischen Konzilien". Para la discusión suscitada por esta obra, cf. R. LAUFEN (ed.), *Gottes ewiger Sohn. Die Präexistenz Christi* (Paderborn - München - Wien - Zürich 1997).

[14] Se trata de ver cómo se combinan los tres elementos que A. GRILLMEIER, *Jesus der Christus* (9), siguiendo a F. HAHN, "Methodologische Überlegungen zur Rückfrage nach Jesus", *Rückfrage nach Jesus. Zur Methodik und Bedeutung der Frage nach dem historischen Jesus* (ed. K. KERTELGE) (QD 63; Freiburg i. Br. 1974) 11-77 (14-26) propone prolongar en el tiempo patrístico: (1) una selección en que se subrayan ciertos aspectos, (2) una transformación (reflexión, clarificación) y (3) una nueva interpretación de acuerdo con el mundo circunstante. A este respecto propondremos profundizar en la afirmación de BOURGEOIS, *La Sagesse* (115): "On dirait que sa christologie [de Justino] est une christologie extrêmement primitive qui aurait en même temps poussé à bout les principes et les schèmes de pensée de la christologie du siècle précédent et les aurait appliqués systématiquement à toute l'écriture".

Además de investigar esta conexión, habrá que situar la respuesta de Justino en el contexto teológico del siglo II. Su postura adquiere perfiles más claros cuando se compara con la de sus diversos contrincantes: judíos y ebionitas por una parte, marcionitas y gnósticos, por otra. Podremos juzgar así no sólo su conexión con las épocas anteriores, sino también los surcos nuevos que abre y que otros seguirán después de él.

He aquí el camino que recorreremos. Analizaremos primero la parte del Diálogo dedicada a la Encarnación (D 43-84). En conversación con un judío se mostrará mejor la *novedad* del nacimiento de Cristo, que hunde sus raíces en el misterio divino, y se hace así inicio de un linaje nuevo. Un segundo apartado recogerá otros aspectos, puestos más de relieve en oposición a gnósticos y marcionitas: la verdad de la carne de Jesús, común a la nuestra, da *continuidad* a la *historia salutis*[15].

1.   Hijo de Dios: el nacimiento nuevo de Cristo (D 43-84)

En Justino tenemos al primer autor cristiano que dedica largas páginas a presentar *in recto* el misterio de la Encarnación. Ya no se trata sólo – como en los autores anteriores – de afirmaciones más o menos dispersas. El hecho no carece de importancia, pues nos permite estudiar cada frase en su contexto; sopesar, en la armonía de las partes, cuál es el centro de su enfoque teológico[16].

Este es el trabajo que emprendemos acto seguido. A la discusión sobre la estructura de una amplia sección del Diálogo (D 43-84) (1.1), seguirá un análisis de sus claves de bóveda: las profecías sobre la Encarnación (D 63; D 75) (1.2), las objeciones de Trifón (D 64-65) (1.3) y la exégesis de Is 7, 14 (D 84) (1.4).

1.1. La Encarnación en la estructura del Diálogo (D 43-84)

Presupuesto para lo que intentamos es aceptar que Justino no compone el Diálogo desordenadamente. Acusación que muchos han dirigido contra el mártir; y, al parecer, no sin motivo. Sus páginas dan a primera vista la impresión de un discurso mil veces roto, lo que ha provocado la confusión entre los intérpretes. Tantas han sido las estructuras que se han propuesto,

---

[15] El esquema se adapta bien a la teología del tiempo; cf. ORBE, *Introducción* (509).

[16] Si se descuida este aspecto se corre el riesgo de no respetar el pensamiento de Justino. Algo de esto ocurre en la monografía de FEDER, *Justin*. El esquema que propone: 1) Jesucristo, verdadero Dios (155-163); 2) Jesucristo, verdadero hombre (163-173); 3) unión de la naturaleza humana y divina en Cristo (173-176); 4) propiedades de la naturaleza humana de Cristo (176-180), no refleja bien el modo en que Justino se acerca al misterio.

que Feder se preguntaba con ironía si no eran más bien una proyección de los lectores que una propiedad del texto mismo[17].

A la vista de este desorden Prigent ha propuesto la hipótesis de que Justino utilizó, al componer el Diálogo, otra obra suya más antigua[18]. Ahora bien, aun aceptando que el mártir haya empleado diversas fuentes, esto no implica que lo haga sin orden ni lógica. Sería hacerse una idea muy pobre de nuestro autor imaginarlo como alguien que ensarta, en muchos casos sin venir a cuento, trozos ya confeccionados. No hay que darse por vencido demasiado pronto a la hora de buscar la coherencia del texto. Esforzarse por buscarla es el reto con que el exegeta se enfrenta. Veremos que en las páginas de Justino hay más sentido que el que aparece a primera vista.

Intentando hallar este hilo conductor del Diálogo, Sagnard llamó la atención sobre el peligro de leerlo como si se tratara de una obra moderna[19]. Se le pide entonces un orden que no puede dar. El método ha de ser otro: buscar criterios objetivos, basados en el carácter mismo de este escrito. Señalaré aquí dos, en los que me basaré para proponer la estructura de la parte dedicada a la Encarnación.

a) El primero fue indicado por el mismo Sagnard. Estamos ante un diálogo entre un cristiano y un judío; de ahí que se discurra necesariamente en torno al AT. Sagnard propone entonces considerar las citas bíblicas no como elementos ajenos a la estructura, sino como sus verdaderos muros de carga[20]. Creo que este criterio es acertado y ayuda a entender el texto, aunque usándolo he llegado a conclusiones en parte distintas a las que alcanzó Sagnard.

b) El segundo criterio atiende al carácter propio de un diálogo. El hecho de que Justino parezca hablar en solitario durante muchas páginas ha hecho olvidar la figura del judío. Es iluminador, sin embargo, poner de relieve las intervenciones de Trifón: sus objeciones, lo que concede y niega, lo que en él despierta aprobación o escándalo. Esta lectura se va abriendo camino entre los estudiosos del mártir[21].

---

[17] FEDER, *Justin* (43): "man hat die Gliederung eher in die Schriften hineingetragen als in denselben aufgedeckt". Las distintas soluciones las ha recogido RUDOLPH, *Denn wir sind jenes Volk* (74). De los once autores que resume, solo dos coinciden completamente.

[18] PRIGENT, *Justin et l'Ancient Testament* (17): "Justin n'a pu composer ainsi que s'il a utilisé des documents antérieurs". Prigent sostiene que se trata del *Syntagma,* obra redactada por Justino contra las herejías marcionita y gnóstica.

[19] Cf. F.M.-M. SAGNARD, "Y-a-t-il un plan du 'Dialogue avec Tryphon'?", *Fs. J. de Ghellinck* (Gembloux 1951) I, 171-182.

[20] Cf. SAGNARD, "Y a-t-il un plan", (171-182); Prigent, a pesar de su crítica a Sagnard, considera esto un acierto, cf. PRIGENT, *Justin et l'Ancient Testament* (17).

[21] Cf. RUDOLPH, *Denn wir sind jenes Volk* (80ss): "Bisher wurde der Frage nachgegangen, wie die Fragen und Einwände Tryphons den Gedankengang Justins

Vayamos, pues, al análisis de los capítulos que ahora nos interesan. Partiremos de una sentencia común entre los intérpretes: aunque se discute dónde empieza y acaba cada sección, se acepta en general una división tripartita del Diálogo[22]. A una discusión sobre la Ley, sigue otra sobre el Mesías y una tercera sobre el nuevo Pueblo, la Iglesia. Nos centraremos en la segunda parte, la más claramente cristológica: ¿Dónde comienza? ¿Cómo subdividirla? Mostraremos en primer lugar que la sección inicia en D 43, 3 y conserva una unidad de desarrollo hasta D 84[23]: gira en torno a la Encarnación del Hijo de Dios[24].

De entrada podemos presentar un argumento de peso, basado en el primer criterio antes apuntado: dejarse guiar por las citas de la Escritura. Sagnard llamaba la atención sobre ciertos salmos cuya exégesis volvía repetidamente entre D 30 y D 76, para postular la unidad de esta sección, y dar por terminada en D 29 la discusión sobre la Ley. Sin embargo, al fijarse en estos salmos, dejaba aparte textos de mayor importancia. Descuidaba sobre todo el principal, Is 7, 14, la profecía de la virgen. En efecto, esta escritura está continuamente presente desde que se introduce en D 43 hasta que se explica en D 84. La larga sección cobra sentido a partir de ella. Con este punto de partida, he aquí algunas pruebas de la unidad de esta parte del Diálogo:

+ D 43 constituye el fin de una sección y el inicio de otra:

La frase con que empieza D 43, 1 tiene el carácter de una conclusión, en la que se mencionan los temas tratados en torno a la Ley (circuncisión, sábado, sacrificios, dureza de corazón) y cómo encuentran plenitud en Cristo, Ley nueva[25]. La parte anterior del Diálogo se ha ocupado precisamente de la Ley y de Cristo, su plenitud. Se dice entonces, en D 43, 3, que "ha llegado el momento de hablar del nacimiento de Jesús". Se citará poco después por entero Is 7, 10-17, con la interpolación de Is 8, 4. El texto lo traducen los judíos de otra forma, y Justino se lo reprocha: no se debe leer

---

bestimmen"; cf. T. HORNER, *Listening to Trypho. Justin Martyr's Dialogue Reconsidered* (CBET 28; Leuven 2001).

[22] Cf. RUDOLPH, *Denn wir sind jenes Volk* (74).

[23] La sección se prolonga en realidad hasta D 88, pero esto será objeto de estudio en otro capítulo; cf. *infra*, cap. V, pp. 265-267.

[24] Ya se mostró en el capítulo anterior que la parte cristológica que va de D 30 a D 39 pertenece a la discusión sobre la Ley, que se concluye luego con la tipología de los sacrificios (D 40 a D 43, 2); cf. *supra*, pp. 107-110.

[25] Cf. D 43, 1: "En conclusión, como la circuncisión empezó en Abraham, y el sábado, sacrificios y ofrendas y fiestas en Moisés, y ya quedó demostrado que todo eso se os mandó por la dureza de corazón de vuestro pueblo; así, por designio del Padre, tenía todo que terminar en Jesucristo, Hijo de Dios..."

"una joven (νεανίς) concebirá", sino "una virgen (παρθένος) concebirá"[26].

+ Is 7, 14 está continuamente presente en D 43-84

La exégesis de Is 7, 14 se pospone varias veces a lo largo de la sección; la explicación definitiva no llegará hasta D 84. Sin embargo el pasaje sigue siempre presente en el debate: en D 66 se volverá a citar por entero, con la misma interpolación de Is 8, 4; en D 68, 8 y en D 71, 3 se recuerda que se está tratando sobre este texto de la Escritura[27].

+ Is 7, 14 explica el excursus sobre los mitos griegos (D 69-70)

Justino dedica dos números del Diálogo a explicar las diferencias entre la mitología griega y el cristianismo (D 69-70). Él mismo había recogido ya, en la Apología (cf. I 54), una serie de mitos griegos, retratados como copia burda del misterio cristiano. Los abordó entonces en el siguiente orden: Dionisio, Belerofonte, Perseo, Heracles, Asclepio. Ahora se dispone a tratarlos de nuevo ante Trifón. La secuencia, sin embargo, es distinta: Dionisio, Heracles, Asclepio... Perseo. Salvo la omisión de Belerofonte hay un orden fijo, pero ahora la historia de Perseo se reserva para el final, dándole particular relieve. Ahora bien, éste es precisamente el dios concebido de una virgen, lo cual lo pone en relación con Is 7, 14. Conclusión: es este texto el que está determinando el análisis de Justino.

+ Is 7, 14 explica otro excursus sobre la modificación de la Escritura por los judíos (D 71-74)

Lo mismo ocurre con la sección dedicada a las palabras que, según Justino, los rabinos suprimieron o modificaron en la Escritura (D 71-74). El *excursus* se explica porque Is 7, 14 es un caso particular de estos cambios en el texto sagrado. Justino se había impuesto a sí mismo la norma de razonar siempre partiendo de textos reconocidos por todos, en bien de la concordia. Sólo hace una excepción: la profecía de la virgen. Este cambio de proceder con respecto a nuestro texto es indicio de la importancia que le concede[28].

Podemos concluir. Si, como quiere con razón Sagnard, la Escritura ha de considerarse decisiva para la estructura del Diálogo, no podemos negar la unidad de D 43-84 en torno a la profecía de la virgen. En el continuo dilatarse de su exégesis no hay un desorden de composición: Justino está

---

[26] Cf. F. MANNS, *Le judéo-christianisme, mémoire ou prophétie?* (ThH 112; Paris 2000) (123-124), que sitúa la exégesis de Justino en el contexto rabínico.

[27] Cf. D 68, 8: "esta Escritura, *sobre la que estamos tratando ahora*, os enseñaron que se dijo referida a Ezequías".

[28] Cf. D 71, 3: "todos los [textos] que os he citado los reconocéis, menos éste de la palabra de *he aquí que la virgen...*"

preparando el terreno para poderla explicar, a la vez que crea un cierto suspense que hace resaltar su importancia.

Tres pasos para acercarse a Is 7, 14 (D 43, 2 – D 63)

Mostrada la unidad de la sección, tratemos de captar su articulación interna. Fijémonos ahora en el otro criterio señalado más arriba: determinar los cauces por que la discusión progresa atendiendo a las observaciones de Trifón, a lo que este acepta o rechaza de la argumentación del cristiano. Una lectura atenta nos hace ver que, en torno a la parte que nos ocupa, hay un esquema que se repite tres veces:

A - Trifón acepta la argumentación que está desarrollando Justino y pide abordar un tema nuevo.

B - Justino responde que, a pesar de todo, quiere insistir en lo que está tratando, para disipar toda duda.

C - Presenta por tanto la continuación de su argumento.

D - Al terminar, accede a pasar al asunto que Trifón había solicitado.

Veamos en una tabla los tres momentos en que se repite la estructura:

A	B	C	D
I: Se pasa de la Ley a Jesús como Cristo			
En D 39, 7 Trifón acepta la argumentación de Justino y pide que se muestre que Jesús de Nazaret es el Cristo.	En D 39, 8 Justino dice que quiere seguir hablando de la Ley.	En D 40-43, 2 lo hace, desoyendo la petición de Trifón.	A partir de D 48 demostrará que Jesús de Nazaret es el Cristo, atendiendo a Trifón.
II: Se pasa de Jesús como Cristo al Cristo preexistente			
En D 50, 1 Trifón acepta que Jesús de Nazaret sea el Cristo, pide demostrar que hay otro Dios además del Creador.	En D 50, 2 Justino indica que quiere continuar con otros textos.	A partir de D 50, 3 lo hace, desoyendo la petición de Trifón.	A partir de D 55 pasa a demostrar la preexistencia, atendiendo a Trifón.
III: Se pasa de Cristo preexistente a la Encarnación del preexistente			
En D 57, 3 Trifón acepta que haya otro Dios y pide se demuestre que se encarna ese Dios que preexiste junto al Padre.	En D 57, 4 dice Justino que quiere insistir, a pesar de todo en la demostración de que hay otro Dios.	En D 58-62 lo hace, desoyendo la petición de Trifón.	A partir de D 63 aborda esta última solicitud de Trifón.

Se trata de un modelo estructurado que nos da la clave para entender la línea que sigue Justino. Después de discutir sobre la Ley (D 10-43), cita el mártir Is 7, 14, pero sin explicarlo todavía. Antes de hacerlo se detiene en un proceso que dividimos en tres partes, teniendo en cuenta lo que hemos señalado[29]:

- Parte I: Jesús de Nazaret es el Cristo, sea preexistente o no (D 48-54)[30].
- Parte II: Hay otro Dios preexistente, además del Hacedor del Universo (D 55-62).
- Parte III: Encarnación de ese Dios que preexiste junto al Padre (D 63-65).

Con esto podemos describir cómo argumenta el mártir. Dos cosas le interesan:

a) Mostrar que Jesús de Nazaret es el Cristo, el Mesías. Esto requiere hechos históricos verificables. Aun aceptando todas las pruebas escriturísticas que daba Justino, argüían los judíos que éstas no han tenido cumplimiento[31]. La sección colocada entre D 49 y D 54, en que se habla de Juan Bautista y se expone la profecía de Gn 49, 11 hace ver, por lo que ha acaecido a la vista de todos, que Jesús de Nazaret es el Mesías. Como se deja aparte la preexistencia, se trata de un terreno compartido por el mártir con los ebionitas.

---

[29] De ahí que Trifón no esté equivocado cuando resume la intención de Justino con estas palabras: "Vuelve, pues, a tomar el hilo de tu discurso donde lo dejaste y termínalo. A la verdad, a mí me parece contradictorio y absolutamente imposible de demostrar. Porque decir que ese vuestro Cristo [parte I] preexiste como Dios antes de los siglos [parte II], y que luego se dignó nacer hecho hombre [parte III], y no es hombre que venga de hombres, no sólo me parece contradictorio, sino necio" (D 48, 1). Aquí se plantea ya la estructura. Las tres partes son las que seguirá Justino en su exposición: D 48-54, nuestro Cristo es el anunciado por las Escrituras (parte I); D 55-62, las Escrituras hablan de un Cristo preexistente (parte II); D 63-65: las Escrituras hablan de la Encarnación de ese Preexistente (parte III).

[30] No hay duda sobre la unidad de esta sección. Justino quiere asegurar un punto antes de pasar adelante a razonamientos más difíciles: sea o no preexistente, Jesús es el Cristo. Esto lo muestra con hechos históricos que le señalan como tal a la luz de las profecías. En primer lugar la venida del precursor, Juan Bautista; después la bendición de Jacob, que anunciaba la desaparición de jefes en Israel al llegar el Cristo. Esta última profecía permite además a Justino enlazar otra vez con el tema de la preexistencia, explicando que Cristo no es hombre que venga de hombres, en exégesis a las palabras: *lavó sus vestidos en la sangre de la uva* (cf. Gn 49, 10-11 en D 54).

[31] Cf. D 68, 9: "Por otra parte, si les citamos Escrituras que expresamente demuestran que el Cristo ha de ser juntamente pasible y adorable y Dios – y son esas que os he alegado a vosotros [*es decir, las que ha citado en D 63*], convienen a la fuerza que sí se refieren al Cristo, pero tienen la audacia de decir que Jesús no es el Cristo, no obstante confesar que un Dios ha de venir a sufrir, reinar y ser adorado. Yo me encargaré de demostrar que tal modo de pensar es a la par ridículo e insensato".

b) Hacer ver qué tipo de Mesías es Jesús: no es hombre nacido de hombres sino el Hijo de Dios preexistente, que se ha encarnado. Justino presenta para ello la generación divina de Cristo, consejero del Padre en la creación, servidor suyo en la historia (D 55-62). Y aduce luego profecías que pregonan la Encarnación del Preexistente (D 63).

El vértice de todo el razonamiento es Is 7, 14. Esta profecía reúne los dos aspectos señalados: tanto el nacimiento misterioso de Cristo como Hijo de Dios (por haber nacido virginalmente, sin intervención de varón) como su concreta verificación en la historia: de ningún otro anterior a Cristo se dice haber nacido de una virgen[32]. Confirmaremos aún estas conclusiones.

Un paralelismo importante

Tenemos, pues, la estructura de D 43, 2 a D 65. Hasta D 84, sin embargo, no se explicará la profecía de la virgen. ¿Qué ocurre mientras tanto? Sorprende el paralelismo que encontramos después de D 65. Parece repetirse de nuevo (en D 66), casi literalmente, el inicio de la sección (D 43, 4-8):

D 43, 4 – D 43, 8	D 66, 1 – D 67, 1
- Además, para que cuantos creemos en Él supiéramos de qué modo había de nacer al venir al mundo, por el mismo Isaías habló así el Espíritu profético:	- Y yo, reanudando mi razonamiento allí donde interrumpí mi demostración de que había nacido Cristo de una virgen y que así había sido profetizado por Isaías, repetí otra vez la profecía:
- Viene la cita de Is 7, 10-17 e Is 8, 14.	- Viene la cita de Is 7, 10-17 e Is 8, 14.
- Ahora bien, cosa patente es para todo el mundo que, fuera de nuestro Cristo, nadie jamás nació de una virgen en el linaje carnal de Abraham, ni se dijo de nadie tal cosa.	- Ahora bien, cosa patente es para todo el mundo que, fuera de nuestro Cristo, nadie jamás nació de una virgen en el linaje carnal de Abraham, ni se dijo de nadie tal cosa.
- Mas como vosotros y vuestros maestros os atrevéis a decir, primero, que no dice el texto de la profecía de Isaías, *Mirad que una virgen concebirá*, sino: *Mirad que una joven concebirá y dará a luz*, y luego la interpretáis como referida a vuestro rey Ezequías...	- Y Trifón respondió: La Escritura no dice: *Mirad que una virgen concebirá y dará a luz un hijo*, sino: *Mirad que una joven concebirá y dará a luz un hijo*, y lo demás que sigue tal como tú lo dijiste. Y toda la profecía está dicha con relación a Ezequías, en quien consta haberse cumplido todo, conforme a esta profecía.

---

[32] Cf. D 43, 7; D 66, 4.

Las semejanzas no acaban aquí. A ambos textos sigue una discusión sobre la Ley, mucho más larga después del primer texto, concentrada tras el segundo[33]. Además, si en D 55-62 se ocupó Justino de la preexistencia, esto mismo vemos ahora que ocurre en D 68, 3-4 y en D 75[34]. Por último, las profecías que se citan después de la discusión sobre la preexistencia en D 63, se repiten enriquecidas con otras en D 76: todos estos textos ponen de relieve la intervención divina en el nacimiento humano del Salvador. Véase la tabla que resume nuestro análisis:

Primera parte (D 43-65)	Parte paralela (D 66-76)
D 43, 3: Cita de Is 53, 8; cita de Is 7, 14 y objeciones de los judíos.	D 66 - D 67, 1-2: Cita de Is 7, 14 y objeciones de los judíos.
D 44-47: Discusión sobre la Ley.	D 67, 4-11: Discusión sobre la Ley.
D 48-54: Jesús es el Cristo, lo que se comprueba históricamente.	Falta el paralelo.
D 55-62: Preexistencia	D 68, 1-5; D 75[35]: Preexistencia (entre medias, *excursus* sobre los mitos paganos y los textos modificados en la Escritura).
D 63: Encarnación del preexistente Is 53, 8; Gn 49, 11; Sal 109; Sal 44	D 76: Encarnación del preexistente Is 53, 8; Gn 49, 11; Sal 109; Sal 44; Dn 7, 13-14; Dn 2, 34; Is 9, 6; Sal 71

¿Qué concluir de esto? La cosa parece clara: Justino resume en D 66-76 lo fundamental de la discusión anterior para emprender por fin la exégesis

---

[33] En ambos casos el motivo de la introducción de este debate es cristológico. Esto se ve con claridad cuando Trifón objeta que Cristo es elegido por cumplir la Ley: "deberíais creer que mereció ser escogido para Cristo por haber vivido conforme a la Ley de manera perfecta" (D 67, 2). Es repetición de lo que ya había dicho en D 49, 4: "que este fue puro hombre y que por elección fue ungido y hecho así Cristo". El verdadero motivo (cristológico) de la disputa de Justino sobre la Ley lo descubre Trifón cuando, justo tras discutir sobre el valor de los preceptos (D 67, 4-11), señala: "Intentas demostrar algo increíble [...] que Dios pudiera tolerar nacer y hacerse hombre" (D 68, 1).

[34] Entre estos dos números le interrumpirán los *excursus* sobre los mitos griegos (D 69-70) y la modificación de la escritura por los rabinos (D 71-74), a que ya hemos aludido. Después de estas interrupciones, claramente delimitadas, seguirá la explicación.

[35] Entre medias (D 74, 3-4) colocan muchos editores una importante laguna. Debió de dar cabida al paso del primer al segundo día de Diálogo. Sea lo que sea de su longitud – para una discusión, cf. G. OTRANTO, *Esegesi biblica e storia in Giustino (Dial. 63-84)* (QVetChr 14; Bari 1979) (161-170) y Marcovich (5-6) – hay que decir que el hilo de la argumentación no se interrumpe (véanse los argumentos señalados por Maran en Otto, *ad locum*, p. 266s, n. 7, para defender que con una frase se podía explicar la discontinuidad; cf. también *infra*, cap. VII, p. 442, n. 29).

de Is 7, 14. El paralelismo nos ilumina sobre los elementos en que insiste el mártir. Vemos que la repetición deja de lado la prueba histórica de Jesús como Mesías, antes realizada. El esquema que se conserva sigue dos pasos: a) afirmaciones sobre la preexistencia (D 55-62); (D 68-75); b) Encarnación del Preexistente: es lo que indican las profecías sobre el nacimiento misterioso de Cristo (D 63; D 76).

Esto nos conduce a una conclusión importante. Para explicar el misterio de la Encarnación, *Justino toma decididamente el punto de vista de la preexistencia.* Sólo una vez afirmada la condición divina de Cristo, anterior al tiempo, se explica adecuadamente su nacimiento en el tiempo[36]. Más adelante (apartados 1.3 y 1.4) habremos de interpretar este esquema. Se impone primero un análisis de sus partes.

a) Las afirmaciones sobre la preexistencia han sido objeto de nuestro estudio en el capítulo primero. Justino ve la generación divina como determinación del ser del Hijo, en cuanto Palabra del Padre inefable, nacido de Él por su voluntad para cumplirla. Esta generación divina es el fundamento de la misión del Hijo en las apariciones del Antiguo Testamento. Actúa siempre según lo que es en su ser más íntimo: manifestador del Padre, servidor de su querer.

b) Interesa ahora estudiar las profecías que se refieren directamente al nacimiento humano del Salvador (D 63 y D 76), y ver qué relación existe entre éstas y la preexistencia. Tendremos así las coordenadas para exponer la mente de Justino sobre la Encarnación.

---

[36] Esto se confirma si observamos que, tras la exposición de las teofanías veterotestamentarias, cambia el modo de preguntar de Trifón. Dice, en efecto, apenas termina Justino sus pruebas: "Con fuerza – dijo – y copiosamente has demostrado ese punto, amigo. Demuestra ahora que *ése* se dignó nacer hombre de una virgen según la voluntad de su Padre, ser crucificado y morir..." (D 63, 1). Lo que quiere el judío parece haberlo pedido ya mucho antes en el Diálogo (cf. D 36, 1; D 38, 1; D 48, 1); sin embargo, se da aquí una novedad: si antes el judío preguntaba por "el Crucificado" (cf. D 38, 1), "vuestro Cristo" (cf. D 48, 1), ahora habla de "ése", que es, por el contexto, el Dios que está junto al Padre. Ha cambiado el sujeto de la frase, y con él el punto de partida, que es ahora el Hijo preexistente, según lo prueba la Escritura. También cambia la forma con que el judío designa al Creador: solo ahora encontramos en sus labios la denominación "Padre" (cf. D 63, 1; D 68, 4), que supone la discusión precedente, en que se demostró la existencia del Hijo. A este respecto, cf. los reproches de Justino a los judíos en I 63, 15: desconocen que Dios es Padre. Esta observación puede completar el estudio de P. WIDDICOMBE, "Fatherhood"; el nombre de Padre tiene en Justino menos dependencia de la filosofía ambiente de lo que parece a primera vista. Con lo dicho se ve además cómo el diálogo va haciendo mella en Trifón: estos detalles ponen de relieve la vitalidad del personaje, atento al curso de la discusión.

1.2. Generación divina y nacimiento humano (D 63; D 76)

La segunda parte del esquema se concentra en D 63 y D 76, dos números que hay que leer en paralelo. Veamos tres profecías que aparecen en ambos:

- Gn 49, 11: *lavará sus vestidos en la sangre de la uva.*
- Is 53, 8: *su nacimiento, ¿quién lo explicará?*
- Sal 109, 3bc-4, citado ya en D 56: *en los esplendores de tus santos, del vientre, antes del lucero, te engendré.*

Además hay otras profecías que se añaden en D 76:

- Dn 7, 13-14: *como hijo del hombre.*
- Dn 2, 34: la piedra desprendida sin mano de hombre[37].

Notemos, de entrada, lo que acomuna a todas estas escrituras: a) En primer lugar aparecen siempre preparando la exégesis de Is 7, 14[38]. Se trata, pues, de profecías que habrá que referir, en principio, a la generación humana de Cristo. b) En segundo lugar, en todas ellas será esencial la presencia del Cristo preexistente, cuya demostración ha precedido[39]. A partir de aquí pasemos revista a algunos de estos textos proféticos.

Gn 49, 11b: lavará sus vestidos en la sangre de la uva

Gn 49, 11b, ya lo había comentado Justino en D 54, 1-2: "Lavará sus vestidos en la sangre de la uva". Es un pequeño cambio entre estos dos pasajes paralelos el que debe atraer ahora nuestra atención. Si en D 54, 2 Justino había dicho varias veces que la sangre de Cristo viene de la potencia de Dios (ἐκ τῆς τοῦ θεοῦ δυνάμεως)[40], y no de semen humano, leemos ahora:

su sangre no vendría de semen humano (οὐκ ἐξ ἀνθρωπείου σπέρματος), sino *de la voluntad* de Dios (ἐκ θελήματος θεοῦ) (D 63, 2).

¿Por qué se pasa de la "potencia de Dios" a "la voluntad de Dios"[41]? Entre los dos textos media la discusión sobre la preexistencia. Un poco antes de citar el segundo, se ha dicho:

---

[37] Dejamos de lado dos profecías que analizaremos más adelante: Sal 44, 7-13: *por eso te ungió tu Dios, oh Dios, con aceite de júbilo sobre todos tus compañeros,* en D 63, 4; e Is 9, 6, *Ángel del Gran Consejo,* en D 75, 3.

[38] A D 63-65, seguirá el texto profético en D 66; a D 76 seguirá el texto profético, esta vez explicado, en D 77-84.

[39] En D 55-62 y en D 75, respectivamente.

[40] Parecidas expresiones hallamos en I 32, 10-11.

[41] Al indicar Justino que Cristo ha sido engendrado de la voluntad de Dios, y no por semilla de varón, deja ver una dependencia de Jn 1, 13, leído en singular: "el que no ha nacido de la sangre, ni de la voluntad de varón, sino de la voluntad de Dios", cf. F.M. BRAUN, "Qui ex Deo natus est", *Aux sources de la tradition chrétienne. Fs.*

todas esas denominaciones le vienen de estar al servicio de la voluntad del Padre (ἔκ τε τοῦ ὑπηρετεῖν τῷ πατρικῷ βουλήματι) y de haber sido engendrado del Padre por su voluntad (ἀπὸ τοῦ πατρὸς θελήσει) (D 61, 1).

Es natural pensar que este texto haya influido en la afirmación de Justino sobre el nacimiento. Como si el mártir tuviera interés en describir la generación humana a imagen de la divina.

Similitud de vocabulario entre generación divina y Encarnación

Confirmaremos ahora esta impresión acudiendo a otros textos. La tendencia a aproximar generación divina y nacimiento humano es constante en la obra de Justino[42]. En primer lugar, el verbo "engendrar" (γεννάω) es usado para uno u otro caso. En ambos es el Padre quien engendra, sea antes de la creación, sea por medio de la virgen. Ya conocemos los textos para el primer momento. Del segundo dice Justino:

> Y es que el Padre había determinado que Aquel a quien Él mismo había engendrado no muriera hasta después que, llegado a edad de varón, hubiera predicado su palabra (μετὰ γὰρ τὸ κηρύξαι αὐτὸν τὸν παρ᾽ αὐτοῦ λόγον ἀνδρωθέντα ὁ πατὴρ θανατωθήσεσθαι αὐτὸν ἐκεκρίκει ὃν ἐγεγεννήκει) (D 102, 2).

En sí la frase se puede entender de la generación del Logos divino, pero el contexto (el nacimiento del Niño, así como la mención inmediata de la muerte), lleva a pensar en la Encarnación. Añádase a este texto el siguiente, que se comentará más adelante: "Desde antiguo y por vientre humano iba a engendrarle (γεννᾶσθαι αὐτὸν ἔμελλε) el que es Dios y Padre del Universo" (D 63, 3).

La acción del Padre en la Encarnación resalta también en exégesis a 2 Sm 7, 12. Se dice allí que Dios tomó para sí un hijo.

> Entonces, ¿cómo dice la Palabra a David que de sus lomos se tomará para sí Dios un hijo (ἀπὸ τῆς ὀσφύος αὐτοῦ λήψεται ἑαυτῷ υἱὸν ὁ θεός) y que para él levantará el reino y le sentará sobre el trono de su gloria? (D 68, 5).

El modo de las dos generaciones también se equipara. Veamos el siguiente comentario a un texto de Daniel:

M. Goguel (Neuchâtel - Paris 1950) 11-31 (21); cf. J.A. ALDAMA, *María en la patrística de los siglos II y III* (BAC 300; Madrid 1970) (178, nota 35), quien expone los argumentos a favor y en contra, y termina con una pregunta: "¿Es puramente casual la asociación en un mismo pasaje [I 32, 8-11] de *los que creen*, el *Logos*, el *germen humano*, la *dynamis divina*, como en Jn 1, 13-14?"

[42] Cf. ALDAMA, *María en la patrística* (179-181).

Porque decir "como hijo de hombre" significa que apareció y nació hombre, pero pone de manifiesto que no es de germen humano. Y llamarle piedra desprendida sin mano alguna, eso mismo está gritando misteriosamente. Porque decir que fue cortado sin ayuda de mano alguna da a entender que no es Cristo obra de los hombres, sino de la voluntad del Padre que lo emitió, Dios del universo (οὐκ ἔστιν ἀνθρώπινον ἔργον, ἀλλὰ τῆς βουλῆς τοῦ προβάλλοντος αὐτὸν πατρὸς τῶν ὅλων θεοῦ) (D 76, 1).

Aquí aparece por un lado la referencia a la voluntad del Padre, que analizaremos después. Pero es sobre todo significativo el uso del Verbo προβάλλειν. Véase la relación con D 61, 2, en que se compara la emisión de la palabra con la generación divina:

En efecto, al emitir una palabra (λόγον γάρ τινα προβάλλοντες), engendramos la palabra, no por corte, de modo que se disminuya la razón que hay en nosotros al emitirla (D 61, 2).

Podemos también señalar la similitud de vocabulario analizando otros términos. Justino puede decir del Logos que fue engendrado antes de la creación por el poder y voluntad del Padre (δυνάμει καὶ βουλῇ)[43]. Ahora bien, esta misma fórmula u otras parecidas se aplican igualmente a su nacimiento de María[44].

Veamos todavía otro ejemplo. De los textos que siguen, el primero se refiere a la generación divina; el otro, a la Encarnación:

por poder y voluntad del Padre procedió de Él (ἀπὸ τοῦ πατρὸς δυνάμει αὐτοῦ καὶ βουλῇ προελθόντα) antes de todas las criaturas (D 100, 4).

a fin de que lo reconozcáis como Dios que viene de arriba y como hombre nacido entre hombres (ἵνα καὶ θεὸν ἄνωθεν προελθόντα καὶ ἄνθρωπον ἐν ἀνθρώποις γενόμενον γνωρίσητε) (D 64, 7)

Con esto se prueba que entre generación divina y nacimiento humano ve Justino una conexión profunda, cuyo significado se concretará en lo que sigue.

---

[43] Cf. D 128, 4: εἰπὼν τὴν δύναμιν ταύτην γεγεννῆσθαι ἀπὸ τοῦ πατρός, δυνάμει καὶ βουλῇ αὐτοῦ; D 100, 4: καὶ υἱὸν αὐτὸν λέγοντες νενοήκαμεν ὄντα καὶ πρὸ πάντων ποιημάτων ἀπὸ τοῦ πατρὸς δυνάμει αὐτοῦ καὶ βουλῇ προελθόντα.

[44] Cf. D 84, 2: διὰ παρθενικῆς μήτρας τὸν πρωτότοκον τῶν πάντων ποιημάτων σαρκοποιηθέντα ἀληθῶς παιδίον γενέσθαι, προλαβὼν αὐτὸ διὰ τοῦ προφητικοῦ πνεύματος κατὰ ἄλλον καὶ ἄλλον τρόπον, ἀνιστόρησα ὑμῖν, προεκήρυξεν, ἵνα ὅταν γένηται δυνάμει καὶ βουλῇ τοῦ τῶν ὅλων ποιητοῦ γενόμενον γνωσθῇ - cf. I 23, 2: καὶ τῇ βουλῇ αὐτοῦ γενόμενος ἄνθρωπος - D 23, 3: μετὰ τὸν κατὰ τὴν βουλὴν τοῦ θεοῦ διὰ Μαρίας τῆς ἀπὸ γένους τοῦ Ἀβραὰμ παρθένου γεννηθέντα υἱὸν θεοῦ Ἰησοῦν Χριστόν.

Is 53, 8: su nacimiento, ¿quién lo explicará?

El texto de Is 53, 8 dice: "su nacimiento, ¿quién lo explicará?" Entre los teólogos de la escuela asiática se aplicará preferentemente a la generación humana del Salvador[45]. Esta es la exégesis que sigue Justino[46].

Cabe preguntarse por el misterio que esconde su nacimiento humano. Aldama lo refiere a la concepción virginal[47]. Ciertamente, esta interpretación no se puede excluir: se desprende del vínculo que establece Justino entre Is 53, 8 e Is 7, 14. Sin embargo, el mártir parece indicar que lo inenarrable de su venida al mundo va más allá del nacimiento de la virgen.

Para verlo, analicemos el texto siguiente. Justino ha dejado bien sentada la preexistencia del Hijo y ha aducido las profecías que prueban su nacimiento. Trifón se resiste, sin embargo, a aceptar que Dios se haya hecho hombre. Le razona entonces Justino:

> **Justino** – ¿Por ventura os parece que hay otro a quien se deba adorar y a quien en las Escrituras se le llama Señor y Dios, fuera del Hacedor de este universo todo y fuera de su Cristo [...] **Trifón** – No, hombre – dijo. **Justino** – Y yo, a mi vez: Si, pues – dije – realmente así lo admitís, como diga la palabra: *La generación suya, ¿quién la contará?*, ¿no debéis ya comprender que no es Cristo semilla de linaje humano? (ὅτι οὐκ ἔστι γένους ἀνθρώπου σπέρμα) (D 68, 3-4).

Justino une la concesión de Trifón (el Padre tiene un Hijo que es también Dios) con la frase de Is 53, 8 ("su generación, ¿quién la conoce?"). De ahí concluye que Cristo no viene de semilla humana. El razonamiento sigue este esquema:

- (A) Si Cristo es llamado Señor y Dios.
- (B) Y el profeta dice: "Su generación (humana) ¿quién la explicará?"
- (C) Conclusión: Entonces es que Cristo no es semilla de linaje humano.

---

[45] Cf. OTRANTO, *Esegesi* (33-39); en la escuela alejandrina el versículo se aplicará, normalmente, a la generación eterna; para Ireneo, cf. la nota 48 de este capítulo.

[46] Cf. D 43, 3-4: "Pues ha venido el momento, voy a hablar ahora del misterio de su nacimiento (περὶ δὲ τοῦ τῆς γενέσεως αὐτοῦ μυστηρίου). Isaías, pues, como ya quedó transcrito, habló así sobre que el linaje de Cristo no admite explicación humana: *Su generación, ¿quién la contará?* (τὴν γενεὰν αὐτοῦ τίς διηγήσεται;) *Porque su vida es quitada de la tierra. Por las iniquidades de mi pueblo, fue conducido a la muerte.* Esto, pues, dijo el Espíritu profético, por ser inexplicable el linaje de Aquel que había de morir (ὡς ἀνεκδιηγήτου οὖν ὄντος τοῦ γένους τούτου ἀποθνήσκειν μέλλοντος) para que con sus llagas curáramos nosotros, los hombres pecadores". El mismo texto en D 63, 2; cf. también D 76, 8.

[47] Cf. ALDAMA, *María en la patrística* (106): "Para San Justino, el profeta califica el origen de Cristo de *inenarrable* porque fue virginal; de no haberlo sido, sería muy fácil explicar sus circunstancias, y ya no sería *inenarrable*".

La conclusión (C) equivale a la concepción virginal, sin intervención de varón. Pero entonces no es inmediata la equiparación entre generación inenarrable (B) y concepción virginal (C). Para dar este paso hace falta un elemento más: la condición divina de Cristo (A). Además, para que el razonamiento sea concluyente hay que suponer un nexo entre generación (humana) inenarrable (B) y condición divina de Cristo (A). ¿Por qué de ambas se puede deducir el nacimiento virginal?

La cosa se aclara si consideramos que, según ha probado Justino en D 55-62 (capítulos a los que alude el texto que comentamos), la divinidad de Cristo consiste en haber sido engendrado del Padre por su querer y voluntad. La primera parte (A) se refiere, pues, a la generación divina. Invoca entonces Justino Is 53, 8 ("su generación, ¿quién la explicará?") que habla de un nacimiento humano. Como el mártir ve una estrecha relación entre las dos generaciones (divina y humana) se le hace natural el paso: el profeta se puede referir sólo a aquel que, en lo divino, tiene ya una generación misteriosa. Igual de misteriosa habrá de ser su generación humana y, por tanto, no puede proceder de varón, como el resto de los hombres: ha de nacer del Padre en lo humano, como del Padre nace en lo divino.

Según esto, lo inexplicable del nacimiento es precisamente que su generación humana, por querer y voluntad del Padre, es imagen de su generación divina. Así, el misterio de su generación, aplicado al nacimiento humano, señala el misterio de su origen del Padre antes de la creación, con el que la venida al mundo está profundamente ligada[48].

Desde aquí hay que decir que el término "misterio" usado en D 43, 3: "pues ha llegado el momento, voy a exponer el misterio de su nacimiento", conserva un sabor paulino. El misterio de su nacimiento humano consiste en que señala hacia su nacimiento de la voluntad del Padre, y es por tanto el cumplimiento de su designio eterno, plasmado en el Hijo de Dios y escrito ahora en la carne.

Indirectamente el misterio inenarrable se refiere también a la virginidad de la concepción. Esto es debido a la estrecha unión que ve Justino entre ésta y la filiación divina: es incompatible que Jesús sea hijo de Dios y que

---

[48] Desde este punto de vista se puede en cierto modo aplicar Is 53, 8 también a la generación divina; si la humana es inenarrable, es porque es imagen de la divina. Esta concepción puede iluminar la exégesis posterior del texto en San Ireneo, que parece oscilar entre atribuir Is 53, 8 a la generación humana o a la divina: dada la conexión entre las dos generaciones se explica bien la doble atribución; sobre el texto cf. G.M. DE DURAND, "Sa génération, qui la racontera? Is 53, 8b: l'exégèse des Péres", RSPT 53 (1969) 638-657. Por otro lado, Justino podría haber prolongado las líneas: inenarrable es también el nacimiento prodigioso de los cristianos como hijos de Dios; así piensa H.W. WOLFF, Jesaja 53 im Urchristentum, Berlin ³1952 (132, n. 595), quien relaciona la cita del verso en I 51, 1 con el contexto precedente (I 50, 12).

sea engendrado de varón[49]. La virginidad de la madre asegura que el nacimiento sea, en lo humano, reflejo de su procedencia del Padre en lo divino. Otra profecía corroborará aún las conclusiones que vamos obteniendo.

Sal 109, 3c: antes del lucero, del vientre, te engendré

El texto de Sal 109, 3bc es especialmente importante por su relación con la profecía de Is 7, 14. Justino lo coloca como transición para citar la profecía de la virgen, probablemente por la expresión ἐκ γαστρός, que hace de palabra-gancho[50]. Veamos cómo lo comenta:

> Y las palabras de David: En los esplendores de tus santos, del vientre, antes del lucero de la mañana, te engendré (ἐκ γαστρὸς πρὸ ἑωσφόρου ἐγέννησά σε): Juró el Señor y no se arrepentirá: Tú eres sacerdote para siempre, según el orden de Melquisedec (Sal 109, 3bc-4), ¿no significaban para vosotros que desde arriba y por vientre humano había de engendrarle el que es Dios y Padre del Universo (ἄνωθεν καὶ διὰ γαστρὸς ἀνθρω- πείας ὁ θεὸς καὶ πατὴρ τῶν ὅλων γεννᾶσθαι αὐτὸν ἔμελλε)? (D 63, 3)

¿A qué se aplican las palabras de Sal 109, 3c (ἐκ γαστρὸς πρὸ ἑωσφόρου ἐγέννησά σε)? Es claro que se refieren al nacimiento temporal del Hijo de Dios. La exégesis de ἐκ γαστρὸς como "a través de humano vientre" (διὰ γαστρὸς ἀνθρωπείας) así lo hace ver. El problema lo plantea entonces la palabra ἄνωθεν, correspondiente a la exégesis de πρὸ ἑωσφόρου, que Otto traduce como *antiquitus*[51]. ¿Qué sentido tiene decir que Cristo nació "desde antiguo", desde antes del lucero, si nos referimos al nacimiento de la virgen? Otto, siguiendo a

---

[49] Cf. ALDAMA, *María en la patrística* (176-181); a esta luz sorprende la afirmación de H. CAMPENHAUSEN, *Die Jungfrauengeburt in der Theologie der alten Kirche* (SHAW 3; Heidelberg 1962) (23): "Er selbst [Justino] vermag mit diesem geschichtlichen Datum als solchem [la virginidad de María] theologisch kaum etwas anzufangen". Para Justino es clara una cosa: si no hay concepción virginal, entonces no hay filiación divina y Cristo es un hombre nacido de hombres, como quiere Trifón. La concepción virginal tiene un hondo significado teológico, pues permite que el alumbramiento humano sea imagen del divino y tenga en el Padre su origen. En efecto, son precisamente las fórmulas que sustituyen a la intervención de varón (del poder de Dios, de su voluntad) las que hacen posible la semejanza con la generación divina.

[50] Así sucede, por ejemplo, en D 76, 7, justo antes de empezar la exégesis de Is 7, 14. Y cuando vaya a hablar de la concepción virginal, en D 84, lo encontraremos de nuevo (D 83, 4); esta vez Justino ha empezado comentando todo el salmo 109 y cambia el orden en la exposición, dejando este versículo tercero para el final. Hace esto para enlazar directamente con la concepción de la virgen, a la que refiere la palabra "vientre" del salmo: cf. OTRANTO, *Esegesi* (222).

[51] Cf. también ALDAMA, *María en la patrística* (107).

Maran, propone entenderlo así: el Padre había decretado desde antiguo engendrar al Hijo[52].

Existe, sin embargo, otra interpretación posible. Se trata de traducir ἄνωθεν como "de lo alto", en sentido local[53]. Así lo usará Justino casi de inmediato, en D 64, 7, comentando el salmo 18: "para que conozcáis que es Dios que viene de lo alto (ἄνωθεν), hecho hombre entre hombres". Esta versión tiene la ventaja de casar mejor con el contexto: las otras profecías que ya hemos citado (Gn 49, 10; Is 53, 8) se refieren todas a la generación humana y ponen de relieve el elemento divino de este misterio.

"Antes del lucero" no ha de leerse, por tanto, referido a la generación divina, sino a la intervención del Padre en la generación humana de Cristo[54]. Y sin embargo, esta lectura no está exenta de problemas. Pues en otros pasajes en que aparece citado el mismo versículo, se usa para indicar la preexistencia de Cristo[55].

Esta facilidad con que Justino oscila de una exégesis a otra no es contradictoria. Indica, una vez más, la conexión entre el nacimiento de la virgen y la generación divina. Esto encaja perfectamente en su visión de la *historia salutis*. La generación divina es fundamento de la misión del Hijo, enviado a cumplir la voluntad del Padre. Para Justino el nacimiento en Belén es la traducción más fiel posible del ser del Hijo como engendrado del Padre para cumplir su querer, *antes del sol y de la luna*. De ahí que pueda escribir unidas expresiones tan dispares: Jesús es engendrado *de*

---

[52] Cf. Otto (274, nota 23): "At Christus non est ex Maria genitum ante solem et lunam sive ante luciferum. Illud ergo ἐγέννησά σε (Maranus) idem esse Iustinus existimavat ac *gignere decrevi*". Otto señala también la exégesis de Tertuliano, que interpreta *ante luciferum* como signo del nacimiento nocturno del Salvador: "Nos edimus evangelia [...] nocturna nativitate declarantia dominum, ut hoc sit ante luciferum, et ex stella magis intellecta et ex testimonio angeli, qui nocte pastoribus adnuntiavit natum esse cum maxime Christum; et ex loco partus; in deversorium enim ad noctem convenitur"; cf. *Adv. Marc.* V, IX, 7 (CCL I, 690). Sin descartar que Justino pueda también pensar en esto, su exégesis parece apuntar más allá. "Antes del lucero" indica la procedencia divina de Cristo.

[53] A favor de esta traducción cf. las razones de ORBE, *La unción del Verbo* (26s), que señala la relación con Jn 3, 3.7 (nacer de nuevo o nacer de lo alto). También se sitúa en esta línea OTRANTO, *Esegesi* (44, nota 5): "ἄνωθεν con valore locale sottolinea la componente divina del Cristo, ma sempre nell'ambito del suo concepimento temporale".

[54] Son las conclusiones de ORBE, *La unción del Verbo* (27): "Según eso, al pregonar David que *había de nacer del seno (humano) antes del sol y de la luna* apuntaba *directamente,* a juicio del Santo, no a la generación eterna [...], sino a las dos generaciones simultáneas (complementarias) [del Padre y de María] que tuvieron lugar en Belén".

[55] El versículo se combina a veces con Sal 71, 5.17 ("existía antes de la luna, antes del sol"). Sirve para indicar la preexistencia en D 45, 4; cf. también la cita de Sal 71, 5.17 en D 64, 6.

María antes del lucero. Términos que se refieren a Cristo en su ser anterior al mundo se aplican ahora a su nacimiento terreno.

Is 9, 6: Ángel del Gran Consejo

La continuidad que venimos considerando entre generación divina y humana se observa también cuando Justino incluye, entre las profecías de la Encarnación, el texto de Is 9, 6: Cristo es *Ángel del Gran Consejo*. Que el título ha de interpretarse a la luz de las anteriores profecías queda claro por cómo éstas lo encuadran:

- Dn 7, 13-14: como hijo del hombre.
- Dn 2, 34: la piedra desprendida sin intervención de mano de hombre.
- Is 53, 8: su generación, ¿quién la explicará?
- Gn 49, 11: lavará sus vestidos en la sangre de la uva.
- **Is 9, 6: Ángel del gran consejo.**
- Sal 109, 3c (junto a Sal 71, 5.17): antes del sol y de la luna por medio del vientre iba a ser engendrado.

Como vemos, se trata de textos que prueban la Encarnación del Preexistente, resaltando la acción del Padre en el nacimiento humano de Jesús. Entre ellos se sitúa Is 9, 6, al que Justino dedica una larga exégesis. La razón de la inclusión de esta profecía se explica por el término βουλή (ἄγγελος μεγάλης βουλῆς). Justino acaba de hablar del Verbo, que se aparece a los patriarcas según voluntad del Padre (D 75, 4: κατὰ τὴν τοῦ πατρὸς τῶν ὅλων βουλήν), y luego habla de la Encarnación producida también por voluntad del Padre (D 76, 1: τῆς βουλῆς τοῦ προβάλλοντος αὐτὸν πατρὸς τῶν ὅλων θεοῦ).

Entendemos así la posición de Is 9, 6. El título *Ángel del Gran Consejo* se explica en este contexto porque, precisamente con su Encarnación, Cristo revelará definitivamente la voluntad del Padre sobre el hombre[56]. Vemos que la Encarnación no se presenta como ruptura con un estado anterior, sino en cabal continuidad con la preexistencia del Logos y su historia entre los hombres[57].

En relación con las teofanías, la Encarnación supone la plenitud porque engarza perfectamente con la generación *a solo Patre*. Su venida en carne significa el definitivo desvelarse del misterio (cf. D 75, 3: ἀπαρακα-

---

[56] Si tenemos en cuenta el contexto del versículo de Isaías, que Justino cita en otro lugar (I 35, 2: un niño se nos ha dado – παιδίον ἐγεννήθη ἡμῖν), se ve más clara la conexión del texto con la Encarnación.

[57] Cf. los datos que da TRAKATELLIS, *The pre-existence* (138-142), quien muestra el uso de vocabulario común para hablar de teofanías y Encarnación.

λύπτως)[58]. Mientras las teofanías hacían esto sólo parcialmente, se establece ahora una correspondencia perfecta. Al ser su nacimiento humano reflejo de su generación divina – he aquí el misterio – puede Jesús revelar al Padre y cumplir totalmente su designio.

Muestra de esto es una expresión que emplea Justino en otro lugar para expresar lo sucedido en la Encarnación. Dice el mártir que la acción de los demonios fue desenmascarada "por el Logos en persona, que tomó forma y se hizo hombre y fue llamado Jesucristo (ὑπ᾽ αὐτοῦ τοῦ Λόγου μορφωθέντος καὶ ἀνθρώπου γενομένου καὶ Ἰησοῦ Χριστοῦ κληθέντος)"[59]. En otros pasajes Justino afirma que el Logos se apareció a los patriarcas en distintas formas, pero nunca dice que tomara forma; este verbo se reserva a la Encarnación[60].

Para explicar lo que quiere Justino con su uso hay que acudir al contexto. Habla el mártir en polémica con los dioses paganos[61]. De ellos critica dos cosas: no contentos con arrogarse para sí mismos un nombre pretenden tener la forma de Dios. Son impíos intentos de arrebatar su misterio al Dios transcendente, cuya forma es inefable y cuyo nombre no impuesto. En la teología de Justino es el Hijo quien revela al Padre, dando a conocer su nombre y su forma.

Pues bien, vemos que estas expresiones se aplican a la Encarnación. Se nos dice que el Hijo toma forma (μορφωθέντος) y nombre: es llamado Jesucristo (Ἰησοῦ Χριστοῦ κληθέντος). De ambos modos se indica lo mismo, la conexión entre el ser divino de Cristo antes de la creación y su venida al mundo. Como la forma dice relación a la visibilidad, con μορφωθέντος se quiere decir que el Padre se hace visible en la carne de Cristo. En el Hijo encarnado se puede acceder a la forma inefable de Dios[62].

---

[58] Cf. A. ZANI, *La Cristologia di Ippolito* (Brescia 1984) (217-228): una misma concepción sostuvo Hipólito: la Encarnación constituye el paso del anuncio en parabolas a la predicación παρρησίᾳ, μετὰ παρρησίας.

[59] Cf. I 5, 4.

[60] AYÁN, *Antropología* (107).

[61] Cf. I 9, 1: "[no honramos] a esos que los hombres, tras darles forma (μορφώσαντες) y colocarlos en sus templos, les ponen también nombres de dioses (θεοὺς προσωνόμασαν), pues sabemos que son cosas sin alma y muertas y que no tienen la forma (μορφή) de Dios – nosotros no creemos, en efecto, que Dios tenga semejante forma (μορφή) cual dicen algunos imitar para tributarle honor – sino que llevan los nombres y figuras de aquellos malos démones que un día aparecieron en el mundo..."

[62] Para tener una idea exacta de la relación entre las apariciones veterotestamentarias y la Encarnación hay que mencionar también el contraste entre ellas. La Encarnación implica un carácter humilde, sin gloria ni belleza. Esto, sin embargo, no es impedimento a la misión reveladora del Hijo. Se permite así al hombre acercarse sin miedo al mediador, al contrario de lo que ocurría en el Antiguo Testamento: cf. D 67, 9-10.

Engendrado de María como Hijo de Dios

Todo lo dicho hasta ahora apunta a lo mismo: mostrar la continuidad entre generación divina y nacimiento humano de Cristo. Si en lo divino es el Logos revelador del Padre, en lo humano será su forma visible. La sangre de Cristo la hizo Dios directamente, sin intervención de varón, porque debía mostrar plenamente el misterio paterno.

Podemos resumir todo haciendo ver el alcance del nombre "hijo de Dios" en Justino. Con él no se indica sin más, como ocurrirá en autores posteriores, la naturaleza divina de Cristo en cuanto ser preexistente. Leamos al mártir:

> Mas es el caso que en la profecía de Moisés [se refiere a Gn 49, 10: *lavará sus vestidos en la sangre de la uva*] no se significaba con toda claridad si el que había de nacer sería Hijo de Dios [...] De ahí que no sabiendo si el profetizado [...] había de ser *Hijo de Dios, o de hombre*, los demonios se inventaron que Belerofonte, hombre nacido de hombres (ἄνθρωπον ἐξ ἀνθρώπων γενόμενον), subió al cielo (I 54, 7).

Hijo de Dios lo contrapone Justino a "hombre nacido de hombres". Esta última expresión representa para él la postura judía y ebionita, que niega la concepción virginal y hace así de Cristo hombre común[63]. En oposición a ellos el mártir confiesa que Jesucristo es hijo de Dios, en cuanto nacido de una virgen[64].

El término no indica por tanto únicamente su naturaleza divina preexistente. Señala, sí, su condición divina, pero en cuanto que Cristo procede de Dios, y esto tanto en su generación antes del tiempo como en su nacimiento humano. Hijo de Dios dice relación al Padre que engendra y así no distingue, sino que acomuna, los dos nacimientos de Cristo. Tanto el ser preexistente del Hijo como su carne y sangre, provienen del poder y la voluntad del Padre[65]. Así es Cristo, en su preexistencia como en su Encarnación, perfecto para mostrar al Padre y cumplir su voluntad.

---

[63] Cf. D 49, 1 y *passim*; no todos los ebionitas negaban la concepción virginal de Jesús, cf. ORÍGENES, *Contra Celso* V, 61 (SC 147, 166); cf. A. ORBE, *Estudios sobre la teología cristiana primitiva* FP.E 1, Madrid 1994 (512-530).

[64] Por nacer de María virgen es Jesús: a) hijo de Dios, ya que nace por la voluntad del Padre, y no por intervención de varón; b) hijo del hombre, porque María es descendiente de Abraham: cf. lo que diremos *infra*, apdo. 2.3: Hijo de Abraham. En consonancia con lo que afirmamos, cf. A. ORBE, "Errores de los ebionitas", *Marianum* 41 (1979) 147-170.

[65] Aspecto que ya vio FEDER, *Justin* (174): "Die Sohnschaft Jesu beruht auf seinem zweifachen Ursprung aus dem Vater, auf seinem himmlischen Ausgang und auf seiner irdischen Geburt". Feder incluye esto en el apéndice dedicado a la unión hipostática.

1.3. Cristo, mediador de la gloria del Padre (D 63-65)

Después de este análisis podemos preguntarnos: ¿cuál es la línea que guía el pensamiento de Justino? Recordemos la estructura que hemos puesto de relieve:

- Afirmación de la preexistencia (D 55-62) / (D 75).
- Profecías que muestran el nacimiento misterioso, preparando así la exégesis de Is 7, 14 (D 63) / (D 76).

Al ver esta disposición en dos tiempos podríamos pensar que Justino plantea una cristología descendente. Y esto es cierto en el sentido de que establece primero la preexistencia para luego abordar la Encarnación. Sin embargo, al llamar a su planteamiento "descendente" se corre el riesgo de aplicar sobre el mártir esquemas preconcebidos y perder detalles esenciales de su teología[66].

En efecto, notemos en primer lugar que Justino no hace hincapié en la contraposición de los dos estados, sino en su continuidad[67]. Las profecías sobre la Encarnación quieren mostrar precisamente su nexo con la generación antes del tiempo[68]. El título de hijo de Dios, como se acaba de decir, no indica simplemente la naturaleza divina del Preexistente, sino su procedencia del Padre, y puede aplicarse así también a su nacimiento humano. Esto nos muestra ya que hay que tener cuidado al interpretar el esquema preexistencia – Encarnación que usa Justino en esta parte del Diálogo. ¿Cómo acercarse a su sentido desde la perspectiva del mártir?

Una vez presentada la prueba de la preexistencia (D 55-62) y las profecías sobre la Encarnación (D 63), tiene lugar un animado debate entre el cristiano y el judío (D 64-65). Éste último, que hasta el momento había prestado poca oposición, aporta ahora objeciones de peso. Sus dificul-

---

[66] Con respecto a las fórmulas usadas por Justino en toda su obra se ha notado la pervivencia de un esquema de humillación – exaltación, que deriva del Nuevo Testamento (cf., por ejemplo, Fil 2, 6-8); cf. TRAKATELLIS, *Pre-existence* (183): "One could readily see why Justin works both extensively and intensively with the christological concept of pre-existence, as part of the more general schema of preexistence, incarnation and exaltation of Christ".

[67] Cf. G. OTRANTO, "L'incarnazione del Logos nel Dialogo con Trifone di Giustino", *Bessarione II. La cristologia nei Padri della Chiesa. Le due culture* (Roma 1981) 45-61 (50).

[68] Según esta continuidad puede decir Justino: "Pues bien, si sabemos que en tantas formas se manifestó Dios a Abraham y a Jacob y a Moisés, ¿cómo dudamos y no creemos que pudiera, conforme al designio del Padre del Universo, nacer hombre de la virgen?" (D 75, 4). La preexistencia no constituye una dificultad para exponer la Encarnación. Al contrario, prepara el camino para comprenderla. Presentar al Hijo como engendrado de la voluntad del Padre, servidor suyo en la historia, hace casi natural la fe en su Encarnación: ¿cómo dudamos y no creemos?

tades, junto con la réplica del mártir, nos darán la pista para responder a la pregunta apenas formulada.

Una cita inesperada

Si intentamos seguir esta vía tropezamos enseguida con un escollo: no parece verse la unidad de esta parte del Diálogo. La dificultad comienza ya con la última de las profecías que da Justino para probar la Encarnación. En efecto, se cita Sal 44, 7-13; la escritura narra la unción del rey; con ella se quiere mostrar la divinidad de Cristo: *por eso te ungió, oh Dios, tu Dios, con el óleo de regocijo, más que a tus compañeros*. Justino precisa en su comentario el carácter de esa divinidad: Cristo la ha recibido del Padre.

> Expresamente nos dan a entender estas palabras que hay que adorarle, que es Dios y Cristo, atestiguado por el que esto le hizo (καὶ προσκυνητός ἐστι καὶ θεὸς καὶ Χριστὸς ὑπὸ τοῦ ταῦτα ποιήσαντος) (D 63, 5)[69].

Ciertamente se establece un nexo con las páginas que preceden: la exégesis de las teofanías (D 55-62) ha mostrado al Hijo al servicio del Creador, y las profecías siguientes (D 63) insisten en la intervención del Padre en la generación de Jesús. La cita del Sal 44 continúa esta línea.

Sin embargo, y este es el problema que señalábamos, en el Sal 44 falta otro elemento común a los textos anteriores: aquí no se habla del nacimiento del Hijo[70]. En su lugar, Justino hace exégesis de la coronación de la reina: "Se presentó la reina a tu derecha vestida con vestidura recamada de

---

[69] Marcovich cambia la lectura del manuscrito: ὑπὸ τοῦ ταῦτα <πάντα> ποιήσαντος. Parece entonces que lo interpreta, como hace Ruiz Bueno en su traducción, del Dios creador: "atestiguado por el Hacedor de este mundo". Justino sin embargo está interesado en mostrar, como ha hecho en D 55-62, que Cristo ha recibido todo del Padre. Su divinidad es la del Hijo, engendrado por el Padre. Propongo, entonces, suplir: ὑπὸ τοῦ ταῦτα <αὐτὸν> ποιήσαντος, y traducir: "atestiguado por el que esto [es decir, Cristo, Dios y adorable] le hizo". En apoyo de esto podemos alegar la objeción que Trifón planteará enseguida (D 64, 1): "nosotros somos adoradores de Dios, que a éste [a Cristo] le hizo (καὶ αὐτὸν τοῦτον ποιήσαντος)".

[70] Esta discontinuidad ha sido notada por PRIGENT, *Justin et l'Ancient Testament* (106-107), que la atribuye al uso de diversas fuentes. Ahora bien: ¿se debe renunciar tan pronto a buscar la coherencia del mismo texto? Es la pregunta planteada por G. OTRANTO, *Esegesi biblica e storia in Giustino (Dial. 63-84)* (QVetChr 14; Bari 1979) (51). Él, por su parte (51-57), propone que Justino tiene en mente Sal 44, 2 (ἐξηρεύξατο ἡ καρδία μου λόγον ἀγαθόν, *eructavit cor meum verbum bonum* de la Vulgata), aunque no aparece en la cita que trae el mártir aquí. Otranto muestra que otros autores cercanos a Justino aplicaban el verso a la generación divina del Hijo. Esta solución presenta una dificultad: ¿por qué Justino omitió precisamente la parte que le interesaba? Aunque siempre queda el recurso a un error del copista (53, nota 13), creo que esto no es necesario con la solución que propondré andando el capítulo.

oro..." (Sal 44, 10). La imagen se aplica a la Iglesia. Los cristianos se llaman así por nacer y participar del nombre de Cristo. La unción que éste recibe del Padre la transmite a su vez, y constituye la Iglesia en unidad tal, que la Escritura se dirige a sus miembros como a uno sólo: "una sola alma, una sola congregación, una sola iglesia" (D 63, 5).

Por tanto, se nos presenta aquí a Cristo, que transmite a la Iglesia los dones paternos. ¿Por qué Justino dio a entender, al introducir el salmo, que iba a tratar de la Encarnación? Dejemos de momento pendiente la respuesta para centrarnos en las objeciones de Trifón.

El problema de la mediación

Las palabras de Justino sobre la Iglesia, al presentarla como asamblea agraciada por Dios[71], no podían sino despertar el rechazo del judío:

> Allá vosotros – me replicó – que procedéis de las naciones, reconocedle como Señor, como Cristo y como Dios, conforme lo significan las Escrituras; vosotros, digo, que de su nombre habéis venido todos a llamaros cristianos; pero nosotros, servidores del Dios mismo que a éste le hizo, no tenemos necesidad alguna ni de confesarle ni de adorarle (D 64, 1).

La objeción no es pequeña. A primer plano pasa la pregunta por la mediación. A ojos del judío, Cristo se presenta como un camino más de salvación. Por otra parte su figura, interpuesta entre el hombre y Dios, significa un cierto obstáculo: mejor es ir directamente al Creador, sin intermediarios. Los judíos aventajan, pues, a los cristianos.

Justino expone entonces cómo entiende él la mediación de Cristo. Se trata del único acceso posible al Padre; se engaña Trifón al buscar un camino alternativo: "los que se salvan [...], por Él se salvan" (D 64, 3). La mediación de Cristo, por tanto, no supone ningún escollo; al contrario, es la única puerta que nos lleva al Padre invisible e inefable. Dios, sin Cristo, permanece desconocido para el hombre, oculto en su transcendencia.

¿A qué textos acude el mártir para su prueba? Cita en primer lugar Sal 98, 1-7. Allí se dice: "Moisés y Aarón entre sus sacerdotes y Samuel entre los que invocan su nombre" (Sal 98, 6); y también: "les hablaba en la columna de nube" (Sal 98, 7). En la exégesis de Justino es Cristo quien se presenta en la columna, dando la Ley al pueblo. Así Moisés y los otros justos son salvados por Cristo; la preexistencia sirve aquí para afirmar la superioridad de la mediación de Cristo sobre la que ejerce la Ley judía (cf.

---

[71] Trifón debió de sentirse también aludido por la invitación a olvidar las costumbres de los antepasados, que hace Justino en D 63, 5.

D 64, 3-4). Con el mismo objetivo se cita enseguida el salmo 71 (D 64, 5-6)[72].

El final de esta última escritura ha de centrar ahora nuestra atención. Allí se dice que "toda la tierra se llenará de su gloria (δόξα)" (Sal 71, 19). La palabra "gloria" atraerá la cita siguiente, Sal 18, 2-7, que empieza así: *los cielos proclaman la gloria* (δόξα) *de Dios* (cf. D 65, 7-8).

El salmo 18 y la Encarnación

Ahora bien, en el salmo 18 no aparece sólo la preexistencia, como en los anteriores, sino que se habla también de la Encarnación:

> Por otras palabras [...] debéis recordar que Jesús había de salir de las cumbres de los cielos, y volver nuevamente a los mismos lugares, a fin de que lo reconozcáis como Dios que viene de arriba (θεὸν ἄνωθεν προελθόντα) y como hombre nacido entre hombres (ἄνθρωπον ἐν ἀνθρώποις γενόμενον), y que otra vez había de venir Aquel a quien habían de ver y por Él golpearse los mismos que le traspasaron. He aquí el texto: *Los cielos cuentan la gloria de Dios, y el firmamento anuncia la creación de sus manos* [...] *En el sol puso su tienda y Él, como esposo que sale de su cámara nupcial, se regocijará como gigante para recorrer su camino: de las cumbres de los cielos es su salida* (ἀπ᾽ ἄκρου τοῦ οὐρανοῦ ἡ ἔξοδος αὐτοῦ) *y hasta la otra punta del cielo su recorrido, y no hay quien se esconda de su calor* (D 64, 7-8).

Justino ve en el salmo una síntesis de la *historia salutis*[73]. La expresión *salir de las cumbres de los cielos* constituye la prueba de que Cristo es *Dios que viene de lo alto* y *hecho hombre entre los hombres*. El recorrido del sol hasta la otra punta del cielo incluye una referencia a la ascensión y a la presencia poderosa de Cristo por toda la tierra. ¿Cómo se lleva ésta a cabo? Nos ayuda a responder otro lugar del Diálogo en que, en referencia al mismo salmo 18, se habla de "los doce apóstoles [...] por cuya voz toda la tierra se llenó de la gloria y de la gracia de Dios y de su Cristo" (D 42, 1-3). Justino está pensando en la predicación apostólica, que llena el mundo con la gloria de Cristo.

---

[72] La cita exacta es Sal 71, 1-5; 17b-19. La omisión del pasaje intermedio es intencionada: se unen así los versículos 5 ("permanecerá tanto como el sol") y 17 ("antes que el sol permanece su nombre"), en que se menciona la preexistencia de Cristo, anterior al sol. Se trata de aquel que juzgará y salvará al pueblo (Sal 71, 4). De nuevo, la misma idea: se afirma la preexistencia para defender la mediación universal de Cristo.

[73] Justino dice, antes de citar el salmo 18: "por otras palabras que anteriormente os cité (ἐκ τῶν ἄλλων ὧν προεῖπον λόγων)" (D 64, 7). Basado en esto, piensa OTRANTO, *Esegesi* (65-66), que el mártir pretendía citar otras "escrituras" (λόγοι), cosa que luego no hizo. Creo que basta entender que el plural se refiere a las "palabras" (λόγοι) del salmo 18; cf., por otra parte, lo que diremos *infra*, pp. 491ss.

La mediación, pues, no la ejerce ya sólo el Cristo preexistente (D 55-62). La gloria del Padre llega al hombre y llena la tierra precisamente por medio de la Encarnación, prolongada luego en la predicación del evangelio.

La gloria del Padre en su pueblo, la Iglesia

Esta impresión nos la confirma el número del Diálogo que sigue (D 65). La continuidad la dan las mismas ideas de gloria y mediación. Justino, en efecto, había defendido que la gloria de Dios llegaba a toda la tierra por medio de Cristo, presente en su Iglesia. Y a esto opondrá Trifón una profecía: "Yo soy el Señor Dios, éste es mi nombre; mi gloria (δόξα) no la doy a otro" (Is 42, 8 en D 65, 1). El mártir encuadra entonces estas palabras de Isaías en su contexto (D 65, 2-6). A esta luz quieren decir: no la doy sino a Cristo; de esta forma, la profecía que el judío presentaba a su favor la usa Justino en provecho propio. Después comenta:

> ¿Entendéis, amigos, cómo Dios dice que dará su gloria a éste, a quien puso por luz de las naciones, y no a otro alguno? Y no, como dijo Trifón, que Dios se reserve para sí mismo su gloria (D 65, 7).

De nuevo aparece esta gloria en relación con la Iglesia: Cristo es constituido luz de las naciones. Por tanto: en estos números se presenta a Cristo como al único mediador de la gloria del Padre (cf. D 65, 3.7), de la que ahora, por la predicación de la Iglesia, está la tierra llena.

Un dato nos permite confirmar el vínculo que liga estos textos con las páginas dedicadas a la preexistencia (D 55-62). Allí leemos, en efecto:

> Dios engendró, principio antes de todas las criaturas, cierta potencia racional de sí mismo, la cual es llamada también por el Espíritu Santo Gloria del Señor (δόξα κυρίου)... (D 61, 1).

Unamos este texto con los que venimos comentando: toda una visión de la historia se despliega a nuestra vista. El que fue engendrado como gloria para manifestar al Padre se hace ahora hombre para comunicar esa gloria; llegará hasta los confines de la tierra, habitando en el pueblo nuevo de los cristianos. El debate de estos números no discurre, por tanto, al azar: se está presentando a Cristo como mediador de la gloria del Padre. Es interesante notar cómo se amplían los horizontes hasta el nacimiento de la Iglesia, que propaga la gloria de Cristo. Tocamos así un punto central en la discusión con Trifón: la relación entre los dos pueblos, la aparición del verdadero Israel. Se ve de este modo que la afirmación de la preexistencia y Encarnación no es especulación vacía. Justino quiere mostrar que es en la Iglesia donde habita ahora la gloria del Padre, por medio de Cristo, luz de las naciones.

El salmo 44 en nuestro contexto

A partir de aquí podemos volver al salmo 44, cuyo vínculo con la Encarnación no aparecía con claridad. El análisis que hemos hecho nos permitirá ahora ver que la exégesis de Justino se muestra totalmente entrelazada con los números siguientes. En efecto, consideremos en primer lugar el valor pneumatológico de este himno, que habla de la unción de Cristo y su participación sucesiva a la Iglesia[74]; ahora bien, el término δόξα, usado en los salmos 71 y 18 y en el texto de Isaías, tiene en la obra de Justino relación con el Espíritu que Cristo comunica[75]. Por otra parte, tanto en Sal 44 como en Sal 18 ve Justino una alusión a la unidad de la Iglesia[76]. Resumamos estos y otros puntos de contacto:

Sal 44 (D 63, 5)	Cristo recibe del Padre la Unción.	La comunica a sus compañeros: la Iglesia de los cristianos.	Unidad de la Iglesia, nacida del nombre de Cristo.
Sal 71 Sal 18 Is 42, 5-13 (D 64-65)	Cristo recibe la gloria del Padre (D 65).	Comunicación de la gloria a toda la tierra por la predicación apostólica, donde Cristo está presente (D 64, 5-8; D 42, 1-3); a Cristo da el Padre su gloria y le hace "luz de las naciones" (D 65, 7).	Unidad de la Iglesia, un solo cuerpo (D 42, 3-4 en exégesis al Sal 18).

Las miras de Justino son muy amplias. En el salmo 44 esperábamos una referencia explícita a la Encarnación. Sin embargo no se nos habla aquí de ella directamente[77]. Se muestra por el contrario cómo Cristo es Dios por

---

[74] Cf. *supra*, cap. I, pp. 42-43; cap. II, pp. 107-110.

[75] Cf. MARTÍN, *El Espíritu* (196-201): "la Gloria, como el Pneuma, entre los hombres, es la donación divina prometida con el Mesías. Y no es algo diverso de la infusión del Espíritu Santo" (200); cf. también el análisis de A. LAURENTIN, *Doxa. I. Problèmes de Christologie. Étude des Commentaires de Jean 17.5 depuis les origines jusqu'à S. Thomas d'Aquin* (Paris 1972) (35-40), que muestra el trasfondo joánico de la concepción de "gloria" de Justino. Laurentin descubre en el término una referencia doble: a la preexistencia y a la manifestación del Hijo de Dios (38). Apunta, siguiendo a A. RESCH, *Aussercanonische Paralleltexte zu den Evangelien* (TU 10, 3; Leipzig 1896) (173-174) a una inspiración de Justino en Jn 17, 5: "la gloria que tenía junto a ti antes de la creación del mundo".

[76] Compárese D 63, 5 y D 42, 3-4.

[77] Tal vez pudiera encontrarse tal punto de enganche directo en los versículos 9 y 10 del salmo. Se habla allí de las vestiduras del rey, rebosantes de unción, y de la nueva vestidura que recibe la Iglesia. Es posible que Justino viera la Encarnación como el revestirse con una vestidura sacerdotal, vestido que luego se prolonga en la Iglesia; cf. *infra*, cap. IV, pp. 190-192; cap. VII, pp. 460-463.

haber recibido todo del Padre; y cómo comunica lo recibido a la Iglesia. Lo que hace el mártir es ensanchar perspectivas y conducirnos al punto de interés vital: la discusión sobre la Encarnación plantea la pregunta por el verdadero mediador (¿cómo llegar al Padre?). Trifón lo ha entendido y por eso sus objeciones se refieren a la posibilidad de esa mediación (Dios no da a nadie su gloria). Esto da lugar a que Justino se explaye cifrando esta vez el mismo tema en otra clave: la gloria del Padre transmitida a través de Cristo[78]. En este horizonte cobrará sentido la doctrina de la Encarnación.

Contexto vital de la reflexión de Justino en torno a la Encarnación

Podemos ver así cómo la cuestión parte de una experiencia vital: en disputa con Trifón se quiere mostrar que la Iglesia es el nuevo Israel, lugar donde ahora reposa el Espíritu, nuevo sitio donde mora la gloria de Dios[79]. La cuestión del mediador se hace entonces urgente. ¿A qué título pretende la Iglesia poseer esta familiaridad con el Padre? Para responder hay que volver la mirada a Cristo: a) por su generación divina es el único posible mediador de los bienes paternos; b) por su Encarnación, dado el nexo profundo entre generación humana y nacimiento divino, se asegura que en Jesús de Nazaret se ha dado la manifestación definitiva del Padre. Aquí, en el Hijo nacido de María, se da la comunicación plena de la gloria divina; la gloria del Padre podrá llegar a toda la tierra por medio de Él[80].

De este modo se puede establecer un paralelo entre la experiencia pascual de la primera comunidad cristiana, descrita al iniciar este capítulo, y la vivida por Justino[81]. Desde su conversión entiende el mártir que en la Iglesia habita la gloria del Padre, comunicada por medio de Cristo. Las afirmaciones sobre la preexistencia, el hecho de que Cristo sea "gloria del

---

[78] Muestra así el mártir sensibilidad en el diálogo. Para explicar la Encarnación a un judío, uno de los caminos posibles de aproximación es precisamente la presencia en el pueblo de la gloria de Dios.

[79] Este punto de vista es tan importante en el Diálogo que RUDOLPH, *Denn wir sind jenes Volk*, ha podido presentar, partiendo de él, una lectura completa de la obra; cf. también J. SPEIGL, "Die Diskussion um Pluralismus und Universalität in der Religion. Ein Schlüssel zum Verständnis des apologetischen Werkes des Justin", *Garten des Lebens, Fs. W. Cramer* (ed. M.-B. VON STRITZKY - C. UHRIG) (MThA 60; Altenberge 1999).

[80] Este interés por mostrar que la Iglesia es el Israel verdadero está presente desde el inicio de nuestra sección. Nada más citar el texto de Is 7, 14 (D 43, 4-6) dice Justino: "de ninguno en la raza de Abraham según la carne se ha oído decir que naciera de una virgen" (D 43, 7). Enseguida (D 44, 1) reprochará Justino a Trifón su esperanza en salvarse por ser descendencia meramente carnal de Abraham. Hablando del parto de la virgen se hará posible mostrar cómo la descendencia de Abraham no se limita a una raza determinada: se abre al pueblo nuevo de la Iglesia.

[81] Cf. *supra*, pp. 113-116.

Señor" en sentido trascendente, no se desligan de un contexto salvífico. Aseguran que esa gloria que habita en la Iglesia no es un resplandor cualquiera, sino la misma gloria paterna, comunicada a los hombres en forma insuperable.

Hay, pues, un desplazamiento de acentos con respecto a la primera comunidad cristiana. Pero no consiste en un abandono de la experiencia vital por gusto especulativo[82]. Se trata, más bien, de lo siguiente. Como los primeros discípulos, parte Justino, sí, de la gloria del Resucitado; pero la ve en primer lugar presente en la Iglesia, difundida en todo el mundo por la proclamación del evangelio. El hecho se explica fácilmente: es en contacto con la predicación cristiana donde a Justino se le abrieron las puertas de la luz (cf. D 7, 3), donde encontró a Cristo, asombrado por el valiente testimonio de los mártires (cf. II 12, 1-2).

Todavía el análisis de la profecía de la virgen, meta adonde tienden los argumentos de Justino en esta parte del Diálogo, confirmará lo dicho y ampliará perspectivas antes de sacar conclusiones.

1.4. Primogénito del Padre y de María (D 84)

Tras largo discurrir llega el momento de interpretar Is 7, 14:

Porque si este, de quien hablaba Isaías, no había de nacer de una virgen, ¿por quién gritaba el Espíritu Santo: "Mirad que el Señor mismo os dará una señal: He aquí que una virgen concebirá y dará a luz un hijo?" (Is 7, 14). Porque si de modo igual a todos los otros primogénitos (πρωτοτόκοις), también éste (καὶ οὗτος) tenía que nacer de unión carnal, ¿por qué hablaba Dios de hacer un signo que no fuera común con todos los primogénitos (πρωτοτόκοις)? (D 84, 1).

El argumento no presenta dificultad. No merece el nombre de signo un acontecimiento corriente: que un niño nazca de una joven. Sí, por el contrario, el alumbramiento de una virgen. De ahí que haya que rechazar la versión de los judíos, que traducen νεανίς en vez de παρθένος. Aparte de este sentido obvio, lo que llama la atención del texto es la mención repetida de los primogénitos. Parece darse por hecho que el nacimiento de Cristo ha de ser el de un primogénito. ¿Por qué razón? Leamos la continuación del pasaje:

En cambio, sí que es verdaderamente un signo maravilloso y digno de ser creído por el género humano que de un vientre virginal naciera como verdadero niño, hecho carne, el que es primogénito de todas las criaturas (διὰ παρθενικῆς μήτρας τὸν πρωτότοκον τῶν πάντων ποιημάτων σαρκοποιηθέντα ἀληθῶς παιδίον γενέσθαι) (D 84, 2).

---

[82] Cf. lo que dijimos más arriba, en la nota 13 de este capítulo, sobre la opinión de KUSCHEL, *Geboren vor aller Zeit?*

Aquí se habla del primogénito de todas las criaturas; es el mismo que nace como primogénito de María. Hemos visto ya la correlación entre generación divina y humana: ambas ocurren por poder y voluntad de Dios. Lo que hace Justino ahora es prolongar la comparación entre ambos momentos. En efecto, si la generación divina conlleva la primogenitura sobre lo creado, lo mismo ha de ocurrir con el nacimiento humano. Igual que el Hijo fue engendrado del Padre como primogénito, así ahora la Encarnación, imagen de la generación divina, le hace primogénito de un linaje nuevo.

Veamos cómo, en otro pasaje, Justino asocia las dos primogenituras:

> Y es así que Cristo, primogénito que es de toda la creación (πρωτότοκος πάσης κτίσεως ὤν), vino también a ser principio de un nuevo linaje, por Él regenerado con el agua, la fe y el madero (ἀρχὴ πάλιν ἄλλου γένους γέγονε, τοῦ ἀναγεννηθέντος ὑπ' αὐτοῦ δι' ὕδατος καὶ πίστεως καὶ ξύλου), que contiene el misterio de la cruz (D 138, 2).

Justino está comparando a Cristo con Noé, que es progenitor de todos los nacidos después del diluvio. El patriarca presenta claramente los signos cristianos: el agua (la del diluvio y la del Bautismo), la fe y el madero (el arca y la cruz). Como veremos más adelante, la primogenitura se realizará en plenitud con el misterio pascual, que presupone la Encarnación[83].

Otro texto declara mejor el alcance de esta primogenitura:

> Así, pues, como de aquel solo Jacob, que fue también llamado Israel, toda vuestra raza ha tomado los nombres de Jacob y de Israel, así nosotros, por Cristo, que nos ha engendrado para Dios (ἀπὸ τοῦ γεννήσαντος ἡμᾶς εἰς θεὸν Χριστοῦ), nos llamamos y somos verdaderos hijos de Jacob, y de Israel, y de Judá, y de David, y de Dios, (καὶ θεοῦ τέκνα ἀληθινὰ καλούμεθα καὶ ἐσμέν) nosotros los que guardamos los mandamientos de Dios (D 123, 9).

Cristo nos ha engendrado para Dios. A esta nueva generación se une la donación de un nombre. Por ser Cristo Jacob e Israel, la Iglesia también se llamará así. La enumeración de Justino pone la fuerza en el último título de la lista: somos hijos de Dios. Esta afirmación ha de suscitar el alboroto de Trifón y sus compañeros (D 124, 1).

Adelantándose a sus quejas introduce entonces Justino el salmo 81: "Yo he dicho: sois dioses, e hijos del Altísimo todos" (Sal 81, 6). En la exégesis del mártir (D 124) Cristo aparece como quien media a los hombres la filiación divina, de acuerdo con una promesa recibida ya en el paraíso. Se entrelaza a continuación la caída de los primeros padres con la derrota que

---

[83] Cf. *infra*, cap. VII, apdo. 1.2, pp. 443-447.

inflige Jesús al diablo en las tentaciones del desierto (D 125, 3-5). La victoria de Cristo sobre Satanás hará posible la transmisión de la filiación divina al hombre[84].

Los números que siguen (D 126-129) parecen a primera vista un paralelo de la sección de las teofanías: el mártir resume lo explicado en el primer día del Diálogo (D 55-62) en bien de los entonces ausentes. Que yo sepa, nadie se ha preguntado por el sentido de esta repetición, dando por hecho que es mero afán de Justino por insistir en cosa importante. Sin embargo se puede demostrar que, dado el contexto en que se encuadra, la sección tiene un sentido preciso que la distingue de la primera.

En efecto, ya hemos dicho que se está hablando de la Iglesia, nuevo pueblo. Cristo comunica al cristiano sus nombres y, con ellos, sus propiedades. Así se muestra como mediador: se trata de los nombres que él recibe por ser engendrado del Padre. Comienza entonces, en D 126, 1, la sección sobre la preexistencia. Por lo que hemos dicho no extraña que se empiece hablando de los nombres de Cristo. Leamos la lista que da Justino:

> Mas, ¿quién es éste que es una vez llamado Ángel del Gran Consejo, Varón por Ezequiel, "como Hijo del hombre" por Daniel, Niño por Isaías, Cristo y Dios adorable por David y Cristo y Piedra por muchos, y Sabiduría por Salomón, y José y Judá y estrella por Moisés... (D 126, 1).

La enumeración continúa aún. Nos interesa, sobre todo, ver cómo termina:

> y recibe los nombres de Vara y Flor y Piedra Angular e *Hijo de Dios* (D 126, 1).

Hijo de Dios. ¿Es casualidad que se acabe precisamente en este título? De la misma forma concluyó la enumeración sobre los nombres del cristiano: "nos llamamos y somos verdaderos hijos de Jacob, y de Israel, y de Judá, y de David, *y de Dios*"[85]. La insistencia de Justino en este último nombre despeja las dudas:

> Ahora bien, si comprendierais lo que han dicho los profetas, no negaríais que Él es Dios, *Hijo del solo e ingénito e inefable Dios* (D 126, 2).

A esta luz, la nueva explicación sobre las teofanías está lejos de ser mera repetición. Justino acaba de comentar precisamente el nombre de hijo de Dios que reciben los cristianos, nombre donado por Cristo. La sección sobre la preexistencia se encamina entonces a probar que Cristo es hijo de Dios, engendrado por el Padre antes de la creación, para hacer ver

---

[84] Cf. *infra*, cap. V, apdo. 2.2, pp. 275-282.
[85] Cf. D 123, 9.

que la filiación de los cristianos se apoya en sólidos fundamentos. Es notable que la sección termine hablando de la generación del Hijo (D 128-129). Se puede proponer este esquema:

A. Nombres dados por Cristo al cristiano (D 123, 9). Se termina en el nombre de "hijo de Dios".
B. Explicación de dos nombres del cristiano, que son nombres de Cristo: - Hijo de Dios: exégesis del salmo 81: sois dioses e hijos de Dios (D 124). - Israel: nombre dado a la Iglesia (D 125).
C. Sección dedicada a la preexistencia y generación divina de Cristo; se hace hincapié en el nombre de Hijo (D 126-129); su filiación divina es el fundamento de la filiación de los cristianos.

Se ve así el interés de Justino por retomar la prueba de la divinidad de Cristo. En la primera parte del Diálogo (D 55-62) se pretendía vincular el nacimiento del preexistente con el que tuvo lugar en Belén, de madre virgen. Ahora (D 126-129) se conecta la generación del Hijo de Dios antes del tiempo con el nuevo alumbramiento de los cristianos.

Ambas secciones persiguen, pues, objetivos similares. En efecto. Apuntábamos antes que en D 55-65 se abordaba el problema de la mediación: merced a que había tomado carne, podía Cristo comunicar a la Iglesia la gloria divina, que recibió del Padre antes que el mundo fuera. Pues bien, este otro apartado (D 123-129) presenta la generación del Hijo como el sólido apoyo de la filiación divina de los creyentes. La reflexión sobre la preexistencia salvaguarda también en este caso la dignidad cristiana.

Terminemos ahora de leer la exégesis de Justino a la profecía de la virgen:

En cambio, sí que es verdaderamente un signo maravilloso y digno de ser creído por el género humano que de un vientre virginal naciera como verdadero niño, hecho carne, el que es primogénito de todas las criaturas, y ése es el que anticipadamente, por medio del Espíritu profético, anunció Dios de una y otra forma, como ya os he indicado, a fin de que cuando sucediera se reconociera haber sucedido por poder y designio del Hacedor de todas las cosas (δυνάμει καὶ βουλῇ τοῦ τῶν ὅλων ποιητοῦ). De esta manera fue formada Eva de una costilla de Adán y así también al principio fueron creados todos los vivientes por la palabra de Dios (τἄλλα πάντα ζῷα λόγῳ θεοῦ τὴν ἀρχὴν ἐγεννήθη) (D 84, 1-2).

Justino compara la Encarnación con la creación de todos los vivientes (incluido, por tanto, el primer hombre), y con la de Eva, tomada de la costilla de Adán. Años más tarde Ireneo pondría en paralelo el nacimiento de Cristo y el de Adán:

Non enim effugit aliquando Adam manus Dei, ad quas Pater loquens dicit: "Faciamus hominem ad imaginem et similitudinem nostram". Et propter hoc in fine "non ex voluntate carnis neque ex voluntate viri" sed ex placito Patris manus eius vivum perfecerunt hominem, uti fiat Adam secundum imaginem et similitudinem Dei[86].

El obispo de Lión habla contra los ebionitas, que no quieren aceptar la nueva generación de Cristo, en contraste con la antigua de Adán[87]. Relaciona la creación del primer hombre a imagen y semejanza de Dios (según Gn 1, 26), con Jn 1, 13 leído en singular y aplicado a Cristo: "*non ex voluntate carnis neque ex voluntate viri, sed ex placito Patris*". Se ha visto en estas últimas palabras influencia de Justino, según la fórmula que hemos citado (δυνάμει καὶ βουλῇ τοῦ τῶν ὅλων ποιητοῦ)[88].

Sin que nuestro mártir haya comparado claramente creación de Adán y nacimiento de Cristo, ambos autores miran a lo mismo. La sección del Diálogo que hemos analizado y que culmina en la exégesis del nacimiento virginal, tiene enfrente a Trifón y a los ebionitas. Como Ireneo, se trata de mostrar la vida nueva que comunica el Hijo de Dios. Pues estos adversarios no aceptan el nacimiento virginal de Jesús[89]. Rechazan así su procedencia divina y lo hacen "hombre venido de hombres". Ahora bien, si esto se admite, entonces Cristo es incapaz de traer novedad alguna con su Encarnación. Está sometido a la Ley y no le es posible romper la barrera del linaje de Abraham según la carne.

Ante este planteamiento se entiende la reacción de Justino. El mártir insiste en la novedad de la carne y sangre de Cristo: vienen de la voluntad y el poder del Padre. En su humanidad refleja el Hijo su nacimiento *a Patre* antes de la creación; se hace así capaz de transmitir los bienes paternos a un nuevo linaje. La Encarnación en el seno de la virgen es el

---

[86] Cf. *Adv. haer.* V, 1, 3 (SC 153, 26-28). Se puede ver también un texto de Tertuliano, en *Adv. Marc.* V, XVII, 15 (CCL I, 716), obra que depende de Justino en muchos puntos: "in unum nouum hominem, faciens pacem – si uere nouum, uere et hominem, non phantasma, nouum autem, ut noue natum ex virgine dei spiritu – ut reconciliet ambos deo..."

[87] Cf. ORBE, *Teología de San Ireneo I* (88ss); cf. A. ORBE, "Errores de los ebionitas", *Marianum* 41 (1979) 147-170.

[88] Cf. ORBE, *Teología de San Ireneo I* (111), comentando el texto de Ireneo que hemos citado: "Jn 1, 13s caracteriza al Hombre perfecto, como Verbo (de Dios) hecho hombre, e indica su origen virginal ("non ex voluntate carnis neque ex voluntate viri, sed *ex Deo natus est*"). Ireneo parafrasea esto último: "*ex placito Patris* natus est": no por simiente de varón, sino por *voluntad* del Padre. Sigue en ello la tradición de San Justino..."

[89] Pero téngase en cuenta lo que se dijo *supra*, en la nota 63 de este capítulo, sobre los ebionitas.

fundamento de una filiación nueva, porque Cristo traduce en él su condición de primogénito[90].

1.5. Conclusiones

¿Cómo juzgar el pensamiento de Justino en estas páginas del Diálogo? Hemos visto su interés por empezar con el Hijo preexistente y con su generación divina. A partir de aquí explica el mártir la Encarnación. Desde este punto de vista se le podría atribuir una cristología descendente.

Esta formulación no significa, sin embargo, desviación alguna con respecto al planteamiento neotestamentario. En efecto, hemos señalado ya cómo los primeros escritos cristianos contienen fórmulas de envío del Preexistente.

Justino representa un eslabón en este proceso. ¿Sigue la misma línea o desencamina sus pasos? Estaríamos ante una corrupción si la figura concreta de Jesús nazareno se hubiera sustituido por una esencia divina de corte filosófico que hubiera usurpado el centro de interés. Como consecuencia se habría debilitado el nexo entre el misterio de Dios y la salvación del hombre.

Hemos visto que no es este el caso de Justino. El análisis ha mostrado, en primer lugar, *el trasfondo soteriológico de las afirmaciones sobre la preexistencia y la Encarnación*. Miran a asegurar que Jesús es mediador absoluto de la gloria divina. Esta cristología descendente permite dar toda su fuerza a la mediación del Logos encarnado. El nacimiento de Jesús y su vida en la tierra son la comunicación total, sin velos, de los bienes del Padre; precisamente por no ser Jesús hombre venido de hombres, sino Hijo de Dios en sentido propio[91].

En discusión con Trifón ha salido a la luz también el *interés apologético de Justino: la Iglesia es el verdadero Israel de los hijos de Dios*. Justino parte de la contemplación de la gloria que llena la Iglesia, pues en ella está presente Cristo. Es la gloria misma del Padre, entregada al hombre en

---

[90] Este mismo vínculo entre generación virginal de María y regeneración de los cristianos la hallaremos después en Tertuliano e Ireneo. Cf. TERTULIANO, *De carne Christi* 17 (SC 216, 280): "Noue nasci habebat nouae natiuitatis dedicator de qua signum daturus dominus ab Esaia praedicabatur. Quod istud signum? Ecce uirgo concipiet in utero et pariet filium"; IRENEO, *Adv. haer.* V, 1, 3 (SC 153, 24-26): "Spiritus Sanctus aduenit in Mariam et uirtus Altissimi obumbrauit eam, quapropter quod generatum est sanctum est et filius Altissimi Dei Patris omnium, qui operatus est incarnationem eius et nouam ostendit generationem, uti, quemadmodum per priorem generationem mortem heredita-uimus, sic per generationem hanc hereditaremus uitam".

[91] Desde este punto de vista vale para Justino lo que señalaba HABERMANN, *Präexistenzaussagen* (416-418) para el Nuevo Testamento: las afirmaciones sobre la preexistencia no proceden de un mero interés especulativo, sino que están siempre relacionadas con asertos salvíficos.

modo definitivo e insuperable. Estas afirmaciones son posibles porque Cristo es el Hijo de Dios, mediador en su carne de los bienes paternos; se apoyan en el nacimiento virginal, que hunde a su vez sus raíces en la generación divina[92].

Por otra parte se ha insistido en el *nexo entre generación anterior al tiempo y Encarnación*. Justino no plantea una oposición entre un estado inicial divino y otro posterior humano. Lo que pone de relieve es la consonancia fundamental entre estos dos momentos, por provenir ambos del poder y voluntad del Padre. El trazo que los une es la filiación divina de Cristo, tanto en su generación anterior al mundo como en su nacimiento de la virgen.

El peligro que corre una cristología descendente es hacer que el camino de lo divino a lo humano sea de una sola dirección. Esto sucede si a un estado inicial divino se contrapone otro posterior humano, de modo que sea imposible considerarlos desde un punto de vista unitario. Se impide entonces el acceso de la economía a la teología.

No así en Justino. Los capítulos que siguen nos mostrarán cómo en sus obras se reconocen, mirando la vida terrena de Jesús, los rasgos que retratan su condición preexistente. Entre Jesús de Nazaret, maestro que revela las cosas de Dios y cumple a la perfección su voluntad, y el Hijo engendrado como Palabra por voluntad del Padre, hay continuidad neta.

Lo que da unidad a su visión es el énfasis puesto en la situación mediadora del Hijo. No se parte así de un estado divino abstracto. Su divinidad se considera en concreto como la de quien todo ha recibido del Padre y puede a su vez entregarlo al hombre. Desde aquí se puede entender la Encarnación como prolongación de la generación divina y establecer un nexo entre la vida de Jesús en la tierra y su ser preexistente.

Debemos considerar, por último, que este enfoque descendente no es el único que conoce Justino. Su argumentación se adapta a la conversación con Trifón y quiere superar la postura de los ebionitas, por la que el judío no ha ocultado sus simpatías (cf. D 49, 1). Se entiende así la insistencia en la generación divina y su conexión con el nacimiento virginal. De este modo Justino puede afirmar que Jesús de Nazaret aporta un nacimiento nuevo, inicia un nuevo linaje que ensancha los límites de la raza de Abraham según la carne. En otros lugares de su obra captaremos acentos

---

[92] De nuevo vale aquí lo que HABERMANN, *Präexistenzaussagen* (421-429), concluye para el Nuevo Testamento: el encuentro con el Resucitado es el suceso que origina la confesión de la preexistencia; sólo que para Justino este encuentro sucede en la predicación y vida de la Iglesia. También a Justino se puede aplicar la frase de HENGEL, *Der Sohn* (108) acerca de las primeras formulaciones cristianas sobre la preexistencia: "Nur wer über den Anfang verfügt, hat das Ganze. Der Anfang *musste* daher vom Ende her beleuchtet werden".

distintos. Su consideración, que equilibrará la perspectiva del mártir, nos ocupará en lo que sigue.

2. Hijo del hombre: lo común de su nacimiento

El nacimiento de Jesús *ex Maria*[93] presenta otras dimensiones: la figura de María es decisiva, no solo por virgen (en cuanto que, al excluirse la intervención de varón, se hace posible que Jesús sea engendrado por el Padre) sino también por madre (en cuanto a lo que ella aporta a su nacimiento). Si filiación divina y virginidad están relacionadas, la verdadera maternidad de María asegura a Cristo otro título: hijo del hombre. Al tenerla por madre, Jesucristo enlaza con la historia humana desde Adán, y con la historia del pueblo elegido desde Abraham. En este punto se opone Justino a las doctrinas gnósticas y marcionitas[94].

A desarrollar este aspecto nos preparará la exégesis de una página de la Apología que muestra el nexo entre creación y Encarnación (2.1). Insistiremos luego en un hecho con valor salvífico: Cristo asumió una carne común a la de todo hombre (2.2). Resaltaremos por último que Jesús es descendiente de Abraham, hijo de los patriarcas (2.3). Unas conclusiones cerrarán el apartado (2.4).

2.1. Encarnación y creación

Justino nos ha legado otra exégesis de Is 7, 14, que en cierto modo contrasta con la que leemos en el Diálogo. El relato de la Apología (I 33) no recoge tanto la acción del Padre que engendra, como el descenso del Verbo, agente de su propia Encarnación. La perspectiva no se desconocía en el ambiente teológico del tiempo.

Ahora bien, esta autoencarnación del Logos se leía de distintas formas según la defendiesen gnósticos, monarquianos o eclesiásticos[95]. Para los primeros miraba a asegurar el origen divino de la sustancia del cuerpo de Jesús, ajeno al poder y conocimiento del Demiurgo[96]. Los monarquianos

---

[93] Justino utiliza con el mismo valor διὰ Μαρίας y ἐκ Μαρίας. La distinción no tiene en él, como en otros autores, significado teológico; cf. ALDAMA, *María en la patrística* (66-67).

[94] Cf. M. MARITANO, "Giustino Martire e gli eretici negatori della maternità di Maria", *Aug* 37 (1997) 285-301 (287-291).

[95] Para los gnósticos, cf. A. ORBE, *Cristología gnóstica. Introducción a la soteriología de los siglos II y III, I-II* (BAC 384-385; Madrid 1976) (344-349); sobre la postura monarquiana, cf. A. ORBE, *En torno a la Encarnación* (CSComp 3; Santiago de Compostela 1985) (149-168); de la posición eclesiástica dice R. CANTALAMESSA, *L'Omelia 'in S. Pascha' dello Pseudo-Ippolito di Roma* (Milano 1967) (208-211).

[96] Los gnósticos atribuían la Encarnación al Logos, como distinta de la acción del Demiurgo. Este era incapaz de modelar el cuerpo salvífico de Jesús; tal plasmación le

trataban de eliminar la distinción entre Padre e Hijo: el Padre se hizo a sí mismo Hijo, tanto en la generación divina, como en la humana de María[97].
¿Qué valor da Justino a la autoencarnación del Verbo?

Acción del Espíritu en la Encarnación

En I 33 el mártir emprende la exégesis de Is 7, 14. Para interpretar la profecía acude al tercer evangelista. Una parte de Lc 1, 35 la glosa él mismo:

Lc 1, 35	Justino en I 33, 4	Cita de Justino en D 100, 4
πνεῦμα ἅγιον ἐπελεύσεται ἐπὶ σε καὶ δύναμις ὑψίστου ἐπισκιάσει σοι	Δύναμις θεοῦ ἐπελθοῦσα τῇ παρθένῳ ἐπεσκίασεν αὐτήν	πνεῦμα κυρίου ἐπ᾽ αὐτὴν ἐπελεύσεται καὶ δύναμις ὑψίστου ἐπισκιάσει αὐτήν

En I 33, 4 Justino reúne "Espíritu Santo" (πνεῦμα ἅγιον) y "Poder del Altísimo" (δύναμις ὑψίστου) de Lucas bajo una sola denominación: "Poder de Dios" (δύναμις θεοῦ). Como vemos por la cita de D 100, 4, Justino leía en Lc 1, 35 "Espíritu del Señor" (πνεῦμα κυρίου), y no "Espíritu Santo"[98]. Todo esto indica: el énfasis recae sobre el Poder de Dios; se deja en silencio la persona del Pneuma.

---

superaba, le era desconocida. Cf. ORBE, *Cristología gnóstica* (348s): "El misterio de la formación corpórea de Jesús tuvo mucho de singular. Si ya entre los demás hombres actuaba la sabiduría del Hijo por encima del demiurgo, *a fortiori* en Jesús. Hasta para lo demiúrgico, que normalmente se encomendaba a los arcontes o al jefe de ellos, hubo de intervenir entre itálicos el Verbo: infundiendo, como 'substrato' del cuerpo futuro de Jesús, una sustancia no-hílica, y actuando milagrosamente para sacar de él el organismo de la economía". Cf. CANTALAMESSA, *L'Omelia* (210): "nella incarnazione 'ex semetipso' – come la definisce Tertulliano – il Verbo nulla prende da Maria, perché il suo corpo lo reca dal cielo con sé nella sua discesa".

[97] Piénsese en la cercanía de la postura monarquiana y la de explicación judía que Justino recoge en D 128, 1-3. Cf. ORBE, *En torno a la Encarnación* (163): "*A priori* los monarquianos asignan la autoencarnación a Dios Padre. No habiendo en Dios otra persona que la del Altísimo, ni otro *Pneuma* que el del Dios unipersonal, será el *Spiritus Dei* (Patris) o *Virtus Altissimi* (Patris) del Dios (solitario) quien se mueva sobre las aguas (en Gn 1, 2), fabrique directamente el mundo sensible, plasme al hombre a Su imagen y semejanza, se deje sentir en el Paraíso dialogando con Adán, se manifieste a los grandes patriarcas, otorgue la Ley a Moisés, aliente a los profetas, y en la plenitud de los tiempos se haga carne en el seno virginal de María".

[98] Esta lectura está atestiguada en otros Padres. Servía precisamente para evitar confusión entre el Logos y el Espíritu Santo. En efecto, una vez que se leía el relato lucano aplicado al Logos, se cambiaba "Espíritu Santo" por "Espíritu del Señor", y así se hacía posible distinguir entre las dos personas. Justino refleja esta preocupación. Cf.

Otras palabras del ángel a María las pone Justino en paralelo con Is 7, 14. El texto del Evangelio está retocado para que cuadre con el anuncio profético:

Is 7, 14 (I 33, 1)	Justino (I 33, 5)
' Ιδού ἡ παρθένος ἐν γαστρὶ ἕξει	' Ιδοὺ συλλήψῃ ἐν γαστρὶ (Lc 1, 31)
	ἐκ πνεύματος ἁγίου (Mt 1, 21)
καὶ τέξεται υἱόν	καὶ τέξῃ υἱόν (Lc 1, 31)
καὶ ἐροῦσιν ἐπὶ τῷ ὀνόματι	καὶ υἱος ὑψίστου κληθήσεται (Lc 1, 32)
αὐτοῦ	καὶ καλέσεις τὸ ὄνομα αὐτοῦ Ιησοῦν
Μεθ' ἡμῶν ὁ θεός	(Lc 1, 31)

Lo más interesante es la introducción de Mt 1, 21: ἐκ πνεύματος ἁγίου. Se declara así más Is 7, 14: no concebirá de varón, sino del Espíritu Santo. Pero surge a la vez una dificultad: ¿cómo relacionar este πνεῦμα con la δύναμις de que antes se ha hablado?

La solución de Justino será identificar el Poder de Dios de Lc 1, 35 y el Espíritu de Mt 1, 21 con el Logos, primogénito de Dios[99]. ¿Significa esto que sean para él lo mismo Espíritu y Logos? El asunto ha sido debatido ya con amplitud. Creo acertadas las conclusiones de J. P. Martín, que limita la identificación de Espíritu y Logos a este caso concreto de la Encarnación[100]. El relato evangélico plantea a Justino un problema de exégesis, que resuelve llamando Espíritu al Logos. Esta identificación, que no era infrecuente en su ambiente teológico, no implicaba binitarismo. En otros momentos, como se verá, Justino distingue claramente entre las dos personas.

Podemos concluir que en la Encarnación todo se concentra en la actividad del Logos. Los titubeos terminológicos de Justino se explican porque, aun distinguiendo entre el Logos y el Espíritu, vacila a la hora de precisar sus funciones. Es natural que esto suceda ya que, por la unción precós-

---

R. CANTALAMESSA, "La primitiva esegesi cristologica di Romani 1, 3-4 e Luca 1, 35", *RSLR* 2 (1966) 71-76.

[99] Cf. I 33, 7: "Ahora bien, ninguna otra cosa es lícito entender por el Espíritu y el Poder que de Dios procede sino el Logos (τὸ πνεῦμα οὖν καὶ τὴν δύναμιν τὴν παρὰ τοῦ θεοῦ οὐδὲν ἄλλο νοῆσαι θέμις ἤ τὸν Λόγον)".

[100] MARTÍN, *El Espíritu* (177-186); Martín realiza un análisis minucioso del texto. Muestra el interés de Justino por evitar la identificación entre Logos y Espíritu Santo: "el apologista trata de silenciar el ἅγιον del Pneuma-Hagion de Mateo; y de Dínamis-Pneuma de Lucas, trata de concentrar el concepto en δύναμις" (186). Revisando las distintas exégesis Martín se inclina por la que "distingue el Espíritu Santo del Logos, pero que en este caso de Lc 1, 35, interpreta el τὸ πνεῦμα como un demostrativo: 'este espíritu', que es el Logos" (185).

mica, Cristo es el Ungido desde antes de la creación, el portador en plenitud del Πνεῦμα[101].

En este sentido el Espíritu no está ausente cuando se encarna el Logos. Lo que ocurre es que su acción se incluye en la de Cristo. Es el Logos, poseedor y dador en plenitud del Espíritu, el que desciende sobre María. A la vista del paralelo entre creación y Encarnación que desarrollaremos enseguida, podemos pensar que, igual que en la creación el Logos ungió de Espíritu las realidades creadas, así obra ahora en la Encarnación. Pero aparte de esta actuación, común a la que de siempre realizaba el Padre por medio del Logos ungido, no hay otro lugar para el Espíritu en este momento.

El Padre y la autoencarnación

Dejando aparte el papel del Espíritu nos interesa ahora el silencio que guarda aquí Justino sobre la acción del Padre. Hemos señalado que parece haber un cambio de perspectiva. En efecto, en el Diálogo veíamos una correspondencia entre generación divina y nacimiento humano. Esto llevaba a subrayar la acción paterna: "el Dios y Padre del Universo lo iba a engendrar desde arriba y a través de un vientre humano" (D 63, 3).

¿A qué se puede deber el nuevo punto de vista? Para contestar notemos primero la importancia que el término δύναμις tiene en esta página de la Apología. Hemos dicho que Justino simplifica el texto lucano englobando πνεῦμα y δύναμις bajo la sola denominación de δύναμις; dirá expresamente que en ambos casos se trata del Logos:

> Ahora bien, ninguna otra cosa es lícito entender por el Espíritu y el Poder que de Dios procede sino el Logos (τὸ πνεῦμα οὖν καὶ τὴν δύναμιν τὴν παρὰ τοῦ θεοῦ οὐδὲν ἄλλο νοῆσαι θέμις ἢ τὸν Λόγον), que es el primogénito de Dios, como Moisés, profeta antes mentado, lo dio a entender; y viniendo este sobre la virgen y cubriéndola con su sombra, no por comercio carnal, sino por su virtud (διὰ δυνάμεως), hizo que ella concibiera (I 33, 7).

La identificación entre λόγος y δύναμις resultaba fácil teniendo presente 1 Co 1, 24, donde se llama a Cristo fuerza de Dios (θεοῦ δύναμις)[102]. A partir de aquí, al hablar de δύναμις de Dios, aparece espontánea la relación con la generación virginal, obrada también por el poder de Dios (διὰ δυνάμεως θεοῦ). Este nexo se pone mejor de relieve con la referencia a la profecía de Moisés. Se ha discutido a qué escritura se refiere Justino. Se trata, con toda probabilidad, de Gn 49, 10-

---

[101] Cf. supra, cap. I, pp. 41-50.
[102] Cf. M. SIMONETTI, "Note di cristologia pneumatica", *Aug* 12 (1972) 201-232 (219).

11, que el santo ha comentado hace poco, en I 32[103]. Allí dice el profeta: "No faltará príncipe de Judá [...] hasta que venga aquel a quien está reservado. [...] Lavará sus vestidos en la sangre de la uva".

El comentario a este texto podrá aclarar nuestro pasaje. Justino compara la generación humana de Cristo a la creación de la uva (I 32, 8-11). Esta última no es obra del hombre, sino que se produce por el poder creador de Dios (οὐκ ἄνθρωπος πεποίηκεν ἀλλ᾽ ὁ θεός); de la misma forma la sangre de Cristo no procede de varón, sino del poder de Dios (ἐκ δυνάμεως θεοῦ)[104]. El mártir habla con preferencia de la δύναμις de Dios, que actúa tanto en la creación como en la encarnacion del Verbo, excluyendo la intervención de varón (οὐκ ἐξ ἀνθρωπείου γένους / ἐκ θεοῦ δυνάμεως). Al semen humano contrapone la semilla (σπέρμα) divina, el Logos, a quien llama primera δύναμις salida de Dios (I 32, 8). Es decir: al concentrarse en la δύναμις divina, el mártir tiene en mente la actuación creadora del Padre por medio del Hijo.

La comparación entre la generación de Cristo y la obra creadora se encuentra también en la exégesis de Is 7, 14 en el Diálogo (D 84, 2). Allí la fórmula διὰ βουλὴν θεοῦ se equipara a Λόγῳ θεοῦ[105]. En otro pasaje de la Apología se habla de la Encarnación "por la Palabra de Dios (διὰ Λόγου θεοῦ)"[106]. Estamos de nuevo ante la autoencarnación del Logos, que se pone en este caso en paralelo con la Eucaristía, llevada a cabo "por la palabra de la oración (δι᾽ εὐχῆς λόγου)". Dado el vínculo entre Eucaristía y creación (cf. I 13, 2; D 41, 1), διὰ Λόγου θεοῦ evoca en este contexto el poder creador de la palabra divina.

¿Qué conclusiones podemos sacar de este análisis?

La primera: aun hablando de autoencarnación, Justino no considera al Padre ausente. Al comparar la Encarnación del Logos con la obra creadora, está aplicando a ambos casos un mismo esquema. En los dos el Padre inefable actúa por medio del Logos, y queda así asegurada su transcendencia. La aparente discrepancia entre el Diálogo y la Apología es

---

[103] Justino la refiere explícitamente a Moisés en I 32, 1. Otto (*ad locum*) sugiere que es éste el texto aludido y da la siguiente explicación: al decir que le está reservado el reino, se indica veladamente que es el hijo, a quien corresponde la herencia. La interpretación de Otto se confirma si consideramos el comentario de Justino en I 54, 7: allí dice que en la profecía no se señala *expresamente* (ῥητῶς) que se trate del hijo. Hay que suponer por tanto que, veladamente, sí se señala esta filiación.

[104] En el Diálogo esta exégesis muestra la relación entre generación humana y generación divina y pone de relieve la intervención del Padre en la Encarnación; cf. D 63, 3; cf. también D 54, 2.

[105] Sobre la creación por la palabra cf. también D 114, 3; cf. AYÁN, *Antropología* (52-61).

[106] Cf. I 66, 2: διὰ Λόγου θεοῦ σαρκοποιηθεὶς – cf. *infra* pp. 157-158.

solo cuestión de acentos: el Padre es siempre origen último de la Encarnación[107].

Esto corresponde además con la presentación de la *historia salutis* en el mártir. El Logos aparece siempre como mediador divino ante los hombres, salvando así la transcendencia paterna. Desde este punto de vista hay una oposición clara con la exégesis monarquiana. Al asegurar la transcendencia del Padre, queda automáticamente a salvo la distinción entre éste y el Hijo[108].

Pero sobre todo hay que poner de relieve un segundo resultado: el interés de Justino por relacionar Encarnación y creación. La $\delta\acute{u}\nu\alpha\mu\iota\varsigma$ que desciende sobre María es la misma con que Dios formó el mundo. Así, la autoencarnación que enseña Justino difiere profundamente de la gnóstica. Los herejes distinguían entre la acción salvífica del Logos y la colaboración del Demiurgo, ignorante de designios más altos. De esta forma, la carne que tomaba el Logos, aun con propiedades materiales por la acción del Demiurgo, no provenía del mundo creado[109].

Para Justino, por el contrario, la autoencarnación pone de relieve el paralelismo con la acción creadora y acentúa así la verdad de la carne de Jesús. Por eso, en un contexto en que compara el nacimiento de Cristo con la creación de los primeros vivientes, insistirá en el realismo de la Encarnación: el Logos se ha hecho verdaderamente ($\dot{\alpha}\lambda\eta\theta\tilde{\omega}\varsigma$) niño (D 84, 2). Sigamos esta línea de reflexión.

2.2. Asumió la carne para salvarla

La Encarnación es misterio salvífico. Esto quedó claro en el primer apartado de este capítulo, en torno a una larga sección del Diálogo. Se ponía entonces de relieve lo extraordinario del nacimiento de Cristo. Engendrado por el Padre, el Hijo traduce en su nacimiento humano la generación divina y se hace así capaz de comunicar una vida nueva. Pero el alcance salvador de la Encarnación tiene también otra vertiente, la que

---

[107] En relación con esto podemos preguntarnos por qué prefiere Justino en la Apología insistir en la acción del Logos. Creo que la respuesta ha de tener en cuenta los destinatarios de este escrito. Ante ellos Justino quiere distanciarse de los mitos paganos sobre el nacimiento de los hijos de los dioses, tenidos de torpe concubinato. El deseo de evitar el paralelismo con estas fábulas, en que un dios se acercaba a la virgen para engendrar un dios hijo, hace que Justino elimine una de las dos partes. Al desaparecer de la escena el Padre, no puede haber confusión: no se trata de connubio carnal.

[108] ORBE, *En torno a la Encarnación* (156-160).

[109] Cf. IRENEO, *Adv. haer.* I, 6, 1 (SC 264, 90-92): "dicunt [...] a dispositione autem circumdatum corpus, animalem habens substantiam, partum uero inenarrabili arte ut et uisibile et palpabile et passibile fieret. Et hylicum autem nihil omnino suscepit: non enim esse hylicon capacem salutis".

abordaremos ahora. Se apoya en lo común del nacimiento de Cristo: el Logos asume verdadera carne, la misma que fue plasmada en Adán.

El Salvador asumió lo que iba a salvar[110]. Fueron los gnósticos los primeros en barajar tal aserto, que interpretaban de acuerdo con su sistema. Tomó el Salvador la parte pneumática y psíquica del hombre, no así la material, incapaz de ser salvada[111]. ¿Y Justino? Con fuerza se opone a la visión gnóstica. El Logos se ha hecho hombre para salvar al hombre entero. Veamos algún elemento que así lo indica:

a) El Logos asumió a todo el hombre

Leamos el siguiente pasaje, uno de los más debatidos de la obra del mártir[112]:

> nuestra religión aparece más sublime que toda humana enseñanza, por la sencilla razón de que el Verbo entero, que es Cristo, aparecido por nosotros, se hizo cuerpo y razón y alma (τὸ λογικὸν τὸ ὅλον τὸν φανέντα δι' ἡμᾶς Χριστὸν γεγονέναι καὶ σῶμα καὶ λόγον καὶ ψυχήν) (II 10, 1)[113].

Feder pensaba que había aquí una indicación de la doble naturaleza de Cristo: cuerpo y alma, por un lado; Logos, por otro[114]. El que "Logos" aparezca en el medio lo achacaba al desorden con que compone Justino. Suponía en todo caso en el mártir una antropología dicotómica: hombre compuesto de alma y cuerpo.

Este no parece ser el caso[115]. Partiendo de una división tripartita del hombre: cuerpo, alma y espíritu (o λόγος) se puede entender el texto de manera sencilla. Cristo tomó un hombre completo: cuerpo, λόγος y alma[116]. La cuestión de si el Logos divino ocupa o no el lugar del λόγος

---

[110] Cf. IRENEO, *Adv. haer.* I, 6, 1 (SC 264, 90-92): "Quae enim saluaturus erat, eorum primitias eum suscepisse dicunt".

[111] La postura se podría matizar. Algunos gnósticos aceptaban la asunción de la carne por parte de Cristo, negándole a esta, sin embargo, la salvación. Defenderían entonces el axioma: "*Quod non est assumptum non est sanatum*"; pero lo explicarían: asumió lo que iba a salvar, pero no salvó todo lo que asumió. Las sustancias que asumió y no habían sido fabricadas por Él, sino por el Demiurgo, no fueron salvadas. Cf. ORBE, *En torno a la Encarnación* (208-211).

[112] Cf. ANDRESEN, *Logos und Nomos* (339s, nota 76), que presenta diversas interpretaciones del pasaje.

[113] Wartelle traduce: "tout ce qui est du domaine de la raison est devenu le Christ, qui a paru pour nous, corps, raison et âme" (211).

[114] Cf. FEDER, *Justin* (168-169).

[115] Cf. AYÁN, *Antropología* (82-102).

[116] Cf. Wartelle (309): "Corps, Logos et Âme sont les trois réalités qui composent la personne du Christ, les trois parties composantes de l'ἐνανθρώπησις. Ce qui est clairement affirmé, c'est que le Logos tout entier est devenu homme"; ANDRESEN, *Logos und Nomos* (340): "Justin will also sagen, daß dieses kosmologische Prinzip, von dem die Philosophen seiner Zeit sprachen, in Christus erschienen ist. Denn deshalb betont er zusätzlich, daß es als „Leib und Vernunft und Seele" erschienen ist. Das heißt im Sinne

humano en la composición antropológica del hombre[117], no creo pueda dirimirse con los datos que tenemos.

b) *Suum plasma recapitulans*

Hemos considerado ya el vínculo que Justino establece entre creación y Encarnación: Cristo viene a salvar la obra del Creador, y no la de un Dios superior a éste. Leamos estas líneas del mártir que nos ha conservado San Ireneo:

> Et bene Justinus in eo libro qui est ad Marcionem ait quoniam: Ipsi quoque Domino non credidissem alterum Deum annuntianti praeter Fabricatorem et Factorem et Nutritorem nostrum; (καὶ καλῶς ὁ Ἰουστῖνος ἐν τῷ πρὸς Μαρκίωνα συντάγματί φησιν ὅτι αὐτῷ τῷ Κυρίῳ οὐκ ἀν ἐπείσθην ἄλλον Θεὸν καταγγέλλοντι παρὰ τὸν Δημιουργόν) sed quoniam ab uno Deo, qui et hunc mundum fecit et nos plasmavit et omnia continet et administrat, unigenitus Filius venit ad nos, suum plasma in semetipsum recapitulans, firma est mea ad eum fides et immobilis erga Patrem dilectio, utraque Domino nobis praebente[118].

Adán es llamado en el Diálogo "la figura (πλάσμα) que Dios plasmó (ἔπλασεν)" (D 40, 1). Ahora vemos que Cristo viene *suum plasma recapitulans*. Se pone así de relieve la bondad de lo creado, frente a Marción y los gnósticos: Cristo toma la misma carne plasmada en Adán.

c) La verdad de la Encarnación

Si, por otra parte, echamos un vistazo al vocabulario de Justino en otros lugares de su obra, vemos cómo insiste en la verdad de la Encarnación[119]: Jesucristo se hizo verdaderamente niño (ἀληθῶς παιδίον)[120]. En esta expresión el adverbio muestra el interés antidoceta[121]. Muchos otros textos resaltan sobre todo la componente material del hombre: se hizo carne (σαρκοποιηθείς)[122], tuvo cuerpo (σεσωματοποιῆσθαι αὐτόν)[123], verdadera sangre (αἷμα μὲν ἔχει ὁ Χριστός)[124], carne y sangre para

---

der trichotomischen Anthropologie der Schulplatoniker, daß er als wirklicher Mensch geschichtliche Wirklichkeit geworden ist".

[117] Así piensa Wartelle (310): "l'énumération καὶ σῶμα καὶ λόγον καὶ ψυχήν semble vouloir dire qu'aux yeux de Justin c'est le Logos divin qui prend la place du πνεῦμα humain dans l'être du Christ".

[118] *Adv. haer.* IV, 6, 2 (SC 100/2, 440).

[119] Se puede ver FEDER, *Justin* (163-169).

[120] Cf. D 84, 2.

[121] Cf. el uso de ἀληθῶς en D 98, 1 y D 103, 8.

[122] I 32, 10; 66, 2; D 45, 4; 84, 2; 87, 2; 100, 2. Cf. TRAKATELLIS, *The pre-existence* (140): "It should also be pointed out that in all cases the verb appears in its participial form σαρκοποιηθείς. This observation could lead to the conjecture that σαρκοποιηθείς belonged to some sort of a creedal formulation..."

[123] Cf. D 70, 4.

[124] Cf. I 32, 10; D 54, 2.

nuestra salvación (σάρκα καὶ αἷμα ὑπὲρ σωτηρίας ἡμῶν ἔσχεν)[125].

Valor salvífico de la asunción de la carne

La última fórmula citada expresa además el valor salvífico de la Encarnación. Justino está hablando de la Eucaristía, en un pasaje al que ya hemos aludido, y dice:

> Porque no tomamos estas cosas como pan común ni bebida ordinaria, sino que, a la manera que Jesucristo, nuestro Salvador, hecho carne por virtud del Verbo de Dios (διὰ Λόγου θεοῦ σαρκοποιηθεὶς Ἰησοῦς Χριστὸς), tuvo carne y sangre por nuestra salvación (σάρκα καὶ αἷμα ὑπὲρ σωτηρίας ἡμῶν ἔσχεν); así se nos ha enseñado que por virtud de la palabra de la oración que procede de Él, el alimento sobre que fue dicha la acción de gracias – alimento de que, para nuestra transformación, se nutren [nuestra] sangre y carnes (ἐξ ἧς αἷμα καὶ σάρκες κατὰ μεταβολὴν τρέφονται ἡμῶν) – es la carne y la sangre de Aquel mismo Jesús encarnado (I 66, 2).

La Eucaristía es acción de gracias al Padre por habernos creado (cf. I 13, 2; D 41, 1) y mira también a la consumación escatológica: por este alimento se prepara el cristiano para la resurrección de la carne[126]. Como centro aparece la Encarnación, obrada por el Logos de Dios[127]. Nutrirse con la carne y sangre de Cristo hace posible la transformación de lo creado en lo definitivamente restaurado. El pasaje tiene intención antignóstica: se resalta la verdad de la carne de Cristo en relación con el inicio del hombre, plasmado del barro, y con su salvación definitiva en carne.

En torno a este valor salvífico de la Encarnación se abren dos interrogantes:

a) Este texto lo han considerado algunos excepción en el pensamiento del santo. Como Justino insiste en la actividad iluminadora de Cristo como maestro[128], y pone de relieve la libertad humana, se ha pensado que éste era su modelo de redención[129]. Con esto se plantea implícitamente una

---

[125] Cf. I 66, 2. Se puede comparar con IRENEO, *Adv. haer.* V, 1, 2 (SC 153, 24): Οὐδὲ γὰρ ἦν ἀληθῶς σάρκα καὶ αἷμα ἐσχηκώς..., en contexto antidoceta.

[126] Cf. I 66, 2 y el comentario de O. PERLER, "Logos und Eucharistie nach Justinus I Apol. c. 66", *Divus Thomas (Fr)* 18 (1940) 296-316, según el cual traducimos el pasaje; cf. también C. BURINI, "Il nutrimento eucaristico "per nostra trasformazione" (Giustino, Apologia I,66,2)", *Sangue e antropologia nella letteratura cristiana II* (ed. F. VATTIONI) (Roma 1983) 913-929.

[127] La Eucaristía es memoria de la Encarnación; cf. D 70, 4.

[128] Cf. F. NORMANN, *Christos Didaskalos. Die Vorstellung von Christus als Lehrer in der christlichen Literatur des ersten und zweiten Jahrhunderts* (Münster Westfalen 1967) y lo que diremos al hablar de la predicación de Cristo.

[129] C. ANDRESEN, "Erlösung", *RAC* VI (1964) (137): "Nur gelegentlich durchbrechen soteriologische Wendungen die apologetische Gesprächsbasis (vgl. zB. die soterio-

disyuntiva. ¿Salvados porque Cristo asumió nuestra carne o salvados por seguir su enseñanza e imitar su ejemplo? Insistir unilateralmente en uno de los dos aspectos sería caricaturizar la postura de Justino. Tendríamos por un lado a Cristo como maestro moralizador, fuente de buenos consejos; aparecería, por otro, la salvación como mecánica concesión de la vida divina a la naturaleza humana, redención concebida en manera fisicista[130]. ¿Es posible una síntesis?

b) El valor salvífico de la Encarnación plantea otro problema. ¿Encarnado el Logos, está realizado ya lo esencial de nuestra salvación? De ser así parecería desdibujarse el valor de los misterios de la vida de Cristo, objeto de este estudio[131]. ¿Dónde queda la importancia de toda la vida de Jesús, especialmente de la cruz?

Por responder a todo esto importa precisar lo que Justino entiende cuando afirma que el Verbo tomó carne y sangre para nuestra salvación.

Partícipe de nuestras pasiones

Nos ayudaremos para esta tarea de una frase importante de la segunda Apología, que relaciona el hacerse hombre del Logos con la salvación humana. El texto griego dice:

ἐπειδὴ καὶ δι᾽ ἡμᾶς ἄνθρωπος γέγονεν, ὅπως καὶ τῶν παθῶν τῶν ἡμετέρων συμμέτοχος γενόμενος καὶ ἴασιν ποιήσηται (II 13, 4).

Ruiz Bueno traduce de la siguiente forma:

pues Él, por amor nuestro, se hizo hombre para ser particionero de nuestros sufrimientos y curarlos (277).

En realidad el término πάθος admite una amplia gama de significados. Indica cualquier estado de pasividad, todo lo que nos sucede sin que

---

logische Inkarnationsformel Iustin. apol. 1, 66, 2 im Unterschied zur typisch apologetischen Formulierung 2, 10, 1) [...] Als Apologeten war ihnen mehr an der Gestalt des 'Lehrers' als an der des 'Erlösers' gelegen".

[130] Desde tiempos de Harnack se hizo clásico etiquetar este planteamiento como "redención física". Propio de la escuela asiática, encontraría su expresión acabada en la fórmula de Ireneo: "factus est quod sumus nos uti nos perficeret esse quod est ipse"; *Adv. haer.* V, Pr. (SC 143, 14). F. LOOFS, *Leitfaden zum Studium der Dogmengeschichte* (Halle 1906) (203, n. 2) la define así: "dasjenige Verständnis der Erlösung, dem die Beseitigung der φθορά in der Menschheit mit der Gottheit die Hauptsache ist". A este respecto son interesantes las observaciones de H.E.W. TURNER, *The patristic doctrine of Redemption. A study of the Development of Doctrine during the First Five Centuries* (London 1952) (72-75).

[131] Es así como piensa SMULDERS, "Dogmengeschichtliche und lehramtliche Entfaltung" (405): "[für Justin] die Wirklichkeit des irdischen Lebens und der Taten Jesu spielen also kaum eine entschiedende Rolle. Dass gerade diese Ereignisse das mächtige Heilswort Jesu sind, ist hier vergessen".

seamos parte activa en ello[132]. Justino conoce así varias acepciones: sufrimiento, enfermedad, y también las pasiones como término técnico de la ética filosófica del tiempo[133]. ¿Qué sentido darle en nuestra frase?

Se puede interpretar como sufrimiento, en sentido amplio. Es la traducción de Ruiz Bueno: Cristo tomó sobre sí nuestro dolor para sanarlo. Lo hizo durante todo el arco de su vida, y especialmente durante su *via crucis*. ¿Cuándo nos llegará, según esto, la curación? Cuando todo sufrimiento desaparezca: en la resurrección definitiva. En efecto, Justino dice que entonces nos revestiremos de incorrupción e impasibilidad (ἀπά-θεια)[134]. La salvación completa que Cristo trae con su Encarnación es la resurrección, que significa la participación plena del hombre en las propiedades divinas[135].

Esta interpretación cuadra, sin duda, con el pensamiento de Justino. La pasión y el sufrimiento de Cristo en la carne traen al hombre la salvación de su carne. Sin embargo, ¿explica tal lectura todos los aspectos? Más bien parece que algunas preguntas quedan sin responder. ¿Cuál sería entonces el efecto de la Pasión en los hombres? ¿Se trataría solo de la esperanza en la resurrección definitiva? Pues Justino es demasiado consciente de que los sufrimientos no desaparecen en la vida presente del cristiano: es más, las persecuciones que padece por Cristo acrecientan su dolor.

Hay que decir sin duda que los efectos de la redención no se dan sólo en esperanza. Esto queda claro si iluminamos esta sanación de nuestros sufrimientos con un versículo que Justino comenta varias veces, Is 53, 5: "sus heridas nos han curado"[136]. Esa curación, según aclara el mártir, no es sólo futura, y no se refiere exclusivamente a la desaparición del dolor. El hombre ha salido de una situación pecaminosa gracias a la muerte de Cristo: "[murió] para que por sus heridas sanáramos nosotros, los hombres pecadores"[137].

Parece entonces, que hay que entender en sentido más amplio eso que el Logos asumió para sanar. De ahí que la versión del término πάθος por "sufrimiento" no sea compartida por todos los intérpretes. Wartelle prefiere: "afin de venir prendre part à nos misères pour nous en guérir"

---

[132] Cf. POHLENZ, *Die Stoa* (141): "Das Wort Pathos ist aus der Tiefe des hellenischen Wesens geschaffen, das ganz auf Aktivität und selbstbestimmtes Handeln angelegt ist und alle Vorgänge, bei denen der Anstoß von außen kommt und das Subjekt sich passiv verhält, als 'Leiden' zusammenfaßt".

[133] Cf. AYÁN, *Antropología* (132-133).

[134] Cf., por ejemplo, D 45, 4.

[135] Cf. II 1, 2; cf. *infra*, cap. VII, pp. 460-467.

[136] Cf. D 17, 1; D 32, 2; D 43, 3; D 137, 1.

[137] Cf. D 43, 3; cf. D 137, 1: "sus heridas, con las que es posible a todos curarse, como nosotros nos curamos".

(217)[138]. Y lo entiende referido, no simplemente a los sufrimientos humanos, sino a las pasiones en sentido moral[139]. A la vista de esto puede ayudarnos situar la frase, dirigida a paganos, en el ámbito de la filosofía helenística.

La curación de las pasiones, fin de la filosofía

Un interés especial por la ética acomunaba por entonces a las escuelas filosóficas. Con predilección se equiparaba la labor del filósofo al arte médico[140]. Es conocida la sentencia de Epicuro: "Es vacío el discurso (λόγος) filosófico que no se encamine a sanar la pasión (πάθος) del alma"[141]. Aunque los estoicos la interpretaban de forma distinta, ellos también la suscribían, y lo mismo ocurría con los escépticos. Se podría decir que en torno a este tema se definían las características de cada escuela. ¿Qué quería decir la curación? ¿Cómo se llegaba a ella?

Las respuestas eran muy variadas, pero podemos señalar como línea común la confianza en la capacidad del hombre para llevar adelante esta empresa. Si él quería, estaba en su mano alcanzar la sanación que ofrecía cada maestro. A esto se añadía la valoración negativa de todo lo que significara pasividad, el ámbito de lo que el hombre padecía sin ser sujeto activo.

Especialmente importante por su influjo aparecía la respuesta de la *Stoa*. Para los del Pórtico sanar las pasiones significaba sólo una cosa: extirparlas. Estas eran juicios equivocados sobre el valor de los bienes; erróneos modos de ver que provocaban sufrimiento. Eliminada la pasión, comprendía el Sabio que solo la virtud proporcionaba la felicidad; podía así alcanzar la meta de su vida sin contar con los bienes externos, a los que usualmente damos tanto valor, y que no están siempre al alcance de nuestra mano. La felicidad es tarea que depende de uno mismo y sólo de uno mismo, a despecho de los azares que nos depare la fortuna.

Es difícil que a un filósofo como Justino haya pasado desapercibido, en la frase que analizamos, el paralelo con las otras escuelas helenísticas y

---

[138] Cf. Wartelle (217).

[139] Cf. Wartelle (312), que reenvía a la nota de II 6 [5], 4 (305), donde escribe: "C'est le thème, cher à la pensée chrétienne primitive, du Christ, ou de Dieu, médecin, guérisseur des passions de l'âme". Tendremos ocasión de precisar la afirmación.

[140] Cf. M. NUSSBAUM, *The Therapy of Desire. Theory and Practice in Hellenistic Ethics* (Martin Classical Lectures. New Series 2; Princeton NJ 1994) (13-47).

[141] Según cita de Porfirio, *Ad Marcellam.* 31, 294 N. (ed. DES PLACES 124): "ὥσπερ γὰρ ἰατρικῆς οὐδὲν ὄφελος, <εἰ> μὴ τὰς νόσους τῶν σωμάτων θεραπεύει, οὕτως οὐδὲ φιλοσοφίας, εἰ μὴ τὸ τῆς ψυχῆς ἐκβάλλει πάθος". Ya el término πάθος es aquí de difícil traducción. Epicuro pretende eliminar no tanto las pasiones en sentido moral, como los sufrimientos del alma que estas provocan. Cf. NUSSBAUM, *The Therapy* (102, nota 1).

que no haya perfilado su propia postura en un tema crucial. El Logos, que ha presentado como maestro superior a todos los filósofos, es el único que puede llevar a cabo esta curación de las pasiones, sufrimientos, miserias del hombre, en que está interesada la filosofía.

Un texto del *De resurrectione* coincide en mostrar a Cristo según este mismo modelo médico[142]:

> Si la carne no resucita, ¿por qué se la protege y no le concedemos mejor que se abandone a sus concupiscencias (ἐπιθυμίαις)? ¿Por qué no imitamos a los médicos que, cuando tienen a un hombre desahuciado que no puede ser salvado, le recomiendan que se deje llevar de las concupiscencias (ἐπιθυμίαις)? Es que saben que va a morir [...] Ahora bien, si Jesucristo, nuestro médico, tras arrancarnos de nuestras concupiscencias (ἐπιθυμιῶν), dispuso para nuestra carne su propio género de vida sobrio y moderado, es evidente que la protege de los pecados porque tiene esperanza de salvación, de la misma manera que los médicos no consienten que los hombres con esperanza de sanar se abandonen a los placeres[143].

He aquí, expresado con claridad, lo que nuestro médico ha venido a sanar en la carne. La perspectiva final es la resurrección; pero Cristo empieza ya a curarnos en la medida en que elimina nuestras concupiscencias (ἐπιθυμίαι), recetando un modo sobrio de vida. Esto puede iluminar nuestro texto de la segunda Apología: manteniendo que la salvación total llega en la resurrección de la carne, es posible afirmar que está ya iniciada en el cristiano por el vencimiento de las concupiscencias o deseos malvados.

Hay algo, sin embargo, que no aparece en el *De resurrectione* y sí en la frase de la Apología que nos ocupa. Algo importante, porque marca la profunda diferencia con los planteamientos filosóficos del tiempo. En efecto, Justino ha dicho que Cristo "se hizo partícipe de nuestras pasiones". Ni Zenón, ni Epicuro ni ningún otro admitirían que el maestro haya de hacerse partícipe de las pasiones del discípulo para sanarlo. Y la objeción se podría hacer a Justino: mal se podría curar al enfermo contrayendo su misma enfermedad.

---

[142] Aunque se niegue que la obra sea de Justino, hay que admitir que comparte una misma antropología con el mártir; cf. las conclusiones de AYÁN, *Antropología*. Algunos recientes traductores del tratado abogan por su atribución a Justino: cf. J.J. AYÁN, "El tratado de San Justino sobre la resurrección", *Revista Agustiniana* 31 (1990) 591-614 (591-593), A. WARTELLE, "Saint Justin, philosophe et martyr: De la résurrection. Introduction et traduction", *Bulletin de l'Association G. Budé* 1 (1993) 66-82. Se muestra contrario HEIMGARTNER, *Pseudo Justin*, quien lo atribuye a Atenágoras (203); para D'ANNA, *Sulla Resurrezione*, es obra de un discípulo del mártir.

[143] *De Resurrectione* X, 5-6 (ed. D'ANNA, 53); damos la traducción de AYÁN, "El tratado" (613-614), ligeramente modificada.

Para percibir mejor el escollo notemos que en la Apología el término pasión tiene casi siempre un matiz negativo. Justino les reprocha a los paganos que no conducen una vida conforme a razón, que son dominados por sus pasiones[144]. La vida bajo el dominio de las pasiones se opone a la vida conforme al Logos[145]. ¿Cómo aceptar entonces que Cristo se hiciera partícipe de nuestras pasiones?

La dificultad sería insalvable si πάθος significara siempre en sí mismo algo pecaminoso. Notemos que el texto del *De resurrectione* empleaba un término que es inequívocamente negativo: ἐπιθυμία y no πάθος. En este caso era imposible decir que Cristo asumió nuestra ἐπιθυμία. ¿Ocurre lo mismo con πάθος?

Concepciones contemporáneas a Justino

A responder puede ayudarnos un texto de Melitón de Sardes, de la misma tradición asiática de Justino[146]:

Tomó las pasiones del que padecía (ἀπεδέξατο τὰ τοῦ πάσχοντος πάθη)
por el cuerpo capaz de padecer (διὰ τοῦ παθεῖν δυναμένου σώματος) y destruyó las pasiones de la carne (τὰ τῆς σαρκὸς πάθη)[147].

Las pasiones a que el hombre está sometido se han descrito en la parte anterior de la homilía[148]. Melitón nos muestra el comportamiento depravado del hombre tras el pecado de Adán. Para sanar al que sufre viene Cristo y toma sobre sí sus pasiones. Se cuenta sin duda con la ambigüedad de los términos: πάθος como sufrimiento y como pasión en sentido moral. Pero hay algo más que un juego de palabras. El sufrimiento de Cristo tiene relación con la pasión que somete al hombre y es capaz de liberarle de ella.

El nexo hay que buscarlo en una determinada concepción antropológica, que da singular relieve a la carne en la constitución del hombre[149]. Lejos de ser las pasiones propiedades del alma, éstas se enraízan, para Melitón, en la carne. R. Cantalamessa piensa que hay en la expresión "pasiones de la carne" una muestra de antignosticismo[150]. Para los gnósticos la misión

---

[144] Cf. AYÁN, *Antropología* (133-137).

[145] Cf. I 53, 12; I 57, 1.

[146] La pertenencia de Justino a esta tradición asiática resulta clara de los estudios de OTRANTO, *Esegesi* y AYÁN, *Antropología*.

[147] *Sobre la Pascua* 66 (SC 123, 96).

[148] *Sobre la Pascua* 47-56 (SC 123, 84-90).

[149] Cf. A. ORBE, "La definición del hombre en la teología del siglo II", *Gr.* 48 (1967) 522-576.

[150] Cf. R. CANTALAMESSA, "Les homélies pascales de Méliton de Sardes et du Pseudo-Hippolyte et les extraits de Théodote", *Epektasis. Mélanges patristiques offerts au*

del Salvador también podía describirse como sanación de las pasiones[151]. Pero en ningún caso se trataba de las pasiones de la carne, condenada sin remedio. El Salvador vino solo a rescatar al alma; las pasiones son "pasiones del alma", y de estas se hizo partícipe, para ganar a los hombres psíquicos[152].

En esto los gnósticos se inspiraban en el Sabio estoico[153]. Ya hemos dicho que la filosofía del Pórtico centraba todo su esfuerzo en extirpar las pasiones del alma[154]. Estas eran consideradas un juicio erróneo que debía ser corregido. El ideal de la ἀπάθεια quería decir, en último término, un desprecio de lo externo al hombre, de todo lo que venía de fuera y le obligaba a permanecer pasivo[155]. El estoico necesitaba aislarse de aquello que escapaba a su control directo.

La defensa de la resurrección de la carne hace que los eclesiásticos mantengan una antropología muy distinta. Hemos visto el caso de Melitón, pero dentro de la escuela asiática es Ireneo el más explícito. La carne es la componente fundamental del hombre. Lejos de desembarazarse de ella para encastillarse en la indiferencia estoica, el hombre ha de dejarse modelar por Dios, de modo que el Espíritu comunique, tras trabajo prolongado, sus propiedades a la carne[156].

Cuando entre estos autores se hable de la ἀπάθεια, ya ensalzando el estado de inocencia del paraíso, ya el destino final del hombre, estamos en los antípodas de la idea estoica. No se trata ya de la extirpación voluntaria de una dimensión de lo humano, sino de la comunión con el Espíritu, que hace partícipe a la carne de sus propiedades[157].

Cardinal Jean Daniélou (ed. J. FONTAINE - C. KANNENGIESSER) (Beauchesne 1972) 263-271 (265): "Le Sauveur a pu exercer sa compassion, a pu 'revêtir un corps sans compromettre la simplicité de sa nature divine', comme il affirme ailleurs, grâce à l'humanité réelle dont il s'était revêtu. C'est d'ailleurs la solution qui avait été ébauchée en des termes assez semblables, par Ignace d'Antioche [*Ad Ef.* 7, 2] lorsqu'il définit le Christ *passible* en tant que [...] chair et *impassible* [...] en tant que [...] Esprit ressuscité".

[151] Cf. IRENEO, *Adv. haer.* I, 4, 5 (SC 264, 73), que cuenta la acción del Salvador sobre Sofía Achamoth: ἴασιν τῶν παθῶν ποιήσασθαι αὐτῆς.

[152] Cf. ORBE, *Cristología gnóstica* (II, 198-200).

[153] Cf. A. ORBE, *Los primeros herejes ante la persecución. Estudios Valentinianos V* (AnGr 83; Roma 1956) (258).

[154] Cf. POHLENZ, *Die Stoa* (141-153).

[155] Cf. POHLENZ, *Die Stoa* (153-158).

[156] Cf. IRENEO, *Adv. haer.* V, 9, 3 (SC 153, 112-114): "Caro a Spiritu possessa, oblita quidem sui, qualitatem autem spiritus assumens..."

[157] TH. RÜTHER, *Die sittliche Forderung der Apatheia in den beiden ersten christlichen Jahrhunderten und bei Klemens von Alexandrien* (FThSt 63; Freiburg im B. 1949) (49) ha visto bien este punto en Ireneo: "Christliche Freiheit besteht für Irenäus nicht darin, dass die πάθη ertötet sind oder schweigen, sondern darin, dass der Mensch durch Christus den Geist hat und nun stark ist, gemäss dem Geiste zu leben". Aunque

Todo esto puede ayudar a comprender a Justino. Al decir que "Cristo se hizo partícipe de nuestro πάθος", ¿no estará entendiendo la propiedad de la carne de ser modelada, de hacerse partícipe de las propiedades que el Logos comunica? Πάθος englobaría así los sufrimientos, en especial los de la Pasión, pero iría más allá, abarcando toda una dimensión de la vida humana. Y no tendría que suponer en sí nada pecaminoso[158]. Se trataría de la asunción de la carne como elemento pasible, para hacerla dócil al Logos y llevar la salvación al hombre[159].

Πάθος, propiedad de la carne

Un análisis del vocabulario de Justino apoya esta interpretación. En sus escritos se repite una palabra que sirve para expresar la verdad de la Encarnación de Cristo: se ha hecho ὁμοιοπαθὴς ἡμῖν[160]. El término ὁμοιοπαθής puede significar simplemente la condición humana de Jesús, igual a la de todos los hombres[161]. Pero su traducción inmediata es "tener los mismos sentimientos o pasiones, ser afectado de la misma manera"[162].

Es éste el sentido que tiene para Justino. Así ocurre, por ejemplo cuando el mártir define al hombre como "el animal racional (λογικόν) y ὁμοιοπαθές"[163]. El adjetivo no indica aquí, simplemente al hombre, a la

---

Rüther no lo haga, estamos viendo que lo mismo cabe concluir para Justino, que comparte los mismos presupuestos antropológicos.

[158] Es claro que Justino excluye de Cristo todo lo que tenga que ver con el pecado; cf. FEDER, *Justin* (178-179).

[159] Una frase de la Epístola de Bernabé parece aludir a un pensamiento parecido: "Esperad – dice – en Jesús, que se os va a revelar en la carne. En efecto, el hombre es una tierra sufriente (γῆ πάσχουσα). Pues Adán fue plasmado con tierra" (6, 9a; SC 172, 120-122). L.W. BARNARD, "A note on Barnabas 6, 8-17", *StPatr* 4/2 (ed. F.L. CROSS) (TU 79; Berlin 1961) 263-267 comenta: "A more probable view is that πάσχουσα is to be understood in the sense of 'capable of suffering change', i. e. capable of being moulded into a human being. The reference is then to Adam, moulded from the dust of the earth, and, by a play on the word, to Jesus who suffers..." Ya hemos dicho que hay aquí más que un juego de palabras. La pasión como propiedad de la carne pasible aparece en IRENEO, *Adv. haer.* IV, 38, 4 (SC 100/2, 956): "Neque Deum neque semetipsos scientes, insatiabiles et ingrati, nolentes primo esse hoc quod et facti sunt, homines passionum capaces, sed supergredientes legem humani generis, et antequam fiant homines jam volunt similes esse Factori Deo et nullam esse differentiam infecti Dei et nunc facti hominis".

[160] Cf. un análisis de los textos en TRAKATELLIS, *The pre-existence* (165ss).

[161] Dos veces usa el término el Nuevo Testamento, indicando en ambas la humanidad, en contraste con un estado divino. Se aplica a Pablo y Bernabé, hombres y no dioses (Hch 14, 15); a Elías, hombre como nosotros (St 5, 17).

[162] Cf. LIDDELL-SCOTT: "having like feeling or passions, affected in the same way".

[163] Cf. D 93, 3: πλησίον δὲ ἀνθρώπου οὐδὲν ἄλλο ἐστὶν ἢ τὸ ὁμοιοπαθὲς καὶ λογικὸν ζῷον, ὁ ἄνθρωπος. Cf. la traducción de FEDER, *Justin* (174): "Er war denselben Affekten wie die Menschen zugänglich".

naturaleza humana. Por su oposición con lo racional, sirve para identificar su parte material, su carne, denotándola como sujeta a pasión o sentimiento.

En otro texto Justino se queja a los romanos de su odio hacia los seguidores de Cristo, bien que estos sean "de sus mismos sentimientos y hermanos suyos" (ὁμοιοπαθῶν ὄντων καὶ ἀδελφῶν) (II 1, 1). Hay aquí una endíadis: si los estoicos cifraban la hermandad entre los hombres en el seguimiento común del Logos, para Justino la hermandad consiste en compartir la misma condición material, pasible[164].

Otro texto de Justino ilumina sobre el valor de la palabra. Dice que el Logos "nació hombre ὁμοιοπαθής, por tener carne (σάρκα ἔχων)"[165]. Aquí el hecho de asumir la carne es la razón de que Cristo sea ὁμοιοπαθής. Lo que designa, pues, el adjetivo es una propiedad que pertenece a la carne, que implica que todos los hombres compartan el mismo πάθος. Encontramos aquí un sentido de la palabra que no supone, obviamente, ninguna acepción moral negativa. Se trata de algo propio al hombre en cuanto ser carnal, mudable, capaz de padecer.

Después de esto volvamos otra vez a la frase de Justino: "se hizo partícipe de nuestras pasiones". Podemos ahora explicarla: Cristo tomó nuestra carne, dimensión pasible de la vida humana, moldeable por los acontecimientos que vienen de fuera.

La pasión, ¿opuesta al Logos?

¿Cómo interpretar entonces que Justino hable en la Apología de las pasiones en términos negativos, como algo que esclaviza al hombre? ¿Por qué concibe la vida perfecta como estado ajeno a las pasiones?

Propongo la explicación siguiente. A partir del pecado de Adán, el hombre está sujeto a sus pasiones, rebeldes contra el Logos. Son las pasiones irracionales que se enseñorean del hombre. En este sentido Justino presenta como pares opuestos la pasión y la razón (λόγος)[166]. Ahora bien, esto no excluye que la pasión pueda considerarse como propiedad de la carne pasible.

En efecto, el cuadro de Justino equivale al de Melitón cuando describe la vida del hombre caído, al de Ireneo cuando habla de la carne rebelde al

---

[164] Compárese con Hb 2, 14: "los hijos tienen en común la sangre y la carne".

[165] Cf. D 48, 8: γεννηθῆναι ἄνθρωπος ὁμοιοπαθὴς ἡμῖν, σάρκα ἔχων.

[166] Cf. I 5, 1: ἀλόγῳ πάθει καὶ μάστιγι δαιμόνων φαύλων ἐξελαυνόμενοι ἀκρίτως κολάζετε μὴ φροντίζοντες - I 53, 12: τὰ τοσαῦτα γοῦν ὁρώμενα πειθὼ καὶ πίστιν τοῖς τἀληθὲς ἀσπαζομένοις καὶ μὴ φιλοδοξοῦσι μηδὲ ὑπὸ παθῶν ἀρχομένοις μετὰ λόγου ἐμφορῆσαι δύναται - I 57, 1: τοὺς ἀλόγως βιοῦντας καὶ ἐμπαθῶς.

Espíritu[167]. También el obispo de Lión condena al hombre carnal; y en este caso es evidente que la carne no es una dimensión negativa. Ciertamente ésta esclaviza al hombre cuando se opone al Espíritu, pero por su misma maleabilidad puede ser transformada por el Pneuma y alcanzar así los bienes divinos.

Pues bien, este mismo esquema es el que encontramos en el mártir. El análisis que hemos hecho nos permite afirmar que en él el par πάθος – λόγος es una variación de un tema más amplio, la relación entre la carne y el espíritu. Si la pasión irracional (contraria al λόγος) esclaviza al hombre, su misma condición pasible puede ayudarle a conducir una vida conforme al λόγος.

El intercambio

Consideremos todavía un aspecto importante de la frase que estamos analizando. Justino dice que Cristo "se hizo partícipe (συμμέτοχος)" de las pasiones del hombre. Para entender el alcance de esta participación ayudará citar el contexto:

> Ahora bien, cuanto de bueno está dicho en todos ellos nos pertenece a nosotros los cristianos, porque nosotros adoramos y amamos, después de Dios, al Verbo, que procede del mismo Dios ingénito e inefable; pues Él, por amor nuestro, se hizo hombre para ser partícipe (συμμέτοχος) de nuestras pasiones y curarlas. Y es que los escritores todos sólo oscuramente pudieron ver la realidad gracias a la semilla del Verbo en ellos ingénita. Una cosa es, en efecto, el germen e imitación de algo que se da conforme a la capacidad, y otra aquello mismo cuya participación e imitación (μετουσία καὶ μίμησις) se da, según la gracia que de aquel también procede (I 13, 4-5).

En un capítulo anterior estudiamos, siguiendo este pasaje, la participación del hombre en el Logos[168]. El concepto de participación, expresado aquí con el término μετουσία, se indicaba otras veces usando el verbo μετέχειν. Para este uso es probable que Justino se inspirara en Sal 44, 8: "el Señor tu Dios te ha ungido sobre todos tus compañeros (μετόχους)"[169]. Esta participación, que admite grados, se lleva a cabo por el Espíritu de Cristo, Ungido para participar al hombre su unción.

Encontramos ahora, en este contexto, una palabra con la misma raíz: συμμέτοχος. Pero se emplea en otro sentido: indica la participación de Cristo en lo propio del hombre. La similitud en el vocabulario es signifi-

---

[167] Cf. *Adv. haer.* V, 9, 1 (SC 153, 108): "[Anima] aliquando quidem subsequens Spiritum, elevatur ab eo; aliquando autem consentiens carni, decidit in terrenas concupiscentias".

[168] Cf. cap. II, apdo. 1.2, pp. 68-72.

[169] Cf. sobre todo D 63, 5; D 86, 3.

cativa y la cercanía de las expresiones no puede sino evocar un paralelo. Por un lado Cristo se hizo partícipe de la carne pasible; por otro nosotros nos hacemos partícipes de Cristo, por posesión de su Espíritu. ¿No se está fraguando el principio del intercambio que formulará San Ireneo: "factus est quod sumus nos uti nos perficeret esse quod est ipse"[170]? En Justino lo podríamos enunciar: el Logos se ha hecho partícipe de nuestras pasiones (la carne pasible del hombre), para que nosotros pudiéramos hacernos partícipes del Logos por su Espíritu.

Conclusiones: valor salvífico de la Encarnación

El análisis que hemos hecho nos permite situar en perspectiva más amplia qué contenido salvífico tiene la Encarnación. Vemos en primer lugar cuán lejos estamos de una concepción fisicista, de un intercambio estático entre la naturaleza divina y la humana. El esquema de Justino no podía ser más dinámico. Lo que Cristo asume es la carne, caracterizada como elemento pasible, mudable, receptivo de los influjos que vienen de fuera. Lo que por su parte comunica al hombre es la participación en su Espíritu, elemento dinámico, cuya posesión admite grados, desde la que toca a todos por creación hasta la que hace posible ver al Padre, pasando por la práctica de la justicia en el hombre virtuoso.

Por eso este esquema no está reñido con la presentación de Cristo maestro y del hombre que, libremente, acoge su enseñanza. Al contrario, los términos que ha usado Justino para expresar el intercambio proceden precisamente del campo de la ética: la vida en seguimiento del Logos, la sanación de las pasiones. Se da así a entender que la transformación que Cristo trae no pasa al margen de la respuesta humana. Solo tras estudiar los misterios de la vida de Cristo podremos precisar esta relación.

Pero estamos ya en condiciones de notar la diferente concepción que late en su planteamiento, en contraste con las escuelas helenísticas, y en especial con la más influyente de entonces, el estoicismo. El ideal del Sabio era hacerse inmune a los influjos externos para asegurarse, por sus propias fuerzas, una felicidad inexpugnable. La visión cristiana, por el contrario, pone de relieve que el hombre sólo alcanza su plenitud si la recibe de Dios, pues es ante todo un ser de carne, que se constituye en cuanto se deja plasmar por su Hacedor. La autosuficiencia de que hacía gala el helenismo deja su puesto a la recepción agradecida de los dones divinos. Los elementos pasivos del hombre, que antes se intentaban extirpar, se consideran ahora su mejor prenda.

---

[170] Cf. *Adv. haer.* V, Prólogo (SC 143, 14); cf. también *Adv. haer.* III 10, 12 (SC 211, 118).

Además, al insistirse en la constitución corporal del hombre, son precisamente los acontecimientos externos, situados en tiempo y espacio concretos, los que irán forjando al ser humano. La acción de Dios se recibe en la carne; respeta por tanto sus leyes, y no es una iluminación que, de un golpe, como querían los gnósticos, conduzca al hombre a la perfección.

Se ponen así las bases para una consideración de toda la vida de Cristo como misterio salvífico. La Redención no es el mero proceso automático en que la carne asumida por el Logos queda *ipso facto* salvada. A lo largo de su vida irá modelándose lo que Cristo tomó en la Encarnación. Será para ello necesario todo el arco de su historia: los acontecimientos que le sobrevendrán según el plan paterno y la progresiva participación en el Espíritu divino. Antes de ver cómo esto se concreta en los misterios de la vida de Jesús hay que poner de relieve otra propiedad de esta carne que el Logos asume al hacerse hombre.

2.3. Hijo de Abraham

El que nazca Jesús de la Virgen tiene importancia por otros motivos. Cristo recibe de su madre una herencia especial: por ser hijo de María es "hijo de los patriarcas". Leamos el texto siguiente:

> Él es el primogénito de Dios ($\pi\rho\omega\tau\acute{o}\tau\text{o}\kappa\text{o}\nu$ $\tau\text{o}\hat{\text{u}}$ $\theta\varepsilon\text{o}\hat{\text{u}}$) [...] y juntamente hijo de los patriarcas ($\tau\hat{\omega}\nu$ $\pi\alpha\tau\rho\iota\alpha\rho\chi\hat{\omega}\nu$ $\upsilon\acute{\iota}\acute{o}\nu$), pues se dignó nacer hombre [...] de una virgen del linaje de los patriarcas ($\tau\hat{\eta}\varsigma$ $\dot{\alpha}\pi\grave{o}$ $\gamma\acute{\varepsilon}\nu\text{o}\upsilon\varsigma$ $\alpha\dot{\upsilon}\tau\hat{\omega}\nu$ $\pi\alpha\rho\theta\acute{\varepsilon}\nu\text{o}\upsilon$). De ahí que en sus propios discursos, hablando de su futura pasión, dijo: *Es menester que el hijo del hombre* ($\tau\grave{o}\nu$ $\upsilon\acute{\iota}\grave{o}\nu$ $\tau\text{o}\hat{\text{u}}$ $\dot{\alpha}\nu\theta\acute{\omega}\pi\text{o}\upsilon$) *sufra mucho* [...] Ahora bien, él se llamaba a sí mismo hijo del hombre ($\upsilon\acute{\iota}\grave{o}\nu$ $\dot{\alpha}\nu\theta\acute{\omega}\pi\text{o}\upsilon$), ora por razón de su nacimiento de una virgen, que era, como ya he dicho, del linaje de David, de Jacob, de Isaac y de Abraham; o por ser Abraham mismo padre de estos que acabo de enumerar, de quienes María trae su linaje. Porque sabemos que los padres de las féminas son también padres de los hijos de sus hijas (D 100, 3).

"Hijo del hombre" es interpretado como "hijo de los patriarcas"; es una filiación que le llega a Jesús por medio de María, virgen del linaje de Abraham. ¿Qué significado otorga aquí Justino a tal apelativo de Cristo: "hijo de los patriarcas"? Para responder hemos de analizar con cierto detalle el contexto, el número 100 del Diálogo.

Justino está haciendo exégesis al salmo 21, que refiere a la Pasión del Señor. Se ocupa entonces de aquel versículo: "Mas tú moras en el santuario, oh gloria de Israel" (Sal 21, 4). E introduce acto seguido un comentario largo, que parece alejarse del asunto tratado y cuya unidad no es fácil descubrir. Desconcierta, en efecto, que mezcle elementos muy dispares:

- El versículo lo refiere Justino en primer lugar a la resurrección. Es la gloria que Cristo (Israel) había de recibir de su Padre (D 100, 1).
- Justino menciona de pasada las bendiciones de José (Dt 33, 13-17) y Judá (Gn 49, 8-12), ya citadas antes en el Diálogo (D 91, 1 y D 52, 2). En relación a estas dos profecías cita Mt 11, 27: "Todo me ha sido entregado por mi Padre. Nadie conoce al Padre sino el Hijo..." (D 100, 1).
- Añade entonces: Cristo se revela como hijo de Dios e hijo del hombre (D 100, 2-3). Y de nuevo: Cristo es hijo de Dios (cita una predicción de la Pasión y la confesión de Pedro en Mt 16, 15-18) y nace de la virgen (D 100, 4).
- Introduce por último el conocido contraste Eva – María y la consiguiente derrota de la serpiente, por el mismo camino por el que comenzó la desobediencia de Eva (D 100, 4-6).

¿Cómo se pueden hilar estos elementos? Para intentarlo fijémonos en una constante que se repite: la idea de filiación.

En efecto. Observemos en primer lugar en qué clave está leyendo Justino todo el salmo 21 (D 98-106). Al empezar su exégesis ha dicho que va a mostrar "la piedad de Cristo con su Padre, y cómo a él lo refiere todo" (D 98, 1). El versículo cuarto, en concreto, del que se ocupa en D 100, se comenta así:

> Lo que sigue: "Mas tú moras en tu santuario, ¡oh gloria de Israel!", significaba que había de hacer algo digno de gloria y de admiración, resucitando al tercer día de entre los muertos, después que fue crucificado: gloria que efectivamente recibió de su Padre (D 100, 1).

Entre estos dones que Cristo obtiene del Padre descuella la resurrección, como se dirá también al final del salmo (cf. D 106, 1). En todo su comentario Justino verá la Pasión bajo el prisma de la obediencia, como *realización concreta de la filiación de Jesús, que todo espera y recibe de Dios*[171]. A esta luz podemos seguir leyendo su exégesis:

> Y no sólo se anuncia misteriosamente de Cristo en las bendiciones de José y de Judá – cosa ya por mí demostrada – sino que en el Evangelio se escribe de Él que dijo: "Todo me ha sido entregado por mi Padre". Y: "Nadie conoce al Padre sino el Hijo, ni al Hijo le conoce nadie sino el Padre, y a quienes el Hijo se lo revelare". Y en efecto nos ha revelado todo cuanto de las Escrituras hemos entendido por su gracia (D 100, 1-2).

---

[171] Mostraremos esto en detalle en el capítulo dedicado a la Pasión, cf. *infra*, cap. VI, apdo. 1.1, pp. 329-339; cf. también cap. VII, apdo. 1.1, pp. 435-443.

Justino razona aquí a partir de la continuidad entre Antiguo y Nuevo Testamento. Lo que Jesús dijo se contenía ya en las profecías de José y Judá. ¿Qué puede unir la frase de Mt 11, 27 con estos textos del Génesis?

Comencemos con el Evangelio, que gira en torno a la filiación de Jesús: el Hijo lo recibe todo del Padre. La frase encaja con el tenor de la exégesis de Justino para el entero salmo 21. Pero aquí se añade además que el Hijo es revelador del Padre a los hombres; aparece, pues, el concepto de mediación: lo que el Hijo ha recibido lo transmite a su vez.

Leamos ahora las profecías de Judá y José. La primera dice:

> Judá, tus hermanos te han alabado (ἤνεσάν σε οἱ ἀδελφοί σου), y tus manos sobre el dorso de tus enemigos, te adorarán los hijos de tu padre (προσκυνήσουσί σε οἱ υἱοὶ τοῦ πατρός σου). Cachorro de león Judá. Desde tu nacimiento, hijo mío, has subido (ἐκ βλαστοῦ, υἱέ μου, ἀνέβης) (Gn 49, 8-9) (D 52, 2).

Y en la de José, después de algunas referencias a la creación, se lee: "serás glorificado como primogénito entre tus hermanos (Δοξασθεὶς ἐν ἀδελφοῖς πρωτότοκος)" (cf. Dt 33, 16-17 en D 91, 1). No es difícil ver el punto de enganche: Cristo es llamado hijo o primogénito y junto a Él aparecen sus hermanos[172]. La perspectiva es la de una filiación que se comunica a los hombres, hermanos del Hijo. Esto encaja sin duda con lo afirmado en Mt 11, 27: el Hijo es quien recibe del Padre para donar a los hombres.

Lo que sigue del comentario confirma esta lectura. La disposición del texto es la siguiente:

[A] El nombre de "hijo" conviene a Cristo por ser el primogénito de todas las criaturas (D 100, 2)[173].

[B] El nombre de "hijo" le conviene también por ser hijo de los patriarcas a través de María (D 100, 2-3).

[A'] De nuevo, Jesús es el Hijo de Dios; el que recibe del Padre todos los nombres es capaz de donar también nombres: la donación del nombre hay que verla en conexión con la generación (D 100, 4).

[B'] Jesús nace de María (D 100, 4).

[C] Por ser Hijo de Dios e Hijo de María, es capaz de deshacer la transgresión de la serpiente (D 100, 5-6).

---

[172] Una frase de I 33, 6 confirma que Justino ve en la profecía de Jacob al bendecir a Judá (Gn 49, 8-12) la filiación divina de Jesús. Allí se afirma que el Logos es el primogénito de Dios, y se dice que esto ya fue profetizado por Moisés. Se refiere el mártir a Gn 49, 10-11, según se discutió en la nota 103 de este capítulo.

[173] Cf. D 100, 2: "Ahora bien, a nosotros Él nos ha revelado cuanto por su gracia hemos entendido de las Escrituras, reconociendo que Él es el primogénito de Dios y antes que todas las criaturas"

Este esquema explica por qué Justino menciona (en A') el cambio de nombre de Pedro. Al Apóstol se le revela que Cristo es el Hijo de Dios; después Jesús le cambia el nombre. El mártir añade la enumeración de los títulos que tiene el Hijo: Sabiduría, Oriente, Espada... Ahora bien, el esquema de la donación del nombre indica en Justino la participación en las propiedades de quien lo impone. Aquel que es revelador del Padre por Hijo suyo, aquel que recibe del Padre los nombres que le dan las Escrituras, es capaz de donar a su vez esos nombres[174]. La idea que guía a Justino es la de Cristo entregando a la Iglesia sus nombres, idea que desarrollará más adelante (cf. D 106, 3)[175]. Entre estos nombres descuella el de "hijo de Dios": la donación del nombre alcanza su máxima expresión en la donación de la filiación divina[176].

Todo el discurso desemboca en la contraposición Eva – María. Si por la primera comenzó el engaño de la serpiente, de la segunda nacerá Cristo, hijo de Dios, que destruirá la obra del diablo:

> Y de la virgen nació Jesús, al que hemos demostrado se refieren tantas Escrituras, por quien Dios destruye la serpiente y a los ángeles y hombres que a ella se asemejan (τοὺς ὁμοιωθέντας ἀγγέλους καὶ ἀνθρώπους), y libra de la muerte a quienes se arrepienten de sus malas obras y creen en Él (D 100, 6).

La contraposición entre las dos vírgenes termina en la lucha entre Jesús y Satanás. Notemos un dato importante. Justino habla de los ángeles y hombres que se asemejan a la serpiente. Ahora bien, en el Diálogo encontramos asociadas con frecuencia las ideas de semejanza y filiación[177]. Este

---

[174] Cf. *supra*, cap. I, apdo. 3, pp. 50-59.

[175] A este texto volveremos *infra,* cap. VII, pp. 435-443.

[176] Cf. D 123-129 y lo dicho en el apartado 1.4 de este capítulo, pp. 142-147.

[177] Cf. D 103, 2: en la exégesis del mismo salmo 21 se comparan los rabinos con los que obran a impulsos suyos, llamados sus hijos: "Y al añadir: *Gruesos toros me cercaron,* proféticamente señaló a los que obraron de modo semejante a los novillos cuando Jesús fue conducido ante vuestros maestros. Y los llamó toros la Palabra, porque sabemos que de los toros proceden los novillos. Así pues, como los toros son padres de los novillos, así vuestros rabinos fueron causa de que sus hijos salieran a prender a Jesús en el monte de los Olivos y le condujeran ante ellos". Cf. también lo que se dice sobre los prosélitos, en D 122, 1-2. Allí se les llama doblemente hijos de la *gehenna*, porque blasfeman contra Cristo por partida doble, buscando en todo asemejarse a los judíos (D 122, 2: κατὰ πάντα γὰρ ὑμῖν ἐξομοιοῦσθαι σπεύδουσι). Filiación e imitación aparecen así unidas. De la semejanza por imitación se habla en D 124, 4: los hombres que se asemejan a Adán y Eva y se atraen la muerte; D 45, 4: los ángeles que se asemejan a la serpiente; cf. también la filiación contraria en D 44, 2: los que por la fe se asemejan a Abraham (se refiere a la verdadera semilla de Abraham). Cf. ya S. STYS, "De antitesi Eva-Maria eiusque relatione ad Protoevangelium apud Patres", *CoTh* 23 (1952) 318-365 (327).

mismo vínculo lo hallamos también en San Ireneo, que habla expresamente de una filiación diabólica que se adquiere por las malas obras[178].

Esta parece ser la idea de Justino en nuestro pasaje. Lo confirma el contexto general de todo el número 100. Hay dos filiaciones contrapuestas: la del diablo por una parte; la que trae Jesús, por otra[179]. El título de Hijo en el que tanto insiste Justino, y especialmente su denominación de primogénito, mediador para sus hermanos de los bienes divinos, se opone a la imitación que hombres y ángeles tributan al diablo. Frente a la piedad de Jesús hacia su Padre se sitúa la desobediencia que tiene comienzo en la serpiente.

Hay aquí, probablemente, una referencia al protoevangelio de Gn 3, 15: "pondré enemistad entre ti y la mujer, entre tu descendencia y la suya"[180]. Se están contraponiendo dos descendencias: la de la serpiente y sus imitadores; la de Jesús y los creyentes en él[181].

Preguntémonos ahora qué papel juega en esta presentación el título de "hijo del hombre", que Justino considera también revelado por Cristo[182]. Podemos plantear la siguiente interpretación. Cristo es hijo de Dios, y por eso capaz de derrotar a la serpiente por su filiación divina. Pero para vencer allí donde fue derrotado Adán era necesario que se hiciera también hijo del hombre. En el fondo estaría la misma motivación que aporta San Ireneo: la salvación que trae Cristo ha de ser firme (Cristo, hijo de Dios) y a la vez justa (Cristo, hijo del hombre)[183]. "Hijo del hombre" indicaría entonces la naturaleza humana, poniendo de relieve la relación entre Cristo y el Protoplasto.

---

[178] Cf. *Adv. haer*. IV, 41, 1ss (SC 100, 983ss): "filios diaboli [...] Filius enim, quemadmodum et quidam ante nos dixit, dupliciter intelligitur: alius quidem secundum naturam, eo quod natus sit filius; alius quidem secundum id quod factus est, reputatur filius: licet sit differentia inter natum et factum (γεννώμενον καὶ γενόμενον)".

[179] Este es el sentido fundamental de la comparación Eva-María. Cf. A. MÜLLER, *Ecclesia - Maria* (Par. 5; Freiburg i. B. ²1955) (52) (contra G. JOUASSARD, "Le parallèle Ève-Marie aux origines de la patristique", *Bible et Vie Chrétienne* 7 (1954) 19-31, que tiende a contraponer en este punto a Ireneo y Justino).

[180] Cf. la discusión en ALDAMA, *María en la patrística* (294s); cf. también A. ORBE, "Ipse tuum calcabit caput. San Ireneo y Gen 3, 15", *Gr.* 52 (1971) 95-150; 215-271.

[181] No encuentro válidas las reticencias de STYS, "De antitesi" (328), quien niega la importancia del concepto de "imitación", puesto que Jesús no imitó a Eva. No insiste Justino en que Jesús descienda de Eva. Dándolo por supuesto subraya, como veremos enseguida, que es hijo de María, y desciende por tanto de Abraham. Eva pertenece a aquellos que imitaron al diablo.

[182] Cf. D 100, 2.

[183] Cf. *Adv. haer*. III, 18, 7 (SC 211, 364): "Haerere itaque fecit et aduniuit, quemadmodum praediximus, hominem Deo. Si enim homo non uicisset inimicum hominis, non iuste uictus esset inimicus. Rursus autem nisi Deus donasset salutem, non firmiter haberemus eam. Et nisi homo counitus fuisset Deo, non potuisset particeps fieri incorruptibilitatis".

Sin duda en el pensamiento de Justino se encuentra esta perspectiva, como mostraremos más adelante[184]. Podemos preguntarnos, sin embargo, si esto agota la riqueza de nuestro texto. En efecto, hijo del hombre no lo ha interpretado Justino en este caso simplemente como "hombre", o "de naturaleza humana"[185]. La insistencia se sitúa en otro punto; releamos al mártir:

> Ahora bien, Él se llamaba a sí mismo hijo del hombre (υἱὸν ἀνθρώπου), ora por razón de su nacimiento de una virgen, que era, como ya he dicho, del linaje de David, de Jacob, de Isaac y de Abraham (ἀπὸ τῆς γεννήσεως τῆς διὰ παρθένου, ἥτις ἦν, ὡς ἔφην, ἀπὸ τοῦ Δαυεὶδ καὶ Ἰακὼβ καὶ Ἰσαὰκ καὶ Ἀβραὰμ γένους); o por ser Abraham mismo padre de estos que acabo de enumerar, de quienes María trae su linaje (ἢ διὰ τὸ εἶναι αὐτὸν τὸν Ἀβραὰμ πατέρα καὶ τούτων τῶν κατηριθμημένων, ἐξ ὧν κατάγει ἡ Μαρία τὸ γένος). Porque sabemos que los padres de las féminas son también padres de los hijos de sus hijas (καὶ γὰρ πατέρας τῶν γεννωμένων ταῖς θυγατράσιν αὐτῶν τέκνων τοὺς τῶν θηλειῶν γεννήτορας ἐπιστάμεθα) (D 100, 3).

Muchos editores proponen leer "Adán" en vez de "Abraham", la segunda vez que este último aparece: "o por ser *Adán* mismo padre de estos que acabo de enumerar"[186]. Aunque se aceptase esta modificación, no se puede negar que Justino pone el acento en que Jesús desciende de los patriarcas. En efecto, un poco antes ha dicho:

---

[184] Especialmente cuando tratemos las tentaciones de Jesús; cf. *infra*, pp. 270-282.

[185] Ya FEDER, *Justin* (165, n. 9): "Justin scheint das ἀνθρώπου konkret auf eine bestimmte Person bezogen zu haben: auf Maria oder auf Adam". Discutiremos enseguida este último aspecto.

[186] ¿La razón? Escuchemos a Otto, *ad locum*, p 357, n. 11: "Id non sanum esse iam Thirlbius vidit. Nam *Abrahamus unum est ipse* τούτων τῶν κατηριθμημένων". A esto podemos observar: (1) Ciertamente la modificación propuesta no desentona en el conjunto del Diálogo; puesto que aparece más adelante la comparación Eva – María, no parece raro que se relacionen aquí a Cristo y Adán; además, andando el Diálogo, en exégesis a este mismo salmo, se compararán las tentaciones de Adán y Cristo (cf. D 103, 6); y en D 124, 3 se interpretará "los hombres" de Sal 81, 7 como una referencia a Adán y Eva. (2) Por otro lado, el argumento que se da para corregir al manuscrito no es apodíctico. Ciertamente es falta de precisión hablar de Abraham como padre de los antes nombrados, si el mismo Abraham se encuentra en la lista. Pero no hace falta exigir esta coherencia a Justino. Se entiende que al llamar a Abraham padre de los nombrados anteriormente se le excluye a él mismo. (3) Esta mención aparte de Abraham no tiene por qué ser una redundancia: es posible darle un sentido preciso. Abraham es padre en la fe, aquel a quien se hicieron las promesas. Justino pone el acento en el primer patriarca, y alude así a una descendencia según la fe. Esto encaja con lo que proponemos a continuación, como se verá. Creo, en suma, que se puede mantener la lectura del manuscrito.

Ahora bien, a nosotros nos ha El revelado cuanto por su gracia hemos entendido de las Escrituras, reconociendo que Él es el primogénito de Dios y antes que todas las criaturas e hijo de los patriarcas (τῶν πατριαρχῶν υἱόν), pues se dignó nacer hombre, sin hermosura, sin honor y pasible, hecho carne de una virgen del linaje de los patriarcas (διὰ τῆς ἀπὸ γένους αὐτῶν παρθένου σαρκοποιηθείς) (D 100, 2).

Primogénito de Dios e hijo de los patriarcas. Si Justino hubiera querido postular sin más la necesidad de que el Logos se hiciera hombre para deshacer la transgresión de Adán, ¿a qué esta insistencia en los patriarcas? ¿Por qué no referirse simplemente al primer hombre?[187]

Para responder tengamos en cuenta nuestro análisis anterior: (a) la filiación divina la ve Justino realizada en la obediencia al Padre; (b) y a ella se opone una filiación en el mal, la de los hijos del diablo, sus imitadores. Con estos presupuestos la frase siguiente, que continúa la exégesis del salmo 21, puede aclarar las cosas:

El salmo prosigue: "En ti esperaron nuestros padres; esperaron y tú los libraste. A ti clamaron y no se avergonzaron" (Sal 21, 5) [...] Con lo que declaraba Cristo reconocer por padres a los que esperaron en Dios y fueron por Él salvados, aquellos justamente que lo fueron de la virgen, de quien Él nació hecho hombre; al tiempo que da a entender que será Él mismo por Dios salvado, y no se gloría de hacer nada por propia voluntad o por propia fuerza (D 101, 1).

Aquí Cristo aparece como hijo de los patriarcas; continúa la línea de abandono en Dios que ellos trazaron. Esa confianza total en el Padre de que dieron muestra Abraham y los demás patriarcas es aquí la actitud de Jesús[188]. Justino la muestra en consonancia con su filiación divina, que es también esperanza total en Dios, de quien el Hijo todo recibe[189]. En este caso "hijo de Dios" no se contrapone a "hijo de los patriarcas", sino que ambas denominaciones concuerdan en una misma obediencia al Padre[190].

Según esto, Justino está llamando a Jesús hijo de Dios e hijo de los patriarcas; muestra así dos características suyas que apuntan en la misma

---

[187] Esta explicación de "hijo del hombre" como "hijo de los patriarcas" y la relación con Abraham que desarrollamos a continuación parece haber pasado desapercibida a TRAKATELLIS, *The pre-existence* (160, n. 57) en su análisis.

[188] Cf. I 63, 17: "los primeros de entre todos los hombres que se ocuparon en la búsqueda de Dios".

[189] Cf. D 98, 1; insistiremos en este aspecto *infra,* cap. VII, apdo. 1.1, p. 329.

[190] Lo que decimos confirmará, por otros caminos, la intuición de J. HOWTON, "The Theology of the Incarnation in Justin Martyr", *StPatr* 4/2 (ed. F.L. CROSS) (TU 94; Berlin 1966) 231-239. Justino continúa, según este autor, la cristología de San Juan, que presenta la filiación divina a la luz de la filiación del pueblo de Israel. La obediencia del pueblo de los hijos de Abraham se hace un sí definitivo al Padre al encarnarse el Hijo Unigénito.

dirección, ambas opuestas a la filiación diabólica, ambas aptas para derrotar al diablo. Lo que Cristo es por venir de Dios, "hijo de Dios", concuerda con lo que es por tomar la carne de María, "hijo de los patriarcas". Recordemos cómo Justino veía en la historia de patriarcas y profetas una prefiguración de la definitiva victoria de Cristo sobre la serpiente[191].

Fe y alegría

Tratemos de fundamentar algo más esta explicación concentrándonos en la figura de María. La relación de Cristo con los patriarcas por medio de la virgen se menciona otras veces en los escritos del mártir[192]. María asegura que Cristo sea descendencia de Abraham según la carne, siguiendo la línea de la promesa. A Justino le interesa la concreta sucesión del linaje carnal del patriarca. De ahí que no le baste la ascendencia davídica de José y afirme también la de su esposa[193].

Ahora bien, ¿es María hija de Abraham solo según la carne? Recordemos lo que sobre la figura del patriarca se dijo en el capítulo anterior[194]. Por su fe Abraham fue justificado y recibió una gracia especial: la de una descendencia que no lo sería meramente según la carne, sino capaz de imitar su misma disposición de obediencia a Dios.

Veíamos que Justino guardaba aquí un equilibrio. Insistía por un lado en que Cristo desciende de Abraham según el sucederse concreto de las generaciones; daba así valor a la transmisión de la respuesta del patriarca en carne. Pero acentuaba también que no basta la mera descendencia carnal; sus hijos, siéndolo según la carne, serán sobre todo imitadores de su fe, en la línea que lleva hasta Cristo; y a partir de Jesús la promesa se abrirá a todas las razas humanas, hijos de Abraham por tener su misma fe.

Dos características pusimos de relieve al hablar del Patriarca: la *fe* a la llamada del Verbo y la *alegría* por ver cumplida su promesa. En Abraham comienza el Logos a guiar al hombre a la búsqueda del Padre. Si en Adán desobediente había fracasado el plan de Dios, este designio comienza ahora a tener éxito por la fe de Abraham.

---

[191] Cf., por ejemplo, cap. II, pp. 87-92.

[192] Cf., por ejemplo, D 43, 1; I 32, 13.

[193] Cf. D 43, 1; D 45, 5; D 68, 6; D 100, 3. Tanto Mateo como Lucas hacen derivar a Jesús de David por medio de José (cf. Mt 1, 16; Lc 3, 23). Pero el origen davídico de María es opinión muy difundida entre los escritores del siglo segundo: cf. W. BAUER, *Das Leben Jesu im Zeitalter der neutestamentlichen Apokryphen* (Tübingen 1909) (15).

[194] Cf. *supra*, cap II., apdo. 2.3, pp. 92-99. De ahí que el nombre de Abraham se repita en D 100, 3, y se le señale como padre de los anteriormente citados. El problema textual lo hemos discutido en la nota 186 de este capítulo.

Pues bien, notemos algo que puede ayudarnos a entender la comparación Eva – María, que aparece aquí por primera vez en la literatura cristiana[195]. *María es presentada en este pasaje con rasgos que la muestran descendencia verdadera de Abraham*. Leamos primero el texto:

> Porque Eva, cuando aún era virgen e incorrupta, habiendo concebido la palabra que le dijo la serpiente, dio a luz la desobediencia y la muerte (παρακοὴν καὶ θάνατον ἔτεκε); mas la virgen María concibió fe y alegría (πίστιν δὲ καὶ χαρὰν λαβοῦσα Μαρία ἡ παρθένος) cuando el ángel Gabriel le dio la buena noticia de que el Espíritu del Señor vendría sobre ella y la fuerza del Altísimo la sombrearía, por lo cual lo nacido en ella, santo, sería Hijo de Dios; a lo que respondió ella: "Hágase en mí según tu palabra". Y de la virgen nació Jesús [...] por quien Dios destruye a la serpiente y a los ángeles y hombres que a ella se asemejan... (D 100, 5-6).

Vemos aquí la respuesta de obediencia de María, contrapuesta a la de Eva. Si la primera mujer dio a luz desobediencia por escuchar a la serpiente, María responde al ángel: "Hágase en mí según tu palabra". Como en los justos y profetas del Antiguo Testamento aparece en la Madre de Jesús la oposición al demonio y la conformidad con los designios divinos.

Del texto llama sobre todo la atención que María concibiera fe y alegría (πίστις καὶ χαρά) ante la venida del Logos: justo dos características que hemos señalado en Abraham y que heredan sus descendientes. La expresión "fe y alegría" aparece otra vez referida precisamente a la llamada hecha a los cristianos por la palabra de la predicación apostólica[196]. Se presenta así como la reacción ante la llamada del Logos: sea en Abraham por las teofanías y en promesa; sea en María, por la realidad de su venida en carne; sea en los cristianos ante la predicación, que es presencia en poder de la misma palabra (Logos)[197]. Rastros de esta relación entre la alegría de Abraham y la de la madre de Jesús podemos encontrarlos también en San Ireneo[198].

---

[195] Cf. ALDAMA, *María en la patrística* (264-272); cf. J.M. CANAL, "María nueva Eva en Justino, Ireneo, Tertuliano y Agustín", *EphMar* 45 (1996) 41-60.

[196] Cf. I 49, 5: tras oír la predicación apostólica, llenos de fe y alegría, los gentiles abandonaron a los ídolos y se consagraron al Dios inengendrado. El texto hay que leerlo en paralelo con D 119, 6: los cristianos son hijos de Abraham porque, tras oír la voz del Verbo en la predicación apostólica, le dieron fe hasta el punto de abandonar todo lo del mundo y estar prontos a la entrega de su vida.

[197] La lista de descendientes de Abraham habrá de completarse con los magos de Oriente; cf. *infra*, cap. IV, pp. 200-202.

[198] San Ireneo señala cómo la alegría de Abraham se transmite de generación en generación: Simeón, los pastores, Isabel. Aunque no se cita a María, es notable que se pongan en labios de su prima las palabras del Magnificat, cf. *Adv. haer.* IV 7, 1 (SC

Esto concuerda con el tenor de todo el pasaje, centrado en la doble filiación. La descendencia de Eva se contrapone a la de María. Ambas vírgenes conciben: la primera de la serpiente, dando a luz desobediencia y muerte. Al contrario que Eva, María da al ángel su *fiat*; de ella nacerá Cristo, que se mostrará en todo obediente al Padre, destruyendo de este modo al diablo.

El término "hijo" da así unidad a todo el comentario de Justino. Por un lado, como "hijo de Dios", Cristo obedece plenamente a los designios del Padre. Por otro, como "hijo del hombre", se coloca en la misma línea de obediencia de los patriarcas; continúa así la historia que Israel, desde Abraham hasta María, había recorrido en su búsqueda de Dios. Ambos títulos, lejos de oponerse, apuntan a lo mismo[199].

De este modo Cristo culmina la respuesta de los patriarcas, llevándola a límites insospechados, por ser *hijo de Dios*; y se muestra al tiempo su heredero, digno hijo suyo, *hijo del hombre*. La historia de Israel desde Abraham supone así una preparación a la plena victoria sobre el diablo que llevará a cabo Cristo[200]. Por supuesto: el vínculo con Adán está también presente en nuestro pasaje, por medio de la comparación entre María y Eva; con su obediencia, Cristo deshace la transgresión del Protoplasto[201]. Pero a Justino interesa ahora sobre todo resaltar cuanto de positivo el Logos asume de la historia de Israel. "Hijo del hombre" no indica sólo que Jesús viene a reparar la obra de Adán, sino también que continúa la respuesta de los patriarcas, la historia de fidelidad que el Pueblo había ido escribiendo[202].

100/2, 454-458); en otros lugares el *Magnificat* lo atribuye el santo correctamente a la madre de Jesús: *Adv. haer.* III, 10, 2 (SC 211, 118); *Adv. haer.* III, 19, 1 (SC 211, 374).

[199] Al final se llegarían a contraponer los títulos de hijo de Dios e hijo del hombre para indicar respectivamente divinidad y humanidad de Jesús. GRILLMEIER, *Jesus der Christus* (40-57) analiza la historia de esta evolución. Ciertamente se puede considerar a Justino un eslabón de esta cadena (49), pero no hay que olvidar esta importante característica: para él ambos títulos indican en la misma dirección, la filiación se lee en modo funcional, como obediencia.

[200] Nótese que queda siempre a salvo la iniciativa divina: la herencia que el Verbo toma de María es la que Él mismo había ido preparando en Israel como respuesta generosa a su llamada.

[201] Cf. ALDAMA, *María en la patrística* (271).

[202] Se confirma así lo que concluía nuestro estudio del capítulo anterior: Justino concibe el AT como preparación a la venida del Logos. Y a la vez se subsana un poco la carencia que SKARSAUNE, "Altkirchliche Christologie" (285), encuentra al pensamiento del mártir: "Wie die altchristliche Messianologie ein gefährliche Defizit in der Verneinung Israels als dem messianischen Volk hatte, so auch die Inkarnationschristologie in der mangelnden Erkenntnis, das der Sohn Gottes nicht einfach Mensch, sondern ein Sohn Israels wurde. Herauszuarbeiten, was das für die Inkarnationstheologie bedeutet, ist im wesentlichen eine nach wie vor unbewältigte

2.4. Conclusiones

Si ante judíos y ebionitas insistía Justino en la novedad de la generación humana de Cristo, otros aspectos equilibran su presentación del misterio. Frente a Marción y los gnósticos el santo pondrá de relieve la continuidad de la *historia salutis*.

Al señalar el nexo entre creación y Encarnación, el mártir defiende la verdad de la carne de Cristo. Por carne se entiende aquí la dimensión del hombre por la que éste padece y es susceptible de ser afectado y modelado por cuanto viene de fuera. La carne, capaz de alzarse en rebeldía contra el Logos, puede también vivir conforme a Él. Que tal cosa se haga realidad, es misión que toca a Cristo, quien se hará partícipe de esta carne pasible (sujeta a pasiones) para sanarla. Llevará a cabo su obra donando al hombre la participación en Él, el Logos de Dios, por el don de su Espíritu. Se ofrece así una visión dinámica de la redención, en que todas las horas de Jesús cobrarán densidad salvífica.

Por otra parte, la carne que asume el Verbo no lleva solo a sus espaldas una historia de pecado. El mismo Logos ha ido preparando una respuesta de acogida a su llamada, respuesta que empezó en Abraham y culminará en María: se caracteriza por la fe en la promesa y el gozo ante su cumplimiento. Así el hombre, ya antes de la Encarnación, comenzaba a buscar al Padre en seguimiento filial. El sí del Hijo de Dios superará toda expectativa, pero se encontrará a su vez en armonía con la herencia que toma de los suyos. De nuevo se pone de relieve la continuidad de la *historia salutis* ante la ruptura gnóstica.

Como resumen podríamos decir que Justino, cuando quiere decir quién es Jesús, explica de dónde viene. Viene del Padre como hijo de Dios, y es así cumplidor perfecto e insuperable de su designio. Viene de María, y de ella toma una carne común a la nuestra, enferma y sujeta al sufrimiento; a su vez, de la virgen del linaje de Abraham Cristo recibe la herencia de los patriarcas, cumplidores de la voluntad de Dios. Hemos de ver cómo su misión será llevar a culminación esta tarea pronunciando un sí de obediencia al Padre desde la carne, la misma que en Adán sucumbió a la tentación de la serpiente, la misma que en Abraham siguió al Verbo saliendo de su tierra.

Aufgabe". Para tan necesaria tarea, lo hemos mostrado, podemos encontrar algún apoyo en la obra del mismo Justino.

Capítulo IV

Infancia y vida oculta

A partir de su Encarnación comienza la historia terrena del Mesías. Seguiremos en este capítulo sus primeros pasos: desde que nace en una cueva de Belén hasta que, ya adulto, está preparado para acercarse al Bautismo de Juan. Los misterios que aquí abordamos: nacimiento, episodio de los magos, vida oculta en Nazaret, no se agrupan al azar. Tienen una unidad interna cuya trama se irá desvelando poco a poco.

1. Nacimiento en la cueva de Belén

Como en las profecías del Antiguo Pacto, nada hay infecundo en la vida terrena del Salvador[1]: todo lo que realizó fue denso en contenido salvífico. Un hecho en apariencia tan banal como el sitio donde vio la luz nos permitirá asomarnos al misterio de su persona y obra.

1.1. Belén, Judá, Jacob

El lugar del nacimiento del Salvador estaba ya profetizado en la Escritura.

Escuchad ahora cómo Miqueas, otro de los profetas, predijo el lugar de la tierra en que había de nacer. He aquí sus palabras: "Y tú, Belén, tierra de Judá, en modo alguno eres la más pequeña entre los príncipes de Judá, pues de ti ha

---

[1] Justino reprocha a los judíos que, según su interpretación, muchas Escrituras quedan baldías (cf. D 110, 2; D 49, 8; D 102, 5); al contrario, piensa el mártir, no hay nada en ellas que no porte fruto. Pues bien, siendo así que la vida del Salvador lleva a plenitud cuanto dijeron los profetas, lo mismo se puede decir de Él: comprobaremos cómo nada le sucedió sin especial disposición divina. Se fundamenta desde este punto de vista la oportunidad de una cristología que recorra los misterios de la vida de Jesús.

de salir el jefe (ἡγούμενος) que pastoreará a mi pueblo" (Mi 5, 1). Y es de saber que hay en el país de los judíos una aldea distante de Jerusalén treinta y cinco estadios y en ella nació Jesucristo, como podéis comprobarlo por las listas del censo, hechas bajo Cirino, que fue vuestro primer procurador de la Judea (I 34, 1-2)[2].

Si el dato del censo lo debe Justino a Lucas (Lc 2, 2), la profecía de Miqueas (Mi 5, 1) la ha leído en el Evangelio de Mateo (Mt 2, 6), conforme al cual la cita[3]. Eso sí, con una modificación. El evangelista decía: "pastoreará a mi pueblo *Israel*"; y Justino elimina la última palabra. No es un descuido: vuelve a suceder la otra vez que Justino trae esta escritura, en D 78, 1[4].

En este caso está comentando Justino la escena de los magos, que nos transmite Mateo (Mt 2, 1-23). De nuevo un cambio atrae nuestra atención. Según el evangelista preguntan los magos por "el rey de los judíos" (Mt 2, 2); Justino menciona sólo a "un rey que ha nacido en vuestra tierra" (ἐν τῇ χώρᾳ ὑμῶν). ¿Se pueden explicar estas variaciones?

Para responder debemos continuar leyendo. El mártir explica el modo como Jesús nació en Belén, de acuerdo con Lucas (Lc 2, 1-5):

[José] subió a inscribirse desde Nazaret, donde vivía, a Belén, de donde era. Porque, en efecto, José procedía por linaje de la tribu de Judá, que había poblado aquella tierra (D 78, 4).

En su relato Lucas justifica el viaje de José a Belén porque éste era de la casa y familia de David (Lc 2, 4). Justino prefiere establecer la conexión con Judá, antepasado del rey israelita[5]. De fondo tiene el mártir la profecía de Mi 5, 1: "Y tú, Belén, tierra de *Judá*..."; con ella relaciona otra, Gn 49, 10: "No faltará príncipe de *Judá* ni jefe (ἡγούμενος) de sus muslos hasta que venga aquel a quien está reservado"; en ambas aparece Judá y se anuncia la venida del Mesías como jefe (ἡγούμενος). Se explica así el interés del mártir por conectar a Belén con este patriarca, más que con

---

[2] De Belén se habla en I 34, 1; D 78; D 102-103; son los pasajes que analizaremos.

[3] Cf. SKARSAUNE, *The Proof* (119).

[4] Cf. D 78, 1: "habían llegado entonces los magos de la Arabia que decían haber visto aparecer una estrella en el cielo y conocido por ella que había nacido en vuestra tierra un rey, a quien ellos venían a adorar. Los ancianos dijeron que debía haber nacido en Belén, porque en el profeta está así escrito: *Y tú, Belén, tierra de Judá, en modo alguno eres la menor entre las ciudades principales de Judá, pues de ti ha de salir el caudillo que apacentará a mi pueblo* (Mi 5, 1)".

[5] San Ireneo pondrá más de relieve la conexión entre Belén y David: cf. *Epid.* 63-64 (FP 2, 181-182). Se puede consultar ORBE, *Introducción* (536-538). En todo caso, no hay que olvidar que también Justino menciona la conexión entre Cristo y David al afirmar la descendencia davídica de María: cf. D 68, 5; cf. BAUER, *Das Leben Jesu* (13ss).

David: razona, como hace con frecuencia al hablar de Cristo, de acuerdo con textos mesiánicos[6].

Ahora bien, precisamente por Gn 49, 10 comienza Justino su prueba profética ante los romanos:

"No faltará príncipe de Judá ni jefe (ἡγούμενος) de sus muslos hasta que venga aquel a quien está reservado [...]" (Gn 49, 10). Ahora deber vuestro es averiguar con todo rigor y enteraros hasta cuándo tuvieron los judíos príncipe y rey (ἄρχων καὶ βασιλεύς) salido de ellos: hasta la aparición de Jesucristo [...] tal como fue predicho [...] que no faltaría príncipe de los judíos hasta venir Aquel a quien está reservada la realeza (τὸ βασίλειον). Porque Judá fue el antepasado de los judíos y de él justamente han recibido ese nombre (I 32, 1).

A la luz de estas líneas se ve por qué incomodaba a Justino la mención del "rey de los judíos" en boca de los magos. El que nacía, venido de Judá, ponía en realidad fin a la realeza judía inaugurando un reino nuevo. Dígase lo mismo del otro silencio: "tu pueblo *Israel*" en Mi 5, 1. Quiere el mártir evitar confusiones: el pueblo que Cristo pastoreará no es la mera descendencia carnal de los patriarcas; su reinado se extiende más allá de las fronteras de Israel.

Y es que de Judá – de los judíos – se apartará el bastón de mando cuando nazca Cristo[7]. Por eso el lugar de su nacimiento (los predios que había poblado la tribu de Judá) nos habla, según los profetas, de un reino que no pertenecerá ya en exclusiva a una raza; un reino cuyas fronteras se extenderán a toda la tierra. La venida al mundo de Cristo preludia así la aparición del nuevo pueblo cristiano.

Retengamos este último dato y sigamos indagando sobre Belén. La ciudad se relaciona también con otro patriarca, Jacob:

[Herodes] mandó matar sin excepción a todos los niños de Belén. Y este hecho fue profetizado por Jeremías, pues por su boca dijo así el Espíritu Sant... "Voz se ha oído en Ramá [...] Raquel que llora a sus hijos [...]" (Jr 38 [TM 31], 15) [...] el llanto había de llenar el lugar donde está enterrada Raquel, la mujer de Jacob, al que se dio el nombre de Israel (τοῦ ἐπικληθέντος ᾽Ισραήλ), el santo patriarca, es decir Belén, al llorar las mujeres a sus propios hijos (D 78, 7-8).

---

[6] Además, el nombre de Judá tiene la ventaja de explicar por sí solo (ante romanos ignorantes de la Escritura) su relación con los judíos: de Judá toman ellos su nombre; cf. I 32, 3: "porque Judá fue el antepasado de los judíos, y de él justamente han recibido este nombre"; cf. I 32, 12, donde la mención de Jesé y Jacob se explica acudiendo a Judá, aunque este último no aparece explícitamente en las profecías citadas en este contexto (Is 11, 1.10 y Nm 24, 17).

[7] Tema que Justino desarrolla ampliamente y que nos ocupará al tratar el Bautismo de Jesús; cf. I 32; D 48-54; cf. *infra,* cap. V, apdo. 1.2, pp. 242-252.

Muchos rodeos da Justino para decir "Belén": allí donde está Raquel, mujer de Jacob, llamado Israel, santo patriarca. La retahíla, sin embargo, no es ociosa. Sirve para mencionar el cambio de nombre de Jacob, hecho del que Justino saca partido abundante en otros pasajes[8]. No es de extrañar su importancia: esconde una referencia a Cristo. Él es quien desde antiguo posee el nombre de Israel y quien lo concedió a Jacob (cf. D 125, 5).

El significado del nombre se explicará muchas páginas después (cf. D 125, 3), en torno al combate entre Dios y Jacob (Gn 32, 28): quiere decir "hombre que vence a la fuerza" ($\text{ἄνθρωπος νικῶν δύναμιν}$). Esto tendrá su cumplimiento tras los cuarenta días de ayuno de Cristo: vencerá entonces al diablo tentador.

En nuestro contexto trata Justino del niño. Como habremos de ver dentro de poco, Jesús, aún infante, es capaz de vencer al demonio que esclavizaba a los magos de Oriente. A esta luz, ¿es mera casualidad la conexión Belén-Israel en el texto citado? No lo parece, a juzgar por las líneas que vienen enseguida y en que se encuentran las dos palabras que dan lugar a la etimología del nombre:

> Por lo demás, al decir Isaías: "Tomará la potencia de Damasco y los despojos de Samaria", quiso significar que, apenas nacido Cristo, sería por Él vencida (νικηθήσεσθαι) la potencia (δύναμιν) del demonio malo... (D 78, 9).

Según esto Belén, lugar de nacimiento de Cristo, indicaba, por su relación con Israel, la obra que el Salvador llevaría a cabo: la disolución de la tiranía diabólica. Recordemos que Justino había eliminado la mención de "Israel" en la cita de Mi 5, 1. Ahora, sin embargo, está claramente interesado en relacionar Belén con Israel. Prueba de que no era antes su intención mutilar el texto profético. Quería sólo, como hemos dicho, eliminar confusiones. Por su parte era consciente del verdadero alcance de aquella escritura: "pastoreará a mi pueblo Israel". Se refiere, no al Israel según la carne, sino al que nace de la fe y el Espíritu, la Iglesia[9].

En efecto, la relación de Cristo e Israel evoca inmediatamente a la Iglesia, nuevo Israel. Decir que Cristo posee este nombre interesa para fundamentar que lo tiene la Iglesia, donado por su Señor: "Todos los que por Él se acercan al Padre son el Israel bendito"[10].

Con estos presupuestos, ¿puede pensarse que la relación señalada por Justino entre Belén y Raquel, al hilo de Jr 38 [TM 31], 15 ("Raquel que llora por sus hijos"), alude también a la Iglesia, de quien la mujer de Jacob

---

[8] Cf. D 106, 2; D 125, 5; D 135, 3; cf. NOCE, "La tipologia" (408-410).

[9] Cf. D 135, 9: "hay que entender dos descendencias de Judá, y dos linajes, como dos casas de Jacob: uno que nace de la carne y de la sangre; otro de la fe y del Espíritu".

[10] Cf. D 125, 5.

era figura?[11] Lo que sí podemos establecer sin dudar es que *Justino ve a Belén, no solo en relación con Cristo, sino también con el pueblo nuevo que de Él nacerá*: a) tierra de Judá, indica que el reino cesa entre judíos y pasa a un pueblo nuevo; b) tumba de la esposa de Israel, preludia al Israel verdadero, la Iglesia. Esta conexión aparecerá más clara en el apartado siguiente, en que se concretará el lugar del nacimiento del Salvador.

1.2. En una cueva

Lucas cuenta cómo el niño no pudo nacer en la posada: no había allí sitio para José y María; sus padres tuvieron que colocar a la criatura en un pesebre. ¿Dónde se hallaba la improvisada cuna? Tanto no precisa el evangelista. Pero pronto encontramos testimonios que nos hablan del nacimiento de Cristo en una cueva. Entre ellos, el de Justino[12]:

> Mas antes, nacido que hubo el niño en Belén, como José no hallaba en aquella aldea dónde alojarse, se retiró a una cueva cercana, y entonces, estando allí los dos, María dio a luz a Cristo y lo puso en un pesebre, donde llegando los magos de Arabia lo encontraron. Ya os he citado – dije – las palabras en que Isaías (Is 33, 16a) profetizó sobre el símbolo en relación con la cueva (περὶ τοῦ συμβόλου τοῦ κατὰ τὸ σπήλαιον), y en gracia a los que hoy han acudido con vosotros – añadí – las voy a recordar de nuevo... (D 78, 5-6).

Que José se retirara a una cueva no es hecho banal. La cosa fue ya profetizada por Isaías. Se refiere Justino a Is 33, 16a: "habitará en la cueva elevada de una fuerte roca". Atendamos a su exégesis.

El símbolo de la cueva

El mártir habla de la cueva como de un símbolo. Quiere decir, en primer lugar: estamos ante algo que nos permite reconocer al Mesías, según los profetas. Pero el alcance del término σύμβολον es en Justino más amplio. Sin dejar de ser predicción que hallará cumplimiento futuro, esconde un sentido arcano, accesible sólo al que entiende la Escritura con la gracia de Dios[13]. Símbolos son cosas y acciones que apuntan más allá de su significado obvio, hacia un misterio salvífico. Así, la cinta roja que colgaba de los aposentos de Rahab, y que le salvó la vida en el asedio de

---

[11] Cf. D 134, 3:ʹ Ραχὴλ δὲ ἡ ἐκκλησία ἡμῶν.

[12] Cf. BAUER, *Das Leben Jesu* (61-67); cf. *Protoevangelio de Santiago* XVIII, 2 (ed. SANTOS OTERO (= TISCHENDORF) 159); cf. ORÍGENES, *Contra Celso* I, 51, (SC 132, 214).

[13] La cruz, símbolo más grande del poder de Cristo (cf. I 55, 2) se anunció συμβολικός. De ahí que no atinaran los demonios a descubrirla (cf. I 55, 1; D 111, 1).

Jericó: símbolo de la sangre de Cristo[14]. O los dos machos cabríos que Moisés mandó sacrificar: símbolos de la doble parusía del Salvador[15].

Por eso, cuando Isaías hablaba de la cueva estaba invitando a profundizar en el misterio de Cristo. Es lógico que Justino trate de hallar sentido teológico a este dato. Tal interés lo comparten otros autores. El Pseudo Mateo describe la cueva como un lugar oscuro, *spelunca subterranea in qua lux non fuit unquam sed semper tenebrae*. Con la entrada de la virgen se hizo en la caverna claridad de día, *quasi esset ibi hora sexta*[16]. Para el apócrifo el nacimiento en la gruta simbolizaba que Cristo es luz brillante para un mundo en noche. ¿Y para Justino?

La cueva y el nacimiento de la voluntad del Padre

Muy otra es su explicación. Leamos el pasaje donde la cueva estaba profetizada:

> Cuando los que enseñan los misterios de Mitra afirman haber nacido él de una piedra, y llaman "cueva" al lugar donde se inician sus creyentes, ¿cómo no reconocer aquí lo que dijo Daniel: Una piedra fue cortada sin mano alguna del monte grande (Dn 2, 34a) y lo mismo lo de Isaías, cuyas palabras todas intentaron remedar? [*cita a continuación Is 33, 13-19*] (D 70, 1).

No es desdeñable la importancia que para Justino tuvo el enfrentamiento con los cultos mitraicos, muy extendidos en Roma[17]. Los de Mitra: (1) afirman que este dios nació de una piedra (ἐκ πέτρας); (2) llaman cueva (σπηλαίον) al lugar donde se reúnen. Imitan, al hacer esto, dos profecías: Dn 2, 34a e Is 33, 13ss.

La profecía de Daniel ya nos es conocida. Justino la refiere al nacimiento virginal, sin intervención de varón[18]. ¿Cuál es la gran montaña de la que la piedra (λίθος) se ha desprendido? Ha de tratarse del Padre, por cuya voluntad fue emitido el Hijo. Pues en otro lugar explica Justino la

---

[14] Cf. D 111, 4.

[15] Cf. D 111, 1. Con frecuencia encontramos el término en la obra de Justino. Son símbolos el asno con que entró Cristo en Jerusalén, la sangre de la uva en que lavó sus vestidos (I 32, 5; I 54, 7). La fiesta de los ácimos simboliza que no hemos de vivir en el mal (D 14, 2); el cordero asado en forma de cruz, la pasión de Cristo (D 40, 3); las doce campanas que colgaban de la túnica de Aarón son los doce Apóstoles (D 42, 1); la piedra es símbolo de Cristo (D 90, 5); la división de la descendencia de Abraham simboliza los dos pueblos, Israel y la Iglesia (D 120, 2); el número ocho es símbolo de los que se salvan por la resurrección de Cristo (D 138, 1); el agua del diluvio y el arca son símbolos que hereda la Iglesia: cruz y bautismo (D 138, 2-3). Entre todos los símbolos descuella la cruz, el símbolo más grande de la fuerza y poderío de Cristo (I 55, 2).

[16] Cf. PSEUDO MATEO 13, 2 (ed. SANTOS OTERO, 202).

[17] Cf. E. BENZ, "Die heilige Höhle in der Ostkirche", *EranosJb* 22 (1953) 365-432 (374).

[18] Cf. D 76, 1.

misma profecía de Daniel de esta manera: Cristo no es obra humana, sino de la voluntad del Padre que lo emitió[19]. Y cuando los de Mitra dicen que su Dios nació de una piedra (ἐκ πέτρας γεγενῆσθαι αὐτόν), quieren remedar a Cristo, nacido del poder de Dios, nacido del Padre por su voluntad (D 54, 2: ἐκ τῆς τοῦ θεοῦ δυνάμεως / D 61, 1: ἀπὸ τοῦ πατρὸς θελήσει γεγεννῆσθαι).

¿Y la cueva de Isaías? Leamos la profecía a que Justino se refiere:

> El que camina en justicia, el que anda camino recto, el que odia la iniquidad y la injusticia [...] Ése habitará en la caverna elevada de una fuerte roca (οὗτος οἰκήσει ἐν ὑψηλῷ σπηλαίῳ πέτρας ἰσχυρᾶς). Pan le será dado, y el agua suya, fiel (ἄρτος δοθήσεται αὐτῷ, καὶ τὸ ὕδωρ αὐτοῦ πιστόν) (Is 33, 13-19) (D 70, 2-3).

Nacido "en la caverna de una fuerte piedra". Como Justino cita ambas profecías con idéntico fin, hay que interpretar esta última a la luz de la anterior, Dn 2, 34. Estamos de nuevo ante el misterio del nacimiento humano de Jesús no por obra de varón, sino del poder y voluntad del Padre. El alumbramiento en la cueva quiere decir que Cristo fue desprendido como piedra de la gran montaña, el Padre. Si Mitra nacía de una roca (ἐκ πέτρας), Justino ve en la roca fuerte al Padre, de donde proviene Cristo, nacido ἐν ὑψηλῷ σπηλαίῳ πέτρας ἰσχυρᾶς.

Más allá del concreto escenario del alumbramiento, este era por tanto el misterio que Isaías indicaba en la cueva: el que nacía era hijo de Dios, engendrado de su poder y voluntad. Pero en el símbolo de la gruta se escondía algo más.

La cueva y el nacimiento de la Iglesia

Hasta aquí la exégesis de Justino ha discurrido rectilínea. Prestemos sin embargo atención al modo en que comenta el texto citado de Isaías. Veamos primero cómo continúa el profeta:

> Ése habitará en la caverna elevada de una fuerte roca. Pan le será dado, y el agua suya, fiel. Veréis al rey con gloria y vuestros ojos verán lejos. Vuestra alma meditará el temor del Señor. ¿Dónde está el que cuenta a los que son alimentados, al pueblo menudo y grande? (Is 33, 13-17) (D 70, 2-3).

Y notemos que ahora el texto: "pan le será dado y el agua suya fiel" (Is 33, 16b), se explica de los cristianos, alimentados con la Eucaristía:

> Ahora bien, es evidente que también habla en esta profecía acerca del pan que nuestro Cristo nos mandó celebrar en memoria de haberse hecho Él hombre por amor de los que creen en Él – por los que también se hizo pasible – y del

---

[19] Cf. D 76, 1: οὐκ ἔστιν ἀνθρώπινον ἔργον, ἀλλὰ τῆς βουλῆς τοῦ προβάλλοντος αὐτὸν πατρὸς τῶν ὅλων θεοῦ.

cáliz que en recuerdo de su sangre nos mandó igualmente consagrar con acción de gracias. La misma profecía pone de manifiesto que a este mismo le veremos como rey de gloria y sus mismas palabras están diciendo a gritos que el pueblo que fue de antemano conocido como creyente suyo, fue también conocido como quien medita el temor del Señor... (D 70, 4).

"Ése habitará en la caverna elevada de una fuerte roca. Pan le será dado y el agua suya fiel" (Is 33, 16). Si la segunda parte del verso se refiere al cristiano, y dado que no hay cambio de sujeto, ¿no se debe leer así también la primera? ¿No se aplica entonces al discípulo de Cristo el símbolo de la cueva?

La cosa es plausible. La aplicación de la cueva al nacimiento de la Iglesia era conocida en los *Testimonia*. El texto aparece en el Pseudo Bernabé en relación con el Bautismo[20] y lo ha explicado P. Lundberg por similitud con la Oda 8 de Salomón[21]. Allí se considera al Bautismo como liberación del Sheol, en cuyas aguas mortales se halla sumergido el hombre[22]. A ellas se contrapone el agua fiel (ὕδωρ πιστόν) de que habla el profeta. Por su medio asciende el cristiano sobre la roca: ésta expresa la firmeza de la salvación en que se le ha establecido.

Es cierto que Justino, en el pasaje que nos ocupa, aplica el texto a la Eucaristía, y no al Bautismo. Pero esto no supone una dificultad especial: se ha notado con razón que para el mártir los dos sacramentos están estrechamente unidos. Aquí, la mención del agua fiel podría evocar la celebración conjunta de ambos sacramentos en la iniciación cristiana, tal como se describe en I 61-63[23].

La interpretación eclesial del símbolo de la cueva vendría avalada también porque corresponde con la emulación de los de Mitra. Estos no solo afirman que su dios nació en una cueva, sino que eligen una cueva para el lugar de sus reuniones. Contra lo primero habla Justino de Cristo, que nace del Padre. Contra lo segundo, es natural aplicar a la Iglesia el símbolo de la cueva.

Debemos entonces preguntarnos por el sentido del símbolo en este caso. Justino no dice nada en su exégesis. Por otra parte, la explicación que

---

[20] Cf. *Epístola de Bernabé* XI, 5 (SC 172, 162): "habitarás en la caverna elevada de una roca fuerte donde nunca falta el agua ($\text{ἐν ὑψηλῷ σπηλαίῳ πέτρας 'ισχυρᾶς, καὶ τὸ ὕδωρ αὐτοῦ πιστόν}$)".

[21] Cf. P. LUNDBERG, *La Typologie baptismale dans l'ancienne église* (ASNU 10; Leipzig - Uppsala 1942) (181).

[22] Idea conocida por Justino, cf. D 86, 5.

[23] Cf. G. OTRANTO, *Esegesi biblica e storia in Giustino (Dial. 63-84)* (QVetChr 14; Bari 1979) (114): "A noi pare che l'interpretazione in senso eucaristico di Is 33, 16b, proprio perché parte da ὕδωρ πιστόν, ha implicito anche il riferimento alla purificazione battesimale". Según este autor, Justino se refiere aquí al Bautismo y la Eucaristía (115-116).

propone Lundberg para el Pseudo Bernabé no la hallamos en las páginas del mártir. ¿Qué se puede decir entonces?

Avanzado el Diálogo encontramos una imagen que concuerda con esta gruta elevada de Isaías. El nacimiento de los cristianos se explica con un símil parecido al que se ha empleado para Cristo, piedra desprendida de la gran montaña:

> nosotros [los cristianos] que hemos sido extraídos, como piedra de una cantera, del seno de Cristo somos el verdadero linaje de Israel (ἡμεῖς ἐκ τῆς κοιλίας τοῦ Χριστοῦ λατομηθέντες Ἰσραηλιτικὸν τὸ ἀληθινόν ἐσμεν γένος) (D 135, 3).

Si la Iglesia se llama aquí Israel verdadero es porque nace de Cristo, quien comunica a sus hijos su propio nombre[24]. El nacimiento se equipara a la extracción de piedras de una cantera. Cristo es la roca de la que son tallados sus discípulos.

Fijémonos en el verbo λατομέω, *hapax* en Justino. Es de notar que los LXX lo usan casi siempre para hablar de la construcción del Templo. Especialmente cercano a nuestro pasaje es Is 51, 1-2:

> ¡Escuchadme los que vais en pos de la justicia, que buscáis a Yahveh! Mirad a la roca de la que habéis sido tallados (LXX: λατομέω)[25], a la cavidad de la fosa de donde fuisteis extraídos. Mirad a Abraham, vuestro padre, y a Sara, la que os ha dado a luz; cuando estaba él solo le llamé, le bendije y multipliqué.

Se habla aquí del pueblo de Israel, extraído de la roca, Abraham. Es probable que este texto esté detrás de las líneas de Justino[26]. Is 51, 1, cuadra bien con el desarrollo de D 135. En polémica con los judíos hace valer el mártir que los cristianos son el Israel verdadero. No extraídos de la roca-Abraham, sino de la roca-Cristo, en quien halla cumplimiento lo prometido al patriarca (cf. D 119-120).

Desde aquí podemos volver a la profecía de la cueva (Is 33, 16a). Al aplicar la segunda parte de Is 33, 16 ("pan le será dado...") al cristiano, Justino mostraba considerar también la primera referida a éste. Pero de ella no daba explicación. No obstante, a la luz de otros datos de su obra hemos visto que se puede entender la imagen de la cueva, cavidad en la

---

[24] Cf. D 123, 9; D 125, 5.

[25] Los LXX leen el verbo en voz activa.

[26] Así J. DANIÉLOU, "Fels", *RAC* VII (1966) (728). Justino no cita este pasaje, pero en el contexto está refiriéndose continuamente a Isaías (D 135, 3 se encuadra entre Is 42, 1-4 e Is 65, 9-12; después se cita Is 2, 5-6). Conoce además bien Is 51, 4-5: la Ley y la Palabra del Señor salen de Jerusalén (cf. D 11, 3). Es cierto, por otra parte, que los LXX traen el verbo λατομέω en activa (la piedra que vosotros tallasteis). Pero Justino podría conocer una variante que siguiera más de cerca el hebreo. Cf. ROKÉAH, *Justin* (127, n. 31).

piedra, aplicada a la Iglesia. Como Cristo del Padre, cual roca desprendida de la gran montaña, así nacen los cristianos de Cristo, piedras extraídas de una cantera.

Tratando de profundizar en este nacimiento de los cristianos como piedras talladas, H. Rahner lo ponía en relación con la lanzada de Jn 19, 34[27]. La Iglesia nace entonces de la cavidad de la roca, el cuerpo de Cristo en la cruz. La cueva de la roca de Is 33, 16 es Cristo, de donde brota el agua fiel que abreva al cristiano.

Es cierto que Rahner formulaba con esto una intuición, más que probarla[28]. No es extraño que P. Lundberg se haya mostrado escéptico con respecto a sus afirmaciones[29]. Creo, sin embargo, que basta prolongar las líneas que Rahner iniciaba y analizar algunos pasajes en su contexto, para hacer ver que no andaba descaminado. Tomaremos los dos textos principales que este autor aduce. El análisis nos permitirá profundizar en el símbolo de la cueva.

+ Justino y Jn 7, 38 ("de su seno brotarán ríos de agua viva")

Acabamos de escuchar a Justino: "Extraídos del vientre de Cristo" (ἐκ τῆς κοιλίας τοῦ Χριστοῦ λατομηθέντες) (D 135, 3). Se puede aproximar esta frase a una del cuarto Evangelio:

> Jesús, puesto en pie, gritó: 'Si alguno tiene sed, venga a mí, y beba el que crea (ὁ πιστεύων) en mí', como dice la Escritura: 'De su seno (ἐκ τῆς κοιλίας αὐτοῦ) correrán ríos de agua viva'. Esto lo decía refiriéndose al Espíritu (περὶ τοῦ πνεύματος) que iban a recibir los que creyeran en él. Porque aún no había Espíritu, pues todavía Jesús no había sido glorificado (Jn 7, 37-39).

Rahner pensaba que esta relación era probable por la expresión "de su seno" (ἐκ τῆς κοιλίας αὐτοῦ)[30]. Basta seguir leyendo D 135, para ver que las semejanzas son mayores:

---

[27] Cf. H. RAHNER, "Flumina de ventre Christi. Die patristische Auslegung von Joh 7, 37.38", *Biblica* 22 (1941) 269-302; 367-403 (378-379); en el mismo sentido cf. J.E. MÉNARD, "L'interpretation patristique de Jean VII, 38", *RevUnOt* 25 (1955) 5*-25*.

[28] Rahner presenta los textos claves, pero, a mi entender, deduce de ellos más de lo que consienten. Por ejemplo, cuando dice (379): "Fels und Lieb Christi sind für Justinus also der Quellpunkt des neuen Lebens", no ha probado la relación entre "roca" y "cuerpo". Lo mismo cuando deduce, de Is 33, 16: "Er ist die Felshöhle aus der (Is 33, 16) das getreue Wasser strömt". Tal vez valdría esto para el pasaje tal como lo cita la epístola a Bernabé XI, 5 (SC 172, 162), que une estrechamente la roca y el agua; pero no para Justino, como hemos comentado más arriba.

[29] Cf. LUNDBERG, *La Typologie* (181): "Nous n'avons pas pu constater chez Justin l'interprétation, signalée ailleurs par Rahner, du rocher d'où jaillit l'eau vive comme étant le corps de Jésus d'où coulent le sang et l'eau".

[30] Cf. RAHNER, "Flumina" (379).

dos linajes, como dos casas de Jacob: uno que nace de la carne y de la sangre; otro de la fe y del espíritu (τὸν μὲν ἐξ αἵματος καὶ σαρκός, τὸν δὲ ἐκ πίστεως καὶ πνεύματος γεγεννημένον) (D 135, 6).

Juan habla del *Espíritu* que brota del *seno de Jesús* y que recibirán los *creyentes*. Justino muestra rasgos comunes: un pueblo que nace de la *fe* y del *Espíritu*, nacimiento que consiste en ser extraído del *seno de Jesús*. Las imágenes son ciertamente distintas: en Juan brota de Jesús el Espíritu; en Justino es el cristiano quien nace de su seno. Pero el sentido es el mismo para ambos: por la fe y el Espíritu se verifica un nuevo nacimiento.

+ Justino y la roca de donde mana agua viva

Por otra parte, el texto de Jn 7, 37-39 se relaciona con el episodio de la lanzada (Jn 19, 34), cuando brota agua y sangre del costado abierto del Crucificado. Juan supone la teología del AT sobre el Templo, de donde mana agua viva[31]. ¿Se sirve Justino de esta imagen?

El mártir conoce la denominación de Cristo como "piedra angular", que pertenece ciertamente al vocabulario sobre el templo:

> nuestra circuncisión, que es la segunda, aparecida después de la vuestra, se hace con piedras puntiagudas, es decir, por las palabras de la Piedra angular (τοῦ ἀκρογωνιαίου λίθου) que se desprendió sin que mano alguna la tocara (Dn 2, 34), predicadas por los Apóstoles... (D 114, 4).

Encontramos la expresión "Piedra angular" en Is 28, 16. La recoge el Nuevo Testamento para hablar de Cristo, fundamento de la Iglesia (Ef 2, 20), y de los cristianos como piedras vivas (cf. 1 Pe 2, 1-10). Junto a este texto de Isaías vemos que cita Justino Dn 2, 34, que ya conocemos: la piedra desprendida sin mano humana sirve para la construcción de un templo nuevo (cf. Mc 14, 58)[32].

Unas líneas más abajo del texto apenas citado del Diálogo leemos:

> nos alegramos de morir por el nombre de esa magnífica Piedra, ella, que hace brotar en los corazones de los que por Él aman al Padre del universo una fuente de agua viva, en que se abrevan todos los que quieren beber el agua de la vida (D 114, 4).

No es ahora el momento de analizar en detalle qué se entiende aquí por el agua viva[33]. Baste ver la conexión entre la Piedra de donde brota este agua y la imagen inmediatamente precedente de la Piedra angular. De aquí

---

[31] Cf. Ez 47.

[32] Cf. J. DANIÉLOU, "Fels", *RAC* VII (728). También San Ireneo ve en Dn 2, 34 una conexión con el Templo, Cristo como piedra angular: cf. *Adv. haer.* III 21, 7 (SC 211, 420).

[33] Cf. *infra.*, cap. V, apdo. 3.4, p. 297.

podemos concluir que Justino conoce la imagen de la roca como Templo-manantial. Estamos, como se ve, cerca de la visión de San Juan[34].

Los textos que Rahner presentaba aislados, confirman su interpretación cuando se ponen en relación. Es muy probable que Justino dependa, pues, de Jn 7, 38 ("de su seno brotarán ríos de agua viva"). Si tenemos en cuenta la conexión de este texto con la lanzada (Jn 19, 34), y la frecuencia con que habla Justino del Traspasado[35], no carece de fundamento vincular la cueva de donde nace la Iglesia con el costado abierto de Cristo.

Encarnación y fabricación del Templo

Hemos partido de la imagen de la cueva como símbolo del misterio de Cristo. El análisis nos ha conducido a considerar también la vertiente eclesiológica: el cristiano es aquel que nace en la cueva, como piedra extraída del Salvador. Damos ahora un tercer paso: emprenderemos la vuelta del cristiano a Cristo, iluminando el significado de la cueva en la que nació el Maestro con lo que recabemos sobre sus discípulos.

Comencemos considerando cómo, en el apartado anterior, se ha enriquecido la imagen de la piedra. No se trata de una roca vulgar, sino poseedora de un alto destino: edificar un Templo. Así hay que leer la profecía de Dn 2, 34 (la piedra desprendida sin mano de hombre). Cristo es la piedra angular de ese Templo nuevo, del que brota agua viva. Los cristianos nacen de Cristo, igual que piedras extraídas de un filón.

En otros lugares hace Justino explícita la imagen de los cristianos como templo: estos se convierten en casa de adoración[36], morada del Logos.

> con la sangre [del Cordero] [...] se ungen las casas de ellos, es decir, ellos mismos, los creyentes en Él (χρίονται τοὺς οἴκους ἑαυτῶν, τοῦτ' ἔστιν ἑαυτούς, οἱ πιστεύοντες εἰς αὐτόν). Pues todos podéis entender que la figura que Dios plasmó, es decir, Adán, se convirtió en casa del soplo que viene de Dios (ὃ ἔπλασεν ὁ θεὸς τὸν Ἀδάμ, οἶκος ἐγένετο τοῦ ἐμφυσήματος τοῦ παρὰ τοῦ θεοῦ) (D 40, 1).

La sangre de Cristo unge las casas de ellos, dice Justino. ¿Qué son estas casas? Se trata de los mismos que creen en Él, llamados "casas" (templos, cf. D 86, 6) porque Adán mismo fue "casa" del soplo infundido por Dios. La "casa" hace aquí clara referencia al cuerpo del hombre, procedente del limo según el relato del Génesis (Gn 2, 7)[37].

---

[34] A la vista de estos textos no es exacto, como dice LUNDBERG, *La Typologie* (180-181), que Justino no haya relacionado Jr 2, 13 (el agua viva) y la imagen de Cristo roca.

[35] Cf. I 52, 2; D 14, 8; D 32, 2. Cf. RAHNER, "Flumina" (379).

[36] Cf. D 86, 6.

[37] A los cristianos hace también referencia este comentario a Gn 49, 11 (*lavará sus vestidos en la sangre de la uva*): "Porque lo de que *había de lavar su vestido en la sangre*

Justino precisa, pues, la imagen del cristiano como templo: propiamente es su cuerpo el que se constituye templo del Logos. La idea, aquí solo apuntada, la desarrolló en modo original San Ireneo[38]. Cuadra bien con una antropología en que la carne y el Espíritu (por el que se hace presente el Logos) desempeñan el papel primordial.

Demos ahora un paso más. Dada la equivalencia que estamos viendo entre Cristo como Templo y el cristiano como Templo, se puede pensar que la expresión "Piedra angular", que se refiere a Cristo, señala de modo especial su cuerpo. La Encarnación se vería, en esta perspectiva, como la fabricación de un templo, el cuerpo de Cristo[39].

Para confirmar esta propuesta volvamos al comentario de Justino a Is 33, 16 (D 70, 4-5). El pan y el agua que se darán al cristiano se aplican a la Eucaristía. Ésta se celebra en memoria de la Encarnación, que se designa con un verbo que es *hapax* en Justino: el Hijo de Dios tomó cuerpo (σεσωματοποιῆσθαι). Justino prefiere normalmente otra palabra: tomar carne[40] (σαρκοποιῆσθαι). En nuestro caso, se acude de forma insólita a una derivación de la raíz σῶμα. ¿A qué puede ser debido?

La respuesta no es difícil. El contexto eucarístico nos hace pensar en las palabras de Jesús: "Esto es mi cuerpo" (σῶμα)[41]. Por otra parte, Justino

---

de la uva, era anuncio anticipado de su pasión, la que había de padecer para lavar por su sangre a los creyentes en Él (δι' αἵματος καθαίρων τοὺς πιστεύοντας αὐτῳ). Porque lo que el Espíritu divino llama por el profeta "su vestido" (στολή), son los hombres que creen en Él, en los que habita la semilla que de Dios procede, que es el Logos (οἱ πιστεύοντες αὐτῳ εἰσιν ἄνθρωποι, ἐν οἷς οἰκεῖ τὸ παρὰ τοῦ θεοῦ σπέρμα, ὁ λόγος)" (I 32, 7-8). Los cristianos son aquí llamados vestiduras del Logos porque en ellos habita la semilla de Dios, el Logos. De nuevo hay una referencia a la pasión. Como se ungían con sangre las puertas de las casas, también con sangre se lavan ahora las vestiduras. Y la imagen es parecida: antes la casa (οἶκος), ahora el vestido (στολή) en el que habita (οἰκεῖ) el Logos. Sobre el simbolismo del vestido cf. C. GRANADO, "Simbolismo del vestido. Interpretación patrística de Gén 49, 11", *EE* 59 (1984) 313-357.

[38] Cf. *Adv. haer.* V, 6, 2 (SC 153, 80-82): "Unde et templum Dei plasma esse ait: Nescitis, dicens, quoniam templum Dei estis et Spiritus Dei habitat in vobis? Si quis templum Dei uiolauerit, disperdet illum Deus: templum enim Dei sanctum est, quod estis uos, manifeste corpus templum dicens in quo habitat Spiritus. Quemadmodum et Dominus de eo ait: Soluite hoc templum, et in tribus diebus suscitabo illud. Hoc autem, inquit, dicebat de corpore suo" (cf. Jn 2, 21). El paralelismo es válido si tenemos en cuenta la relación que hay para Justino entre el Espíritu y el Logos, su portador. Así, puede decir que el hombre es templo del Logos o del Espíritu. Cf. AYÁN, *Antropología* (95): Son "dos maneras de expresar una misma realidad: el hombre es morada del Verbo, manantial del Espíritu, o el hombre es morada del Espíritu que no se dona sino por la mediación del Logos".

[39] Cf. ORBE, *En torno a la Encarnación* (121ss).

[40] Σαρκοποιηθείς: cf. I 32, 10; I 66, 2; D 45, 4; D 84, 2; D 87, 2; D 100, 2.

[41] Cf. I 66, 3.

conoce la imagen de la Iglesia como un solo cuerpo formado por muchos miembros[42]. En el trasfondo parece estar 1 Co 10, 17, que relaciona la Eucaristía con la unidad del cuerpo de la Iglesia. Con todo esto podemos concluir: al aludir aquí a σῶμα se está relacionando la Encarnación con la Eucaristía y la Iglesia; el cuerpo de Cristo, con el único cuerpo que forman los cristianos.

Para precisar esta relación pensemos que en el contexto inmediato (D 70) usa Justino imágenes del Templo (la piedra desprendida sin mano de hombre de Dn 2, 34, el nacimiento de Cristo de la piedra, la alusión al nacimiento de la Iglesia en una cueva). Son imágenes con doble vertiente, cristológica y eclesial. De la piedra angular, Cristo, nacen los cristianos, como una piedra nacida de otra piedra.

No es difícil sacar conclusiones. Por un lado, cuerpo de la Iglesia que se alimenta del cuerpo de Cristo, nacido en Belén. Por otro, Templo de la Iglesia que nace de la piedra angular, Cristo. La equivalencia entre Templo y cuerpo la hemos probado ya para los cristianos. ¿No se desprende de aquí que también el cuerpo de Cristo es la piedra angular del Templo? Es muy posible que detrás esté Jn 2, 21: "Él se refería al Templo de su cuerpo".

Conclusión

Podemos entonces explicar en todo su alcance el símbolo de la cueva. Cristo nace en ella dando así a entender un gran misterio. Su cuerpo se desprende sin mano de hombre de la gran montaña, como de una cavidad en la roca. Es decir: es formado por querer y voluntad del Padre, hecho piedra angular de un nuevo templo.

A su vez, el nacimiento en la cueva mira hacia el futuro: preanuncia el nuevo nacimiento de los cristianos, extraídos de la piedra angular. También ellos nacen en la cavidad de la roca, que es ahora el cuerpo de Cristo. Y se convertirán en templos del Logos. Es posible que Justino piense en el costado abierto de Jesús como la cavidad en donde nace la Iglesia.

La Iglesia nace entonces del cuerpo de Cristo, el mismo que vio la luz en Belén. Se pone de relieve así la importancia soteriológica de este cuerpo. Formado por el poder y voluntad del Padre, según reflejo perfecto

---

[42] Cf. D 42, 3: "los malvados, sometidos a Él, obedecerían a su mandato y vendrían a ser todos como un niño. Tal puede verse en el cuerpo (ἐπὶ τοῦ σώματος), pues contándose en él muchos miembros, todos, en conjunto, se llaman y son un solo cuerpo (ἓν καλεῖται καὶ ἔστι σῶμα). Por modo semejante, un pueblo, una Iglesia, aunque formados por muchos en número, se llaman y denominan con un solo nombre, como si fueran una cosa única".

de la generación divina; apto por tanto para llevar al hombre al conocimiento del Padre y para cumplir plenamente su designio.

Ahora bien, decir que la Iglesia nace del cuerpo de Cristo equivale a establecer una relación entre el ser de los cristianos y la carne del Salvador. Y esto implica, en primer lugar: el cristiano participará de esta misma disposición filial que Cristo tiene por su nacimiento inenarrable en Belén[43].

En segundo lugar, hemos de recordar lo que es la carne que Cristo asume. Según concluimos en el capítulo anterior se trata de una componente del hombre que ha de ser modelada en el tiempo, por su interacción con el mundo creado y, sobre todo, por la acción divina sobre ella. Así, por la carne se hace el hombre capaz de crecer y de ir progresando en la semejanza con Dios. Todo esto indica que habrá que considerar el arco entero de la vida de Cristo para explicar el nacimiento de la Iglesia, extraída del cuerpo de Cristo. No sólo su alumbramiento en Belén: toda la historia de Jesús en la carne tendrá un significado preciso para prefigurar la nueva vida de los cristianos.

Retengamos de este apartado un último punto. Hemos dicho que la cueva es un símbolo. En él se cumple la profecía de Isaías; se muestra a su vez que el cuerpo de Cristo nace por poder y voluntad del Padre; y se preanuncia, en fin, el nacimiento de la Iglesia, también en una cueva. Veremos que estas dimensiones aparecen en otros episodios de la vida de Cristo, de nuevo en torno a los *símbolos* que éste realiza. Podremos hablar, así, de una dimensión *simbólica* de su existencia. Con esto se quiere decir que los misterios en carne son, por un lado, cumplimiento de las profecías antiguas; por otro, muestran en profundidad el misterio paterno, del que Cristo es en su carne traducción visible; pero además tienen una proyección futura, desvelando, como profecía definitiva, la historia de los cristianos.

2. La llamada de los magos

Los datos que hemos recabado acerca del lugar del nacimiento de Cristo prolongan lo dicho sobre la Encarnación. Muestran, en efecto, el origen de Jesús: nacido en la cueva, procede del Padre y no de varón; venido al mundo en Belén, hereda las promesas y bendición de sus antepasados. Todo esto era fundamento para el nacimiento del pueblo nuevo que de Él surgiría.

Se pone ahora en marcha, una vez nacido el niño, su historia. En este trabajo estamos siguiendo el punto de vista de los misterios para

---

[43] Sobre la transmisión de la filiación de Cristo a los cristianos (cf. sobre todo D 123, 9- D 129) dijimos ya *supra*, cap. III, pp. 142-147.

acercarnos a la cristología de Justino. Esto nos fuerza a abandonar una perspectiva puramente estática: debemos observar a la vez a Cristo en acción. En nuestro enfoque serán esenciales los distintos ritmos y etapas del tiempo del Salvador entre los hombres.

No hay que esperar mucho para ver cómo se comporta Jesús. Justino se detiene a describirnos sus primeros pasos, en verdad agitados, al hilo del episodio de los magos y la persecución de Herodes (Mt 2, 1-23). La ocasión la ofrece el comentario a Is 7, 14, la profecía de la virgen. Para mostrar que la Escritura se refiere a Cristo, y no al rey Ezequías, es esencial Is 8, 4, que Justino lee fuera de su lugar, entre Is 7, 16a y 16b:

> Antes de que conozca y prefiera el mal, escogerá el bien (Is 7, 16a). Porque antes de que el niño sepa decir "padre" y "madre" tomará la potencia de Damasco y los despojos de Samaria delante del rey de los asirios (Is 8, 4). Y será tomada la tierra que tú soportas duramente, por causa de dos reyes (Is 7, 16b) (citado en D 43, 6; D 66, 3).

Justino nunca piensa que haya interpolación alguna en el texto que maneja. Antes de poder decir "padre" o "madre", recibirá el niño gran fuerza venciendo a potencias extranjeras. Esto no se puede aplicar en ningún caso a Ezequías. Si este rey llevó a cabo hazañas militares, lo hizo siendo adulto. Sólo Jesús cumplió gestas victoriosas, todavía bebé.

La prueba de Justino es fácil de resumir. Dice el profeta que el niño tomará la potencia de Damasco y el botín de Samaria delante del rey de los asirios. He aquí la explicación: Cristo arrancará sus rehenes al demonio que habitaba en Damasco (= Arabia, cf. D 78, 10) y que recibe la apelación de "Samaria" por su iniquidad (cf. D 78, 10). Este botín son ciertos hombres que eran sus esclavos: los magos, venidos de Ramá, en Arabia, a adorar al niño (cf. D 78, 8). Todo se llevará a cabo delante del rey de los asirios, es decir, del rey Herodes, equiparado a los asirios por su maldad (cf. D 77, 4)[44].

El relato que sigue es el de la adoración de los magos según el Evangelio de Mateo. Pero en la historia se introducen además los datos que aporta Lucas, y esto en forma un tanto desordenada[45]. Primero se presenta a los magos, quienes se informan en Jerusalén sobre la estrella, adoran luego al Niño, y reciben después la orden de volver por un camino distinto (D 78, 1-2). Debería seguir entonces la matanza de los inocentes,

---

[44] Tertuliano depende de Justino en su exégesis; cf. *Adv. Marc.* III, XIII (SC 399, 122-130).

[45] Otto (*ad locum*, 277, nota 1) supone toda la historia (D 78, 1-8) un gran paréntesis para demostrar la crueldad de Herodes, afirmada en D 77, 4. Así se culmina con la matanza de los inocentes y se continua luego la exégesis de Is 8, 4 (D 78, 9). Es justa la conexión entre la maldad del rey (constatada al comienzo) y el final de la narración (el asesinato de los niños). Pero esto no explica por sí solo la larga relación del mártir.

pero Justino da marcha atrás para narrar las dudas de José, su huida a Belén, y la orden de escapar a Egipto (D 78, 3-5). Nuevo retroceso, para dar fe del nacimiento en la cueva (D 78, 6). Sólo entonces se nos relata la historia de los infantes asesinados por el tirano (D 78, 7-8).

Tratemos de buscar alguna explicación a este modo curioso de narrar la historia. Para ello hemos de tener en cuenta el intento último del mártir en su exégesis de Is 8, 4. Para que su prueba sea válida ha de insistir en que: (1) es un niño el que vence (y no puede hablarse por tanto de Ezequías); (2) lo hace entablando un combate (para que se vea cumplida la profecía en él: "tomará la potencia de Damasco...").

Protagonismo de Dios Padre

Teniendo esto a la vista quiero poner de relieve algunos aspectos del relato suficientes para aceptar que hay una lógica en nuestro texto, a despecho de la inconsecuencia aparente. Tal vez a Justino no le ha interesado tanto seguir la sucesión cronológica de la historia, cuanto dar relieve a algunas de sus características.

Notemos en primer lugar cómo todo se concentra en la acción del Padre. Es él quien, por medio de revelaciones y órdenes, va guiando los acontecimientos en lo que se refiere a los magos, a José, a María. Es interesante cómo se repiten continuamente los verbos ordenar (κελεύω) y revelar (ἀποκαλύπτω).

En efecto, se ordena primero a los magos, por revelación, volver por otro camino[46]. Toca luego el turno a José, a quien, mediante una visión, se ordena recibir a María[47]. Después se ordena a ambos esposos marchar a Egipto[48], hasta que de nuevo se les revela que han de regresar[49]. Tanto de José y María[50] como de los magos[51] se insiste en que actuaron según se les había ordenado.

Esta acción del Padre, que aquí se expresa con las revelaciones y órdenes, está atestiguada en otro lugar del Diálogo (D 102, 2). Comentando Sal 21, 10 (el Padre es para Cristo la esperanza desde los pechos de su madre), Justino hace ver que es el Padre quien libera a Jesús del ataque

---

[46] Cf. D 78, 2: ἔπειτα κατὰ ἀποκάλυψιν... ἐκελεύθησαν...

[47] Cf. D 78, 3: δι' ὁράματος κεκέλευστο...

[48] Cf. D 78, 4: καὶ αὐτὸς ἅμα τῇ Μαρίᾳ κελεύεται... Se ha observado que Justino habla en este contexto de José y María (y no solo de José) como destinatarios del mensaje del ángel: cf. BAUER, Das Leben Jesu (83). Puede deberse al interés por resaltar la fragilidad del niño, y que son su padre y su madre (de quienes hace mención la profecía) los destinatarios de la revelación divina, encargados de salvarle.

[49] Cf. D 78, 4: ἄχρις ἂν αὐτοῖς πάλιν ἀποκαλυφθῇ.

[50] Cf. D 78, 7: ὡς καὶ αὐτοῖς ἀποκεκάλυπτο.

[51] Cf. D 78, 7: κατὰ τὰ κελευσθέντα αὐτοῖς.

de Herodes. Se contrapone así la persecución del rey a la salvación de Dios.

> el rey Herodes había determinado matarle, y por mandato de Dios, tomando José al niño, se retiró con María a Egipto... (ἐπεβούλευσεν ἀνελεῖν αὐτόν, καὶ κατὰ τὴν τοῦ θεοῦ κέλευσιν) [...] Y es que el Padre había determinado (ἐκεκρίκει) que [...] no muriera [*hasta el tiempo por Él decidido*] (D 102, 2).

Aparece aquí además una contraposición entre el plan de Herodes y el del Padre. Este aspecto estaba ya presente en las líneas de D 77-78 que estamos estudiando. A las órdenes salvadoras de Dios se contraponen las asesinas de Agripa:

> Herodes, pues, como no volvieran a verle los magos de Arabia, como les había pedido que hicieran (ὡς ἠξίωσεν αὐτοὺς ποιῆσαι), sino que, siguiendo la orden que se les dio (κατὰ τὰ κελευσθέντα), marcharon a su país por otro camino; como José, juntamente con María y el niño, según a ellos también se les había revelado, habían salido ya para Egipto; no conociendo al niño [...] ordenó matar (ἐκέλευσεν ἀναιρεθῆναι) sin excepción a todos los niños de Belén (D 78, 7).

Dios da órdenes; también el tirano. Pero en muy distinto modo: si el Padre salva la vida de su Hijo, el rey acaba con multitud de inocentes; si Dios, conocedor del futuro, revela su designio, Herodes, ignorante, es burlado por los magos y desconoce dónde se encuentra Jesús (cf. D 78, 1; D 78, 7).

Todo lo dicho cuadra con lo que habíamos señalado como marco de lectura de estas páginas. Está por un lado la fragilidad y pequeñez del niño; llevado y traído, tiene sólo en el Padre su esperanza, nada puede por sí. Tenemos, por otro, la lucha que establece Herodes, *rey de los asirios* según el profeta (Is 8, 4), contra Jesús.

Los verdaderos combatientes

Pero es importante notar que no es Herodes el principal antagonista del niño. Junto a él aparece la acción del demonio:

> Por lo demás, al decir Isaías: "Tomará la potencia de Damasco y los despojos de Samaria", quiso significar que, apenas nacido Cristo, sería por Él vencida la potencia del demonio malo, que mora en Damasco, cosa que se ve haberse cumplido. Porque los magos, que habían sido antes presa del demonio para la realización de toda suerte de malas acciones cumplidas por virtud de aquél, una vez que vinieron y adoraron a Cristo se ve cómo se apartaron de aquella potencia que los había combatido, la que la Palabra nos dijo misteriosamente que tenía su morada en Damasco (D 78, 9).

Esta es la principal victoria de Cristo: rescatar el botín que guardaba el tentador. No custodiaba éste celosamente un tesoro de oro y plata: se trataba de hombres, los magos de Arabia, servidores de la potencia malvada y pecadora que allí vivía. Así la lucha de fondo se establece entre el niño, protegido por el Padre, y el diablo.

Por otra parte, los dos enemigos de Jesús, Herodes y el demonio, están emparentados. La acción de Herodes es descrita como la de alguien sin Dios ni ley (D 77, 4: ἄθεον καὶ ἄνομον); la del demonio como pecadora e injusta (D 78, 10: ἁμαρτολόν καὶ ἄδικον). Si uno se equipara con los asirios (cf. D 77, 4), el otro con Samaria (cf. D 78, 10), ambos por su inicuo proceder.

Este paralelo Herodes – demonio recurre de nuevo en comentario al salmo 21, sobre la pasión de Cristo. El león que ruge (Sal 21, 14) contra Cristo es Herodes, dice Justino (D 103, 3-4). No se le escapa al mártir que Jesús se las tuvo que ver con dos reyes: el padre le persiguió nada más nacer; el hijo se burló de él en su pasión. Por tener el mismo nombre, los dos Herodes son de algún modo semejantes en la maldad, personifican la misma figura, según una execrable herencia. Entra en juego una transmisión del nombre que comunica lo negativo igual que lo bueno. Prueba de esta semejanza es que la Escritura engloba a ambos bajo la denominación de "asirios"[52].

Ahora bien, el león que ruge puede ser también el diablo (D 103, 5). Justino ha hablado en el mismo contexto (D 100, 6) del demonio y los hombres que se le asemejan, como algo contrapuesto a la filiación que viene de Cristo y salva al hombre. Es una especie de filiación en el mal por semejanza en las acciones malvadas, opuesta a la filiación y semejanza con Dios[53]. Hable de Herodes o del diablo, piensa Justino en el poder maligno que Satanás ejerce, bien directamente, bien a través de sus secuaces. De nuevo: la lucha de fondo, más allá de Herodes, se realiza contra Satanás.

Además de la dependencia clara de Is 8, 4, ¿no habrá aquí una referencia a la parábola del hombre fuerte al que derrota el más fuerte que él?[54] Leamos el texto evangélico:

---

[52] En D 103, 4 se aplica este calificativo a Herodes Antipas. Justino no lo explica, de ahí que haya parecido a algún intérprete un añadido: cf. SKARSAUNE, *The Proof* (437): "There is a striking lack of correspondence between text and narrative [...] The narrative takes no notice of 'to Assyria'..." El detalle, sin embargo, tiene su sentido considerando lo que hemos expuesto. Justino piensa en lo que ha dicho sobre el Herodes padre, llamado rey de los asirios en D 77, 4, y pasa directamente a aplicar esta denominación al hijo.

[53] Sobre esta filiación diabólica, cf. *supra*, cap. III, pp. 171.

[54] Comentada explícitamente por San Ireneo, cf. *Adv. haer.* III, 8, 2 (SC 211, 90ss).

Cuando uno fuerte y bien armado custodia su palacio, sus bienes están en seguro; pero si llega uno más fuerte que él y le vence, le quita las armas en las que estaba confiado y reparte sus despojos (ἐπὰν δὲ ἰσχυρότερος αὐτοῦ ἐπελθὼν νικήσῃ αὐτόν, τὴν πανοπλίαν αὐτοῦ αἴρει ἐφ᾽ ᾗ ἐπεποίθει καὶ τὰ σκῦλα αὐτοῦ διαδίδωσιν) (Lc 11, 22).

La mención de la victoria (D 78, 9: νικηθήσεσθαι), y del botín arrancado al demonio (D 78, 9: οἱ μάγοι ἐσκελευμένοι ἦσαν), indican en esta dirección; pero también el hecho de que se diga de Herodes, representante del diablo, que no conocía el plan del que es más fuerte que todos, el Padre (D 103, 3: μὴ ἐπιστάμενος [Herodes] τὴν τοῦ ἰσχυροτέρου πάντων βουλήν). El más fuerte que vence al diablo y le arranca el botín es el Padre por medio de Cristo.

El niño se muestra más poderoso que el demonio que habita en Damasco. Se entabla un combate en torno al hombre, por liberarlo de la antigua esclavitud a que fue sometido desde los tiempos de Adán. La conversión de los magos se indica con términos opuestos a la apostasía del demonio (cf. D 125, 4), mostrando cómo Cristo viene a deshacer su obra (cf. D 78, 9: "se separaron (ἀποστάντες) de aquella potencia que les había tomado como botín").

La historia de los magos es así el primer episodio de un combate que terminará solo con la segunda venida de Cristo[55]. Pertenece a la misión redentora del Salvador liberar a Adán y los suyos de la tiranía de Satanás[56].

La fuerza del Espíritu

Fijémonos en otro aspecto del mismo combate. ¿Cuál era la esclavitud de los magos? Desde luego, no les retenía el demonio con cadenas o cárceles. Su cautiverio era de orden más profundo, interior. Los magos mostraban por sus obras que eran esclavos de la potencia maligna. Esta actuaba a través de ellos, con secreta energía:

Pues los magos, [...] habían sido tomados como botín para todas las malas acciones obradas por aquel demonio (οἱ γὰρ μάγοι, οἵτινες ἐσκυλευμένοι ἦσαν πρὸς πάσας κακὰς πράξεις, τὰς ἐνεργουμένας ὑπὸ τοῦ δαιμονίου ἐκείνου) (D 78, 9).

---

[55] Cf. infra, cap. VII, apdo. 2.2, p. 471.
[56] Cf. Ireneo, Adv. haer. III, 16, 4 (SC 211, 302). Según este texto, ya en su infancia expoliaba Jesús al hombre de su error y lo hacía su propio botín. Estas son, dice Ireneo, obras del Cristo. La escena que se comenta es la del encuentro con Simeón en el Templo: "Iam enim spoliabat homines, auferens ignorantiam ipsorum, suam autem agnitionem eis donans et dispartitionem faciens eorum qui cognoscebant eum, quemadmodum Esaias: Voca, inquit, nomen eius: Velociter spolia, celeriter dispartire. Haec sunt autem opera Christi".

Las acciones las obraba el demonio por medio de ellos. La escena recuerda a la de otros magos, los de Faraón en Egipto:

Y sabemos que los magos de Egipto intentaron equipararse a la fuerza[57] obrada por Dios a través de su fiel servidor Moisés (καὶ ἐν Αἰγύπτῳ ὅτι μάγοι ἦσαν ἐξισοῦσθαι τῇ δυνάμει τῇ ἐνεργουμένῃ διὰ τοῦ πιστοῦ θεράποντος Μωυσέως ὑπὸ τοῦ θεοῦ...) (D 79, 4).

Frente al diablo, que es llamado por Justino "potencia" (δύναμις), aparece la potencia de Dios. Ambas actúan en los hombres. El uso, en ambos casos, del verbo ἐνεργεῖν muestra el paralelo[58].

¿Cuál es la potencia de Dios? En el caso de Moisés no puede caber duda. Los prodigios los obraba el servidor de Dios por una fuerza que le fue concedida a través de Cristo (cf. I 62, 4). Es el Espíritu, potencia dinámica de Dios, con el que se ungía a reyes, sacerdotes y profetas, ya desde el inicio de la historia salvífica (cf. D 86, 3).

Volvamos ahora a la victoria del niño sobre el diablo en Belén. Se repite la derrota de la δύναμις enemiga de Dios. Igual que Moisés, vence Cristo con la potencia del Espíritu divino.

Llegando los magos, le adoraron. En efecto, nada más nacer ya tenía la fuerza de Él [del Espíritu] (γεννηθεὶς δύναμιν τὴν αὐτοῦ ἔσχε) (D 88, 2).

Había preguntado Trifón por la venida del Espíritu sobre Jesús, según el profeta (Is 11, 2). Si era el Cristo preexistente, ¿cómo tenía necesidad de que vinieran sobre Él los dones que enumera Isaías: "espíritu de piedad y sabiduría, de ciencia y temor del Señor..."? Responde el mártir: ya de niño tenía Él la fuerza del Espíritu. Y lo prueba: recordad el episodio de los magos, rescatados por su poder del demonio, hechos adoradores del verdadero Dios.

Desde su infancia se muestra el Niño como poseedor del Espíritu. Esto no extraña si tenemos a la vista la unción precósmica que enseña Justino. El Logos, desde antes de la creación, es el que en plenitud posee la δύναμις de Dios. Con ella unge el mundo y actúa en la historia. Ahora, encarnado, muestra ser el mismo que dio a Moisés participación de su Espíritu. Si ya en el Nilo era derrotado el demonio, mucho más ahora, cuando quien combate es el Cristo.

Esto muestra la continuidad sin fisuras de la historia de salvación. El mismo Espíritu que vencía al demonio en Egipto lo vence ahora en Arabia. Actuaba antes Satanás por los siervos del Faraón; obra ahora por

---

[57] El singular indica que Justino no se refiere aquí a los milagros obrados por Dios, sino que está pensando en la fuerza donada a Moisés, potencia por la que obrará grandes milagros.

[58] Es término técnico en Justino. Se usa para hablar de la acción de Dios o del demonio a través del hombre; cf. *infra*, p. 227.

los magos. La posición del mártir contrasta con la propuesta gnóstica, que veía Espíritus distintos en acción. Uno era el del Pacto Antiguo, otro el de la Alianza Nueva. Esto correspondía con su distinción de dioses: el Demiurgo psíquico y el Padre sumo y bueno. Conllevaba una separación de hombres con diferentes destinos.

Lo contrario ocurre en Justino. Para él hay una sola lucha, la de Dios y el demonio. Y ambos quieren conquistar al único hombre. Uno solo es por tanto el Espíritu. Esa continuidad entre alianzas se muestra de otro modo en el mismo misterio de la Epifanía. Veámoslo.

La voz del Logos

Analicemos con algo más de detalle la matanza de los inocentes:

> Y había sido profetizado a través de Jeremías, que esto iba a pasar, al decir por medio de él el Espíritu Santo: Una voz se ha oído en Ramá, llanto y lamento grande. Raquel que llora por sus hijos, y no quería ser consolada porque no existen (Φωνὴ ἐν ῾Ραμᾶ ἠκούσθη, κλαυθμὸς καὶ ὀδυρμὸς πολύς· ῾Ραχὴλ κλαίουσα τὰ τέκνα αὐτῆς, καὶ οὐκ ἤθελε παρακληθῆναι, ὅτι οὐκ εἰσί) (Jr 38 [TM 31], 15) Por tanto, por la voz que había de escucharse desde Ramá, es decir desde la Arabia (pues existe hasta ahora un lugar en Arabia llamado Ramá) el llanto había de adueñarse del lugar donde está enterrada Raquel (διὰ οὖν τὴν φωνήν, ἣ ἔμελλεν ἀκούεσθαι ἀπὸ ῾Ραμᾶ, τοῦτ᾽ ἔστιν ἀπὸ τῆς ᾽Αρραβίας (ἔστι γὰρ καὶ μέχρι τοῦ νῦν τόπος καλούμενος ἐν ᾽Αρραβίᾳ ῾Ραμᾶ, κλαυθμὸς ἔμελλεν τὸν τόπον καταλαμβάνειν, ὅπου ῾Ραχήλ [...] τέθαπται) [...] es decir, el llanto llenaría Belén (D 78, 8).

Sigue Justino el relato de Mateo (Mt 2, 17-18) y comenta la profecía de Jeremías. Tanto el profeta como el evangelista equiparan la voz (Φωνή) y el lamento (κλαυθμός): se trata de un paralelismo en el que ambas palabras se refieren al llanto de las mujeres betlemitas. La identificación es inmediata si consideramos que Ramá es una localidad cercana a Belén[59].

Sin embargo Justino distingue. Una cosa es la voz, otra el lamento. De hecho, Ramá no se encuentra para él al lado de la ciudad de David; al contrario, es una localidad de Arabia. La relación entre la voz y el llanto es de causa a efecto: por lo escuchado en Ramá vienen las lágrimas a Belén.

Al situar Justino la voz en Arabia la pone en relación con los magos que de allí vienen. Se refiere a una voz escuchada por ellos, que tuvo como consecuencia la muerte de los inocentes. ¿Se puede entender por esta voz

---

[59] W.D. DAVIES - D.C. ALLISON, *The Gospel according to Saint Matthew* (Edinburgh 1988) (268s). Sobre la exégesis del pasaje entre los antiguos, cf. C. RITTER, *Rachels Klage im antiken Judentum und frühen Christentum. Eine auslegungsgeschichtliche Studie* (AGJU 52; Boston 2003).

una llamada que les invitaba a ponerse en camino? En otros lugares del Diálogo habla Justino de la voz (φωνή) aplicada a la predicación evangélica[60]. Especialmente un pasaje ilumina la llamada de los magos:

¿Qué ventaja, pues, le concedió aquí Cristo a Abraham? El haberle llamado por su voz con el mismo llamamiento que a nosotros, al decirle que saliera de la tierra en que habitaba (ὅτι διὰ τῆς ὁμοίας κλήσεως φωνῇ ἐκάλεσεν αὐτόν, εἰπὼν ἐξελθεῖν ἀπὸ τῆς γῆς ἐν ᾗ ᾤκει). Por la misma voz nos llamó también a nosotros (δι' ἐκείνης τῆς φωνῆς ἐκάλεσε) y ya hemos salido de aquella manera en que vivíamos y malvivíamos al hilo de los otros moradores de la tierra [...]. Y es así que como aquél creyó a la voz de Dios (τῇ φωνῇ τοῦ θεοῦ ἐπίστευσε) y le fue reputado como justicia, también nosotros, tras creer a la voz de Dios, la que nos ha hablado nuevamente por medio de los Apóstoles de Cristo (τῇ φωνῇ τοῦ θεοῦ, τῇ διά τε τῶν ἀποστόλων τοῦ Χριστοῦ λαληθείσῃ) y la que se nos ha predicado por los profetas, hemos renunciado hasta la muerte a todo lo del mundo (D 119, 5-6).

La voz que llama a los magos no puede ser otra que la del Logos, la que llamó a Abraham a salir de su tierra y llama a todos los pueblos a conversión por la predicación de los Apóstoles. También los magos dejan su tierra y se apartan del demonio que los tiranizaba. De hecho, la misma estrella que guió a los de Oriente hasta la gruta parece ponerse en relación con la multitud de astros que se prometió al Patriarca como descendencia:

Y que Él había de levantarse como una estrella por medio del linaje de Abraham, lo manifestó Moisés cuando dijo: *Se levantará una estrella de Jacob y un caudillo de Israel*. Y otra escritura dijo: *Mirad a un hombre. Su nombre es Oriente*. Levantándose, pues, en el cielo una estrella apenas hubo nacido Cristo, como se escribe en los Recuerdos de sus Apóstoles, reconociéndole por ella los magos de Arabia, vinieron y le adoraron (D 106, 4).

El episodio de los magos se nos presenta así como anticipo de la vocación cristiana, en línea con la llamada de Abraham. Sólo con la resurrección hallará cumplimiento la promesa. Pero resalta ya el poder y la divinidad del niño que nace en la cueva.

Un poco más avanzado el Diálogo (D 83) hablará Justino de la derrota de los demonios, precisamente por un llamamiento de Cristo. Está interpretando el Sal 109, que los judíos atribuían a Ezequías. Las palabras de David: *Vara de poder enviará sobre Jerusalén y dominará en medio de tus enemigos* (Sal 109, 2), las aplica Justino a la predicación de Jesús en la Ciudad Santa. La vara es la palabra de la vocación y de la conversión (ὁ λόγος τῆς κλήσεως καὶ τῆς μετανοίας) a todos los pueblos,

---

[60] Cf. D 42, 1; D 119, 6.

sometidos por los demonios. Las líneas siguientes recuerdan el episodio de los magos:

> Nuestro Jesús, empero, sin haber aún venido glorioso, envió a Jerusalén una vara de justicia, es decir la palabra de la vocación y conversión dirigida a todas las naciones, en que dominaban los demonios [...] y su poderosa palabra persuadió a muchos a abandonar los demonios a quienes servían y a creer por Él en el Dios omnipotente... (D 83, 4).

Tras estas líneas retomará Justino la explicación de Is 7, 14, hablando por fin del signo de la virgen. Llama la atención esta continuidad entre el episodio de los magos en D 77-78 y la explicación del Sal 109. ¿No habrá un hilo conductor que atraviese esta sección del Diálogo, entre D 78 y D 83?

Un marco más amplio

Hemos probado que D 77-78 tiene como tema principal la lucha entre Dios y el diablo. El Padre actúa por José, María, los magos; el demonio por medio de Herodes. El niño, aún infante, derrota a la potencia que apresaba a los magos. Según esto, se entiende que Justino, en D 79, se ocupe en demostrar la existencia de ángeles malvados. La conexión entre este número y los anteriores es clara[61].

Después pasa el mártir a hablar de los mil años en la Jerusalén reconstruida (D 81-82)[62]. Acto seguido, el comentario al salmo 109 (D 83, 4), al que hemos aludido más arriba, se centra de nuevo claramente en la derrota del demonio, que comenzó con los magos (D 77-78). También en comparación con Ezequías se muestra ahora Jesús más poderoso.

Hay sin embargo diferencias entre D 77-78 (Is 8, 4) y D 83 (Sal 109). En el primer caso se da una victoria del niño, y Justino constata que Ezequías no consiguió de pequeño victoria alguna. En el segundo el contraste se pone entre Ezequías, que tiene que ser salvado por Dios sin poder nada por su cuenta, y la autoridad que brota del mismo Jesús:

> ¿Y quién no está enterado de que no fue Ezequías quien envió vara de poder sobre Jerusalén ni dominó en medio de sus enemigos, sino Dios quien apartó a los enemigos de Ezequías, que lloraba y se lamentaba? Nuestro Jesús, empero,

---

[61] Al contrario de lo que piensa PRIGENT, *Justin et l'Ancient Testament* (20s) y de acuerdo con Otto (*ad locum*, 284s, nota 1). Prigent no tiene suficientemente en cuenta lo importante que es el combate con el demonio en D 77-78.

[62] D 81-82 se puede ligar a D 79 como hace PRIGENT, *Justin et l'Ancient Testament* (20ss). De fondo se encuentra la recapitulación, evocada en la lucha con el diablo, que invita a Justino a hablar del cumplimiento definitivo. Nuestro análisis amplía a D 77-83 la unidad que PRIGENT veía en D 79-82.

sin haber venido glorioso, envió a Jerusalén una vara de justicia, es decir la palabra de la vocación y conversión dirigida a todas las naciones... (D 83, 3).

Así se muestra también la diferencia entre lo acaecido en Belén y lo que traerá la vida pública. Ahora se ha resaltado la acción del Padre, pues nada podía el niño por sí solo. Después la acción de Dios tendrá una cualidad nueva, pues actuará a través del mismo Jesús. Justino insiste en la divinidad de Cristo en Belén y en su posesión del Espíritu. Pero señala a la vez que Belén no es todavía la plenitud. No basta el nacimiento del niño para derrotar al diablo. Su acción no llega todavía a la potencia que adquirirá cuando el hombre se haga maduro.

Conclusión

La vida de Cristo empieza bajo el signo de un feroz combate. En la primera batalla presentan su estrategia los dos adversarios. Cristo, el abandono en su Padre, que cuenta con la obediencia de María y José. El diablo, la tiranía: la que mantiene a los magos cautivos, la que ejerce por el rey Herodes.

Esta lucha con el tentador no es una anécdota en la vida de Jesús. Al corazón de su misión pertenece la derrota de la serpiente: hacer volver a Adán y los suyos al Padre. Que apostaten del que les hizo apostatar. Tendremos ocasión de volver ampliamente sobre este punto al estudiar las tentaciones del desierto.

De momento nos basta mostrar la coherencia con la Alianza Antigua. Ya muchos antes lucharon con el diablo. Les apoyaba el Cristo, portador del Espíritu. Así Moisés, adversario de la magia del Faraón. Así Abraham, obediente a la voz del Logos.

En continuidad con los siglos pasados, obra ahora Cristo hecho hombre. Los magos son la primera muestra. Ante el portador en plenitud del Espíritu, δύναμις de Dios, veían ellos derrotado al demonio opresor, δύναμις maligna. Además, como el patriarca Abraham, oían la llamada que les invitaba a dejar su tierra para adorar a Dios. Los magos se presentan así como primicias de la vocación cristiana.

Victoria, pues, de Jesús niño. ¿Victoria definitiva? Más bien batalla ganada, mientras sigue la guerra. En Belén, ni está derrotado el demonio, ni libre el hombre. Muchos elementos muestran que el lance fue solo parcial.

En efecto, la llamada del Logos no se escucha por toda la tierra; nada más se oye en Ramá; no alcanza a todo hombre, sino solo a los magos. Por otra parte, Justino hace hincapié en la fragilidad del bebé. Esto lo distingue de Ezequías, rey adulto. Por ser frágil, el niño no alcanza esa victoria sino dejándose proteger por el Padre. La acción de Dios se muestra a través de José y María, de la fe y obediencia de los magos.

Es cierto: Cristo recibe siempre todo del Padre[63]. Pero muchos son los modos de la presencia paterna, de la actuación de su Espíritu. Llegará el momento en que el mismo Cristo se muestre poderoso (siempre por don del Padre) a través de su misma predicación. De momento debe ser traído y llevado, y el Padre vela por Él con sus revelaciones y órdenes[64]. Cuando crezca no se limitará, como Ezequías, a llorar y suplicar la salvación mientras Dios elimina a sus enemigos (cf. D 83, 4).

Podríamos preguntarnos: ¿no podía Cristo haber derrotado ya definitivamente al demonio? El plan del Padre va por otros caminos. No basta que el Verbo se haya encarnado; no basta que sea el Cristo y posea el Espíritu en plenitud. Debemos seguir analizando la vida de Jesús, comenzando por su crecimiento.

3. Crecimiento de Jesús durante la vida oculta

Que el Niño había de crecer estaba ya profetizado en la Escritura. Y también que su vida estaría durante este tiempo oculta a los hombres:

Y en los libros de los profetas encontramos anunciado de antemano que iba a venir, que iba a nacer por medio de una virgen y que iba a llegar a edad de varón (ἀνδρούμενον), y que iba a curar toda enfermedad y toda debilidad... (I 31, 7).

También fue predicho que Cristo, después de nacer, había de vivir oculto a los otros hombres (ὡς δὲ καὶ λήσειν ἔμελλε τοὺς ἄλλους ἀνθρώπους) hasta llegar a edad de varón (ἄχρις ἀνδρωθῇ) (I 35, 1)[65].

---

[63] Cf. D 101, 1-2.

[64] Para los gnósticos valentinianos se daba también un progreso en la acción del Espíritu sobre Jesús. Sólo en el Bautismo ocurría la iluminación, cuando su humanidad estaba dispuesta para ello. Aceptaban, sin embargo, acciones del Espíritu anteriores al Jordán, en la misma infancia. Las explicaban como actuación exterior a la humanidad del Niño, sin tener en cuenta su desarrollo. Y, por lo mismo, no perfectamente salvadoras para el hombre. Al respecto cf. ORBE, *La unción del Verbo* (430).

[65] Junto a este escondimiento de Cristo se encuentra también profetizado que iba a ser desconocido por los hombres: "iba a ser envidiado y desconocido (ἀγνοούμενον) y crucificado" (I 31, 7). Es necesario, sin embargo, distinguir ambos hechos. (a) Permaneció primero oculto a los hombres, hasta su manifestación en el Jordán: se cumple así una profecía. (b) A partir de entonces debía ya ser reconocido como Cristo; y, sin embargo, pasaría ante los judíos sin que se dieran cuenta de quién era. Para Justino esta segunda profecía explicaba el hecho, extraño a primera vista, de que Israel no hubiera reconocido a su Cristo. La cosa la usaba Marción para hacer valer la diferencia entre el Mesías profetizado y Jesús: puesto que no había sido aceptado por los de su raza, no era Jesús el Cristo del Antiguo Testamento. Los eclesiásticos se defendían: el rechazo de Israel ya

En parte concuerda aquí Justino con la tradición rabínica, defendida por Trifón[66]. El Cristo permanecería desconocido hasta que lo ungiera Elías. Dice el judío:

En cuanto al Cristo, si es que ha nacido y está en alguna parte, es desconocido (ἄγνωστος), y ni él se conoce a sí mismo (καὶ οὐδὲ αὐτός πω ἑαυτὸν ἐπίσταται) ni tiene poder alguno, hasta que venga Elías a ungirle y le manifieste a todo el mundo (D 8, 4)[67].

Estaba profetizado, pues, su crecimiento, en vida oculta a los hombres. Que esta etapa merezca un oráculo divino es señal de su importancia. Pertenece a la disposición paterna sobre el Hijo; indica así que es relevante para la salvación del hombre. No será vano, por tanto, examinar con detalle estos años de escondimiento.

3.1. Hasta alcanzar la madurez para acercarse al Bautismo

Comencemos analizando la escritura a que Justino se refiere cuando dice que el crecimiento de Cristo ya estaba anunciado:

También fue predicho que Cristo, después de nacer, había de vivir oculto a los otros hombres hasta llegar a edad de varón (ἄχρις ἀνδρωθῇ). Escuchad lo que a este propósito fue anticipadamente dicho, que es de este tenor: *Un niño* (παιδίον) *nos ha nacido, un joven* (νεανίσκος) *nos ha sido regalado, cuyo imperio sobre sus propios hombros...* (Is 9, 5) (I 35, 1-2).

A primera vista, nada parece decir Isaías sobre el crecimiento de Jesús. Pero analizando el texto más en detalle, vemos que Justino no sigue aquí a los LXX, que leen hijo (υἱός) en vez de joven (νεανίσκος). Precisamente en este detalle se apoya la exégesis del mártir: en el paso del niño al joven se significa que Cristo había de llegar a edad adulta[68]. Resulta interesante atender a la división de la vida en edades, división corriente en el siglo segundo. Ireneo nos ha conservado estas etapas principales de la existencia[69]. La del hombre joven (iuventus - νεανίας)

---

estaba predicho. La palabra de Justino se explica perfectamente leyendo a Tertuliano, que dedica al asunto largas páginas: cf. *Adv. Marc.* III, VI (SC 399, 76-84).

[66] Cf. SKARSAUNE, *The Proof* (266).

[67] Hemos visto ya cómo rechaza Justino que el Cristo no tenga poder alguno antes del Bautismo: cf. D 88, 2: καὶ γὰρ γεννηθεὶς δύναμιν τὴν αὐτοῦ ἔσχε: es decir, tuvo ya de niño la fuerza del Espíritu. Por otro lado, cuando el mártir afirma que "había de vivir oculto *a los otros hombres*" (I 35, 1) condena también implícitamente el extremismo de Trifón. Éste no admitía siquiera que el Cristo se conociera a sí mismo. Justino, que conoce el evangelio de Lucas, pudo sin duda leer el episodio del niño perdido en el Templo (Lc 2, 41-52) e inferir de ahí que Jesús no ignoraba su propio misterio.

[68] Cf. SKARSAUNE, *The Proof* (146).

[69] Cf. *Adv. haer.* II, 22, 4 (SC 292, 220-222): "Ideo per omnem uenit aetatem [...] infans, paruulus, iuuenis, senior"; cf. II, 22, 5 (SC 292, 222-224).

corresponde mejor con lo que hoy diríamos madurez[70]. Precede a la ancianidad e indica la plenitud del vigor humano. Casa así perfectamente con la expresión citada de Justino: hasta llegar a edad de varón (ἄχρις ἀνδρωθῇ).

Ireneo da además por sentado que esta etapa comienza a los treinta años. Es precisamente la edad del Bautismo de Jesús[71], conforme a Lc 3, 23. Este dato lo recoge también Justino como duración de la vida oculta[72]. Podemos con esto concluir que, cuando el mártir lee νεανίσκος en el profeta, piensa en Jesús en el momento de acercarse al Jordán, y lo ve hombre ya maduro.

Otro pasaje del Diálogo lo corrobora. Dice Justino que Jesús debía predicar la palabra del Padre "una vez llegado a edad de varón (ἀνδρωθέντα)"[73]. Tendremos ocasión de ver que la predicación comienza justo tras el Bautismo, ligada al descenso del Espíritu en el Jordán[74]. El dato apunta, por tanto, en la misma dirección que los anteriores. El momento del Bautismo coincide con el desarrollo humano completo de Jesús: este es el valor del verbo ἀνδρόω[75].

Con esto tenemos el marco para comprender la vida oculta del Señor: (a) es el tiempo, por un lado, del crecimiento hasta el pleno vigor, hasta que Jesús se haga un hombre; (b) está, por otra parte, delimitada por el Bautismo del Jordán: veremos que a la luz de este acontecimiento se entienden, por contraste, los años de Nazaret.

3.2. Según el común de todos los hombres

¿Qué hizo Jesús durante esta larga etapa de su vida? Los evangelistas son avaros en detalles. Lucas habla dos veces del crecimiento del Niño (Lc 2, 40; Lc 2, 52) y trae también el relato del viaje a Jerusalén, a los doce años (Lc 2, 41-52). A esta parquedad se atiene Justino cuando nos cuenta:

> Y creciendo según el común de todos los demás hombres (αὐξάνων κατὰ τὸ κοινὸν τῶν ἄλλων ἁπάντων ἀνθρώπων), mediante el uso de lo que se le adaptaba, iba dando a cada crecimiento lo propio (ἑκάστη αὐξήσει τὸ

---

[70] Cf. la nota de Rousseau, *ad locum* (SC 293, p. 286, nota 3): "La quatrième étape est définie comme celle du 'jeune homme' (νεανίας), c'est-à-dire de l'homme dans la plénitude de sa vigueur".

[71] Cf. *Adv. haer.* II 22, 4 (SC 292, 220-222): "Quia autem XXX annorum aetas prima indolis est iuuenis et extenditur usque ad quadragesimum annum, omnis quilibet confitebitur".

[72] Cf. D 88, 2.

[73] Cf. D 102, 2.

[74] Cf. D 88, 6-8.

[75] Cf. Liddell-Scott, s.v. ἀνδρόω: "to become a man, reach manhood".

οἰκεῖον ἀπένειμε), alimentándose de todos los alimentos; y permaneció así durante treinta años más o menos, hasta que le precedió Juan... (D 88, 2).

Precisamente en Lucas parece inspirarse el mártir. Al decir que Jesús crece (αὐξάνων), sigue Lc 2, 40 (τὸ δὲ παιδίον ηὔξανεν...). Ya hemos dicho que toma de Lc 3, 23 los años de Jesús al empezar la vida pública. Un detalle nos permite observar un leve desplazamiento de interés. Lucas habla de treinta como la edad de Jesús en el momento en que llega al Jordán. Justino da el mismo número, pero para medir el tiempo que Jesús permanece oculto (τριάκοντα ἔτη [...] μείνας). Vemos en Justino una tendencia a dar más relieve a la estancia de Jesús en Nazaret.

Este interés por fijarse en los años ocultos del Salvador fue general en los primeros siglos. Florecieron los relatos sobre la infancia que suplían la escasa información de los evangelistas. Frente a ellos contrasta, sin embargo, la sobriedad del mártir.

En efecto, nada encontramos de las historias milagreras sobre Jesús niño que cuentan los apócrifos[76]. Estas se propagaron tanto en campo herético como eclesiástico. Más allá del gusto por la anécdota y por satisfacer la curiosidad popular, había un intento teológico: el niño era ya de pequeño superior a todos y poseía una sabiduría divina. Para algunos gnósticos esto fundamentaba la existencia de una enseñanza secreta, transmitida a unos elegidos. Ireneo recoge, por ejemplo, la doctrina de los marcosianos que presentan a Jesús superando, por un conocimiento de lo incognoscible, a sus maestros[77].

En campo eclesiástico testimonian estos apócrifos la tendencia a retrotraer los sucesos de la vida pública a los primeros años de Jesús. Se rellenaba el hueco de lo desconocido con material del ministerio posterior. Se conseguía así, es cierto, realzar la condición divina del Maestro. Pero a precio de quitar valor específico a los años ocultos, uniformando su existencia terrena con el patrón de su última etapa.

Para Justino, sin embargo, conserva la vida oculta un sentido propio, una misión específica en el plan divino. Para desentrañarla analizaremos las líneas apenas citadas. Es cierto que éstas dicen poco en sí mismas. Pero hablan con claridad si las colocamos en el contexto más amplio de la teología y cultura de su tiempo.

Hay en primer lugar una frase un tanto misteriosa: iba dando a cada crecimiento lo propio (ἑκάστη αὐξήσει τὸ οἰκεῖον ἀπένειμε). Resulta τὸ οἰκεῖον ser término técnico filosófico; pertenece al vocabulario estoico sobre el desarrollo de la conciencia en hombres y

---

[76] Cf. BAUER, *Das Leben Jesu* (87ss).
[77] *Adv. haer.* I, 20, 1 (SC 264, 288); cf. ORBE, *Cristología gnóstica* (467-469).

animales[78]. El primer movimiento de éstos a su fin, impulso instintivo, consiste en una apropiación de sí mismos (οἰκείωσις), en una reflexión por la que reconocen su propio ser y tienden a defender su vida y a rehuir lo que la amenaza[79]. Hay aquí una crítica a la ética de Epicuro, basada en el placer. Si es verdad que en esa relación con el propio ser (τὸ οἰκεῖον) el hombre siente gusto, se trata esto de un fenómeno concomitante, nunca de lo esencial. Lo que importa no es seguir al placer, sino a la naturaleza propia. Para el hombre la οἰκείωσις es un proceso que consiste en adaptarse al Logos, su verdadera natura.

Sabemos que en el Diálogo Justino emplea muchos términos con trasfondo filosófico[80]. Sin necesidad de seguir la idea estoica en todos sus particulares, bien pudo usar un término extendido, dándole su significado más obvio. Si es así, se describe el despertar de la conciencia de Jesús como un proceso común a todo hombre. Además, la οἰκείωσις tenía para la Stoa otra connotación. Con el término expresaban los del Pórtico la hermandad del género humano. Superados los límites de la πόλις griega, supieron dar expresión al cosmopolitismo que constituía el espíritu de su tiempo[81].

Justino comparte sin titubeos esta idea de la hermandad universal[82]. Al insistir en que Cristo crece según el común de todos los hombres (αὐξάνων κατὰ τὸ κοινὸν τῶν ἄλλων ἀπάντων ἀνθρώπων), refleja este pensamiento. Ahora bien, el mártir no basa esta hermandad solamente en el seguimiento que todo hombre hace del Logos. Un elemento fundamental es para él compartir la misma carne pasible, tener las

---

[78] Cf. Stoicorum Veterum Fragmenta III (ed. VON ARNIM, 43); el término era también utilizado en el platonismo medio, donde se formó Justino. Cf, por ejemplo, ALCINOOS, *Didaskalikos* XXXII (ed. WHITTAKER, 65-66).

[79] Cf. POHLENZ, *Die Stoa* (135ss).

[80] Puede verse A. WARTELLE, "Quelques remarques sur le vocabulaire philosophique de saint Justin dans le Dialogue avec Tryphon", *Les apologistes chrétiens et la culture grecque* (ed. B. POUDERON - J. DORE) (ThH 105; Paris 1998) 67-80.

[81] La conocida expresión de Terencio: "Homo sum; humani nil a me alienum puto", se inspiraba, probablemente, en esta filosofía. El opuesto de *alienum* (ἀλλότριον) es en el sistema estoico lo común a la naturaleza humana, es decir: τὸ οἰκεῖον. Sobre la frase de Terencio dice POHLENZ, *Die Stoa* (136s): "Die Gesinnung wie der Wortlaut, namentlich das Wort ,fremd' (ἀλλότριον), das für die Stoa der terminologische Gegenbegriff zu ,zugehörig' (οἰκεῖον) ist, erinnern so unmittelbar an die Stoa, daß man an direkte Beeinflussung denken kann. Jedenfalls hat erst die Stoa durch ihre theoretische Begründung diesem Menschheitsempfinden die volle Tragkraft gegeben und die griechische Beschränkung auf das eigene Volkstum endgültig überwunden".

[82] Dice hablando a paganos: ὑπὲρ ὑμῶν, ὁμοιοπαθῶν ὄντων καὶ ἀδελφῶν (II 1, 1). Y en el Diálogo, refiriéndose a todos los hombres: ὄντων πάντων τῇ φύσει ἀδελφῶν" (D 134, 6). Cf. también D 96, 2.

mismas pasiones (ser ὁμοιοπαθής)[83]. Esta componente se desvelará esencial, como hemos de ver en lo que sigue, para entender el crecimiento de Jesús.

3.3. El crecimiento de Jesús en el designio del Padre

Ya lo hemos dicho: si el crecimiento de Jesús está profetizado es porque pertenece a la disposición paterna para salvar al hombre. El mismo Justino desarrollará esta idea, cuando comente un versículo del Sal 21:

> Así las palabras: "Mi esperanza desde los pechos de mi madre" (Sal 21, 10). Nada más nacer él en Belén, como dije, enterado el rey Herodes por los magos de Arabia de lo referente a él, decidió matarle, y José, según el mandato de Dios, lo tomó a él y a María y se fue a Egipto. Pues sólo después que, llegado a edad de varón, hubiera predicado su palabra, había determinado el Padre que fuera condenado a muerte aquel a quien había engendrado (μετὰ γὰρ τὸ κηρύξαι αὐτὸν τὸν παρ' αὐτοῦ λόγον ἀνδρωθέντα ὁ πατὴρ θανατωθήσεσθαι αὐτὸν ἐκεκρίκει ὃν ἐγεγεννήκει) (D 102, 2).

Si el niño escapa a la persecución de Herodes es porque así lo prevé el designio del Padre. Se plantea aquí una división de la vida de Jesús en tres partes: crecimiento (ἀνδρωθέντα)[84], predicación de la palabra (μετὰ τὸ κηρύξαι), muerte (θανατωθήσεσθαι). La partición no es arbitraria, responde a la decisión divina. Las líneas que añade Justino son de gran interés:

> Y si alguno nos dijera: ¿No podía Dios mejor matar a Herodes?, me adelanto a decirle: ¿Y no podía Dios en el principio haber eliminado a la serpiente y no tener que decir: "Y pondré enemistad entre ti y la mujer, entre su descendencia y la tuya" (Gn 3, 15)? ¿No podía Dios crear inmediatamente una muchedumbre de hombres? Pero como Él sabía que era cosa buena, creó libres para obrar con justicia (ἐποίησεν αὐτεξουσίους πρὸς δικαιοπραξίαν) a los ángeles y hombres, y determinó los tiempos hasta que Él sabe ha de ser bueno que posean libre albedrío (τὸ αὐτοεξούσιον ἔχειν αὐτούς). Y porque igualmente lo tuvo por bien, estableció juicios universales y particulares (καθολικὰς καὶ μερικὰς κρίσεις ἐποίει), sin atentar, sin embargo, contra el libre albedrío (πεφυλαγμένου τοῦ αὐτοεξουσίου). De ahí que la palabra dice, en la construcción de la torre, en la multiplicación y confusión de las lenguas: "Y dijo el Señor: Mirad aquí una sola raza y un solo labio. Y esto han empezado a hacer. Y ahora no desistirán de cuanto deseen hacer" (Gn 11, 6) (D 102, 3-4).

Justino establece un paralelismo entre estos dos párrafos recién citados. Para notarlo hemos de recordar que la figura de Herodes y la del diablo

---

[83] Cf. TRAKATELLIS, *The pre-existence* (165); cf. *supra* cap. III, p. 164.

[84] Recuérdese: éste era precisamente el verbo indicado en las profecías: I 31, 7; I 35, 1.

están emparentadas[85]; el rey malvado es imitador de la serpiente, hombre que a Satanás se asemeja. Con esto no será difícil ver que se contraponen el niño y Herodes por un lado, los primeros hombres y el diablo por otro: a) ¿No podía Dios haber matado a Herodes? Sin embargo le dejó perseguir al niño; le permitió vivir de forma que otro Herodes, heredero de su nombre y malicia, actuó todavía contra él en la Pasión. b) ¿No podía Dios haber acabado con la serpiente? Sin embargo dejó que tentara a Adán y Eva y mantuviera después su señorío sobre el género humano. Veamos esto en detalle:

En la infancia de Jesús, que escapa a Herodes (D 102, 2)	En la tentación y pecado de Eva en el paraíso (D 102, 3-4)
Herodes	La serpiente
Dios no mata a Herodes	Dios no acaba con la serpiente
Hay un designio de Dios, un juicio (ἐκεκρίκει), visto en el crecimiento, muerte y predicación del Hijo.	Hay un designio de Dios, que no deja impune el pecado, sino que juzga (καθολικὰς καὶ μερικὰς κρίσεις ἐποίει)[86]
Se pone de manifiesto la espera de Dios: sólo después de llegar a edad de varón y haber predicado, había de morir el Hijo (μετὰ γὰρ τὸ κερύξαι... ἀνδρωθέντα).	Dios tiene en cuenta también el tiempo (χρόνους ὥρισε). No crea de golpe (εὐθύς) una multitud de hombres.
El remedio de Dios es la obra de Cristo ya adulto: la predicación y la cruz.	El remedio de Dios viene por la descendencia de la mujer (Cristo, según D 100, 6).

Notemos en primer lugar el protagonismo del Padre. En la infancia de Jesús es Él quien salva al niño, Él quien determina el ritmo de su vida; en la historia de la humanidad es Él quien crea al hombre y al ángel, quien tiene el dominio sobre el tiempo y quien juzga, a lo largo y al cabo de los siglos.

Esta insistencia nos hace pensar en adversarios determinados: Marción y los gnósticos. Las preguntas que Justino plantea (¿no podía Dios mejor

---

[85] Cf. *supra*, en la página 196 de este capítulo.

[86] Parece se refiera aquí Justino a los juicios particulares que Dios lleva a cabo a lo largo de la historia, como la torre de Babel o Sodoma y Gomorra. Sobre estos juicios de Dios en la historia, en relación con el juicio definitivo cf. *Adv. haer.* IV, 36, 4 (SC 100/2, 892); cf. también *Adv. haer.* IV, 28, 1 (SC 100/2, 754). Justino distingue de los juicios particulares los universales; puede estar refiriéndose al Diluvio y, sobre todo, al juicio universal, cuando llegue la resurrección de los muertos: cf. D 81, 4.

matar a Herodes?, ¿por qué no acabó enseguida con la serpiente?) parecen del gusto de quien desprestigia al Dios creador para ensalzar otro de más rango. Y en efecto, los herejes reprochaban al Demiurgo su comportamiento cuando el pecado del hombre y su impotencia ante la acción del diablo. Prueba de esto son algunas páginas de Tertuliano e Ireneo que bien pudieran haberse inspirado en el perdido *Adversus Marcionem* de Justino[87]. Un breve análisis de estos textos nos permitirá profundizar en el pensamiento del mártir.

Comencemos por el escritor africano. Las objeciones que se plantea ante Marción suenan muy parecidas a las preguntas que acabamos de leer en Justino. El del Ponto acusaba al Creador de no haber intervenido para evitar la caída del hombre. En concreto, acerca de la figura de Satanás: ¿cómo le dejó tentar con tanto descaro a los primeros padres? Tertuliano responde acudiendo al libre albedrío, magno don del Creador a su criatura. Para resguardarlo renuncia Dios a usar de su presciencia y potencia absoluta, y no aleja del árbol al tentador. Si lo hubiera hecho, ¿no le reprocharía entonces Marción su inconstancia y futilidad?[88]

A continuación Tertuliano amplia perspectivas. Dios respeta la libertad, pero esto no significa que abdique de su previsión y dominio. Prevé una victoria final sobre la serpiente con las mismas armas con que Adán fue derrotado:

> Certamini enim dedit spatium, ut et homo eadem arbitrii libertate elideret inimicum, qua succiderat illi, probans suam, non Dei culpam, et ita salutem digne per uictoriam recuperaret, et diabolus amarius puniretur ab eo, quem eliserat ante, deuitus, et Deus tanto magis bonus inueniretur, sustinens hominem gloriosiorem in paradisum ad licentiam decerpendae arboris vita, iam de vita regressurum[89].

Su respuesta a Marción se deja resumir en dos puntos. Primero, Dios permite la tentación y caída del hombre, porque le ha creado libre y es fiel con la obra que ha hecho. Segundo, Dios prevé también la derrota

---

[87] Ireneo conoció esta obra y la cita; y es sabido que el *Adversus Marcionem* de Tertuliano sigue en muchos casos a Justino. Basta para comprobar esto el estudio de PRIGENT, *Justin et l'Ancient Testament*.

[88] Cf. TERTULIANO, *Adv. Marc.* II, VII, 1-3 (SC 368, 54-58): "Tenens enim grauitatem et fidem Dei [...] nec illud miraberis, quod Deus non intercesserit aduersus ea, quae noluit euenire, ut conseruaret ea, quae uoluit [...] consequens erat, uti Deus secederet a libertate semel concessa homini, id est contineret in semetipso et praescientiam et praepotentiam suam, per quas intercessisse potuisset [...] Denique puta intercessisse, puta rescidisse illum arbitrii libertatem, dum reuocat ab arbore, dum ipsum circumscriptorem colubrum a congressu feminae arcet: nonne exclamaret Marcion: O Dominum futilem, instabilem, infidelem, rescindentem quae instituit?".

[89] Cf. TERTULIANO, *Adv. Marc.* II, X, 5-6 (SC 368, 78).

definitiva del diablo por el hombre libre. ¿Hay en estas líneas una alusión a Cristo, que vencerá definitivamente al tentador?[90]

Notemos las similitudes con la página de Justino. El mártir habla también del libre albedrío que Dios concede al hombre y no quiere quebrar. Hay un plan divino y un decreto determinado, pero se lleva a cabo quedando siempre a buen recaudo el libre arbitrio de la criatura (πεφυλαγμένου τοῦ αὐτοεξουσίου). La frase que se oye en Babel tras caer la torre expresa la determinación del Padre de no frustrar con violencia lo que quiera hacer el hombre: *Y esto han empezado a hacer. Y ahora no desistirán de cuanto deseen hacer* (Gn 11, 6 en D 102, 4).

Por otra parte, el paralelismo que plantea Justino coloca el plan divino para salvar al hombre en un claro horizonte cristológico. Así lo atestiguan la cita del protoevangelio (Gn 3, 15)[91] y la mención de la muerte de Cristo (ὁ πατὴρ θανατωθήσεσθαι αὐτὸν ἐκεκρίκει), por la que Dios destruirá de modo definitivo a la serpiente[92].

Vayamos ahora a unas páginas de Ireneo que pondrán de relieve otros aspectos. Los adversarios son los gnósticos, ante quienes se defiende la bondad de Dios. De nuevo plantean estos una dificultad contra el Creador, impotente para evitar el pecado de ángeles y hombres:

> Sed oportebat, inquit, eum neque angelos tales fecisse ut possent transgredi, neque homines qui statim ingrati exsisterent in eum, quoniam rationabiles et examinatores et judiciales facti sunt, et non, quemadmodum irrationabilia sive inanimalia quae sua voluntate nihil possunt facere sed cum necessitate et vi ad bonum trahuntur, in quibus unus sensus et unus mos, inflexibiles et sine judicio, qui nihil aliud esse possunt praeterquam quod facti sunt[93].

En el planteamiento de la objeción da ya Ireneo su respuesta[94]. Dios no quiso forzar a su creatura, no pretendió arrastrarla al bien. Se arriesgaba, sí, a que ésta pecara, pero concedía también un don más grande, haciendo al hombre capaz de crecimiento. Mientras los animales permanecen siempre en su ser primero, puede el hombre rebasar su imperfecta constitución inicial para alcanzar la semejanza con Dios[95].

---

[90] Cf. la alusión a las tentaciones en *Adv. Marc.* V, VI, 7 (CCL 1, 680); cf. *Adv. Prax.* I, 1-2 (CCL 2, 1159).

[91] Cf. ALDAMA, *María en la patrística* (294-295).

[92] Cf. D 100, 6 y *passim*. Estos dos extremos, el respeto de la libertad y la previsión divina que no abandona a su creatura, los recoge bien una frase de Ireneo, que expresa el mismo pensamiento que Justino. Dios quiere vencer "non cum vi [...] sed secundum suadelam [...] ut neque quod est iustum confringeretur neque antiqua plasmatio dei deperiret", cf. *Adv. haer.* V, 1, 1 (SC 153, 18s).

[93] Cf. IRENEO, *Adv. haer.* IV, 37, 6 (SC 100/2, 934-936).

[94] Cf. A. ORBE, *Teología de San Ireneo IV* (BAC.SMa 53; Madrid 1996) (509).

[95] Cf. A. ORBE, "Homo nuper factus", *Gregorianum* (1965) 481-544.

La respuesta sigue la línea que ya hemos resaltado en Justino. El acento se pone en la libertad humana. También para el mártir el libre albedrío fue dado al hombre para que, haciendo de él buen uso, pudiera ser llamado hijo de Dios[96]. La última frase de Ireneo (*qui nihil aliud esse possunt praeterquam quod facti sunt*) encuentra un paralelo en la primera Apología. Dice allí Justino que, sin libertad, no podría el hombre superar su constitución primera: οὐδὲν δυνάμενος εἶναι ἕτερον παρ᾽ ὃ ἐγεγόνει[97].

El obispo de Lión va a completar enseguida su razonamiento[98]. No le basta responder con el libre albedrío. Hay otra pregunta que requiere argumentos distintos, esbozada ya en las líneas anteriores:

Si hic dicat aliquis: Quid enim! non poterat ab initio Deus perfectum fecisse hominem? sciat quoniam Deus quidem cum semper sit idem et innatus, quantum ad ipsum est, omnia possibilia ei; quae autem facta sunt ab eo, secundum quod postea facturae initium habuerunt, secundum hoc et minora esse oportuit eo qui se fecerit. Nec enim poterant infecta esse quae nuper facta sunt...[99]

¿Por qué no hizo Dios al hombre perfecto de un solo trazo? La respuesta supone toda la antropología de Ireneo[100]. Plasmado de la tierra, el elemento principal del hombre es la carne. Humilde por su origen, tiene el privilegio de poder crecer, asimilando lo divino. Pero para esto se requiere paciencia. La historia humana es el lento modelarse del barro, hasta adquirir la semejanza con Dios. Con este trasfondo escuchemos de nuevo a Justino:

Y si alguno nos dijera: ¿No podía Dios mejor matar a Herodes?, me adelanto a decirle: ¿Y no podía Dios en el principio haber eliminado a la serpiente y no tener que decir: "Y pondré enemistad entre ti y la mujer, entre su descendencia y la tuya" (Gn 3, 15)? ¿No podía Dios crear inmediatamente (εὐθύς) una muchedumbre de hombres (πλῆθος ἀνθρώπων)? (D 102, 3).

Lo que estamos diciendo sobre el libre albedrío explica bien el comienzo del texto. Ni mató Dios a Herodes ni eliminó a la serpiente: respetaba así la libertad de sus creaturas. Desconcierta, sin embargo, la

---

[96] Cf. D 124, 4.

[97] Cf. I 43, 8: "Porque no hizo Dios al hombre a la manera de las otras criaturas, por ejemplo, árboles o cuadrúpedos, que nada pueden hacer por libre determinación; pues en este caso no sería digno de recompensa o alabanza, no habiendo por sí mismo escogido el bien, sino nacido ya bueno; ni, de haber sido malo, se le castigaría justamente, no habiéndolo sido libremente, sino por no haber podido ser otra cosa que lo que fue hecho".

[98] Hasta aquí, la respuesta es la misma que dieron Clemente Alejandrino y Orígenes, basada ante todo en el libre albedrío; cf. ORBE, "Homo" (504-508).

[99] Cf. *Adv. haer.* IV, 38, 1 (SC 100, 942s).

[100] Cf. ORBE, *Teología IV* (519-520).

pregunta final: "¿No podía Dios crear inmediatamente una muchedumbre de hombres?"

Notemos que esta "multitud" (πλῆθος) aparece con frecuencia en el Génesis en relación con la promesa de Abraham. En Gn 17, 4 dice Dios al Patriarca: "serás padre de muchedumbre de gentes" (πατὴρ πλήθους ἐθνῶν). En Gn 32, 13 esa multitud se equipara con la arena del mar: es una imagen conocida de Justino[101]. El texto de Gn 48, 16, en que José bendice a Manasés, habla de que su descendencia "se multiplicará" hasta llegar a ser una multitud (πληθυνθείησαν εἰς πλῆθος πολὺ ἐπὶ τῆς γῆς). Si relacionamos esta cita con el mandato de "multiplicarse", dado en Gn 1, 28 (αὐξάνεσθε καὶ πληθύνεσθυε καὶ πληρώσατε τὴν γῆν), podemos atisbar el origen de la pregunta de Justino.

En efecto. El mártir alude al plan de Dios de llenar la tierra de hombres. Este designio se desarrolla con el correr del tiempo, de generación en generación. Se liga a la descendencia de Adán y Eva y luego a la promesa y bendición de los patriarcas. La pregunta es: ¿por qué no llegó de golpe esta multitud de hombres? ¿Por qué hubieron de correr entre medias tantos siglos?

Creo que si Justino se plantea este interrogante es porque para él, como para Ireneo, el problema de fondo no es únicamente el de la libertad humana, que Dios quiere respetar. Hay también una preocupación por el tiempo del hombre. Y la razón de esta inquietud es idéntica que en el obispo de Lión: una antropología cuyo elemento principal es la carne. Pues sólo la carne requiere historia; sólo ella establece nuestra solidaridad de destino con Adán y Eva[102] y transmite la respuesta de fe de los patriarcas[103].

El mismo Justino insinúa en otro pasaje el largo camino que al hombre es necesario para llegar a la visión de Dios. Ésta no es cosa que se alcance de golpe. Así pensaba él antes de hacerse cristiano, y ahora califica de insensata tal pretensión:

> me imaginaba haberme hecho sabio en un santiamén (ὀλίγου χρόνου), y mi necedad me hacía esperar que de un momento a otro (ὑπὸ βλακείας) iba yo a contemplar al mismo Dios. Pues tal es el blanco de la filosofía de Platón (D 2, 6).

---

[101] Cf. D 120, 2; cf. *supra*, cap. 2, p. 96.

[102] Es este el aspecto en que insiste AYÁN, *Antropología* (209), cuando estudia el pasaje que nos está ocupando: "También hubiera podido [Dios] iniciar su proyecto con una muchedumbre de hombres y no con una sola pareja. Así, aunque en el inicio de la historia hubiese pecado una pareja, el resto de la humanidad, al no descender de ésta, hubiese quedado al margen de las consecuencias del pecado. Sin embargo, Dios no lo quiso así".

[103] Cf. *supra*, cap. III, apdo. 2.3, p. 168.

Esta preocupación se concreta en las expresiones temporales que Justino usa en el pasaje que estamos analizando (D 102, 2-4): a) En primer lugar, al referirse a la vida de Cristo: sólo llegado a edad de varón (ἀνδρωθέντα) predicará la palabra; sólo después de predicar (μετὰ γὰρ τὸ κηρύξαι) será condenado a muerte. b) En segundo lugar, al hablar de la historia humana: el Padre determinó los tiempos (χρόνους ὥρισε) hasta que conoció que era bueno que el hombre conservase la libertad (μέχρις οὗ ἐγίνωσκε καλὸν εἶναι...), y desistió de crear inmediatamente (εὐθύς) una multitud de hombres.

Después de este análisis podemos, por tanto, decir que el mártir coloca la vida de Cristo en paralelo con la historia humana. Esto corresponde al plan del Padre, que quiere respetar: (1) la libertad del hombre y (2) su constitución en carne, necesitada de lento crecimiento. Veamos las consecuencias que de este paralelo se desprenden para la cristología.

a) Con la carne, asume el Logos el tiempo del hombre

La larga espera que Dios determina para la humanidad corresponde en la vida de Cristo a los años ocultos de Nazaret. Del mismo modo que el hombre ha de crecer y no puede llegar de golpe a su meta, así también Cristo. El tiempo de vida oculta se hace necesario por exigencias de la carne que el Logos asume.

Desde aquí se puede leer la afirmación de Justino de que Jesús crecía: "Creciendo según el común de todos los demás hombres" (αὐξάνων κατὰ τὸ κοινὸν τῶν ἄλλων ἁπάντων ἀνθρώπων)[104]. El verbo crecer lo encontramos otra vez en Justino citando Gn 1, 28, el mandato de Dios al hombre: "creced y multiplicaos"[105]. Resulta que Ireneo verá en esta frase la necesidad de que el hombre crezca, según la propiedad de la carne que estamos considerando. Por la semejanza de posiciones, bien podría haber sido esta la exégesis de Justino[106].

Cristo crecía, pues; el hecho se debe a que asumió verdadera carne, y crecer es propio de la carne. La postura de Marción, que es en este caso el adversario principal, confirma este aserto *a contrario*. También manifiesta Marción extrema coherencia entre sus concepciones del hombre, de la historia, de Cristo. En correspondencia con su desprecio de la materia, obra del Creador, no veía el hereje nada positivo en el Testamento Antiguo. De acuerdo con estos presupuestos quería a Jesús hombre de un golpe, sin necesidad de esperar el tiempo de madurez. Su postura la sinte-

---

[104] Cf. D 88, 2.

[105] Cf. D 62, 1.

[106] Cf. *Adv. haer.* IV, 11, 2 (SC 100/2, 498-500): "Crescite et multiplicamini. Et hoc Deus ab homine differt, quoniam Deus quidem facit, homo autem fit. Et quidem qui facit semper idem est, quod autem fit, et initium et medietatem et adiectionem et augmentum accipere debet..." Y cf. lo que dijimos *supra*, p. 214s, sobre el mandato de llenar la tierra.

tizó Tertuliano: en vez del lento crecimiento (*diu infans, vix puer, tarde homo*) fue Cristo *semel grandis, semel totus*[107].

b) El crecimiento de Cristo comunica la salvación al hombre

No es sólo que la carne imponga su lento proceso de maduración. Este crecimiento en Nazaret tiene un valor salvífico para los hombres.

El paralelo que ha establecido Justino en D 102, 2-4 (vida de Cristo, historia del mundo) no es una comparación sin peso. Corresponde, por el contrario, a un plan del Padre y a su juicio sobre la humanidad (cf. D 102, 4: κρίσεις ἐποίει). Juicio que ejerce también cuando determina los ritmos vitales del Salvador (nótese el uso del verbo κρίνω en D 102, 2: ἐκεκρίκει). El mismo Dios que al inicio de la historia humana promete enemistad entre el diablo y la descendencia de la mujer (Gn 3, 15 en D 102, 3), dirige la historia de Cristo hacia la muerte en cruz (D 102, 2), derrota definitiva del enemigo. Al englobar la vida oculta en este paralelo le adjudica Justino un cometido salvífico en el plan de Dios.

Este alcance soteriológico del crecimiento de Cristo encaja con la concepción de Justino que sabemos por otros lugares. Recordemos una frase que nos ha merecido largo estudio en el capítulo anterior:

pues Él, por amor nuestro, se hizo hombre, para ser particionero de nuestras pasiones, y sanarlas (II 13, 4).

Hemos visto que las pasiones son para Justino ante todo una propiedad de la carne, una consecuencia de que el hombre sea "pasible". Para relacionar su afirmación con el crecimiento de Cristo hemos de volver por un momento a Ireneo, en el mismo contexto en que le hemos citado hace poco. Habla contra los gnósticos, que quieren ser perfectos de golpe, sin aceptar con paciencia los tiempos que el hombre requiere. De ellos dice que no aceptan "lo que han sido hechos, hombres capaces de pasiones (*homines passionum capaces*), sino que se saltan la ley del género humano (*supergredientes legem humani generis*)"[108]. Tenemos aquí idéntico concepto de "pasión" al que hemos determinado en Justino.

---

[107] Cf. TERTULIANO, *Adv. Marc.* IV, XXI, 11 (SC 456, 274): "[el Cristo de Marción] nec sale ac melle medicatus, nec pannis iam sepulturae involucrum initiatus, nec exinde per inmunditias inter sinus volutatus, molestus uberibus, diu infans, vix puer, tarde homo, sed de caelo expositus, semel grandis, semel totus, statim Christus, spiritus et virtus et deus tantum".

[108] Cf. IRENEO, *Adv. haer.* IV, 38, 4 (SC 100/2, 956): "Irrationabiles igitur omni modo qui non exspectant tempus augmenti et suae naturae infirmitatem adscribunt Deo. Neque Deum neque semetipsos scientes, insatiabiles et ingrati, nolentes primo esse hoc quod et facti sunt, homines passionum capaces, sed supergredientes legem humani generis, et antequam fiant homines jam volunt similes esse Factori Deo et nullam esse differentiam infecti Dei et nunc facti hominis".

Ireneo saca las consecuencias para la cristología en otro lugar de su obra. Dice allí que Cristo debió recorrer todas las edades de su vida, para santificarlas a todas. Así, "no se saltó al hombre ni deshizo en sí su ley del género humano" (*neque supergrediens hominem neque solvens suam legem in se humani generis*)[109]. Cristo no comparte los remilgos gnósticos por el crecimiento del hombre[110]; no se salta la ley del género humano. Es que ha aceptado ser lo que desprecian los herejes: *homo capax passionum*. La expresión, como en Justino, traduce el ser del hombre como creatura. La hallamos ahora enclavada precisamente en el contexto del crecimiento de Jesús.

Estos paralelismos nos hacen ver cómo Ireneo y Justino se mueven sobre un terreno común. Las pasiones denotan la ley de la carne, incluido el tiempo y el crecimiento. Cristo las asumió, y con ello aceptó recorrer todas las etapas de la vida. El mártir asegura que lo hizo así para sanarnos. Atribuyó de este modo valor salvífico a la monótona vida de Nazaret. Por eso, cuando dice que Jesús "iba dando a cada crecimiento lo propio" (cf. D 88, 2: ἑκάστῃ αὐξήσει τὸ οἰκεῖον ἀπένειμε) hay que entenderlo a la luz del texto de Ireneo arriba citado. Cristo santificaba, a su paso, todas las edades:

---

[109] Cf. *Adv. haer.* II, 22, 4 (SC 294, 220ss): "Magister ergo existens, magistri quoque habebat aetatem, non reprobans neque supergrediens hominem neque solvens suam legem in se humani generis, sed omnem aetatem sanctificans per illam quae ad ipsum erat similitudinem. Omnes enim venit per semetipsum salvare: omnes, inquam, qui per eum renascuntur in Deum, infantes et parvulos et pueros et iuvenes et seniores. Ideo per omnem venit aetatem, et in infantibus infans factus, sanctificans infantes; in parvulis parvulus, sanctificans hanc ipsam habentes aetatem, simul et exemplum illis pietatis effectus et iustitiae et subiectionis; in iuvenibus iuvenis, exemplum iuvenibus fiens et sanctificans Domino: sic et senior in senioribus, ut sit perfectus magister in omnibus, non solum secundum expositionem veritatis, sed et secundum aetatem, sanctificans simul et seniores, exemplum ipsis quoque fiens; deinde et usque ad mortem pervenit, ut sit primogenitus ex mortuis, ipse primatum tenens in omnibus, princeps vitae, prior omnium et praecedens omnes"; cf. también IV, 38, 2 (SC 100/2, 950): "Et propter hoc coinfantiatum est homini Verbum Dei, cum esset perfectus, non propter se sed propter hominis infantiam, sic capax effectus quemadmodum homo illum capere potuit".

[110] Ireneo simplifica la doctrina gnóstica sobre el crecimiento del hombre. Muchos gnósticos admitían también las necesarias etapas de maduración en la vida humana. Aunque, ciertamente, lo hacían en sentido muy diverso al del mártir. En ningún caso para salvar la carne, sino por exigencias de la semilla espiritual depositada en el hombre. La ausencia total de tiempo se puede atribuir con más rectitud a Marción. Cf., sobre esto, las páginas de ORBE, *La unción del Verbo* (395-500), que precisa la concepción, muy expandida, de que en la Gnosis no existe tiempo ni historia.

non reprobans neque supergrediens hominem neque solvens suam legem in se humani generis, sed omnem aetatem sanctificans per illam quae ad ipsum erat similitudinem[111].

c) El crecimiento de Cristo y la recapitulación

La comparación entre la vida de Cristo y la *historia salutis* que está guiando este apartado, nos permite hacer todavía la reflexión siguiente. Se trata de aproximar este paralelo al concepto de recapitulación.

Ha sido Ireneo el que ha hecho de la recapitulación una pieza clave de su teología. Es un concepto rico en acepciones, que se relacionan con coherencia[112]. Señala en primer lugar que Cristo asume una naturaleza humana igual a la de Adán. Ireneo hace hincapié en la perfección de lo asumido por Cristo: resume en sí todos los trazos que caracterizaron al primer hombre. Pero el santo da, además, otro paso: no sólo la historia del Protoplasto, sino la de la humanidad entera es compendiada en Cristo. Añadamos algo esencial: si Cristo resume todo esto es para llevarlo a plenitud, para recapitularlo como cabeza y primogénito, enderezando a su vez cuanto hubiera de torcido.

Volvamos ahora a Justino. Fue precisamente Ireneo quien nos conservó estas palabras suyas, en que la obra de Cristo se describe como recapitulación:

Et bene Justinus in eo libro qui est ad Marcionem ait quoniam: Ipsi quoque Domino non credidissem alterum Deum annuntianti praeter Fabricatorem et Factorem et Nutritorem nostrum; sed quoniam ab uno Deo, qui et hunc mundum fecit et nos plasmavit et omnia continet et administrat, unigenitus Filius venit ad nos, suum plasma in semetipsum recapitulans, firma est mea ad eum fides et immobilis erga Patrem dilectio, utraque Domino nobis praebente[113].

---

[111] *Adv. haer.* II, 22, 4 (SC 294, 220ss).

[112] Cf. J. DANIÉLOU, *Message Évangelique et culture Hellénistique aux IIe et IIIe siècles* (BT; Tournai 1961) (161-169), que señala tres ideas principales en torno al concepto de recapitulación en San Ireneo. En primer lugar, que Cristo asume una humanidad real, la misma de Adán, y que la asume en plenitud, recogiendo todos los aspectos de cada vida concreta y de la historia que le precede. En segundo lugar, que Cristo es cabeza, que salva lo que asume comunicándole vida nueva. En tercer lugar, que recapitulación significa también sanar del pecado; e implica por tanto un inicio nuevo. Daniélou recoge además los textos principales. Cf. ALDAMA, *María en la patrística* (313-314): recapitular quiere decir para Ireneo, (1) que el Verbo asume una naturaleza humana como la de Adán; (2) que repara su desobediencia; (3) que recapitula además todas las generaciones procedentes de Adán, resumiéndolas en sí; (4) que Cristo lleva a plenitud todo lo que recapitula, tanto la vida de Adán como la de la humanidad entera. Se puede ver también HOUSSIAU, *Christologie* (218. 226).

[113] Cf. *Adv. haer.* IV, 6, 2 (SC 100/2, 440).

Cristo recapituló en sí la obra plasmada del barro. Ante quien negaba la bondad del Creador se explica qué quiere decir esta recapitulación. Intenta unir a Cristo con el inicio, negando así la absoluta novedad que los marcionitas le atribuían. La frase *suum plasma in semetipsum recapitulans* indica la identidad de la carne asumida por Cristo con la de Adán.

Pero en este pasaje Dios no aparece sólo como Hacedor del hombre; se resalta también que es Padre providente que continúa administrando el mundo. ¿Se insinúa aquí la historia posterior a Adán, la administración paciente del mundo por parte de Dios, siempre en bien del hombre? No sería extraño ante Marción, que quería eliminar el Pacto Antiguo.

De hecho son ideas que recoge Tertuliano frente al mismo hereje, comentando la recapitulación[114]. El escritor africano define *recapitulare* como *ad initium redigere uel ab initio recensere*. Recapitular significa unir con el principio; pero quiere decir también revisar desde el inicio. Se ve aquí un doble interés. Primero, mostrar a Dios como Creador, origen de lo que Cristo recapitula. Segundo, mostrar a Dios Señor del tiempo, dispensador de lo que en Cristo llega a plenitud[115]: *Quae tempora sine initio? Quae adimpletio sine temporibus? Quae dispensatio sine adimpletione?*[116]

Ambos extremos cuadran contra Marción, mostrando al Dios que al inicio crea y durante toda la historia obra. Cristo, por un lado, recapitula al primer hombre, plasmado por el Hacedor. Pero también – pasando del individuo a todo el género humano – recapitula, resumiéndola, la historia toda del Antiguo Testamento: *longa aliqua temporum adimplendorum dispensatio*. Más explícito será San Ireneo:

sed quando incarnatus et homo factus, longam hominum expositionem in seipso recapitulauit, in compendio nobis salutem praestans, ut quod perdide-

---

[114] Cf. *Adv. Marc.* V, 17, 1-2 (CCL I, 712-713): "Cui ergo competet secundum boni existimationem, quam proposuerit in sacramento uoluntatis suae, in dispensationem adimpletionis temporum – ut ita dixerim, sicut uerbum illud in Graeco sonat – recapitulare – id est ad initium redigere uel ab initio recensere – omnia in Christum, quae in caelis et quae in terris (Ef 1, 9-10), nisi cuius erunt omnia ab initio, etiam ipsum initium, a quo et tempora et temporum adimpletio et adimpletionis dispensatio, ob quam omnia ad initium recensentur in Christo? Alterius autem dei quod initium, id est unde, cuius opus nullum? Quae tempora sine initio? Quae adimpletio sine temporibus? Quae dispensatio sine adimpletione? Denique quid in terris egit iam olim, ut longa aliqua temporum adimplendorum dispensatio reputetur ad recensenda omnia in Christo, etiam quae in caelis?"; cf. *De monogamia* V (SC 343, 148-152), y compárese con D 23, 3. Cf. A. ORBE, "Omnia in semetipso recapitulans", Compostellanum 39 (1994) 7-24 (8-9).

[115] Tras el verbo *recensere* late sin duda la idea de "rehacer", "reconsiderar" una historia que se había torcido. Pero Tertuliano insiste también en la continuidad de esa historia.

[116] Cf. *Adv. Marc.* V, 17, 1-2 (CCL I, 712-713).

ramus in Adam, id est secundum imaginem et similitudinem esse Dei, hoc in Christo Iesu reciperemus[117].

Volvamos a Justino. El mártir parangona los años terrenos de Jesús con la historia entera del hombre. Su crecimiento salvador equivale al recorrido de la carne desde el origen del mundo. Por eso podría valerle la expresión de Ireneo, que presenta la vida de Cristo como un "compendio"[118] de toda la historia, una concentración en él de todos los tiempos.

De todo esto podemos decir que la visión teológica que Ireneo engloba bajo el concepto de recapitulación la comparte Justino. Sólo un texto conservamos en que el mártir usa la palabra. En él se afirma la verdad de la carne de Jesús, la misma plasmada en Adán. Pero se sugiere también un alcance más amplio: Cristo como plenitud de lo esbozado en el primer hombre.

En todo caso, unida o no al término "recapitulación", la enseñanza de Justino es clara. Por su crecimiento mostraba Cristo haber asumido una carne verdadera: compartía el camino de todo hombre y de toda la humanidad. Y, además, estos años de Nazaret se ordenaban a comunicar al hombre la salvación, los designios del Padre en plenitud. Lo hacían disponiéndole para los acontecimientos de su vida pública, a partir del Jordán, con el horizonte último de su muerte en cruz.

3.4. Hacia el Bautismo del Jordán

Recordemos una de las características de la vida oculta: se orienta hacia el Bautismo del Jordán. Según esto, no es extraño que algunos de los textos que hemos comentado sobre el crecimiento de Jesús se encuentren en exégesis a esta escena (D 87-88). El momento de la madurez humana de Jesús coincide con su allegamiento al Bautista. ¿Obedece esto a alguna razón particular?

Tendremos ocasión de estudiar en detalle el Bautismo de Jesús. Adelantemos de momento algo del pensamiento de Justino sobre la escena. En el Jordán, ¿recibe Jesús el Espíritu? Más o menos es esto lo que viene a preguntar Trifón (D 87, 1). Justino responde, por un lado, que Jesús ya tenía de antes la fuerza del Espíritu y no fue constituido Cristo en

---

[117] Cf. *Adv. haer.* III, 18, 1 (SC 211, 342-344); cf. también III, 22, 3 (SC 211, 438): "ipse est qui omnes gentes exinde ab Adam dispersas et universas linguas et generationes hominum cum ipso Adam in semetipso recapitulatus est". Esa recapitulación no se ha dado de forma completa en el momento de la Encarnación, sino que requiere que Cristo atraviese todas las edades, llevando a cada una la similitud con Él: "omnem aetatem sanctificans per illam quae ad ipsum erat similitudinem", cf. *Adv. haer.* II, 22, 4 (SC 294, 220ss).

[118] Cf. HOUSSIAU, *Christologie* (226).

ese momento. Pero esto no impide, por otro lado, que este Espíritu llegue entonces sobre Jesús en forma nueva[119].

La presencia en Él del Espíritu desde niño ha quedado clara en el episodio de los magos de Arabia. Se indicaba entonces que era posible un desarrollo de esa presencia. La novedad resultará evidente al estudiar la predicación y milagros de Jesús, que comienzan cuando asciende del Bautismo. Entre Belén y el Jordán median precisamente los años de Nazaret. En un mismo párrafo se recogen las tres etapas:

[1] Los magos de Arabia, apenas nacido el Niño, vinieron a adorarle. Y es que desde su nacimiento tuvo la fuerza de él [del Espíritu].

[2] Luego fue creciendo según el común desarrollo de todos los otros hombres, mediante el uso de lo que se le adaptaba, iba dando a cada crecimiento lo propio, alimentándose de todos los alimentos; y permaneció así durante treinta años más o menos

[3] hasta que apareció Juan precediéndole como heraldo de su venida... [sigue la escena del Bautismo] (D 88, 2).

Cuando se dice que Jesús, en su vida oculta, se alimentaba de todos los alimentos, se quiere establecer un contraste con Juan Bautista. De él se afirmará, algo más adelante, que no comía "más que langostas y miel silvestre"[120]. En Juan actúa el Espíritu con signos especiales que distinguen su vida de los demás hombres; de ahí que muchos, confundidos, le preguntaran si era el Cristo[121]. La vida de Jesús, por el contrario, se desenvuelve sin llamar la atención. Se quiere decir con esto que el Espíritu no actuaba en Él del modo como lo hacía en el Bautista.

A la vez, Justino establece una conexión entre la madurez de Jesús y su allegarse al Bautismo. Como si la recepción del Espíritu requiriera el crecimiento anterior y solo a los 30 años, cumplida esta etapa, pudiera venir al Bautismo de Juan.

Para entender el pensamiento de Justino nos puede ayudar una tesis extendida en el ambiente teológico, defendida particularmente por algunos gnósticos[122]. Estos sostenían que Jesús recibe la iluminación en el momento del Bautismo. Según ellos no se daban en la vida anterior de Jesús actuaciones especiales del Espíritu. Para poder recibirlo debía antes el Salvador atravesar todos los momentos de la constitución del hombre: material, psíquico y espiritual. La disposición de su humanidad era condición necesaria para poder ser ungido con el don de lo alto. Si este no

---

[119] Para justificar estas afirmaciones, cf. el capítulo siguiente, apdo. 1, pp. 232-270.
[120] Cf. D 88, 7.
[121] Cf. D 88, 7.
[122] Para lo que sigue cf. ORBE, *La unción del Verbo* (395-499).

sucedía desde el principio, no se debía a incapacidad por parte de Dios, sino de la constitución humana de Jesús.

De esta forma, si el crecimiento de Cristo era extraño a Marción, y si los apócrifos resaltan la vida milagrosa de la infancia de Jesús, tenían estos gnósticos gran sensibilidad por las etapas y ritmos de preparación de Jesús. En esto no se distinguían de la postura que representan Justino e Ireneo. Y pueden iluminar la enseñanza del mártir: antes del Jordán debía Jesús disponerse en su humanidad para que el Espíritu actuara en Él con nuevas cualidades.

La diferencia entre herejes y eclesiásticos es que para los gnósticos la carne de Jesús es solo aparente, formada a partir de material no-hílico, por admirable artificio. Es capaz de propiedades carnales, sin ser carne. Y esto porque la carne no puede obtener la salvación. Ciertamente, es ella la que introduce el tiempo y la necesidad de atravesar diversas etapas. Pero su presencia es subsidiaria y, al final del camino, debe desaparecer.

La necesidad de disponerse para la venida del Espíritu obedece así a razones bien diversas. Para Justino e Ireneo se debe al tiempo connatural a la plasmación de la criatura: es la misma carne la que ha de salvarse. Para los gnósticos se trata más bien de tener en cuenta la maduración de la semilla espiritual introducida en el hombre, considerando los distintos tipos de hombres y sus diferentes salvaciones (salvación imposible para el hombre material, según el libre arbitrio para el psíquico, según su naturaleza para el espiritual). Para los eclesiásticos, el crecimiento de la carne es un momento interno y fundamental de la salvación del hombre. Para los gnósticos se trata de una etapa precisa para la salvación, pero que no pertenece a ella, pues la carne es incapaz de salud.

Con sus diferencias esenciales, sirve la postura gnóstica para situar el pensamiento de Justino. Resalta en el mártir la plena normalidad del crecimiento de Jesús. Si el Espíritu actúa en Él lo hace según la forma común a todos los hombres, como principio de actuación dinámica sobre la creación. Se dispone así la carne de Cristo para recibir, hecho ya hombre adulto, un don nuevo. El estudio de sus características queda para el capítulo próximo.

3.5. Valor simbólico de la vida de Cristo en Nazaret

Las consideraciones sobre el Bautismo que acabamos de hacer se han adelantado de lugar para mostrar su continuidad con los apartados precedentes. Debemos ahora dar un paso atrás y volver a los años ocultos de Jesús. ¿Cuál fue su actividad mientras vivió en Nazaret? Ya el evangelio de Marcos (Mc 6, 3) conoce su oficio: carpintero, como su padre. Algo añade Justino:

Cuando Jesús llegó al Jordán se le tenía por hijo de José el carpintero, y apareció sin belleza[123], como las Escrituras habían anunciado, y fue considerado él mismo como un carpintero – y fue así que obras de este oficio (τεκτονικὰ ἔργα), arados y yugos, fabricó mientras estaba entre los hombres, enseñando por ellas los símbolos de la justicia y lo que es una vida fecunda (διὰ τούτων καὶ τὰ τῆς δικαιοσύνης σύμβολα διδάσκων καὶ ἐνεργῆ βίον) (D 88, 8).

El dato apócrifo de la fabricación de yugos y arados está atestiguado en otros escritos cristianos[124]. De forma un tanto enigmática designa el mártir estos instrumentos como "símbolos de la justicia". El contexto próximo no permite determinar con más precisión el alcance de sus palabras.

Los símbolos de la justicia

Sí otro lugar del Diálogo. Casi al final de la obra comenta Justino una profecía de Miqueas (Mi 4, 3) que se cumple en el tiempo de la Iglesia: "Y romperán sus espadas para arados (εἰς ἄροτρα) y sus lanzas para hoces"[125]. Así dice el santo:

Nosotros, los que estábamos antes llenos de guerra y de muertes mutuas y de toda maldad (οἱ πολέμου καὶ ἀλληλοφονίας καὶ πάσης κακίας μεμεστωμένοι), hemos renunciado en toda la tierra a los instrumentos guerreros (πολεμικὰ ὄργανα) y hemos cambiado las espadas en arados y las lanzas en útiles de cultivo de la tierra (εἰς γεωργικά) y cultivamos la piedad, la justicia, la caridad, la fe, la esperanza, que nos viene de Dios Padre por su Hijo crucificado (τὴν παρ' αὐτοῦ τοῦ πατρὸς διὰ τοῦ σταυρωθέντος) (D 110, 3).

Así como las espadas simbolizan toda la maldad en que vivían los hombres de las naciones, así los arados y demás aperos de labranza son aquí símbolos del nuevo comportamiento según piedad, justicia y las otras virtudes. La oposición entre útiles de cultivo (γεωργικὰ ὄργανα) e instrumentos guerreros (πολεμικὰ ὄργανα) parece estar presente cuando habla Justino de los instrumentos de carpintería construidos por

---

[123] La vida oculta de Jesús se caracteriza por la ausencia de gloria, típica de su primera venida. Apareció sin belleza, cumpliendo así la profecía de Isaías (Is 53, 2-3). Tertuliano recoge la idea al hablar de este tiempo como de un signo de la ignominia de la carne asumida por Cristo, cf. *Adv. Marc.* IV, XXI, 10 (SC 456, 272): "omnem natiuitatis et educationis foeditatem et ipsius etiam carnis indignitatem, quanta amaritudine possunt, [haereticorum conuiciis] perorantibus".

[124] Cf. BAUER, *Das Leben Jesu* (314s), quien aventura una razón (315): "Ob die Zuweisung gerade dieser Tätigkeit unter dem Einfluß von Lc 9, 62, Mt 11, 29-30 vor sich gegangen ist?"; Lc 9, 62: "El que ponga la mano en el arado, y vuelva la vista atrás..."; Mt 11, 29-30: "Cargad con mi yugo...".

[125] El texto se cita en I 39, 1; D 109, 2; D 110, 3.

Jesús (τεκτονικὰ ἔργα)[126]. Desde esta profecía se entiende que se llame a arados y yugos símbolos de justicia.

Es llamativo: comentando este mismo texto de Miqueas, Ireneo menciona también que Jesús construyó arados, y los pone en relación con el nuevo obrar de los creyentes. En exégesis parecida a la de Justino[127] aplica el verso a los discípulos de Cristo que, lejos de combatir, ofrecen la otra mejilla[128]. Nos encontramos ante una tradición común.

Ireneo sigue luego ocupándose del arado. Hay para él en este utensilio un símbolo de la cruz[129]. Dice esto tras repetirnos que Jesús mismo fabricó estos aperos. Ya Celso, un probable lector de Justino[130], conocía una tal relación entre el oficio de carpintero y la cruz[131]. Relación, por otra parte, que no resulta ajena al martir: "sin ella [la figura de la cruz] no se ara (ἀροῦται) la tierra" (I 55, 3).

El arado representa por tanto a la cruz y es también símbolo de la justicia. ¿Están relacionados estos dos aspectos? Veamos que sí y cómo. Comencemos con otro pasaje en que Justino explica Mi 4, 3. Lo hace con estas palabras:

> Y los que antes nos matábamos (ἀλληλοφόνται) unos a otros, no sólo no hacemos ahora guerra (οὐ πολεμοῦμεν) a nuestros enemigos, sino que, por no mentir ni engañar a nuestros jueces al interrogarnos, morimos gustosos por confesar a Cristo (I 39, 4)[132].

---

[126] No deja de ser interesante que el manuscrito traiga en margen ὄργανα por ἔργα, como recordando la relación con la profecía de Miqueas.

[127] La semejanza es más clara en el otro texto en que el mártir comenta la profecía y que abordaremos a continuación: I 39, 4.

[128] Cf. *Adv. haer.* IV, 34, 4 (SC 100/2, 856): "Si autem libertatem lex, hoc est verbum Dei ab Apostolis qui ab Hierusalem exierunt annuntiatum in universam terram, in tantum transmutationem fecit, uti gladios et lanceas bellatorias in aratra *quae fabricaverit ipse* et in falces quas donavit ad metendum frumentum, in organa pacifica, demutaverint, et jam nesciunt pugnare, sed percussi et alteram praebent maxillam, non de aliquo alio prophetae dixerunt haec, sed de eo qui fecit ea".

[129] Cf. J. DANIELOU, "La charrue comme symbole de la croix (Irénée, Adv. haer. IV, 34, 4)", *RechScRel* 42 (1954) 193-203, que señala algunos de los aspectos de la relación entre Justino e Ireneo en este punto; cf. las precisiones de J. DOIGNON, "Le salut par le fer et le bois chez Saint Irénée. Notes de Philologie et d'exégèse sur Adversus Haereses IV, 34, 4", *RechScRel* 43 (1955) 535-544, que pone más de relieve las diferencias entre uno y otro (543); cf. también A. ORBE, "Aratrum", *Estudios sobre la teología cristiana primitiva* FP.E 1, Madrid 1994 (571-579).

[130] Cf. ANDRESEN, *Logos und Nomos*.

[131] Cf. ORÍGENES, *Contra Celso* VI 34 (SC 147, 262): "Por todas partes hablan [los cristianos] del madero de la vida y de la resurrección de la carne a partir del madero, por la razón – pienso – de que su maestro fue clavado a una cruz y era carpintero de oficio".

[132] El vocabulario coincide con el del texto antes citado (D 110, 3). Lo mismo ocurre con la mención de la guerra, en la misma frase. Justino ofrece una exégesis constante.

Tenemos ya todos los pasajes de Justino e Ireneo en que se aplica a los cristianos el verso de Mi 4, 3. En sí se pueden distinguir tres exégesis. La transformación de las espadas significa que:

+ (A): el cristiano obra con justicia, piedad y las otras virtudes[133].

+ (B): el cristiano rechaza la idolatría y muere antes que negar a Cristo[134].

+ (C): el cristiano ama a sus enemigos: pone la otra mejilla en vez de devolver el golpe[135].

Los tres puntos están bien articulados. Comencemos analizando el primero. El par "justicia y piedad" aparece con frecuencia en Justino como resumen de la vida perfecta del hombre y compendio de la Ley[136]. Equivale, *grosso modo*, al mandamiento doble del amor: ser piadoso con Dios, ser justo con los hermanos. Aunque la justicia incluye a veces la piedad, englobando así todo el comportamiento recto del hombre, tanto con respecto a Dios, como al prójimo[137].

Ahora bien, ¿cuál es el punto máximo de la justicia para Justino? Se trata del aspecto señalado en tercer lugar (C): el amor al hermano se hace evidente cuando el cristiano ama sus enemigos, ora por ellos. Y más en concreto: por los que traman destruir su vida. De ahí que esto se vea unido a la muerte del cristiano perseguido, al martirio[138].

¿Y si consideramos la piedad? ¿Cuál es su expresión más acabada? La encontramos en el segundo punto de la lista (B): cuando el hombre rechaza el sacrificio idolátrico y está dispuesto a morir por confesar al Dios verdadero. De nuevo es el martirio el horizonte último de tal comportamiento.

---

[133] Cf. D 110, 4.

[134] Cf. I 39, 4.

[135] Cf. IRENEO, *Adv. haer.* III, 34, 4 (SC 100/2, 856). En Justino no aparece la cosa en exégesis directa a Mi 4, 3; pero cf. I 14, 3: "los que nos odiábamos y matábamos los unos a los otros (οἱ μισάλληλοι δὲ καὶ ἀλληλοφόνοι) [...] rogamos por nuestros enemigos y tratamos de persuadir a los que nos aborrecen injustamente..." El adjetivo ἀλληλοφόνος aparece en Justino sólo tres veces: aquí y en los dos pasajes en que comenta Mi 4, 3.

[136] Mostraremos esto al hablar de la Pasión; cf. D 93, 2; cf. *infra*, cap. VI, pp. 409-413.

[137] Cf. D 93, 3; desde este punto de vista, la exégesis de Mi 4, 3 en D 110, 4 es especialmente interesante. Las virtudes que se enumeran son: piedad, justicia, benignidad (φιλανθρωπία), fe y esperanza. Si consideramos que la justicia se divide en amor a Dios (piedad) y amor al hombre (lo que puede estar indicado por la φιλανθρωπία), tenemos que estas tres virtudes se resumen en la caridad (la justicia máxima, que se divide en amor a Dios y al prójimo). Esto quiere decir que tendríamos aquí la triada paulina: fe, esperanza y caridad (cf. 1 Co 13, 13).

[138] Cf. D 85, 7-8, donde el mandato de amor a los enemigos (Mt 5, 44) se ve profetizado ya en Is 66, 5: "Decid 'hermanos vuestros' a los que os aborrecen". La idea de rezar por los enemigos se une al martirio en D 35, 7-8; D 96, 2-3; D 108, 3; D 133, 6.

La exégesis de Mi 4, 3 muestra así gran coherencia. Tanto da poner de relieve la justicia y piedad (A) como su máxima expresión: oponerse a la idolatría (B) y orar por los enemigos (C). Las dos características apuntan a la justicia y piedad supremas: el martirio.

Fijémonos ahora en la conexión que se da entre muerte del cristiano y muerte en cruz de su Señor. Veremos, al estudiar la Pasión, que Justino presenta esta última como culminación de la justicia y piedad. Los cristianos, al morir mártires, imitan así a Cristo, hombre piadoso y justo, sobre todo cuando subió al Calvario.

Con todo esto, estando justicia y martirio tan relacionados, no es extraño que, tanto Justino como Ireneo, añadan al comentario sobre Mi 4, 3, el texto de Is 57, 1:

> Nosotros [...] recibimos de Él [de Dios] testimonio de que se nos quita de la tierra juntamente con Cristo, el más justo, el solo sin mancha ni pecado. Clama en efecto Isaías (Is 57, 1): "Mirad cómo ha perecido el justo y nadie lo percibe en su corazón; y hombres justos son quitados de en medio y nadie lo considera" (D 110, 6)[139].

Al decirse que Cristo es el más justo, el único sin pecado, se muestra que los cristianos lo son por beneficio obtenido de Él, en unión siempre con Él. Justino lo confirma en otro lugar:

> Y el colmo de vuestra maldad [de los judíos] es que, después que le asesinasteis, seguís odiando al Justo y a los que a Él deben el ser lo que son (τοὺς ἀπ᾽ αὐτοῦ λαβόντας εἶναι ὅπερ εἰσίν): piadosos, justos y humanos (D 136, 2).

De esta forma se muestra la estrecha relación entre los "símbolos de justicia" y la cruz. Pues la cruz es la expresión más perfecta de la justicia de Cristo, y ésta es fundamento de la justicia cristiana.

Así, al decir que Jesús construía los símbolos de la justicia, se da un hondo sentido al trabajo de Jesús en la carpintería de Nazaret. Recordemos las características del símbolo enunciadas al estudiar la cueva de Belén. Contiene en primer lugar una predicción del Antiguo Testamento realizada en Cristo. En este caso, los arados que Jesús fabricaba cumplen lo profetizado por Miqueas.

Además, los símbolos que Jesús realizó son también profecía de lo que sucederá a los cristianos. El Hijo revela así plenamente el designio del Padre sobre la humanidad (cf. D 76). Por eso el arado que Jesús construye simboliza la futura justicia de sus discípulos.

---

[139] Cf. IRENEO, *Adv. haer.* III, 34, 4 (SC 100/2, 860): "initio autem falcem (Mi 4, 3) figurabat per Abel, significans justi generis hominum collectionem: Vide enim, inquit, quomodo justus perit, et nemo intuetur, et uiri justi tolluntur, et nemo excipit corde (Is 57, 1)".

Ahora bien, cuando Jesús realiza un símbolo, este se fundamenta en su misma vida, en su mismo misterio. Los arados tienen sentido porque Jesús es el Justo, el que realiza hasta el fin la justicia. Así el símbolo no es moneda vacía: tiene el aval de toda la vida de Cristo, que constituye su fundamento. La vida oculta de Cristo era eficaz por justa; y los símbolos que realizaba correspondían con lo que vivía en Nazaret.

Añadamos aquí otra característica. El símbolo de justicia apunta también, dentro de la misma vida del Señor, a su muerte en cruz, símbolo por excelencia de su poder[140]. La cruz aparece ya como momento que preside toda la vida de Cristo, cumbre de su misión.

Enseñaba una vida fecunda

Antes de concluir echemos un último vistazo a la frase que estamos comentando. En su carpintería no solo enseñaba Jesús los símbolos de justicia, sino también "una vida fecunda" (ἐνεργῆ βίον). La expresión se puede referir simplemente a "la vida de trabajo", como traduce Ruiz Bueno. Con su oficio nos amonestaba el Señor a trabajar evitando la ociosidad.

Sin negar este sentido directo puede la fórmula insinuar otro más profundo. Para ello hemos de indagar por el significado del adjetivo ἐνεργῆς. Deriva del verbo ἐνεργεῖν (actuar) usado ampliamente en el Diálogo y la Apología. Un estudio de este último término, junto con el sustantivo derivado ἐνέργεια, nos descubre un campo semántico limitado, en contraste con el significado amplio del vocablo. Se trata casi de un término técnico para designar una actividad sobrehumana, ya sea de Dios[141], ya de los demonios[142].

Con frecuencia expresa más en concreto cómo Dios lleva a cabo símbolos en el Antiguo Testamento. Así, por ejemplo, cuando inspira a Moisés el forjado de la serpiente de bronce[143]. Por parte diabólica el mismo término señala su desmañada imitación de los símbolos divinos[144].

Esto indica una concepción de la *historia salutis* en que el mismo Dios actúa por los símbolos proféticos[145]. Señor de la historia, ninguna de sus obras quedará sin fruto[146]. Es frecuente que Justino se base en esta eficacia

---

[140] Cf. I 55, 2.

[141] Cf. D 27, 5; D 79, 4; D 94, 1; D 95, 2; I 60, 3.

[142] Cf. I 44, 12; I 54, 1; D 7, 3; D 18, 3; D 39, 6; D 69, 1; D 78, 9. Es el mismo uso que se hace en el Nuevo Testamento; cf. G. BERTRAM, "ἐνέργεω", *ThWNT* II (649-651).

[143] Cf. I 60, 3; D 94, 1.

[144] Cf. I 23, 3; I 26, 2; II 8 [7], 2; II 12, 4; D 78, 6.

[145] Cf. D 35, 2: sus profecías se cumplen por lo que vemos y de forma eficaz. Los símbolos se relacionan, por otra parte, con las obras de los profetas o de Jesús (D 68, 6).

[146] Cf. D 49, 8; D 102, 5; D 110, 2.

de la Palabra para reprochar a Trifón una exégesis que juzga estéril[147]. Lo dicho por los profetas, muy al contrario, es siempre fecundo. De hecho, precisamente uno de los significados del adjetivo ἐνεργῆς es "fecundo". Y de las tres veces que lo usa Justino, una significa claramente "dar fruto", en relación con la Escritura[148].

Justino ha dicho que Jesús realizaba símbolos de la justicia. Hemos visto el trasfondo de tal expresión. Cumplía así las profecías y se mostraba él mismo profeta en plenitud, revelador del designio definitivo del Padre. Y así como todas las profecías portaron fruto, fueron eficaces, lo mismo podría decirse de la vida de Cristo, en grado sumo. Realizando los signos de justicia en la carpintería, su vida era plenamente fecunda, porque todos sus actos hallarían cumplimiento acabado en el plan paterno sobre el mundo. He aquí el significado que puede atribuirse a las palabras ἐνεργῆ βίον.

El símbolo en la vida de Cristo

Sea lo que sea de este último resultado, el análisis nos ha servido para insistir en el valor de símbolo que tiene la vida de Cristo. Hemos descubierto ya dos símbolos: el de la cueva, el del arado. Más adelante hablará Justino de otro símbolo realizado por Jesús: su entrada en Jerusalén montado en un asno[149]. Sobre todos estos está, sin embargo, el símbolo de la cruz, plenitud de su misión (cf. I 55, 2).

Recordemos brevemente las conclusiones obtenidas hasta ahora. Los símbolos que Jesús realiza muestran en primer lugar que cumple las profecías; desvelan además el misterio profundo de su persona; prefiguran, por último, el camino que recorrerá la Iglesia.

Toda la vida de Jesús se puede considerar como símbolo[150]. Y no se confunda éste con una acción vacía en sí misma, dedicada por entero a señalar otra realidad. Pues el fundamento del símbolo, lo que hace que sea

---

[147] Cf. D 120, 2.

[148] Cf. D 102, 5. En otro caso son los judíos, que hacen eficaz la maldición contra los cristianos cuando les matan (D 96, 2). El tercero es el que estudiamos (D 88, 8). En este sentido puede recordarse Hb 4, 12: "la palabra de Dios es eficaz (ἐνεργῆς)". Cf. también Epístola de Bernabé 1, 7 (SC 172, 78).

[149] Cf. D 53, 1. 4; I 54, 7; se indica con él la salvación de la Iglesia.

[150] El símbolo indica en muchos casos una acción, algo que se realiza. En D 68, 6 se habla de "parábolas, misterios o símbolos de acciones (συμβόλοις ἔργων)", reservando al símbolo la conexión con la acción. En D 42, 4 el símbolo (junto con el anuncio y el tipo) contiene: lo que Cristo y los creyentes padecen, lo que Cristo realiza. En I 32, 5 encontramos la misma distinción: "símbolo de lo que había de suceder a Cristo y de lo que por Él había de ser hecho". Cuando el símbolo es un objeto, como el caso de la cueva o el arado, se refiere también a un suceso de la vida de Jesús (su nacimiento; su actividad en Nazaret).

fecundo, es justamente la vida de Cristo. Esto ocurría con el símbolo de la cueva: si la Iglesia puede nacer del cuerpo de Cristo es porque en Belén Cristo nace de la voluntad de Dios en forma inefable. De igual modo el símbolo del arado tiene sentido porque Cristo fue verdaderamente justo hasta la muerte de cruz[151].

Las reflexiones sobre el símbolo en Justino iluminan su concepción de la *historia salutis*. Hace poco decíamos que en la vida de Cristo se concentra todo el curso de la historia. Esto mismo se puede afirmar considerando la dimensión simbólica de su existencia.

En efecto, las acciones simbólicas de Cristo son, por un lado, cumplimiento pleno de las profecías, que apuntan hacia Él y pregonaban de antemano su venida. Por otro lado, Cristo sigue realizando símbolos, que son también proféticos, y que hallarán cumplimiento en el camino de los cristianos. Pero entre Él y los profetas se da una diferencia. Éstos esbozaban la plenitud que llegaría con Cristo. Los símbolos que Cristo realizó con su vida contienen, por el contrario, la plenitud que anuncian, de modo que el futuro se referirá a ellos y de ellos recibirá fundamento, y no viceversa.

4. Conclusión

Tratemos de percibir la unidad que agrupa los misterios abordados en este capítulo.

El nacimiento de Cristo en la cueva de Belén ha puesto en relación su carne, formada por poder y voluntad de Dios, con el nacimiento futuro de la Iglesia, extraída del cuerpo de Cristo. La vida del Maestro va prefigurando en el tiempo la vocación de sus discípulos.

Ahora bien, por ser esta carne elemento llamado a crecer, recibiendo en sí la acción del mundo creado y de Dios, no podíamos detenernos en la gruta del nacimiento. Era necesario recorrer la vida terrena de Cristo viendo los sucesos que la iban modelando, y que jugarán papel decisivo en la salvación del hombre.

Comenzamos este camino por su infancia. La persecución de Herodes y la visita de los magos de Arabia ponen al descubierto al enemigo que Jesús viene a combatir. El Niño muestra su fuerza como Cristo (posesor del Espíritu) arrancando a los magos del poder del demonio. Así se prefigura otro aspecto de la futura llamada de la Iglesia, la victoria sobre el tentador.

---

[151] Ya se daba esto en el AT. Los símbolos envolvían en muchos casos la misma vida del profeta, dispuesto a llegar hasta la muerte en su testimonio de la verdad. Cf. *supra*, pp. 91-92. Completaremos las reflexiones sobre el símbolo *infra*, cap. VI, pp. 429-430.

Jesús infante, sin embargo, no derrota del todo a Satanás. La conquista de los magos no deja de ser un episodio aislado, en que no se despliega aun toda la fuerza de la salvación. Tiene esto que ver con la fragilidad misma del Niño. El Padre vela por su vida, pero la presencia paterna, más que manifestarse en Jesús (en su humanidad) se deja ver a su alrededor, por las personas que obedecen a las órdenes y revelaciones divinas. La fuerza del Espíritu, que Cristo posee desde el principio, no tiene los rasgos que adquirirá luego.

Y esto porque el Niño no puede aún ejercer esta fuerza por sí mismo. Ha de crecer, disponiéndose para una actuación más plena del Espíritu. Es el largo proceso de plasmación de la carne asumida. Sus años de Nazaret le muestran similar a todos los hombres; y a la vez como aquel que condensa en sí la historia para llevarla a plenitud.

Se puede resumir así la presentación de Justino. Por un lado Cristo toma carne, carne que nace nueva (por nacer de Dios) en Belén, y que transmitirá luego sus propiedades a la Iglesia; carne que necesita del tiempo para irse disponiendo a la salvación. Por otro lado, Cristo es el que viene a recapitular el plasma formado por Dios. En él se resumen los tiempos precedentes y se preanuncian los futuros, pues vive en símbolo, por adelantado, el camino que tendrán abierto los creyentes en Él.

Con lo dicho se va esbozando una historia de Cristo con fases bien diferenciadas. Es la historia de la presencia y actuación del Padre en su vida por medio del Espíritu. Determinar con precisión cómo progresa esta historia es una de las claves que permite entender la cristología de Justino.

CAPÍTULO V

Bautismo y vida pública

La vida terrena de Cristo no discurre al azar. Sigue un plan trazado desde antiguo por el Padre. Este hecho es esencial a nuestro enfoque, centrado en los misterios de la vida de Jesús. En efecto, el planteamiento escogido será adecuado para exponer la cristología de Justino sólo si hallamos en la historia secuencia y orden, si cada momento desempeña su función específica dentro de un todo unitario.

Nos interesa, por tanto, conocer el ritmo al cual se acompasa la existencia del Salvador. Para ello importa particularmente localizar los momentos de cambio que marcan nuevas etapas. De este modo podremos dar su valor exacto a cada misterio e iluminar su posición en el conjunto.

En Justino, un criterio seguro para distinguir los momentos del plan paterno es acudir a las escrituras proféticas. En efecto, bien sabe el mártir que en ellas quedó consignada la disposición divina para salvación del hombre. ¿En qué fases dividen las profecías el proyecto del Padre? Acabamos de ver cómo nos daban cuenta del crecimiento de Jesús. La cosa, en apariencia banal, tenía sin embargo su importancia: el niño se disponía a recibir un don nuevo, una vez alcanzada la madurez[1].

Ahora bien, el momento en que esto ocurre es precisamente el Bautismo, que preside así, como telón de fondo, los años de Nazaret. Esto nos indica ya que el episodio adquiere, por querer del Padre, un lugar importante en la vida del Hijo. Estamos ante un cambio de paisaje, cuyas características y sentido estudiaremos en un primer apartado (1).

Pero el Bautismo no es sólo punto de llegada de tan larga etapa de ocultamiento. Se trata también de una estación de partida: abre la época

---

[1] Cf. lo que dijimos *supra*, pp. 220-222.

del ministerio público de Jesús[2]. ¿Qué le sucede en el Jordán para que, justo a partir de ese momento, tengan lugar las tentaciones (2), comiencen su predicación (3) y milagros (4)? Son misterios fuertemente entrelazados. Se entienden a la luz de lo acaecido ante el Precursor; nos servirán también para entender mejor el Bautismo, iluminando la causa por sus efectos más elocuentes.

1.   El Bautismo de Jesús

Conservamos varias páginas del Diálogo que comentan el Bautismo de Jesús[3]. La escena ha atraído la atención de muchos estudiosos del mártir[4]. Lo cierto es que bastantes de entre ellos parecen contradecir lo que acabamos de afirmar: que éste fuera, según Justino, un momento de relieve en la vida terrena de Cristo[5].

Opinan, en efecto, que el mártir reduce prácticamente el Bautismo de Jesús a una manifestación[6]. La bajada del Espíritu tiene poco o ningún

---

[2] Cf. S.A. PANIMOLLE, "Il ministero pubblico di Gesù nel Dialogo con Trifone di Giustino", *Aug* 31 (1991) 277-307.

[3] Cf. sobre todo D 49-51 y D 87-88.

[4] Se pueden consultar: K. SCHLÜTZ, *Isaias 11, 2 (Die sieben Gaben des heiligen Geistes) in den ersten vier christlichen Jahrhunderten* (ATA 11/4; Münster 1932) (39-46); A. BÉNOIT, *Le baptême chrétien au second siècle. La Théologie des Pères* (EHPhR 42; Paris 195B3); H. BRAUN, "Entscheidende Motive in den Berichten über die Taufe Jesu von Markus bis Justin", *ZThK* 50 (1953) 39-42; HOUSSIAU, *Christologie* (170-172); ORBE, *La unción del Verbo* (21-94); P. BESKOW, *Rex Gloriae. The Kingship of Christ in the Early Church* (Uppsala 1962) (111-115); P. PRIGENT, *Justin et l'Ancien Testament* (113-115); E. BAMMEL, "Die Täufertraditionen bei Justin", *StPatr* 8 (ed. F.L. CROSS) (TU 93; Berlin 1966) 53-61; MARTÍN, *El Espíritu* (201-223); C. OEYEN, "Die Lehre der göttlichen Kräfte bei Justin", *StPatr* 11, 2 (ed. F.L. CROSS) (TU 108; Berlin 1972) 214-221; D.A. BERTRAND, *Le baptême de Jésus. Histoire de l'exégèse aux deux premiers siècles* (BGBE 14; Tübingen 1973) (91-98); SKARSAUNE, *The Proof* (195-199); C. GRANADO, *El Espíritu Santo en la teología patrística* (ICHTHYS 4; Salamanca 1987) (24-26); D. VIGNE, *Christ au Jourdain. Le Baptême de Jésus dans la tradition judéo-chrétienne* (EtB.NS 16; Paris 1992) (72-75); P. HENNE, "Pourquoi le Christ fut-il baptisé? La réponse de Justin", *RSPT* 77 (1993) 567-583; F. DÜNZL, *Pneuma. Funktionen des theologischen Begriffs in frühchristlicher Literatur* (JAC.E 30; Münster Westfalen 2000) (92-94); D. VIGNE, "*Pneuma prophetikon*: Justin et le prophétisme", *Anthropos Laïkos. Fs. Faivre* (ed. M.-A. VANNIER - O. WERMELINGER - G. WURST) (Par. 44; Fribourg 2000) 335-347.

[5] Así piensan los siguientes autores, aunque con diversos matices: GOODENOUGH, *Theology* (245); BARNARD, *Justin* (121); SCHLÜTZ, *Isaias* (46); BRAUN, "Entscheidende Motive"; HOUSSIAU, *Christologie* (170-172); BERTRAND, *Le baptême* (179); SKARSAUNE, *The Proof* (197); RUDOLPH, *Denn wir sind jenes Volk* (183s); HENNE, "Pourquoi le Christ" (583).

[6] Cf. SCHLÜTZ, *Isaias* (46): "Deshalb bei Justin der Hinweis, dass die Ereignisse bei der Taufe nur äussere Zeugnisse für die göttliche Geist-Natur des Messias Jesus und für Christus als die Quelle aller Gnaden seien". Cf. BERTRAND, *Le baptême* (94s): "Et

efecto sobre el Salvador[7]; se trata sobre todo de un signo por el que se reconoce que éste poseía el Pneuma desde antaño.

Fijémonos en el punto de vista que estos exegetas adoptan en su estudio. Atienden ante todo a la dificultad que la escena evangélica plantea al mártir. En efecto, para Justino el Cristo es preexistente, es decir, es ungido con el Espíritu, ya desde antes de la creación, para hacer partícipes a los hombres de la fuerza divina. Así las cosas, el episodio del Bautismo parece dar lugar a una contradicción. Si el Espíritu desciende sobre Jesús, ¿es que le era preciso al Salvador?[8] ¿Pero no era Él, desde el principio, su portador en plenitud? Como se ve, las preguntas abren el flanco al ataque adopcionista: hubo quienes usaban el Bautismo para negar la preexistencia de Cristo. Justino se muestra preocupado por evitar esta postura.

Tal es la clave que los autores a que nos referimos privilegian para interpretar al mártir. Según ellos, sólo acuciado por las preguntas de Trifón y sin poder disimular un cierto embarazo, aborda la exégesis del Bautismo[9]. Saldrá por la tangente: en el Jordán se manifiesta, para conocimiento de los hombres, una propiedad que Cristo ya poseía de antes. Así, el episodio no juega papel de relieve en su pensamiento[10]. Es una escena de que el mártir bien prescindiría.

---

comme par ailleurs Justin ne met pas en doute un seul instant la réalité de la descente de l'Esprit, il est contraint d'en chercher une autre justification: elle ne s'est pas produit pour Jésus mais "pour les hommes" [...] il fallait en effet leur donner par des signes la possibilité de reconnaître le Christ". Cf. HOUSSIAU, *Christologie* (170): "Justin nie que le Christ ait reçu au baptême la puissance que l'établit comme Christ". Para SKARSAUNE, *The Proof* (197), el Bautismo tiene ante todo "proclamatory function".

[7] Cf. SCHLÜTZ, *Isaias* (44): "die Begabung mit Geisteskräften hat demnach für die Person des Messias keine innere wesentliche Bedeutung"; SKARSAUNE, *The Proof* (197): "In his treatment of Jesus' baptism, Justin has one concern: Nothing happened to Jesus"; SKARSAUNE, "Altkirchliche Christologie" (271-272): "Damit hat Justin eigentlich jede Verwendung von Jes 11, 2f. auf die Taufe Jesu überflüssig gemacht".

[8] Cf. D 87, 1-2: la dificultad la presenta el mismo Trifón.

[9] Cf. BENOIT, *Le baptême* (179): "La première explication que donne Justin du baptême au Jourdain est assez artificielle [...]: si le Saint-Esprit vient sur lui au moment de son baptême, c'est pour signifier que désormais il ne sera plus répandu chez les juifs, mais qu'il se concentre dans la personne de Jésus. Celui-ci pourra le répandre ensuite sur ses disciples. Pourtant, Justin n'est pas satisfait par cette explication, et se voit obligé d'en donner une autre [...]. Le baptême est un signe de la messianité de Jésus que Dieu donne aux hommes. Ces deux explications, divergentes et peu convaincantes, laissent subsister l'impression que Justin ne sait que faire du baptême de Jésus". HENNE, "Pourquoi le Christ" (583): "Le baptême de Jésus reste un point difficile et seule une finesse, plus habile que convaincante, permet à l'apologète d'écarter cette objection embarrassante".

[10] Cf. BERTRAND, *Le baptême* (97): "Justin n'étudie pas le baptême de Jésus que par raccroc, dans un digression, ce qui montre à l'évidence qu'il n'en fait pas une pièce maîtresse de sa christologie…"

Ciertamente hay pasajes que apoyan esta interpretación[11]. Sin lugar a dudas, uno de los aspectos del Bautismo es el de manifestación o signo que muestra a Jesús como Cristo. Ahora bien, Justino conoce también otro ingrediente del Bautismo. La recepción del Espíritu no se explica sólo como proclamación de una propiedad ya poseída. En otros textos se afirma la concentración, en Jesús, del Espíritu que actuaba en los profetas; Espíritu que se donará luego al pueblo cristiano. Y no se trata de simple desvelamiento sin novedad real, sino de un verdadero cambio con efectos palpables en la vida de Jesús. El análisis que sigue mostrará la importancia de este factor, ya puesto de relieve en otros estudios[12]. Esto nos permitirá cuestionarnos si se debe dar sin más la preeminencia al momento epifánico.

Por otro lado, no se puede dudar de la importancia que tiene para Justino la teología de la preexistencia, y de que el debate con Trifón sobre este asunto influye a la hora de abordar el Bautismo. La objeción adopcionista estaba presente. Ahora bien, sin negar alcance a la polémica con Trifón sobre la preexistencia, pienso que no es bueno partir directamente de ella: esto significaría estrechar de entrada la perspectiva, mirarlo todo desde un prisma que tiende por sí mismo a acortar muchos horizontes. Porque la visión de Justino, así lo probaremos, es más amplia: otros aspectos le interesan en torno al Bautismo. En realidad, para el mártir el episodio no es tanto un obstáculo, cuanto una vía que le permite profundizar en el misterio de Cristo.

Con estos presupuestos, me dispongo a examinar de nuevo las líneas de Justino en torno al Bautismo. ¿Se puede arrojar luz nueva sobre textos tantas veces comentados? La tarea se hace especialmente ardua si consideramos que las páginas del santo sobre el asunto son a veces confusas. Los textos nudos no permiten pronunciarse sin sombra de dudas por una u otra interpretación. Todo depende en muchas ocasiones del peso que el exegeta conceda a estas o aquellas palabras.

---

[11] Cf., sobre todo D 88, 6: "Pues el hecho de que entrara en Jerusalén montado en un pollino, [...] no le dio la fuerza para ser Cristo, sino que proporcionó a los hombres un signo de que él es el Cristo, de la misma forma que también en tiempos de Juan [en el Bautismo] era necesario que hubiera un signo para los hombres, de modo que conocieran quién es el Cristo" (D 88, 6). Examinaremos este pasaje más adelante, cf. *infra* página 259.

[12] Insisten sobre todo en este aspecto ORBE, *La unción del Verbo* (21-94), seguido por MARTÍN, *El Espíritu* (201-223); GRANADO, *El Espíritu* (26). DÜNZL, *Pneuma* (93) señala bien ambos aspectos, manifestación de Jesús como Cristo y recepción del Espíritu para donarlo luego a los cristianos: "Beide Aspekte, die Konzentration des in den Propheten wirkenden Pneumas aus Is 11, 2f. auf Christus, der daraus die Charismen verteilt, und die sinnfällige Auszeichnung Jesu mit dem Pneuma, die als Erweis seiner Messianität zu verstehen ist, bilden zussamen Justins Interpretation der Pneumabegabung Jesu".

Sin embargo, hay una manera de abrir perspectivas que hasta ahora, así me parece, no ha sido apreciada en lo que vale: los pasajes discutidos ganan claridad cuando se los sitúa en el conjunto del Diálogo y se enmarcan en su contexto. Con demasiada frecuencia se han considerado los párrafos en que se trata del Bautismo como meras digresiones. Se les ha privado así de una luz cierta, apta para disipar muchas ambigüedades.

He aquí el camino que seguiremos. Se establecerá en primer lugar *un hecho*: en el Bautismo se obra un cambio real en la vida de Jesús por la recepción del Espíritu (1.1). A continuación se dará a este hecho *un marco* más amplio: tras situarlo en el conjunto de la *historia salutis* en general (1.2) se pondrá luego en relación con el Bautismo de los cristianos (1.3). Todo esto nos permitirá dar una explicación del hecho, en visión sintética: ¿por qué se bautizó Jesús? (1.4).

1.1. Jesús recibe el Espíritu (D 49-51)

Justino trata de la escena del Bautismo principalmente en dos momentos. Es decisivo, para interpretarlos, considerar el lugar de cada uno en el desarrollo del Diálogo. En el primero (D 49-51) no se ha hablado todavía de la preexistencia del Cristo. Sólo más tarde (D 55-62) se probará que estaba profetizado un Mesías de origen inexplicable, no hombre venido de hombres, Hijo de Dios. El segundo pasaje (D 87-88) llega en un momento bien diferente. Se ha probado ya la preexistencia de Cristo y su nacimiento de una virgen. Los párrafos sobre el Bautismo surgen precisamente de la dificultad que esto plantea: parece que Cristo esté necesitado del Espíritu, a pesar de que lo poseía desde antiguo[13]. Justino hará ver que no es éste el caso.

Así las cosas, el primero de los pasajes (D 49-51) adquiere interés especial. Pues al prescindir de la preexistencia describe Justino más libremente los efectos del Bautismo en Jesús. Y a nosotros nos permitirá descubrir otros acentos que en el segundo pasaje (cuando la preexistencia requiera mayor atención) perderán peso. Vayamos, pues, a estas páginas del Diálogo.

A Cristo oculto, Espíritu oculto

El mártir quiere establecer el siguiente punto. Dejando de momento aparte *cómo* ha de ser el Cristo (hombre corriente o hijo de Dios) debe quedar claro *que Jesús es* el Cristo profetizado. Es una cuestión de hecho,

---

[13] ORBE, *La unción del Verbo* (37-40), señala acertadamente (37) que en el primer texto (D 49-51) se deja de lado la cuestión de la preexistencia. Pero parece extender esto (40) al segundo de los pasajes, D 87-88. Pienso que hay una diferencia clara entre ambos, por el lugar del Diálogo en que se sitúan.

y no de esencia. Aquí alcanza Justino acuerdo con los ebionitas: si estos yerran sobre la naturaleza del Mesías, aceptan al menos identificarlo con Jesús de Nazaret. Aunque a Trifón parecen por eso más sensatos, tampoco les da el judío la razón: el Cristo no ha venido aún. Y esto porque las Escrituras afirman que Elías ha de precederle y darle la unción (cf. Mal 3, 23); ahora bien, el gran profeta todavía no se ha presentado (D 49, 1).

Ampliamente responde Justino. Y en primer lugar: la profecía que aduce Trifón no prueba nada, pues ha de realizarse sólo al final de los tiempos. Olvida su contertulio que están profetizadas dos venidas de Cristo, humilde la primera, gloriosa la definitiva. Elías vendrá, sí, pero no aún (D 49, 2).

Esto habría bastado para rechazar el ataque de Trifón. Y sin embargo Justino va más allá. No contento con desarmar al adversario, piensa derrotarle con sus propias armas, dar la vuelta a su argumento para usarlo en beneficio propio. De pasada, este hecho nos muestra que la escena del Bautismo le interesa para demostrar sus tesis; no sólo aborda el episodio obligado por su contrincante. Precisamente la venida de Elías, profetizada en la Escritura, muestra que Jesús es el Mesías. Porque Elías, aunque debe todavía venir, ha venido ya. Lo hizo en otro profeta, Juan Bautista, que señaló a Jesús como Cristo.

> Y nuestro Señor, dije, dejó consignado en sus enseñanzas que esto es así, al decir que Elías vendrá. Y nosotros sabemos que esto se realizará cuando vaya a venir de los cielos nuestro Señor Jesucristo en gloria. También como heraldo de su primera aparición le precedió el espíritu de Dios que estaba en Elías (οὗ καὶ τῆς πρώτης φανερώσεως κῆρυξ προῆλθε τὸ ἐν Ἠλίᾳ γενόμενον πνεῦμα τοῦ θεοῦ), en Juan, el profeta que surgió en vuestra raza, después del cual ningún otro profeta ha aparecido entre vosotros (ἐν Ἰωάννῃ, τῷ γενομένῳ ἐν τῷ γένει ὑμῶν προφήτῃ, μεθ' ὃν οὐδεὶς ἕτερος λοιπὸς παρ' ὑμῖν ἐφάνη προφήτης) (D 49, 3)[14].

¿Por qué dice Jesús que Juan es Elías? Para responder introduce Justino un elemento importante: el Espíritu. La continuidad entre los profetas la da el único Espíritu que movía a ambos, que actuaba en Elías y ahora lo hace en Juan[15]. Notemos: el interés se centra en este nuevo personaje, más que en las figuras de Juan o Elías. Lo muestra el título de heraldo y precursor que no se da, como otras veces, a Juan Bautista, sino al Espíritu que le

---

[14] La distinción entre las dos venidas de Cristo no la inventa Justino; se limita a hacer exégesis de Mt 17, 10-12 (cf. Mc 9, 11-13) (cf. D 49, 5). Allí dice el Señor dos cosas: (1) Elías vendrá y lo restablecerá todo; (2) Elías ya ha venido: es Juan Bautista. ¿Refirió Jesús ambas frases al Precursor? No según la exégesis antiquísima de Justino, que cuadra perfectamente en su esquema de la doble parusía.

[15] Cf. Lc 1, 17: Juan irá delante de Jesús en el Espíritu y poder de Elías (ἐν πνεύματι καὶ δυνάμει' Ἡλίου).

movía[16]. Esta presencia del Espíritu en Juan constituye el nervio de la prueba de Justino.

La cosa no resulta fácil de aceptar a Trifón. ¿Qué es eso de que el Espíritu que estaba en Elías pase a Juan? Pone entonces Justino un ejemplo de la misma Escritura: también pasó el Espíritu de Moisés a Josué. Y puede decir:

Así, pues – proseguí –, como entonces, en vida aún de Moisés, trasladó Dios sobre Josué parte del Espíritu de aquél, así pudo hacer también que de Elías pasara el Espíritu sobre Juan. Y como en la primera venida Cristo apareció sin gloria (ὥσπερ ὁ Χριστὸς τῇ πρώτῃ παρουσίᾳ ἄδοξος ἐφάνη), así la primera venida del Espíritu que estaba en Elías, que permanecía siempre puro como [Espíritu] del Cristo[17], fue también sin gloria (οὕτως καὶ τοῦ πνεύματος τοῦ ἐν Ἠλίᾳ πάντοτε καθαρεύοντος [ὡς τοῦ] τοῦ Χριστοῦ, ἄδοξος ἡ πρώτη παρουσία νοηθῇ) (D 49, 6-7).

Se habla así de una primera venida sin gloria del Espíritu, en consonancia con la primera, también sin gloria, de Cristo. Vino ya el Espíritu que estaba en Elías, no como vendrá la segunda vez, por medio del profeta glorioso, sino en profeta humilde, como Juan. De él acaba de contar Justino la muerte en prisión, por capricho de Herodías[18] – señal evidente de la falta de gloria del Precursor.

Según O. Skarsaune todo el razonamiento de Justino ha mostrado hasta ahora el paso del Espíritu de Elías a Juan, pero no se ha dicho nada sobre

---

[16] Del Espíritu se dice en D 49, 3: κῆρυξ προῆλθε τὸ ἐν Ἠλίᾳ γενόμενον πνεῦμα τοῦ θεοῦ; y de Juan Bautista, en otro lugar (D 88, 2): κῆρυξ αὐτοῦ τῆς παρουσίας; de Elías, en D 49, 2, que es πρόοδος; en D 50, 2 y D 50, 3 se habla de προελεύσις.

[17] El texto del manuscrito lo modifican tanto Otto (πάντοτε καθαρεύοντος [ὡς] τοῦ Χριστοῦ) como Marcovich (πάντοτε καθαρεύοντος [ὡς τοῦ] τοῦ Χριστοῦ). Así lo interpreta el primero (169, nota 22) siguiendo a Maran: "Spiritus ille, de quo dominus in Ioannem transtulit, semper in Elia purus exsistebat, id est, minime laesus aut violatus fuit hac communicatione". Pero se puede traducir también: "el Espíritu que estaba en Elías, que permanecía siempre puro como [Espíritu] del Cristo..." A esto apunta la modificación de Marcovich (152). Con él, pienso que se debe unir el participio καθαρεύοντος con Cristo, y no con Elías. Justino se refiere con frecuencia al Espíritu como: el Espíritu que estaba en Elías, u otro profeta (cf. D 49, 3; D 49, 6; D 52, 3), sin más aposición. Además, esto encaja bien con la teología de Justino: Cristo es el poseedor del Espíritu, y es Él quien lo reparte a todos. Y este Espíritu era poseído en plenitud por el Cristo, en quien siempre permanece puro, y que es, en último término, quien lo reparte a los hombres (cf. D 86, 3). Notemos, por tanto, que la tesis de la preexistencia asoma también aquí: Justino no prescinde de ella en su exposición, aunque tienda a silenciarla por razones tácticas. Señal de que no la considera incompatible con la recepción real del Espíritu por parte de Jesús, establecida, como veremos, en estas páginas.

[18] Cf. D 49, 4; de su condición humilde hablará también en D 88, 7.

que Jesús recibiera el Espíritu o fuera ungido por Juan[19]. Es este autor de los que aseveran que, para Justino, nada ocurre a Jesús en el Bautismo. Reconoce, eso sí, que la lógica de toda la narración desembocaría naturalmente en una unción de Jesús por Juan en que aquél recibiera el Espíritu[20]. Y, sin embargo, este paso último del razonamiento no se da. ¿Por qué motivo?

Para explicarlo, Skarsaune supone que Justino utiliza fuentes diversas. Una de ellas contendría un relato del Bautismo que acabaría en la unción de Jesús. Justino la emplea, suprimiendo no obstante el punto final del razonamiento (la unción de Jesús), para salvaguardar la preexistencia de Cristo. De ahí la incoherencia de que da muestras el relato de Justino que, apuntando a una conclusión, no llega a formularla.

¿Se puede sostener esta lectura? Leamos las líneas que siguen en el comentario:

> la primera venida del Espíritu [...] fue también sin gloria. Y, en efecto (γάρ), con oculta mano dícese que hacía el Señor la guerra a Amalec; y, sin embargo, no vais a negar que cayó Amalec. Y si sólo con la gloriosa venida de Cristo se dijera que ha de ser combatido Amalec, ¿qué sentido tendría la Escritura que dice: *con oculta mano hace Dios la guerra a Amalec*? Podéis, pues, comprender que alguna oculta fuerza de Dios tuvo el Cristo crucificado, cuando ante Él se estremecen los demonios y absolutamente todos los principados y potestades de la tierra (D 49, 7-8).

Es cierto que Justino no describe aquí ninguna unción de Jesús por parte de Juan. Pero notemos: la primera venida del Espíritu se prueba (γάρ) por la presencia en Él de una fuerza capaz de derrotar al demonio, fuerza que obra desde la cruz ("alguna oculta fuerza de Dios tuvo el Cristo crucificado")[21]. Por el contexto, esta escondida fuerza no puede ser sino el Espíritu[22]. Su venida sin gloria y su presencia oculta quedan así

---

[19] SKARSAUNE, *The Proof* (196): "Everything here builds up to the conclusion that Jesus received his messianic anointing from John [...] But Justin never draws this conclusion".

[20] Así razonaba sin dificultad Trifón, sin que el cristiano le contradiga en este punto: el Cristo había de ser ungido por Elías: cf. D 8, 4; D 49, 1.

[21] Esta relación entre nuestro texto y el párrafo posterior es puesta de relieve en el análisis de J.J. AYÁN, "La venida sin gloria del Espíritu. A propósito de la dificultad textual de Diálogo 49, 7", en *En camino hacia la gloria. Miscelánea en honor de Mons. Eugenio Romero Pose* (ed. L. QUINTEIRO FIUZA - A. NOVO) (Santiago de Compostela 1998) 238-247.

[22] Nótese que Justino habla de una fuerza que permite vencer a Amalek. Y que acaba de referirse al Espíritu que actúa en Moisés y Josué, los protagonistas de la batalla contra Amalek. Parece lógico pensar que la fuerza oculta que actúa en Jesús sea el Espíritu, el mismo que movió a Josué y Moisés en sus acciones a favor del pueblo. A esto se añade la relación entre Espíritu y fuerza, cf. *infra*, página 318.

relacionadas. A esto no le veo sino una explicación: el Espíritu que mueve a Juan pasa entonces a Jesús, con las mismas señales que caracterizan la primera parusía: abajamiento y falta de gloria[23].

Todo el razonamiento ha desembocado, por tanto, en lo siguiente: el Espíritu que actuaba sin gloria en Juan ha pasado a Jesús con la misma característica oculta que tenía en el Bautista, propia de la primera parusía. Nótese, de paso, cómo se compenetran las venidas del Logos y del Espíritu: el Pneuma viene siempre con los mismos rasgos que trae el Salvador, la falta de gloria en nuestro caso. Si seguimos leyendo al mártir confirmaremos estas conclusiones.

De Juan Bautista a Jesús

Las palabras de Justino bastan para convencer a Trifón, que quiere pasar a otro asunto (D 50, 1). Pero es ahora el cristiano quien insiste: nueva señal de que en el episodio no encuentra sólo una dificultad, sino una prueba favorable a su postura. Justino aporta una larga cita profética (Is 39, 8 - 40, 17 en D 50, 3-5), que anuncia al precursor: "Voz que grita en el desierto: Preparad el camino al Señor..." A este texto se refirieron ya los evangelistas (Mc 1, 2-3; Mt 3, 3), precisamente para hablar de Juan.

A Trifón no le convence esta escritura: son palabras ambiguas que nada permiten concluir. Para Justino, sin embargo, hay una forma de deshacer la incertidumbre:

> Si en vuestro pueblo, ¡oh, Trifón!, no hubieran cesado las profecías que no han vuelto a darse después de Juan Bautista, tal vez tuvierais razón en mirar como oscuras las cosas dichas. Pero si Juan fue por delante gritando a los hombres que se convirtieran (βοῶν τοῖς ἀνθρώποις μετανοεῖν) y Cristo, estando todavía él sentado en el río Jordán, puso fin con su llegada a su profetizar y bautizar y evangelizaba diciendo también él que el reino de los cielos está cerca (Χριστὸς ἔτι αὐτοῦ καθεζομένου ἐπὶ τοῦ Ἰορδάνου ποταμοῦ ἐπελθὼν ἔπαυσέ τε αὐτὸν τοῦ προφητεύειν καὶ βαπτίζειν, καὶ εὐηγγελίζετο καὶ αὐτὸς λέγων ὅτι ἐγγύς ἐστιν ἡ βασιλεία τῶν οὐρανῶν), y que era necesario que él padeciera mucho por parte de los escribas y fariseos, y fuera crucificado y resucitara al tercer día y que aparecerá de nuevo en Jerusalén y que entonces comerá y beberá de nuevo con sus discípulos e indicó que en el tiempo posterior a su venida, como ya dije

---

[23] Justino no dice que el Espíritu pase de Juan a Jesús. Este silencio puede explicarse partiendo de los presupuestos del mártir. Ya hemos visto que su interés se centraba en el Espíritu, y no tanto en el profeta a quien éste mueve, Juan en nuestro caso. Por otra parte, cuando afirma que "el Espíritu permanecía siempre puro en Cristo" (D 49, 7) (cf. lo dicho más arriba, nota 17 de este capítulo), está aludiendo a una tesis central de su teología, la de Cristo como dueño del Espíritu, recibido del Padre para comunicarlo a lo largo de la historia. Así, Jesús no depende del Bautista para recibir el Espíritu. Ni su fuerza de la de Juan, pues Jesús es más fuerte: cf. D 88, 7.

antes, iban a venir sacerdotes y falsos profetas en su nombre y así se ve en la realidad... ¿Cómo es posible todavía dudar teniendo la obra para ser convencidos (ἔργῳ πεισθῆναι ὑμῶν ἐχόντων;)? (D 51, 1-2).

Justino se fija en dos figuras: Juan Bautista y Jesús. Comencemos por el primero. Los elementos con que se le describe ponen de manifiesto que en Él actúa el Espíritu. Se nos dice que estaba sentado en el Jordán: se trata de la posición que adoptaba el maestro[24]. Desde esa cátedra Juan grita[25] y predica profetizando la venida del Salvador. La misma presentación encontramos en la otra narración del Bautismo (D 87-88). Allí se añade que Juan se distingue por su vestido y dieta especiales[26]. Hasta tal punto actuaba en Juan el Espíritu, que la gente llegó a pensar se trataba del Cristo[27].

Se centra entonces el interés sobre Jesús. Sabemos que su vida transcurrió en normalidad hasta el Bautismo. Justino acentúa que no se dio nada extraordinario, es decir, ninguna actuación en Él del Espíritu, como se estaban dando entonces en Juan[28]. Cuando el Señor se acerca al Jordán, Juan todavía enseña sentado, signo de que le agita aún el Pneuma. Nada más llegar, Jesús pone fin a toda acción extraordinaria en el Bautista, profecías y bautismos.

¿Qué ocurrió entonces a Jesús? En ese momento comenzó Él también a evangelizar: "El Reino de los cielos está cerca". Y Justino añade algunos contenidos del mensaje de Jesús. A partir del Jordán empezó a anunciar su muerte y resurrección (1); predijo también una característica del tiempo de la Iglesia, al decir que enseguida aparecerían los herejes (2); y desveló el cumplimiento definitivo de la historia, cuando él mismo volverá a Jerusalén para comer y beber con los suyos (3). ¿Qué quiere decir Justino

---

[24] Cf. D 49, 3: καθεζόμενος ἐβόα; D 51, 2: αὐτοῦ καθεζομένου ἐπὶ τοῦ Ἰορδάνου ποταμοῦ; D 88, 7: Ἰωάννου γὰρ καθεζομένου ἐπὶ τοῦ Ἰορδάνου καὶ κηρύσσοντος βάπτισμα μετανοίας; cf. BAMMEL, "Die Täufertraditionen" (57).

[25] Verbo que expresa la actividad típica de los profetas en el Antiguo Testamento. Cf. HENNE, "Pourquoi le Christ" (578, nota 46).

[26] Cf. D 88, 7.

[27] Cuando Justino describe la vida de Juan, su particular vestido y alimento (cf. D 88, 7), está viendo todo esto como prueba de que el Espíritu actúa en Él (de ahí que le confundan con el Cristo y que sea necesario un signo que identifique a Jesús).

[28] Justino presenta un contraste entre Juan y Jesús. Éste último crece con total normalidad, se alimenta de todo, no se distingue de los otros hombres (cf. D 88, 2). No se trata sólo de afirmar la verdadera humanidad de Jesús. Se quiere insistir más bien en una vida completamente normal, en la que no se da manifestación especial del Espíritu. Jesús no predica, no profetiza ni bautiza. Si algo enseña es a través de su oficio de carpintero (cf. D 88, 8).

con esta enumeración? A primera vista puede parecer un elenco escogido al azar entre los dichos del Maestro, para dar idea de la actividad de Jesús.

Prestemos, sin embargo, atención a un pasaje que muestra similitudes con el nuestro, D 76, 3-7[29]. Comenta allí Justino el título "Ángel del gran consejo" (Is 9, 6): es decir, aquel que desvela definitivamente los designios de Dios sobre el mundo. El culmen de tal actividad lo constituye la predicación de Jesús, descrita en términos similares a los que acabamos de ver: predijo la cruz y resurrección (1), y el juicio definitivo (3); y, aunque no se dice nada de los herejes (2), sí se anuncia la destrucción del diablo por parte de los cristianos, asunto relacionado con la instigación satánica de las herejías[30].

Este paralelismo nos indica que, al resumir la predicación de Jesús tras el Bautismo, se la está caracterizando de forma inequívoca: es una actividad profética. Ahora realiza Él, en plenitud, lo que antes Juan; Jesús desvela los designios del Padre.

La relación con el título "Ángel del gran consejo" (D 76, 3), puede iluminarnos aún. Aquí "ángel" tiene un valor funcional, atendiendo a su significado de "mensajero". Justino ha unido poco antes las nociones de "ángel" y "apóstol" (enviado) con la de "profeta", en torno a la figura de Josué[31]. En otro pasaje los títulos "sacerdote", "rey" y "ángel" se relacionan con una unción[32]. Donde esperaríamos la unción del profeta (sacerdote, rey, profeta), encontramos la del "ángel". Justino ve, por tanto, unidos "ángel", "apóstol" y "profeta", y asocia el primero a una unción. P. Beskow ha sugerido un texto que podía haber inspirado al mártir para establecer estas relaciones[33]. Se trata de Is 61, 1, al que Justino alude en otro contexto[34]: "El Espíritu del Señor está sobre mí porque Él me ha ungido (ἔχρισέν με); me ha enviado (ἀπέσταλκέν με) a anunciar la buena nueva a los pobres (εὐαγγελίσασθαι)..."

Un dato puede confirmar la propuesta de Beskow. Acabamos de leer al mártir: justo después del Bautismo comienza Jesús a *evangelizar*. Si Is 61, 1 sirve de trasfondo, encaja muy bien la descripción del momento. Seguiría Justino a Lucas, quien trae precisamente esta escritura de Isaías cuando narra la escena de Jesús en la sinagoga de Nazaret (Lc 4, 18s).

---

[29] Sobre el texto, cf. lo que dijimos en el cap. I, apdo. 1.3, p. 39.

[30] Por otra parte, el conocimiento que Jesús tiene de los falsarios que habían de llegar tras su partida lo usa Justino para probar que el Señor conocía el futuro (cf. D 35, 2-3). El mismo mensaje de Jesús: "está cerca el Reino de los cielos", desvela los designios futuros de Dios. El reino sólo llegará en plenitud tras la segunda parusía.

[31] Cf. D 75, 3: "ὅτι δὲ καὶ ἄγγελοι καὶ ἀπόστολοι τοῦ θεοῦ λέγονται οἱ ἀγγέλλειν τὰ παρ' αὐτοῦ ἀποστελλόμενοι προφῆται".

[32] Cf. D 86, 3; cf. BESKOW, *Rex* (111-115).

[33] Cf. BESKOW, *Rex* (113).

[34] Cf. D 12, 2.

Todos los datos apuntan a lo mismo y nos permiten concluir: Justino pensó en una unción asociada al momento del Jordán. Este descenso del Espíritu es real, como real es el cambio operado en la actividad de Jesús. Callaba antes, evangeliza luego; mantenía primero silencio, desvela después el futuro como profeta. No se trata de unción material, sino de la recepción del Espíritu, que empieza a actuar entonces en Jesús[35].

1.2. El Bautismo: entre la antigua y la nueva disposición

Algo sucede, pues, a Jesús en el Bautismo. Algo que distingue netamente la etapa que comienza de la que precedió. Es la recepción del Espíritu, que actuará en Jesús de forma nueva a partir del Jordán.

Pero, aunque sea importante constatar el hecho, no podemos quedarnos en él. Importa que nos preguntemos por su valor en el conjunto de la vida de Jesús; más aún, por su puesto en la entera *historia salutis*. No faltan voces que niegan exista coherencia entre lo que acabamos de decir sobre el Bautismo y el resto de la visión teológica del mártir[36]. De tener razón, Justino habría combinado visiones contrapuestas sin buscar ninguna síntesis. De un lado, el cambio experimentado por Jesús, a partir del Jordán; de otro, la afirmación de la preexistencia de Cristo, posesor del Espíritu desde siempre.

Ahora bien, resulta que al exponer el Bautismo de Jesús, el mismo mártir está interesado en encuadrarlo en una visión armónica con el resto de la *historia salutis*. Indicio de esto nos lo ofrece ya el texto apenas analizado. Al comentarlo hemos pasado por alto, a sabiendas, otra de las acciones que realiza Jesús en el Bautismo: puso término (ἔπαυσε) a la misión de Juan (D 51, 2). Pues bien, resulta que el caso del Precursor es de trascendencia para todo el pueblo, pues Juan es el último de los profetas. Ausente de él el Espíritu, lo estará de todos los suyos[37]. Esta retirada del

---

[35] En otros pasajes Justino concibe la unción profética como llevada a cabo por el Espíritu (cf. D 52, 3), es decir: porque se pasa a participar del Espíritu (cf. D 86, 3). Sobre esta unción podemos preguntarnos: ¿quién ungió a Jesús con el Espíritu? A lo largo del AT es Cristo quien distribuye la unción, dando de su Espíritu a los profetas y reyes. Pero este Espíritu Él lo ha recibido del Padre; si el Espíritu es quien da fuerza a Jesús, sabemos que Cristo, durante su vida, no se glorió nunca de tener fuerza propia, sino que lo recibió todo del Padre (cf. D 101, 1; cf. también D 86, 3). En consecuencia hay que decir que es este último quien lleva a cabo la unción.

[36] Es la corriente exegética reseñada al comienzo de este capítulo; cf. notas 5, 6, 7, 9 y 10.

[37] Sobre la tradición del cese del Espíritu, difundida en el judaísmo contemporáneo a Justino, cf. P. SCHÄFER, *Die Vorstellung vom heiligen Geist in der rabbinischen Literatur* (StANT 28; München 1972); F.E. GREENSPAH, "Why Prophecy Ceased", *JBL* 108 (1989) 37-49. J.R. LEVISON, "Did the Spirit Withdraw from Israel? An Evaluation of the Earliest Jewish Data", *NTS* 43 (1997) 35-57 pone en duda la idea de que entre judíos existiera un

Espíritu tiene su importancia: Justino lo considera criterio para leer
adecuadamente la profecía de Isaías (Is 39, 8 - 40, 17) sobre el Precursor[38],
como una luz superior que elimina las ambigüedades del texto. Nos invita
así el mismo mártir a estudiar en esta perspectiva sus líneas.

Para ver cómo realizar esta tarea hemos de seguir leyendo el Diálogo.
En D 52 termina Justino de tratar del Bautismo y parece abordar un nuevo
asunto. En efecto, comenta ahora la bendición de Jacob (Gn 49, 8-12):
"No faltará un jefe de Judá ni un guía salido de sus muslos, hasta que
venga aquel a quien está reservado" (Gn 49, 10 en D 52).

El texto había sido ya comentado en un lugar importante de la Apología
(I 32). Se abría con él ante paganos la prueba profética: Jesús de Nazaret
era el Cristo anunciado en la antigua Escritura hebrea. En efecto, dice el
Génesis: los de Judá tendrán jefe y guía hasta que venga Cristo, y sólo
entonces les faltará un caudillo. Y a la vista está lo acaecido: desde hace
poco carecen los judíos de gobernantes propios, y han caído bajo
dominación romana. Es que ha venido aquel a quien se reservaba el
reinado (I 32, 2).

Ahora, ante Trifón, contertulio más capaz por su conocimiento de la
Escritura, desarrolla Justino su pensamiento. Los jefes y guías del pueblo
de que habla el Génesis no son solo los reyes: están además los profetas y
sacerdotes (cf. D 52, 3). También faltan ellos en Israel desde que surgió el
último, Juan Bautista. Con esto se desvela que, más allá del acontecimiento político se da uno teológico. La toma de Jerusalén y la destrucción
del templo, la caída de la dinastía propia de Israel, la ausencia de hombres
inspirados por Dios...; son todo síntomas de un mal más grave: ha dejado
de actuar en el pueblo el Espíritu divino. Pues es Él quien movía a
profetas, reyes y sacerdotes; quien por su medio actuaba en todo el pueblo,
invitando al recuerdo y conocimiento del Creador; quien se acercaba al
hombre a través de los mandatos y sacrificios de la Ley[39].

En resumen. ¿Qué está reservado a Cristo según la profecía del
Génesis? Ante romanos, esta es la respuesta: se trata del reinado[40]. Frente
a un auditorio judío ahonda el mártir sus conclusiones: tiene el reinado
quien tiene el Espíritu, pues es Éste el que unge a reyes, profetas y
sacerdotes.

"dogma" sobre la permanente ausencia del Espíritu hasta el momento escatológico. Los
textos que parecen indicar en este sentido se refieren, según este autor, a situaciones
particulares de ausencia del Espíritu.

[38] Cf. D 51, 1: "Si en vuestro pueblo, ¡oh, Trifón!, no hubieran cesado las profecías
que no han vuelto a darse después de Juan Bautista, tal vez tuvierais razón en mirar como
oscuras las cosas dichas".

[39] Remito aquí al estudio desarrollado en el cap. segundo, apdo. 2.4, p. 99, sobre el
valor de la Ley.

[40] Cf. I 32, 2: "ἕως ἂν ἔλθῃ ᾧ ἀπόκειται τὸ βασίλειον".

Ahora bien, notemos que esta sección muestra fuertes conexiones con la dedicada al Bautismo. Ambas se dirigen a probar, por lo que sucede ante la vista de todos, que Jesús es el Cristo. Aportan signos concretos que muestran el cumplimiento de las profecías. Y en ambas es central la idea del cese del Espíritu. Es que Justino no ha cambiado de asunto al abordar el comentario a Gn 49, 10ss (D 52-54). Estamos ante una sección unitaria (D 49-54), de la que el Bautismo es un caso particular[41]. Se quiere leer la escena bajo el prisma de la historia de salvación, siguiendo la exégesis de Gn 49, 10ss.

¿Qué luz puede arrojar entonces esta profecía sobre el episodio del Jordán? Para responder tengamos en cuenta que la bendición de Jacob explica un gran cambio en la historia de la salvación, una etapa nueva caracterizada por nuevo comportamiento de Dios. La prueba de este cambio se basa fundamentalmente en dos hechos. Está por un lado la ausencia de Espíritu entre los judíos, verificable por la dominación romana. Pero no sólo: es también prueba de su cumplimiento la nueva actuación del Espíritu en la Iglesia[42].

Dos momentos, pues, netamente diferenciados. Y entre medias sitúa Justino el descenso y actuación del Espíritu en Jesús. ¿Será este paso por el Salvador la causa de que el Espíritu tome nuevos derroteros en su actuación entre los hombres? Así parece darlo a entender Justino al colocar el Bautismo en este contexto. Para comprobarlo se nos abre el siguiente camino: analizar las características de la acción del Espíritu antes y después de la venida de Cristo, primero en Israel y luego en la Iglesia. Y ver si la diferencia que encontremos puede tener como causa el paso del Espíritu por el Salvador, a partir del Jordán[43].

Novedad de la presencia del Espíritu

Comparemos, por tanto, los dos estados de actividad del Espíritu, recogiendo los datos que aporta el mártir.

---

[41] La conexión la notaba ya BERTRAND, *Le baptême* (93-94): "on peut affirmer maintenant que cette analyse de Gn 49, 10 est à l'arrière-plan de Dial. 87, 3 à 88, 1".

[42] Esto se ve muy bien en el texto de la Apología. Invita Justino a comprobar dos hechos: por una lado, que los judíos no tienen ya rey propio (signo del cese del Espíritu) (I 32, 3); por otro, que gente de todas las naciones espera en Cristo (signo de la nueva actuación del Espíritu) (I 32, 4).

[43] Este planteamiento es lícito porque Justino no introduce dos Espíritus distintos: uno para el Antiguo y otro para el Nuevo Testamento. Se opone así a la postura gnóstica y marcionita, amiga de subrayar la ruptura entre una y otra Alianza. El mártir supone la unidad en toda la *historia salutis*. El mismo Espíritu que estaba en Israel está ahora en la Iglesia. No hay novedad en el sujeto; se transforma solo su forma de actuar.

En primer lugar: antes de la Encarnación el Espíritu estaba prácticamente confinado en las fronteras de un pueblo. Se transmitía por sucesión, de una generación a otra, dentro de la raza elegida[44]. Su acción se reducía, además, a un número pequeño de hombres santos: profetas, reyes y demás ungidos. A través de ellos llegaba a los demás su acción benéfica.

En la Iglesia el panorama es distinto. Ya no se da el Espíritu según la antigua costumbre[45]. La nueva presencia se distingue por su universalidad. El nuevo pueblo llena ahora toda la tierra; y en todos sus miembros, no sólo en unos pocos, actúa el Pneuma[46]. Así lo atestiguan las profecías que cita Justino: "derramaré mi Espíritu sobre toda carne" (Jl 3, 1-2; TM: 2, 28-29, en D 87, 6); "toda carne verá la salvación de Dios" (Is 40, 5 en D 50, 3).

¿Cómo explicar que se transforme así el obrar del Espíritu? Atendamos a lo siguiente. La universalidad, que comporta la apertura de las fronteras de Israel, la une Justino con el nacimiento virginal de Cristo, hijo de Dios[47]. Al no nacer de varón, sino del poder y voluntad del Padre, su filiación no está ligada a un linaje particular, y puede comunicarse a todo hombre. Vemos que la nueva acción del Espíritu se corresponde con la existencia en carne del Salvador. El Espíritu transforma su modo de actuar en conformidad con el ser de Jesús[48]. Se confirma que la venida y paso del Espíritu por Él, a partir del Jordán, ha hecho posible su nueva actuación en la Iglesia.

Notemos *un segundo aspecto*, relacionado con el anterior. El Espíritu actuaba entre judíos con claras repercusiones políticas. Suscitaba en ellos

---

[44] I 31, 8: κατὰ γὰρ τὰς διαδοχὰς τῶν γενῶν ἕτεροι καὶ ἕτεροι ἐγένοντο προφῆται; los profetas se sucedían dentro del linaje en que vendría a nacer Cristo; cf. I 32, 14: τοῦ δὲ᾽ Ἰακὼβ καὶ τοῦ᾽ Ἰούδα κατὰ γένους διαδοχὲν υἱὸς ὑπῆρχεν.

[45] Cf. D 87, 3: κατὰ τὸ παλαιὸν ἔθος.

[46] Sin que esto quite que se den modos y grados diversos de actuación en cada cristiano. Pues el Espíritu se recibe en el Bautismo, pero hay a la vez carismas especiales entre los bautizados. Sobre esto puede verse J.E. MORGAN WYNNE, "The Holy Spirit and Christian Experience in Justin Martyr", *VigChr* 38 (1984) 172-177.

[47] Cf. todo el apdo. 1.1 del cap. III.

[48] Así, el número 54 del Diálogo puede leerse en lógica continuidad con lo que venimos diciendo: se da a entender allí la nueva condición de los cristianos por la presencia del Logos en ellos. Obsérvese, en efecto, la secuencia: (a) el Espíritu que Jesús recibe de Juan se repartirá luego sobre la Iglesia, pero con cualidad nueva, rompiendo la estrecha circunscripción meramente carnal del pueblo judío (D 48-53); (b) esta idea se asocia a la nueva generación de Jesús por el poder de Dios, sin participación de varón (D 54). Hay, por tanto, un vínculo entre la forma nueva de darse el Espíritu en la Iglesia y la carne nueva de Cristo, formada por voluntad de Dios sin intervención de varón; entre la generación inenarrable de Cristo (γένος ἀδιήγητον, cf. Is 53, 8) y la nueva raza (γένος) de los cristianos: cf. WOLFF, *Jesaja 53* (132, n. 595).

reyes y jefes, que mantenían el dominio concreto de una tierra. De ahí que, cuando el Espíritu deja de obrar, pierdan los judíos tan preciada autonomía.

En los cristianos, por contra, no hallamos esta relación entre reino terreno y obra del Espíritu. La posesión de la tierra implica la pérdida del Pneuma por parte judía, pero no que Éste vaya a habitar ahora con los romanos, nuevos dominadores. El nuevo pueblo que posee el Espíritu vence en forma oculta y, aunque no deja de manifestar en el exterior su poder, (por ejemplo, en los exorcismos), y aunque tiende siempre al dominio final sobre la historia y los pueblos (en la segunda parusía), adquiere entre tanto vibraciones humildes. Su nuevo ámbito de acción no se conoce por el triunfo en las batallas, sino por la conversión de las multitudes al Dios verdadero, hasta el derramamiento de sangre[49]. La nueva victoria se cuaja en el molde del martirio cristiano.

Así, el escondido actuar del Espíritu en la Iglesia corresponde a su victoria en la cruz de Jesús, posesor de oculta fuerza (cf. D 50, 8). De nuevo, las características que el Espíritu adquiere son las propias del vivir terreno del Salvador. Obtenidas sin duda por el contacto íntimo que mantuvo con Jesús a partir del Bautismo.

En tercer lugar, esta novedad se expresa por la contraposición entre Ley antigua y nueva. En efecto, ya señalamos que la Ley de Moisés no era realidad ajena al Espíritu[50]. Antes de la Encarnación Éste actuaba principalmente en los profetas. Ahora bien, Justino habla de la Ley, dada "por los profetas"[51]; dice también que los sacrificios se llevaban a cabo por hombres ungidos[52]. La Ley es, por tanto, institución al servicio del Espíritu, uno de los medios de que Éste se sirve para invitar al conocimiento de Dios. Por eso decir que en el Pueblo cesa el Espíritu implica decir que cesa la Ley antigua: la circuncisión, el sábado y demás preceptos[53]. La Ley corresponde al modo antiguo de presencia del Pneuma.

---

[49] En I 32, 4 se ve claramente el contraste. La ausencia del Espíritu entre judíos corresponde a la pérdida de su tierra. Como contrapartida está la nueva presencia en los cristianos, no caracterizada por el dominio político, sino por su esperanza, puesta totalmente en Cristo.

[50] Cf. cap. II, apdo. 2.4, p. 99.

[51] Cf. D 53, 4.

[52] Cf. D 52, 3.

[53] El mismo Justino usa expresiones similares para una cosa u otra. Era necesario que cesara la Ley, como era necesario que cesara la antigua economía del Espíritu. Compárense los siguientes textos. Por un lado D 87, 5: "Descansaron pues [las potencias del Espíritu], es decir cesaron, al venir aquél [Cristo], después del cual era necesario que cesara esta disposición de vosotros (μεθ᾽ ὃν τῆς οἰκονομίας ταύτης παύσασθαι ἔδει), y después de tomar descanso en Él, se dieron dones, como fue profetizado que se

¿Y el modo nuevo? La respuesta está en los títulos de "nueva Alianza" y "Ley eterna", dados por Justino a Cristo[54]. El Salvador toma ahora el puesto de la Ley. Y, precisamente por ser el poseedor pleno del Espíritu, por ser Cristo Ungido, puede llevar a plenitud la Ley antigua:

la Nueva Alianza, que Dios pregonó antiguamente que iba a establecer, entonces [tras la Encarnación] estaba ya presente, es decir Él mismo, por ser el Cristo (αὐτὸς ὢν ὁ Χριστός) (D 51, 3).

Profundicemos en esta novedad. Melitón de Sardes había usado la contraposición entre Ley y Palabra para describir cómo se relacionan los dos Testamentos[55]. Dice en su Homilía sobre la Pascua, que la Ley se hizo Logos[56]. El tema que desarrolla se inspira en el Prólogo de Juan[57].

Pues bien, esta misma contraposición se encuentra, un tanto velada, en Justino. Explica el mártir en D 53, 1 qué significa el pollino de la profecía de Jacob, que montó Jesús al entrar en Jerusalén. Simboliza a los gentiles, asno salvaje al que Jesús impuso el yugo de su palabra (τὸν ζυγὸν τοῦ λόγου αὐτοῦ). Ahora bien, no sólo un pollino, sino también una asna trajeron los discípulos a Jesús según Mt 21, 2.7; y asna y pollino anuncia la profecía de Zac 9, 9. En el asna, animal domesticado (ὑποζύγιον), ve Justino a los judíos que habían de creer en Cristo; estos tenían colocada encima la silla de la ley, dada por los profetas (τὸν διὰ τῶν προφητῶν νόμον) (D 53, 4). El Espíritu, a partir de ahora, no actuará en la ley antigua, sino en la palabra de Jesús, ley nueva. Otra vez la novedad de la actuación del Espíritu se une a la actividad terrena de Cristo, predicador de la palabra paterna (cf. D 102, 2).

Profundicemos en esto último. Ya estudiamos en un capítulo anterior cuál es la relación entre Antigua y Nueva Ley[58]. Está por un lado la *universalidad* de la segunda, no ligada a preceptos particulares. Pero hay más. Mientras la primera permanece exterior al hombre trae la otra una *enseñanza interior*, que empuja al cristiano a abandonar los ídolos y afrontar el martirio.

---

realizaría, que vienen de la gracia de la potencia del Espíritu de Aquél". Por otro, D 43, 1: "Pues como a partir de Abraham comenzó la circuncisión, y a partir de Moisés el sábado y los sacrificios y ofrendas y fiestas [...] así era necesario que cesara (οὕτως παύσασθαι ἔδει εἰς [...] Χριστόν) [...] en Cristo".

[54] Cf. D 11, 4; 12, 2; 43, 1; 122, 5...

[55] Cf. *Sobre la Pascua* 3 (SC 123, 60): "(el misterio) antiguo según la ley y nuevo según la palabra"; 4 (62): "la ley es antigua, pero la palabra es nueva"...

[56] Cf. *Sobre la Pascua* 7 (SC 123, 64): "En efecto, la ley se hizo palabra, y lo antiguo, nuevo" (καὶ γὰρ ὁ λόγος νόμος ἐγένετο, καὶ ὁ παλαιὸς καινός).

[57] Cf. la nota de O. PERLER en SC 123, 135.

[58] Cf. *supra*, cap. II, apdo. 2.

San Ireneo añade un detalle que diferencia las dos disposiciones[59]. Frente a la locuacidad de la Antigua Alianza está la concisión y brevedad de la nueva. Los múltiples preceptos que dio Moisés se simplifican con el sencillo mandamiento del amor; la ley definitiva puede enunciarse con pocas palabras: es la caridad. Resulta que Justino expone también que toda la Ley se resume en el amor a Dios y al prójimo:

> De ahí que a mí me parece haber dicho bien nuestro Señor y Salvador Jesucristo al afirmar que toda la justicia y piedad se cumple (πᾶσαν δικαιοσύνην καὶ εὐσέβειαν πληροῦσθαι) en dos mandamientos... (D 93, 1).

Sigue un largo comentario al precepto del amor. Pero nos interesa ahora fijarnos en un detalle. Al recordar la palabra de Jesús sobre "la plenitud de la ley", se entremezcla un elemento de la respuesta de Jesús a Juan, cuando éste se negaba a bautizarle: "es necesario que cumplamos toda justicia (πληρῶσαι πᾶσαν δικαιοσύνην)" (Mt 3, 15). ¿Descuido del mártir, mera casualidad? Bien podría ser.

Pero la cosa tiene suficiente coherencia para admitir otra explicación. Resulta que en San Ireneo encontramos asociados el cumplimiento de la justicia con la acción del Espíritu. Ya desde el Antiguo Testamento los hombres justos lo fueron por peculiar actividad del Pneuma. Dice el obispo de Lión: "el Espíritu Santo por cuyo poder [...] los justos han sido guiados por el camino de la justicia..."[60] La expresión "el camino de la justicia" puede vincularse con Mt 21, 32, precisamente en relación con el Bautista: "vino Juan a vosotros por camino de justicia...".

A esta luz parece fácil explicar la interferencia entre el mandamiento del amor, plenitud de la ley, y el momento del Bautismo. El "cumplir toda justicia" de Mt 3, 15 tendría, en boca de Jesús, relación con la bajada del Espíritu, y con el inicio de la nueva ley, justicia superior llevada a cabo por Cristo, el único Justo (D 17, 1.3; cf. D 110, 6). El hecho de que los cristianos sean justos por haberlo recibido de Cristo (D 136, 2), testimonia que el Espíritu del Salvador actúa en ellos del mismo modo que en Jesús.

---

[59] Cf. IRENEO, *Epid.* 86ss (FP 2, 209ss).

[60] Cf. IRENEO, *Epid.* 6 (FP 2, 64): "el Espíritu Santo por cuyo poder los profetas han profetizado y los Padres han sido instruidos en lo que concierne a Dios, y los justos han sido guiados por el camino de la justicia..." La expresión "el camino de la justicia" puede relacionarse con Mt 21, 32, que habla precisamente del Bautista: "vino Juan a vosotros por camino de justicia". Cf. IRENEO, *Epid.* 56 (FP 2, 169): "los que temieron a Dios y han muerto en la justicia y han poseído el Espíritu de Dios, como los patriarcas, los profetas y los justos". En Justino encontramos que a Dios sólo se le puede ver si se tiene el adorno del Espíritu (D 4, 1); y un poco después se asocia la visión de Dios con la virtud y la justicia (D 4, 3). Para un análisis del término justicia en el siglo segundo cf. E. PERETTO, *La Giustizia. Ricerca su gli autori cristiani del secondo secolo* (SPFTM 29; Roma 1977).

De nuevo encontramos que la actuación nueva del Espíritu en los cristianos, llevando a plenitud la justicia, supone su paso previo por Jesús, el Justo, a partir del Bautismo.

Podemos resumir lo dicho. (1) El mismo Espíritu que actuaba en el Pueblo de Israel, ligado a sus fronteras y linaje, se encuentra ahora en la Iglesia sin limitaciones de espacio ni raza. (2) Su modo de actuación recuerda al escondimiento de la cruz de Jesús, y no comporta necesariamente una victoria externa, que se reserva para el fin de los tiempos: obra con potencia en la aparente derrota del martirio. (3) Es el Espíritu que lleva a plenitud lo que buscaba la Ley, haciéndola interior al hombre por su inhabitación en él, y alcanza así cumplida justicia[61].

¿Qué ha sucedido para que pueda darse el cambio en la actuación del Espíritu? ¿Por qué se ha pasado de las fronteras visibles de un pueblo a la efusión sobre toda carne? ¿Cómo la justicia ha llegado a ser universal, interior, plena y resumida en el amor? La respuesta es clara: tan gran cambio se debe al paso del Espíritu por Jesús. En efecto, hemos visto que las nuevas características de la actuación del Espíritu están ligadas a la obra de Cristo. Según todo esto, hay que dar valor causal al participio λαβόντα en las siguientes líneas de Justino:

> Descansó pues, es decir cesó, al llegar Aquél, [...] y, por haber tomado en Él descanso (καὶ ἐν τούτῳ ἀνάπαυσιν λαβόντα), se dieron dones, como

---

[61] Escribía ORBE, *La unción del Verbo* (59), refiriéndose a Justino: "el Espíritu, hasta Jesús *profético*, pasaría en virtud de su comunión con la humanidad santísima del Salvador a Espíritu *de adopción*. Y la humanidad de Jesús actuaría como instrumento esencial para su efusión sobre los miembros de la Iglesia. Descansando el Espíritu en Jesús trata de "habituarse" íntimamente a nuestra naturaleza – mejor aún que lo había hecho en el Antiguo Testamento – y adquirir una cierta connaturalidad con el hombre, para extender luego a todos la filiación inherente a la humanidad del Salvador". El condicional expresa en este párrafo cierta reserva. Orbe es consciente de que las líneas de Justino, consideradas en sí mismas, no permiten conclusiones apodícticas. Rellena lo que falta al pensamiento del mártir con material de otros autores contemporáneos, especialmente Ireneo. Su fuerza argumentativa resulta de la coherencia de la visión que ofrece. El análisis que hemos realizado aporta nuevos datos sin salir de Justino. Tiene para ello en cuenta el contexto amplio de los pasajes del mártir. Y confirma la propuesta de Orbe. La diferencia que éste señalaba entre Espíritu "de profecía" y "de adopción" ha quedado expresada de otra manera: por un lado Espíritu de la Ley, exterior todavía al hombre, limitado a una raza; por otro Espíritu de la Palabra, que habita en el interior del hombre, universal en sus preceptos y en su actuación. El término "Espíritu de adopción" no aparece en Justino. Hemos visto, sin embargo, la relación de este Espíritu con la justicia plena; al estudiar la pasión notaremos cómo esta justicia llega a plenitud en la cruz, y está íntimamente relacionada con la filiación: Jesús es el Justo por su comportamiento perfecto de Hijo, que cumple la voluntad del Padre. Por otra parte veremos también, en el apartado que sigue, una relación entre el Bautismo y la filiación de los cristianos: cf. *infra*, pp. 260ss.

fue profetizado que se realizaría, que vienen de la gracia de la potencia del Espíritu de Aquél (D 87, 5).

Todo esto pone de relieve el significado del descanso del Espíritu en Jesús. Tratemos ahora de ofrecer en síntesis el valor del Bautismo, iluminado por la profecía de Gn 49, 10s, en el conjunto de la teología de Justino.

Vida de Jesús y actuación del Espíritu

Consideremos *en primer lugar* que la bendición de Jacob (Gn 49, 10s) presenta un cuadro de la historia de la salvación cuyo protagonista es el Espíritu. Ya de capítulos anteriores sabemos que es el Pneuma quien da vitalidad al curso de los siglos[62]. Gracias a él la historia no es uniforme y monótona, sino que conoce distintas estaciones. Por otra parte, tales cambios de disposición no obedecen a un Dios voluble y caprichoso[63]. No es el Creador, sino la creatura, la que necesita tiempos distintos de crecimiento y una acción divina acorde a la lenta maduración de su constitución en carne.

Tengamos en cuenta también, *en segundo lugar*, que Justino enseña una relación entre la historia de Jesús y la historia de la humanidad[64]. Mirando hacia atrás, los años de vida oculta resumen los largos tiempos de espera hasta su venida. Mirando hacia adelante, su vida en la tierra prefigura la historia posterior de la Iglesia, dándole fundamento. Tal equivalencia es posible porque el Logos, con su Encarnación, se hace partícipe de nuestras pasiones (cf. II 13, 4), es decir, de la carne en cuanto elemento pasible, capaz de avanzar por eso hacia la convivencia con Dios.

Según esto, la distinta presencia del Espíritu en la historia del hombre ha de corresponder con un desarrollo equivalente en la vida terrena de Jesús. Si el Pneuma hace madurar las estaciones humanas, habrá de ocurrir lo mismo, según su escala, en los años que el Salvador vivió en la tierra. Su vida consistirá también en una historia del Espíritu, con distintas fases.

Desde este punto de vista el Bautismo no es un suceso aislado de la vida de Jesús. No se trata de una anomalía que desentona en la historia de Cristo, y que por eso presenta dificultad. Sino que es una nota armónica

---

[62] Cf. sobre todo las conclusiones de los capítulos segundo y cuarto.

[63] La acusación la recoge Justino de parte gnóstica y marcionita. Véase lo que dijimos sobre este asunto y sobre las diferentes posturas que se perfilaban en tiempos del mártir: cap. II, apdo. 2, a partir de la p. 82.

[64] Cf. lo que probamos en el capítulo anterior, apdo. 3.3, p. 209. Es la perspectiva de la recapitulación, que aparecerá sobre todo en el segundo de los pasajes dedicados al Bautismo (D 87-88); cf. *infra,* a partir de la p. 252.

con todas las otras[65]. El aumento del Espíritu en Jesús no es tanto la excepción como la regla que mueve su vida. Sin él no se daría progreso de la carne hacia Dios. Uno de los momentos decisivos de la historia del Espíritu en Jesús es el Bautismo. Los siguientes capítulos nos mostrarán otros momentos de cambio.

Lo que hemos dicho se confirma si atendemos al nexo que existe entre el Espíritu y el Reino. Justino dice en la Apología que al Mesías le está reservado, según la profecía de Jacob, el reinado[66]. Como hemos dicho, en el Diálogo se ahonda la respuesta: lo que se reserva al hijo de David es la posesión del Espíritu, verdadero artífice del Reino de Dios. Ahora bien, el Reino es realidad claramente dinámica. Desde el Bautismo comienza Jesús a predicar que está cercano (cf. D 51, 2); y, aunque Él es rey desde siempre, esto no impide que se dé novedad en su realeza, especialmente a partir de la cruz. Y aun ahora, tras la resurrección, el Reino se espera en tensión escatológica, pues solo se cumplirá plenamente al final de los tiempos, cuando sean sometidos todos los enemigos de Dios que aún guerrean en el mundo[67]. Si esto es así, si la realeza de Jesús admite cambios de ritmo en su realización, lo mismo se deberá decir del Espíritu, ligado estrechamente al Reino.

La mirada al contexto en que se sitúa el Bautismo de Jesús en el Diálogo, objeto de este apartado, nos permite por tanto afirmar que Justino no tuvo dificultad alguna para aceptar la novedad del Espíritu en Jesús, a pesar de que era consciente de su preexistencia como portador en plenitud del Espíritu[68]. Cristo puede recibir el Espíritu porque ha asumido la carne, elemento pasible del hombre, y respeta sus ritmos y leyes. En su vida terrena corre la misma aventura que la humanidad en su progreso hacia la plena justicia. Aunque en cuanto Cristo preexistente no admite mayor

---

[65] Cf. VIGNE, "Pneuma" (339-341) quien pone muy bien de relieve cómo se integra el Bautismo de Jesús en la *historia salutis* leída a la luz del Espíritu Santo. Coincido plenamente con su conclusión: "les commentateurs répètent à l'envi [...] que la place de l'Esprit Saint dans la théologie de Justin est marginale et mal définie. Nous souhaitons avoir établi que ce lieu commun ne résiste pas à un examen attentif: la pneumatologie de Justin martyr, dans son lien étroit avec le prophétisme, n'est rien moins que centrale et puisamment articulée" (347).

[66] Cf. I 32, 2: τὸ βασίλειον.

[67] Cf. a este respecto lo que diremos *infra*, cap. VII, apdo. 2., p. 469.

[68] Obtenemos así un cuadro de conjunto de la acción del Espíritu en la historia. Hemos podido establecer que la acción del Espíritu en la Iglesia se nutre de lo acaecido durante el curso de la vida terrena de Cristo. La presencia del Espíritu en el Salvador permitirá reproducir luego los rasgos de su vida en el pueblo cristiano. Si consideramos ahora el resultado del segundo capítulo, según el cual la acción del Espíritu en el AT apunta ya a la Encarnación venidera, prefigurando lo que Cristo realizará hecho hombre, tenemos una panorámica completa, en que la historia del Espíritu está siempre relacionada con la vida terrena del Salvador.

posesión del Espíritu, sí puede crecer en cuanto que asumió la carne pasible para sanar nuestras pasiones. El apartado siguiente profundizará en esta explicación y allanará el camino para aclarar los porqués del Bautismo.

1.3. El Bautismo, nacimiento de Cristo para los hombres (D 87-88)

El pasaje que abordamos a continuación (D 87-88) es el segundo dedicado al Bautismo. Pasa a primer plano, ahora sí, la cuestión de la preexistencia. ¿Necesita del Espíritu quien lo posee desde antiguo? Es el problema que suscita a Trifón una profecía de Isaías, referida al Cristo: "descansará sobre Él el Espíritu de Dios" (Is 11, 2). A responder dedica Justino estos dos números del Diálogo.

Pienso que es decisivo para interpretar esta sección atender al contexto del Diálogo en que se sitúa, sin ceder a la tentación de clasificar demasiado pronto estos párrafos como un *excursus*. Es cierto que a primera vista podrían parecerlo. Efectivamente, en D 89 comienza Justino una parte bien delimitada: la pasión y cruz del Salvador[69]. Y éste parece ser el asunto a que se dedica D 86, donde se acumulan textos bíblicos en torno al leño, al árbol y la vara, preludios todos de la cruz. ¿No quedan entonces como digresión los números intermedios, consagrados al Bautismo del Salvador (D 87-88)? Un análisis detenido del contexto se hace imprescindible para responder. Nos centraremos sobre todo en los números anteriores a nuestro pasaje.

El contexto anterior: nacimiento nuevo de los cristianos

Cuando Justino termina la exégesis de Is 7, 14, estamos en el segundo día de Diálogo. Se han unido contertulios nuevos y Justino se aviene a repetirles argumentos ya tratados. Tiene para ello profundas razones. Cumple un mandato del Señor, profetizado en Isaías (Is 66, 5): hacer el bien a quienes nos odian[70].

Ahora bien, Justino prolonga la cita del profeta. Así, incluye líneas que tratan de un nacimiento milagroso: "Antes de que llegaran los dolores del parto dio a luz a un varón [...]. En un momento dio a luz a una nación. Que Sión parió y dio a luz a sus hijos" (Is 66, 7-8). El mártir lo refiere a la nueva vida de los cristianos:

---

[69] D 89, 1 parece considerar como un todo la sección anterior, que va de D 75 a D 88. Dice allí Trifón que los judíos esperan a Cristo; alude al cambio de nombre de Josué (del que se habló en D 75). Parece así cerrarse una parte del Diálogo: Justino ha demostrado que Jesús es el Cristo y pasa ahora a resolver el problema que supone la cruz.

[70] Cf. Mt 5, 44; Lc 6, 27; cf. I 15, 9; D 133, 6.

alude al misterio de nuestro nuevo nacimiento (τὸ μυστήριον τῆς πάλιν γενέσεως ἡμῶν[71]) y, en general, de todos los que esperan que Cristo ha de aparecer en Jerusalén y se esfuerzan por agradarle en sus obras (D 85, 7).

Del nacimiento del nuevo pueblo hablará Justino al final del Diálogo[72]. ¿Por qué adelanta ahora acontecimientos? En el número que sigue (D 86) tal vez hallemos la respuesta. Se trata de una página sugerente, por las imágenes que concatena:

Moisés fue enviado con una vara a la redención del pueblo y, teniéndola en la mano a la cabeza del pueblo cortó por medio el mar. Por ello vio brotar agua de la roca y, arrojando un madero en el agua de Merra, que era amarga, la hizo dulce. Echando Jacob unas varas a los canales de las aguas, logró que se empreñaran las ovejas de su tío materno para hacerse él con las crías. Por la vara se gloría él mismo de haber pasado el río... (D 86, 1-2).

Todas las comparaciones que siguen contienen una referencia al árbol, el madero o la vara. Como hemos dicho, acaso se esté adelantando la consideración de la cruz, que comenzará un poco más adelante, en D 89. A ser esto cierto, quedarían entre medias los dos números del Diálogo referidos al Bautismo (D 87-88), como una isla, un *excursus* en el proceder del Diálogo[73].

Algunos datos no concuerdan, sin embargo, con esta solución. En primer lugar, Justino no da indicios en D 86 de querer abordar ya la Pasión; tampoco Trifón lo pide. La sección sobre los sufrimientos del Salvador es importante, y se introducirá con cierta solemnidad en D 89, 1.

En segundo lugar, un análisis algo más atento del número 86 nos hace ver que aquí la cruz no es el único asunto de interés. En efecto, en casi todas las comparaciones usadas por Justino aparece, además del madero, el agua[74]. Es fácil averiguar en qué piensa el mártir: está tratando del Bautismo cristiano. Al final del Diálogo dirá, en referencia al Bautismo y a cuento del arca de Noé, que la Iglesia es engendrada del agua, la fe y el madero (cf. D 138, 3).

Encontramos entonces, en D 86, una alusión a la generación nueva de los cristianos. Recordemos que ésta acababa de aparecer en el Diálogo

---

[71] El manuscrito lee τὸ μυστήριον πάλιν τῆς γενέσεως ἡμῶν. Acepto en este punto las razones de Otto (*ad locum*, 309, 26) para la corrección.

[72] Cf. D 123, 9; D 135, 6; D 138, 2.

[73] Así piensa HENNE, "Pourquoi le Christ" (569).

[74] Moisés: con un bastón atraviesa el mar; con un bastón hace brotar agua de la piedra; lanza un leño y vuelve dulces las aguas. Jacob: lanza varas de madera en las aguas; con su vara atraviesa el río. David: habla del árbol plantado a la salida de las aguas. El pueblo: encuentra setenta sauces y doce fuentes, al cruzar el Jordán. Sal 22, 4: tu vara y tu cayado me sosiegan (el salmo habla luego de la fuente de agua, aunque Justino no continúa la cita). Eliseo: lanza el madero en el río Jordán.

(D 85, 7). Con esto toma forma la sospecha: ¿no estará aquí la conexión entre ambos números?[75]

La confirmación de esta hipótesis la encontramos en algunas de las imágenes que trae Justino. Considérese, por ejemplo, la treta de Jacob para quedarse con las ovejas de Labán (Gn 30, 37-38). El patriarca obra así para apropiarse de lo engendrado de ellas (ἵνα τὰ γεννώμενα ἐξ αὐτῶν κτήσηται), al modo como obrará Cristo. Que esto engendrado es la Iglesia, queda claro a la luz de D 134, 5[76]:

> Jacob sirvió a Labán por los ganados manchados y multiformes; también Cristo sirvió con servicio hasta la cruz por los hombres de todo linaje, variados y multiformes, ganándoselos (κτησάμενος) por su sangre y por el misterio de la cruz (D 134, 5).

En la última frase de D 86 encontramos de nuevo esta referencia a la generación:

> Una vara fue también la que mostró ser Judá el padre de los hijos que por un grande misterio habían nacido de Tamar (τῶν ἀπὸ Θάμαρ διὰ μέγα μυστήριον γεννηθέντα) (D 86, 6).

La frase está en conexión con la que hemos leído en D 85, 7 (el misterio de nuestro nuevo nacimiento: τὸ μυστήριον τῆς πάλιν γενέσεως) y confirma nuestra hipótesis: el hilo conductor que une estos números es la nueva generación de la Iglesia. Justino tiene en mente, al reunir estas comparaciones sobre el madero y el agua, el nacimiento del nuevo Pueblo. La cruz no es ahora el tema principal sino un elemento más que pertenece a este gran misterio de la nueva generación[77].

Hemos de ver a continuación, y será interesante para el análisis posterior, que esta generación nueva la pone Justino en relación con el Espíritu Santo. Dentro de la larga lista de imágenes que recoge este número del Diálogo hay dos que merecen al mártir un comentario especial; señal, sin duda, del valor que les concede. Está, por una parte, un episodio de la historia de Eliseo[78]. Los profetas, que iban a cortar árboles

---

[75] Notemos que muchas de las imágenes de D 86 aluden al pueblo nuevo. Así, en D 86, 1, el mar Rojo que cruza Moisés a la cabeza del pueblo para su liberación (ἐπὶ τὴν τοῦ λαοῦ ἀπολύτρωσιν) y el cambio de agua amarga en agua dulce, que puede referirse también al pueblo de Israel en contraposición a la Iglesia (en D 120, 2 se dice que los judíos beben sólo doctrinas de amargura; y se contraponen a la Iglesia, verdadera descendencia de Abraham).

[76] En relación con el verbo κτάομαι aparece en otro lugar ἐν τῇ κτήσει ἔχειν para señalar cómo Cristo se adquiere el nuevo pueblo de la Iglesia (D 53, 4).

[77] Cf. G.Q. REIJNERS, *The Terminology of the Holy Cross in Early Christian Literature as based upon Old Testament Typology* (Nijmegen 1965) (44).

[78] Cf. D 86, 6: "Eliseo, habiendo arrojado un leño al río Jordán, sacó afuera el hacha de hierro con que los hijos de los profetas habían salido a cortar madera para construir la

para la construcción del templo, perdieron en el Jordán su hacha. Sin tal instrumento, imposible continuar la tala. Pero llegó Eliseo y, valiéndose de un leño, rescató de las aguas el utensilio. De la misma forma, dice Justino, Cristo nos ha rescatado por el madero y el agua, y ha hecho de nosotros casa de oración y adoración.

Es este último particular el que nos interesa ahora. De fondo está la teología del cristiano como templo. La edición de Marcovich señala en nota una referencia a 1 Co 3, 16: *¿No sabéis que sois templo de Dios y que el Espíritu de Dios habita* (οἰκεῖ) *en vosotros?*[79] El cristiano se convierte, para Justino, en casa del Logos, poseedor en plenitud del Espíritu. El nuevo nacimiento de los creyentes incluye, por tanto, un elemento pneumatológico.

Vayamos ahora al segundo de los textos al que Justino dedica una amplia explicación. Se detiene el mártir a comentar la unción de la piedra por parte de Jacob[80]. El pasaje ya lo hemos explicado al tratar la unción precósmica. Cristo ha recibido el Espíritu en plenitud y hace de él partícipes a los hombres a lo largo de la historia. En los últimos tiempos participa este Espíritu al nuevo pueblo de los cristianos. Estas líneas no desentonan en el contexto. Si se habla de la nueva generación, es natural que aparezca el Espíritu Santo, asociado por Justino al Bautismo[81].

Con todo esto podemos leer el comienzo de D 86:

> Esto dicho añadí: Escuchad cómo, éste que las Escrituras demuestran que ha de venir glorioso es, después de ser crucificado, un símbolo del árbol de la vida, que se dijo haber sido plantado en el paraíso y de lo realizado por todos los justos (D 86, 1).

---

casa en que querían recitar y meditar la ley y los mandamientos de Dios. Así, a nosotros, bañados que estábamos por los muy profundos pecados que habíamos cometido, nuestro Cristo nos redimió (ἐλυτρώσατο) al ser crucificado sobre el madero y purificarnos por el agua; y nos convirtió en casa de oración y de adoración".

[79] *Ad locum*, p. 220.

[80] Cf. D 86, 3: "Y habiendo Jacob derramado aceite sobre la piedra en el mismo lugar, el mismo Dios que se le apareciera le da testimonio de haber sido a Él a quien ungió allí una columna. También hemos demostrado por varios pasajes de las Escrituras que Cristo es llamado simbólicamente *piedra* e igualmente cómo a Él se refiere toda unción, ora de aceite, ora de mirra o de cualquier otro compuesto de bálsamo, pues dice la palabra: "Por eso te ungió, oh Dios, tu Dios, con óleo de regocijo, con preferencia a tus compañeros". Y es así que de Él participaron los reyes y ungidos todos el ser llamados reyes y ungidos, a la manera como Él mismo recibió de su Padre el ser Rey y Cristo y Sacerdote y Mensajero y todos los otros títulos que tiene o tuvo".

[81] Cf. D 29, 1; cf. *infra,* pp. 297ss. En otro lugar del Diálogo (D 39, 2) el mártir aplica a los cristianos Is 11, 1ss, profecía que habla de los dones del Espíritu derramados sobre ellos. Será precisamente este texto el que dará origen a la discusión sobre el Bautismo de Jesús en D 87-88.

Después de crucificado es Cristo símbolo del árbol de la vida[82]. El árbol que daba vida en el paraíso se hace presente en el Crucificado, que es ahora, por la cruz y el agua, dador de vida a todos los justos. Se trata de la vida que mana del Salvador y se comunica a los hombres, como la roca de donde brotó el agua en el desierto[83]. Si tenemos en cuenta que este agua se asocia en Justino al Espíritu Santo[84], vemos de nuevo el contenido pneumatológico del pasaje.

Del análisis de D 85-86 podemos concluir que hay una unidad de fondo en estos números: el nacimiento milagroso de los cristianos a partir de Cristo por medio del Espíritu. Por el madero y el agua, el Salvador se constituye en manantial del Pneuma, capaz así de engendrar nuevos hijos para Dios.

Vamos ahora a analizar D 87-88, los números en que se habla del Bautismo de Jesús. A la luz de lo dicho, ¿no se presiente ya una unidad con la sección que acabamos de exponer? Después de tratar del nacimiento virginal de Cristo (hasta D 84), se habla de la generación nueva de los cristianos por el don de su Espíritu (D 85-86). Este es el trasfondo con que se debe leer la escena del Bautismo de Jesús[85].

El Bautismo de Cristo a la luz del Bautismo cristiano

Establecido el contexto, y ganada con él altura suficiente para abordar la interpretación, vayamos a los números que contienen la escena del Bautismo (D 87-88). Resultan mantener un claro nexo con los anteriores. Lo muestra ya la pregunta con que empieza Trifón, pues el judío retoma Is 11, 1-3, a que había aludido poco antes el mártir en D 86, 4: "Descansará sobre él el Espíritu de Dios, Espíritu de sabiduría e inteligencia..." Trifón habla aquí del Espíritu que desciende sobre el Mesías[86]. Si lo hace es

---

[82] Cf. también lo que se dirá *infra*, cap. VI, apdo. 2.3, p. 425.

[83] El pasaje se cita inmediatamente después (D 86, 1). Otros lugares de la obra de Justino hablan también del agua viva en referencia al Bautismo, y de Cristo como fuente de agua viva: cf. I 13, 1; I 14, 2; I 19, 2-3; D 69, 6-7; D 114, 4; D 140, 1; cf. AYÁN, *Antropología* (137-142).

[84] Cf. *infra,* a partir de la página 297.

[85] Ninguno de los estudios sobre el Bautismo de Jesús que hemos citado al comienzo del capítulo se interesan por este contexto anterior, que permite enlazar la escena del Jordán con el Bautismo de los cristianos.

[86] Cf. D 87, 2: "Dime, pues, ahora. Isaías por una parte dice: Saldrá un tallo de la raíz de Jesé y una flor subirá de la raíz de Jesé y descansará sobre él el Espíritu de Dios, Espíritu de sabiduría y de inteligencia, Espíritu de consejo y de fortaleza, Espíritu de ciencia y de piedad, y la henchirá el Espíritu de temor de Dios (Is 11, 1-3); tú, por otra, me has confesado – dijo – que este pasaje se aplica a Cristo, y afirmas que es Dios preexistente y que por designio del Padre nació de la Virgen hecho carne. Ahora bien, ¿cómo puede demostrarse que preexiste el que es henchido de todas las potencias del

porque Justino ha preparado, en cierto modo, el terreno[87]. En efecto, las páginas anteriores, ricas como hemos visto en elementos pneumatológicos, ligaban el Espíritu al nuevo nacimiento de los cristianos[88].

Este trasfondo ilumina la primera respuesta de Justino, que reelabora la que ofreció en D 49-51. El mártir enlaza lo que sucede al Maestro y a sus discípulos; retoma para ello un pensamiento que nos es conocido: el paso del Espíritu de Israel a la Iglesia. Y viene a decir: el Pneuma reposa en Cristo, no porque le fuera necesario[89], sino para permitir el cambio de una forma a otra de actuación, de la Antigua Alianza a la Nueva. Sólo después de haber pasado por Jesús, tras su ascensión, podrá el Espíritu derramarse sobre toda carne y hacerse interior al hombre, que se convertirá en su templo.

A continuación añade Justino datos nuevos, que nos ayudarán a precisar lo sucedido en el Bautismo, ampliando su marco de comprensión. La escena se pone en relación: (a) con la liberación del hombre, (b) con el conocimiento de Cristo, (c) con la filiación divina; lo cual nos permitirá (d) situarla en el conjunto del Diálogo.

a) El Jordán y la liberación del hombre

Justino comienza exponiendo más motivos para rechazar que Jesucristo tuviera necesidad del Bautismo:

Ahora bien, sabemos que fue Cristo al Jordán, no porque tuviera necesidad del bautismo ni de que sobre Él viniera el Espíritu Santo en forma de paloma, como tampoco se dignó nacer y ser crucificado porque lo necesitara, sino por amor del género humano ($\dot{\upsilon}\pi\dot{\epsilon}\rho$ $\tauo\hat{\upsilon}$ $\gamma\acute{\epsilon}\nuo\upsilon\varsigma$ $\tau\hat{\omega}\nu$ $\dot{\alpha}\nu\theta\rho\acute{\omega}\pi\omega\nu$), que había caído desde Adán en la muerte y en el error de la serpiente, cometiendo cada uno el mal por su propia culpa. Porque habiendo Dios creado hombres y ángeles dotados de libre elección y propio albedrío ($\dot{\epsilon}\nu$ $\dot{\epsilon}\lambda\epsilon\upsilon\theta\acute{\epsilon}\rho\alpha$ $\pi\rhoo\alpha\iota\rho\acute{\epsilon}\sigma\epsilon\iota$ $\kappa\alpha\grave{\iota}$ $\alpha\dot{\upsilon}\tau\epsilon\xio\upsilon\sigma\acute{\iota}o\upsilon\varsigma$), quiso que cada uno hiciera aquello para

---

Espíritu Santo, que ahí enumera la palabra por boca de Isaías, como quien se halla falto de ellas?"

[87] Lo que queda claro ya cuando Justino cita Is 11, 1 en D 86, 4. Es difícil que el mártir, que atiende generalmente al contexto de las citas que aporta, haya introducido Is 11, 1, inmediatamente después de hablar del Espíritu participado por Cristo (D 86, 3), sin darse cuenta de la alusión a los dones del Espíritu que sigue al texto del profeta.

[88] Al mismo texto de Is 11, 1-3 había aludido antes Justino para hablar de los discípulos de Cristo, beneficiarios de sus dones en el Bautismo (cf. D 39, 2). No hay aquí, pues, en rigor, asunto nuevo, sino un simple giro de perspectiva: Justino se había centrado en los cristianos, su contertulio pregunta por Cristo.

[89] La dificultad principal no es aquí tanto si Jesús recibió o no el Espíritu, cuanto la razón por la que lo recibió: ¿le era o no necesario? La misma duda se había planteado el Bautista ante la petición de Jesús (cf. Mt 3, 14). Es notable cómo insiste Justino en la no-necesidad (cf. D 87, 2; D 87, 3). Sobre este asunto en otros escritores cristianos, cf. ORBE, *La unción del Verbo* (46-52).

lo que fue por Él capacitado, y si elegían lo que a Él es agradable, guardarlos exentos de muerte y castigo; mas si cometían el mal, castigar a cada uno como a Él le pareciera (D 88, 4-5).

Se repite que Cristo no recibió el Espíritu porque fuera indigente. Para probarlo se establece una comparación. Tampoco por necesidad nació Cristo; ni por necesidad se sometió a la cruz. Fueron todas obras que llevó a cabo a favor de los hombres. La misma razón que le movió a nacer y morir por nosotros le empujó al Jordán a ser bautizado.

El Bautismo se enmarca aquí en el conjunto de la vida de Jesús. Se sitúa en el gran combate contra Satanás, embaucador desde los inicios. Los factores: culpa de Adán, libre albedrío, imitación del error de la serpiente... recurren varias veces asociados en la obra de Justino. Se los halla en pasajes que responden a una misma visión de la obra redentora: ésta se concibe como recapitulación[90]. Cristo deshace la obra que maquinó la serpiente contra los primeros padres. Lleva a cabo su misión por el mismo camino por que se produjo la caída (cf. D 100, 4): contraponiendo a la desobediencia de Adán hombre la obediencia de Cristo hombre[91]. Recorre así por delante la vía que luego seguirán sus discípulos, y es primogénito de un nuevo linaje para comunicar la salvación. Jesús se somete a todo esto no por su propia necesidad, sino para beneficio de la familia humana[92].

Ahora bien, Justino incluye el Bautismo en esta serie. Se bautizó por lo mismo que nació y fue crucificado: para salvar al hombre, que yacía bajo el poder de la serpiente. Esto no tendría sentido si el Bautismo fuera mera epifanía. Habría que concluir entonces que nada sucedió tampoco a Jesús en su nacimiento y muerte. La mención del Bautismo en este contexto sólo puede explicarse en consonancia con el esquema que hemos presentado. Jesús se bautiza no porque lo necesite, sino en cuanto encarnado, en cuanto nuevo Adán. No para él, sino con alcance soteriológico, en vistas a la salvación del hombre.

---

[90] Compárense los siguientes pasajes: D 100, 4-6; D 102, 2-4; D 103, 5-6 y D 125, 3-4. SKARSAUNE, *The Proof* (391-393) relaciona todos estos textos con una fuente común, centrada en la recapitulación.

[91] SKARSAUNE, *The Proof* (400) insiste en que a la idea de recapitulación pertenece la afirmación de la divinidad de Cristo: "The rebuttal is to show that the Messiah [...] is a superhuman Messiah, being God's first begotten Son [...] who as second Adam, Son of God, conquers Satan". Esto es cierto; pero pertenece también de modo esencial a la recapitulación el hecho de que Cristo sea hombre como Adán: cf. nuestro cap. III, apdo. 2, p. 149.

[92] Cuando estudiemos la Pasión algunas expresiones nos mostrarán la seriedad con que Cristo asume su camino humano. Llegará a decir Justino que Cristo "fue salvado" por el Padre (cf. D 102, 7). Lo hizo en bien de los hombres, que se salvarían por Él.

b) El Jordán y el conocimiento de Cristo

Otro argumento da Justino para sostener que Jesús no necesitaba el Bautismo. Son las líneas que ponen más de relieve el aspecto manifestativo del episodio[93]:

Tampoco al entrar en Jerusalén montado sobre un asno, según demostramos estaba profetizado, le dio el poder de ser Cristo (καὶ γὰρ οὐδὲ τὸ καθεσθέντα αὐτὸν ὄνῳ εἰσελθεῖν εἰς Ἱεροσόλυμα, ὡς ἀπεδεί-ξαμεν πεπροφητεῦσθαι, δύναμιν αὐτῷ ἐνεποίει εἰς τὸ Χριστὸν εἶναι), sino que dio Él a los hombres una señal de ser Cristo, a la manera que en los días de Juan hubo de darse una señal por la que los hombres reconocieran que Él era Cristo (ἀλλὰ τοῖς ἀνθρώποις γνώρισμα ἔφερεν ὅτι αὐτός ἐστιν ὁ Χριστός, ὅνπερ τρόπον καὶ ἐπὶ τοῦ Ἰωάννου ἔδει γνώρισμα τοῖς ἀνθρώποις εἶναι, ὅπως ἐπιγνῶσι τίς ἐστιν ὁ Χριστός) (D 88, 6).

En este texto se apoyan quienes afirman que el Bautismo es en esencia manifestación, y que en él nada nuevo sucede a Jesús. Son líneas claras: Jesús no recibe en el Bautismo la fuerza para ser Cristo, como no la recibió al entrar en Jerusalén sobre un pollino. Se trata, por el contrario, de un signo para los hombres, de modo que pudieran reconocerle como Cristo.

Ahora bien, todo esto no contradice lo que hemos establecido más arriba. Que el Bautismo tenga un valor manifestativo debe aceptarse sin dudar. Pero, ¿por qué pensar que tiene *sólo* este valor? Las afirmaciones de Justino no permiten esta conclusión. Jesús, ciertamente, no obtuvo en el Jordán el poder de ser Cristo, pues ya lo era desde antes de la creación. Pero esto no quiere decir que el Espíritu no descendiera realmente sobre Él. El párrafo anterior, que se mueve, como hemos visto, en un marco asociado a la recapitulación, resuelve la contradicción aparente. Jesús recibe el Espíritu en cuanto encarnado, en bien de los hombres, porque ha asumido una carne capaz de padecer.

Pero, aun ciñéndonos al texto citado, podemos entrever una perspectiva más profunda. En efecto, examinemos la comparación entre el Bautismo y la entrada de Jesús en la Ciudad Santa. Podríamos pensar que el razonamiento es como sigue. Se sienta una premisa: el Domingo de Ramos no se da sino un signo, pues nada en él sucede a Jesús. De aquí se extrae una consecuencia: el Bautismo es, del mismo modo, mero signo.

---

[93] La idea de manifestación aparece también en otros elementos del relato: el vuelo de la paloma sobre Jesús y el fuego que se enciende en el Jordán: cf. HENNE, "Pourquoi le Christ", (575-576; 580-581). Otra explicación del fuego la da SKARSAUNE, *The Proof* (392); se trata para él de un elemento purificador, pero tal valor se encontraba sólo en la fuente de Justino.

Ahora bien, cabe otro punto de vista. No es casual que en este contexto aparezca la entrada de Jesús en Jerusalén. Recordemos que ésta se relaciona con la bendición de Jacob (Gn 49, 10-11), marco amplio que nos permitió interpretar el Bautismo. En torno a la profecía del Génesis dejaba ver Justino toda una visión dinámica de la *historia salutis* cuyo protagonista era el Espíritu.

Así mirado, apunta Justino a iluminar el Bautismo a partir de la condición regia de Jesús, manifestada el día en que los judíos le gritaron Hosanna. El modo de poseer el Reino arroja luz sobre la manera de tener el Espíritu. Rigen, para ambas escenas, esquemas paralelos. Veamos entonces cuál es el que sirve para explicar la realeza de Jesús. En este caso se trata de una perspectiva claramente dinámica que combina sin problemas dos afirmaciones: (1) Cristo reina desde siempre en modo pleno por ser el Logos; (2) Cristo es constituido rey desde la cruz, y su reinado se extiende en la historia hasta el fin del tiempo[94]. Planteado en estos términos, el problema es simétrico al del Bautismo, y nos invita a considerar un progreso en la actuación del Pneuma sobre Jesús[95].

c) El Jordán y la filiación divina

Baste de momento con el análisis de este párrafo, sobre el que habremos de volver. Leamos antes las últimas líneas de Justino en torno al Bautismo:

> Cuando Jesús llegó al Jordán, se le tenía por *hijo* de José el carpintero, y apareció sin belleza, como las Escrituras habían anunciado, y fue considerado él mismo como un carpintero [...]; y entonces fue cuando, por causa de los hombres (διὰ τοὺς ἀνθρώπους), como antes dije, voló sobre Él el Espíritu Santo en forma de paloma, y juntamente vino del cielo una voz, la misma que fue dicha por medio de David, cuando en persona del mismo Padre dice lo que éste había de decir a Cristo: *Hijo mío eres tú*, yo te he engendrado hoy (Sal 2, 7). El Padre llama *nacimiento de su hijo* para los hombres (γένεσιν αὐτοῦ τοῖς ἀνθρώποις) al momento en que iba a darse su conocimiento (D 88, 8).

El texto presenta un contraste: todos pensaban que Jesús era hijo de José; pero entonces recibió el testimonio del Padre, recogido ya en Sal 2, 7: "Hijo mío eres tú, yo te he engendrado hoy". Partiendo de aquí Skarsaune considera que la clave del pasaje hay que verla en el título "hijo

---

[94] Cf. *infra*, cap. VI, apdo. 2, p. 469.

[95] Téngase en cuenta, además, el contenido profético de esta imagen. Es muestra de algo que Jesús realiza para los cristianos, simbolizados en el asna y pollino que llevan a Jesús. Es, pues, una acción simbólica: Jesús realiza algo que contiene el futuro de la Iglesia (cf. *supra*, cap. IV, apdo. 3.5, p. 222). Cabría, pues, aplicar al Bautismo el mismo alcance simbólico. Pero entonces estamos diciendo: es un acto en que Jesús prefigura lo que luego sucederá a los cristianos.

de Dios" y que Justino sigue pensando en términos de recapitulación, como hizo poco antes (D 88, 4-5)[96].

Encuentro su exégesis muy acertada. En efecto, los pasajes en torno a la recapitulación incluyen este elemento: la transmisión al hombre de la filiación divina. Dios lo creó libre, capaz de llegar a ser hijo de Dios. Esta filiación no se produce al margen de Cristo[97]: por participación en Él se alcanza tal dignidad. De fondo está otra vez la oposición entre los dos Adán, ambos cabeza de linaje, con efectos divergentes. En el primero comenzó la esclavitud del género humano bajo el diablo. El segundo, por el contrario, comunica la posibilidad de llegar a ser semejantes a Dios, hijos suyos[98].

En las líneas de Justino apenas transcritas han visto muchos una argumentación desmañada. El mártir cita aquí Lucas (Lc 3, 22) quien, según una variante del texto occidental, pone en boca del Padre Sal 2, 7. ¿Por qué no prefiere Justino aducir el verso de Mateo, más favorable a su posición: "Tú eres mi Hijo amado, en quien me complazco"?[99] ¿No corre la frase el riesgo de una lectura adopcionista: Cristo es Hijo a partir del Bautismo?[100] La dificultad es clara para quien piense que Justino busca exclusivamente, cuando comenta esta escena, salvar la preexistencia de Cristo[101].

Sin embargo, situado en el contexto de la recapitulación, el pasaje gana en coherencia. Lo que interesa a Justino es mostrar que Cristo es el nuevo Adán, transmisor de la filiación divina al hombre. ¿Qué puesto particular corresponde al Bautismo en este esquema? A partir del Jordán empieza a actuar en Jesús el Espíritu en forma nueva. Ahora bien, este Espíritu será decisivo, como ha indicado Justino en los números anteriores (D 85-86), para la nueva generación de los cristianos. Es, por tanto, la recepción del Espíritu la que une el camino de Jesús con el de sus discípulos, en la perspectiva de la recapitulación. El nacimiento ($\gamma\acute{\epsilon}\nu\epsilon\sigma\iota\varsigma$) de Cristo proclamado por el Padre en D 88, 8, está en la línea del prodigioso nacimiento de los creyentes que ha aparecido repetidas veces en el

---

[96] Cf. SKARSAUNE, *The Proof* (392).

[97] El número 124 del Diálogo es el mejor testigo de estas afirmaciones.

[98] Cf. D 123, 9.

[99] W. BAUER, *Das Leben Jesu* (124): "Weshalb hat er nicht die rettende Hand dieser Evangelisten ergriffen, sondern ist auf den gewagten Versuch einer Rechtfertigung der anderen Fassung eingegangen?"

[100] HENNE, "Pourquoi le Christ" (567): "Cet 'aujourd'hui' semble orienter le passage vers une institution messianique du Christ lors de son baptême".

[101] Según BRAUN, "Entscheidende Motive" (41), a quien sigue HENNE, "Pourquoi le Christ" (581), Justino sólo conocía este texto y no pudo acudir a otro. BAUER, *Das Leben Jesu* (124-125) había dado otra respuesta: Justino se veía forzado por los adversarios, que lo conocían y aducían.

contexto anterior (D 85, 7: τὸ μυστήριον τῆς πάλιν γενέσεως; D 86, 2: τὰ γεννώμενα ἐξ αὐτῶν; D 86, 6: πάτερ τῶν διὰ μέγα μυστήριον γεννηθέντων).

Justino habla así de un nacimiento de Cristo "para los hombres". No quiere esto indicar que el nacimiento se reduzca a una epifanía, como si se dijese: Cristo no nace "en sí", sino solo "para los hombres". A la luz de lo que vamos diciendo el pensamiento de Justino es más rico: recibe entonces Cristo el Espíritu, que será fundamento del nuevo nacimiento de los cristianos. El Salvador nace para los hombres porque se hace capaz (por el Pneuma recibido) de engendrarles a vida nueva.

Por eso, cuando el Padre dice "Tú eres mi Hijo, yo te he engendrado hoy", la frase se aplica en toda su verdad a la escena del Bautismo, como algo que sucede a Cristo en ese momento. Por supuesto, Justino sabe que Jesús es Hijo de Dios por su generación antes del tiempo; lo es también por nacer de María según la voluntad del Padre. Pero le interesa ahora directamente la recepción del Espíritu por parte de Jesús, fundamento de la nueva generación de los cristianos. Se trata de un nacimiento "para los hombres" porque capacita al Hijo para engendrar nuevos hijos para Dios (cf. D 123, 9).

Es interesante examinar a esta luz las otras citas de Sal 2, 7 en el Diálogo[102]. Encontramos esta escritura en la escena de las tentaciones de Jesús (D 103, 6). Justino establece un nexo entre la voz del Padre y la decisión del diablo de acercarse al Salvador, creyendo que podría obrar en Él como obró en Adán. Adelantemos ahora una conclusión del estudio que dedicaremos a las tentaciones. La filiación de Jesús, que el Padre declara en el Jordán, le constituye cabeza de un nuevo linaje, pues sus acciones tendrán ahora repercusión sobre multitud de hombres, como la tuvieron las de Adán[103].

La otra cita (D 122, 6) se sitúa en contexto eclesiológico:

¿Cuál es pues la herencia de Cristo? ¿No son las naciones? ¿Cuál es la alianza de Dios? ¿No es el Cristo? Como dice en otro lugar: "Tú eres mi hijo, yo te he engendrado hoy. Pídemelo y te daré en herencia las naciones y en posesión los confines de la tierra" (Sal 2, 7-8) (D 122, 6).

El mismo salmo da pie a unir las ideas de generación (Sal 2, 7) y de heredad de las naciones (Sal 2, 8). La generación ("Tú eres mi Hijo") se hace patente en la capacidad de tener las naciones como herencia, una multitud de nuevos hijos. Justino parece haber visto esta relación, pues

---

[102] Sobre la exégesis del verso, cf. F. LENTZEN-DEIS, "Ps 2, 7, ein Motiv früher "helle-nistischer" Christologie? Der Psalmvers in der Lectio varians von Lk 3, 22 im Ebionäer-evangelium und bei Justinus Martyr", *ThPh* 44 (1969) 342-362.

[103] Sobre esto, cf. *infra*, p. 275: "Significado de las tentaciones en la vida de Jesús".

dirá poco después (D 123, 9) que Cristo ha engendrado a los cristianos para el Padre haciéndolos así hijos de Dios[104].

Esto sugiere que la cita de Sal 2, 7 no se vincula a la generación divina de Jesús, ni a la condición que posee por nacer de virgen. Se refiere, por el contrario, a su capacidad para transmitir al hombre la filiación por el don del Espíritu. Y en este sentido se aplica al misterio del Jordán: a partir de entonces tiene Jesús el Espíritu y el hombre puede obtener la filiación divina. Jesús es llamado hijo por el Padre a título particular desde el Bautismo, porque recibe el principio por el que podrá engendrar nuevos hijos para Dios. Este principio no es, como en el caso de Adán, la carne y sangre; al contrario, como se atestigua al final del Diálogo, Cristo será primogénito de un linaje nuevo engendrado por la fe y el Espíritu (cf. D 135, 6).

Muchas de las dificultades en torno a este pasaje surgen por considerar la filiación divina de Jesús como magnitud estática. De este modo la voz del Padre en el Jordán sólo puede ser mera declaración de una condición poseída por Jesús ya de tiempo. Ahora bien, hemos visto que el Salvador recibe realmente el Espíritu en el Jordán, y que se da con él una novedad en la vida de Cristo. Pero entonces, la declaración del Padre: "Tú eres mi hijo", ¿no puede ser expresión de esa novedad?

Ya hemos explicado al menos un sentido en que esto puede afirmarse. Jesús recibe el Espíritu y se hace entonces capaz de transmitir nueva vida a los hombres. Esto supone una novedad en su filiación, no en beneficio del mismo Jesús, sino de sus hermanos: adquiere a partir de ahora una filiación participativa. Encaja esto con el papel de comunicador que Justino asigna al Espíritu Santo[105].

Abordemos otro detalle del texto. Justino dice que este nacimiento de Cristo "para los hombres" (γένεσις αὐτοῦ τοῖς ἀνθρώποις) se produce en el momento "a partir del cual iba a darse su conocimiento" (ἐξ ὅτου ἡ γνῶσις αὐτοῦ ἔμελλε γίνεσθαι) (D 88, 8). De nuevo, se ha querido ver aquí una reducción del Bautismo a pura manifestación[106]. Pero esta frase suena de otra manera si se considera en un contexto bautismal.

---

[104] Ya BAUER, *Das Leben Jesu* (123) y luego ORBE, *La unción del Verbo* (48-50) notaban el paralelo con Metodio de Olimpo (*Sympos.* 8, 9, SC 95, 222) que recoge Marcovich en su edición (*ad locum*, p. 224): el Padre engendra al Hijo "para el mundo" y se explica: "ὃ δή ἐστι, πρόσθεν ἀγνοούμενον γνωρίσαι". Se habla de un nacimiento de Cristo para el mundo, cuando Cristo es conocido por el hombre. Es posible que Metodio dependiera de Justino, como piensan Bauer y Orbe.

[105] Cf. *supra*, cap. I, apdo. 2, p. 41.

[106] A esto apunta la corrección de Marcovich, *ad locum*, p. 224: "llama nacimiento suyo, al momento en que su conocimiento iba a llegar <a los hombres>"; en vez de la lectura del manuscrito: "llama nacimiento suyo para los hombres, al momento en que iba a llegar su conocimiento".

En efecto, Justino llama al Bautismo "baño del conocimiento de Dios" (cf. D 14, 1). Es evidente la dimensión cognoscitiva de este sacramento. La estructura de los últimos números de la Apología da buena muestra de ello. Tras decir Justino que el Bautismo se confiere en el nombre del Padre, del Hijo y del Espíritu, muestra cómo al cristiano se le da el verdadero conocimiento de Dios, a través del Hijo (cf. I 61, 10-13)[107]. Esto puede iluminar el texto, hace poco considerado, que insistía en el Bautismo como manifestación:

> Tampoco al entrar en Jerusalén montado sobre un asno, según demostramos estaba profetizado, le dio el poder de ser Cristo, sino que dio Él a los hombres una señal (γνώρισμα) de ser Cristo, a la manera que en los días de Juan hubo de darse una señal por la que los hombres reconocieran que Él era Cristo (ἔδει γνώρισμα τοῖς ἀνθρώποις εἶναι, ὅπως ἐπιγνῶσι τίς ἐστιν ὁ Χριστός) (D 88, 6).

Interesa entender la naturaleza del signo dado en el Jordán. Se habla por dos veces de γνώρισμα: se trata de una indicación que se da para reconocer (ἐπιγνῶναι) a Cristo. El uso de este último verbo indica en general para Justino el reconocimiento de una profecía que se cumple en Jesús[108]. No es un conocimiento cualquiera: se trata de una noticia que lleva al hombre a la salvación. Es propio de los creyentes y se alcanza como don del Espíritu[109].

El signo de que habla Justino no es, por tanto, en nuestro pasaje, una mera manifestación externa. Para reconocer quién era el Cristo hacía falta una acción del Espíritu en el hombre: esta es la claridad interior que consiente ver en Jesús al Mesías profetizado. Lo testifica la misma conversión de Justino: entonces se le abrieron las puertas de la luz para entender la Escritura (D 7, 3). El signo del Jordán vale así para todos los que, a lo largo del tiempo, habrían de reconocer en Jesús al Cristo de Dios[110]. Está en relación con el conocimiento de Dios que se inaugura en el Bautismo cristiano.

Podemos entonces volver a D 88, 8: "llama nacimiento de Cristo para los hombres al momento a partir del cual iba a darse su conocimiento".

---

[107] Cf. C.I.K. STORY, "Justin's Apology I:62-64: its importance for the author's treatment of Christian baptism", *VigChr* 16 (1962) 172-178.

[108] Cf. D 43, 4; D 44, 2; D 58, 3; D 62, 1; D 68, 1; D 69, 6; D 74, 3; D 100, 4; D 106, 4; D 134, 2.

[109] La idea es muy frecuente en Justino. Las profecías sólo pueden entenderse por don de Cristo, por su gracia. Se entiende en ello la actuación del Espíritu: cf. *infra* p. 297: Enseñanza en el Espíritu.

[110] Cf. lo que se dice sobre el signo de la virgen en D 43, 4: "para que los hombres que creyeran en Él supieran de qué modo había de nacer al venir al mundo, por el mismo Isaías habló así el Espíritu profético...[sigue Is 7, 14ss]".

Por el descenso del Pneuma sobre el Salvador nace Cristo para los hombres, pues posee ahora el principio salvífico capaz de iluminarles. "Su conocimiento" (ἡ γνῶσις αὐτοῦ) no es un mero signo externo, sino la claridad salvífica que el Espíritu concede al cristiano en el Bautismo[111]. Consiste en reconocer a Jesús como Mesías profetizado y en llegar, por el nombre del Hijo, a la *gnosis* del verdadero Dios[112].

A la luz de lo dicho, consideremos la estructura de este último pasaje sobre el Bautismo (D 88, 4-8). Resulta que tenemos un párrafo dedicado a la *libertad* del hombre (D 88, 4-5) y otro que versa sobre el *conocimiento* de Jesús como Cristo (D 88, 6-7). Esto está en paralelo con los dos efectos del Bautismo cristiano que el mártir señala en la Apología: libertad y conocimiento (cf. I 61, 10: "para que no sigamos siendo hijos de la necesidad y de la ignorancia, sino de la libertad y del conocimiento"). A estos dos párrafos sigue uno conclusivo (D 88, 8), en conexión con la *filiación divina*; ésta aparece continuamente al hablar del Bautismo cristiano (cf. I 61, 4-5). En la misma disposición de los elementos muestra Justino que el Espíritu que desciende en el Jordán es preludio, por su actividad salvífica, del que recibirá el cristiano en el Bautismo: Espíritu de libertad y conocimiento, Espíritu de adopción filial[113].

d) El Bautismo de Cristo en el contexto del Diálogo

Hemos concluido el análisis de los textos dedicados al Bautismo de Jesús. Para nuestra interpretación ha sido útil considerar el contexto en que Justino sitúa la escena. Lejos de ser casual, veamos cómo el movimiento discursivo del Diálogo revela el pensamiento teológico del mártir.

Hemos de remontarnos a D 43, donde Justino comienza la exégesis de Is 7, 14, que terminará en D 84. Ya estudiamos las líneas de fuerza de esta larga sección[114]. Justino establece con claridad que Jesús es el Hijo de Dios en sentido propio por su generación divina. A su vez, el mártir sostiene que tal título pertenece a Cristo también por su nacimiento humano de María, del poder y voluntad del Padre. Hay una gran consonancia entre ambos nacimientos, lo cual permite que el Hijo

---

[111] A este respecto es interesante observar que OSBORN, *Justin* (134) pone en relación el fuego encendido en el Jordán al bajar Jesús (D 88, 3), con el Bautismo cristiano, que el mártir llama "iluminación" (I 61, 12).

[112] Cf. D 69, 6: los gentiles eran llamados "desierto del conocimiento de Dios" hasta que llegó Cristo, "fuente de agua viva de parte de Dios".

[113] Así, podemos colocar a Justino en la misma línea que seguirá después Ireneo. En efecto, para el obispo de Lión Cristo recibe realmente el Espíritu en el Jordán: lo recibe en su humanidad y en bien de los hombres. Cf. por ejemplo, *Adv. haer.* III, 9, 3 (SC 211, 108).

[114] Cf. todo el capítulo III.

comunique a los hombres de forma visible, en carne, el conocimiento de los designios paternos.

Ahora bien, el nacimiento de Cristo en Belén, imagen de su generación divina, prefigura el de los cristianos. De ahí que el mártir pase entonces a hablar de esta generación nueva, del misterio de un nuevo nacimiento (D 85, 7)[115] que viene por el agua y el madero (D 86): el Bautismo cristiano. Como Jacob adquirió las ovejas que engendraron las de Labán (D 86, 2), así adquiere Cristo nuevos hijos. Como Judá engendró en gran misterio, así sucede con Cristo (D 86, 6).

Se ve bien la línea de pensamiento que sigue Justino. Del nacimiento de Jesús (D 84) pasa al de los cristianos (D 85-86). En éste se pone de relieve la acción del Espíritu. Viene al caso, en este momento, hablar del Bautismo del Jordán (D 87-88), que es el fundamento de la efusión del Espíritu sobre los cristianos. El episodio se sitúa en el marco de la recapitulación, mirando siempre a los efectos que sobre los discípulos tendrá la vida del Maestro. Cristo se presenta como cabeza de un nuevo linaje; es quien deshace la obra del tentador y transmite al hombre la filiación divina.

En conclusión: Jesús al recibir el Espíritu empieza a ser fuente del Pneuma para el hombre. La teoría del intercambio aflora también aquí en manera nueva: hay un nacimiento de Cristo para el hombre (cf. D 88, 8) de modo que el hombre pueda nacer para Dios (cf. D 123, 9). En la síntesis que sigue recogemos todos los elementos que tal vez haya oscurecido el detalle del análisis.

---

[115] Justino se basa en Is 66, 8: "dio a luz Sión a sus hijos". También Is 66, 7 habla de un nacimiento, aunque esta vez en singular: "dio a luz a un varón". De este último verso conservamos la exégesis de Ireneo, que lo refiere al nacimiento virginal de Cristo (cf. *Epid.* 54, FP 2, 167s: "*Antes de que engendre la que está en dolores y antes de que lleguen los dolores de parto, dio a luz un niño. Así dio a conocer lo inesperado e inopinado de su nacimiento de la Virgen*"). Ahora bien, ya notamos que Justino relaciona el nacimiento de Cristo y el de la Iglesia (cf., *supra*, cap. III, apdo. 1, p. 179); y ahora habla del parto milagroso de Sión poco después de hacer la exégesis de Is 7, 14. ¿Mera casualidad? ¿O responde a la conexión entre los dos nacimientos, ambos prodigiosos? Recordemos cómo Justino comparaba el nacimiento de Cristo al de Eva a partir de una costilla de Adán (D 84, 2). La relación Adán – Eva como Cristo – Iglesia, podría estar ya en el trasfondo y emerger ahora en D 85, 7. Son todo indicios de que la mención de la generación misteriosa de la Iglesia no es un cuerpo extraño en este lugar del Diálogo. Del alumbramiento virginal de Cristo se pasa a la generación nueva de los cristianos, sin salir de la sección cristológica. Lo confirma el contexto posterior (D 86), en que se sigue hablando de la nueva generación de los cristianos.

1.4. Visión sintética

¿Por qué acudió Jesús a bautizarse? La pregunta se puede responder partiendo de la preexistencia de Cristo, Ungido desde siempre con la plenitud del Pneuma. Se la considera entonces como expresión de la amenaza adopcionista. En tal caso la respuesta tenderá a reducir la bajada del Espíritu en el Jordán a una manifestación ante los hombres. Así considerado, el Bautismo se convierte en un escollo, embarazosa objeción en manos del adversario.

Ahora bien, ¿es este el único punto de vista para considerar el Bautismo de Jesús? Hemos visto que no. Para Justino abre la escena más amplias y ricas perspectivas; no es sólo una pregunta indeseada, sino una vía de profundización en el misterio de Cristo.

He aquí el escenario teológico en que sitúa el mártir el Bautismo del Salvador. Justino piensa en la acción de Dios a lo largo de la historia: el Creador se muestra activo entre los hombres por medio de su Espíritu. Esta presencia conoce fases bien determinadas: es un proceso por el que Dios conduce al hombre, paso a paso, a la convivencia con Él. No soportaría éste, sin disponerse previamente, la unión con su Hacedor. Las diferentes presencias del Espíritu en la historia responden a la acomodación de Dios a su criatura, respetando los ritmos de crecimiento de la carne.

A su vez, tal planteamiento repercute en ámbito cristológico según la doctrina de la recapitulación, que hemos visto aparecer en el contexto del Bautismo. Pues Justino comprende el arco de la vida de Jesús como resumen de la historia humana. Éste recoge los tiempos anteriores a su venida y prefigura los que la seguirán. De este modo, a la distinta adaptación del Espíritu en la historia del mundo, corresponde un proceso paralelo en la historia terrena del Salvador.

Una vez situado el Bautismo en este marco, se entiende el problema teológico que ayuda a resolver. Si la escena merece atención no es sólo para deshacer, a la defensiva, objeciones contra la preexistencia. De fondo hay una cuestión más amplia. ¿Qué forma de comunión establece Dios con el hombre y cómo la lleva a cabo? ¿En qué manera se realiza la presencia de Dios entre sus criaturas? La función teológica del Bautismo es explicar el modo en que se articula esta comunión.

La Preexistencia y Encarnación del Logos serán, ciertamente, claves en la respuesta de Justino. En efecto, desde el principio Cristo es el ungido con la plenitud del Espíritu, don del Padre en vistas a la creación y santificación del mundo. De ahí que, una vez encarnado, sea desde niño portador pleno del Pneuma. Ahora bien, no basta esto para resolver nuestro problema. Pues no se trata sólo de la posesión total del Pneuma por parte de Cristo, sino de su comunicación al hombre. Y aunque la primera sea total desde los comienzos, no ocurre así con la segunda. Cristo, que posee todo entero el Espíritu antes del tiempo, no puede entregar al hombre ese Espíritu todo entero al margen del tiempo[116].

Veamos esto en concreto. Recorramos brevemente la historia, tal como nos la presenta el mártir, y tratemos de situar en ella el misterio del Bautismo. En la misma creación comienza ya a comunicarse el Espíritu. Es Cristo quien lo da, recibido del Padre por una Unción precósmica que le constituyó Ungido. Proporciona con Él vida a los seres animados y dispone al hombre en el camino de la virtud y la visión de Dios. Pero actúa sobre todo en la historia santa de un Pueblo elegido, por medio de los profetas. Más tarde, amoldándose al hombre pecador, le entrega Dios su Ley, el Testamento Antiguo. Se trata de un canal de la acción del Espíritu, bien que preparatorio y parcial: aun desde fuera y ligado a la historia particular de un pueblo, invita el Pneuma al hombre a la comunión con Dios.

Por fin, hace ciento cincuenta años, dice Justino, tomó carne el Cristo. Por ser el Ungido, el agraciado por el Padre con la abundancia del Espíritu, lo poseyó en plenitud desde su nacimiento. Y sin embargo, seguidor en carne de los pasos humanos, tampoco en Él pudo actuar con plenitud de golpe, produciendo instantáneamente la plena comunión del hombre con Dios. No es que el Logos careciera del Espíritu; buena muestra de ello es que su fuerza atrajo a los magos a ferviente adoración. Pero no se trataba de eso: el Espíritu debía actuar a través de Jesús hombre, única manera de que pudiera ser comunicado a los otros hombres. Y era esencial en tal actuación respetar las propiedades humildes de la carne asumida que venía a sanar.

He aquí pues, en esta historia de participación de la vida divina al hombre, el papel del Bautismo. Dispuesto ya para su recepción, humanamente crecido, se acerca Jesús al Jordán. La acción que el Pneuma realizaba en los profetas del pueblo pasa en ese momento a concentrarse en Cristo. Empieza en Él a operar, en modo hasta ahora inaudito, el mismo Espíritu profético que trabajaba desde los inicios para unir al hombre con

---

[116] Pienso que ésta es la razón de las tensiones que encontramos en el texto de Justino. Una respuesta simple admite una expresión simple y uniforme. No ocurre así con la respuesta matizada a una cuestión compleja, que presentará una vez unos aspectos, otra vez otros. A quien los lea aisladamente pueden parecer extremosos, incluso a veces contradictorios. Es que el pensamiento vivo no tiene otra forma de expresarse que plasmando la tensión que lo anima. Respetar las tensiones del texto es la única forma de captar la riqueza de su síntesis. Tratar de resolverlas en fuentes diversas es empobrecer a priori su caudal.

su Creador. Su actuación conocerá diversas fases, conforme progrese la vida de Jesús[117].

La necesidad de este paso del Espíritu por Jesús – ya lo hemos indicado – se comprende en el marco de la recapitulación. El Salvador viene a reparar la obra del diablo contra Adán y los suyos y a conducir al hombre a su vocación primera, la filiación divina. Por eso el Hijo de Dios ha de recorrer en carne el camino que seguirán luego sus discípulos. Tal contexto ilumina lo acaecido en el Jordán: Jesús recibe el Espíritu para que lleve a cabo en él (en su carne) lo que luego heredarán los cristianos, la perfecta unión filial con el Padre. Con razón habla Justino del nacimiento de Cristo para los hombres: se da entonces el fundamento del nacimiento del cristiano para Dios, por recepción del Espíritu de Jesús.

Desde aquí se explica el título de *Hijo de Dios* otorgado a Cristo en el Bautismo. El estudio nos ha mostrado que tal declaración del Padre corresponde a un cambio real en Jesús. Y esto porque el nombre de "Hijo" no es concepto estático. Desde la generación *a Patre* es Cristo el Hijo en sentido propio. Su nacimiento humano de María, por poder y voluntad del Padre, le constituye también Hijo de Dios en su humanidad. Y ahora, al llegar el Bautismo del Jordán, se da una progresión en esa filiación, no por necesidad de Cristo, sino por bien del hombre, para cuya filiación es necesario el Espíritu. ¿En qué sentido nuevo es Cristo ahora Hijo de Dios?

Se pueden distinguir dos aspectos. En cuanto, como hemos visto, Jesús comienza su predicación y profecías, es dado hablar de una acción *dinámica* del Espíritu sobre Jesús, disponiéndole para su misión[118]. Por otro lado, el mismo Espíritu le capacita para poder donar al hombre esa perfección que ahora posee, constituido así primogénito entre sus hermanos, no por generación carnal (como Adán), sino por nacimiento en Espíritu. El Pneuma obra así como principio *participativo*[119]. Ambos aspectos, dinámico y participativo, están relacionados: la actividad del Espíritu sobre la carne de Jesús mira a la donación posterior a los cristianos.

Resumiendo, podemos señalar dos esquemas teológicos que impregnan toda la teología de Justino y le sirven para situar el Bautismo del Jordán. *En primer lugar*, la idea del Espíritu como forma de presencia dinámica de

---

[117] En los siguientes capítulos se mostrará cómo cambia el modo de actuar el Espíritu durante la Pasión, y cuál es su intervención en la Resurrección.

[118] Este aspecto se verá con más claridad en los apartados que siguen, sobre todo al hablar de la predicación y milagros de Jesús. Al estudiar la Pasión veremos cómo esta obra del Espíritu consiste precisamente en llevar a plenitud, en la carne de Jesús, las disposiciones filiales.

[119] Cf. *supra*, cap. I, apdo. 2, p. 41; allí individuamos estos dos aspectos, dinámico y participativo, como propios de la obra del Espíritu a lo largo de la historia.

Dios en el mundo. El Pneuma es quien conduce al hombre a lo largo de la historia a la comunión con su Hacedor, respetando la condición de la criatura. Desde este punto de vista la *historia salutis* es una historia de la progresiva donación del Espíritu al mundo creado. *En segundo lugar*, el cuadro de la recapitulación: el Hijo de Dios dona a los hombres la filiación divina; y lo hace compartiendo la condición de Adán y los suyos. Cristo ha de recorrer primero en la carne el camino que seguirá luego el hombre para su salvación. La coordinación de ambos esquemas permite entender por qué se bautizó Jesús. Y prueba que la novedad real del Espíritu en el Jordán no es cuerpo extraño en el discurrir teológico del mártir, sino que responde bien a su lógica interna.

Veamos ahora más en concreto la actuación del Espíritu en Jesús. Estará presente cuando Cristo derrote al diablo (2), cuando enseñe (3) y cure a los hombres (4).

2. Tentaciones de Jesús

El diablo escuchó la voz del Padre en el Jordán: *tú eres mi Hijo, yo te he engendrado hoy* (Sal 2, 7); y, de resultas, se acercó a tentar a Jesús[120]. Es el misterio que ahora abordamos: un análisis de la escena (2.1) precederá a su colocación en el conjunto de la vida del Salvador (2.2).

2.1. Análisis del relato de las tentaciones

Justino comenta las tentaciones en dos momentos del Diálogo (D 103, 5-6 y D 125, 3-5)[121]. Se da una curiosa circunstancia que pone estos lugares en relación, aunque por el sitio donde se enclavan parecen independientes entre sí[122]. Resulta que ambos se introducen para explicar la etimología de un nombre, Satanás en un caso, Israel en otro. Significa el primero "serpiente apóstata"; el segundo, "hombre que vence a la fuerza". Y la etimología no es meramente anecdótica: a ella se subordina la narración de la escena. En efecto, en el primer caso (D 103, 5ss), en que las tentaciones ilustran el nombre de Satanás, el relato insiste sobre todo en la acción del diablo, sin contar prácticamente su derrota a manos de Jesús. Por su parte, la otra escena (D 125, 3ss), que presenta el nombre de Israel, insiste no tanto en la acción del diablo cuanto en la victoria de Cristo sobre el tentador.

---

[120] Cf. D 103, 6.

[121] Sigue los relatos de Mateo (Mt 4, 1-11) y Lucas (Lc 4, 1-13); según el análisis de A.J. BELLINZONI, *The Sayings of Jesus in the Writings of Justin Martyr* (Leiden 1967) (37-39), más cerca de Mateo en lo que se refiere a las frases de Jesús.

[122] Están en dos secciones distintas del Diálogo; la primera (D 103) en torno a la Pasión; la segunda (D 125), cuando se trata del nuevo pueblo de Israel.

Tenemos así que los dos relatos se completan: lo que uno apenas trata, lo detalla el otro. Se centra el primero en el diablo tentador; el segundo en Cristo que le vence. De ahí que permitan escribir la historia de las tentaciones como exposición contigua de dos nombres: Satanás, Israel. Este paralelismo, ¿es sólo casualidad o responde a una intención de Justino? Dejemos de momento abierto este interrogante, y pasemos a analizar la historia. Comenzaremos con la tentación que formula el diablo; vendrá después la respuesta de Jesús; se abordará, por último, la consiguiente derrota sufrida por Satanás.

La tentación diabólica

Vayamos a las palabras con que el diablo se dirige a Jesús. Enseguida notamos que Justino simplifica la escena evangélica. De las tres tentaciones de Lucas y Mateo nos conserva solo una: el diablo pide a Jesús adoración[123]:

acercándosele y tentándole hasta llegar a decirle: adórame (προσελθών αὐτῷ καὶ πειράζων μέχρι τοῦ εἰπεῖν αὐτῷ: Προσκύνησόν μοι) (D 103, 6).[124]

La escena se condensa en torno a una sola tentación. Nótese: no es que se hayan olvidado las demás. Justino supone un proceso de tentación *in crescendo* del que narra el punto álgido: le tentaba *hasta el punto de* pedir adoración[125]. Como si el descaro del diablo desembocase en este último imperativo, la tentación concentrada, esencia y objetivo de su argucia.

¿Qué intención hay detrás de estas líneas? Justino mismo relaciona las tentaciones con el engaño de la serpiente en el Paraíso[126]. Este trasfondo explica bien la narración del mártir. Pide el diablo a Jesús lo mismo que requirió de Adán para apartarlo de Dios: la adoración. Ambas escenas, la de Jesús en el desierto, la del primer hombre en el Edén, se aclaran mutuamente[127]. El diablo se presentó ante Adán como dios, ofreciéndole la inmortalidad, invitándole a desobedecer al Creador y a asemejarse a él. Así provocó la desobediencia, que remediaría Cristo con su obediencia al Padre[128].

---

[123] Se trata de la última según Mateo, de la segunda según Lucas.

[124] Justino es constante en su exégesis, que se repite las dos veces que se recoge el episodio; cf. D 125, 4.

[125] Que se trata de un proceso lo muestra el participio presente πειράζων.

[126] Cf. D 103, 6.

[127] Cf. AYÁN, *Antropología* (197-205).

[128] Como se estudiará en el próximo capítulo, todo el comentario al Sal 21 (D 98-106) insiste en la obediencia del Hijo. Cf. por ejemplo D 101, 1: οὐ τῇ αὑτοῦ βουλῇ ἢ ἰσχύι πράττειν τι καυχώμενος).

En consecuencia: el paralelismo Eva-María, que Justino había planteado poco antes[129], se completa ahora con este otro: Adán-Cristo. El Salvador viene a deshacer, por el mismo camino, la obra de la serpiente.

La respuesta de Jesús

Pasemos ahora a la réplica del Salvador. Sigue, con alguna variante, Mt 4, 11: "Apártate, Satanás, porque está escrito: Al Señor tu Dios adorarás, y sólo a él darás culto"[130].

Notemos cómo esta frase se parece a otra respuesta evangélica. La dará Jesús al escriba que pregunta por el mandamiento principal de la Ley. Los tres sinópticos traen la escena (Mt 22, 37-39; Mc 12, 30.31; Lc 10, 27), de que también Justino se hace eco en dos ocasiones (I 16, 6 y D 93, 2). En el Diálogo (D 93, 2) sigue a los evangelistas: *Amarás al Señor Dios tuyo con todo tu corazón y con toda tu fuerza y al prójimo como a ti mismo*. Es curioso, sin embargo, que el texto de la Apología contenga precisamente las palabras de Jesús al tentador:

> Y sobre que a solo Dios hay que adorar, nos lo persuadió diciendo así: "El más grande mandamiento es este: *Al Señor Dios tuyo adorarás y a Él solo servirás* de todo tu corazón y de toda tu fuerza, al Señor Dios que te ha creado" (Mt 22, 38 + Mt 4, 10). Y una vez que se le acercó uno y le dijo: "Maestro bueno", Él respondió diciendo: "Nadie es bueno sino solo Dios, que lo hizo todo" (Mt 19, 16 + Mc 10, 17-18, cf. Lc 18, 18-19)) (I 16, 6-7).

En los dos textos evangélicos de esta última cita introduce Justino de su mano sendas alusiones a la creación ("al Señor Dios *que te ha creado*"; "Nadie es bueno sino sólo Dios, *que lo hizo todo*"). Las añadiduras delatan una preocupación antimarcionita o antignóstica. El rechazo del Creador, de que hacen gala los herejes, es el máximo exponente de la apostasía diabólica que Satanás intenta. La referencia a la creación acerca de nuevo nuestra escena a la del Paraíso, donde la serpiente engañó a Adán, como seduce ahora a los herejes, siempre con la intención de blasfemar contra el Hacedor.

En esta misma línea va otro elemento de la respuesta de Jesús. En efecto, al Salvador le basta la Escritura para vencer al diablo (cf. D 125, 4). Se muestra así la continuidad de la historia de salvación. El mismo Creador del mundo actuó en el Testamento Antiguo. Justino explica que el Tentador quería ser adorado como Dios, en contra de lo enseñado por la

---

[129] Cf. D 100, 4-6.

[130] Cf. D 103, 6: "A lo que Cristo le contestó: Vete atrás, Satanás, al Señor Dios tuyo adorarás y a Él solo servirás"; cf. D 125, 4: "Respóndele Jesús efectivamente: escrito está: al Señor Dios tuyo adorarás y a Él solo servirás".

Escritura (cf. D 125, 4: παρὰ τὴν γραφήν)[131]. En conclusión: la respuesta de Jesús al diablo pone de relieve la conexión entre Jesús y Adán, y la continuidad de la historia de la salvación[132].

Huida del diablo derrotado

Con su respuesta vence Jesús al diablo. Episodio culminante de una larga historia de enemistad, interesa observar más en detalle el combate, descrito sobre todo en D 125, 3ss:

> Así, pues, el nombre de Israel significa "el hombre que vence a la fuerza". Porque "Isra" quiere decir "hombre que vence" (ἄνθρωπος νικῶν) y "el", "fuerza". Lo cual fue profetizado que haría Cristo, hecho hombre, por el misterio de aquella lucha que Jacob sostuvo con el que se le apareció por cumplir el designio del Padre, pero que era Dios, por ser el Hijo primogénito anterior a todas las criaturas. Y fue así que cuando se hizo hombre, como antes dije, se le acercó el diablo, es decir, aquella fuerza que se llama serpiente y Satanás, para tentarle, pugnando por derribarle (ἀγωνιζόμενος καταβαλεῖν), pues le exigió que le adorara. Pero fue Él quien le destruyó y derribó, arguyéndole de perverso, pues exigía contra las Escrituras ser adorado como Dios, convertido en apóstata de la voluntad divina. Respóndele Jesús, efectivamente: "Escrito está: Al Señor Dios tuyo adorarás y a Él solo servirás". Y vencido y confundido se retiró por entonces el diablo... (D 125, 3-4).

Todo se pone bajo el signo de una lucha (πάλη) que termina en victoria (ἄνθρωπος νικῶν) de Cristo. De él se acaba de decir, en el párrafo anterior (D 125, 2), que es fuerte y poderoso (ἰσχυρὸς καὶ δυνατὸς [...] ὅτι δυνατός ἐστιν ὁ κύριος αὐτοῦ). Se refuerza una idea que apuntábamos al hablar de los magos: el posible trasfondo de la parábola del hombre fuerte que es vencido por el más fuerte, quien viene a recobrar su posesión (τὰ ἴδια, cf. D 125, 2)[133].

Detengámonos en los verbos que muestran la derrota del diablo. Tentando a Jesús, Satanás quiere derribarle (ἀγωνιζόμενος καταβαλεῖν). Pero será él quien caiga al suelo por obra del Salvador. En D 124, 4 ya se habló de cómo el diablo hizo caer a Eva. Con esta caída de los

---

[131] Son indicios de la misma preocupación antimarcionita que guía a Ireneo en su comentario a las tentaciones: cf. *Adv. haer.* V, 21-25.

[132] Cf. A. BASTIT, "Le tentations de Jésus au désert: interprétation patristique", *Le désert, un espace paradoxal. Actes du colloque de l'Université de Metz (13-15 septembre 2001)* (ed. G. NAUROY - P. HALEN - A. SPICA) (Bern 2001) 79-99 (87).

[133] Cf. Mt 12, 29; Lc 11, 22; IRENEO, *Adv. haer.* III, 8, 22; V, 22, 1.

primeros hombres cayó también él. Ahora le ocurre lo mismo, pero esta vez se despeña en solitario[134].

Precisemos ahora la acción de Jesús. Además de derribar al diablo, lo destruye (κατέλυσε). El verbo καταλυεῖν es usado por Justino con profusión (se encuentra también el sustantivo κατάλυσιν). El término se halla casi siempre en el mismo contexto: el destino del diablo derrotado por Dios. En un pasaje importante, el que trae la comparación Eva-María, el sustantivo indica el fin de la serpiente:

> para que por el mismo camino que tuvo principio la desobediencia de la serpiente, por ése también fuera destruida (κατάλυσιν λάβη) (D 100, 4).

En ese mismo contexto se dice que, a través de Cristo, Dios cumple la promesa del protoevangelio destruyendo al diablo (D 100, 6; cf. D 94, 2, a través de la cruz). Lo mismo se dice de la destrucción final de los demonios en la segunda parusía, empleando idéntico verbo[135].

El término κατάλυσιν puede significar "destruir". Pero también poner fin a algo, en oposición a "comenzar"; y en este caso se aproxima a su significado original: quitar los nudos[136], desatar. Resulta que esta es la acepción del verbo en el texto de D 100, 4 que acabamos de transcribir. Podemos asegurarlo porque aquí κατάλυσιν se opone a inicio (αρχή): por el mismo camino por el que la desobediencia tomó principio, tomará fin.

Este pasaje importante puede iluminar el uso de καταλύω en los demás casos en que se habla de la destrucción del diablo: se trataría de lo mismo, de deshacer o desanudar su obra. Pienso que podría estar aquí la base para la comparación que desarrollará Ireneo: el lazo del pecado ha de ser desatado en el mismo sentido en que se anudó[137]. Justino mismo habla de destruir a la serpiente "por el mismo camino"[138]. Y todos los datos que

---

[134] Cf. la misma idea en Ireneo, *Epid.* 16 (FP 2, 93): "El ángel lo sedujo [...] Y al persuadirle la desobediencia al mandato divino, provocó su propia ruina al mismo tiempo que hacía al hombre pecador".

[135] Cf. D 112, 2; D 39, 6; D 45, 5; D 41, 1: καταλελυκέναι τελείαν κατάλυσιν. Como inspiración bíblica se puede señalar 1 Jn 3, 8: el Hijo destruye (λύση) la obra del diablo.

[136] De ahí, "aposentarse": es el sentido usado para hablar de San José y la búsqueda de la posada (D 78, 5).

[137] Cf. *Adv. haer.* III, 22, 4 (SC 211, 440-444): "quia non aliter quod colligatum est solueretur, nisi ipsae compagines adligationis reflectantur retrorsus, uti primae coniunctiones soluantur per secundas, secundae rursus liberent primas, et euenit primam quidem compaginem a secunda colligatione solui, secundam uero colligationem primae solutionis habere locum [...] Quod enim adligauit uirgo Eua per incredulitatem, hoc Virgo Maria soluit per fidem".

[138] Cf. D 100, 4.

estamos analizando apuntan a esta contraposición entre el diablo y Jesús, en el contexto de la recapitulación[139].

Conclusión

Tras este análisis, una conclusión se impone. Hay un dato constante tanto en el ofrecimiento diabólico como en la respuesta de Jesús y en la consiguiente derrota del enemigo. Todo se orienta a presentar las tentaciones como contrapuestas al engaño del Paraíso. Se engloban así claramente en la perspectiva de la recapitulación. Por el camino por el que el diablo engañó al primer hombre, por ese mismo camino vence Jesús hecho hombre.

Así, el episodio se presenta, por un lado, en el marco amplio de otros misterios, en continuidad con el conjunto de la obra redentora. Ya sabemos que cuando niño arrancó Jesús a los magos del poder satánico[140] y más adelante combatirá desde la cruz[141] y expandirá por el mundo su dominio sobre el diablo, hasta su destrucción total y definitiva al término de la historia. Por otro lado, se trata de un momento singular. Justino le otorga un lugar destacado: en él se dice que el diablo fue destruido y su obra deshecha; derrotado y convicto, desenmascarada su maldad.

2.2. Significado de las tentaciones en la vida de Jesús

Nos preguntamos ahora, precisamente, por qué otorga Justino importancia a este momento. ¿Son las tentaciones sólo un símbolo de lo que fue su

---

[139] Justino describe cómo el diablo se aleja de Jesús. Por el vocabulario está enmarcando la escena en el amplio contexto de la redención. Satanás se marcha "derrotado" y "convicto" (ἡττημένος καὶ ἐληλεγμένος). El mismo verbo "derrotar" sirve para indicar la caída de Amalek en lucha con Israel. Amalek es símbolo del diablo (cf. D 49, 8) y la victoria de Israel por la fuerza de la cruz y el nombre de Jesús es el paradigma de la victoria del Crucificado sobre los demonios. La otra palabra, "convicto" (ἐληλεγμένος), está de acuerdo con la acción de Jesús (ἐλέγξας ὅτι πονηρός ἐστι). Jesús desenmascara al diablo, haciendo inútil el engaño que éste buscaba. Acudiendo a la Escritura muestra a Satanás contrario a ella, apóstata por tanto del Dios que la dio. Si Adán, ante quien Dios puso el bien y el mal (D 62, 3; Gn 3, 22a), fue engañado para que escogiera el mal (τὸ πονηρὸν), ahora Jesús pone a la luz la maldad y apostasía del tentador. La misma palabra se usa para indicar cómo Jesús recrimina en su predicación la doctrina de escribas y fariseos (cf. D 102, 5; D 103, 9). No es de extrañar, pues éstos se presentan como hijos del diablo (cf. *infra,* cap. VI, apdo. 1.2, p. 339).

[140] Cf. D 78, 9.

[141] Notemos que, en D 103, 4-9, la escena de las tentaciones se encuadra en el comentario al Sal 21, referido todo él a la Pasión. El contexto próximo es un comentario al salmo 21, 12: el león que ruge contra Cristo en la Pasión es el diablo. Así se da a entender una conexión entre ambos momentos. En efecto, Justino volverá sobre ello, en el otro relato sobre las tentaciones, y será entonces más explícito (cf. D 125, 5). La conexión hemos de ponerla de relieve en su lugar, el próximo capítulo.

lucha contra el diablo o tienen sentido preciso por su posición en la vida de Jesús? ¿Qué diferencia la derrota de Satanás en el desierto con la que tuvo lugar en Belén?

Si queremos responder hemos de fijarnos en algunas características del relato. Partiremos del hecho siguiente: a juzgar por la narración del mártir parecería que las tentaciones tienen lugar en el mismo sitio del Bautismo, nada más escucharse la voz del Padre, que llama a Jesús su hijo (cf. D 103, 6: ἅμα τῷ ἀναβῆναι αὐτὸν ἀπὸ τοῦ ποταμοῦ...). El detalle ha sido notado ya por algún intérprete de Justino[142]; se ha buscado una solución aportando paralelos de otros autores: al unir bautismo y tentaciones se estaría diciendo a los neófitos que no bajen la guardia tras recibir la iniciación cristiana, pues es precisamente entonces, justo tras el Bautismo, cuando se acrecienta el combate[143].

Esta respuesta, sin embargo, no encuentra apoyo en los textos del mártir. ¿Será posible indicar una razón que parta de las líneas mismas de Justino? Creo que sí, aunque para ello habremos de dar un cierto rodeo.

El contexto en que se sitúan las tentaciones (D 123, 9 – D 129)

Veamos en qué contexto sitúa Justino el segundo pasaje sobre las tentaciones. En esta parte del Diálogo está tratando de la Iglesia como verdadero Israel. ¿Por qué se arrogan los cristianos la posesión de este nombre? La razón es sencilla. El nombre se hereda de aquel que lo posee, y que lo dona a los hijos que engendra. Ahora bien, Israel es nombre de Cristo, y fue Él quien lo donó al patriarca. Pertenecerá al nuevo pueblo nacido de Él: los cristianos.

> Así pues, como de aquel solo Jacob, que fue también llamado Israel, toda vuestra raza ha tomado los nombres de Jacob y de Israel, así nosotros, por Cristo, que nos ha engendrado para Dios, nos llamamos y somos verdaderos hijos de Jacob, y de Israel, y de Judá, y de David, y de Dios, nosotros los que guardamos los mandamientos de Cristo (D 123, 9).

El pasaje, que ya conocemos[144], desvela la intención última de Justino: más allá del nombre de Jacob interesa otro superior, el de Hijo de Dios. Cristo transmite la propiedad suya más preciada: la filiación divina. En frase que recoge ecos de 1 Jn 3, 1-2, Justino ha dicho que nos llamamos y somos hijos (τέκνα) de Dios:

---

[142] K.P. KÖPPEN, *Die Auslegung der Versuchungsgeschichte unter besonderer Berücksichtigung der alten Kirche* (BGBE 4; Tübingen 1961) (6).

[143] STEINER, *La tentation* (14-15). Da textos de Orígenes, Tito de Bostra, Crisóstomo y algunos gnósticos.

[144] Cf. *supra*, cap. III, apdo. 1.4, p. 142.

Nos llamamos y somos verdaderos hijos de Dios (θεοῦ τέκνα ἀληθινὰ καλούμεθα καὶ ἐσμεν) (D 123, 9).

para llamarnos hijos de Dios, pues lo somos (ἵνα τέκνα θεοῦ κληθῶμεν καὶ ἐσμέν) (1 Jn 3, 1).

¿Qué diferencia ve Justino entre "llamarse" y "ser" hijos de Dios? El contexto ayuda a establecerla. Habla el mártir precisamente de los nombres que Cristo transmite al cristiano. "Llamarse hijo" indica una dependencia de quien dio el nombre, un ser que se ha recibido por participación. El cristiano "se llama" hijo, pues su filiación depende de Cristo: es Él quien le ha engendrado para Dios. Desde aquí habrá que interpretar las líneas que siguen.

Justino prevé que la frase ha de despertar recelo en los judíos. De ahí que se adelante a probar por la Escritura tal atrevimiento. Acudirá al salmo 81: "Yo dije: sois dioses, e hijos todos del Altísimo". Nos interesan algunos aspectos de este número del Diálogo (D 124).

Notemos que, si hasta el momento Justino hablaba de la promesa hecha a Abraham y heredada por la Iglesia, ahora se remonta más allá. Lo que Dios prometió al patriarca tiene raíces más profundas, en la creación misma. Es ahí donde sitúa Justino una promesa de Dios a los primeros padres: hacerse semejantes a Dios e hijos suyos (cf. D 124, 4).

Si el hombre es llamado hijo de Dios, no se puede desconocer aquí la mediación de Cristo, el Hijo en sentido propio. Dígase lo mismo de la semejanza con Dios, que el mártir menciona de pasada (cf. D 124, 4)[145]. En ambos casos, aunque no se diga expresamente que tal promesa se realice por medio de Cristo, el contexto anterior nos invita a sobreentenderlo, como acabamos de señalar: el nombre indica dependencia de quien lo dona.

Esto se puede deducir, además, del mismo salmo 81, que presenta a Cristo como Dios que se levanta en la asamblea de los dioses para juzgar: Justino no deja de ponerlo de relieve[146]. ¿Por qué es Cristo juez de todos los hombres? Porque la vocación a que Dios los destina pasa por Él[147].

---

[145] D 124 supone que Cristo da la filiación (Sal 81, 8 habla de una herencia; la herencia del Cristo son las naciones) y la divinidad (es llamado Dios, y los cristianos son llamados dioses; es el Dios en medio de la asamblea de los dioses). En oposición se presenta la semejanza que los hombres se adquirieron con Adán y Eva (cf. D 124, 6: καὶ οὗτοι ὁμοίως τῷ ᾿Αδὰμ καὶ τῇ Εὔᾳ ἐξομοιούμενοι), imitadores del diablo y no de Dios.

[146] Antes y después de citar la Escritura, en referencia a Sal 81, 1 y Sal 81, 8 (cf. D 124, 1; D 124, 4).

[147] Lo que vendrá a reclamar de ellos el último día es algo que hay en todo hombre y pertenece a Cristo. Es un elemento sembrado por Él al crear el mundo y que tiende a la semejanza con el Hijo de Dios, imitando concretamente su vida en la tierra. Estas fueron

Ciertamente, Justino no insiste demasiado en la semejanza del hombre con Dios, ni dice que ésta se realice por medio del Hijo, imagen del Padre. El planteamiento será frecuente en otros escritores eclesiásticos, y Justino no lo desconocía[148]. Pienso que, si se leen con atención las líneas del mártir, aparece este mismo tema, el de la semejanza, pero orquestado en una clave original: precisamente la donación del nombre.

En efecto, el esquema del nombre donado y recibido sustenta la presentación de Justino. Con él se significa, en primer lugar, la transmisión de las propiedades personales; de ahí que se dé una *similitud* entre quien da y recibe el nombre. Además, hay un nexo claro con la *filiación*: el nombre se transmite por generación (cf. D 123, 9); y más en nuestro caso, pues se habla ahora precisamente del nombre de "hijo". Por último, estudiamos ya el vínculo que existe entre la donación del nombre y la participación del *Espíritu*[149]. Estamos, por tanto, ante un esquema muy versátil para dar cuenta de la vocación cristiana. En torno a la donación del nombre se incluyen la filiación divina, la semejanza con Dios y el don del Espíritu; y se pone claramente de relieve que tales dones se consiguen por medio de Cristo, Hijo de Dios.

Justino pasa entonces a narrar la caída del hombre. En su mano estaba adquirir definitivamente la filiación que Dios le concedía, pero sucumbió al engaño de la serpiente y, hecho semejante a ella, como hijo suyo, se adquirió la muerte. El pasaje muestra que la Escritura dice a los hombres hijos de Dios, pero hace ver también su caída en el engaño del diablo. La pregunta queda entonces abierta: ¿por qué se dicen los cristianos θεοῦ τέκνα? Es aquí donde viene nuestro texto sobre las tentaciones. Presentando la obra de Cristo en contraposición a la del diablo, se podrá mostrar que el camino de la filiación ha vuelto a quedar expedito (D 125)[150].

---

las conclusiones de nuestro estudio sobre la semilla del Logos. Cf. también *infra,* cap. VII, apdo. 3.2, p. 499.

[148] Cf. A. ORBE, *Antropología de San Ireneo* (BAC 286; Madrid 1969) (89-148); AYÁN, *Antropología* (103-127).

[149] Cf. lo que se dijo en el primer capítulo.

[150] Antes (D 125, 1-2) se detiene Justino a justificar por qué va a explicar el nombre de Israel: haciéndolo sigue el encargo recibido de Cristo, que vendrá a pedir cuentas a sus servidores, como indica la parábola de los talentos. En su explicación se ve gran continuidad con lo dicho anteriormente: Justino habla del Señor "fuerte y poderoso", del Señor que viene "con poder" para juzgar a todos los hombres y reclamar lo que le pertenece. Estas expresiones, que no se encuentran en el relato evangélico, se explican por el contexto: Cristo, como hombre fuerte, derrota al diablo, según el significado del nombre de Israel que se va a explicar. Cristo es juez de todos, pues según él fue creado el hombre, con su mismo nombre de hijo de Dios. D 124-125 puede dividirse así en tres secciones: (a) D 124, que habla del nombre de hijo de Dios dado al hombre; (b) D 125, 1-2, en que, en torno a la parábola de los talentos, Justino dice por qué se molesta en

El amplio panorama que acabamos de esbozar se continúa después de la historia de las tentaciones (D 125). Los números siguientes (D 126-129) hablan de la preexistencia del Hijo, y muchos los consideran una repetición de los números 55 a 62 del Diálogo. Mostramos ya, sin embargo, que el interés de Justino es en esta ocasión distinto[151]. Se trata ahora de fundar la filiación divina del pueblo de los cristianos asegurando la verdad de la atrevida frase formulada un poco antes, en D 123, 9: "por Cristo [...] nos llamamos y somos verdaderos hijos de Jacob, y de Israel, y de Judá, y de David, *y de Dios*..." Esto es posible porque Cristo es el Hijo de Dios en sentido propio, como se prueba en D 126-129.

La historia de las tentaciones (D 125, 3-5)

Con esto tenemos el marco en que se inserta la historia de las tentaciones. A la luz de todo el contexto es claro, en primer lugar, que el combate entre el diablo y Jesús no les afecta sólo a ellos. La idea del nombre que se hereda y transmite subyace a la lucha que ambos establecen. Está presente de nuevo la doble filiación: la del diablo, imitación de sus obras malvadas, conduce a la muerte; la que da Jesús es verdadera filiación divina: comunica al cristiano, junto al nombre de Israel, el de hijo de Dios[152]. Vayamos entonces a nuestro texto:

> Así, pues, el nombre de Israel significa "el hombre que vence a la fuerza" [...]. Lo cual fue profetizado que haría Cristo, hecho hombre, por el misterio de aquella lucha que Jacob sostuvo con el que se le apareció por cumplir el designio del Padre (μετὰ τοῦ φαινομένου μὲν), pero que era Dios, por ser el Hijo primogénito anterior a todas las criaturas (θεοῦ δὲ ἐκ τοῦ εἶναι τέκνον πρωτότοκον) (D 125, 3).

La frase final presenta una contraposición de dos términos (μέν... δέ). El primero muestra a Cristo sirviendo a la voluntad del Padre a lo largo de la historia, en sus apariciones diversas entre los hombres; su actividad desemboca en la Encarnación. El segundo miembro hace ver que Cristo es Dios, por ser Hijo de Dios. Hemos visto la importancia en todo el contexto de esta idea de filiación. Fijémonos ahora en una particularidad de nuestro pasaje. En muchos sitios del Diálogo llama Justino a Cristo "primogénito". Pero solamente aquí se dice "*hijo* primogénito" (τέκνον πρωτότοκον).

---

comunicar a los judíos sus conocimientos; (c) D 125, 3ss, en que se cuenta la historia de las tentaciones. La repetición de términos e ideas que tienen en común estas tres secciones muestra su unidad: se presenta a Cristo como juez del hombre (D 124), y como juez al final del tiempo (D 125, 2); se dice que Cristo es fuerte y poderoso (D 125, 2) y que vence a la fuerza, Satanás (D 125, 3ss).

[151] Cf. *supra*, cap. III, apdo. 1.4, p. 142.

[152] Véase la relación entre el nombre de hijo de Dios y el de Israel. Venciendo a la fuerza se restablece la posibilidad de ser hijos.

Es interesante hacer ahora una observación. Casi todas las veces que Justino llama a los cristianos υἱοι, está citando o comentando el Antiguo Testamento. Pero cuando habla él mismo de la filiación de los cristianos prefiere usar τέκνα[153]. Este último término aparece con frecuencia en torno a la descendencia de Abraham, tanto para hablar de los judíos, hijos según la carne, como de los cristianos. Parece indicar con predilección el nuevo linaje de hijos de la Iglesia, según la promesa hecha al Patriarca.

He aquí la razón de que Justino llame a Cristo τέκνον πρωτότοκον: presenta así su filiación orientada hacia el linaje de los cristianos, como aquel que los engendra para Dios. El que viene a luchar con el diablo es el Hijo (τέκνον) que donará la filiación a los otros hijos (τέκνα)[154]. La temática de D 124 se hace presente ahora: se unen aquí el combate con el diablo y la transmisión de la filiación divina al hombre.

Antes de seguir, es el momento de recordar un dato que pusimos de relieve al empezar a tratar las tentaciones. Resulta que los dos relatos que trae Justino se enmarcan en torno a dos nombres: Israel y Satanás, y se completan así mutuamente, narrando la tentación del diablo apóstata (Satanás) y la derrota que Cristo le inflige (Israel). A la luz de nuestro estudio este marco hace perfecto sentido, pues coincide con el contenido teológico de la escena, que se sitúa en torno a una doble filiación, de signo opuesto. Dos nombres, dos comportamientos, dos herencias; Satanás e Israel; el apóstata y el que vence al apóstata por su obediencia y sumisión al Padre[155]. En este marco se emplaza la historia de las tentaciones. Esto

---

[153] Sobre todo en la parte final del Diálogo, que es el contexto donde se sitúa nuestro pasaje sobre las tentaciones. Cf. el uso de τέκνα en D 18, 3; D 81, 4; D 119, 5; D 120, 2; D 123, 6; D 125, 5; D 133, 1; D 134, 4; D 140, 1. Es significativo que Justino cambie el texto de Lc 20, 36 ("hijos [υἱοί] de la resurrección") en "hijos [τέκνα] de la resurrección" (cf. D 81, 4). Justino está siguiendo en este punto la terminología de Juan, que usa τέκνα θεοῦ para indicar la filiación divina de los cristianos. De hecho parece haberse inspirado en 1 Jn 2-3 para estas páginas del Diálogo. En efecto, no sólo aparece la frase que hemos citado, Jn 1, 3 en D 123, 9 ("nos llamamos y somos hijos de Dios"), sino otras ideas que Justino desarrolla en el contexto. 1 Jn 2, 29 habla de ser engendrados de Cristo por cumplir la justicia, tal como dice Justino en D 123, 9: Cristo ha engendrado a los que guardan sus mandamientos; en 1 Jn 3, 8 hay una referencia al pecado del diablo en el principio, tema que desarrolla Justino en D 124; y en 1 Jn 3, 10 se habla también de una doble filiación, la de hijos de Dios y la de hijos del diablo: conocemos que es el trasfondo de la historia de las tentaciones en Justino; en fin, 1 Jn 3, 8 dice que el Hijo del hombre apareció para destruir la obra del diablo: corresponde a la escena de las tentaciones tal como la encontramos en D 125, 3ss.

[154] Así se explica que, en este contexto, aparezca la transmisión de la promesa a la Iglesia, nuevo Israel: cf. D 125, 5: "somos el Israel bendito".

[155] La palabra "apóstata" se usa referida a Satán en D 103, 5 y D 125, 4. Se ve que indica, no sólo su primer pecado, sino toda la obra que realiza por su tentación. Será propio suyo apartar al hombre del querer de Dios, haciéndole apostatar. De los magos (D 78, 9) se dice que se apartaron (ἀποστάντες) del demonio para acercarse a Cristo,

confirma que la lucha tendrá significado amplio para toda la humanidad, y no solo para los dos combatientes.

El relato de las tentaciones pone así de relieve que Jesús lucha como primogénito, en cuanto capaz de transmitir al hombre la filiación y de deshacer la derrota de Adán. Se hace hincapié en su condición divina, y también en la Encarnación. Ambos títulos son necesarios para su obra. Por ser el Hijo, nos hará hijos de Dios; pero sólo gracias a la Encarnación, pues toma entonces la misma carne que pecó en Adán. He aquí dos elementos fundamentales para que Cristo lleve a cabo su misión. ¿Falta todavía alguno?

Para obtener la respuesta hemos de volver a otra pregunta, la que formulamos más arriba y dio origen a este análisis: ¿qué relación une el bautismo y las tentaciones? Escuchemos de nuevo el enlace que resaltaba Justino:

> apenas Jesús salió del río Jordán y se había oído la voz que le decía: "Hijo mío eres tú, yo te he engendrado hoy" (Sal 2, 7), se escribe en los Recuerdos de los Apóstoles que el diablo, acercándosele, le tentó hasta decirle: "Adórame" (D 103, 6).

A la vista del estudio que hemos hecho se abre camino una explicación. *Por un lado* el combate con el diablo gira en torno a una filiación que Jesús transmite como primogénito de un nuevo linaje. La contraposición entre los dos nombres (Israel y Satanás) hace ver que la derrota del diablo tendrá consecuencias que superan las de un combate singular. Por *otro lado* es precisamente en la frase del Padre: "Tú eres mi Hijo" (Sal 2, 7) donde Justino parece ver la conexión entre Bautismo y tentaciones[156]. Sólo tras escuchar estas palabras se acerca el diablo a Él tratando de obrar lo que obró en Adán. Téngase ahora en cuenta lo que se concluyó al hablar del Bautismo. La frase de Sal 2, 7 se refiere a la filiación de Cristo en su vertiente soteriológica (para los hombres, en cuanto cabeza de los hombres). El Padre dice a Jesús "hijo" porque, a partir del Bautismo, por la recepción del Espíritu, tiene Jesús una filiación que puede transmitir al hombre.

Tenemos, pues, dos esquemas muy cercanos. En el Bautismo: el Espíritu (principio participativo) donado a Jesús para que engendre nuevos

---

en movimiento contrario al que les llevó a apartarse de Dios. Se usa también la expresión ὁ τῆς ἀποστασίας ἄνθρωπος, referida al Anticristo (D 110, 2; en D 32, 4: ὁ τῆς ἀνομίας ἄνθρωπος); se inspira Justino en Dn 7, 25 y 2 Ts 2, 3. En resumen: apóstata es el diablo porque se aparta de Dios y porque lleva al hombre a imitar este comportamiento; aparta así al hombre de Dios (cf. D 116, 1).

[156] STEINER, *La tentation* (20) intuye esta relación, aunque luego su explicación siga otro camino: "Le diable essai d'égarer celui qui vient d'être proclamé fils de Dieu comme Adam".

hijos. En las tentaciones: la oposición de dos nombres, que conllevan dos herencias y filiaciones opuestas. De aquí es fácil ver por qué Justino los relaciona. En efecto, Satanás es coherente en su proceder. No tenía sentido que el diablo se acercara a Jesús antes de que éste recibiera el Espíritu. Sólo ahora, si consigue hacerle caer, se hará dueño de todos los hombres, atendiendo a la capitalidad del Salvador. Ya puede abordarle como a otro Adán, es decir, como a alguien cuyos actos tienen consecuencias sobre todo un linaje de hombres. Oído que viene el hijo, portador de nueva filiación, se acerca a combatirle, pues lo que obró en Adán (en cuanto cabeza de todos, por generación según la carne) piensa obrarlo en Cristo (también en cuanto cabeza, generador en el Espíritu de un nuevo linaje).

Completamos así nuestro recorrido. Pertenece al plan del Padre comunicar al hombre la filiación divina a través de su Hijo. Tal designio se apoya en sólidas bases: (a) la generación del Hijo de Dios, anterior al tiempo; (b) su generación humana como Hijo de Dios, en la misma carne de Adán; (c) la recepción del Espíritu en el Bautismo. Carecería de interés para el diablo tentar al Hijo de Dios en cuanto Dios. Pero sí interesa combatirle bajo los dos últimos títulos. Primero, en cuanto hombre, plasmado del mismo barro que Adán. Segundo, en cuanto poseedor de un nuevo germen desde el Bautismo, capaz de obrar nueva descendencia comunicando al hombre la filiación.

3. Predicación de Jesús

Comenzamos ahora a estudiar la actividad pública de Jesús. Justino insiste sobre todo en dos aspectos: predicación y milagros[157]. Nuestra exposición mostrará que ambos están íntimamente entrelazados. Abordaremos en primer lugar el magisterio de Cristo.

Después del Bautismo comienza Jesús a enseñar. No sabemos cuánto dedicó, según Justino, a este ministerio[158]. Pero sí que es una etapa importante de su misión, pues pertenece al plan trazado por el Padre:

> sólo después que, hecho ya adulto, hubiera predicado la palabra que viene de Él [del Padre] (μετὰ γὰρ τὸ κηρύξαι αὐτὸν τὸν παρ' αὐτοῦ λόγον ἀνδρωθέντα), había juzgado el Padre que fuera condenado a muerte aquel a quien él mismo engendrara (cf. D 102, 2).

---

[157] Sin hacerla explícita, adopta Justino la división que leemos en Tertuliano, *Adv. Marc.* III, XVII, 5 (SC 399, 154): "Oportet actum eius ad scripturarum regulam recognosci, duplici, nisi fallor, operatione distinctum, praedicationis et uirtutis".

[158] Oscilaban las opiniones sobre la duración de la vida pública. Los más se dividían entre adjudicarle uno o tres años. Pero había también quienes suponían un periodo más largo: Ireneo piensa que Jesús alcanzó casi los cincuenta (cf. *Adv. haer.* II 22, SC 294, 214-228). Cf. los datos que recoge BAUER, *Das Leben Jesu* (279-295).

En el designio paterno para salvar al hombre entran tanto la predicación como la muerte en cruz. Se recogen aquí los dos polos entre los cuales parece oscilar la soteriología de Justino. En efecto; por una parte muchas de sus páginas presentan la salvación ligada a la enseñanza de Cristo maestro[159]: ser cristiano es ser instruido con la doctrina del Salvador[160]. Algunos intérpretes han dado un peso excesivo a tales afirmaciones, hasta decir que el mártir redujo la religión cristiana al conocimiento de un conjunto de verdades[161].

Es sin duda una exégesis equivocada. Pues, por otra parte, son muchos los textos que presentan la muerte de Cristo como origen de la redención[162]. Por su sangre, por su muerte en cruz, por sus sufrimientos, ha salvado Jesús al hombre. No se insiste aquí tanto en la doctrina de Cristo sino en una acción redentora que trae la salvación.

¿Yuxtapuso el mártir ambas visiones, inconsciente tal vez de su incompatibilidad? Lo cierto es que en la frase de D 102, 2 que hemos citado se presentan unidas y articuladas. Todo tiene un orden en los proyectos de Dios, y es necesario que a una cosa preceda la otra. Como ya se ha dicho, esta articulación diferenciada de las etapas de la vida de Jesús es esencial para una cristología que siga el hilo de sus misterios.

Se nos invita así a preguntarnos cómo se pueden relacionar los distintos elementos en una síntesis. Para dar respuesta atenderemos primero al contenido de la predicación de Jesús: ¿qué es lo que enseña? (3.1). Después consideraremos la naturaleza particular de su magisterio, relacionado por una parte con la profecía (3.2) y por otra con la Encarnación (3.3). Nos quedará investigar por qué la enseñanza de Jesús es poderosa y

---

[159] En un pasaje importante de la primera Apología parece resumirse la obra salvífica como "enseñanza". Sale al paso el mártir de una objeción: ¿cómo puede Cristo ser juez para todos los hombres si hay muchos que no le han conocido? Justino concede que Cristo vino al mundo hace sólo ciento cincuenta años. Y precisa aun más en qué consistió su acción salvadora: nos *enseñó* estas cosas en tiempos de Poncio Pilato (cf. I 46). F. NORMANN, *Christos Didaskalos. Die Vorstellung von Christus als Lehrer in der christlichen Literatur des ersten und zweiten Jahrhunderts* (Münster Westfalen 1967) ha analizado los principales textos y comenta "wie sehr bei Justin der Gedanke der Gewinnung des Heils an die Vorstellung vom Lehren und Lernen gebunden ist" (121).

[160] Cf. II 4 [3], 3.

[161] Así A. Harnack y M. von Engelhardt: cf. la presentación de su exégesis y la crítica de ésta en O. SKARSAUNE, "The Conversion of Justin Martyr", *StTh* 30 (1976) 53-73 (57-63).

[162] Cf. NORMANN, *Christos Didaskalos* (121, n. 85), quien considera peligroso absolutizar la presentación de la salvación como enseñanza, porque Justino tiene textos muy claros sobre la redención por la cruz. Normann ve bien ambas dimensiones: la enseñanza redentora y la muerte redentora en cruz. Sin embargo, no intenta una explicación unitaria como la que se propondrá a continuación.

llena de fuerza (3.4). Todo esto nos permitirá descubrir el puesto preciso de esta actividad en el conjunto de su vida.

3.1. El contenido de la enseñanza de Cristo

Es en la Apología donde Cristo se presenta de modo especial como Maestro[163]. Así enlaza Justino con las concepciones de sus lectores. Los maestros eran los filósofos en cada escuela; su objetivo, la perfección de los alumnos que se les confiaban. Si para Justino el cristianismo es la única filosofía segura y útil (cf. D 8, 1) es natural que Cristo sea "nuestro maestro, que nos enseñó estas cosas, y del que tomamos nuestro nombre de cristianos" (I 12, 9). Como los platónicos se llaman así por Platón y los aristotélicos por Aristóteles, del mismo modo los cristianos por Cristo.

Ahora bien, ¿cuál es la novedad del magisterio de Jesús? El cristianismo no es una escuela como las otras. Tampoco es su maestro como los demás. Para ver las diferencias comencemos investigando el contenido de su enseñanza.

Hemos de aclarar primero que, ya en el contexto filosófico de la época, el maestro no era un mero transmisor de conocimientos. El fin de la filosofía era eminentemente práctico y quien entraba en una escuela buscaba alcanzar en ella la última meta de la vida humana, la felicidad[164]. La instrucción era instrucción vital, y la persona entera se confiaba a la guía de un maestro.

Nada de extraño, pues, que Justino presente la enseñanza de Cristo poniendo de relieve el comportamiento de los cristianos. En unas páginas de la Apología (I 15-19) recoge citas evangélicas que muestran cuán sublime es la doctrina de su Maestro. El estudio de esta "antología" nos ayudará a entender cómo veía Justino el magisterio de Jesús. ¿Qué criterio ha seguido a la hora de seleccionar los textos? ¿Hay algún aspecto que quiera poner de relieve?[165] Para responder veamos primero cómo se introduce la sección de citas evangélicas:

> nosotros, después de creer en el Verbo, nos apartamos de ellos [los demonios] y por medio de su Hijo seguimos al solo Dios ingénito. Los que antes nos complacíamos en la disolución, ahora abrazamos sólo la castidad; los que nos entregábamos a las artes mágicas, ahora nos hemos consagrado al Dios bueno

---

[163] El título aparece ya en I 6, 2, en la primera aparición solemne de Cristo, ligada a una fórmula trinitaria.

[164] Cf. A.-M. MALINGREY, *Philosophia. Étude d'un groupe de mots dans la littérature grecque, des Présocratiques au IVe siècle après J.-C.* Études et Commentaires 40, Paris 1961 (100-105).

[165] Sobre la estructura de esta parte de la apología (D 13-29) cf. H.H. HOLFELDER, "Eusebeia kai philosophia: literarische Einheit und politischer Kontext von Justins Apologie", *ZNW* 68 (1977) 48-66; 231-251.

e ingénito [...] los que nos odiábamos y matábamos [...] ahora, después de la aparición de Cristo, vivimos todos juntos y rogamos por nuestros enemigos y tratamos de persuadir a los que nos aborrecen injustamente, a fin de que, viviendo conforme a los bellos consejos de Cristo, tengan buenas esperanzas de alcanzar junto con nosotros los mismos bienes que nosotros esperamos de Dios (I 14, 1-3).

He aquí un compendio del comportamiento cristiano. Para probar su verdad introducirá Justino acto seguido los textos evangélicos. Con este resumen previo describe el actuar del creyente según un modo que le es familiar: separación de los demonios y consagración al Dios verdadero[166]. A partir de aquí se entiende el cambio de vida de los cristianos: su castidad, su amor y oración por el enemigo. De este modo la enseñanza de Jesús apunta en primer lugar a la relación entre Dios y el hombre, fuente del comportamiento cristiano[167].

Lo dicho se confirma si examinamos los textos citados por Justino en la sección siguiente (I 15-19). La enseñanza de Jesús llama precisamente a la imitación de Dios. Se aducen textos sobre la castidad, el amor a los enemigos, el desprendimiento de los bienes. En todos ellos hay un factor común: son operaciones que se realizan delante de Dios (I 15, 1.5.16-17) o concluyen en la necesidad de adorar sólo a Dios (I 16, 6-14); si el cristiano paga tributos al César, conserva para Dios la adoración (I 17, 3); sabe bien que su comportamiento será juzgado por Dios (I 17, 4). Desde este punto de vista, la cita de Lc 6, 36 ("sed benignos y misericordiosos como vuestro Padre es benigno y misericordioso") en I 15, 13 ilumina todo el comportamiento cristiano. Se trata de imitar al Padre de las virtudes (I 6, 1), pues el cristianismo es escuela de la divina virtud (II 2, 13)[168].

Podemos, por tanto, resumir: la doctrina de Cristo tiene como fin conducir al hombre a la imitación del Padre. La presentación de Justino engarza de este modo con la ética filosófica del momento. El fin de la

---

[166] En este sentido cf. SKARSAUNE, "The Conversion", que insiste en el aspecto práctico de la enseñanza de Cristo: apartarse de la idolatría para dedicarse al Dios verdadero.

[167] Tal perspectiva cuadra bien con el propósito de Justino en esta parte del Diálogo. El mártir está rechazando la acusación de ateísmo que se dirige contra los cristianos (cf. I 13, 1). Según el mártir, ocurre justo lo contrario: la piedad de los paganos es falsa; sin saberlo, adoran a los demonios; sólo los cristianos se han convertido de los ídolos al único Dios.

[168] A este respecto es sintomático el cambio de una frase de San Mateo en I 16, 2. Justino dice: "Brillen vuestras obras delante de los hombres, a fin de que, viéndolas, admiren a vuestro Padre que está en los cielos". El cambio de "glorifiquen" (Mt 5, 16) a "admiren" tiene en cuenta los destinatarios paganos, quienes desconocían el uso bíblico de δοξάζω (glorificar). La vida de la virtud, al ser imitación plena de la virtud de Dios, causa admiración: cuán perfecto es el Dios a quien siguen los cristianos.

vida, la felicidad, consistía para casi todos en el seguimiento e imitación de Dios. Era él quien poseía todas las virtudes[169].

Llegados a este punto nos preguntamos de nuevo: ¿cuál es la novedad de la enseñanza de Jesús? Ciertamente está, por un lado, que las virtudes se presentan en grado sublime, de forma que despiertan la admiración pagana. En ellas se ve cómo la fe de los cristianos en Dios supera a la de los filósofos. Al mismo Trifón le parecerán las enseñanzas cristianas imposibles de cumplir (cf. D 10, 2).

Pero esta novedad se fundamenta en otra, de mayor calado. En su presentación Justino insiste en que el seguimiento del Padre se realiza *a través del Hijo*. Al ser Jesucristo el maestro de quien el mártir ha aprendido todas estas cosas, y al identificarse éste con el Hijo de Dios, que es el mismo Logos, se ve cómo el cristianismo lleva a plenitud lo que de bueno había entre paganos[170].

Nos lo prueba el ejemplo de Sócrates. El filósofo se esforzaba por enseñar algo que todo hombre podía alcanzar por participación del Logos: el conocimiento del Padre. Es esto lo que ha traído Cristo al encarnarse; pero no por participar en un principio superior, sino por su propia fuerza (cf. II 10, 6-8). Entre el Logos divino, apto para mostrar al Padre, engendrado de su voluntad, y la palabra (*logos*) de Cristo, que invita a la imitación de Dios, hay una relación íntima.

Este es, pues, el contenido de la predicación de Jesús: la palabra que viene del Padre (cf. D 102, 2). En consonancia con toda la teología de Justino, Cristo es el principio revelador del conocimiento y voluntad paternas: el que le escucha, escucha al que le envió (cf. I 16, 10); por él llegamos a la convivencia e imitación de Dios (cf. II 13, 6). Sigamos profundizando en esta línea.

---

[169] Que Dios posee las virtudes es doctrina compartida por platónicos y estoicos, negada por los aristotélicos. Todos, sin embargo, concebían la felicidad como un seguimiento e imitación de Dios. Justino es el primer escritor cristiano que utiliza la expresión "seguir a Dios" (ἕπειν τῷ θεῷ). Cf., sobre el seguimiento de Dios según las escuelas filosóficas de la Antigüedad, S. DELÉANI, *Christum sequi. Étude d'un thème dans l'oeuvre de saint Cyprien* (Paris 1979).

[170] Esta novedad de la enseñanza de Cristo la muestra Justino al contraponer netamente doctrina humana y doctrina divina. Este reproche es frecuente ante Trifón y los suyos, que han seguido las doctrinas de sus maestros, olvidando la de Dios (cf. por ejemplo: D 38, 2; D 48, 1; D 68, 1; D 134, 1). También a los filósofos echa en cara Justino haber seguido enseñanzas humanas. Tomando como maestro a un filósofo determinado, se limitan a repetir lo que dijo (cf. D 2, 2; D 35, 6). Pierden así el rastro de la verdadera filosofía, que no se apoya en las opiniones de un hombre, sino en la misma verdad. Por esto Cristo se muestra superior a todos los maestros: se trata del mismo Logos. La diferencia entre la filosofía y las filosofías está presente al ánimo de Justino. El cristianismo no es una doctrina más (el seguimiento de un hombre), sino la única filosofía verdadera, la búsqueda de la sabiduría misma.

3.2. La enseñanza de Cristo y el testimonio profético

Tenemos ya el contenido de la enseñanza de Jesús; queda estudiar la forma en que lleva a cabo su magisterio. Comencemos poniendo de relieve el siguiente hecho. Justino presenta muchas veces unidas las palabras del Salvador y las profecías antiguas, como si se tratara de un par indivisible que compendia el mensaje cristiano. Léase, por ejemplo:

no nos mandó Cristo mismo seguir enseñanzas humanas, sino lo que predicaron los bienaventurados profetas y Él mismo enseñó (D 48, 4).

La cita se ha escogido entre muchas[171]. La razón de un consorcio tan estrecho entre la predicación profética y la de Cristo es que el mismo Jesús sustentó su enseñanza en la Escritura. Alguna expresión de Justino parece incluso reducir a esto el mensaje que predicó. Así, cuando llama a Jesús "nuestro maestro, el exegeta de las escrituras desconocidas"[172]. O cuando explica lo que enseñó a los Apóstoles tras la resurrección:

se les dejó ver y les enseñó a leer las profecías, en que se dijo con antelación que iban a suceder estas cosas (I 50, 12).

sus Apóstoles, después de su resurrección, se persuadieron de que Él les había dicho de antemano que todo aquello lo tenía que sufrir y también que todo estaba anunciado por los profetas (D 106, 1)[173].

Ya dijimos en su lugar que los profetas habían anunciado todo lo referente a Cristo hasta en los mínimos detalles: lo que hizo y el comporta-

---

[171] "Lo que decimos es la sola verdad, por haberlo aprendido de Cristo y de los profetas que le precedieron..." (I 23, 1). "Los Apóstoles salidos de Jerusalén les contaron lo referente a Él [a Cristo] y les entregaron las profecías" (I 49, 5). "El mismo Señor nuestro dijo así: "El que a mí me oye, oye a Aquel que me ha enviado". Y lo mismo ha de resultar patente por los escritos de Moisés..." (I 63, 5-6). Cf. también I 67, 3: en la liturgia dominical se leen los recuerdos de los Apóstoles (enseñanzas de Cristo en los Evangelios) y los profetas; D 35, 8: Jesucristo es atestiguado como justo por sus palabras y por los profetas; D 119, 6: se presenta el par: lo que dijeron los apóstoles de Cristo y lo que predicaron los profetas; D 139, 5: se habla de reconocer la verdad de las palabras de Cristo y de sus profetas.

[172] Cf. I 32, 2: ὁ τῶν ἀγνοουμένων προφητειῶν ἐξηγητής.

[173] Cf. también D 100, 2: "A nosotros nos ha revelado todo lo que por su gracia hemos conocido de las Escrituras". Justino sigue en esto la presentación de San Lucas, al final de su evangelio (cf. Lc 24, 44-46). De hecho, se ha comparado la conversión de Justino con el camino de Emaús: cf. A. HOFER, "The old man as Christ in Justin's Dialogue", *VigChr* 57 (2003) 1-21. El anciano, que desaparece misteriosamente (cf. D 8, 1), deja a Justino con un fuego encendido en el alma (cf. D 8, 1) y con los ojos abiertos para entrar por las puertas de la luz (cf. D 7, 3). Además de esto, es innegable el trasfondo lucano de algunos párrafos del mártir que hemos citado, sobre todo I 50, 12 y D 106, 1.

miento que prescribió a los suyos[174]. De ahí que a Jesús le bastara, para su enseñanza, mostrar cómo se leen las Escrituras. Se presentaba como su consumación y, al mismo tiempo, como su intérprete. El hecho de que las expresiones citadas aparezcan tanto en la Apología como en el Diálogo es muestra de que no se trata de una adaptación de Justino a su contertulio judío: la cosa es imprescindible para presentar el mensaje cristiano, también ante el emperador y sus súbditos.

El mártir ha puesto esto de relieve con tanta claridad que se le ha llegado a criticar de minusvalorar el Evangelio, dando una preferencia excesiva a los oráculos proféticos[175]. ¿No debería ser Cristo por sí mismo criterio válido para juzgar sobre la Alianza Antigua?

Justino no piensa de este modo. Le importa subrayar la continuidad del plan divino sobre el hombre. De hecho, se remonta más allá de las Escrituras proféticas, hasta la misma creación del mundo. Y puede afirmar, en líneas recogidas por Ireneo, que no creería al mismo Señor si éste le anunciara a un Dios distinto del Creador[176].

La cosa se entiende en contraste con las corrientes marcionitas y gnósticas. Propugnaban estos herejes una ruptura, en grados diversos, entre antigua y nueva Alianza. De esta forma insistían en la novedad total del Evangelio; para ellos sí que era éste inteligible por su propia fuerza, claro por sí mismo sin necesidad de otros testimonios.

El pensamiento de Justino sigue otros derroteros. La enseñanza de Cristo no se apoya solo en su propia fuerza, prescindiendo de quienes le precedieron. Hay que fijarse, más bien, en un doble movimiento. Sin duda que, por un lado, Cristo es la puerta para obtener la comprensión de la Escritura: el texto sagrado no es accesible a todos sino "a quien Dios y su Cristo lo dan a entender" (cf. D 7, 3). Desde este punto de vista es Él el criterio definitivo y la luz que ilumina lo demás.

---

[174] Cf. I 61, 13; D 125, 3: todo lo referente a Jesús ya estaba profetizado; en I 40, 5 señala Justino cómo las enseñanzas de los profetas enseñan a vivir rectamente; el mandamiento del amor al enemigo, culmen de la enseñanza cristiana, lo había anunciado ya Isaías (Is 66, 5; cf. D 85, 7-8); cf. cap. II, apdo. 2.2, p. 87.

[175] H. CAMPENHAUSEN, *Die Entstehung der christlichen Bibel* (BHTh 39; Tübingen 1968) (120): "Dem hermeneutische Grundsatz, dem er [Justin] folgt, ist nicht die Autorität des Worts oder der Lehre Jesu, sondern die vorausgesetzte, lückenlose Einheit und Widerspruchslosigkeit der göttlich inspirierten heiligen Schrift. Eine jüdische Vorstellung, die bis dahin ohne ernsthafte Reflexion übernommen war, ist damit zum christlich-theologischen Grundsatz erhoben"; léase, por ejemplo, esta afirmación de Justino: "Así nos lo han enseñado los que consignaron los recuerdos todos referentes a nuestro Salvador Jesucristo, y nosotros les hemos dado fe, puesto que el Espíritu profético, como ya hemos indicado, dijo por el citado Isaías que le engendraría" (I 33, 5).

[176] *Adv. haer.* IV, 6, 2 (SC 100/2, 440): "Ipsi quoque Domino non credidissem alterum Deum annuntianti praeter Fabricatorem et Factorem et Nutritorem nostrum...". Véase el comentario de A. ORBE, *Espiritualidad de San Ireneo* (Roma 1989) (128-131).

Ahora bien, precisamente por presentarse como exegeta de la Escritura, el testimonio de Cristo no puede separarse de ella. De ahí que Justino una estrechamente las palabras de los profetas y las de Cristo o los Apóstoles. Del mismo modo se podría hablar con respecto a la creación: por venir Cristo a recapitular el plan del Creador no se le puede entender al margen de este plan. Así, la luz que Cristo trae necesita de la historia anterior a Él; Justino no aceptaría a Jesús si su mensaje no fuera armónico con el que suena en la creación y profecías.

Se establece entonces un círculo entre la palabra de Cristo que explica la Escritura y la palabra de los profetas que anuncia a Cristo. Se trata de dos testimonios que se apoyan mutuamente. Su fuerza reside precisamente en su armonía, que el mártir percibió en el momento de convertirse[177].

Nadie conoce al Hijo, sino el Padre...

Profundicemos. ¿A dónde apunta este nexo entre testimonio profético y enseñanza de Cristo? Veremos que la cosa tiene su influjo sobre el modo en que el Hijo nos revela al Padre. Comencemos leyendo este reproche de Justino a Trifón:

> no recibisteis a Cristo, y el que a Éste desconoce, desconoce la voluntad del Padre; y el que a Cristo insulta y odia, odia e insulta, evidentemente, al que le envió. Y el que no da fe a Cristo, no da fe a la predicción de los profetas, que dieron su buena nueva y lo anunciaron a todo el mundo (D 136, 3).

Quien desconoce a Cristo desconoce al Padre; quien odia a Cristo odia al Padre. En la última frase esperaríamos lo siguiente: "quien no da fe a Cristo no da fe al Padre". Y, sin embargo, encontramos: "quien no da fe a Cristo, no da fe *a los profetas*". El paralelo sugiere una conexión entre el testimonio del Padre y el que se contiene en las profecías.

La cosa puede confirmarse si analizamos la exégesis de Justino a Mt 11, 27: "Nadie conoce al Hijo, sino el Padre, ni al Padre le conoce nadie sino el Hijo, y aquel a quien el Hijo se lo quiera revelar". El mártir cita el versículo en un número importante del Diálogo (D 100, 1):

> "Nadie conoce al Padre sino el Hijo, ni al Hijo le conoce nadie sino el Padre, y a quienes el Hijo se lo revelare". Ahora bien, a nosotros Él nos ha revelado cuanto por su gracia hemos entendido de las Escrituras, reconociendo que Él

---

[177] De modo que puede yuxtaponer sin solución de continuidad las palabras de los profetas y las del Salvador. Compárese D 7, 1-3, en que se habla de los profetas, y el paso (en D 8, 2) a "las palabras del Salvador". Esto que ocurre con la predicación de Jesús veremos que pasa también con los milagros. No convence el Salvador por su deslumbrante autoridad, no necesitada de otros apoyos. Sino por la armonía de dos testimonios concordes: el de los profetas y el suyo propio.

es el primogénito de Dios y antes que todas las criaturas y, juntamente, hijo de los patriarcas (D 100, 2).

Justino cambia el orden de Mateo, y comienza: "nadie conoce al Padre sino el Hijo..."[178]. Con esto, la sentencia final, "a quienes el Hijo se lo revelare", se refiere al conocimiento del Hijo, no al del Padre. Nos lo confirma el comentario del mártir. Lo que Cristo revela es su propia identidad como Hijo de Dios e hijo del hombre (cf. D 100, 2-3)[179].

Notemos cómo Cristo lleva a cabo su revelación: acudiendo a la Escritura ("nos ha revelado cuanto por su gracia hemos entendido de las Escrituras"). El contexto que rodea nuestro pasaje (comentario al salmo 21) tiende a resaltar la confianza del Hijo en el Padre: Jesús no hace nada por sí, todo lo refiere a quien lo engendró[180]. ¿No seguirá esta regla a la hora de revelarse a los suyos? Si suponemos que la Escritura contiene lo que el Padre dice del Hijo, la cosa cuadra a la perfección. Ni para darse a conocer se apoya en Hijo en sí mismo. "Sólo el Padre conoce al Hijo". De ahí, que cuando el Hijo quiera revelarse, lo haga apoyándose en el testimonio del Padre, contenido en la Escritura.

Tal exégesis puede confirmarse por un número de la Apología en que Mt 11, 27 se cita dos veces (I 63, 3.13). De nuevo, el interés recae en el conocimiento del Hijo: tras las dos citas siguen sendas explicaciones sobre su ser y misión (cf. I 63, 4-10; I 63, 13-17). Éste es el conocimiento del Hijo que el *logion* anuncia para los cristianos ("a quienes el Hijo se lo revelare"). Es interesante ver cómo, en torno al verso de San Mateo, Justino cita palabras del Señor en paralelo con oráculos proféticos que expresan lo mismo. Encontramos tal procedimiento tanto en el texto de la Apología[181], como en el del Diálogo[182]. Según lo que venimos diciendo, la

---

[178] Lo mismo hará las otras veces que cita el texto, en I 63, 3.13.

[179] Compárese con el siguiente pasaje del *De Resurrectione*: "La verdad es Dios, el Padre de todo, quien es la mente perfecta; el Logos, que llegó a ser hijo, vino a nosotros, tomando carne, *mostrándose a sí mismo y al Padre*..." (*De Res.* 1, 7, ed. D'ANNA, 28).

[180] Cf. *infra*, cap. VI, apdo. 1.1, p. 329.

[181] Cf. la cita de Mt 10, 40 ("el que a mí me oye, oye a Aquel que me ha enviado") y Ex 3, 2ss (la zarza ardiendo) en I 63, 5-8. Tal coordinación la encontramos también en el par Is 1, 3 ("Israel no me conoció...") y Mt 11, 27, que aparece dos veces (I 63, 2-3; I 63, 12-13); en I 63, 14 se dice: con estos textos los judíos son reprendidos "por el Espíritu profético y por el mismo Cristo".

[182] En D 100, 2-3 se prueba que Jesús es hijo de los patriarcas, tanto acudiendo al poema del Siervo (Is 53), como a las predicciones de Jesús sobre su Pasión. En D 100, 1 se habla de las bendiciones de José y Judá: vienen a decir lo mismo que lo revelado por el mismo Jesús.

cosa es coherente: junto a la palabra de Jesús, que revela su identidad, se aporta la revelación concorde del Padre, contenida en la Escritura[183].

El pensamiento de Justino no carece de paralelos en otros autores de su época. Lo defenderá Ireneo, también en exégesis a Mt 11, 27. El Padre revela al Hijo a los hombres sin necesidad de infundir conocimientos nuevos: le basta servirse del Antiguo Testamento[184]. En oposición a los gnósticos, Ireneo niega cualquier revelación secreta sobre el Hijo no contenida ya en las profecías. Ya antes había esbozado la idea el Pseudo Bernabé: el Padre manifestó en la Escritura lo referente a Jesús[185].

El testimonio del Padre

Sin salir de Justino tenemos otro indicio que apunta en la misma dirección. Se trata del uso en pasiva del verbo "atestiguar" (μαρτυρέω), frecuente en la pluma del mártir. De muchos hombres dice Justino que "fueron atestiguados". La expresión compete especialmente al patriarca Abraham:

Abraham no fue atestiguado por Dios como justo a causa de la circuncisión (οὐδὲ γὰρ Ἀβραὰμ διὰ τὴν περιτομὴν δίκαιος εἶναι ὑπὸ τοῦ θεοῦ ἐμαρτυρήθη), sino por la fe (διὰ τὴν πίστιν): pues antes de ser circuncidado se dice de él lo siguiente: "Creyó Abraham a Dios y se le contó como justicia" (D 92, 3)[186].

No necesita el patriarca de la circuncisión carnal. Tiene algo mejor, el testimonio divino: "creyó Abraham en Dios y le fue contado como justicia" (Gn 15, 6). Este es el sentido del testimonio recibido por el patriarca (ἐμαρτυρήθη): consta en la Escritura que Dios declara su justicia[187].

¿De dónde ha tomado Justino tal uso? Es fácil ver una relación en este punto con la carta a los Hebreos. La expresión aparece cuatro veces en el capítulo dedicado a la fe de los antiguos (Hb 11). "En ella [en la fe] fueron atestiguados (ἐμαρτυρήθησαν) nuestros mayores" (Hb 11, 2). Se dice

---

[183] Más adelante hablará Justino de la revelación directa del Padre a Pedro en Cesarea (Mt 16, 17). Para la descripción de lo revelado, bastan palabras de la Escritura (cf. D 100, 4).

[184] Cf. A. ORBE, "La revelación del Hijo por el Padre según San Ireneo (Adv. haer. IV, 6) (Para la exégesis prenicena de Mt 11, 27)", Gr 51 (1970) 5-83; cf. ORBE, Espiritualidad (252-258).

[185] Cf. PSEUDO-BERNABÉ, Epístola, 12, 8 (SC 172, 170).

[186] Cf. también D 11, 5: "nosotros somos [...] la raza [...] de Abraham, el que fue atestiguado por Dios viviendo aún en prepucio, el que fue bendecido y llamado padre de muchas naciones".

[187] Cf. el mismo uso, extendido a todos los justos que vivieron antes de Moisés, en D 29, 3.

luego de Abel y Henoc que fueron atestiguados; al primero se le declara justo (Hb 11, 4: ἐμαρτυρήθη εἶναι δίκαιος), del segundo se dice que ha agradado a Dios (Hb 11, 5: μεμαρτύρηται εὐαρεστηκέναι τῷ θεῷ)[188]. En frase conclusiva se afirma que todos ellos fueron atestiguados por la fe (διὰ τῆς πίστεως) (Hb 11, 39).

Hay muchos elementos comunes con Justino: un testimonio divino sobre la justicia, testimonio que se da por la fe y que se contiene en la Escritura[189]. Observemos que, si Hebreos se refiere siempre a los justos y patriarcas del Antiguo Testamento, Justino ha prolongado las líneas: el testimonio se extiende a los cristianos. A continuación del pasaje que hemos citado sobre Abraham, dice el mártir:

> También nosotros, pues, que creemos en Dios por medio de Cristo en el prepucio de nuestra carne y poseemos una circuncisión que aprovecha a quienes la llevamos, es decir, la del corazón, esperamos aparecer justos y gratos a Dios, pues ya hemos sido atestiguados (μεμαρτυρήμεθα) por Él a través de las palabras de los profetas (D 92, 4).

He aquí, de nuevo, los mismos elementos: ser justos (cf. Hb 11, 4) por la fe (cf. Hb 11, 2.4.5.39), agradar a Dios (cf. Hb 11, 5), recibir el testimonio divino que consta en los profetas. En otro lugar (D 29, 1) dice Justino que los cristianos están atestiguados por Dios; de ahí que no necesiten de la circuncisión. Se trata, de nuevo, de una palabra profética que les declara justos.

Lo más interesante es que Justino extiende la expresión a Cristo. El Salvador fue atestiguado igual que Abraham y los cristianos:

> que os salvéis unidos a Cristo, el que agradó a Dios y fue atestiguado (τοῦ εὐαρεστοῦντος τῷ θεῷ καὶ μεμαρτυρημένου), como antes dije, tomando mis pruebas de las santas palabras proféticas (cf. D 92, 6).

El testimonio de Dios, lo comprobamos una vez más, se encuentra en las palabras proféticas. Justino se refiere a los lugares de la Escritura que dan testimonio de la justicia de Cristo y los cristianos. He aquí uno muy claro:

> Vosotros [los judíos] sois arrojados después que se os ha derrotado en la guerra, [...] como lo atestiguan (μαρτυροῦσιν) todas las escrituras. Nosotros [los cristianos] [...] *recibimos de Él testimonio* (μαρτυρούμεθα ὑπὸ τοῦ

---

[188] La idea de "agradar" a Dios (Hb 11, 5) aparece también en Justino, en el contexto del testimonio sobre Abraham: cf. D 92, 2 (aquí se cita expresamente a Henoc); D 92, 4, referido a los cristianos; D 92, 6, referido a Cristo.

[189] Cf. Hb 7, 8: se da testimonio de que Melquisedec vive; en Hb 7, 17 se da testimonio de que Cristo es sacerdote según el orden de Melquisedec; en Hb 10, 15 se habla del testimonio del Espíritu Santo en la Escritura. El mismo uso se observa en CLEMENTE ROMANO, *Ad Corintios* 17-19 (SC 167, 128-132).

θεοῦ) de que se nos quita de la tierra juntamente con Cristo, el más *justo*, el solo sin mancha ni pecado. Clama, en efecto, Isaías: "Mirad cómo ha perecido *el justo* y nadie lo percibe en su corazón; y hombres *justos* son quitados de en medio y nadie lo considera" (D 110, 6)[190].

La Escritura es, pues, testimonio del Padre sobre Cristo[191]. A esto apunta, tanto la exégesis de Mt 11, 27, como el empleo de la expresión "ser atestiguado".

Esta conclusión iluminará la relación entre enseñanza de Jesús y profecía. ¿Por qué acude el Salvador a la Escritura? ¿No podía enseñar por sí mismo, prescindiendo de apoyos? He aquí la respuesta: tal actitud no habría convenido al Hijo, Revelador del Padre. Pues Él no viene a mostrarse a sí mismo, sino a quien lo envió. Acudiendo a la Escritura lo que hace es sustentar su doctrina sobre el testimonio paterno.

Lo dicho es importante. Si el contenido de la predicación de Jesús es el Padre, el modo en que lo expone (sustentado en las Escrituras) es acorde con tal contenido. El mensaje de Jesús debe hacer visible, por su misma forma de presentarse, tal relación entre el Padre, origen último e inefable, y el Hijo, revelador de su designio ante los hombres.

Grave error sería confundir al Hijo con el Padre; a la Palabra, con el Dios inefable y trascendente. Tal riesgo, sin embargo, no es ficticio. ¿No cayeron en él los judíos? (cf. I 63, 3. 15). El peligro se evita precisamente porque Jesús no se presenta con autoridad propia, sino con la que viene del Padre, consignada en la Escritura profética. A Cristo no se le presta fe por sus solas palabras, sino por la armonía de su enseñanza con la predicada desde antiguo. Es decir, por el testimonio paterno, que avala la predicación del Hijo. Desaparece así toda posible confusión y cada persona conserva su papel. El Hijo se presenta como Hijo, sin gloriarse de nada por sí mismo (cf. D 102, 2), en plena referencia a su Padre (cf. D 98, 1). Y el Padre es siempre la fuente última, de quien todo parte, a quien corresponde la decisión e iniciativa de revelar su voluntad[192].

---

[190] Cf. también D 35, 8: "no blasfeméis de Jesucristo que, por sus obras, por los milagros que aun ahora se están cumpliendo en su nombre, por la excelencia de su doctrina, por las profecías que sobre Él se hicieron, está exento de todo reproche y acusación (ἄμωμον καὶ ἀνέγκλητον κατὰ πάντα)". Al último término de la enumeración (las profecías) pertenece, por lo que hemos visto, el "ser atestiguado" por el Padre como justo.

[191] Tal testimonio no se refiere sólo a su justicia: abarca otros aspectos de su misterio: cf. D 63, 5: en la Escritura atestigua el Padre que su Hijo es Cristo y Dios, y que hay que adorarle.

[192] Naturalmente, toda la revelación del Padre se realiza a través del Hijo. También la que se lleva a cabo en el Antiguo Testamento. Pues detrás de las palabras de los profetas se encuentra en último término el Logos, revelador del Padre. Si Cristo es Maestro, también lo son los profetas, pero porque a través de ellos habla el Logos. Justino lo

3.3. La enseñanza de Cristo y la Encarnación

El Hijo lleva, por tanto, al verdadero conocimiento del Padre. Justino podía enlazar así con los espíritus de su tiempo, deseosos del contacto con lo divino. La figura de Cristo Maestro responde a tal perspectiva. ¿Quiénes podían colmar este anhelo de alcanzar a Dios, sino los maestros? Ahora bien, aunque concuerde con los otros en el fin, la forma en que Cristo lleva esto a cabo tiene algo original, desconocido en círculos paganos. Para verlo, hemos de seguir la pista a algunas frases, que resultan a primera vista un tanto extrañas. Por ejemplo ésta, en los primeros compases de la Apología:

> Y luego demostraremos que con razón honramos también a Jesucristo, que ha sido nuestro maestro en estas cosas y que para ello nació (τὸν διδάσκαλόν τε τούτων γενόμενον ἡμῖν καὶ εἰς τοῦτο γεννηθέντα ᾽Ιησοῦν Χριστόν) (I 13, 3).

Jesucristo nació para ser nuestro Maestro. La frase parece poner la razón principal de la Encarnación en el magisterio de Jesús: Cristo se hace hombre para transmitir su enseñanza[193]. Algo parecido encontramos algo más adelante:

> Demostraremos también que Jesucristo es propiamente el único hijo nacido de Dios, siendo su Verbo, su primogénito y su potencia, que, hecho hombre por designio suyo, nos enseñó estas verdades para la transformación y elevación del género humano (I 23, 2)[194].

Se relaciona la Encarnación con la enseñanza de Jesús, que transforma y eleva al género humano. Estas palabras, que Justino usa sólo en este pasaje, tienen claro contenido soteriológico[195]. Pero entonces: ¿se equipara la salvación cristiana a una comunicación de verdades?

Es posible probar a leer estos pasajes del siguiente modo. Para Justino parecen equivaler la Encarnación y la enseñanza de Cristo. El primer

---

expresa claramente: "nuestros maestros, es decir, el Logos, que habla por los profetas" (cf. I 59, 1: παρὰ τῶν ἡμετέρον διδασκάλων, λεγόμεν δὲ τοῦ Λόγου, τοῦ διὰ τῶν προφητῶν; los profetas enseñan de parte de Dios: cf. I 37, 9). Por otro lado, el mártir oscila entre asignar la autoría de la Escritura al Logos y al Espíritu profético. ¿No se contradice esto con lo que hemos dicho sobre el testimonio del Padre, contenido en las profecías? Pienso que la dificultad se resuelve porque, aun siendo obra del Espíritu o del Logos, los textos mantienen la distinción entre las personas que están al habla. El mismo texto sagrado permite distinguir a Justino lo que se pone en boca del Padre, del Hijo o del Espíritu. (El mártir dedica a este asunto largos números de la Apología: cf. sobre todo I 36-39). El Padre, pues, puede dar testimonio como tal en la Escritura.

[193] Cf. a este respecto los textos que aduce NORMANN, *Christos Didaskalos* (119-122).

[194] Cf. también I 6, 2: ἐλθόντα καὶ διδάσκοντα.

[195] Cf. NORMANN, *Christos Didaskalos* (120).

término, la Encarnación, nos es desconocido. El segundo, la enseñanza, parece claro: es una instrucción, la comunicación de un saber. Tenemos así la idea que el mártir se hace de la Encarnación. Desde este punto de vista Justino peca de racionalismo y reduce la obra de Cristo a una transmisión de asertos filosóficos.

Sin embargo, hemos visto ya cuán lejos está el mártir de semejante pensamiento. Muchos otros textos del santo darían a esta exégesis un rotundo mentís. Justino defiende el valor real de la carne asumida por Cristo, para sanación del hombre; y que su obra redentora ha de pasar por la cruz.

Si esto es así, ¿cómo se pueden interpretar estas frases de Justino? Queda todavía una vía abierta. Partir del concepto de Encarnación, que podemos determinar por el conjunto de la obra del mártir, y aclarar a partir de aquí el otro de "enseñanza", que tal vez no sea tan evidente. Léanse estas líneas:

> Así pues, más sublime (μεγαλειότερα) que toda enseñanza humana aparece la nuestra, porque el principio de racionalidad de todo, que es Cristo, aparecido por nosotros, se hizo cuerpo, razón y alma (II 10, 1).

Poco antes (II 9, 3) se ha referido Justino a Crescencio, su mortal perseguidor, que no entiende lo que de sublime tiene la enseñanza cristiana (τὸ ἐν αὐτοῖς [τοῖς τοῦ Χριστοῦ διδάγμασι] μεγαλεῖον). Ahora explica en qué consiste tal superioridad (μεγαλειότερα μὲν οὖν πάσης ἀνθρωπείου διδασκαλίας φαίνεται τὰ ἡμέτερα). Se trata en primer lugar de que Cristo, su maestro, es el Logos mismo, la plenitud de lo racional. Pero se añade además, en segundo lugar, que ese Logos ha aparecido y se ha hecho cuerpo, razón y alma. La enseñanza cristiana es la más alta no sólo porque el Logos es el maestro, sino porque el Logos se ha hecho hombre.

Un poco más adelante compara Justino a Cristo y Sócrates:

> los exhortaba [a los demás hombres] al conocimiento de Dios, para ellos desconocido, diciendo: "Al padre y artífice del universo no es fácil hallarle ni, hallado que le hayamos, es seguro decirlo a todos". Que fue justamente lo que nuestro Cristo hizo por su propia virtud. Porque a Sócrates nadie le creyó hasta dar su vida por esta doctrina; mas a Cristo, que en parte fue conocido por Sócrates – pues Él era y es el Verbo que está en todo, y Él fue quien por los profetas predijo lo por venir y quien, asumiendo nuestras mismas pasiones (ὁμοιοπαθοῦς γενομένου), por sí mismo nos enseñó estas cosas... (II 10, 8).

La mediación del Verbo en el conocimiento del Padre se expresa en tres etapas: (1) como Verbo del Padre, (2) como el que habla por los profetas, (3) como encarnado. Sólo en este último momento se dice que "nos enseñó estas cosas". Parece afirmarse entonces que Cristo es Maestro en modo perfecto sólo tras la Encarnación.

Subyace, pues, al pensamiento de Justino que el Magisterio pleno del Logos comporta su venida en carne. ¿Cuál es, entonces, su enseñanza? No puede ser una mera instrucción o iluminación doctrinal. Pues para esto valdría la mediación del Logos como revelador[196], sin necesidad de que naciera de María.

La cosa indica a las claras que por "enseñanza" no se comprende aquí la mera transmisión de conocimientos. Ya los otros maestros filósofos superaban este modo de pensar: no entendían la formación como meramente intelectual. Como meta, más arriba lo hemos señalado, ponían la imitación de Dios; a ella conducían a sus discípulos por variados caminos, entre ellos el de la virtud. En este contexto se puede entender mejor la novedad que aporta el mártir. La diferencia clave está en que para Justino esta imitación supone la dimensión corporal del hombre, la convivencia en carne con el Padre. De ahí que solo la Encarnación haga de Cristo el verdadero maestro.

En efecto. Notemos cómo termina Justino la presentación de la doctrina de Jesús en la Apología (I 15-19). Ha hablado de las virtudes por las que el hombre se asemeja a Dios, citando frases del Maestro que ilustran el comportamiento cristiano (I 15-17). Lo que sigue parece heterogéneo con lo anterior: el catálogo de virtudes desemboca en la enseñanza de la resurrección de la carne (I 18-19).

Pienso que no hay aquí un cambio de asunto[197]; la aparente discontinuidad se explica a la luz de lo que venimos diciendo. Vienen primero las enseñanzas de Jesús sobre el modo de obrar propio del creyente. El discípulo se hace imitador del Padre de las virtudes. Su modo de vivir despierta admiración ante la grandeza del Dios cristiano (cf. D 16, 2). En coherencia con esto se habla ahora de la resurrección. Es, por un lado, la muestra más asombrosa del poder divino (cf. D 19, 5-6). Por otro, prolonga la línea de imitación de Dios a que el discípulo está llamado. Y aquí está la novedad cristiana: esta conformidad con el Padre engloba a todo el hombre, también su cuerpo. La imitación llega a su culmen en la convivencia en carne con Dios. Como por su comportamiento virtuoso

---

[196] En D 122 habla Justino de la doctrina de Cristo como iluminación. Es la misma palabra que en I 61, 12 se usa para designar el Bautismo. Prueba de que la enseñanza del Salvador se ve en la perspectiva de toda su obra redentora, que regenera al hombre.

[197] En I 19, 6-7 siguen las citas del Evangelio, que han constituido el entramado de toda la sección, desde I 15. Pienso que la sección sobre las enseñanzas de Jesús no termina hasta I 19, 8, donde se mencionan "las cosas que Dios enseñó por medio de Cristo". E incluye por tanto las afirmaciones referidas a la resurrección.

imita el hombre al Padre de las virtudes, por la resurrección participa plenamente de las propiedades divinas, incorrupción e inmortalidad[198].

Lo que piensa Justino sobre la enseñanza de Jesús contrasta así fuertemente con las doctrinas gnósticas. Para estos herejes la salvación por excelencia del hombre consistía en una iluminación dada por naturaleza a unos pocos, los espirituales. Cristo era por eso, también para ellos, el Maestro que les comunicaba el conocimiento secreto de lo divino. Lo hacía, sin embargo, a través de un magisterio meramente interno. No afectaba a la carne del hombre, sino a su centro espiritual. Tal adoctrinamiento despreciaba las realidades materiales terrenas, separando al hombre de ellas[199].

Muy otro el magisterio de Cristo según Justino. Lejos de ser pura comunicación interior, necesita de la presencia del Salvador en carne. Es aprendizaje por contacto vital, en que el Maestro se pone a la altura del discípulo, para que pueda este asimilar la doctrina[200]. Enseñanza, pues, no ejercida por puras palabras sino por comunión de toda la existencia. Plenamente eficaz sólo por la Encarnación, pues mira a elevar al hombre a la convivencia con Dios en carne resucitada.

3.4. Enseñanza en el Espíritu

Al cuadro que venimos presentando falta todavía un elemento constitutivo del magisterio de Cristo. Una pieza necesaria para explicar cómo sus palabras transforman la vida del cristiano.

Se trata del Espíritu que Jesús recibe en su Bautismo. Veíamos hace poco que hasta ese momento ejerce Juan su actividad de maestro y profeta

---

[198] Sobre esto diremos *infra*, cap. VII, pp. 452-467.

[199] Cf. ORBE, *Teología de San Ireneo I* (52): "Para los herejes, el Maestro es el Logos; el discípulo, el hombre interior (espiritual); la *didaskalía* va del Logos al espíritu (=intelecto) humano".

[200] Un pasaje de Ireneo, *Adv. haer.* V, Pr. – I, 1 (SC 153, 14-16), nos hace ver que la idea no era extraña entre escritores eclesiásticos. Se opone el obispo de Lión precisamente a los gnósticos: "solum autem firmum et verum magistrum sequens, Verbum Dei, Jesum Christum Dominum nostrum, qui propter immensam suam dilectionem factus est quod sumus nos, uti nos perficeret esse quod est ipse. Non enim aliter nos discere poteramus quae sunt Dei, nisi magister noster, Verbum exsistens, homo factus fuisset: neque enim alius poterat enarrare nobis quae sunt Patris, nisi proprium ipsius Verbum. *Quis enim* alius *cognovit sensum Domini? aut quis* alius *consiliarius eius factus est ?* Neque rursus nos aliter discere poteramus, nisi magistrum nostrum videntes et per auditum nostrum vocem eius percipientes, uti imitatores quidem operum, factores autem sermonum eius facti, communionem habeamus cum ipso..." Ireneo presenta a Cristo como Maestro por ser el Verbo del Padre, único capaz de darlo a conocer. Y señala luego, también como Justino, la necesidad de la Encarnación, insistiendo en la necesidad de ver y oír al Maestro y de imitar sus obras. Cf. el comentario de ORBE, *Teología de San Ireneo I* (49).

en la cátedra del Jordán[201]. Probábamos que se trataba entonces de manifestaciones del Espíritu, quien movía a los profetas en el pueblo de la Antigua Alianza. Cuando sube Jesús del río cesa Juan en su actividad y pasan al Señor profecía y magisterio. Esto significa: en la predicación de Jesús obra en plenitud el Pneuma que hasta entonces había actuado parcialmente en los de su linaje.

El Espíritu y el agua viva

Otro elemento confirma una presencia del Espíritu en la predicación de Cristo. Para verlo, oigamos cómo llama Justino a Jesús: "fuente de agua viva de parte de Dios en el desierto del conocimiento de Dios"[202]. El Salvador se presenta como la fuente de la que brota la predicación; y su doctrina como agua que irriga el desierto y lleva a los hombres al conocimiento del Padre. ¿Qué hay detrás de esta metáfora? Lo veremos en dos pasos:

a) Al final del Diálogo (D 140, 1) volvemos a encontrar la imagen de la fuente. Allí acusa Justino a los judíos de falta de comprensión, porque no beben de la fuente viva de Dios[203]. Se refiere el mártir a Jr 2, 13 ("me abandonaron a mí, manantial de agua viva para construirse cisternas agrietadas"). ¿Cuál es esta fuente? Se trata de Cristo, roca de donde brota agua viva[204]. ¿Y las cisternas rotas? Son las enseñanzas de los rabinos, mandamientos humanos opuestos a la palabra que viene de Dios. De aquí se deduce a qué se refiere el agua viva: es, por oposición al embotamiento de los judíos, un entendimiento correcto de la Escritura (cf. D 140, 1), conocimiento que brota de Cristo como de una fuente. Podemos con esto hacernos la siguiente composición: Cristo es la fuente de la que brota la palabra de Dios, agua viva; la predicación de Jesús es esta agua. Justino se refiere en concreto al conocimiento de la Escritura que alcanzan los cristianos.

b) Pero existen además otros textos en que por el agua se indica el Bautismo. Así en D 14, 1 y D 19, 2, también en torno a Jr 2, 13, las

---

[201] Cf. el apartado sobre el Bautismo, página 235 de este capítulo.

[202] Cf. D 69, 5-6: πηγὴ ὕδατος ζῶντος παρὰ θεοῦ ἐν τῇ ἐρήμῳ γνώσεως θεοῦ - Justino está comentando Is 35, 7: en la tierra sedienta habrá una fuente de agua.

[203] διὰ τὸ μὴ δύνασθαι ἀπὸ τῆς τοῦ θεοῦ ζώσης πηγῆς πιεῖν.

[204] Cf. D 114, 4, con la misma referencia al agua viva de Jr 2, 13: "Y están nuestros corazones tan circuncidados de todo mal, que hasta nos alegramos de morir por el nombre de esa magnífica Piedra, ella, que hace brotar agua viva en los corazones de los que por Él aman al Padre del universo (ζῶν ὕδωρ ταῖς καρδίαις τῶν δι᾽ αὐτοῦ ἀγαπησάντων τὸν πατέρα τῶν ὅλων βρυούσης), en que se abrevan todos los que quieren beber el agua de la vida (καὶ ποτιζούσης τοὺς βουλομένους τὸ τῆς ζωῆς ὕδωρ πιεῖν)".

cisternas agrietadas se oponen al baño regenerador cristiano, ablución de agua viva. Y si la predicación de Jesús es el brotar de una fuente en el desierto del conocimiento de Dios (D 69, 6: ἐν τῇ ἐρήμῳ γνώσεως θεοῦ), entonces se vincula también con el Bautismo, baño de la conversión y del conocimiento de Dios (D 14, 1: Διὰ τοῦ λουτροῦ [...] τῆς γνώσεως θεοῦ). Ahora bien, el Bautismo, baño en el agua viva que brota de Cristo, es baño en el Espíritu Santo (cf. D 29, 1). Otros textos del mártir, claramente inspirados en Jn 3, lo describen como "nacer de nuevo"[205]; el evangelista entendía con esto un nacimiento del agua y del Espíritu (Jn 3, 5).

Tenemos pues, por un lado, que el agua es la predicación de Jesús, con la cual entiende el cristiano la Escritura. Por otro lado, el agua que brota de Jesús y lleva al conocimiento de Dios se vincula con el Espíritu, dado en el Bautismo. No hay contradicción entre estas perspectivas. Pues ha de tenerse en cuenta que la comprensión de la Escritura la ve Justino como don de Dios, gracia (χάρις) que viene de Él[206]. Y la gracia, don escatológico de Cristo, está en relación con el Espíritu, don también del resucitado[207]. Podemos, pues, concluir: en su predicación Cristo es la fuente de la que brota agua, que riega el desierto y lleva al conocimiento de Dios. Esta agua significa que el Espíritu recibido en el Jordán acompaña la predicación de Jesús, haciendo posible la comprensión de la Escritura.

La fuerza de la predicación

Teniendo esto presente, analicemos algunas fórmulas de Justino. Antes de introducir una larga serie de palabras de Jesús tomadas del sermón del monte (I 15-19), advierte de la parquedad y sencillez de expresión de que usó su maestro. No se hallará en él elegancia de estilo, ni epítetos retóricos, porque "no era él ningún sofista, sino que su palabra era una fuerza de Dios" (δύναμις θεοῦ ὁ λόγος αὐτοῦ ἦν) (I 14, 5).

Su palabra, una fuerza de Dios. Cuál sea el alcance de esta expresión sólo puede determinarse acudiendo a otros textos del mártir. Comencemos por un pasaje de la *Apologia minor* que compara a Sócrates con Cristo (II 10, 5-8). El ateniense quiso llevar a los hombres al conocimiento del Padre. Pero fue incapaz, y él mismo confesó la dificultad de su empresa. Esto que no alcanzó Sócrates por la investigación de la razón (II 10, 6:

---

[205] Cf. I 61, 1-4; Justino dice καινοποιηθέντες, en relación con Tt 3, 5; ahora bien, allí se habla de la renovación en el Espíritu Santo. El agua viva se puede vincular con Jn 4, 10; 4, 14; Ap 21, 6; 22, 1; 22, 17.

[206] Cf. por ejemplo D 30, 1; D 92, 1; D 58, 1; D 119, 1.

[207] Cf. MARTÍN, *El Espíritu* (195-196).

διὰ λόγου ζητήσεως) lo consiguió Cristo por su propia virtud (II 10, 7: διὰ τῆς ἑαυτοῦ δυνάμεως).

Tenemos ahora más elementos para ver en qué consiste esa fuerza de Dios (δύναμις θεοῦ) que es la palabra de Cristo. La clave no está sólo en el contenido del mensaje, ni en el valor de su argumentación. También Sócrates buscaba encontrar al Padre y utilizaba todo el poder del razonamiento. Esta potencia asociada a la enseñanza de Cristo se caracteriza sobre todo porque convence a personas ignorantes, de modo que alcancen la perfección que los filósofos buscaban (la ausencia de miedo, el desprecio de la opinión, cf. II 10, 8), hasta estar prontos a dar la vida.

Recabemos más datos. En otro lugar habla Justino de la palabra fuerte (λόγος ἰσχυρὸς) de Cristo (cf. D 83, 3). Resulta ser la exégesis de Sal 109, 2: "Vara de poder (ῥάβδον δυνάμεως) enviará el Señor". Encontramos de nuevo la palabra de Jesús asociada a una fuerza (δύναμις). El contexto permite determinar en qué consiste ésta. Se trata de derrotar al demonio que esclavizaba al hombre: "por su poderosa palabra persuadió a muchos a abandonar los demonios a quienes servían y a creer por Él en el Dios omnipotente" (D 83, 3).

La relación con el pasaje de Sócrates es clara. La vuelta de los ídolos al Dios verdadero es el factor común. Sócrates trataba de obrar esto, prefigurando así, aun debilmente, a Cristo[208]. El Salvador le superará derrotando completamente a Satanás; y logrará que muchos hombres, aun incultos e ignorantes, se vean liberados de su tiranía y se consagren al Dios ingénito: posee para ello una fuerza especial[209]. Otro texto precisará de qué se trata:

> Ahora bien, entre nosotros todo eso [las doctrinas filosóficas] puede oírse y aprenderse aun de quienes ignoran las formas de las letras, gentes ignorantes y bárbaras de lengua, pero sabias y fieles de inteligencia (σοφῶν τε καὶ πιστῶν τὸν νοῦν ὄντων), y hasta de mutilados y privados de vista; de donde cabe entender que no sucede esto por humana sabiduría (οὐ σοφίᾳ ἀνθρωπείᾳ ταῦτα γεγονέναι), sino que se dice por virtud de Dios (δυνάμει θεοῦ) (I 60, 11).

De nuevo, la virtud de Dios contrasta con la sabiduría humana. Tal fuerza divina se deja ver en el hecho de que hombres sencillos sean capaces de llegar a los mismos conocimientos de los filósofos. De este

---

[208] Este es el fin de la verdadera filosofía, según justino: cf. SKARSAUNE, "The Conversion".

[209] Cf., en conexión con esto, D 8, 2: recomienda Justino a Trifón que siga las doctrinas del Salvador, "pues hay en ellas un no se qué de temible (δέος) y son capaces de conmover a los que se apartan del recto camino, a par que, para quienes las meditan, se convierten en dulcísimo descanso".

pasaje nos interesa el claro trasfondo paulino. Recordemos, en efecto, las palabras de Pablo en 1 Co 2, 5: "para que vuestra fe no se base en la sabiduría de los hombres (ἐν σοφία ἀνθρώπων), sino en el poder de Dios (ἐν δυνάμει θεοῦ)". El Apóstol, por su parte, relaciona δύναμις y πνεῦμα (cf. 1 Co 2, 4; 1 Co 2, 16).

Justino parece seguir aquí el pensamiento de Pablo[210]. El cristiano no cree por demostración de la razón: tiene la luz superior del Espíritu que le hace sabio en su mente, aun cuando sea pobre en palabras[211]. Lo confirman algunas expresiones del Diálogo. Por un lado se dice que el cristiano "ha sido hecho sabio por la gracia de Cristo" (cf. D 32, 5), en oposición a la falsa sabiduría de los judíos; en otro lugar se opone la incomprensión judía a los dones del Espíritu, por los que "han sido amaestrados" los discípulos hasta la plena verdad (cf. D 39, 5)[212].

Tenemos, con todo esto, elementos suficientes para identificar la fuerza de que goza la palabra de Jesús: es el Espíritu recibido en el Jordán. Y estos son sus efectos: provoca una adhesión especial en el discípulo, superior a los procesos demostrativos de los filósofos; es él quien le convence para que deje los ídolos y le hace caminar hacia el Padre con decisión, hasta afrontar el martirio.

Tras su Bautismo Jesús comienza a predicar la Palabra del Padre. Según lo que hemos dicho el Pneuma actúa sobre el predicador y los oyentes: acompaña la palabra del Maestro de modo que el discípulo la escuche con fruto. Recordemos, a este respecto, el doble efecto del Espíritu en los profetas: les hacía por un lado ver la verdad, por otro decirla a los hombres (cf. D 7, 1). Es experiencia comparable a la de Sócrates (II 10, 6): "difícil es conocer al Padre y comunicarlo a los hombres". Así, Jesús necesita del Espíritu para predicar la Palabra; los cristianos para acogerla y transformarse, a su vez, en predicadores. ¿A qué esta necesidad?

Proponemos la siguiente respuesta, coherente con los datos recabados y con los principios cristológicos que estamos viendo en el mártir. Es obvio que el Logos, por sí mismo revelador del Padre y ungido antes del tiempo con la plenitud del Espíritu, no necesita nada más para que sea poderosa su

---

[210] Hay más similitudes: Justino habla de hombres ignorantes, igual que Pablo (1 Co 1, 26-27). Afirma que los cristianos, aun analfabetos, son sabios en cuanto a la mente; y Pablo termina el segundo capítulo diciendo: nosotros tenemos la mente de Cristo (1 Co 2, 16).

[211] En D 9, 1 se dice de las enseñanzas cristianas que están "llenas del Espíritu divino" (μεστοῖς πνεύματος θείου) y "brotan con fuerza" (δυνάμει).

[212] Cf. la conexión entre D 39, 5: "hemos sido enseñados con la verdad plena" (οἱ ἐκ πάσης τῆς ἀληθείας μεμαθητευμένοι) y Jn 16, 13: "el Espíritu os conducirá en la verdad plena" (ἐν τῇ ἀληθείᾳ πάσῃ). Está, por otro lado, el caso de los profetas. De ellos se dice que son superiores a los filósofos, pues no necesitan seguir sus demostraciones. Pues bien, si son mejores se debe a la posesión del Espíritu: cf. D 7, 1-2.

palabra. Recordemos, sin embargo, que los misterios de Cristo se obran en bien de los hombres, respetando siempre su humilde condición corporal. Por eso Jesús, aun siendo la misma Palabra divina, no está habilitado antes del Jordán para comunicarla al hombre. Es cierto, nada habría más convincente en sí que su Palabra; pero fracasaría, por incapaz de adaptarse a los oyentes. Estos necesitan aprehender la verdad en la carne, oírla de labios de Jesús con sus oídos humanos. Para esto solo estará capacitado Jesús a partir del Bautismo.

Es entonces cuando se da la conjunción, obrada por el Espíritu, entre la enseñanza en carne de Jesús y el testimonio del Logos. La primera sola no basta para convencer al hombre, pues puede aparecer como una palabra más entre tantas: así sucedió a los fariseos. El segundo solo puede tener fuerza de convicción en sí, pero no para el hombre: pues éste necesita captar la verdad en forma sensible, de acuerdo con su constitución corporal[213].

La predicación de Jesús en Espíritu une ambos extremos: a) con el máximo poder de convicción que aporta el Logos divino, superior a todo razonamiento humano; b) en consonancia con la evidencia sensible que es capaz de captar el hombre, pues viene a través de la carne de Jesús. Ambas cosas las conjunta el Espíritu, tanto en quien predica como en quien escucha. Y lleva así a cabo su obra en el creyente: la aceptación decidida del mensaje de Cristo hasta morir por Él.

---

[213] La epistemología que mejor puede explicar esta relación es la atestiguada por el autor del *De Resurrectione* que, si no es Justino mismo, pertenece sin duda a su escuela. En ella se da mucha importancia a la percepción sensible, origen del conocimiento cierto (lo que puede verse y tocarse) y criterio natural de la verdad. Se puede explicar entonces la revelación que trae consigo el Verbo encarnado: la Verdad absoluta, que es Dios mismo, se presenta con autoridad propia; pero lo hace a través de la carne (y no como iluminación espiritual) precisamente porque viene a salvar la carne. De ahí que el cristianismo pueda defender la verdad también racionalmente, y que se dé una concordancia fundamental entre lo conocido naturalmente por el hombre y lo revelado por Dios. Para esto cf. D'ANNA, *Sulla Resurrezione* (202): "Ed anche questo *Logos*, che soccorre l'uomo quando l'ascesa speculativa del suo *logos* debe arrestarsi per non divenire mera opinione, è credibile perché si sottomette al criterio naturale della verità, vale a dire all'evidenza sensibile. In tal modo esso si rende 'oggettivo' e, in quanto tale, può essere proposto ad ogni uomo come principio della conoscenza della Verità" (202). Es interesante cómo se traducen en la epistemología las mismas categorías antropológicas de la escuela asiática. En este sentido cf. también las conclusiones de ALLERT, *Revelation* (119-121; 183-186), quien pone de relieve la importancia que tuvo la Encarnación para forjar la epistemología de Justino.

3.5. Conclusiones sobre el magisterio de Cristo.

Recapitulemos lo dicho sobre la enseñanza del Salvador. Como las escuelas paganas, también el cristianismo tiene su Maestro. Su superioridad se muestra por muchos títulos.

En primer lugar, se trata del Logos, de aquel que es, por nacimiento anterior a los siglos, el Revelador del Padre. Nadie más apto para enseñar lo que en aquella época tanto anhelaban los hombres: la imitación de Dios. Su modo de hacerlo concuerda con su existencia al servicio del Creador. Evitará, por eso, apoyarse en sí mismo; esto corresponde solo al Padre, a quien el Hijo hace siempre referencia. Para que nadie se llame a confusión, no se sustenta Jesús en su propio testimonio: acude a la Escritura profética, donde se contiene la declaración de su Padre. Que sea Éste, fuente última de toda Revelación, quien avale al que ha enviado al mundo.

En segundo lugar, no se limitará Jesús a una instrucción espiritual, dirigida principalmente al alma. Quiere comunicar la imitación cabal de Dios; por eso las propiedades divinas no se transmitirán sólo a lo más divino del hombre, sino también a lo más terreno. El fin de su magisterio es la convivencia con el Padre en carne resucitada. De ahí que la enseñanza que Cristo trae necesite de la Encarnación.

Partíamos de una aparente oposición entre redención por el conocimiento y redención por la obra del Logos encarnado, que culmina en la cruz. En Justino hemos visto que ambas se complementan. Pues hay que entender enseñanza como escuela de vida hasta llegar a la comunión en carne con el Padre[214]. De ahí que Cristo comunique este don por todo el conjunto de su existencia: su Encarnación, muerte y resurrección.

Completa el cuadro la acción del *Espíritu*. Corresponde al Paráclito conmover el corazón del hombre para que abandone a los ídolos y se consagre a Dios. Sólo con su ayuda capta el cristiano el nexo entre la palabra profética y su cumplimiento en Jesús y puede reconocer en Él al Cristo de Dios. Convencido por una fuerza interior, superior a las demostraciones filosóficas, el hombre más simple se hace sabio y llegará hasta el martirio en su confesión del Dios verdadero.

Para poder llevar a cabo su misión, el Espíritu actúa en conjunción con la humanidad de Jesús, Logos encarnado. Y confiere así a la Palabra del Salvador las dos propiedades que necesita para hacerse acoger: es superior

---

[214] Cf. GOODENOUGH, *Theology* (254-255): "even in the representation of salvation as knowledge, Justin gives active power to the knowledge. The Gospel story and the Christian doctrine are in Justin's thought themselves an active force, a δύναμις from God".

a todo razonamiento humano, porque viene del mismo Logos divino; es asequible al hombre, porque la predica el Logos hecho carne.

En resumen, el misterio de la predicación deja entrever su *articulación trinitaria*: cada persona tiene su papel propio. El Padre es origen de todo; el Hijo lo revela, apoyándose en el testimonio paterno; el Espíritu obra, tanto en Jesús como en el interior del discípulo, para que éste último pueda acoger la palabra predicada por el Maestro. El fin a que tal magisterio se dirige es la convivencia del hombre con el Padre, en carne resucitada.

4. Milagros de Jesús

A su predicación unió Jesús los milagros. ¿Qué valor les concede Justino? A primera vista se les podría atribuir interés apologético: el Salvador realizó prodigios para mostrar su divinidad; leamos sin embargo este párrafo, en que parecen casi una objeción a su verdadera filiación divina[215]:

> Pero para que nadie nos objete: "¿Qué impide que ese que nosotros decimos Cristo sea un hombre que viene de hombres (ἄνθρωπος ἐξ ἀνθρώπων ὄντα) y que por arte mágica (μαγικῇ τέχνῃ) hizo los prodigios que decimos y por ello pareció ser hijo de Dios?", vamos, pues, ya a presentar la demostración, no dando fe (πιστεύοντες) a quienes nos cuentan los hechos, sino creyendo por necesidad (πειθόμενοι) a los que los profetizaron antes de suceder (I 30, 1).

La prueba de que Jesús es el Hijo de Dios la basará Justino en las profecías, capaces, ellas sí, de convencer firmemente[216]. Si los milagros no se consideran apodícticos es porque pueden ser confundidos con las artes mágicas del diablo. Se dirá: ¿no ocurre lo mismo con la predicción del porvenir? ¿No se esfuerza también la serpiente por imitar esta prerrogativa de Dios?[217] Es cierto; pero en este caso Satanás alcanza sólo a excogitar burdos remedos de las profecías divinas, comete errores de bulto fáciles de descubrir. Y el símbolo más importante de todos, la cruz, le queda

---

[215] La cosa era normal en su tiempo; en el siglo II se concedía poco valor apologético a los milagros. Cf. J. SPEIGL, "Die Rolle der Wunder im vorkonstantinischen Christentum", *ZKTh* 92 (1970) 286-312 (312): "Im zweiten Jahrhundert herrschte in der Kirche eine starke Zurückhaltung gegenüber dem Wunder. Gegen die christlichen apokryphen Wundergeschichten war ein scharfer Kampf notwendig geworden. Das Argument aus den Wundern war für sich allein nicht sehr brauchbar, weder gegenüber den Heiden noch gegenüber den Juden".

[216] Cf. R.M. GRANT, *Miracle and Natural Law in Graeco-Roman and Early Christian Thought* (Amsterdam 1952) (190).

[217] Cf. I 21, 6; I 54, 1-3; D 69-70.

oculto[218]. Sus milagros, por el contrario, impresionan más al hombre, y no es tan sencillo encontrar la diferencia con la obra del Creador.

Diferencia que existe, y grande. Profundizando un poco, ha de notarse el abismo que media entre milagros divinos y operaciones diabólicas. Vistos desde una perspectiva adecuada, en armonía con otros elementos, tal vez prueben más los milagros de lo que parece dar a entender el pasaje citado de Justino.

Para distinguirlos de la magia del tentador, habrá que empezar estudiándola (4.1). Analizaremos luego el texto más importante (D 69, 4-7) acerca de los milagros (4.2). Esto nos permitirá encuadrarlos, a modo de síntesis, en el conjunto del ministerio público del Salvador (4.3). Completaremos el apartado estudiando en virtud de qué realiza Jesús estos prodigios (4.4).

4.1. El arte mágica de los demonios

La magia es un instrumento usado con frecuencia por los demonios: visiones oníricas y artificios formidables. Ahora bien, al estudiar el episodio de los magos (D 77-78) vimos que la acción de Dios se da también por revelaciones en sueños; y que Él realiza asimismo actos estupendos. Esto nos muestra que el diablo, incapaz de nada original, se esfuerza por emular la acción divina[219]. Pero las semejanzas externas no pueden engañar: sus fines son muy otros de los que persigue el Padre.

En efecto, con sus prodigios busca Satanás seducir al hombre y hacerse su dueño[220]. Los términos que usa Justino insertan de forma inequívoca los milagros en el conjunto de la actividad diabólica sobre el hombre, que comenzó con la caída de Adán y Eva. Esta semejanza con la tentación de los primeros padres resulta evidente si leemos los textos que presentan al diablo actuando por medio de otros hombres[221]. Están, por un lado, los falsos profetas:

---

[218] Cf. I 55, 1.

[219] Cf. D 79, 4: "Y sabemos que los magos de Egipto intentaron imitar los prodigios obrados por Dios por medio de su fiel servidor Moisés..."

[220] Cf. I 14, 1: "ellos [los demonios] pugnan por teneros por sus esclavos y servidores (δούλους καὶ ὑπερέτας) y, ora por apariciones entre sueños, ora por artes de magia (διὰ μαγικῶν στροφῶν), se apoderan de todos aquellos que de un modo u otro no trabajan por su propia salvación"; cf. II 5 [4], 4: "Y además hicieron más adelante esclavo suyo (ἐδούλωσαν) al género humano, unas veces por medio de signos mágicos (διὰ μαγικῶν γραφῶν), otras por terrores y castigos que infligían (διὰ φόβον καὶ τιμωριῶν), otras enseñándoles a sacrificar y a ofrecerles inciensos y libaciones..."

[221] Justino usa el verbo ἐνεργεῖν para hablar de esta acción de los demonios por medio del hombre. El término adquiere significado técnico, como ya tuvimos ocasión de estudiar (cf. *supra*, cap. IV, apdo. 3.5, p. 227). He aquí ejemplos de esta actuación del diablo: a) de Arabia vienen unos magos a adorar al niño; Justino ve en el mismo título de

los falsos profetas, llenos del espíritu embustero e impuro [...] se atreven a realizar ciertos prodigios para espantar a los hombres y glorifican (δοξολογοῦσιν) a los espíritus del error (τὰ τῆς πλάνης πνεύματα) y los demonios (D 7, 3).

Mientras los verdaderos profetas dan con sus milagros gloria a Dios, buscan lo contrario los falsos: empujan al hombre a la idolatría. Entre estos siervos del diablo tienen un puesto especial los herejes[222]; en lo tocante a magia, descuellan Simón Mago y Menandro[223]. La obra de estos últimos muestra a las claras la intención de quien los mueve:

[los malos demonios] echaron por delante a otros como a Simón y a Menandro, ambos de Samaria, los cuales, obrando prodigios mágicos (μαγικὰς δυνάμεις ποιήσαντες), engañaron (ἐξεπάτησαν) a muchos y los tienen todavía engañados (I 56, 1).

De nuevo: este engaño consiste en llevar al hombre a la idolatría, presentándose a sí mismos como dioses:

el mago Simón, salido de su pueblo [los samaritanos], que ellos afirman que es Dios por encima de todo principio, potestad y potencia (D 120, 6)[224].

Hay incluso similitud entre el engaño del Paraíso (cf. Gn 3, 4: "de ninguna manera moriréis") y el que llevó a cabo Menandro entre sus secuaces:

engañó a muchos por sus artes mágicas, llegando a persuadir a sus seguidores que no habían de morir jamás (I 26, 4).

El Tentador tiene, pues, imitadores. Realizan lo que éste: se presentan como dioses y esclavizan así a quien les sigue. Su trágico destino es que, haciendo esto, resultan a su vez esclavos del diablo[225]: no pretende Satanás liberar a quienes privilegia. La mayor filiación diabólica es siempre mayor esclavitud, aunque el esclavo pretenda hacerse señor absoluto.

---

magos una muestra de la servidumbre que prestaban al demonio (D 77-78); b) también los magos de Egipto realizan prodigios ante el Faraón, tratando de imitar a Moisés (D 79, 4); c) veremos enseguida el caso de los herejes.

[222] Los herejes superan en maldad a los otros magos porque sólo a partir de Cristo, máximo revelador del designio paterno, supo el diablo de su condena definitiva. Desesperado, comenzó entonces a blasfemar abiertamente (enviando a los herejes), cosa que no osó hacer antes. El testimonio de Justino lo recoge IRENEO, *Adv. haer.* V, 26, 2 (SC 153, 334-336).

[223] Cf. I 26, 2; I 26, 4; I 56, 1; D 120, 6.

[224] Cf. también I 26, 2: "un tal Simón, samaritano, originario de una aldea por nombre Gitón, habiendo hecho en tiempo de Claudio César prodigios mágicos por arte de los demonios que en él obraban en vuestra imperial ciudad de Roma, fue tenido por dios y como dios fue por vosotros honrado..."

[225] Cf. lo dicho sobre los magos de Arabia, cap. IV, apdo. 2, p. 193.

Con esto tenemos datos suficientes para describir la magia diabólica. La lleva a cabo Satanás, por sí o por lacayos cualificados, para atemorizar al hombre. Consigue de este modo engañarle, presentándose como dios. De aquí se sigue el extravío del ser humano, que cae en esclavitud y trata a los demonios de señores. Todo esto corresponde con el plan de conjunto del diablo: ser adorado en lugar de Dios[226].

Al ver los milagros de Jesús le pusieron los judíos el sambenito de mago y engañador del pueblo (D 69, 7)[227]. Equiparaban de este modo su obra con las artimañas de la serpiente. Algo parecido a cuando dijeron: "en el nombre de Beelzebul echa los demonios" (cf. Mt 12, 24). Justino debió de compartir la indignación de Jesús ante esta acusación. En efecto, equivalía a mezclar dos contrarios, al que sembró la buena semilla y al que esparció la cizaña[228]. Si por fuera las obras pueden parecer iguales, no es así para quien ahonda un poco. El diablo deja, en todo lo que toca, la huella de su apostasía: se sirve de los milagros para su plan de conjunto. ¿Y Jesús?

4.2. Los milagros de Jesús a la luz de las profecías y en armonía con la creación (D 69, 4-7)

El análisis apenas realizado nos servirá de contraste para entender el verdadero sentido de los milagros del Señor. En ellos encontraremos los rasgos que caracterizan su entera obra redentora. El texto principal lo hallamos en D 69, 4-7.

El marco de D 69, 4-7

Este es el contexto: aporta Justino una prueba de la imitación diabólica de lo cristiano. Oyeron los demonios profetizado que Jesús había de hacer milagros e inventaron al dios médico, Asclepio. He aquí una profecía que pudo guiarles:

> Alégrate, desierto, que estás sediento; regocíjate, desierto, y florece como lirio [...]. Entonces se abrirán los ojos de los ciegos y oirán los oídos de los sordos. Entonces saltará como ciervo el cojo y la lengua de los mudos será clara. Porque rompió en el desierto el agua y un torrente en tierra sedienta, y la que

---

[226] Igual que se impuso nombre a sí mismo (cf. II 5 [4], 6), quiere siempre ser adorado en lugar de Dios.

[227] Para mago (μάγος), cf. Mt 9, 34; 12, 24; para seductor del pueblo (λαοπλάνος), cf. Jn 7, 12; Mt 27, 63.

[228] En esta parábola podría estar pensando Justino cuando dice que los demonios sembraron (ἔσπειραν) entre los hombres asesinatos, guerras, adulterios, desenfrenos y toda maldad (cf. II 5 [4], 4).

no tenía agua se convertirá en marisma y en la tierra sedienta saltará una fuente de agua (Is 35, 1-7) (D 69, 4-5)[229].

El texto de Isaías que aduce Justino habla de las curaciones. Hay una inclusión entre el primer y último versículo citados: si Is 35, 1 menciona el desierto que florece, Is 35, 7 describe el agua que lo riega. Justino no pasa por alto esta particularidad. También él, antes y después de la cita, pone de relieve la inclusión. Aparece así una estructura simétrica, que nos da el marco en que se sitúan los milagros:

Comentario anterior de Justino (D 69, 4).	[Milagros:] Como no os he citado ninguna escritura que indique que Cristo había de cumplir estas curaciones, tendré forzosamente que recordar siquiera una.
	[Tema del desierto:] Por ella ha de seros fácil comprender cómo a los que eran un desierto en conocimiento de Dios, quiero decir, a los gentiles, que teniendo ojos no veían y teniendo corazón no entendían, pues adoraban objetos de madera, la palabra les predijo que habían de renegar de éstos y poner su confianza en este Cristo.
Isaías 35, 1-7 (D 69, 5).	[Tema del desierto:] Alégrate, desierto, que estás sediento; regocíjate, desierto, y florece como lirio.
	[Milagros:] Entonces se abrirán los ojos de los ciegos y oirán los oídos de los sordos...
	[Tema del desierto:] Porque rompió en el desierto el agua y un torrente en tierra sedienta, y la que no tenía agua se convertirá en marisma y en la tierra sedienta saltará una fuente de agua
Comentario posterior de Justino (D 69, 6).	[Tema del desierto:] Fuente de agua viva (cf. Jr 2, 13) de parte de Dios brotó este Cristo en el desierto del conocimiento de Dios, es decir, en la tierra de las naciones
	[Milagros:] El que, aparecido en vuestro pueblo, curó a los ciegos de nacimiento según la carne, a los sordos y cojos, haciendo por sola su palabra que unos saltaran, otros oyeran, otros recobraran la vista; y, resucitando a los muertos y dándoles la vida; por sus obras incitaba a los hombres a que le reconocieran...

La imagen de la fuente (Is 35, 7) se une con el agua viva de Jr 2, 13. Este último versículo contrapone el agua y las cisternas agrietadas, que

---

[229] Cf. G. OTRANTO, *Esegesi biblica e storia in Giustino (Dial. 63-84)* (QVetChr 14; Bari 1979) (104-110).

Justino identifica con las enseñanzas (meramente humanas) de los rabinos (cf. D 140, 1). La cosa concuerda con la descripción del desierto: es el lugar donde falta el conocimiento de Dios; piensa el mártir en la tierra de los gentiles, ayuna de oráculos divinos. Si Cristo es manantial que brota en este desierto, el agua ha de identificarse con su predicación, palabra que trae el conocimiento del Padre (cf. D 88, 2), opuesta a una simple doctrina de hombres.

A esta luz, la estructura que hemos relevado en el cuadro indica que los milagros se entrelazan con la predicación, pertenecen a ella y se explican en su marco. No es casual que Jesús cure "con su palabra" (D 69, 6: τῷ λόγῳ αὐτοῦ). Así, tanto lo que hizo como lo que dijo se ordena a un mismo fin: llevar al hombre al conocimiento del Padre.

Probamos en el apartado anterior que la enseñanza de Cristo llegaba a plenitud con la Encarnación. Sus milagros nos ayudarán a profundizar en esto. A partir de la estrecha relación entre palabras y obras de Jesús que acabamos de constatar, se confirmará que su magisterio no puede describirse solo como la transmisión de una doctrina.

Milagro y profecía

Busquemos precisar un poco este vínculo entre milagros y predicación. He aquí el fin que perseguía Jesús con su poder taumatúrgico:

por sus obras (διὰ τῶν ἔργων), movía (ἐδυσώπει) a los hombres de entonces a que lo reconocieran (ἐπιγνῶναι αὐτὸν) (D 69, 6).

Busca Jesús convencer a sus contemporáneos. El verbo usado aquí (δυσωπέω) lo emplea profusamente Justino en su discusión con Trifón[230]. Significa persuadir, sembrar en el otro la duda, conmoverlo en sus convicciones. En el Diálogo casi siempre aparece en relación con las profecías, que mueven a ver en Jesús de Nazaret al Cristo[231]. Es nuestro caso: en los milagros es fácil ver cumplido el oráculo de Isaías. Ahora bien, resulta que este es precisamente el fin a que apuntaban también las palabras del Salvador:

Pues contienen [las palabras del Salvador] algo de terrible y son capaces de conmover (δυσωπῆσαι) a los que se apartan del buen camino (D 8, 2).

Es decir: lo mismo que busca con sus palabras quiere conseguir Jesús con sus obras. Teniendo en cuenta que Justino presenta el magisterio de Jesús como exégesis de la Escritura podemos ver dónde está la unión de

---

[230] No aparece en la Apología.
[231] Cf. D 46, 5; D 65, 1; D 68, 7; D 77, 1; D 89, 1; D 123, 3; D 134, 1.

predicación y milagros: ambos muestran que Jesús es el Mesías anunciado[232].

Concluimos entonces que se da una relación entre estas dos actividades de Jesús: no sólo en su predicación, también en sus obras (καὶ διὰ τῶν ἔργων) exhortaba a los hombres a reconocerlo. Los signos, en conjunción con el anuncio profético, se hacen así predicación, aptos para señalar al Cristo entre los hombres[233]. La razón del reconocimiento no es tanto el poder que muestra Jesús, como su armonía con la Escritura que lo avala. Si el milagro puede ser confundido con la magia, los judíos no tenían excusa, pues contaban con un medio para disipar dudas: las profecías les permitían saber que estaban ante el Cristo.

Milagro y creación

Otra coordenada nos sirve para entender los milagros: su relación con la obra creadora. Releamos el texto arriba citado:

> curó a los mutilados de nacimiento según la carne (τοὺς ἐκ γενετῆς καὶ κατὰ τὴν σάρκα πηρούς), a los sordos y cojos, haciendo por su palabra (τῷ λόγῳ αὐτοῦ ποιήσας) que unos saltaran, otros oyeran, otros recobraran la vista; [...] Mas ellos, aun viendo estos prodigios, los tuvieron por apariencia mágica (φαντασίαν μαγικήν) (D 69, 6-7).

Se dice en primer lugar: Jesús cura a enfermos "según la carne". La precisión solo tiene sentido ante adversarios que negasen la realidad material de las curaciones. Tal era el caso de Marción[234]. Basado en esto, ironizaba contra él Tertuliano. Si el hereje no concedía al Salvador verdadera carne tampoco podría aceptar la verdad de los milagros. Si imaginario es el que cura, han de ser imaginarias sus operaciones[235].

---

[232] A idéntico resultado lleva el análisis del término ἐπιγνῶσις. Justino lo refiere en muchos lugares al conocimiento de lo divino (D 3, 4; D 3, 5; II 10, 6). Especialmente se aplica al reconocimiento de Jesús como Cristo anunciado por las Escrituras (de esto ya dijimos al hablar del Bautismo de Jesús; cf. *supra*, página 264). Es el uso que le da Justino ahora, después de la cita de Is 35, 1-7.

[233] La alusión a la profecía de los milagros la encontramos más de una vez en la Apología. Cf. I 31, 7; I 48, 1-3; I 54, 10.

[234] Aunque Marción daba importancia a los milagros, se negaba a relacionarlos con el Creador: cf. M.F. WILES, "Miracles in the Early Church", *Miracles. Cambridge Studies in their Philosophy and History* (ed. C.F.D. MOULE) (London 1965) 219-234; ORBE, *Introducción* (716).

[235] Cf. *Adv. Marc.* III, VIII, 4 (SC 399, 96): "Iam nunc cum mendacium deprehenditur Christus caro, sequitur ut et omnia quae per carnem Christi gesta sunt mendacio gesta sint, congressus, contactus, convictus, ipsae quoque virtutes. Si enim tangendo aliquem liberavit a vitio vel tactus ab aliquo, quod corporaliter actum est non potest vere actum credi sine corporis ipsius veritate [...] imaginarius operator, imaginariae operae".

Ésta es precisamente la objeción que atribuye aquí el mártir a los judíos. Reprochaban al Salvador que realizaba fantasías, meras apariciones con sabor mágico[236]. Y le llamaban mago y embaucador del pueblo. Como se ha dicho, a Justino le debía de sonar a gran blasfemia. Pues ésta es precisamente la operación del demonio: un mero engaño fantástico sin consistencia. Incapaces de obrar como Dios, los secuaces de Satanás le imitan groseramente (cf. D 79, 4). Como ajenos a la obra del Creador desconocen los secretos de la plasmación del cuerpo humano. De ahí que no consigan curarlo; obran a lo sumo prodigios espectaculares, para darse pompa y gloria. Nos lo confirma una comparación de Justino que nos transmite su discípulo, Taciano:

> No curan los démones, sino que tratan con sus artilugios de esclavizar a los hombres. Y con razón el muy admirable Justino dijo que se asemejaban a los bandidos. Porque como éstos tienen por costumbre coger vivos a algunos y luego los devuelven a precio de oro a los suyos, así esos supuestos dioses se deslizan en los miembros de algunos y luego, con miras a su propia glorificación, por medio de sueños, mandan a los enfermos que se presenten públicamente a la vista de todo el mundo y, después que han gozado de las alabanzas, salen volando de los enfermos y, poniendo término a la enfermedad que ellos mismos causaron, restituyen a los hombres a su primer estado[237].

Por contraste, podemos afirmar la verdad de los milagros de Jesús. Están de acuerdo con la obra creadora. Son duraderos, reales, obrados en la carne de los hombres, sanándolos cabalmente y no en apariencia. Justino dice además que Jesús los hacía "por su palabra" ($τ\tilde{ω}$ λόγῳ αὐτοῦ ποιήσας...). El trasfondo es probablemente el de la palabra por la que fue creado el mundo[238]. Ante Marción pondrá también Tertuliano de relieve este nexo entre curación y creación, ambas por la palabra: *unde magis dignoscitur Christus creatoris quam ex verbi potestate?*[239]

Los milagros que obraron los profetas glorificaban también al Creador:

> También por los milagros que hacían (διὰ τὰς δινάμεις) es justo creerles, pues por ellos glorificaban (ἐδόξαζον)[240] a Dios, Hacedor y Padre del Universo, y anunciaban a Cristo, Hijo suyo, que de Él procede. En cambio los falsos profetas, a quienes llena el espíritu embustero e impuro no hicieron ni

---

[236] Cf. IRENEO, *Adv. haer.* II, 32, 3: "phantasmata ostendentes statim cessantia et ne quidem stillicidio temporis perseuerantia, non Iesu Domino nostro sed Simoni mago similes ostenduntur" (SC 294, 338).

[237] Cf. TACIANO, *Or.* 18 (ed. WHITTAKER 36); la misma idea en TERTULIANO, *Apol.* XXII, 11 (CSEL 69, 63): "quae desinunt laedere, et curasse creduntur".

[238] Cf. D 114, 3.

[239] Cf. *Adv. Marc.* IV, XXXV, 11 (SC 456, 438).

[240] Cf. Lc 17, 18 ("¿sólo este extranjero ha venido a dar gloria a Dios?") a que alude Ireneo en V, 17, 2: "per ea signa quae faciebat [docebat] dare gloriam Deo".

hacen eso, sino que se atreven a realizar ciertos milagros (δυνάμεις τινάς) para espantar a los hombres y glorificar (δοξολογοῦσιν) a los espíritus del error y a los demonios (D 7, 2).

Sin ambages se oponen dos tipos de milagros y se dan los criterios para distinguirlos. Mientras glorifican los verdaderos profetas al Creador, dan gloria los falsos al espíritu maligno. Si los milagros son dignos de fe, es porque están en consonancia perfecta con el Hacedor y Padre del Universo. La máxima blasfemia del diablo será, precisamente, la que obra a través de los herejes, que niegan la bondad del mundo material[241].

Con todo esto apunta Justino una idea que desarrollará más claramente Ireneo, quien ve en los milagros la nueva *plasmatio* del hombre, en consonancia con su creación primera[242]. Sanando la carne da testimonio Jesús de ser el mismo que la creó por su palabra, y muestra así, en pugna con gnósticos y marcionitas, el plan verdadero del Creador[243]. Esta semejanza se confirma si atendemos a las líneas con que Justino termina su comentario[244]:

Mas Él hacía eso [los milagros] para persuadir a los que habían de creer en Él que, aun cuando alguno tuviere algún defecto corporal, como guarde las enseñanzas que por Él nos fueron dadas, lo resucitará íntegro (ὁλόκληρος) en su segunda venida, y juntamente le hará inmortal, incorruptible e impasible (D 69, 7).

Un pasaje del *De Resurrectione* aclara nuestro texto. Había adversarios de la resurrección que oponían una grave dificultad. Si resucita la misma carne que murió, resucitará con los mismos defectos corporales que tuvo en vida. Para responder, acude el autor del tratado a los milagros de Jesús. Dado que éste era capaz de sanar la carne, será capaz de resucitarla íntegra:

"Sí", dice [el adversario de la resurrección de la carne], "por tanto si la carne resucita, resucita también tal cual se la entierra. De manera que, si se entierra un tuerto, resucitará tuerto; si un cojo, cojo; si a otro le falta algo del cuerpo, el hombre resucitará también privado de esto". ¡Verdaderamente ciegos en los ojos del corazón! (Τετυφλωμένοι ὡς ἀληθῶς τὰ τῆς καρδίας ὄμματα) En efecto, no vieron que sobre la tierra volvían a ver los ciegos,

---

[241] Cf. D 35, 2.5-6

[242] Cf. H. SCHLINGENSIEPEN, *Die Wunder des Neuen Testamentes. Wege und Abwege ihrer Deutung in der alten Kirche bis zur Mitte des fünften Jahrhunderts* (BFChTh; Gütersloh 1933) (167-175).

[243] Cf. el episodio del ciego de nacimiento en *Adv. haer.* V, 15, 2-3 (SC 153, 202-210); cf. ORBE, *Introducción* (723).

[244] Aparte del texto que comentamos enseguida, puede ilustrar este punto la historia de Josué. Los prodigios que obraba Cristo por su medio eran prefiguración de un mundo nuevo, recreado: cf. D 113, 3-5.

caminaban los cojos por la palabra de aquél [de Jesús] (τῷ ἐκείνου λόγῳ). Todo esto lo hizo el Salvador, primero para que se cumpliera lo dicho sobre Él por medio de los profetas (ἵνα πληρωθῇ τὸ ῥηθὲν περὶ αὐτοῦ διὰ τῶν προφητῶν), que los ciegos verán de nuevo y oirán los sordos y lo demás; y también para hacer creíble que la carne resucitará íntegra (ὁλόκληρος) en la resurrección. Pues si curó sobre la tierra las debilidades de la carne e hizo que el cuerpo volviera a estar íntegro (ὁλόκληρος), mucho más lo hará en la resurrección, cuando la carne resucite pura e íntegra... (ὁλόκληρος) [245].

El pasaje muestra muchos paralelos con el texto antes citado de Justino (D 69, 4-6). Los milagros del Salvador dejan claras dos cosas: el cumplimiento de las profecías y la futura resurrección de la carne; en ambos párrafos se dice que Jesús obra por la palabra[246]; y presentan las curaciones como prueba de que puede resucitar al hombre: con ellas se afianza la fe de los creyentes[247].

Justino descubre en las curaciones obradas por Jesús anchos horizontes. La significación del milagro trasciende la de una enfermedad vencida o una ceguera sanada. Al curar al hombre se mostraba Jesús en consonancia con los planes de quien lo modeló. Y preanunciaba también la futura y definitiva vestición del hombre en inmortalidad. De este modo los milagros se hacían ellos mismos profecía, anuncio de la salvación completa del ser humano.

La tendencia a descubrir en el milagro sentidos ocultos, más allá de su significado obvio, tendrá éxito en la exégesis patrística. Orígenes será un maestro en esta interpretación espiritual. La curación de un paralítico, por ejemplo, enseña algo más elevado y verdadero: el hombre puede ahora caminar hacia Dios sin impedimentos, gracias a la acción de Jesús[248].

Podemos entrever más rastros de esta lectura en nuestro mártir. Justo antes de traer el texto de Is 35, 1 y de comentar los milagros de Jesús, le oímos decir:

Como no os he citado ninguna escritura que indique que Cristo había de cumplir estas curaciones, tendré forzosamente que recordar siquiera una. Por ella ha de seros fácil comprender cómo a los que eran un desierto en conocimiento de Dios, quiero decir, a los gentiles, que *teniendo ojos no veían y teniendo corazón no entendían, pues adoraban objetos de madera,* (cf.

---

[245] Cf. *De Resurrectione* 4, 1-2 (ed. D'ANNA, 34).

[246] En *De Resurrectione*: τῷ ἐκείνου λόγῳ; en Justino, D 69, 6: τῷ λόγῳ αὐτοῦ ποιήσας.

[247] En *De Resurrectione* se dice que los milagros se hicieron para afianzar la fe (εἰς πίστιν); Justino, en D 69, 7: "hacía eso para persuadir a los que habían de creer en Él... (πείθων καὶ τοὺς ἐπ' αὐτὸν πιστεύειν μέλλοντας...)".

[248] Cf., por ejemplo, *In Matt.* XI, 18 (SC 162, 374-376); esto no quiere decir que Orígenes quitase valor a la historicidad de los milagros, cf. F. MOSETTO, *I miracoli evangelici nel dibattito tra Celso e Origene* (BSRel 76; Roma 1985) (90-108).

Is 6, 10; Sal 113, 13b) la palabra les predijo que habían de renegar de éstos y esperar en este Cristo (D 69, 4).

La cita que sigue hablará de que se abren los ojos de los ciegos (Is 35, 5). Esto se cumple, por supuesto, en los milagros obrados por Jesús. Pero hay también una significación más honda: se abrirán los ojos y el corazón de los gentiles, mentes hasta entonces obtusas, que dejarán los ídolos para poner en Cristo su esperanza. Curiosamente el *De Resurrectione* trae una conexión similar; le hemos oído replicar a los herejes: "¡Verdaderamente ciegos en los ojos del corazón! En efecto, no vieron que sobre la tierra volvían a ver los ciegos..."[249]

Notemos, sin embargo, que este simbolismo de los milagros no es el paso a un plano superior, espiritual, según ideología platonizante. La apertura de los ojos del corazón no significa olvidar la eliminación de la ceguera física. Al contrario, pasa por reconocer en los milagros concretos de Jesús a aquel que resucitará definitivamente la carne. Y además apunta a una esperanza escatológica, ligada a la incorrupción de que gozará el hombre[250].

Esto nos ayuda a distinguir el simbolismo de los milagros de Justino y el que hemos apuntado en Orígenes. En nuestro autor el orden histórico no se supera para alcanzar otro atemporal. La relación, sobre la que hemos de volver enseguida, es muy otra: el sentido profundo del hecho concreto apunta a la misma plenitud de este hecho al final de la historia[251].

De este modo los milagros se enmarcan en la visión que hemos presentado en el capítulo anterior en torno al valor "simbólico" de la vida de Cristo. Jesús desvela totalmente el designio divino, y es así el profeta

---

[249] Cf. el comentario de Otto, *ad locum* (página 222, nota 5): "Nota sarcasmum. Illi dixerant: 'Monoculus hac in vita etiam in altera resurget monoculus'. Iam scriptor: 'O vos caecos!'..." Es el mismo contraste que aparece en el capítulo 9 de San Juan.

[250] Cf. D 69, 4: cuando se abren los ojos del corazón, se espera en Cristo.

[251] A este respecto es interesante la observación de H.K. NIELSEN, *Heilung und Verkündigung. Das Verständnis der Heilung und Ihres Verhältnisses zur Verkündigung bei Jesus in der ältesten Kirche* (Acta Theologica Danica 22; Leiden 1987) (251), que estudia la relación entre milagro y salvación definitiva del hombre, *sanatio* y *salus* (Heilung, Heil); y observa que la unión entre los dos términos se hace difícil si se adopta una antropología dualista, que tenga en menos el valor del cuerpo: "Eine Soteriologie, die das Heil am ehesten als ein geistliches Heil definiert, und eine dualistische Anthropologie, die eine recht scharfe Trennung zwischen Leib und Seele voraussetzt, sind mit der Auffassung, die Jesus vertrat, daß nämlich die Heilung als eine Manifestation der anbrechenden eschatologischen Wirklichkeit zu verstehen sei, nicht gut vereinbar. Diese Soteriologie und diese Anthropologie waren jedoch nicht völlig allein bestimmend". Nielsen cita a continuación a Ireneo y Justino como ejemplos de su última afirmación (230, nota 63).

por excelencia, no sólo en sus palabras, sino también en sus actos. Sus misterios contienen el camino de la Iglesia hasta la convivencia definitiva con el Padre.

Con esto se sitúan los milagros de Jesús en el plan unitario de Dios. Están en consonancia, por un lado, con la creación primigenia del hombre; y se dirigen, por otro, hacia la nueva y definitiva.

4.3. Síntesis: los milagros en el marco de la predicación

Al comenzar el análisis vimos que Justino presenta los milagros enmarcados en la predicación de Jesús, como un elemento de su magisterio. ¿Cómo se combinan las curaciones de Cristo y su enseñanza? Los datos recogidos nos ayudarán a responder. Pero antes presentaremos, como contraste, la solución que daban los gnósticos al mismo problema.

Postura gnóstica

En efecto, también los herejes encuadraban los milagros en el horizonte de la predicación de Jesús[252]. Si en el curso del análisis hemos hecho alguna referencia a la postura marcionita, nos ayudará ahora centrarnos en la doctrina de Valentín y los suyos. Estos, hábiles en disquisiciones, no gustaban de los cortes radicales de Marción. Sus matices nos ayudarán a comprender mejor el pensamiento de Justino.

No veían los valentinianos total ruptura entre Antiguo y Nuevo Testamento. Después de todo, no era esencialmente malo el Demiurgo psíquico. Algo bueno habían de tener, por tanto, sus profetas, obradores de milagros. Y Jesús actúa en consonancia con ellos.

¿Concedían, pues, que las curaciones de Jesús respondían al plan salvífico del Padre? Sí, pero sólo en parte. *Sí*, porque ayudaban a la salvación de los psíquicos: éstos, por ser débiles, necesitaban prodigios sensibles que les hicieran alzar la vista a lo superior, según la salvación que les correspondía (en seguimiento libre de la ley moral)[253]. Los milagros pertenecían así a un mensaje en continuidad con el Antiguo Testamento. *Sólo en parte* porque, junto a los milagros, infundía Jesús otro

---

[252] Para lo que sigue sobre los gnósticos, cf. ORBE, *Cristología gnóstica* (II, 15-58); ORBE, *Introducción* (702-723).

[253] Al contrario sucedía a los espirituales; cf. ORBE, *Introducción* (704): "[los pneumáticos] caracterizados por el *pneuma* (divino) suprarracional, son de naturaleza contemplativa. No necesitan discurrir o pasar del signo a lo significado. Iluminados (=dotados de Gnosis), asienten a la Palabra (λόγῳ πιστεύειν) y ven en Ella su contenido".

conocimiento superior. Esta doctrina no la conocía el Demiurgo y sonaba por primera vez, salvo episodios aislados, en boca de Cristo. Quedaba así a salvo la fundamental novedad de las palabras del Señor para los pneumáticos.

Otro elemento limitaba, además, el alcance de los milagros. Las curaciones, incluso para psíquicos, no obtenían su valía por el hecho de curar la carne. Sabemos del desprecio de los gnósticos por ésta, como elemento incapaz de salvación. El valor del signo material era entonces de mero subsidio, en cuanto elevaba la vista a un plano superior. Una vez se pasaba del signo a lo significado quedaba inútil el signo. A los psíquicos les invitaba a vivir de forma moralmente adecuada; para los pneumáticos descubría, si acaso, las verdades superiores del Pléroma.

Quedaba, por tanto, definida como sigue la relación entre predicación y milagros. La Palabra de Cristo se bastaba a sí misma: mensaje puramente espiritual, no estaba ligado a las vicisitudes de la carne; mensaje totalmente novedoso, podía prescindir de la proclamación anterior profética. Las sanaciones obradas por el Salvador no contaban como signos en carne, sino en cuanto subordinadas a un mensaje netamente espiritual.

Respuesta de Justino

La síntesis entre predicación y milagros es muy distinta en Justino. Recordemos, *en primer lugar*, cómo los milagros aparecen de acuerdo con la obra creadora. Cristo ha venido a obrar la salvación de la carne y todo lo que hace da testimonio del Dios que la plasmó en los albores del mundo y la hará un día incorruptible.

Es cierto que las curaciones remiten a un plano superior. Abrir los ojos al ciego es indicativo de la comprensión de las Escrituras que los judíos no alcanzan y que se ha dado a los cristianos. Pero ya hemos visto que esto no significa que el signo pierda su valor "en la carne". Porque no apunta a una realidad puramente espiritual, desligada del mundo y la historia, sino al cumplimiento definitivo en carne en su resurrección.

La visión gnóstica contempla, por ejemplo, la curación de la hemorroísa y la trasciende hacia una visión de los sucesos pleromáticos[254]. De la rehabilitación física de la enferma no queda nada duradero. Justino, por su parte, ve en las curaciones de Jesús también un signo, pero no de realidades que escapan de la historia, sino de la plena consumación de esa

---

[254] Cf., por ejemplo, IRENEO, *Adv. haer.* II, 23 (SC 294, 228-232).

historia, material y concreta. Así el signo no ha de ser abandonado en vistas de algo extrínseco a él; el signo se supera hacia su plenitud como la carne hacia su resurrección[255].

Desde este punto de vista los milagros se compaginan bien con lo que dijimos de la enseñanza de Jesús. Pues su magisterio no es puramente espiritual: para ser perfecto le es necesaria la Encarnación. Y esto porque no se dirige a la mera ilustración de la mente, sino que se orienta a la convivencia definitiva, en carne resucitada, del hombre con el Padre. Es lógico, entonces, que los milagros sean parte integrante de la predicación de Jesús. Y esto en forma distinta a la postura gnóstica: sin perder su valor fundamental de signo en la carne ni disolverse en una interpretación puramente espiritual.

Recordemos ahora, *en segundo lugar*, otro punto en que se distancia Justino de los gnósticos: la conexión entre milagro y profecía. La cosa aparecía ya al estudiar la predicación de Jesús: el Hijo no sustenta su enseñanza en el testimonio propio. Si Valentín atribuía la suprema autoridad a la Palabra del Salvador, nuestro mártir postula que ésta no se basta a sí misma. Jesús ha de apoyarse en las profecías y debe predicar en sintonía con la obra creadora. Los milagros responden al mismo esquema. Si sirven de prueba, no es por ser prodigios admirables, sino por su coherencia con los oráculos proféticos y la creación. Detrás está, en último término, el testimonio de su Padre, en el que Jesús quiere apoyarse para todo lo que hace o dice[256].

Discutíamos al inicio del apartado si probaban los milagros la filiación divina de Jesús. Vemos ahora en qué modo lo hacen. La autoridad de Jesús no es, como querían los gnósticos, la de un foco solitario que ilumina por su propia claridad. Sus prodigios no convencen deslumbrando por asombrosos o formidables. Se trata más bien de captar la armonía, la coherencia entre el testimonio del Padre sobre el Hijo, contenido en la creación y en la Escritura, y la vida y obra de Jesús, en consonancia con lo que dice su Padre.

A su vez éste es el criterio que buscábamos para distinguir entre milagros divinos y diabólicos. En efecto, recordemos que el diablo se presenta a sí mismo como único punto de luz. Se da nombre a sí mismo (cf. II 5 [4], 6) y, apoyado en su propia autoridad, busca la adoración del

---

[255] ORBE, *Introducción* (718s).

[256] Aspecto que quedó claro más arriba: el Padre da el testimonio sobre su Hijo a través de la Escritura (cf. *supra*, p. 287: "La enseñanza de Cristo y el testimonio profético").

hombre. El testimonio de Jesús necesita, por el contrario, de la palabra del Padre que lo apoye. Esto es acorde con su misión, pues no ha venido Jesús a presentarse a sí mismo, sino a ofrecer el conocimiento del Dios inefable. En este sentido los milagros muestran precisamente la filiación divina de Jesús: es decir, lo presentan en su condición propia de Hijo, engendrado del Padre, a quien todo lo refiere[257].

En conclusión: los milagros cobran densidad teológica si se los considera en el horizonte de la predicación. Ambos, obras y mensaje de Jesús, salen beneficiados del consorcio. (1) La enseñanza de Cristo, por ir conjunta con los milagros, evita el riesgo de una excesiva espiritualización. No es mera comunicación de verdades, sino que mira a la salvación completa del hombre, en cuerpo y alma. (2) Los milagros, por formar parte de la predicación, ya no pueden ser considerados como actos mágicos o simple manifestación de fuerza. Al igual que el mensaje de Jesús, son camino para acceder al Padre a través del Hijo, hasta la perfecta convivencia en carne resucitada. Adquieren valor probativo porque sintonizan con el testimonio paterno, plasmado en la creación y consignado en las profecías.

4.4. La fuerza con que se realizan los milagros

Para completar el cuadro hemos de añadir un último punto, de acuerdo con el hilo conductor de este capítulo. Investiguemos ahora la fuerza con que Jesús realizaba milagros. Pregunta que podría parecer superflua: siendo el mismo Logos de Dios, ¿no se bastaba para sanar al hombre? Y sin embargo: el Señor empieza a ejercer su poder taumatúrgico sólo a partir del Jordán. ¿Tiene el hecho conexión con el Espíritu que allí descendió sobre Él?

De la acción del Espíritu en los milagros de Jesús se pueden acumular indicios. La opinión de que Jesús recibió en el Bautismo la fuerza para obrar prodigios era moneda corriente entre muchos escritores contemporá-

---

[257] H. REMUS, *Pagan-Christian Conflict over Miracle in the Second Century* (PMS 10; Cambridge, MA 1983), estudia los motivos que llevaban a Justino a aceptar los milagros de Jesús y rechazar los paganos, comparándolo con el punto de vista, exactamente opuesto, de Celso. Pone de relieve el factor sociológico: los distintos grupos sociales (cristianismo y paganismo) a que pertenecen Justino y Celso les hacen ver de forma distinta los prodigios. Nuestro análisis ha mostrado, sin negar el influjo de los factores que señala Remus, criterios de otro orden, que permiten al mártir distinguir, desde el punto de vista teológico, unos milagros de otros.

neos de Justino[258]. También hemos visto que el mártir constata la ausencia de hechos extraordinarios antes del Jordán[259]. Pero sobre todo nos iluminará considerar los milagros de Jesús en continuidad con los que obraron los profetas en el Antiguo Testamento. Leamos lo siguiente, referido a Moisés, que pugna con los magos de Egipto[260]:

Y sabemos que los magos de Egipto intentaron imitar la potencia (ἐξιοῦσθαι τῇ δυνάμει) que Dios obró por medio de su fiel servidor Moisés... (D 79, 4).

No se trata aquí simplemente de imitar prodigios. El singular (τῇ δυνάμει) apunta a la misma fuerza que los obraba. ¿De qué poder se trata? Nos lo dice un pasaje de la Apología:

Y fue entonces cuando [Moisés] recibió fuerza tan grande (δύμαμιν ἰσχυρὰν ἔλαβε) del mismo Cristo que le hablara en forma de fuego, y bajó, en efecto, a Egipto y sacó al pueblo, después de cumplir cosas grandes y admirables... (I 62, 4).

El pasaje se entiende bien a la luz de la enseñanza de Justino sobre el Espíritu. Cristo, por la unción precósmica, lo posee en plenitud. Al recibirlo del Padre se hace capaz de participarlo al hombre, cosa que realiza a lo largo de toda la historia. El Espíritu que mueve a profetas, reyes y justos, es participación del Espíritu de Cristo. Justino habla precisamente de que Moisés posee el Espíritu, y nos dice cómo Dios lo trasladó luego sobre Josué, el siguiente guía del pueblo:

Dios mandó a Moisés que le impusiera las manos [a Josué] al tiempo que le decía: *Yo trasladaré sobre él parte del Espíritu que hay en ti* (Nm 11, 17) (D 49, 6).

Y con este Espíritu realizó prodigios:

---

[258] Cf. ORBE, *Introducción* (702-723); ORBE, *Cristología gnóstica* (16-17). Diferían en el fondo las doctrinas de gnósticos y eclesiásticos. Para los primeros, actuaba en Jesús el Espíritu profético del Demiurgo; para los segundos, el único Espíritu de las dos Alianzas, aunque con nuevo modo de operación.

[259] Cf., en el capítulo anterior, la sección dedicada al crecimiento de Jesús. Este hecho era para Melitón de Sardes (Fragmento 6, SC 123, 226) la prueba de la verdadera humanidad del Señor.

[260] Para la idea, difundida en la Antigüedad, de Moisés como mago, cf. MOSETTO, *I miracoli* (52).

Aquel [Josué] hizo parar el sol, después que se le cambió su nombre por el de Jesús y hubo recibido fuerza del espíritu del mismo Jesús (λαβὼν ἀπὸ τοῦ πνεύματος αὐτοῦ ἰσχύν) (D 113, 4)[261].

Un esquema coherente preside estas afirmaciones. La fuerza poderosa que recibió Moisés le capacitó para obrar prodigios; esa fuerza pasó luego de Moisés a Josué. La fuente era siempre la misma: Cristo, poseedor en plenitud del Pneuma (cf. D 113, 4). Resulta que ahora el Espíritu desciende sobre Jesús en el Bautismo (cf. D 49, 6). Por tanto, el hecho de que el Salvador realice milagros sólo a partir del Jordán es prueba de que en ese momento comenzó a actuar en Él el Espíritu que movía a los profetas en la Alianza Antigua.

Pues pertenece al Pneuma el poder de sanar al hombre. Lo sabe Justino que, cuando enumera sus dones[262], modifica un tanto el texto de Is 11, 1[263], recibiendo influjo paulino[264]. Y menciona, entre otros dones del Espíritu, el de curación: πνεῦμα ἰάσεως.

Todo esto nos sirve para profundizar en la relación entre predicación y milagros. Es el mismo Espíritu el que obra ambos. En los milagros su presencia es necesaria, *en primer lugar*, en cuanto permite ver en ellos a Jesús, quien viene a cumplir las profecías. Reconocer al Cristo profetizado era también obra del Espíritu en la predicación evangélica. En este sentido el Espíritu obra a una en la enseñanza y los milagros de Cristo.

Su presencia en los milagros acentúa, *en segundo lugar*, su participación en la obra creadora y recreadora del mundo, como Espíritu con que todo fue ungido y será renovado. El Espíritu permite, por tanto, que la obra de Cristo preanuncie la realidad futura del cumplimiento definitivo en carne.

5. Conclusiones

Brevemente recojamos las principales conclusiones del capítulo. Al empezarlo señalábamos que el plan del Padre dividía en etapas la vida de Jesús. Cada momento adquiría así un valor preciso que era necesario

---

[261] La semejanza entre la participación de la fuerza en Moisés y Josué es clara si comparamos las dos expresiones: Moisés: δύμαμιν ἰσχυρὰν ἔλαβε παρὰ τοῦ Χριστοῦ (I 62, 4); Josué: λαβὼν ἀπὸ τοῦ πνεύματος αὐτοῦ ἰσχύν; D 113, 4.

[262] Cf. D 39, 2.

[263] Precisamente el texto que dará origen a la discusión sobre el Bautismo de Jesús en D 87-88. Si descansan sobre Jesús los dones del Espíritu, entre ellos el de curación, y si Jesús empieza a curar sólo a partir del Jordán, entonces es que este descanso no es meramente manifestativo.

[264] Cf. 1 Co 12, 9.

determinar. Dentro de este designio los misterios estudiados (bautismo, tentaciones, predicación y milagros) guardan trabazón. Un hecho les confiere coherencia: la actuación del Espíritu sobre Jesús a partir del Jordán. Es este el criterio que permite distinguir estos años de los transcurridos en Nazaret. Se abre con esto una sospecha. ¿No será la diversa actuación del Espíritu la clave para contemplar la vida de Jesús, para conocer sus ritmos y articular sus diversas fases? Esto es cierto para los misterios que hemos abordado; sólo los capítulos siguientes podrán darnos una respuesta global.

Al allegarse Jesús a Juan Bautista, pasa a Él el Espíritu que obraba hasta entonces en el Pueblo. Se trata del Espíritu por el que Dios se hace presente entre los suyos y les lleva poco a poco a comunión consigo. Cierto que, en cuanto Cristo preexistente, no necesitaba el Salvador de tal descenso, pues poseía desde siempre la plenitud del Pneuma. Pero ha de respetar las leyes de la carne que asumió, en bien del hombre a quien vino a salvar. Y no consiente la naturaleza humana, plasmada del barro, una donación súbita del Espíritu. La unión entre Dios y el hombre, coordenada teológica en que se sitúa el Bautismo, no puede darse en modo repentino. Requiere la lenta adaptación de la carne a las propiedades divinas. Esta paciencia debe ejercitarla en primer lugar el mismo Jesús, en su vida terrena, para poder abrir camino a los cristianos; tal es el marco de la doctrina de la recapitulación.

De aquí se deduce que el Bautismo supone para Justino mucho más que una dificultad teológica planteada por sus adversarios. Si algunos han visto en este misterio una objeción contra la preexistencia, no deja el mártir que se estrechen sus miras. El Bautismo del Jordán da la clave para resolver una cuestión fundamental: ¿cómo lleva a cabo Dios la unión con su criatura, respetando a un tiempo sus propiedades? Para responder, Justino sitúa el Bautismo en dos coordenadas amplias: a) concibe al Espíritu como agente dinámico de la comunicación de Dios al mundo; b) mira a Cristo como recapitulador, como quien participa al hombre la filiación divina a que estaba llamado. Este marco permite ver el descenso real del Espíritu sobre Jesús como una pieza coherente con el entero mosaico de la *historia salutis* que nos presenta el mártir.

Desde aquí se entiende que Jesús reciba el Espíritu y escuche la voz del Padre: "Tú eres mi Hijo. Yo te he engendrado hoy" (Sal 2, 7). La frase indica algo que ocurre realmente en el Jordán. Hay una filiación ligada a este momento, distinta de la que corresponde al Hijo de Dios tanto por su generación *a Patre* antes del tiempo como por su nacimiento de María. La novedad se explica en dos sentidos: primero, en cuanto el Espíritu perfecciona la humanidad de Jesús, habilitándola para la predicación y milagros (aspecto dinámico); segundo, en cuanto el Espíritu permitirá la participación de la filiación divina a los hombres (aspecto participativo).

De hecho la voz del Padre ("Tú eres mi Hijo...") fue bien comprendida por Satanás. Supo el Tentador que Jesús, a partir de ese momento, tenía eficacia salvífica sobre los hombres, por generación según el Espíritu, y se acercó a tentarle como a nuevo Adán, consciente de la ganancia que le reportaría su caída. El momento tiene así gran importancia en la derrota final del diablo, aunque quede todavía la prueba terrible de la Pasión.

Si las tentaciones muestran bien la acción participativa del Espíritu, los dos otros apartados del capítulo se centran sobre todo en el perfeccionamiento de la humanidad de Jesús (aspecto dinámico). A partir del Bautismo comenzó el Salvador a predicar y obrar milagros. Ambos aspectos resumen el ministerio público de Jesús.

Viene el Hijo a revelar al Padre; de ahí que no se apoye en su propio testimonio. Prefiere recibir el aval paterno, a quien corresponde el origen del designio salvador. Y este aval se expresa por medio de la creación y las profecías. La predicación será así exégesis de la Escritura; y los milagros recibirán fuerza de prueba tanto por haber sido profetizados como por mostrarse plenamente de acuerdo con la obra del Creador, al tiempo que anuncian la definitiva plasmación del mundo renovado.

Todo esto nos muestra la radical referencia al Padre de todo el ministerio de Jesús. Y nos permite atisbar algo que hemos de considerar con más detalle al estudiar la Pasión. La obra del Espíritu sobre Jesús, capacitándole para su predicación y milagros, imprime en su vida un sesgo filial; el Hijo predicará la palabra del Padre, apoyándose en el testimonio paterno, y podrá así ser reconocido por los creyentes como Hijo de Dios. Hay pues una conexión entre las dos acciones del Espíritu, perfectiva del mismo Jesús la una, comunicadora de sus propiedades a los cristianos la otra. Pues si el Pneuma participa a los discípulos la filiación, su obra anterior en Jesús está ligada a su vez con la filiación divina.

Por otro lado, hemos considerado también que el mensaje y obra de Jesucristo no es puramente espiritual. Para este magisterio hace falta la Encarnación, pues Dios se amolda al hombre, su criatura, y respeta sus leyes. Jesús es un maestro que trata de educar al hombre entero; un pedagogo que conduce, no solo a una instrucción interior, sino a la plenitud de la resurrección en carne. A esto miran en forma conjunta predicación y milagros.

Podemos, pues, confirmar que toda esta fase de la vida de Jesús se une bajo un denominador común, el Espíritu recibido en el Bautismo. Es el Pneuma el que marca los ritmos, el que distingue entre la etapa de vida oculta y el ministerio público del Señor. Como veremos, no son estos sus únicos modos de actuar. Al acercarnos a la Pasión cambiará el paisaje, y el Espíritu obrará en manera diferente. Pero esto es ya materia de otro capítulo.

CAPÍTULO VI

La Pasión de Jesús y la cruz

Estaba decidido por el Padre: acabada la vida pública Jesús debía morir en cruz (cf. D 102, 2). Este designio, realizado en bien de los hombres, esconde un gran misterio. En él se decide la imagen cristiana de Dios y del mundo. ¿Qué Padre es el que ha concebido tal plan para su Hijo? ¿Qué hombre, el que necesita para salvarse la crucifixión de Cristo? ¿Qué muerte, la que puede traernos redención y novedad de destino?[1]

Interesa ahora examinar cómo respondió Justino a estas preguntas. Su testimonio es de gran importancia. En sus escritos encontramos uno de los primeros esfuerzos por dar razón de este núcleo de la predicación apostólica: la muerte de Cristo por nosotros. Y lo lleva a cabo nada menos que un filósofo, buen conocedor de las escuelas y maestros griegos. Óptimo banco de prueba para ilustrar cómo presentaron los cristianos ante sus contemporáneos la necedad y escándalo del Crucificado.

Pero, ¿trató Justino de responder a las preguntas arriba formuladas? Nadie duda de que la pasión y muerte del Salvador ocupan lugar de relieve en sus páginas. Abundan en su pluma frases de este tenor: los cristianos son purificados "por la sangre de Cristo y por su muerte" (D 13, 1); "el Padre quiso que su Hijo, por amor nuestro, pasara por sufrimientos" (D 103, 8); Jesús, "muriendo y resucitando, venció a la muerte" (I 63, 16)[2].

Y sin embargo, se tiende a quitar importancia a estas afirmaciones de Justino. Eran fórmulas recibidas en la catequesis, piezas importantes en la

---

[1] Cf. los distintos aspectos bajo los que se puede estudiar la muerte de Jesús en O. GONZÁLEZ DE CARDEDAL, *Cristología* (Madrid 2001) (93).

[2] Cf. el resumen de BARNARD, *Justin* (122-125).

predicación cristiana que no entraron de forma orgánica en su reflexión[3]. La cruz siguió siendo un cuerpo extraño, en sí no reconciliable con otras de sus afirmaciones, especialmente las que presentan a Jesús como Logos e Hijo de Dios. Como si para él permaneciesen estancos dos compartimentos: el Logos maestro que nos salva con su enseñanza, por una parte; la muerte en cruz como causa de nuestro rescate, por otra[4].

Recientemente, un estudio de M. Fédou ha mostrado lo impreciso de estos juicios[5]. De él resulta que la muerte en cruz de Cristo pertenece al núcleo mismo de la teología del santo. Y entiéndase: no sólo de su recepción de la tradición cristiana o de su aprecio por la enseñanza apostólica. Sino de su reflexión sobre los datos aprendidos, de su presentación meditada del cristianismo ante paganos y judíos[6].

---

[3] Es la línea de interpretación que comenzaron sobre todo Engelhardt y Harnack (cf. lo que de ellos dijimos en la introducción). Sus concepciones han ejercido largo influjo; léase si no H. KESSLER, *Die theologische Bedeutung des Todes Jesu. Eine traditions-geschichtliche Untersuchung* (ThemThes; Düsseldorf 1971) (31): "Abgesehen von Ignatius [...] nimmt Jesu Tod bei den apostolischen Vätern und Apologeten keine zentrale Stellung ein. Sie sehen in ihm ein nachahmenswertes Beispiel, sie finden ihn vorgebildet in alttestamentlicher Weissagung und in einer Vielfalt von Symbolen. Darüber hinaus noch etwas zu sagen, verpflichtet sie lediglich die verbale Treue zum überkommenen urchristlichen Sprachgut. Aber was sie darüber hinaus sagen, ist kaum ihr eigener Gedanke [...] Solche Veranschaulichungen sind homiletisch und katechetisch durchaus auch heute legitim; theologisch jedoch sind sie unzureichend".

[4] Cf. P. SMULDERS, "Dogmengeschichtliche und lehramtliche Entfaltung" (405): "Die traditionelle Lehre von dem erlösenden Leiden Jesu hat Justin also auch auf ganz eigene Weise überdacht. Doch stellt er nirgendwo einen ausdrücklichen Zusammenhang her zwischen dieser Heilsmacht des Leidens und der göttlichen Würde des Wortes, unseres Lehrers. Man kann hier schon vermuten, wie zwei Heilskonzeptionen auseinander gehen werden, von denen jede ihr eigenes Bild von Jesus zeichnen wird"; cf. BARNARD, *Justin* (123s): "This theory of redemption [Christ as Teacher] has strictly no place for the Cross, as it is in the Incarnation that men come to know the whole Logos. However, Justin, more than any other second-century Apologist, states repeatedly that Christ saves us by his death on the Cross and by his resurrection [...] The significance of Justin's statements about the Cross should not be underestimated. In strict logic his philosophical presuppositions, which controlled his intellectual apprehension of Christianity, had no place for any objective theory of the Atonement. The fact that he has so much to say about the Cross and what it had effected is a strong proof that the Church of his day held this belief [...] Justin accepted this faith as fundamental although it did not easily fit into the philosophy which he had imbibed..."; por su parte, NORMANN, *Christos Didaskalos* (121), reconoce también la importancia de las afirmaciones soteriológicas en que aparece la cruz, pero no intenta ninguna síntesis con las que hablan de Cristo Maestro.

[5] Cf. M. FÉDOU, "La vision"; cf. también C.I.K. STORY, *The Nature of Truth in The Gospel of Truth and in the Writings of Justin Martyr: A Study of the Pattern of Orthodoxy in the Middle of the Second Christian Century* (NT.S 25; Leiden 1970) (114-123; 133-134).

[6] Cf. FÉDOU, "La vision" (34-35): "la Croix n'aurait-elle pas été pour Justin l'événement qui, entre tous, commandait un certain rapport au judaïsme, une certaine

El trabajo de Fédou tiene el mérito de dedicar atención a páginas largo tiempo olvidadas. No agota, sin embargo, la riqueza de las líneas de Justino. El análisis que sigue lo hará patente, al tiempo que permite confirmar sus resultados.

Parte importante de nuestra prueba será mostrar que la cruz no aparece sólo de forma aislada en las obras del mártir. Constituye, por el contrario, el núcleo de enteras secciones del Diálogo y ocupa un lugar fundamental en la arquitectura de la Apología. Clara muestra de que la respuesta de Justino no es mera fórmula incapaz de vertebrar su pensamiento.

A una tal reflexión le invitaban, ciertamente, las provocaciones de sus adversarios. Trifón resume así los reproches que hace a Justino: los cristianos habéis abandonado los mandamientos de la Ley para poner vuestra esperanza en un hombre crucificado[7]. Y oigamos a Celso ironizar sobre la fe cristiana, con palabras que recuerdan la teología de nuestro mártir:

> [Celso] acusa a los cristianos de sofistas, cuando dicen que el Hijo de Dios es su propio Logos, y piensa fundamentar su acusación de esta manera: [los cristianos] proclaman que el Logos es el Hijo de Dios, pero no muestran al Logos puro y santo, sino a un hombre arrestado y aporreado hasta la muerte en modo ignominioso[8].

A esta luz, si Justino no hubiera tratado de integrar cruz y doctrina del Logos habría eludido la pregunta central con que le enfrentaban sus adversarios: la esperanza que se debe poner en Dios, ¿puede colgar de un crucificado?; el santo y glorioso Logos divino, ¿qué tiene que ver con la infamia de un hombre apaleado vilmente?

Dividiremos el capítulo en dos partes. Se estudiará primero la Pasión y muerte de Jesús como misterio culminante de su vida terrena (1). Se verá, en segundo lugar, la forma concreta en que Jesús murió, la cruz, que oculta para Justino un misterio especial (2). En ambos casos giraremos en torno a secciones bien estructuradas del Diálogo y la Apología.

1. Pasión del Hijo de Dios

El salmo 21 juega un papel importante en el Nuevo Testamento. Versículos como: "echan suertes sobre mi túnica" (Sal 21, 19) o "Dios mío, Dios mío, ¿por qué me has abandonado?" (Sal 21, 2) hacían ver a los primeros cristianos cómo se cumplía la Escritura en las últimas horas de

---

relation à la culture gréco-romaine, une certaine vision de l'histoire, une certaine manière d'exister au coeur du monde?"

[7] Cf. D 10, 3. Justino estará de acuerdo: la esperanza cristiana pende del Crucificado, cf. D 96, 1.

[8] Cf. I 63, 4; I 32, 10; D 61, 3, citados en nota por M. Borret en su edición de ORÍGENES, *Contra Celso* II, 31 (SC 132, 362).

Jesús. Que sepamos, Justino fue pionero en realizar una exégesis detallada de este salmo[9], aplicándolo todo a los sufrimientos de Cristo[10].

De hecho, después de los relatos evangélicos es la primera vez que un escritor cristiano dedica de seguido varias páginas a hablar de la Pasión. Y lo hace de forma original, invirtiendo el procedimiento de los evangelistas. Pues si éstos narran la historia de Jesús sobre la plantilla del Antiguo Testamento[11], en Justino el Antiguo Testamento pasa a primer plano: comentando sus páginas se accede a la Pasión de Cristo. Buen ejemplo de cómo profecías y vida de Jesús se alumbran mutuamente. Además, el enfoque del mártir es interesante por otro motivo: escucharemos el relato narrado con las palabras mismas de Jesús al Padre. Así se nos desvelará en primera persona cómo vivió Cristo su muerte[12].

Para exponer la Pasión según Justino nada más conveniente, pues, que seguir su exégesis al salmo 21. El mismo mártir nos ha facilitado la tarea: a su comentario preceden las líneas claves de lectura:

> Y os diré todo el salmo, de forma que veáis su piedad hacia el Padre (τὸ πρὸς τὸν πατέρα εὐσεβές), y cómo lo refiere todo a Él (ὡς εἰς ἐκεῖνον πάντα ἀναφέρει), al tiempo que pide ser librado por Él de esta muerte (ὡς αὐτὸς δι' ἐκείνου καὶ σωθῆναι ἀπὸ τοῦ θανάτου τούτου αἰτῶν), a la vez que muestra en el salmo cómo eran los que se habían reunido contra él y demuestra que se hizo verdaderamente hombre capaz de recibir los sufrimientos (ἅμα τε δηλῶν ἐν τῷ ψαλμῷ ὁποῖοι ἦσαν οἱ ἐπισυνιστάμενοι κατ' αὐτοῦ, καὶ ἀποδεικνύων ὅτι ἀληθῶς γέγονεν ἄνθρωπος ἀντιληπτικὸς παθῶν) (D 98, 1).

El salmo nos mostrará, por tanto:
- la piedad de Cristo hacia el Padre, y cómo a Él lo refiere todo.
- que Cristo pide ser salvado de esta muerte [la cruz].
- quiénes son los que se reúnen para condenar a Cristo, sus adversarios.
- que Jesús es hombre capaz de sufrir.

Estos aspectos nos servirán de guía para presentar la visión de Justino; aparecen continuamente en la exégesis del salmo. Comenzaremos considerando la piedad de Cristo hacia el Padre (1.1) y la actitud opuesta de sus adversarios (1.2). Estas dos disposiciones enfrentadas se iluminan mutua-

---

[9] Cf. D 98-106. Sobre estos números se puede ver FÉDOU, "La vision", (55-63); cf. también N. KOLTUN-FROMM, "Psalm 22's Christological Interpretive Tradition in Light of Christian Anti-Jewish Polemic", *JECS* 6 (1998) 37-57.

[10] Cf. D 97, 3: el salmo se aplica εἰς τὸ πάθος καὶ τὸν σταυρόν.

[11] Cf. L. RUPPERT, *Jesus als der leidende Gerechte? Der Weg Jesu im Lichte eines alt- und zwischentestamentlichen Motivs* (SBS 59; Stuttgart 1972) (42-59); cf. L. ALONSO SCHÖKEL - C. CARNITI, *Salmos* (Estella 1992) (I, 390-396).

[12] Cf. J.L. MAYS, "Prayer and Christology: Psalm 22 as perspective on the Passion", *TTod* 42 (1985) 322-331.

mente y nos dan el marco general de lo que sucedió a Jesús. Seguiremos después la historia de la Pasión. En Gethsemaní (1.3) quedará especialmente de relieve que Jesús pide al Padre ser salvado de la muerte y es hombre capaz de padecer. Vendrá luego un análisis del silencio de Jesús en la Pasión (1.4) y del momento mismo de su muerte (1.5). Tras narrar la historia habremos de indagar su sentido último; para ello reflexionaremos sobre el verdadero director de escena en esta última hora del Señor: el Padre (1.6).

1.1. La Pasión y la piedad con el Padre

Lo primero que señala Justino es la piedad (εὐσέβεια) de Cristo hacia el Padre, puesta de manifiesto en la Pasión:

Para que escuchéis su piedad hacia el Padre y cómo lo refiere todo a Él (ὅπως καὶ τὸ πρὸς τὸν πατέρα εὐσεβὲς αὐτοῦ ἀκούσητε, καὶ ὡς εἰς ἐκεῖνον πάντα ἀναφέρει) (D 98, 1).

Ya el modo en que Justino cuenta la Pasión pone de relieve la piedad del Hijo, que todo refiere al Padre. En efecto, el mártir narra los sufrimientos de Jesús al hilo de su súplica, recogida en el salmo. Mira así las últimas horas de Cristo desde el prisma de su relación con Dios, a quien se dirige su grito.

Pero examinemos más en concreto lo que significa la piedad, primero en la obra entera de Justino; después en su comentario al salmo 21.

La piedad en la obra de Justino

La piedad (εὐσέβεια) es para Justino una virtud importante. Va asociada al cumplimiento de la voluntad de Dios: agradarle[13], prestarle obediencia (ὑπακοή)[14]. Su contrapartida negativa es el rechazo de la idolatría. Si buscamos un ejemplo de piedad, el Antiguo Testamento nos ofrece la figura de Moisés. El Legislador se señaló como hombre piadoso. Recibió esta virtud de lo alto: es uno de los dones del Espíritu que enumera Isaías (Is 11, 2)[15]. Es probable que viera aquí Justino cómo Moisés permaneció fiel al Creador (lo propio de la piedad) cuando el pueblo prevaricó fabricando el becerro (lo contrario de la piedad) (cf. Ex 32).

Prácticamente sinónimo de εὐσέβεια es θεοσέβεια, donde la referencia a Dios entra a formar parte de la palabra. Es virtud característica del

---

[13] Cf. D 12, 3; D 95, 2.
[14] Cf. D 131, 2.
[15] Cf. D 87, 2. 4.

pueblo cristiano, concedida por el Padre a través de Cristo[16]. Por ella los creyentes rechazan la idolatría, oponiéndose a los designios del diablo[17]. Como se ve, la piedad se perfila poco a poco como actitud contraria a la apostasía de Satán.

La piedad aparece con frecuencia asociada a la justicia en la pluma del santo[18]. En este par, εὐσέβεια (o θεοσέβεια) y δικαιοσύνη, ve Justino resumida la perfección. Así cuando dice:

> en dos mandamientos se cumple toda justicia y piedad (ἐν δυσὶν ἐντολαῖς πᾶσαν δικαιοσύνην καὶ εὐσέβειαν πληροῦσθαι), que son: "Amarás al Señor Dios tuyo con todo tu corazón y con toda tu fuerza, y al prójimo como a ti mismo" (D 93, 2).

Justino está comentando el mandamiento doble del amor. Al citarlo lo une con palabras de Jesús al Bautista cuando el Jordán (cf. Mt 3, 15: "cumplir toda justicia"). Esto, junto al contexto en que se sitúa la frase (Pasión y cruz de Cristo), nos invita a decir: Jesús es quien cumple a la perfección el mandamiento del amor[19]; por eso las palabras que añade Justino se pueden aplicar a Él:

> Pues el que ama a Dios con todo su corazón y toda su fuerza, lleno *de un querer piadoso* (πλήρης θεοσεβοῦς γνώμης ὑπάρχων), no honrará a ningún otro Dios (D 93, 2).

Recordemos ahora, por un momento, el estudio de las tentaciones de Jesús. Justino concentraba las tres de Mateo y Lucas en una esencial: la invitación del diablo a la idolatría. He aquí lo que distingue la obra de Satanás, en los antípodas de la piedad con Dios[20]. La cosa nos indica que la εὐσέβεια (respectivamente θεοσέβεια) no es una virtud más, sino que tiene un puesto decisivo en la historia del hombre. Pues se opone a la apostasía diabólica, origen de una historia de desgracia y pecado. Véase el contraste:

> [el justo:] lleno de un querer piadoso [...] no honrará a ningún otro Dios (πλήρης θεοσεβοῦς γνώμης... οὐδένα ἄλλον τιμήσει θεόν) (D 93, 2).

---

[16] Cf. D 111, 3.

[17] Cf. D 52, 4; 53, 6; 91, 3; 110, 2; 110, 4; 119, 6; 131, 5.

[18] Cf. D 4, 7; D 23, 5; D 44, 2; D 93, 2; D 119, 6; y también I 43, 6: ἀσέβεια καὶ ἀδικία; cf. Rm 1, 18. Cf. P. MERLO, *Liberi per vivere secondo il Logos. Principi e criteri dell'agire morale in San Giustino filosofo e martire* (BSRel 111; Roma 1994) (136-138).

[19] Cf. *infra*, p. 412.

[20] Cf. D 30, 3: τῶν δαιμονίων, ἅ ἐστιν ἀλλότρια τῆς θεοσεβείας τοῦ θεοῦ.

[el diablo:] pidiendo ser adorado como Dios, al margen de la Escritura, hecho apóstata del querer de Dios... (παρὰ τὴν γραφὴν ἀξιῶν προσκυνεῖσθαι ὡς θεός, ἀποστάτης τῆς τοῦ θεοῦ γνώμης γεγενημένος) (D 125, 4).

El término γνώμη, que hemos traducido por "querer", es de difícil versión. Se relaciona con el conocimiento, pero implica una participación del órgano de la decisión y del sentir[21]. La piedad consiste aquí en un querer acorde con el del Padre; mientras que la obra del diablo es la apostasía del querer de Dios. La piedad de Jesús le presenta, por tanto, como quien viene a deshacer la obra de la serpiente.

Demos un paso más. Resulta que este acuerdo con el querer paterno es lo propio del ser mismo del Hijo de Dios en cuanto engendrado de la voluntad del Padre[22]. Cuando Justino afirma que el Padre y el Hijo son distintos en número, enseguida se apresura a aclarar: esto no quiere decir que difieran en su querer (γνώμη). Leamos al mártir:

[Cristo] es Dios distinto del Dios que lo hizo todo, distinto en número, digo, y no en querer (θεὸς ἕτερός ἐστι τοῦ τὰ πάντα ποιήσαντος θεοῦ, ἀριθμῷ λέγω ἀλλὰ οὐ γνώμη). Porque, ante todo, afirmo que jamás hizo ni habló nada sino lo que el Dios que hizo el mundo, por encima del cual no hay otro Dios, quiere que haga y hable (D 56, 11)[23].

Podría estar Justino en línea con la expresión de Ignacio de Antioquía: "Jesús es el querer (γνώμη) del Padre"[24]. En todo caso sus textos nos permiten vislumbrar una relación entre la piedad y la generación divina. No separarse del querer paterno, propio del Hijo *qua* Hijo, en cuanto nacido del Padre (D 56, 11), equivale al querer piadoso que Cristo mostrará, sobre todo, en la Pasión (D 93, 2). ¿Se confirma tal lectura en el comentario de Justino al salmo 21?

La piedad en el comentario al salmo 21

Volvamos a la frase que dio inicio a este apartado. Justino quiere recitar todo el salmo para que Trifón escuche la "piedad [de Cristo] hacia el Padre y cómo lo refiere todo a Él" (D 98, 1). Y, en efecto, su exégesis pone de relieve que entre los sufrimientos y angustias de la Pasión ésta es

---

[21] Cf. Liddell-Scott, s.v. γνώμη: entre las acepciones están, por un lado, *thought, judgment, intelligence*; por otro, *will, purpose, accord*.

[22] Así lo mostramos en el cap. I, apdo. 1.3, p. 34.

[23] La respuesta de Trifón insiste en lo mismo: "no suponemos que tú vayas a decir que hizo nada ni habló jamás contra el querer (γνώμη) del Creador del Universo" (D 56, 12).

[24] Cf. IGNACIO, *Ad Eph.* III, 2 (SC 10b, 70): καὶ γὰρ᾽ Ἰησοῦς Χριστός, τό ἀδιά-κριτον ἡμῶν ζῆν, τοῦ πατρὸς ἡ γνώμη. En el contexto exhorta Ignacio a los Efesios a avanzar corriendo en el cumplimiento de la voluntad del Padre.

la disposición constante del Hijo, de antiguo profetizada. Recojamos los lugares principales:

Diálogo	Salmo 21	Interpretación de Justino
D 99, 2	Sal 21, 3: ¡Oh, Dios mío! gritaré a ti por el día y Tú no me escucharás...	Padre, si es posible, pase de mí este cáliz... No como yo quiera, sino como Tú quieras.
D 100, 1	Sal 21, 4: Pero Tú habitas en el santuario, gloria de Israel	Había de hacer [Jesús] algo digno de gloria, gloria que, efectivamente, recibió de su Padre [...] "Todo me ha sido entregado por mi Padre" (Mt 11, 25).
D 101, 1	Sal 21, 5: En Ti esperaron nuestros padres, esperaron y Tú los libraste.	...da a entender que será él mismo por Dios salvado, pero no se gloría de hacer nada por propia voluntad o por propia fuerza [...] "Sólo uno es bueno, mi Padre, que está en los cielos".
D 102, 1	Sal 21, 10: Mi esperanza desde los pechos de mi madre.	apenas nacido en Belén, ya quiso matarle el rey Herodes [...] y por mandato de Dios, tomando José al niño, se retiró [...] Y es que el Padre había determinado que no muriera aquel a quien había engendrado.
D 102, 6	Sal 21, 11-12: Desde el vientre de mi madre, Tú eres mi Dios. No te apartes de mí, porque la tribulación está cerca y no hay quien me ayude.	quiere enseñarnos que todos debemos poner nuestra confianza en el Dios que hizo todas las cosas, y sólo de Él esperar salvación y ayuda...
D 105, 3	Sal 21, 20: Mas Tú, Señor, no alejes tu ayuda de mí; atiende a mi protección.	era pedir que nadie se apoderara de su alma [...] a fin de que nosotros [...] pidamos lo mismo a Dios.
D 106, 1	Sal 21, 23-24: Anunciaré tu nombre a mis hermanos, en medio de la asamblea te entonaré himnos. Los que teméis al Señor, alabadle...	y como Jesús sabía que su Padre había de concederle todo según su beneplácito y que había de resucitarle de entre los muertos, exhortó a todos los que temen a Dios a que le alabaran...

Pasemos revista a algunos de estos textos.

+ Empecemos por este comentario a Sal 21, 5: "En Ti esperaron nuestros padres, esperaron y tú los libraste":

confiesa como padres suyos a los que esperaron en Dios y fueron salvados por Él, [...] [y] da a entender que será él mismo por Dios salvado, pero no se gloría de hacer nada por propia voluntad o por propia fuerza (ἀλλ᾽ οὐ τῇ αὐτοῦ βουλῇ ἤ ἰσχύϊ πράττειν τι καυχώμενος). Y es así que eso mismo hizo cuando estuvo en la tierra; pues como alguien le dijera: "Maestro bueno", contestó: "¿Por qué me llamas bueno? Sólo uno es bueno: mi Padre, que está en los cielos" (D 101, 1-2).

La piedad de Jesús hacia el Padre significa referirlo todo a Él (D 98, 1). Así, cuando Jesús espera en Dios como lo hicieron los patriarcas, y no se gloría en su propio querer y fuerza, se está mostrando en extremo piadoso. La cosa se ilustra con una cita del Evangelio: la respuesta de Jesús al joven rico. Es interesante observar la variante de Justino con respecto al texto bíblico.

Sinópticos: "nadie es bueno sino uno solo, *Dios*" (οὐδεὶς ἀγαθὸς εἰ μὴ εἷς ὁ θεὸς) (Mc 10, 18; Lc 18, 19)[25].

Justino: "sólo uno es bueno, *mi Padre, que está en los cielos*" (εἷς ἐστιν ἀγαθός, ὁ πατήρ μου ὁ ἐν τοῖς οὐρανοῖς) (D 101, 2).

¿Por qué el cambio de Justino (de "Dios" a "mi Padre, que está en los cielos")? ¿Era acaso ésta la única lectura de sus códices? Sabemos que no, pues dice en un lugar de la Apología, refiriéndose al mismo pasaje: sólo uno es bueno, "Dios, el que hizo todo"[26]. Se hace muy probable, pues, que la variante la escogiera Justino por cuadrar bien en el contexto. A la piedad de Jesús, a su total abandono y confianza en Dios, se une espontáneamente la filiación divina, por la que Jesús llama a Dios su Padre.

En esta misma línea podemos considerar el reproche que los judíos dirigen a Cristo crucificado:

Hijo de Dios se decía a sí mismo, baje de la cruz y eche a andar. Sálvele Dios (D 101, 3).

Es interesante la comparación con los sinópticos. Coinciden estos en que Jesús escuchó desde la cruz la provocación: ¡que se salve a sí mismo![27] Justino, sin embargo, resalta la relación paterno-filial (uniendo a

---

[25] Mt 19, 17: "uno sólo es el Bueno".
[26] Cf. I 16, 7: ὁ θεὸς ὁ ποιήσας τὰ πάντα.
[27] Cf. Mt 27, 40-43; Mc 15, 29-30; Lc 23, 35; cf. la tabla comparativa que trae O. SKARSAUNE, *The Proof* (79).

la denominación de "Hijo de Dios" la súplica "sálvele Dios"). Y eso que en la Apología (I 38, 8) había escrito: "El que resucitó muertos, que se libre *a sí mismo*". De nuevo: en el Diálogo el énfasis se pone en la relación Padre-Hijo, a la luz del mismo salmo 21[28].

+ Fijémonos a continuación en el análisis de Sal 21, 10-11: "mi esperanza desde los pechos de mi madre", que Justino aplica a la huida a Egipto (cf. D 102, 2). El Padre es la esperanza de Jesús: de ahí su oración confiada en los momentos de angustia. Pues bien, enseguida se menciona, como base de esta confianza, el plan del Padre, quien había decidido que no muriera todavía "aquel a quien había engendrado" (ὃν [ὁ πατήρ] ἐγεγεννήκει). Se ponen así en relación la generación *a Patre* y la confianza total de Jesús en Dios[29].

+ Tal conexión vuelve a aparecer de nuevo en D 105, 1, esta vez siguiendo el Sal 21, 20-21: "Tú, Señor, no alejes tu ayuda de mí, atiende a mi protección. [...] Libra de la pata del perro a mi unigénita (μονογενῆ)". La profecía enseña, según el comentario inmediato de Justino, quién es el que está en la cruz: se trata del Unigénito del Padre (μονογενής τῷ πατρί), es decir la Palabra y la Fuerza *engendradas* por Él (λόγος καὶ δύναμις γεγεννημένος). Se unen en la exégesis la súplica confiada a Dios y la mención de la generación divina[30].

+ Hemos dejado para el final el texto más importante, ya analizado en un capítulo anterior[31]. Se trata del número 100 del Diálogo. Hace exégesis Justino a Sal 21, 4: "Tú habitas en el santuario, gloria de Israel". Son palabras dichas por Cristo (Israel), que llama al Padre gloria suya porque sabe que recibirá de Él la gloria de la resurrección (D 100, 1)[32]. Acto

---

[28] Cf. Sal 21, 9: "esperó en el Señor, que lo libre, porque lo quiere", citado en D 101, 3; cf. Mt 27, 43.

[29] Se piensa, probablemente, en el nacimiento humano de Jesús; pero poniendo de relieve que se da por querer y voluntad del Padre, es decir en consonancia con su generación divina; cf. *supra*, cap. III, apdo. 1.2, p. 125.

[30] Sobre este pasaje cf. *infra* apartado 1.5, pp. 365s. También en D 102, 6-7 y D 103, 8 se habla del hijo de Dios; son textos que comentaremos más adelante. Para el primero, cf. el apartado 1.3 dedicado a Gethsemaní (p. 342); para el segundo, el que trata del silencio de Jesús (apdo. 1.4, p. 355).

[31] Cf. cap. III, apdo. 2.3, p. 168; cf. también *infra*, cap. VII, apdo. 1.1, p. 435.

[32] La cita de Sal 21, 4 en D 100, 1 (Tú habitas en el santuario, gloria de Israel: Σὺ δὲ ἐν ἁγίῳ κατοικεῖς, ὁ ἔπαινος τοῦ Ἰσραήλ) merece algún comentario. Archambault elimina el artículo τοῦ delante del nombre Israel (cf. Archambault, 118; le sigue Marcovich, 241). Da como razón que Israel es nombre de Cristo (cf. en efecto un poco más adelante, D 100, 1). FÉDOU, "La vision", (58) adopta esta lectura e interpreta, en consecuencia, que las palabras del salmo no son pronunciadas por Cristo, sino dichas a él ("oh gloria, oh Israel") para poner de relieve su divinidad. No hay, sin embargo, ningún problema en mantener la lectura del códice, y traducir, como Otto: *laus Israelis*. Aceptando sin problemas que Israel es nombre de Cristo, lo más natural es ver aquí pala-

seguido insiste Justino en esta idea, citando Mt 11, 27: "Todo me ha sido entregado por mi Padre". La exégesis del mártir sigue así la línea que ya conocemos, centrada en la relación de Jesús con su Padre.

Resulta que, en el largo comentario que sigue, enuncia Justino en dos ocasiones la preexistencia del Hijo de Dios:

> Él es el primogénito de Dios y antes que todas las criaturas (D 100, 2) [...] como tal [Hijo de Dios] le confesamos nosotros, entendiendo por una parte que, por poder y voluntad del Padre, procedió de Él antes de todas las criaturas. Cristo, digo, que en los discursos de los profetas es llamado Sabiduría, y Día, y Oriente... (D 100, 4).

De nuevo, en consonancia con todos los pasajes estudiados, se asocia la actitud de Jesús durante su pasión (referencia total al Padre, de quien espera recibir la resurrección y a quien llama "gloria suya"), con la afirmación de su filiación divina[33]. Como si hubiese algún nexo entre el momento de su procedencia del Padre antes de las criaturas, y la hora de su humillación y dolor. ¿Qué conexión está viendo el mártir entre momentos a primera vista tan dispares?

Piedad y filiación divina

Para responder hemos de acudir a conclusiones obtenidas en capítulos precedentes. Lo haremos en varios pasos:

a) Hijo de Dios: tres sucesos entrelazados

Establecíamos al hablar de la Encarnación que Justino ve honda coherencia entre: 1) la generación del Logos antes del tiempo y 2) su alumbramiento humano de María. El punto de unión es que los dos nacimientos suceden por querer y voluntad del Padre. Por su generación anterior al mundo el Hijo es el perfecto revelador del ser paterno y el cumplidor cabal de sus designios. Ahora bien, puesto que su nacimiento humano consuena con el divino, Jesús será, también *en su humanidad*, idóneo para desvelar y realizar el plan del Padre. Esto se expresa diciendo

---

bras pronunciadas por Él al Padre. El Padre, que habita en su santuario (cf. D 97, 1, donde se cita Sal 3, 5: el Padre escucha al Hijo desde su monte santo), es llamado gloria de Israel, es decir, gloria de Cristo, porque lo va a resucitar, como se dice enseguida: ὁ ἀπὸ τοῦ πατρὸς αὐτοῦ λαβὼν ἔχει. Esta interpretación está de acuerdo con la línea general que sigue Justino en su comentario: Cristo lo refiere todo al Padre. Concuerdo por mi cuenta con la exégesis de S. STYS, "De antitesi Eva-Maria eiusque relatione ad Protoevangelium apud Patres", *CoTh* 23 (1952) 318-365 (323): "Voce *Israel* Iustinus intelligit indicari ipsum Christum, et quidem e mortuis resurrecturum ope Patris, qui ideo vocatur *laus Israel (=Christi)*".

[33] Además, se mencionan en el texto los nombres de Cristo; con ello se alude a la generación divina. En efecto, se trata de nombres que Cristo tiene por servir a la voluntad del Padre y haber sido engendrado del Padre por su voluntad (cf. D 61, 1).

que Jesús es Hijo de Dios, no solo por nacer del Padre antes del tiempo, sino también por nacer del Padre y de María en el tiempo.

Ahora, al describir la Pasión, insiste el mártir en que Cristo todo lo ha recibido de su Padre, todo lo refiere al Padre; al Padre grita y sólo del Padre espera la salvación. Al llegar la hora de Jesús brilla especialmente su apertura a la voluntad paterna, su piedad. Al tiempo habla Justino de la generación divina de Jesús, por querer del Padre.

Esto nos invita a señalar tres líneas orientadas por un único vector: (1) la generación divina anterior a los siglos, por querer del Padre; (2) el nacimiento en Belén, en la fuerza y voluntad del Padre; (3) la Pasión, en que el Hijo todo lo refiere al Padre.

Este resultado se confirma si tenemos en cuenta las veces en que se habla de la voluntad y designio de Dios durante el comentario al salmo 21: todo sucede según orden del Padre, según el plan del que es más fuerte que todos[34]. Las fórmulas recuerdan a la generación divina del Hijo por poder y voluntad del Padre, y a su nacimiento de María, también por el poder del Padre y su voluntad. La Pasión aparece así como la máxima revelación de los designios divinos, que se llevan a cabo precisamente a través de la obediencia filial del Hijo.

Los tres hechos apenas señalados giran en torno a la filiación divina del Salvador. Tratemos de precisar la relación entre ellos.

b) Hijo de Dios: de Belén al Calvario

Desde antes de la creación, por su generación *a solo Patre*, Jesús posee la filiación en plenitud. Al encarnarse se traduce en su humanidad esa filiación: Jesús es hijo de Dios también en cuanto hombre; y lo es plenamente desde su nacimiento de María. No es que tal paso le fuera necesario al Salvador. Se sometió a ello en bien de los hombres, a quienes venía a salvar.

Cobra importancia, por ello, la siguiente consideración antropológica. El hombre es, para Justino, un ser plasmado de la tierra: la carne es una componente esencial de su constitución. Es éste un elemento sujeto a pasiones: es decir maleable por los acontecimientos que vienen de fuera (de Dios y del mundo) y necesitado de tiempo para su maduración.

He aquí por qué la Encarnación no consuma todavía la obra de Jesús. Traducir en la carne su filiación divina requerirá todos los años de la vida del Salvador. En efecto, lo que Jesús es desde niño ha de ir creciendo en la carne que ha asumido. Su maduración no depende sólo de la presencia del

---

[34] Cf. D 102, 1: κατὰ τὴν τοῦ θεοῦ κέλευσιν ὁ πατὴρ ἐκεκρίκει - D 102, 4: χρόνους ὥρισε - D 102, 5: κατὰ τὸ τοῦ πατρὸς θέλημα - D 103, 3: τοῦ ἰσχυροτέρου πάντων βουλὴν - τὴν οἰκονομίαν τὴν κατὰ τὸ βούλημα τοῦ πατρὸς γεγενημένην ὑπ᾽ αὐτοῦ ἐπὶ τὸ σταυρωθῆναι ἐλθεῖν - cf. Hch 4, 27-28; cf. también D 95, 2.

Hijo (plena desde la Encarnación): ha de contar con el tiempo, con los acontecimientos que sobrevienen a Jesús, con la acción divina sobre Él.

Las páginas que dedicamos al Bautismo del Jordán (capítulo V) nos ayudaron a completar esta visión. Afirmábamos allí la posibilidad de un crecimiento en la filiación divina de Jesús, en dos sentidos: participativo (en cuanto se hacía capaz de donarse a los hombres) y dinámico (en cuanto perfeccionaba realmente a Jesús, habilitándolo para su predicación y milagros).

Esto se aclara si pensamos que el título de "Hijo de Dios" no indica sólo la naturaleza divina en cuanto que se opone a la humana. Señala más bien que el Hijo procede del Padre por su voluntad, en su nacimiento divino tanto como en su nacimiento humano. Precisamente por esto el concepto de "Hijo" puede ser entendido en forma dinámica, admitiendo un crecimiento en Jesús de su filiación.

Es decir, cuanto más se conforme la vida de Jesús a la voluntad del Padre, tanto mejor se expresa y realiza su filiación en la carne[35]. A esta luz, la historia de la Pasión se presenta como plenitud del proceso iniciado en la Encarnación y continuado en el Jordán. Los últimos momentos de Jesús son la perfección de su nacimiento y vida entre los hombres[36]. Durante el *via crucis* llega a su máxima cota en la historia la filiación divina que Cristo posee desde antes del tiempo y que se tradujo en carne en Belén; sucede así para que se pueda comunicar a los hombres tal filiación.

Vienen a confirmar nuestro planteamiento algunas expresiones de Justino: en ellas afirma el mártir la necesidad de que Jesús sea salvado. "El Hijo de Dios manifiesta [...] que no puede salvarse sin la ayuda de Dios" (D 102, 6); "[Cristo] da a entender que será salvado por Dios" (D 101, 1). ¿A qué salvación se refiere Justino? Si dice, por un lado, que "iba a ser salvado [por Dios] *al resucitar*"[37], afirma también que este "misterio

---

[35] El crecimiento no se produce en la filiación personal, sino en la filiación entendida como propiedad física, en la carne. Encuentro que se puede aplicar a Justino esta distinción de A. Orbe, en exégesis a páginas de Ireneo: cf. A. ORBE, "¿San Ireneo adopcionista? En torno a adv. haer. III, 19, 1", *Gr* 65 (1984) 5-50; ORBE, *Espiritualidad* (173-175).

[36] Desde este punto de vista se hacen difíciles de entender las afirmaciones de T.J. BROTHERS, "The interpretation of παῖς θεοῦ in Justin Martyr's Dialogue with Trypho", *StPatr* 9 (ed. F.L. CROSS) (TU 94; Berlin 1966) 127-138 (138), quien critica a Justino por no haber conectado la cruz con el resto de la vida terrena de Cristo. Reléase, además, D 101, 1-2: "no se gloría de hacer nada por propia voluntad o por propia fuerza [en la Pasión]. Y es así que eso mismo hizo cuando estuvo en la tierra; pues como alguien le dijera: *Maestro bueno*, contestó: *¿Por qué me llamas bueno? Sólo uno es bueno: mi Padre, que está en los cielos*".

[37] Cf D 73, 2: ὃν [τὸν σταυρωθέντον] καὶ σεσῶσθαι ἀναστάντα. Estamos ante un pasivo divino.

salvador" es "*la Pasión de Cristo*" (cf. D 74, 3). La salvación de Jesús es, por tanto, el misterio pascual, en su unidad de muerte y resurrección.

¿Necesita el Hijo de Dios ser salvado? Obviamente no. Si el Padre salva a Jesús es para constituirlo fuente de salvación del linaje humano[38]. Ahora bien: tal salvación consiste en comunicar al creyente la filiación divina, don que se recibe en el Bautismo con miras a la definitiva consumación, cuando resuciten los santos.

He aquí, pues, lo que significa para Jesús "ser salvado": adquirir en su humanidad lo que va a donar al hombre. El planteamiento de Justino es coherente: Cristo, en su Pasión, por su obediencia hasta el fin, plasmará en su carne las disposiciones filiales del Hijo de Dios; y luego, cuando resucite, recibirá, también en la carne, las propiedades divinas: incorrupción e inmortalidad. Dones todos ellos que podrá comunicar a sus hermanos[39].

c) Hijo de Dios: de la generación divina a la Pasión

Tras este análisis podemos volver a la pregunta que nos hacíamos. ¿Qué lugar tienen en el comentario al salmo 21 las afirmaciones sobre la generación divina? No es aquí el interés principal de Justino defender la preexistencia de Jesús. Se pretende, más bien, dar relieve y hondura, dar verdadera profundidad ontológica a su entrega al Padre, a su piedad.

En efecto, la actitud de Jesús en la Pasión se fundamenta en su filiación divina. Cuando Justino le llama, por un lado, Hijo de Dios; y dice, por otro, que se abandonó en el Padre y esperó sólo de Él ayuda; no está aludiendo a hechos inconexos, sino a realidades profundamente entrelazadas. Y esto significa: en la Pasión no contemplamos sólo la virtud señalada de un justo, por mucha admiración que despierte. La obediencia de Jesús tiene hondísimas raíces. Aquí, en este hombre que muere y al hacerlo se entrega libremente al Padre, se plasma en una historia humana el misterio mismo del Hijo de Dios, en quien el Creador fundó el Universo. A través de su piedad se revela el Padre inefable; en su obediencia está el centro de los designios de Dios sobre la historia.

En síntesis podemos retomar las tres líneas convergentes que antes señalamos, en torno al título de Hijo de Dios. (1) Cristo es, por su generación divina, Hijo de Dios: es decir, la cristalización personal del mismo querer y designio del Padre; (2) por su nacimiento de la virgen Cristo es Hijo de Dios también en cuanto hombre: realizador cabal de los proyectos del Padre en el hombre, su mundo y su historia; (3) esta filiación, plena desde el principio, se habrá de ir plasmando progresi-

---

[38] Cf. D 74, 3: "los que, de toda la tierra, conocen este misterio *salvador*, es decir, la pasión de Cristo, por el que los *salvó* a ellos".

[39] Cf. *infra*, cap. VII, apdo. 1, p. 433.

vamente en la carne asumida: el proceso llegará a plenitud en la Pasión, a través de la piedad filial de Jesús.

Para completar el cuadro recordemos que Justino lee el título de "hijo del hombre" en el mismo sentido funcional de obediencia y confianza en el Padre[40]. Jesús hereda por María el sí obediente a Dios de sus antepasados. Su respuesta al Padre en la Pasión encuentra así un sustrato donde asentarse. Aunque, eso sí, supone una novedad decisiva, por ser Cristo el Hijo preexistente de Dios. Nunca sobre la tierra se había visto una obediencia tal; cumpliendo las respuestas de sus antepasados y en honda consonancia con ellas, las superaba de sobra el Hijo de Dios, cuya obediencia arraiga en la misma generación divina. Se convertía así en respuesta capaz de donarse a los hombres en modo nuevo.

1.2. Adversarios de Jesús en la Pasión

Tomemos otra de las líneas directrices de la exégesis de Justino al salmo 21: la Escritura nos dice cómo eran quienes conspiraban contra Jesús en la Pasión (cf. D 98, 1: ὁποῖοι ἦσαν οἱ ἐπισυνιστάμενοι κατ' αὐτοῦ). Esta frase podría entenderse como mera descripción histórica de los que tramaron la muerte de Cristo. Sin embargo, el mártir apunta más alto: su afirmación esconde una veta teológica que interesa explotar.

Para ello, empecemos por unas líneas de la Apología en que se enumeran los adversarios de Jesús en la Pasión:

> y cómo juntamente señala la conjura que se tramó contra Cristo entre Herodes, rey de los judíos, estos mismos judíos y Pilato, que fue procurador vuestro entre ellos, y los soldados de éste (I 40, 6)[41].

Herodes y los judíos; Pilato y sus soldados; esta es la lista de los que obraron contra Jesús. Varios lugares del salmo 21 se refieren a ellos. Por ejemplo, el siguiente, dedicado al tetrarca de Galilea:

> Las palabras: "Abrieron contra mí su boca, como león rugiente" (Sal 21, 14) significan al que entonces era el rey de los judíos y también se llamaba Herodes, sucesor del otro Herodes que, al nacer Jesús, mató a todos los niños [...]. A Arquelao, pues, le sucedió Herodes y tomó el poder que le correspondía, y éste fue a quien Pilato, por congraciarse con él, le remitió atado a Jesús. Y sabiendo Dios de antemano que esto había de suceder había ya dicho así: "Le encadenaron y le llevaron al asirio, como regalo para el rey" (Os 10, 6) (D 103, 3-4).

Justino menciona aquí a dos Herodes, ambos de depravado comportamiento. Sabemos de la importancia que para el mártir tienen los nombres.

---

[40] De esto hablamos ya *supra*, cap. III, apdo. 2.3, p. 168.
[41] SKARSAUNE, *The Proof* (123) señala la dependencia del texto de Hch 4, 27.

No son meras apelaciones, sino que indican las propiedades de quien los lleva. En el hecho de que Jesús fuera perseguido por un Herodes y muriera bajo otro Herodes, ve Justino acomunados a padre e hijo en inicua oposición al Salvador. Se explica así que la matanza de los inocentes se entrelace con naturalidad en la historia de la Pasión (D 102, 2-4; D 103, 3-4)[42].

Otro detalle nos interesa, esta vez en exégesis a Sal 21, 13: "Me cercaron muchos novillos, toros de Basán..." Justino explica así la frase en D 103, 2-4: como los toros son padres de los novillos, así los judíos se hicieron padres de los enviados contra Jesús, pues fueron la causa de este envío. Nótese la similitud con la historia de Herodes. Tanto a los judíos como a sus esbirros les une un singular parentesco: una filiación entendida como igualdad de operaciones en el mal obrar contra Jesús.

Tal filiación la hemos notado ya en otros lugares de este estudio[43]. Se ilumina con una frase de Justino, que nos permite a su vez identificar al origen de tan siniestro linaje:

> por medio del cual [Jesucristo] Dios destruye a la serpiente y a los ángeles y hombres que a ella se asemejan... (τοὺς ὁμοιωθέντας ἀγγέλους καὶ ἀνθρώπους καταλύει) (D 100, 6).

La frase se encuentra al final de D 100, número estructurado en torno al nombre de "hijo". Jesús se muestra "hijo de Dios" por su piedad hacia el Padre, como se muestra "hijo del hombre" por su imitación de los patriarcas, padres de María. En ambos casos la filiación se produce en el bien. A esta filiación, sin embargo, se contrapone otra, diabólica, en el mal. La engendra la serpiente y se compone por igual de ángeles y hombres que a ella se asemejan.

He aquí por qué afirmábamos que alcanza profundidad teológica la consideración sobre los enemigos de Jesús. Justino nos decía que el salmo iba a descubrir la cualidad (ὁποῖοι) de los que conspiraban contra Jesús. No le importaba tanto mostrar quiénes eran, sino desvelar su disposición. Podía así agrupar a la asamblea de los malvados bajo una sola etiqueta: imitadores de la rebeldía del Tentador.

Esto nos permite a su vez conectar con los resultados del estudio sobre la piedad de Jesús. En efecto, veíamos que ésta tiene rasgos que la oponen a la apostasía diabólica. Si los cristianos son piadosos, consiste esta virtud en consagrarse a Dios y apartarse de los ídolos, renunciando a la adoración que prestaban a la serpiente.

Ahora bien, la Pasión es el momento en que la piedad de Jesús alcanza su plenitud. En buena lógica, ha de brillar entonces con más fuerza su

---

[42] Para completar este punto de vista, cf. lo que ya dijimos al hablar de la infancia de Jesús, cap. IV. apdo. 2, p. 196.

[43] Cf. cap. III, apdo. 2.3, p. 168.

oposición a los planes de Satán. He aquí la importancia de aquellos que se reúnen contra Jesús para condenarle: ponen el contrapunto a la piedad de Cristo. Dicho esto, no extraña que la historia de la Pasión contenga referencias continuas al diablo. En efecto, el león que ruge contra Jesús no es solo Herodes:

> O quizá llamó león que ruge contra él (Sal 21, 14) al diablo, a quien Moisés llama serpiente, y en Job y Zacarías se le da el nombre de diablo y por Jesús es apellidado Satanás... (D 103, 5).

Como 1 Pe 5, 8, también identifica Justino al león del salmo con el diablo[44]. A estas líneas sigue precisamente la historia de las tentaciones, que ya hemos comentado. En ella resalta el interés de Satanás por provocar la idolatría de Jesús. Cristo, sin embargo, da de nuevo muestras de su piedad al responder: "sólo a Dios adorarás"[45].

Resumiendo: hemos visto una filiación opuesta a la de Jesús, que lleva consigo la disposición contraria a la del Hijo[46]. Las consideraciones de este apartado se completan así con las del anterior, dedicado a la piedad de Cristo. De ambos se puede concluir lo siguiente. (1) La piedad traduce por un lado, en la humanidad de Jesús, la raíz misma de su ser filial, el secreto de su generación divina; (2) Jesús lleva a plenitud de este modo lo que comenzó en la Encarnación. A la vez (3) Cristo recoge cuanto de positivo le había precedido en la historia del pueblo: se trata de la plenitud de la disposición filial del Israel obediente al Padre. Haciendo esto, (4) Jesús se presenta en oposición a la apostasía de la serpiente, que transmitió a sus secuaces una filiación enemiga de Dios.

Resulta que los rasgos apenas enumerados pueden situarse fácilmente en el marco de la recapitulación. El plan del Padre mira a comunicar al hombre la filiación divina; ésta se participa por medio de su Hijo, engendrado por su querer. Hay una condición para recibir tal beneficio: que el hombre acoja la voluntad del Padre. Ahora bien, Adán realiza, instigado por el diablo, justo lo opuesto; y así, apóstata de su Creador, hereda una filiación contraria, de desobediencia y muerte. En la Pasión Jesús viene a deshacer la obra de Satán. Lo hará con la obediencia más plena que pueda albergar la carne, pues quien obedece es el mismo Hijo de Dios, engendra-

---

[44] También en 1 Pe 5, 8 el contexto alude a la Pasión, aunque ahora se aplica al cristiano en medio de sus padecimientos, y no directamente a Cristo, como hace Justino.

[45] El diablo aparece también en D 105, 3-4 (Sal 21, 21-22). Intenta el enemigo apoderarse del alma de Jesús, y éste le vence confiándose totalmente al Padre. Lo mismo sucede en D 100, 6, donde se menciona la enemistad de Jesús con la serpiente y los ángeles y hombres que a ella se asemejan.

[46] Sobre la filiación diabólica, sin mencionar a Justino, cf. ORBE, *Antropología* (261-266).

do del Padre por su voluntad. Lleva así a plenitud la filiación divina en la historia humana, en vistas a su participación a los creyentes.

Con esto tenemos ya el marco que nos ayuda a entender lo que ocurre en la Pasión. Perfilaremos ahora mejor cómo este designio se lleva a cabo.

1.3. La oración en el Huerto

En dos lugares del salmo 21 ve Justino profetizada la agonía del Huerto[47]. Siendo todo el salmo una súplica de Jesús al Padre, era normal detenerse en la oración de Gethsemaní:

> Y lo que sigue: "Lejos de mi salvación las palabras de mis transgresiones. ¡Oh Dios mío!, gritaré a ti por el día y tú no me escucharás; por la noche – y es cosa que no ignoro" (κεκράξομαι ἡμέρας πρὸς σὲ καὶ οὐκ εἰσ-ακούσῃ, καὶ νυκτὸς καὶ οὐκ εἰς ἄνοιαν ἐμοί) (Sal 21, 2-3), se refería también a las cosas que había de hacer. Pues el día en que iba a ser cruci-ficado, tomando consigo a tres de sus discípulos, se dirigió al monte llamado de los Olivos, situado junto al templo de Jerusalén, y allí oraba, diciendo: "Padre, si es posible, pase de mí este cáliz". Y poco después, continuando en oración, dice: "No como yo quiero, sino como tú quieras". Mostraba con estas palabras que se había hecho verdaderamente hombre capaz de padecer (D 99, 2).

Dejando aparte otros detalles de la escena, nos interesa fijarnos en la oración misma del Salvador, centro del episodio[48].

La oración más intensa

Sigue el mártir la exégesis a Sal 21, 2-3. Se dice allí: "gritaré a ti por el día y no me escucharás". Comenta Justino:

> oraba diciendo:
> "Padre, si es posible, pase de mí este cáliz".
> Y poco después, continuando en oración, dice:
> "No como yo quiero, sino como Tú quieras" (D 99, 2).

> ηὔχετο λέγων:
> Πάτερ, εἰ δυνατόν ἐστι, παρελθέτω τὸ ποτήριον τοῦτο ἀπ᾽ ἐμοῦ.
> καὶ μετὰ τοῦτο εὐχόμενος λέγει:
> Μὴ ὡς ἐγὼ βούλομαι, ἀλλ᾽ ὡς σὺ θέλεις (D 99, 2).

---

[47] Cf. Sal 21, 2-3 (D 99, 2); Sal 21, 15 (D 103, 7-8).
[48] La escena se sitúa en el Monte de los Olivos (siguiendo Lc 22, 39; por su parte, Mc 14, 32 y Mt 26, 36 hablan de Gethsemaní). Ocurrió el mismo día en que Jesús iba a ser crucificado. Esto no debe engañarnos: se trata en realidad de la noche anterior a la Pasión, como dice el mártir más adelante (D 103, 1; D 103, 7). Justino sigue el cómputo judío, según el cual un día empezaba al atardecer del anterior.

Las diferencias con los evangelistas son pocas[49]. Hay sin embargo una novedad en la exégesis de Justino: la relación expresa entre las palabras del Huerto y Sal 21, 2-3. La oración de Jesús es un grito (κεκράξομαι), y el salmista pone en sus labios una constatación terrible: οὐκ εἰσακούσῃ, Dios no le iba a escuchar.

La intensidad de la oración del Salvador queda de relieve en unas páginas anteriores del Diálogo. Se hablaba entonces de la batalla entre Israel y Amalek. Moisés, los brazos extendidos en cruz, y el hijo de Nave, que comparte nombre con el Salvador (Josué = Jesús), hacen que el Pueblo elegido triunfe. Justino prevé la posible objeción de Trifón: si Israel vencía era porque Moisés oraba; amigo de Dios y hombre piadoso, impidió con su súplica la derrota del pueblo. Se adelanta el mártir:

> Porque no llevaba el pueblo ventaja porque Moisés oraba de aquella forma, sino porque, dirigiendo la batalla el nombre de Jesús, él formaba el signo de la cruz. Porque, ¿quién de vosotros no sabe que la oración que mejor aplaca (μειλίσσεται) a Dios es la que se hace con gemido y lágrimas (ἡ μετὰ οἴκτου καὶ δακρύων εὐχή), postrado el cuerpo y dobladas las rodillas (ἡ ἐν πρηνεῖ κατακλίσει καὶ ἐν γόνασιν ὀκλάσαντός τινος)? Mas de ese modo, sentado sobre una piedra, ni Moisés oró nunca más ni nadie después (D 90, 5).

Justino contesta describiendo la oración más propicia a Dios. No es la que se hace de pie y con los brazos abiertos. Sino de rodillas, en humilde postración, el rostro en lágrimas. Ahora bien, resulta que este modo de rezar recuerda al de Jesús en el Huerto de los Olivos. Comparémoslo en efecto con la narración de Lucas y con unas líneas de la carta a los Hebreos (Hb 5, 7-10), que se refieren a la misma escena evangélica:

---

[49] Justino separa claramente las dos partes de la oración de Jesús: petición de que pase el cáliz y acogida de la voluntad del Padre. Por su parte Mt 26, 39, Mc 14, 36 y Lc 22, 42 presentan la oración de Jesús sin interrupción del narrador. Justino logra así que la petición gane en dramatismo: después de que Jesús pidiera que pase el cáliz, se hace una pausa en la narración (καὶ μετὰ τοῦτο). Para comparar los sinópticos con Justino se puede ver el análisis de BELLINZONI, The Sayings (32s). La intensidad de la súplica en Marcos y Mateo se refuerza, por otro lado, con el hecho de que la oración se repita tres veces.

Justino	Nuevo Testamento
D 90, 5: μετὰ οἴκτου καὶ δακρύων (con gemido y lágrimas). D 99, 2 (Sal 21, 2): κεκράξομαι (gritaré)	Hb 5, 7: μετὰ κραυγῆς ἰσχυρᾶς καὶ δακρύων (con grito grande y lágrimas)
D 90, 5: ἐν γόνασιν ὀκλασαντός τινος (postrado de rodillas)	Lc 22, 41: θεὶς τὰ γόνατα (puesto de rodillas)

A la vista de estas semejanzas se puede afirmar: la oración de Gethsemaní es para Justino ejemplo de aquella que más aplaca a Dios[50].

El episodio tuvo que atraer especialmente la atención del mártir. En efecto, la explicación de toda la Pasión en torno al salmo 21 tiende a poner de relieve la perfecta obediencia del Hijo al Padre, su piedad hacia él. Ahora bien, aquí la relación Padre-Hijo adquiere rasgos de tensión. El Hijo pide que se aparte el cáliz; lo hace en la forma más apta para agradar a Dios... y el Padre no parece atender su súplica.

El miedo de Jesús

Eso no es todo. La escena del Huerto cobra tintes aun más dramáticos a la luz de otro versículo del salmo 21. Allí se dice (Sal 21, 15): "Como agua se derramaron y esparcieron todos mis huesos. Mi corazón se hizo como cera que se derretía en mis entrañas (Ὡσεὶ ὕδωρ ἐξεχύθη καὶ διεσκορπίσθη πάντα τὰ ὀστᾶ μου, ἐγενήθη ἡ καρδία μου ὡσεὶ κηρὸς τηκόμενος ἐν μέσῳ τῆς κοιλίας μου)". La profecía se refiere al sudor de sangre:

Porque en los Recuerdos que yo digo fueron compuestos por los Apóstoles o quienes a éstos siguieron, se escribe que derramó un sudor como grumos de sangre (ἱδρὼς ὡσεὶ θρόμβοι κατεχεῖτο), en el momento en que oraba y decía: "Pase, si es posible, este cáliz", evidentemente por temblarle su corazón y sus huesos (ἐντρόμου τῆς καρδίας δελονότι οὔσης καὶ τῶν ὀστῶν ὁμοίως), como si su corazón fuese cera que se derretía en su interior (καὶ ἐοικυίας τῆς καρδίας κηρῷ τηκομένῳ εἰς τὴν κοιλίαν) (D 103, 8).

---

[50] El verbo μειλίσσω significa "propiciar", "aplacar" (cf. Liddell-Scott, s.v. μειλίσσω): se usa (en autores paganos) en contexto sacerdotal. Resulta que las súplicas de Jesús en el Huerto las interpreta el pasaje de Hebreos a que hemos aludido como ofrenda sacerdotal (cf. Hb 5, 7). Cf. también la nota 56 de este capítulo.

Justino sigue aquí a Lucas[51]. El evangelista hablaba de la agonía, el mártir dice que a Jesús le temblaban corazón y huesos (ἐντρόμου τῆς καρδίας δελονότι οὔσης). La palabra τρόμος significa un temblor corporal, causado normalmente por el miedo[52]. Este uso es el que mejor cuadra en el contexto: el miedo que sobrecoge a Jesús en esta hora le hace temblar[53].

El salmo 21 menciona el corazón derretido y los huesos dislocados sin relacionar tales imágenes con el miedo. La asociación la pone el mártir de su cosecha. Resulta que la cera derretida se vincula también al miedo en Is 64, 1-3, que Justino cita: "si abrieras el cielo, el temblor (τρόμος) ante Ti se apoderará de los montes y se derretirán como se derrite la cera con el fuego" (cf. D 25, 3). Tal vez esté aquí la conexión que le llevó a leer en el salmo el miedo de Jesús[54].

Este miedo que sobrecoge al Salvador se une con la primera parte de su oración, la petición de que pase el cáliz: "derramó un sudor como grumos de sangre en el momento en que oraba y decía: 'Pase, si es posible, este cáliz', evidentemente por temblarle su corazón y sus huesos..." (D 103, 8). La asociación aclara que el temblor le viene a Jesús ante la proximidad del cáliz: los sufrimientos de la Pasión que deberá afrontar, la muerte. Si buscamos una relación con los relatos evangélicos en este punto, podemos encontrarla en la "tristeza hasta la muerte" de que dan testimonio Mateo y Marcos (Mt 26, 38; Mc 14, 34). Volveremos más adelante sobre este aspecto.

Retengamos de momento las siguientes características de la oración de Jesús: una súplica intensa, la más idónea para volver propicio a Dios; un miedo ante la muerte que se apodera de Cristo hasta hacerle sudar sangre.

---

[51] Lc 22, 4: su sudor se hizo como gotas de sangre: ἐγένετο ὁ ἱδρὼς αὐτοῦ ὡσεὶ θρόμβοι αἵματος. Justino no habla de sangre; pero ésta va implícita en la palabra θρόμβος, grumo o coágulo, que puede referirse a la sangre o a la leche. Puede traducirse por gota de sangre (cf. Liddell Scott, s.v. θρόμβος).

[52] Cd. Liddell-Scott, s.v. τρόμος. El temblor puede ser también provocado por el frío u otra causa física.

[53] La palabra "temblor" se usa en Justino normalmente en citas de la Escritura, e indica el temor o miedo ante la presencia de Dios; en D 70, 2 se cita Is 33, 14: "un temblor agarrará a los impíos". El temblor se asocia al miedo (φόβος). Así en I 40, 17 se lee: "servid al Señor con miedo (ἐν φόβῳ) y regocijaos en Él con temblor (ἐν τρόμῳ)" (Sal 2, 11). La Alianza antigua se establece con miedo y temblor, como recoge Justino (Ex 20, 18-19) siguiendo a Hebreos (Hb 12, 21): "Moisés dijo: estoy lleno de miedo y temblor (ἔκφοβός εἰμι καὶ ἔντρομος)". La Escritura asocia repetidas veces φόβος y τρόμος: Gn 9, 2; Ex 15, 16; Dt 2, 25; 11, 25; Jdt 2, 28; 15, 2; 1 Mac 7, 18; Sal 2, 11; 54, 6; Is 19, 16; Dn 4, 37; 1 Co 2, 3; 2 Co 7, 15; Ef 6, 5; Fil 2, 12.

[54] Cf. también Mc 14, 33: "comenzó a *sentir pavor* (ἐκθαμβεῖσθαι) y angustia".

¿No escuchó el Padre a su Hijo?

Insistamos en un elemento ya apuntado: la escena del Huerto se enmarca en la relación paterno – filial. Se puede objetar: no dice esto mucho sobre el pensamiento de Justino, pues la cosa está ya en el relato evangélico. Pero notemos: el mártir insiste en este marco de lectura. En efecto, por un lado la relación Padre – Hijo constituye un hilo conductor de la exégesis del salmo, como ya hemos visto. Nos podemos fijar, además, en un añadido de Justino al relato; apenas narrado el sudor de sangre dice:

> [esto sucedió] para que viéramos que el Padre ha querido que su propio hijo pasara verdaderamente por nosotros por estos sufrimientos (ὁ πατὴρ τὸν ἑαυτοῦ υἱὸν καὶ ἐν τοιούτοις πάθεσιν ἀληθῶς γεγονέναι δι' ἡμᾶς βεβούληται) (D 103, 8).

Al decirse "su propio hijo" se da a entender que la decisión es costosa para el Padre. El texto recuerda a Rm 8, 4 (*Dios envió a su propio Hijo*: τὸν ἑαυτοῦ υἱόν) y Rm 8, 32 (*Dios no se reservó a su propio Hijo*: τοῦ ἰδίου υἱοῦ οὐκ ἐφείσατο). Y esconde, como veremos más adelante, una alusión al sacrificio de Isaac[55]. Todo esto nos indica que Justino no se limita a copiar los relatos evangélicos; percibe la importancia de la relación Padre – Hijo en la escena del Huerto y la subraya[56].

Es este hecho el que da al episodio un carácter dramático. Urge preguntarse por el éxito de la oración de Jesús. La súplica más propicia a Dios, hecha por su Hijo en momento de verdadera angustia, ¿alcanzó lo que pedía? El salmo 21 parece claro: su petición no fue escuchada (cf. Sal 21, 3).

Atendamos sin embargo a la cita de otro salmo, que un poco antes ha presentado el mártir a Trifón. El contexto es el mismo, la Pasión:

> Pues también el Señor permaneció sobre la cruz [...] y hacia el atardecer le sepultaron, para resucitar al tercer día. Lo cual fue así expresado por David: "Con mi voz grité (ἐκέκραξα) al Señor y me escuchó (ἐπήκουσέ μου) desde su monte santo..." (Sal 3, 5) (D 97, 1).

Sin referirse ahora expresamente al Huerto, Justino habla de un grito que Jesús dirige al Padre durante la Pasión. ¿No hay contradicción con Sal 21, 3? ¿Fue escuchado o no Jesús en su grito?

---

55 Cf. *infra,* página 416s.

56 Tal vez cuando Justino dice que el monte de los Olivos estaba "al lado del templo de Jerusalén" (D 99, 2) quiera dar algo más que una indicación geográfica: insistir en la relación de Jesús con su Padre, que mora en el Santuario (cf. Sal 21, 4; D 100, 1); y dar valor sacrificial a la oración de Cristo, cf. *supra* nota 50 de este capítulo.

En las líneas que Justino dedica a la exégesis de Gethsemaní se halla la solución. Leamos para ello el verso completo del salmo: "gritaré a ti por el día y tú no me escucharás; por la noche, *y es cosa que no ignoro* (οὐκ εἰς ἄνοιαν ἐμοί)" (Sal 21, 3). Estas últimas palabras son explicadas así por Justino:

> Y para que nadie objetara: ¿es que ignoraba que tenía que padecer?, se añade inmediatamente en el salmo: "Y es cosa que no ignoro". A la manera que tampoco Dios ignoraba nada al preguntarle a Adán donde estaba y a Caín por el paradero de Abel, sino que quería argüir a cada uno lo que era y que a nosotros llegara el conocimiento de todo, al quedar consignado por escrito; así Jesús dio a entender que no obraba por propia ignorancia, sino que delataba la de quienes creían que no era Él el Cristo, y se imaginaban que le iban a dar muerte y que, como un hombre cualquiera, permanecería para siempre en el Hades (D 99, 3).

Para Justino, la exégesis que ha dado del salmo, aplicándolo a la oración en el Huerto, puede despertar una objeción: Jesús ignoraba la Pasión venidera. Ahora bien, directamente nada ha dicho el mártir del conocimiento o ignorancia de Cristo. ¿Qué elementos de su exégesis piensa Justino que dan pie a conclusión tan errada?

Se ha de tratar de palabras de la Escritura, como dejan claro los ejemplos que aporta el mártir. Pone como punto de comparación las preguntas de Dios a Adán y Caín. Si Dios las formuló no fue movido de ignorancia, sino para reprochar a los culpables su pecado. Igual ocurre ahora, dice Justino, que ha citado en el contexto anterior Sal 21, 2-3. Atendamos a esta escritura:

> Dios mío, Dios mío, ¿por qué me has abandonado?
> Dios mío, gritaré a ti de día y no me escucharás
> de noche, y es cosa que no ignoro (Sal 21, 2-3)

Tanto el grito de Jesús en la cruz como la frase: "no me escucharás", encajan con la preocupación de Justino. La cosa fluye con normalidad. Si el Señor pensó que no había sido escuchado, si se quejó al Padre de abandono, ¿creyó acaso que se le podía ahorrar el dolor de la cruz?, ¿ignoraba que debía padecer? En ningún modo. Como a Adán tras su desobediencia, como a Caín tras su homicidio, hacía ver ahora Jesús a sus asesinos su pecado. "No fue escuchado", "Dios mío, ¿por qué me has abandonado?" No son frases que dijera Cristo por Él, sino por aquellos que, desconocedores de su misterio, pensaban que su grito desgarrador cayó en el vacío. De ahí que lanzaran invectivas de este tenor contra el Crucificado: "Hijo de Dios se decía a sí mismo, baje de la cruz y eche a andar. Sálvele Dios" (D 101, 3).

No comparte Cristo con sus adversarios el mismo concepto de salvación. Creían los judíos que Jesús, "como un hombre corriente, iba a permanecer en el Hades" (D 99, 3). Pensando que la muerte tenía la última palabra, excluían cualquier salvación una vez ejecutada la sentencia. No así el Señor:

> Y como Jesús sabía que el Padre había de concederle todo, según su designio, y le iba a resucitar de entre los muertos... (D 106, 1).

La salvación que Jesús espera sólo del Padre, poniendo en Él su esperanza (D 102, 1-2), es la resurrección. Al final de la jornada anterior, ya se nos había indicado:

> este que fue crucificado, de quien en el mismo salmo [Sal 95] nos dice el Espíritu Santo que fue salvado al resucitar (ὃν καὶ σεσῶσθαι ἀναστάντα ἐν τῷ αὐτῷ ψαλμῷ) (D 73, 2).

La petición de Jesús, por tanto, es escuchada si atendemos a su victoria definitiva. El Padre le salvó de la muerte no antes, sino después de morir. Recordemos ahora una de las guías de interpretación del salmo señaladas por el mismo Justino. La escritura nos muestra "su piedad hacia el Padre y cómo a Él lo refiere todo, pidiéndole le salve de esta muerte... (δι᾽ ἐκείνου καὶ σωθῆναι ἀπὸ τοῦ θανάτου τούτου αἰτῶν)" (D 98, 1). Según lo que venimos diciendo no pide Jesús que se le ahorre la pasión, sino que se le conceda la salvación definitiva en carne resucitada. Con esto se abre el verdadero horizonte de la oración de Jesús: la resurrección[57].

Antes de seguir recogiendo elementos en torno a Gethsemaní, resumamos nuestro recorrido. Cristo ruega al Padre con intensidad, en la postura y disposición más aptas para mover las entrañas paternas. Es un momento de gran angostura: al Hijo le invade el pavor ante el cáliz del Padre, la Pasión y muerte. Todo gira en torno a esta relación entre Padre e Hijo. El misterio de esta súplica es que el Padre concede la salvación que el Hijo espera; y que no lo hará ahorrándole la muerte, sino precisamente a través de ella. Son elementos que nos ayudarán en lo que sigue.

---

[57] Está Justino en línea con Ireneo, quien dice, en exégesis a otro pasaje (Sal 20, 5: Pidió la vida y tú le has concedido además la longevidad...): "¿Por qué dijo: *pidió la vida*, cuando debía morir? En efecto, anuncia su resurrección de entre los muertos, y que, resucitado de entre los muertos, es inmortal"; cf. *Epid.* 72 (FP 2, 192s). Es la misma perspectiva de Hb 5, 7: "habiendo ofrecido [...] ruegos [...] al que podía salvarle de la muerte, fue escuchado por su actitud reverente"; cf. *infra*, páginas 382ss.

El Huerto, testimonio antidoceta

Hemos visto que uno de los puntos principales que enseñaba el salmo es que Jesús se sometió verdaderamente (ἀληθῶς) a los sufrimientos[58]. Se adivina el intento antidoceta de esta frase. Al contrario de como pensaban algunos herejes, los sufrimientos de Cristo no fueron aparentes, sino bien reales.

¿Dónde se encuentran las referencias del salmo al verdadero sufrimiento de Cristo? Las ve Justino en dos momentos:

"No como yo quiera, sino como tú quieras"; mostraba con estas palabras que se había hecho verdaderamente hombre pasible (δηλῶν διὰ τούτων ὅτι ἀληθῶς παθητὸς ἄνθρωπος γεγένηται) (D 99, 2).

oraba y decía: "Pase si es posible este cáliz", evidentemente por temblarle su corazón y sus huesos [...] De donde podemos ver cómo verdaderamente quiso el Padre que su Hijo [...] pasara por estos sufrimientos y no se nos ocurra decir que, siendo como era Hijo de Dios, no le afectaba nada de lo que se le hacía y le pasaba (ὁ πατὴρ τὸν ἑαυτοῦ υἱὸν καὶ ἐν τοιούτοις πάθεσιν ἀληθῶς γεγονέναι δι᾽ ἡμᾶς βεβούληται, καὶ μὴ λέγωμεν ὅτι ἐκεῖνος, τοῦ θεοῦ υἱὸς ὤν, οὐκ ἀντελαμβάνετο τῶν γινομένων καὶ συμβαινόντων αὐτῷ) (D 103, 8).

¿Es mera coincidencia que en ambos casos se trate de la oración en Gethsemaní? ¿O pareció más apto a Justino este episodio para poner de relieve la realidad del sufrimiento de Jesús? Examinemos qué puede tener de especial la escena.

El segundo de los textos citados parece prestarse mejor al intento antidoceta. El sudor de sangre de Cristo, el corazón derretido como cera y el temblor de los huesos... Todo muestra el sufrimiento en carne del Hijo de Dios, en verdad y no en apariencia.

Ahora bien, para hablar del sufrimiento de Cristo podrían haberle valido a Justino otros momentos de la Pasión. Lo que la escena de Gethsemaní pone especialmente de relieve, como hemos visto, es la conmoción interna de Jesús: el miedo que le invade y que causa el sudor y el temblor de huesos. ¿No estará poniendo Justino el acento precisamente aquí?

En esta dirección parece indicar el otro texto citado, D 99, 2. Pues allí, sin mentar el sudor de sangre, se deduce que Jesús se hizo verdaderamente pasible. Para sacar esta conclusión se pone sólo una premisa: Jesús pidió al Padre que pasara de Él el cáliz y aceptó acto seguido su voluntad. Ahora bien, de la dificultad por aceptar el cáliz no puede deducirse sin más el sufrimiento físico; pero sí se puede concluir, en sana lógica, el miedo de

---

[58] Cf. D 98, 1: ἀποδικνύων ὅτι ἀληθῶς γέγονεν ἄνθρωπος ἀντιληπτικός παθῶν.

Jesús ante la muerte. Por tanto, es esta conmoción interior, esta pasión, la que interesa subrayar a Justino cuando dice que Jesús padeció verdaderamente[59]. ¿Por qué tiene especial valor el miedo que agita a Jesús?

Gethsemaní y las pasiones de Jesús

Ya hemos señalado que hay entre los datos evangélicos uno que se aproxima a esta idea del mártir. Se trata de la tristeza hasta la muerte que invadió el alma de Jesús (Mt 26, 38; Mc 14, 34). Dicha tristeza (λύπη), como el miedo, entraba en el elenco estoico de las pasiones. En torno a ella, los escritores cristianos del tiempo de Justino defendieron posturas diversas[60]. Será útil considerarlas brevemente para encuadrar el pensamiento del mártir.

Empecemos con el enfoque adoptado por Orígenes. "Mi alma está triste hasta la muerte" (Mt 26, 38). La palabra de Jesús provoca una dificultad: ¿no implica imperfección la tristeza? ¿Cómo admitirla en el Salvador? El alejandrino se apoyaba en concepciones estoicas para explicar el versículo. Aceptaba en Jesús una *propassio*, primer movimiento inevitable ante un estímulo externo. Libraba así a Jesús de la verdadera *passio,* que implicaba ya imperfección. Además, para él, la tristeza no provenía de los sufrimientos físicos, que afectaron, sí, al cuerpo de Jesús, pero no tocaron su alma. Procedía de otra parte: de consideraciones espirituales sobre el pecado e ingratitud del hombre.

Otra es la interpretación de los valentinianos y San Ireneo. Ambos admiten en Jesús la pasión de la tristeza. Los dos por motivos soteriológicos, en bien de los hombres. Para ellos la tristeza no viene a Jesús por un motivo espiritual: procede de la carne, por los sufrimientos y muerte que esperan al Salvador. La pasión afecta pues primeramente al cuerpo, y de aquí pasa al alma.

Naturalmente, un abismo separa a los gnósticos del obispo de Lión. Dos aspectos interesan ahora de la postura herética. a) Jesús se entristecía, según los valentinianos, para librar la batalla en el alma, beneficiando así las almas de los hombres psíquicos. El dolor del cuerpo hacía posible el combate del alma, único relevante. El sufrimiento de la carne hasta la muerte era necesario, pero como mero subsidio instrumental; no redun-

---

[59] Dice M. POHLENZ, *Vom Zorne Gottes. Eine Studie über den Einfluss der griechischen Philosophie auf das alte Christentum* (FRLANT 12; Göttingen 1909) (59), hablando de nuestro problema y época: "wenn man also nicht den einzelnen Leidensakt, sondern die Leidensfähigkeit [*como Justino, D 99, 2*] ins Auge fasste, musste es für den philosophisch Gebildeten als unvollständige Betrachtungsweise des Problems erscheinen, wenn man nicht das Leiden im weitesten Umfang fasste, also das seelische πάθος, den Affekt, einbegriff".

[60] Para lo que sigue cf. ORBE, *Cristología gnóstica* (II, 184-204).

daba en bien de la misma carne, incapaz de salvación. b) Los valentinianos admitían la existencia de las pasiones en Jesús, y explicaban éstas al modo estoico. Para la Stoa la pasión se reduce a ignorancia; pues bien, desprovisto en este momento del Espíritu divino, Jesús quedó sin ciencia alguna.

La línea eclesiástica que representa Ireneo sigue otros cauces. Todo se ordena a la salvación de la carne, que tendrá lugar con la resurrección. Si Jesús sufre tristeza, no es exclusivamente en bien del alma, sino también del cuerpo. En el trasfondo hay una nueva definición de la pasión, que no se entiende ya al modo estoico, como ignorancia. Esta nueva definición corresponde a una forma distinta de ver al hombre, que es para Ireneo un ser plasmado del barro, hecho de carne. La carne es una componente del hombre que lo muestra sujeto a cambio, capaz de ser modelado por los sucesos externos, por la acción en ella del mundo y de Dios. Así, las pasiones no son en sí negativas: se trata de una propiedad de la carne, que constituye tanto su mortal riesgo como su preciosa dignidad. Por ser mudable puede la carne llegar a la semejanza con Dios; pero también declararse abiertamente rebelde al Espíritu.

Hemos probado ya que Justino sostiene la misma antropología. Así lo expresa al decir que Cristo "se hizo partícipe de nuestras pasiones para sanarlas" (II 13, 4)[61]. La última hora de Jesús es un momento clave de esta curación. En torno al Huerto no habla Justino de tristeza, como los evangelios; alude al miedo, guiado por el salmo 21. Explícitamente rechaza que esto se deba a ignorancia (cf. D 99, 3). Lo que sería contradictorio para la Stoa (pasión con pleno conocimiento), no lo es para el mártir. La pasión es propiedad de la carne pasible, herida con el pecado de Adán, y que Cristo asume para sanar. El miedo ante la muerte experimentado por Jesús tiene valor soteriológico, en bien de la carne asumida.

Gethsemaní y la relación Padre - Hijo

Todo esto ha de combinarse con otro elemento que el análisis ha mostrado muy presente en Gethsemaní. Se trata de la relación entre Jesús y su Padre. Ésta es, como ya hemos señalado, una de las claves de la exposición del salmo 21. La piedad del Hijo tiene hondas raíces: toca el misterio de su filiación divina. Jesús es el Hijo de Dios desde antes de la creación del mundo, ha sido engendrado por la voluntad del Padre y es apto para cumplir perfectamente su querer. En la Pasión se actúa de modo pleno en la historia la filiación de Jesús.

---

[61] Cf. cap. III, apdo. 2.2, a partir de la p. 158.

Notemos entonces que en Gethsemaní se dan cita: a) las pasiones de la carne, elemento que Jesús ha asumido y viene a sanar; b) la filiación divina, en la perfecta obediencia de Jesús al Padre. Hay una estrecha unión entre ambos elementos. El sufrimiento del Hijo en su carne pasible está precisamente originado por la dificultad de asumir el designio paterno. Las pasiones de la carne tocan esta vez el centro mismo del ser filial de Jesús: "si es posible, pase de mí este cáliz".

Ahora bien, la obra salvadora de Jesús será, precisamente, comunicar a la carne las disposiciones filiales del Hijo de Dios. En Gethsemaní se ponen, pues, en contacto los dos elementos del intercambio salvífico: la carne pasible, la filiación divina.

Esta perspectiva permite explicar por qué se concentra en el Huerto la prueba antidoceta. En efecto, no bastaba, para oponerse a los herejes, señalar un dolor cualquiera de Jesús. Pues no todos los docetas negaban que su sufrimiento fuera real. Es cierto, algunos de ellos pensaban en dolores aparentes, por ser aparente la carne asumida por el Logos. Pero no era esta la postura de la mayoría. Muchos gnósticos claramente docetas aceptaban que Jesús sufrió. Su carne aparente era capaz de sufrimiento real, adaptada por obra divina para ello. Entonces, ¿qué es lo que les señala verdaderamente como docetas? Lo eran porque no admitían que ese sufrimiento fuera asumido por el Hijo de Dios. Siendo verdadero, no tocaba en forma alguna a la divinidad, ajena a todo suplicio[62].

Tiene, pues, su lógica colocar en Gethsemaní el argumento antidoceta. Se muestra de este modo que el sufrimiento afecta en verdad al Hijo de Dios, es asumido por Él precisamente en su núcleo más profundo, filial; en el centro de la relación entre el Padre y el Hijo. Podemos decir que aquí (a) el Hijo asume plenamente las pasiones humanas, representadas en el miedo a la muerte; (b) lo hace precisamente en cuanto Hijo, en aquello que le distingue como tal, en perfecta obediencia al Padre.

Estamos, pues, ante un momento de alta relevancia soteriológica. Pero entonces Gethsemaní es un lugar privilegiado para condensar la batalla definitiva entre Jesús y Satanás. Imposible que esté ausente de allí el adversario. ¿Hay en este momento signos de su actividad? Veámoslo, antes de presentar una exposición sintética del misterio.

Gethsemaní y las tentaciones

Notábamos al estudiar las tentaciones del desierto que no estábamos ante el combate definitivo entre Jesús y el diablo. Había de volver el tentador. Sigue Justino a Lucas, quien dice que Satán se retiró hasta el momento adecuado (Lc 4, 13). El mártir no deja lugar a dudas: ese

---

[62] Cf. ORBE, *Cristología gnóstica* (I, 380-412).

momento es la Pasión. Así se profetizaba en el combate entre Jacob y el ángel (cf. Gn 32, 26):

> Y vencido y confundido se retiró entonces el diablo. Pero como nuestro Cristo había de ser entorpecido, esto es, en el trabajo y asunción de la pasión, cuando iba a ser crucificado (τουτέστιν ἐν πόνῳ καὶ ἐν ἀντιλήψει τοῦ πάθους, ὅτε σταυροῦσθαι ἔμελλεν), también esto lo anunció de antemano por el hecho de tocar el muslo de Jacob y entorpecérselo (D 125, 5).

¿Cuál fue la herida que el diablo causó a Jesús? Se habla aquí del sufrimiento de la Pasión. ¿Se limitó Satán a ensañarse con la carne de Cristo? No lo parece: el apóstata obra siempre según su ser e intención, apartar al hombre de Dios. Pretendía sin duda hacer desistir a Cristo de su obediencia al Padre, a imagen de lo que obró contra Adán. Si nos fijamos en la expresión que emplea Justino, vemos que se parece a otras que hemos citado ya:

D 125, 5: en la asunción de la pasión.	ἐν ἀντιλήψει τοῦ πάθους
D 98, 1: hombre capaz de asumir verdaderamente los sufrimientos.	ἀληθῶς γέγονεν ἄνθρωπος ἀντιληπτικὸς παθῶν
D 103, 8: no digamos que aquél [Jesús], por ser hijo de Dios, no recibía verdaderamente lo que le sucedía.	μὴ λέγωμεν ὅτι ἐκεῖνος, τοῦ θεοῦ υἱὸς ὤν, οὐκ ἀντιλαμβάνετο τῶν γινομένων

Notemos que los dos últimos textos se refieren ambos a la oración del Huerto. Si situamos aquí la acción del tentador cobra mejor sentido su plan. Actuaba sobre la carne de Jesús, no por sádica crueldad, sino para provocar en él miedo ante el dolor y la muerte. Quería con ello hacerle desistir de su piedad con el Padre. En Gethsemaní se puede concentrar, de este modo, la presencia del diablo durante la Pasión[63].

Recordemos a este respecto otro elemento propio de la carne sometida a pasiones[64]. Es ella la que acomuna a los seres humanos en hermandad. Al asumir Jesús la carne, la misma de Adán, la misma que sufre la tiranía del diablo, ejerce sobre esta carne su actividad soteriológica, en bien de todo el género humano. De ahí el interés del diablo por derribarle: anularía así una obra que va más allá del solo Jesús, para tener influjo sobre multitud de gentes.

---

[63] Además, el otro relato de las tentaciones (D 103, 5-6), se enmarca en la narración de Gethsemaní, que precede (D 103, 1-2: prendimiento) y sigue (D 103, 7-9: oración de Jesús) a la escena.

[64] Cf. cap. III, apdo. 2.2, p. 154.

La obediencia de Jesús, Hijo de Dios, hará fracasar los proyectos de la serpiente, volviéndolos en su contra. El diablo le ha llevado a una situación extrema para hacerle apostatar del Padre; Jesús aprovechará este mismo dolor y angustia para imprimir en la carne señales de signo contrario: las características de la filiación divina. La acción del diablo se convierte, sin él saberlo, y por especial providencia, en el plan de Dios para salvar al hombre.

Obraba el diablo de acuerdo con una secular costumbre. De siempre fue su actividad preferida infundir terror al hombre con vistas a hacerle su esclavo. Usaba del miedo a la muerte como arma para apartar a la criatura de su Creador[65]. Esto nos ofrece un ejemplo de cómo las pasiones asumidas por Cristo Maestro sanaron las de sus discípulos. Propio del mártir cristiano será, precisamente, el desprecio de la muerte, la ausencia de temor ante ella[66].

Tentación del diablo, filiación divina de Jesús, asunción de la carne como elemento pasible del hombre... Todo encaja bien en el cuadro de la recapitulación, muy presente en el comentario al salmo 21, como ya indicamos. Recojamos en síntesis todos los elementos.

Síntesis

La escena del Huerto ofrece a Justino un atractivo especial, pues presenta unidos el sufrimiento de Jesús y su relación con el Padre. El dolor de Gethsemaní está asociado a la oración del Hijo: "Padre, si es posible, pase de mí este cáliz".

En Gethsemaní se ponen además de relieve las pasiones que agitan a Jesús: el miedo ante la muerte le provoca sudor de sangre. El Salvador hace ver así la verdad de la carne pasible que ha asumido, por la que es hermano de los demás hombres.

La escena tiene gran importancia soteriológica por la conjunción de estos elementos. La obra del Salvador consistirá precisamente en comunicar la filiación divina al hombre; modelará para ello la carne pasible haciéndola dócil al Padre.

De ahí que sea en este momento cuando le plante batalla Satanás. Su intención es precisamente la contraria. A través del miedo quiere hacer que Jesús apostate del Creador, imprimiendo en Cristo y en su descendencia las huellas de la rebeldía. Pero su plan se volverá en su contra; pues Jesús aprovechará este miedo para modelar su carne en

---

[65] Cf. I 5, 2; I 29, 4; II 4 [3], 1. Se reconoce en Justino el influjo de Hb 2, 15: por miedo a la muerte era el hombre esclavo del diablo.

[66] Cf. I 44, 13; I 46, 4; II 4 [3], 1; II 5 [4], 4; II 10, 8; II 12, 1.

obediencia a Dios, dándole el sesgo de la filiación divina que ha venido a comunicar al hombre.

Justino se basaba en una expresión del salmo 21 para hablar del miedo de Jesús: "mi corazón, como cera, se derrite en mis entrañas" (Sal 21, 15). Podemos usar esta misma imagen para ilustrar por nuestra cuenta el pensamiento del mártir. La carne de Jesús es como cera. El diablo, sometiéndola al pavor ante la muerte, la pone al fuego: quiere ablandarla e imprimir en ella el sello de su apostasía. Pero ocurre lo contrario: aprovechando estas mismas circunstancias recibe la marca de la filiación divina, por la obediencia de Jesús al Padre en bien de todos los hombres.

1.4. Silencio de Jesús en su Pasión

Lo anterior deja claro que Jesús continúa en la Pasión su lucha con el diablo, entablada desde el inicio de su actividad pública. Aun cuando se trata del mismo combate, adquiere en sus últimas horas perfiles nuevos. Otra muestra de ello es una actitud particular de Jesús en la Pasión: su silencio[67].

Que el Señor había de callar estaba profetizado en el salmo 21. Justino acierta a descubrirlo:

> Profecía también de lo que, por voluntad del Padre, había de suceder a Cristo son las palabras: "Se secó como una teja mi fuerza y mi lengua quedó pegada al paladar" (Sal 21, 16). Porque la fuerza de su poderosa palabra, con que confundía siempre a los fariseos y escribas que discutían con Él y, en general, a los maestros de vuestro pueblo, quedó contenida, a modo de una fuente impetuosa de abundante agua, cuya corriente fuera desviada, pues Él calló y ya ante Pilato no quiso responder a nadie una palabra, como se cuenta en los Recuerdos de los Apóstoles. Y así tuvo claro cumplimiento lo que se dice por boca de Isaías: "El Señor me ha dado lengua para conocer cuándo tengo que decir palabra" (Is 50, 4) (D 102, 5).

Su poderosa palabra se secó, a manera de una fuente de muchos caños... Así explica Justino el silencio de Jesús ante sus acusadores, testimoniado en los evangelistas[68]. Para interpretar correctamente este párrafo hemos de situarlo en la unidad más amplia a que pertenece: todo el número 102 del Diálogo.

En D 102 Justino cita una parte larga del salmo 21 (Sal 21, 10-16) y se dispone a explicarla. Es el procedimiento que está siguiendo en su exé-

---

[67] El silencio de Jesús llamó la atención de los primeros Padres. Cf. IGNACIO, *Ad Eph.* XV (SC 10b, 84); ORÍGENES *Contra Celso*, Prólogo, 2 (SC 132, 66ss).

[68] Mt 27, 12-14 y Mc 15, 4-5 hablan del silencio ante Pilato. Lucas muestra a Jesús mudo ante Herodes (Lc 23, 9). Juan, por su parte, recoge un vivo diálogo entre Cristo y el procurador romano, pero en un momento (Jn 19, 9-10) señala también que el Señor no respondió.

gesis: recuerda primero el texto bíblico y lo expone a continuación. Sin embargo, su forma de hacerlo ahora es particular. En efecto, el mártir comentará primero Sal 21, 10-11 y saltará luego al versículo 16, para volver después al 12a. He aquí el orden que sigue:

Sal 21, 10-11: Mi esperanza desde los pechos de mi madre, sobre ti fui arrojado desde su seno, desde el vientre de mi madre tú eres mi Dios.
Sal 21, 16: Se secó como una teja mi fuerza y mi lengua se me pegó al paladar.
Sal 21, 11b-12a: Tú eres mi Dios, no te apartes de mí.

¿Por qué este cambio de secuencia?[69] Podríamos pensar que Justino enmarca el versículo 16 entre los versículos 11 y 12 porque los ve relacionados: pretende iluminar esta frase con las otras dos. Y en efecto, el estudio del comentario nos ayudará a confirmar esta hipótesis. Damos primero un esquema:

Salmo 21	Comentario de Justino
(A) Sal 21, 10-11a (Tú, mi esperanza desde los pechos de mi madre).	+ Herodes persigue al niño, pero el Padre lo protege (D 102, 2). + ¿Por qué no mató Dios a Herodes? Justino responde situando la escena de Belén en conexión con toda la historia humana: Dios tampoco mató a la serpiente, sino que ejercitó su paciencia, respetuoso con la libertad de su criatura (D 102, 3-4).
(B) Sal 21, 16 (mi lengua se pegó al paladar).	+ Silencio de Jesús ante Pilato (D 102, 5).
(C) Sal 21, 11b-12a (Tú eres mi Dios, no te apartes de mí).	+ Jesús pone en Dios toda su esperanza, espera ser salvado sólo por Él (D 102, 6)

El silencio en el plan del Padre

Comencemos con el contexto anterior a nuestro pasaje (A). La historia de Herodes y el Niño ya la hemos comentado ampliamente[70]. Después de

---

[69] El cambio de orden no es casual. Notemos, en efecto, que se omite ahora el comentario de los versículos 12b-15. Pues bien, Justino los citará luego de nuevo (en D 103), y entonces sí se comentarán; pero en esa ocasión el versículo 16 no se citará con los otros, aunque se retomará una breve exégesis al final de este número (D 103, 9). FÉDOU, "La vision", (59) nota el cambio de orden, pero no analiza en detalle el porqué; se limita a señalar un deseo, por parte de Justino, de presentar todo el arco de la vida de Jesús. Pero entonces no se comprende el particular relieve dado a su silencio.

[70] Cf. *supra*, cap. IV, apdo. 2, p. 193.

nacer Jesús en Belén lo supo el rey por los magos y decidió acabar con el pequeño. Entonces el Padre actuó para salvarle la vida; de ahí que Jesús le llame "mi esperanza desde los pechos de mi madre" (cf. Sal 21, 10). Justino hace hincapié en el designio del Padre, protagonista de la escena. Todo ocurre según mandato de Dios (κατὰ τὴν τοῦ θεοῦ κέλευσιν, D 102, 2). Y añade:

> Y es que el Padre había determinado que aquel a quien Él mismo había engendrado no muriera hasta después que, llegado a edad de varón, hubiera predicado su palabra (μετὰ γὰρ τὸ κηρύξαι αὐτὸν τὸν παρ' αὐτοῦ λόγον ἀνδρωθέντα ὁ πατὴρ θανατωθήσεσθαι αὐτὸν ἐκεκρίκει ὃν ἐγεγεννήκει) (D 102, 2).

El Padre salva al Hijo porque ha determinado que antes de morir debía predicar su palabra. Esta predicación, que Jesús lleva a cabo en la fuerza del Espíritu[71], cobra aquí un papel central. Su vida, según el plan paterno, está dividida en etapas: nacimiento, predicación de su palabra, muerte.

Al escuchar esto surge espontánea una pregunta: ¿por qué el Padre no salvó definitivamente a su Hijo? ¿No defraudó la esperanza de Cristo limitándose a retrasar su condena? Para responder presenta Justino una comparación entre la vida de Cristo y la historia de la humanidad[72]. Destaca aquí la paciencia del Padre ante el pecado de su criatura. Lejos de remediar el mal con la violencia quiere llevar adelante su plan salvador respetando la libertad. De ahí que no acabe de un golpe con la serpiente. Establece mejor un proyecto que se realizará en etapas. Y a este designio pertenece la historia de Jesús, también dividida en tiempos (predicación primero, sólo después la muerte):

Vida de Jesús	Historia del hombre
D 102, 2: el Padre había juzgado (ἐκεκρίκει) [...] que sólo después de predicar (μετὰ τὸ κηρύξαι), había de morir...	D 102, 3-4: determinó los tiempos hasta que (χρόνους ὥρισε μέχρις οὗ) Él sabe ha de ser bueno que posean libre albedrío [...] estableció juicios (κρίσεις ἐποίει)...

De esto podemos concluir: los pasos de la vida del Hijo son queridos por el Padre para salvar al hombre, en consonancia con su forma de conducir la historia humana. Poco amigo de ejercer la violencia, quiere atraerse a su criatura sin quebrar su libertad. Pues bien, es ahora cuando Justino expone el silencio de Jesús.

---

[71] Cf. *supra*, cap. V, apdo. 3.4, p. 297.
[72] Cf. *supra*, cap. IV, apdo. 3.3, p. 209.

Silencio como ausencia del Espíritu

Veamos con detalle el texto (B):

Profecía también de lo que, por voluntad del Padre, había de suceder a Cristo son las palabras: "Se secó como una teja mi fuerza (ἡ ἰσχύς μου) y mi lengua quedó pegada al paladar" (Sal 21, 16). Porque la fuerza de su poderosa palabra (ἡ γὰρ τοῦ ἰσχυροῦ αὐτοῦ λόγου δύναμις), con que confundía (ἤλεγχε) siempre a los fariseos y escribas que discutían con Él y, en general, a los maestros de vuestro pueblo, quedó contenida, a modo de una fuente impetuosa de abundante agua, cuya corriente fuera desviada (ἐποχὴν ἔσχε δίκην πολυύδρου καὶ ἰσχυρᾶς πηγῆς, ἧς τὸ ὕδωρ ἀπεστράφη), pues Él calló (σιγήσαντος αὐτοῦ) y ya ante Pilato no quiso responder a nadie una palabra, como se cuenta en los Recuerdos de los Apóstoles. Y así tuvo claro cumplimiento lo que se dice por boca de Isaías: "El Señor me ha dado lengua para conocer cuándo tengo que decir palabra" (Κύριος δίδωσί μοι γλῶσσαν τοῦ γνῶναι ἡνίκα με δεῖ εἰπεῖν λόγον) (Is 50, 4) (D 102, 5).

Resaltemos cómo el pasaje se presenta en relación con la predicación de Jesús:

Vida pública	Silencio de Jesús
D 102, 2: después de haber predicado su palabra...	D 102, 5: se seca la fuente de su poderosa palabra... Justino se refiere explícitamente a la predicación pública de Jesús (cuando hacía callar a los maestros...)
D 102, 2: Jesús habla la palabra del Padre (ὁ παρ' αὐτοῦ λόγος), por designio del Padre (ὁ πατὴρ ἐκεκρίκει)	D 102, 5: Jesús calla según la voluntad del Padre (κατὰ τὸ τοῦ πατρὸς θέλημα), el Padre dio a conocer a Jesús cuándo debía hablar (Κύριος δίδωσί μοι γλῶσσαν τοῦ γνῶναι ἡνίκα με δεῖ εἰπεῖν λόγον).

De esto podemos concluir que al plan de Dios, que preveía la predicación de su palabra, pertenece este otro momento: el silencio de Jesús. Ambos muestran que el Hijo todo lo refiere al Padre (D 98, 1). Si habla, habla palabra del Padre; si calla, calla silencio del Padre. La misma palabra poderosa que brotó como fuente en el desierto (cf. D 69, 6) es ahora la que se seca, también por querer paterno[73].

---

[73] Así, por su silencio manifiesta Jesús al Padre; pues a Él lo refiere todo (cf. D 98, 1), también cuando calla. Hay aquí cierta consonancia con el cuarto evangelio. Según Juan Jesús calla sólo una vez ante Pilato (cf. Jn 19, 9-10), cuando éste le pregunta: ¿de dónde eres? (πόθεν εἶ σύ;). Sin saberlo, apuntaba el romano a lo esencial: el misterio de Jesús es precisamente su procedencia del Padre, de donde Él viene (cf. Jn 7, 27-28). Justino explicaría así este silencio: callando ante la pregunta decisiva por su identidad, no la

¿Por qué quiso el Padre que su hijo callara? Tengamos en cuenta, para responder, que Justino ha situado el episodio en un contexto bien determinado: el plan paterno sobre toda la humanidad, manifestación de la paciencia de Dios. El Padre deja obrar libremente a los hombres, reservando para el tiempo oportuno el juicio. En este designio entraba el silencio de Jesús. Tratemos de indagar con mayor precisión las razones.

Es necesario para ello considerar una tradición teológica contemporánea a Justino en torno al silencio de Jesús. La defendían sobre todo autores gnósticos[74].

Enseñaban éstos que en el momento de la Pasión se retiró del Salvador la divinidad. Jesús, que había recibido en el Jordán la iluminación, se veía ahora desprovisto del Espíritu: venía la hora de la ignorancia, y por tanto del miedo y la tristeza. No parece haya que interpretar este abandono como una retirada real. El Pneuma seguía presente, pero contenía su virtud, a modo de sol que contrae sus rayos, al llegar el día del dolor.

La contracción del Espíritu tenía su razón de ser. Sólo muriendo podía el Salvador allegarse a las almas prisioneras para salvarlas. Morir no podía, sin embargo, mientras le asistiera el Pneuma, que es la misma Vida. Dejó así Éste de actuar, tendiendo con ello una trampa a la Muerte. Cuando el θάνατος se apoderó de Jesús fue aniquilado por el Espíritu, que volvió a extender sus rayos poderosos en la resurrección. Se había retirado sólo de momento, para sorprender luego a la desprecavida Muerte.

¿Podría haber una mentalidad parecida en Justino? Hay varios datos que relacionan el silencio de Jesús con la ausencia del Espíritu.

En el Jordán había comenzado a obrar en Jesús el Pneuma profético. La predicación de Cristo era signo de esta actividad. Juan Bautista, por el contrario, interrumpió en ese momento su profecía. Es natural que ahora, cuando la palabra poderosa de Cristo deja puesto al silencio, se pueda pensar que el Espíritu cesa en Jesús, como lo hiciera antaño en Juan.

Notemos además la imagen que usa Justino: la fuente de muchos caños repentinamente seca. El símil de la fuente, de la que brota agua viva, lo hemos estudiado ya en otro lugar[75]. Concluíamos que este manantial es Jesús, que predica la palabra del Padre en el poder del Espíritu. El agua que lleva al conocimiento de Dios dice relación al Pneuma. La escena del silencio adquiere así un sentido claro: por voluntad del Padre deja de actuar en Jesús el Espíritu que comenzara a hacerlo en el Jordán, y que le había habilitado para predicar la palabra del Padre[76].

---

esquivaba Jesús; tanto por su palabra como por su silencio, ambos según querer del Padre, mostraba el Hijo su origen paterno.

[74] Para esto, cf. ORBE, *Cristología gnóstica* (II, 251-258).

[75] Cf. *supra*, cap. V, apdo. 3.4, p. 297.

[76] Cf. ORBE, *Cristología gnóstica* (II, 254).

Otro dato apunta en este mismo sentido. En nuestro pasaje habla Justino de la fuerza de Jesús (δύναμις, ἰσχύς), con vocabulario que, por otros lugares de su obra, se refiere al Espíritu[77]. "Mi fuerza (ἡ ἰσχύς μου) se ha secado", dice Sal 21, 16. Y Justino comenta: "la potencia de su poderosa palabra" (ἡ τοῦ ἰσχυροῦ αὐτοῦ λόγου δύναμις) se secó, "a la manera de una fuente impetuosa (ἰσχυρά) de abundante agua".

El silencio se puede ver entonces como consecuencia de la retirada del Pneuma: Jesús cesa de contestar a los sofismas de sus oponentes, a los que antes confundía (ἤλεγχε). Un poco después añadirá Justino:

> no respondió nada a nadie; Él, que confunde (ἐλέγχων) a todos vuestros maestros, faltos de sabiduría (ἀσόφους) (D 103, 9).

Recordemos que esta fue precisamente la actividad que llevó a cabo Jesús en el desierto contra Satanás, inspirador último de todos sus enemigos. Allí derrotó al diablo refutándole (ἐλέγξας)[78]. Hemos estudiado ya la conexión de este episodio con el Bautismo, en que Jesús recibe el Espíritu.

Decía entonces Justino que el diablo se retiró, pero sólo por el momento: habría de volver en la Pasión. El silencio de Jesús muestra que ahora la lucha con el diablo toma un sesgo diferente. No habrá ya sabios reproches ante la falsedad diabólica; ni una respuesta fuerte para derrotar al fuerte. ¿Se ausentó, por tanto, el Espíritu, origen de la fuerza y sabiduría mostrada por Jesús a partir del Jordán?

No por ser sabio, ni por ser fuerte...

Así parece, por todo lo que acabamos de decir. Y, sin embargo, no conviene sacar conclusiones apresuradas. Atendamos mejor a lo que viene después de nuestro texto. Recordemos, para ello, la unidad que el mártir veía entre los tres versículos siguientes:

A. Sal 21, 10-11: Mi esperanza desde los pechos de mi madre, sobre ti fui arrojado desde su seno, desde el vientre de mi madre tú eres mi Dios.

B. Sal 21, 16: Se secó como una teja mi fuerza y mi lengua se me pegó al paladar.

C. Sal 21, 11b-12a: Tú eres mi Dios, no te apartes de mí.

Analizadas las partes A y B, es hora de atender al último versículo. Veremos que forma unidad con los anteriores:

---

[77] Cf. MARTÍN, *El Espíritu* (194).
[78] Cf. D 125, 4-5; cf. *supra*, cap. V, apdo. 2, p. 270.

Y decir: "Dios mío eres tú, no te apartes de mí", es juntamente de quien quiere enseñarnos que todos debemos poner nuestra confianza en el Dios que hizo todas las cosas, y sólo de Él esperar salvación y ayuda... (D 102, 6).

"No te apartes de mí". La frase cobra sentido en el contexto del silencio de Jesús. Secada la fuente de su fuerza y sabiduría, Cristo suplica al Padre que no se le vaya. Es así modelo para el hombre: pone en Dios toda su esperanza precisamente cuando Éste parece haberlo abandonado, retirando su Espíritu. Y sigue el mártir:

debemos poner nuestra confianza [en Dios] [...], y no pensar, como el resto de los hombres, que podemos salvarnos por nuestro linaje, riqueza, fuerza o sabiduría (διὰ γένος ἢ πλοῦτον ἢ ἰσχὺν ἢ σοφίαν). Esto es lo que vosotros habéis hecho siempre; una vez, fabricándoos un becerro de oro, y siempre, mostrándoos ingratos y asesinos de los justos, a par que os engreís por vuestro linaje. Pues si el Hijo de Dios dice manifiestamente, por ser Hijo, que no por ser fuerte ni sabio puede salvarse, (εἰ γὰρ ὁ υἱὸς τοῦ θεοῦ φαίνεται διὰ τὸ εἶναι υἱὸς μήτε κατὰ τὸ εἶναι ἰσχυρὸς μήτε διὰ τὸ σοφὸς λέγων δύνασθαι σώζεσθαι) sino que, sobre ser impecable, y no haber cometido pecado ni de palabra, como dice Isaías, pues no cometió iniquidad ni se halló dolo en su boca, no puede salvarse sin la ayuda de Dios (ἀλλὰ πρὸς τὸ ἀναμάρτητος εἶναι [...] ἄνευ τοῦ θεοῦ σωθήσεσθαι μὴ δύνασθαι), ¿cómo no caéis en la cuenta de estaros engañando a vosotros mismos, vosotros y los demás que esperáis salvaros sin esta esperanza? (D 102, 6).

Jesús no obra como el resto de los hombres. Esperan estos salvarse por recursos propios: cuentan con su raza, dinero, sabiduría y fuerza (διὰ γένος ἢ πλοῦτον ἢ ἰσχὺν ἢ σοφίαν). No así el Hijo de Dios, que no se salvó ni por fuerte, ni por sabio (μήτε κατὰ τὸ εἶναι ἰσχυρὸς μήτε διὰ τὸ σοφὸς).

De nuevo cuadra este pasaje con el dedicado al silencio de Jesús. En efecto, veíamos allí que desaparecía su fuerza, la palabra poderosa con la que rechazaba a sus enemigos[79]; y que además Jesús dejaba de mostrarse sabio, al no refutar la falta de sabiduría de sus contrincantes[80]. Ahora Justino sigue pensando, pues, en la negativa de Jesús a defenderse: no quiso salvarse a título de fuerte o sabio.

Pero entonces, ¿en qué se apoyaba para esperar la salvación? Tenía, sin duda, una prerrogativa importante: en Él no había pecado. Lo prueba Justino acudiendo al canto del siervo: "no cometió pecado, ni encontraron

---

[79] Cf. D 102, 5: ἡ τοῦ ἰσχυροῦ αὐτοῦ λόγου δύναμις.

[80] Cf. D 103, 8: "era profecía de su silencio, pues Él, que había convencido de falta de sabiduría a vuestros maestros (ὁ πάντας ἐλέγχων ἀσόφους τοὺς παρ' ὑμῖν διδασκάλους), no respondió en su Pasión una palabra a nadie".

engaño en su boca" (Is 53, 9). Por el contexto piensa tal vez en las acusaciones que le dirigían sus verdugos, ante las que guardó silencio.

Justino, sin embargo, no pone aquí la razón fundamental de la salvación de Jesús. Insiste más bien en otra cualidad del Salvador, concorde con toda su exégesis del salmo 21. Se trata del hecho de que sólo en el Padre busque salvación y ayuda (cf. D 102, 6): "sobre estar sin pecado, [...] sabe que sin Dios no puede salvarse" (D 102, 7).

De acuerdo con esto podemos interpretar unas palabras difíciles del pasaje, modificadas por algunos editores. Dice Justino, según el manuscrito:

> el Hijo de Dios dice manifiestamente, por ser Hijo, que no por ser fuerte ni sabio puede salvarse (εἰ γὰρ ὁ υἱὸς τοῦ θεοῦ φαίνεται διὰ τὸ εἶναι υἱὸς μήτε κατὰ τὸ εἶναι ἰσχυρὸς μήτε διὰ τὸ σοφὸς λέγων δύνασθαι σώζεσθαι) (D 102, 7).

Atendiendo a la contraposición entre Cristo y los demás hombres se ha propuesto la siguiente modificación: introducir μήτε antes de διὰ τὸ εἶναι υἱός, y traducir: "el Hijo de Dios dice manifiestamente que <no> por ser hijo, ni fuerte, ni sabio puede salvarse"[81]. Si de los hombres se dice que esperan salvarse fiados en su raza, fuerza y sabiduría (cf. D 102, 6: διὰ γένος ἢ πλοῦτον ἢ ἰσχὺν ἢ σοφίαν) y se insiste que a los judíos les envanece su raza (cf. D 102, 6: τετυφωμένοι διὰ τὸ γένος), parece lógico completar la contraposición en Cristo: ni por ser hijo (raza), ni fuerte, ni sabio.

Pienso, sin embargo, que la lectura del manuscrito ha de mantenerse. En efecto, en el comentario al salmo 21 la filiación de Jesús se asocia, como hemos notado, con su piedad y obediencia al Padre. El Hijo, nacido de la voluntad del Padre, es quien siempre cumple los designios paternos, mostrándose tal por sus obras

Pero entonces: Jesús espera "ser salvado por el mismo Dios, sin gloriarse de hacer nada por su propio querer o fuerza" (D 101, 1), *precisamente por ser Hijo*. O, como se dice en nuestro pasaje, *por ser Hijo* "sólo de Dios espera salvación y ayuda" (D 102, 6) y sabe que "sin Dios no puede salvarse" (D 102, 7). La filiación divina es el fundamento de que Jesús no quiera salvarse por ser sabio o fuerte, sino que se confíe total-

---

[81] Las ediciones de Otto, Archambault y Marcovich aceptan esta corrección, propuesta por Sylburg (cf. Marcovich 246). He aquí el texto como lo corrige Marcovich: "el Hijo de Dios nos dice manifiestamente que ni por ser Hijo, ni fuerte, ni sabio puede salvarse (φαίνεται <λέγων> <μήτε> διὰ τὸ εἶναι υἱὸς μήτε κατὰ τὸ εἶναι ἰσχυρὸς μήτε διὰ τὸ σοφὸς [λέγων] δύνασθαι σώζεσθαι)" (D 102, 7).

mente al Padre. La traducción que hemos dado hace así perfecta coherencia[82].

En todo caso, es claro adónde apunta la escena del silencio de Jesús. Desprovisto de su fuerza y sabiduría le queda sólo la esperanza en el Padre, expresión fehaciente de su filiación divina. Diríase que Justino se inspira en un texto de Pablo (1 Co 1, 26-29), que lee aplicado a Cristo.

> no hay entre vosotros muchos sabios (σοφοί) según la carne, no hay muchos poderosos (δυνατοί), no hay muchos de buen linaje (εὐγενεῖς). Sino [...] lo que no es nada (ἐξουθενημένα) (1 Co 1, 26-29).

Sin duda meditó Justino largamente los primeros capítulos de esta epístola[83]. Para él, como para San Pablo, el mensaje cristiano no consiste en sabiduría humana, sino en fuerza de Dios. Piensa el mártir en la presencia del Espíritu, que acompaña el mensaje evangélico. ¿Puede esto iluminar nuestro texto sobre el silencio de Jesús? Pienso que sí. Que a Jesús le abandone la acción acostumbrada del Espíritu, en potencia y sabiduría, no quiere decir que le deje totalmente solo. Más bien convendría decir que actúa ahora de otra forma. Es el momento de que se entiendan palabras que dijo Justino a Trifón, hablando de la venida del Espíritu sobre Jesús:

> Y como la primera venida de Cristo fue sin gloria, así la primera venida del Espíritu [...] fue también sin gloria. Y, en efecto, con oculta mano dícese que hacía el Señor la guerra a Amalec; y, sin embargo, no vais a negar que cayó Amalec. Y si sólo con la gloriosa venida de Cristo se dijera que ha de ser combatido Amalec, ¿qué sentido tendría la Escritura que dice: con oculta mano hace Dios la guerra a Amalec? Podéis, pues, comprender que alguna fuerza oculta de Dios tuvo el Cristo crucificado (D 49, 7-8).

No solo de forma gloriosa derrota Dios a Amalek. La victoria se consigue primero desde la aparente debilidad de la cruz, carente de gloria. Por tanto, no es que en la Pasión no haya Espíritu, sino que es distinta su forma de actuar. Los gnósticos hacían retirarse al Pneuma, ajeno en defini-

---

[82] Por otra parte, las razones para corregir el texto no son convincentes. Se puede objetar en primer lugar que el paralelismo que se aduce no es completo: nada se dice sobre Cristo y la riqueza. En segundo lugar, Justino distingue claramente la filiación carnal de los judíos y la filiación de Cristo. Si adujese Cristo para salvarse que es hijo de Dios, no por eso se le podría reprochar que se apoya en su raza. Una es la mera generación carnal, otra la divina. Es interesante notar cómo D. BOURGEOIS, *La Sagesse des Anciens dans le Mystère du Verbe. Évangile et Philosophie chez Saint Justin* (Paris 1983) (77), percibe la incoherencia del texto corregido por los editores, que él atribuye al mismo Justino: "Malgré son expression un peu lourde (opposer le fait d'être Fils au fait qu'il s'en remette totalement au Père)..." No ve el mártir tal oposición.

[83] Cf. lo que dijimos *supra*, cap. V, apdo. 3.4, p. 299, y lo que añadiremos más adelante en este capítulo, al hablar de la cruz, apdo. 2.1, p. 386.

tiva al dolor del Crucificado. No así el mártir. En el abandono del Espíritu, que deja a Jesús sin palabras, ve Justino en realidad una presencia nueva de la Fuerza de Dios.

¿De qué presencia se trata? Precisamente entre los muchos dones del Espíritu enumeraba Isaías el de piedad (cf. Is 11, 2; D 87, 2). Justino lo encuentra presente sobre todo en Moisés (D 87, 4). Ahora bien, la piedad es la nota característica de la Pasión: he aquí, pues, donde actúa ahora el Pneuma[84]. Se mueve en un ámbito que los hombres no aprecian: no el del poder, no el de la facundia oratoria, sino el de la obediencia silenciosa al Padre. Toca la veta más rica y profunda del ser de Jesús: su relación con Dios, su filiación. A la fuerza y sabiduría prefiere Jesús el abandono en el Padre, precisamente "por ser Hijo" (cf. D 102, 7).

La acción del Espíritu en Jesús a partir del Jordán miraba siempre a imprimir en su carne la filiación divina. Ya vimos que la predicación y milagros, obradas en el poder del Pneuma, hacían constante referencia al Padre. Su sabiduría y fuerza, desplegadas en el ministerio público, podían sin embargo llamar a equívoco. Para quien no supiera mirar en profundidad, Jesús vencía imponiéndose con su propia elocuencia y poderío, sin apoyarse en el Padre[85].

Ahora, en la Pasión, cambia la forma de obrar del Pneuma. Su actividad no deja ya lugar a dudas. Acallando la enseñanza y prodigios, se concentra en lo esencial, la relación de Cristo con su Padre. Lleva a plenitud la piedad y entrega de Jesús, en perfecta sintonía con lo más propio de la obra del Salvador: transmitir la filiación divina.

Silencio de Jesús y paciencia del Padre

Con todo esto podemos volver a preguntarnos: ¿qué puesto tiene en el designio paterno el silencio que Jesús guarda ante sus acusadores?

El proyecto divino pretendía salvar al hombre respetando su libertad; contaba para ello con la muerte en cruz de su propio Hijo (D 102, 3-4). Ciertamente le habría sido fácil a Jesús descender de la cruz, dar signos externos de su fuerza. Pero entonces habría incoherencia en los planes divinos: Dios no cortó la cabeza a la serpiente ni mató a Herodes; de igual forma, no cercenó con su sabiduría las maquinaciones del adversario en la Pasión. En todos estos casos su actuación obedece al mismo designio: trata de salvar al hombre sin obligar su libertad.

---

[84] Para confirmar esto recuérdese que hemos relacionado la obra del Espíritu con la justicia (cf. cap. V, p. 248). Y sabemos que ésta llega a plenitud en la Pasión, englobando el amor a Dios (piedad) y a los hombres: cf. D 93, 2-3; cf. *infra*, pp. 412s.

[85] Tratamos de esto sobre todo al hablar de los milagros de Jesús, cap. V, apdo. 4, p. 304.

El camino elegido para esto es el del silencio. Por él queda Jesús a disposición del diablo, que se las promete felices. Pero en este silencio el Padre no está ocioso. Actúa en un plano donde su enemigo no le espera. Su Espíritu es ahora solamente espíritu de piedad filial. La obediencia y confianza en el Padre son las armas usadas por Jesús para derrotar plenamente al tentador.

¿Por qué el silencio de Jesús? Si se tratara de rebatir al contrario, le sobraban a Dios argumentos y elocuencia para disponerlos con tino. Pero no es ese su objetivo: quiere más bien persuadir al hombre libre. De ahí que no irrumpa con violencia de palabras, sino con silencio. Dejando obrar a sus acusadores calla la fuerza y sabiduría de Dios. Sólo queda a Jesús la desnuda sumisión al Padre. El silencio da lugar a la entrega perfecta, allí donde Adán se dejó engañar por palabras embusteras. Y resulta fatal para la serpiente, que piensa precipitar a Jesús y sale derribada.

1.5. Muerte de Cristo

El comentario al salmo 21 continúa adelante: se acerca el momento de narrar la muerte de Jesús. "Se repartieron mi manto y echaron suertes sobre mi túnica" (Sal 21, 19). Siguiendo los relatos evangélicos, Justino aplica el salmo a lo que hicieron los soldados al pie de la cruz[86]. También la forma en que iba a morir estaba profetizada en forma misteriosa (cf. D 97, 3): "Taladraron mis manos y mis pies" (Sal 21, 17). Justino es el primero en leer en este verso la crucifixión de Jesús[87].

De la cruz trataremos por separado en la segunda parte de este capítulo. Toca ahora centrarse en la muerte de Cristo. Justino comenta este misterio en exégesis a Sal 21, 20-22:

> Tú, Señor, no alejes tu ayuda de mí, atiende a mi protección. Libra de la espada a mi alma, y de la pata del perro a mi unigénita. Sálvame de las fauces del león y de los cuernos del unicornio a mi humillación (D 105, 1).

¿Quién recita el salmo?

Todo el número 105 del Diálogo es un comentario a este versículo. El salmo nos enseña dos cosas que es importante distinguir:

---

[86] La profecía se había comentado ya en D 97, 3. Una de las palabras usada por Justino hace pensar en una dependencia de San Juan. Dice el mártir: "los que le crucificaron se repartieron entre sí las vestiduras, echando cada uno la suerte (λαχμὸν βάλλοντες) sobre lo que había querido escoger"; y el evangelista (Jn 19, 24): "echemos a suertes a ver a quién le toca" (λάχωμεν περὶ αὐτοῦ τίνος ἔσται). El texto se comenta también en I 35, 5.8: "Y después de crucificarle, los que le crucificaron echaron suerte sobre sus vestiduras y se las repartieron entre sí"; y se vuelve a citar en I 38, 4.

[87] Cf. KOLTUN-FROMM, "Psalm 22".

Y todo ello es enseñanza y anuncio (διδασκαλία καὶ προαγγελία) de lo que hay en Él (τῶν ὄντων αὐτῷ) y de lo que le había de suceder (καὶ συμβαίνειν μελλόντων) (D 105, 1).

Leyendo la escritura aprendemos por tanto quién es el que muere: ésta es la enseñanza (διδασκαλία) sobre el ser de Jesús. Se nos dice, después, qué es lo que le sucede: el anuncio anticipado (προαγγελία) de su historia. De lo primero dice el mártir:

Porque ya he indicado, tal como en los Recuerdos hemos aprendido (ἐμάθομεν)[88], que Él es el unigénito del Padre del universo, por ser engendrado de Éste de forma propia como Logos y Potencia (μονογενὴς γὰρ ὅτι ἦν τῷ πατρὶ τῶν ὅλων οὗτος, ἰδίως ἐξ αὐτοῦ λόγος καὶ δύναμις γεγεννημένος) y luego, como hombre, nacido de la virgen (D 105, 1).

He aquí la identidad de quien recita el salmo. Se trata del Unigénito (μονογενής) del Padre. Sólo en relación con Sal 21, 20-22 llama Justino a Cristo así[89]. De ahí que explique el término acudiendo a conceptos ya conocidos de Trifón (cf. D 61, 3): es Unigénito, pues ha sido engendrado del Padre en modo propio (ἰδίως) como Logos y potencia (δύναμις).

Las palabras usadas por Justino muestran a las claras dónde coloca el acento: en la filiación divina, señalada tanto por el término "Unigénito", como por su aclaración como "engendrado"[90]. A todo esto añade Justino el alumbramiento de la virgen. ¿A qué sacarlo ahora a colación? La mención de la generación humana se entiende por la consonancia que el mártir defiende entre nacimiento divino y humano de Jesús: en ambos casos Cristo es engendrado por el Padre.

Tenemos aquí cuanto el salmo enseña (διδασκαλία) sobre el ser de Jesús. No lo perdamos de vista al considerar su historia (προαγγελία): veremos en todo neta continuidad. El Unigénito del Padre, engendrado de Él como Hijo, no dejará de mostrarse tal en la hora de su muerte.

---

[88] En correspondencia con la enseñanza (διδασκαλία) de que acaba de hablar Justino.

[89] Justino prefiere en general otro término: primogénito (πρωτότοκος), que muestra cómo el Hijo participa a los hombres su condición (cf. I 23, 2; 33, 6; 46, 2; 53, 2; 63, 15; D 84, 1.2; 85, 2; 100, 2; 116, 3; 125, 3; 138, 2). Aquí, guiado por el salmo, toma un término favorito de San Juan: Jn 1, 14; 1, 18; 3, 16; 3, 18; 1 Jn 4, 9; en Hb 11, 7 se dice de Isaac, cuando el sacrificio de Abraham.

[90] La precisión "en sentido propio" (ἰδίως) corrobora esta lectura: el término aparece dos veces en la Apología para distinguir la filiación divina de Jesús de las espurias de los otros dioses (cf. I 22, 2; I 23, 2).

La hora de la muerte

Pues esto, la muerte, es precisamente lo que preanuncia (προαγγελία) el salmo, lo que había de acaecerle (τῶν συμβαίνειν μελλόντων) entre los hombres:

> Y que moriría tras ser crucificado (καὶ ὅτι σταυρωθεὶς ἀπέθανεν), lo predijo de igual forma (προεῖπε). [...] "Libra de la espada mi alma y de la pata del perro mi unigénita; líbrame de la boca del león y de los cuernos del unicornio mi abajamiento..." (D 105, 2).

"Moriría tras ser crucificado". No le interesa ahora a Justino derechamente la cruz, sino la muerte del Hijo en ella[91]. Será lo que nos ocupe en adelante. Según el mártir, Jesús pide en el salmo que su alma sea librada de la pata del perro y de las fauces del león. Por ambos animales se designa al diablo, que quiere apoderarse de su alma, como tiene por costumbre con los demás hombres:

> Y pedir que librara su alma de la espada, de la boca del león y de la pata del perro, era pedir que nadie se apoderara de su alma, a fin de que nosotros, cuando lleguemos al término de nuestra vida, pidamos lo mismo a Dios, poderoso para alejar de nosotros todo ángel desvergonzado y malo, para que no se apodere de nuestra alma. Ahora, que las almas sobreviven, ya os lo he demostrado por el hecho de que el alma de Samuel fue evocada por la pitonisa, como se lo había pedido Saúl. Por donde se ve que todas las almas de los que eran de este modo justos y profetas, caían bajo el poder de potencias semejantes a la que obraba en aquella pitonisa, como por los hechos mismos hay que confesar (D 105, 3-4).

Al morir, el alma se separa del cuerpo. No es que se destruya: las almas van a parar al Hades, donde esperan el juicio definitivo[92]. Es cierto que dentro de esta región subterránea hay lugares y lugares para las almas, según haya sido bueno o impío su proceder[93]. Pero aun así, ni los más justos escapan a una cierta sujeción al diablo. Si era común entre los antiguos pensar en ángeles que recogían el alma de los difuntos, para Justino esta función la llevan a cabo potencias malvadas[94].

---

[91] Así lo indica al usar el participio para el verbo "crucificar": el acento se pone en el otro verbo, "morir" (σταυρωθεὶς ἀπέθανεν). De ahí que Justino abrevie al hacer exégesis de "los cuernos del unicornio", referidos a la cruz (D 105, 2), y dedique el comentario más amplio (D 105, 3-6) a la muerte de Cristo.

[92] Cf. D 99, 3.

[93] Cf. D 5, 3, en boca del anciano: "las [almas] de los piadosos permanecen en un lugar mejor, y las injustas y malas, en otro peor, esperando el tiempo del juicio." Cf. las observaciones de HYLDAHL, *Philosophie* (205) corregidas en algún punto por VAN WINDEN, *An Early Christian Philosopher* (90-92).

[94] Cf. H. FINÉ, *Die Terminologie der Jenseitsvorstellungen bei Tertullian. Ein semasiologischer Beitrag zur Dogmengeschichte des Zwischenzustandes* (Theoph. 12;

Batalla del alma de Jesús

Así, el dominio que el diablo ejerce sobre el hombre[95] no termina con esta vida, sino que se prolonga en el Hades. Justino acude para probarlo a la historia de la pitonisa, que evocó del mundo de ultratumba al profeta Samuel (1 Sam 28, 7; cf. 1 Cro 10, 13).

Al explicar este pasaje, dos fueron las principales líneas seguidas por los escritores antiguos: mientras unos afirmaban que Samuel subió verdaderamente por invocación de la pitonisa, para otros se formó sólo una imagen ilusoria del profeta[96]. Entre los primeros, como vemos, se sitúa Justino, que aduce el episodio como prueba del poder demoniaco sobre los difuntos. También Orígenes compartía esta lectura del texto bíblico[97]. Y, en consonancia con el mártir, afirmaba la esclavitud del alma humana, tras su muerte, en poder del diablo[98].

La soteriología de Orígenes atribuía especial importancia a esta cautividad. Es ahí donde se debe librar el principal combate entre Cristo y el diablo. El alejandrino era consecuente con su antropología, que da especial peso al alma, considerando el cuerpo casi un obstáculo para que ésta disponga de plenitud de ejercicio. Cuando Cristo dijo que daría "su alma" en rescate por muchos, pensaba en un intercambio en que engañaría a Satanás. Quiso éste apropiarse del alma del Salvador, y liberar a cambio las de los cautivos. Maneja hasta aquí Orígenes el modelo soteriológico de un comercio.

Pero he aquí que al diablo se le hace imposible retener en su poder semejante botín. El rehén de que se apropia resulta ser un poderoso enemigo, a pesar de su aire inocente. Se trata, en efecto, del mismo Logos, que combate y vence al diablo. Así, la idea del comercio y la de la lucha se mezclan en la exégesis del alejandrino. La muerte de Jesús da lugar a la

---

Bonn 1958) (54ss): "Von den Engeln, die die Seelen bei ihrem Tod abholen, ist in der Eschatologie der Griechen und Juden häufig die Rede".

[95] Tal dominio se testimonia, por ejemplo, en D 78, 9; cf. cap. IV, apdo. 2, p. 196.

[96] K.A.D. SMELIK, "The witch of Endor. I Samuel 28 in Rabbinic and Christian exegesis till 800 A.D.", *VigChr* 33 (1977) 160-179. Los que defendían la no realidad de la aparición se dividen a su vez entre aquellos que la hacían venir de Dios y los que la decían proceder del diablo. Smelik señala (162-163) que la exégesis rabínica primitiva aceptaba la realidad de la aparición. El argumento de Justino sería, pues, probablemente, comprendido por Trifón.

[97] *Hom. in 1 Sm 28*, 4 (ed. JAHN, TU 2/4, 7).

[98] Postura rechazada por la mayoría de los eclesiásticos posteriores a Justino, que consideraban indigno que el demonio tuviese sometidas las almas de los justos. Cf. las referencias que da SMELIK, "The witch" (166-171).

batalla decisiva para la salvación, librada por el alma de Jesús mientras el cuerpo pende del madero[99].

Oración de Jesús al Padre

Aunque en Justino encontramos también la idea de la dominación diabólica del alma tras la muerte, no hay rastros de la concepción origeniana que hemos descrito. Veamos dónde se sitúa la exégesis del mártir.

Notemos en primer lugar que la escena se coloca en el marco de la relación Padre – Hijo. En efecto, Cristo pide al Padre que su alma sea librada de los ángeles malos. Siguiendo el tenor de toda la Pasión, Jesús tampoco se gloría aquí de dominar al diablo por su propia fuerza, y lo refiere todo al Padre (cf. D 98, 1). La hora de la muerte es hora de oración:

era una súplica [Sal 21, 21] para que nadie se apoderara de su alma... (D 105, 4).

para que nosotros pidamos lo mismo a Dios, poderoso para alejar a todo ángel desvergonzado y malo... (D 105, 4).

Dios nos enseña por medio de su Hijo [...] a pedir que no caigan nuestras almas bajo ninguna de estas potencias... (D 105, 5).

Y por eso [...] dijo: "Padre, en tus manos deposito mi espíritu" (cf. Lc 23, 46) (D 105, 5).

De nuevo, toda la atención de Justino se concentra en la súplica confiada de Cristo al Padre. El mártir ha recordado hace poco que Cristo es la potencia (δύναμις) salida de Dios (D 105, 1). No hay duda de que, como tal, es capaz de derrotar a las otras potencias malvadas (D 105, 4; D 105, 5: los ángeles son potencias, δυνάμεις). Sin embargo, Justino no hace valer esta superioridad ontológica. Como potencia y palabra de Dios no necesitaba el Hijo morir en la cruz (cf. D 88, 4), ni le era preciso pedir la salvación. Sí, en cambio, a favor de los hombres, llevados a apostasía por el diablo. De ahí que Satanás no sea vencido por la potencia de la primera δύναμις, sino por la obediencia del Hijo de Dios.

Interesa notar ahora la correspondencia con las líneas primeras de Justino en torno a Sal 21, 21: quien reza en el salmo es el Unigénito, engendrado del Padre. Ahora resulta: el que es Hijo desde antes de la

---

[99] Cf. ORBE, Introducción (844); J.A. ALCÁIN, Cautiverio y redención del hombre en Orígenes (Bilbao 1974) (193): "Antes de terminar recordemos sintéticamente [el pensamiento de Orígenes]: 1) que Cristo ha entregado su alma como precio de rescate por nosotros; 2) que no se la ha entregado a Dios, sino al diablo; 3) que el diablo no ha podido retener este precio en sus manos...".

Creación se muestra como tal en su oración confiada, "Padre, en tus manos encomiendo mi espíritu". El abandono de Jesús en el Padre al morir cobra importancia por anclarse en su filiación divina. Podemos repetir, en relación ahora con las últimas palabras de Jesús, lo que dijimos en torno a su piedad. Con su muerte consuma el Hijo la obra salvadora, plasmando perfectamente en la carne sus disposiciones filiales.

En este contexto dirá Justino que la muerte de Cristo es modelo para todos los hombres:

> De ahí que Dios nos enseñó por su mismo Hijo a luchar con todas nuestras fuerzas por ser justos y pedir a la salida de este mundo que nuestra alma no caiga en poder de ninguna potencia semejante. Y fue así que en el momento de entregar su espíritu (ἀποδιδοὺς τὸ πνεῦμα) sobre la cruz, dijo: "Padre, en tus manos deposito mi espíritu", según he sabido también por los Recuerdos[100]. También exhortaba a sus discípulos a superar la conducta de los fariseos, y si no, que supieran no habían de salvarse. En los Recuerdos está escrito que dijo: "Si vuestra justicia no es más abundante que la de los escribas y fariseos, no entraréis en el reino de los cielos" (Mt 5, 20) (D 105, 5-6).

Dos cosas enseña Cristo al morir: que en nuestro paso por la tierra nos esforcemos por ser justos y que al partir de esta vida pongamos en mano del Padre nuestra alma. Este último aspecto supone que el cristiano ha de imitar las disposiciones filiales de Jesús en su muerte. A la luz de lo dicho se sobreentiende para ello el don de la filiación, conseguido por Cristo en la cruz para los creyentes.

Una justicia mayor

Interesa aclarar ahora la referencia a la justicia. No es la primera vez que esta virtud aparece en nuestro pasaje. Nótese que poco antes se ha mencionado a Samuel, y se le ha llamado justo:

> Por donde se ve [por el episodio de la pitonisa] que las almas de los que fueron de este modo justos y profetas (αἱ ψυχαὶ τῶν οὕτως δικαίων καὶ προφητῶν) como Samuel caían bajo el poder de potencias semejantes... (D 105, 4).

---

[100] Sigue Justino a Lucas (Lc 23, 46), pero emplea también la expresión "entregar el Espíritu" (ἀποδιδοὺς τὸ πνεῦμα). El verbo se parece más al usado por Juan: παρέδοκεν τὸ πνεῦμα (Jn 19, 30), que a las expresiones de los otros sinópticos (Lc 23, 44 y Mc 15, 37: ἐξέπνευσεν; Mt 27, 50: ἀφῆκεν τὸ πνεῦμα). De ahí que Braun suponga aquí influencia del cuarto evangelio; cf. F.M. BRAUN, *Jean le théologien et son évangile dans l'église ancienne* (Paris 1959) (144): "L'expression ἀποδιδοὺς τὸ πνεῦμα qui ne se lit dans aucun Synoptique [...] suggère l'idée d'une action, ou mieux d'un don volontaire".

Llama la atención la expresión de Justino: "los que fueron de este modo (οὕτως) justos". Si consideramos que, a pesar de su justicia, no escapaban aquellos hombres a las garras del diablo, tal vez Justino trate de distinguir su justicia de otra, la de Cristo, cuya alma no cae en poder del demonio. La cosa se hace verosímil por lo que añade después el mártir: Cristo nos enseñó a esforzarnos por ser justos. Justino cita en su apoyo Mt 5, 20: "si vuestra justicia no supera a la de escribas y fariseos no entraréis en el Reino de los cielos" (cf. D 105, 6). El Salvador nos enseña a practicar una justicia mayor, una justicia que nos evite caer en manos de potencias malvadas[101].

Tal justicia sólo puede entenderse a la luz de Jesús y su muerte. Sabemos que Justino llama a Cristo "el único justo"[102], y que el mártir ve en la pasión su acto supremo de justicia, en amor a los hombres y en piedad hacia Dios (cf. D 93, 2-3). Además, la justicia de los cristianos les viene del Padre a través del Crucificado[103].

A esta luz podemos entender nuestro pasaje. Antes de Cristo todos los hombres permanecen esclavos del demonio. Pero en la muerte de Jesús se rompe esta ley tiránica: por su confianza en el Padre (piedad) y su justicia, el Hijo no cae en esclavitud. Entonces se abre a los creyentes la posibilidad de imitarle: la opresión diabólica sobre las almas de los difuntos no es ya universal.

¿Podemos iluminar desde aquí un misterio que Justino apenas comenta: el descenso a los infiernos? Entre los Padres anteriores a Ireneo sólo Justino y Policarpo hablan del Hades en contexto cristológico[104]. El primero lo hace cuando trata de la falsa opinión que sobre él se forjaban los judíos:

delataba la [ignorancia] de quienes creían que no era Él el Cristo, y se imaginaban que le iban a dar muerte y que, como un hombre cualquiera, permanecería en el Hades (ὡς κοινὸν ἄνθρωπον ἐν ᾅδου μένειν) (D 99, 3)[105].

---

[101] La relación entre la muerte de Cristo y la justicia aparece en Lucas, de donde pudo venirle a Justino. A Lc 23, 46 ("Padre, en tus manos enconmiendo mi Espíritu"), citado por el mártir, sigue la exclamación del centurión: "Verdaderamente este hombre era justo" (Lc 23, 47).

[102] Cf. D 17, 1.

[103] Cf. D 136, 2: "matasteis al Justo y a los que de Él reciben ser lo que son: piadosos, justos y benignos"; a partir de aquí se puede leer también D 110, 3: "...nosotros cultivamos la piedad, la justicia, el amor a los hombres, la fe y la esperanza, la cual nos viene del mismo Padre por medio del Crucificado".

[104] Cf. POLICARPO, *Ad Phil.* I, 2 (SC 10bis, 204); se trata de una cita aproximada de Hch 2, 24. Cf. FINÉ, *Die Terminologie* (82-84) para los lugares en que aparece el Hades entre Padres apostólicos y apologetas.

[105] Cf. Hch 2, 27.31.

Implícitamente afirma Justino el descenso de Cristo al Hades; niega que permaneciera allí. En otro lugar (D 72, 4) recoge el mártir un texto que atribuye a Jeremías y que piensa que los judíos han quitado de la Escritura. Reza así:

> Se acordó el Señor, el Dios santo Israel[106], de sus muertos, de los que se durmieron en la tierra del sepulcro; y bajó a ellos para anunciarles su salvación (D 72, 4).

El *logion* se sitúa entre otros testimonios sobre la Pasión[107]. Según estas líneas, erróneamente atribuidas a Jeremías, desciende el Señor a liberar a sus muertos. ¿Cuál fue la suerte de los hombres que, como Samuel, permanecían en el Hades presos del diablo? Nada dice Justino al hablar de la muerte de Jesús. Por otros lugares sabemos que se salvarán, y que su salvación llegará por medio de Cristo[108]. Teniendo en cuenta que el diablo no se apodera del alma del Señor, y de que a partir de Él pueden los hombres escapar a esta tiranía, podríamos pensar en una liberación parecida para Samuel y sus semejantes. Aunque el mártir, al hablar de la salvación de estos justos piensa sobre todo en la resurrección definitiva (cf. D 45, 2.4). Muestra así cuáles eran sus verdaderos centros de interés, en que a continuación insistimos.

La verdadera batalla de Jesús

Los gnósticos y marcionitas negaban a la carne la salvación. De ahí que el verdadero combate para rescatar al hombre comenzara, para ellos, con la muerte de Jesús. Lo importante era salvar sus almas, y actuaba para ello el alma del Salvador. El cuerpo quedaba abandonado en la cruz, sin que hubiera que interesarse por él[109].

Vemos cuán otra es la concepción de Justino. El trabajo salvador de Jesús se desarrolla durante la Pasión, en la piedad filial y justicia que mostró en sus últimas horas. En efecto, el mártir pone de relieve la confianza de Jesús en su Padre, al abandonar en sus manos su alma. Tampoco in artículo mortis se gloría el Hijo de hacer nada por sí (D 101, 1), ni intenta salvarse por su fuerza o sabiduría (D 102, 7). Tocará al Padre, en su providencia, mantener alejadas las potencias enemigas.

Se entiende que se concentre aquí la actividad de Jesús. Es el tiempo en que el Salvador modela el elemento pasible del hombre. La obra bienhe-

---

[106] El manuscrito dice "desde Israel" (ἀπό). El cambio a "santo" (ἅγιος) ha sido sugerido por muchos editores, partiendo de una comparación con San Ireneo.

[107] SKARSAUNE, *The Proof* (41-42).

[108] Cf. D 45, 4: los justos se salvarán por medio de Cristo; se refiere Justino a los patriarcas.

[109] Cf. ORBE, *Introducción* (845).

chora sobre las pasiones de la carne ha de cesar con la muerte, cuando el alma de Jesús abandona el cuerpo en la cruz.

Así, la gran batalla no se libra *tras la muerte* de Jesús, alma que lucha por las otras almas; sino en la piedad filial *hasta la cruz*. Muestra de que a Justino importa sobremanera la componente corporal del hombre, plasmada en obediencia por el Hijo de Dios.

Esto casa bien con otro hecho aún no señalado. Sin duda la súplica de Jesús quiere la liberación de su alma de las potencias diabólicas; pero la verdadera petición de Cristo mira más lejos. De ahí que Justino pueda decir, apenas comentada la muerte del Salvador:

> Y como sabía que el Padre le iba a conceder todo, según su complacencia, y le iba a resucitar de entre los muertos... (D 106, 1)[110].

Esta es la plena salvación por que suspira Cristo: la resurrección. El abandono filial del Hijo hasta la muerte mira siempre a comunicar a la carne las propiedades divinas. Sanará las pasiones del hombre, dando a los hijos de Adán una filiación nueva, con vistas a la consumación definitiva en la resurrección de los muertos. Entretanto el alma de Jesús bien puede descansar tranquila en las manos del Padre.

1.6. Acción del Padre en la Pasión

Nos queda todavía por poner de relieve un aspecto decisivo. No obedece el sufrimiento de Jesús a un cruce imprevisto de fatalidades. Todo entra en el designio de Dios para salvar al hombre. El Padre es quien determina tiempo y modo:

> Si el Padre quería (ἐβουλήθη) que su propio Cristo, a favor de los hombres de todas las razas (ὑπὲρ τῶν ἐκ παντὸς γένους ἀνθρώπων), recibiera las maldiciones de todos... (D 95, 2)

> Pues el Padre había decidido (ἐκεκρίκει) que, solo después de predicar la palabra que viene de Él, una vez hecho adulto, fuera condenado a muerte aquel a quien engendrara (D 102, 2).

---

[110] Esto coincide con la insistencia de Justino en la resurrección de la carne, meta definitiva del hombre. Sabemos que el mártir condena como no cristiana la doctrina según la cual las almas vuelan directamente al cielo tras la muerte: cf. D 80, 4. Lo mismo hace Ireneo (*Adv. haer.* V 31, 1), también contra adversarios gnósticos. El de Lión invoca la cristología como defensa de la doctrina ortodoxa. Igual que Cristo no subió directamente al cielo, así tampoco el hombre; tanto para el Salvador como para los salvados, la meta es la resurrección de la carne: cf. FINÉ, *Die Terminologie* (31-42).

para que veamos que el Padre había querido (βεβούληται) que su propio hijo (τὸν ἑαυτοῦ υἱὸν) se hallara verdaderamente en tales sufrimientos por nosotros... (D 103, 8).

Se podrían aducir más textos. Los que se han citado tienen una fuerza especial, al relevar que es "su propio Hijo", "su propio Cristo", "aquel a quien engendrara", el que va a morir según voluntad del Padre[111]. Justino insiste así en el protagonismo de la decisión paterna, que lleva a cabo la muerte de Jesús.

El problema del destino

El hecho dio que pensar a Justino. Parecía entrar en conflicto con una verdad querida al mártir: el libre arbitrio del hombre. ¿Se le hizo difícil conciliar el plan del Padre, que culminaba en la muerte y resurrección de su Hijo, y esta preciosa libertad?

El dilema no es ficticio. Si el hombre actua libremente, ¿abdica Dios del derecho a regir los destinos del mundo? Por otra parte, si Dios marca los ritmos de la historia, ¿qué espacio de decisión queda entonces al hombre? La pregunta se la plantea Justino en la Apología (I 43-44). Discurre entonces en torno a las profecías veterotestamentarias: en los libros sagrados se plasma el designio del Padre. Si ha de cumplirse lo que está escrito, ¿qué le queda al hombre por hacer?

Justino supone esta dificultad en su auditorio pagano, y quiere prevenirla. Le interesa sobre todo defender la responsabilidad y libertad humanas. Así, ha de enfrentarse con la doctrina estoica sobre el destino (εἱμαρμένη). Con esta palabra se designa la fuerza del hado que, según muchos de los antiguos, regía la vida del hombre. El problema es de los más apasionantes que abordó la cultura griega.

Ilustrativa es la respuesta que dieron los estoicos[112]. Querían éstos mostrar a toda costa que cualquier tipo de hombre, bien emperador o esclavo, tenía a su alcance la felicidad. Con una simple y sola condición: querer. Feliz, en efecto, era el hombre virtuoso; ahora bien, como la virtud era la decisión interior por seguir al Logos, la felicidad era posible a todos: ricos y pobres, enfermos y sanos. Inmune a los avatares externos, nadie podía tocar la dicha del Sabio estoico.

Y, sin embargo, para estos filósofos todo sucedía necesariamente. Pues nada podía sustraerse al Logos, que dirigía el universo con sus leyes. El Logos, quisiéralo o no el hombre, imponía al cabo su querer. La objeción saltaba a la vista: ¿cómo conjugaban los estoicos la libertad del hombre y el destino inexorable, según la voluntad del Logos?

---

[111] La formulación recuerda a Rm 8, 32 (τοῦ ἰδίου υἱοῦ); cf. *infra*, páginas 416ss.
[112] Para lo que sigue cf. POHLENZ, *Die Stoa* (101-106).

Para aclarar su doctrina aducían un ejemplo. El hombre es como un perro atado a un carro. Éste último marcha siempre a la misma velocidad, y nada podrá hacer el animal por impedirlo. Le caben, sin embargo, dos posturas. Puede rebelarse, tratar de resistir el avance del vehículo. Puede, por el contrario, comportarse sabiamente, caminar al paso del carro y evitar con esto inútiles heridas.

De la parábola se pasa fácilmente a la realidad. El carro es el Logos. Nada puede hacer el hombre por desviar su querer. Pero, ¡qué diferencia entre el hombre virtuoso, que sigue voluntariamente al Logos y el que le va a la zaga a regañadientes, entre crueles sufrimientos!

Así expuesta, la doctrina tiene su lógica. Pero desvela también la aporía última a que los estoicos no podían sustraerse: la división drástica entre el mundo interno y el externo. La libertad quedaba relegada a la aceptación de lo inexorable, y se situaba, por así decirlo, fuera del plano concreto de los acontecimientos históricos[113]. De ahí que pareciera a muchos, en el fondo, una libertad falsa. Ya desde el platonismo medio la doctrina era contestada, con argumentos que el mismo Justino empleará[114].

En efecto. Como se ha dicho, la dificultad surge al mártir en concreto cuando se ocupa de las profecías. Los designios paternos se cumplen necesariamente, afirma; pero no se los confunda con la fuerza del destino. Para distinguir acude Justino a la doctrina de la providencia. Dios conoce el actuar del hombre, sin que esto quiera decir que lo determine. Sabe el Padre cómo se va a comportar cada uno, y por eso puede predecir lo que sucederá.

Hasta aquí, las cosas parecen sencillas. Y sin embargo, esta respuesta no puede dejarnos satisfechos. Las fórmulas que Justino usa para hablar de la decisión paterna indican mucho más que una mera presciencia. El Padre determinó, decidió, quiso[115]. Dios es mucho más que un observador pasivo omnisciente, capaz de escudriñar el futuro y preverlo.

Destino y voluntad del Padre

Así les pareció, de hecho, a los adversarios de Justino. Examinaban sus premisas: el Padre decide modo y tiempo de la muerte de su Hijo. Y afirmaban que de ellas se deducía, a pesar de las protestas del mártir, la

---

[113] Cf. J. GRANADOS, "Vivere secondo il Logos. Giustino martire e l'unità della vita dell'uomo", *La Sequela Christi. Dimensione morale e spirituale dell'esperienza cristiana* (ed. MELINA, L. - BONNEWIJN, O.) (Roma 2003) 253-260.

[114] D. AMAND, *Fatalisme et liberté dans l'Antiquité Grecque. Recherches sur la survivance de l'argumentation morale antifataliste de Carnéade chez les philosophes grecs et les théologiens chrétiens des quatre premiers siècles* (RTHP 19; Louvain 1945) (195-207).

[115] Cf. D 95, 2: ἐνήργησην; D 102, 2: ἐκεκρίκει; D 103, 8: βεβούληται.

existencia de un destino inexorable sobre el hombre. Al ser la cruz el punto clave del plan paterno, nada de extraño que apuntaran precisamente ahí los ataques. A uno de ellos parece responder Justino en estas líneas:

> Pues si su Padre mismo hizo que Él padeciera estas cosas por el género humano, vosotros no hicisteis eso por servir a la voluntad de Dios (ὡς γνώμῃ θεοῦ ὑπηρετοῦντες). Pues tampoco obrasteis la piedad matando a los profetas. Y que no diga alguno de vosotros: si el Padre quiso que padeciera estas cosas (εἰ ὁ πατὴρ αὐτὸν ἠθέλησε ταῦτα παθεῖν) para que por sus heridas sanara el género humano, nosotros no hicimos nada injusto (D 95, 2 3).

Bien han captado los judíos que la Pasión sucede por querer del Padre. Utilizan esto para exculparse ante los cristianos: "¿No decís que todo sucedió por voluntad de Dios? ¿Por qué entonces nos acusáis a nosotros? Fuimos solo los instrumentos necesarios de un noble plan divino". Lo mismo encontramos más adelante:

> Para que no pongáis como pretexto que era necesario (ἔδει) que fuera crucificado el Cristo, o que hubiera en vuestra raza prevaricadores, y que no podía suceder de otra forma... (D 141, 1).

De nuevo el problema del destino se liga a la crucifixión de Jesús. Otros textos contemporáneos a Justino muestran que el problema era discutido con viveza. Habla ahora Melitón, a quien dan los judíos la misma excusa que al mártir:

> "Yo, en efecto, dice Israel, maté al Señor". ¿Por qué?
> "Porque era necesario que padeciera".
> Te has equivocado, oh Israel,
> haciendo estos sofismas sobre la inmolación del Señor.
> [...]
> Esta es la voz, ¡oh Israel!, que deberías haber alzado a Dios:
> "Oh Señor, si es necesario que padezca tu hijo, y esta es tu voluntad,
> (εἰ καὶ ἔδει σου τὸν υἱὸν παθεῖν καὶ τοῦτό σού ἐστιν τὸ θέλημα)
> que padezca, pero no por mi mano"[116].

El texto deja claro que las profecías por las que era necesario que Cristo padeciera son expresión del proyecto del Padre y de su voluntad. Leamos también estas líneas de Celso, muy expresivas. Se refieren ahora a la traición y abandono de sus discípulos:

> Estas cosas las predijo por ser Dios y era necesario absolutamente que se cumpliera lo que había sido predicho. Por tanto, un dios ha conducido a sus discípulos y profetas, con quienes comió y bebió, a hacerse impíos y malvados; era necesario más bien que hiciera el bien a todos los hombres, prefiriendo a los

---

[116] Cf. MELITÓN, *Sobre la Pascua* 74-76 (SC 123, 102)

más cercanos [...] el mismo Dios ha conspirado contra sus comensales, haciendo de ellos traidores e impíos[117].

A juzgar por estos textos, el problema se debió de plantear con virulencia en el entorno de Justino, tanto por parte judía como pagana. Siendo filósofo, el mártir debió de meditar largamente sobre él[118]. ¿Qué respondería? Sabemos qué puntos sostenía firmemente: la libertad del hombre, por una parte, y la soberanía de Dios sobre la historia, por otra. No tenemos páginas suyas en que compaginara ambos datos[119]. Creo, sin embargo, que la teología del mártir conserva los elementos necesarios para tal síntesis. Los presento a continuación.

El designio del Padre y la piedad filial de Jesús

Señalemos primero que también para el mártir el ser humano está sujeto a una cierta necesidad. En efecto; dirá que antes del Bautismo somos "hijos de la necesidad", término contrapuesto a "hijos de la libertad". Piensa en un estado de sujeción en que se encuentra el hombre desde que nace[120].

El término necesidad (ἀνάγκη) está de hecho ligado a la doctrina sobre el destino (εἱμαρμένη). Justino niega repetidas veces que exista una "necesidad del destino" (ἀνάγκη εἱμαρμένης)[121]. Pero entonces, ¿de qué necesidad eran hijos los creyentes? No del hado ciego, sino de una coacción ejercida por potencias libres, los demonios[122]. Estos no anulan la

---

[117] Cf. ORÍGENES, *Contra Celso* II, 20 (SC 132, 336). Justino insiste también en el abandono de los discípulos: todos hicieron lo que Pedro, negar al Señor; cf. *infra*, páginas 406ss.

[118] Cf. las páginas que le dedica su discípulo Taciano (*Or.* 8-9, ed. WHITTAKER 14-18).

[119] Ya lo hemos dicho: no basta decir que solucionaba el problema acudiendo a la presciencia divina; sus expresiones suponen algo más.

[120] Cf. I 61, 10: "Puesto que de nuestro primer nacimiento no tuvimos conciencia, engendrados que fuimos por necesidad (κατ᾽ ἀνάγκην) de un germen húmedo por la mutua unión de nuestros padres y nos criamos en costumbres malas y en conducta perversa; ahora, para que no sigamos siendo hijos de la necesidad y de la ignorancia, sino de la libertad y del conocimiento (μὴ ἀνάηκης τέκνα μηδὲ ἀγνοίας μένωμεν ἀλλὰ προσαιρέσεως καὶ ἐπιστήμης), y alcancemos juntamente perdón de nuestros anteriores pecados, se pronuncia en el agua sobre el que ha determinado regenerarse y se arrepiente de sus pecados el nombre de Dios..." Cf. el análisis de AYÁN, *Antropología* (232-236).

[121] Cf. II 7 [6], 4; I 43, 1 y I 44, 1.

[122] En II 7 [6], 3 Justino contrapone el cristianismo a las doctrinas estoicas: "Tampoco decimos que los hombres hagan o sufran (πράττειν τοὺς ἀνθρώπους ἢ πάσχειν) por causa del hado (καθ᾽ εἱμαρμένην), sino que cada uno obra bien o peca por su libre determinación, y que, por obra de los perversos demonios, hombres buenos, como Sócrates y otros semejantes, han sido perseguidos y echados en cadenas, y, por lo contrario, Sardanápalo y Epicuro y otros de su laya han vivido, al parecer, en la

libertad del hombre, pero lo persiguen y asustan, de una parte, y lo rodean de engaños que llevan al error, de otra.

Así, Justino conoce una necesidad que determina ciertamente los rumbos de la historia. Pero ésta es fruto de la desobediencia al Creador; nada tiene que ver con Él. Muy al contrario: el designio paterno, que culmina en la cruz, se propone eliminarla, liberar al mundo de la tiranía del destino. El Crucificado derrota al demonio y el hombre podrá a partir de ahora mudarse de hijo de la necesidad en hijo libre[123].

Sólo hay, pues, una necesidad (ἀνάγκη, como opuesta a libertad) en la historia: la que ejerce el diablo esclavizando al hombre. Tal necesidad no estuvo ausente de la Pasión. Satanás actuó sobre judíos y romanos para lograr la muerte de Cristo, como ya antaño obtuviera la de Sócrates[124]. Cristo no recibió ayuda de nadie, tampoco de sus íntimos[125]: el hecho obedece a esta tiranía a que estaban sometidos todos los hombres. Una necesidad empujaba al Hijo de Dios a morir en cruz. No la del destino, sino la del pecado del diablo y sus semejantes.

Hasta aquí la acción de Satanás. ¿Qué caminos sigue la del Padre? Nuestro análisis de la Pasión los ha puesto de relieve. Bien podría haber respondido con demostración de poder, aniquilando inmediatamente a los enemigos. Prefiere sin embargo evitar la violencia, única forma de respetar la libertad de su criatura. Se apoya, para ello, en la obediencia filial de su Hijo. Llegado el momento crucial, pide de Él silencio y abandono. Derrota así al diablo con armas que éste no esperaba. Saca adelante sus proyectos sin imponerlos a nadie por la fuerza[126].

---

abundancia, en la gloria y en la felicidad" (II 7 [6], 3). Del texto se desprende que los estoicos yerran en su doctrina de la εἱμαρμένη porque (1) no contaron con la libertad de los filósofos; (2) ni tampoco con la obra de los ángeles malvados. El pasaje más largo (I 43-44) que Justino dedica al problema del destino (εἱμαρμένη), acaba mencionando la ignorancia (recuérdese I 61, 10: hijos de ignorancia) y la libertad. Otra vez son los demonios quienes mantienen al hombre en ignorancia y lo sujetan a esclavitud: cf. I 44, 12. Hay, una correspondencia entre I 61, 10 (hijos de la necesidad / hijos de la ignorancia) y I 44, 12 (esclavitud / ignorancia; las dos producidas por el demonio). La necesidad (ἀνάγκη) se pone así en paralelo a la esclavitud que ejercen los demonios; y la ignorancia, al desconocimiento del bien que estos provocan. Es obra del diablo esclavizar al hombre y ofuscarle con el mismo error con el que engañó a Adán y Eva.

[123] Cristo viene, así, a liberarnos del destino. Encontramos ya esta idea en Ignacio de Antioquía (*Ad Eph.* 19, 2-3, SC 10b, 88-90) y en autores gnósticos: cf. ORBE, *Introducción* (575-579). Cf. también TACIANO, *Or.* 9 (ed. WHITTAKER, 16-18): "nosotros somos superiores al hado y, en vez de démones errantes, hemos conocido a un solo Dueño inerrante, y los que somos conducidos por el destino hemos rechazado a los que han puesto sus leyes."

[124] Cf. II 7 [6], 3, en el contexto del destino.

[125] Cf. D 102, 6; D 103, 3.

[126] Cf. lo dicho sobre el silencio de Jesús, especialmente en las páginas 364ss.

Es decir: los planes del Padre hallan su pleno cumplimiento en la entrega del Hijo en la cruz.

La cosa encaja bien en la teología de Justino. Mucho habla el mártir del querer de Dios. Sabemos ya de la importancia que éste tiene en la generación del Logos[127]. No se trata de una mera causa externa a su nacimiento; el querer del Padre forma parte, por el contrario, del ser del Hijo, y lo constituye idóneo para cumplirlo y enseñarlo al hombre. Esta será su misión en la historia, siempre al servicio de la voluntad paterna (cf. D 61, 1). De ahí que se le pueda llamar "Ángel del Gran Consejo", es decir, el que desvela los proyectos de Dios sobre el mundo (cf. D 76, 3).

Por tanto, si se nos pregunta cuál es el designio del Padre, no diremos: está escrito aquí o allá, consta de tales o cuales palabras... Sino más bien: el designio es su propio Hijo, que cumple siempre su voluntad. Es un designio personal, cristalizado en el Logos divino.

Recordemos ahora el análisis que hemos conducido en torno a la Pasión. Cuando el Hijo se encarna, su apertura total al querer del Padre se introduce en una historia y libertad humanas. Y la máxima realización de esta apertura ocurre precisamente en las últimas horas de Jesús. He aquí por qué la entrega del Hijo en la cruz es la realización definitiva de los proyectos divinos[128]. Podemos decir, por tanto: la piedad de Jesús durante su Pasión y la decisión soberana del Padre sobre la historia (que los detractores del mártir llamarían, para exculparse, necesidad o destino) son como envés y revés.

Notemos la novedad de este enfoque. Los proyectos de Dios se realizan en este hombre que, al morir, se abandona al Padre. Nada más opuesto a la fuerza ciega del sino: los planes de Dios se llevan a cabo en la entrega libre de Jesús[129].

La solución de Justino se apoya principalmente en dos pilares. (1) El querer divino no es una simple decisión, por sabia que sea, sino que se trata de su mismo Hijo en persona; en Él, por su generación anterior al tiempo, queda cristalizado el proyecto paterno sobre el mundo. (2) Además, ese designio no se impone a la historia desde fuera: entra en ella, sobre todo, a partir de la Encarnación. La entrega de Jesús en la cruz, en

---

[127] Para lo que sigue, cf. cap. I, apdo. 1.3, p. 34.

[128] Cf. *infra*, apdo. 2.2, p. 402. Por esto abundan, en torno a la Pasión, las referencias al designio del Padre: cf. *supra* p. 336. Justino es coherente con todo esto cuando, para terminar su comentario al título "Ángel del Gran Consejo", refiere las profecías sobre la cruz y resurrección de Cristo (cf. D 76, 7). Aquí los planes paternos alcanzan plenitud.

[129] Observa de pasada BOURGEOIS, *La Sagesse* (77), en torno a la Pasión: "il y a là, semble-t-il, une perception très profonde du salut comme acte d'une liberté qui s'en remet totalement au Père".

sintonía con su ser filial anterior al tiempo, es el máximo cumplimiento de los designios divinos, precisamente en la obediencia libre de un hombre.

Nótese una diferencia esencial con la visión estoica a que antes hemos aludido. Los del Pórtico decían que el hombre podía ser feliz incluso en cruz: le bastaba unirse internamente al querer de la divinidad. Esta era la forma de solucionar el problema del destino: no se trataba de vencerlo, sino de amoldarse a él. *A pesar del* tormento podía el hombre ser feliz, alcanzar su meta, salvarse. Por el contrario, Cristo no se salva *a pesar de la cruz*, uniéndose al Padre íntimamente y olvidando lo que sucede a su alrededor. Es esencial que su obediencia se una a su concreta pasión en carne, inserta en el mundo y el tiempo. *A través de los sufrimientos* de su *via crucis* salva el Padre a Jesús, y gira el timón de la historia, imponiéndole el nuevo rumbo de la entrega filial.

Recapitulemos. Hay ciertamente un designio divino para los hombres, designio que hallará seguro cumplimiento porque Dios es verdadero Señor de la historia. Pero este plan no consiste en un detallado mapa de ruta sobre su futuro caminar, que anularía la elección libre. ¿Pueden compaginarse ambos extremos? Sólo si consideramos que ese designio divino es precisamente la libertad, en la historia, del Hijo de Dios hecho hombre, que se entrega al Padre en filial obediencia. En efecto: a) como el cumplimiento del proyecto paterno sucede en la respuesta del Hijo de Dios, engendrado antes del tiempo, por eso el Padre realiza su plan con seguridad infalible, sin sujetarse a las vicisitudes mundanas; b) como se trata de la respuesta de un hombre, el Hijo encarnado, desde dentro de la historia, el designio divino respeta la libertad de sus criaturas.

El caso de Jesús se repetirá para el discípulo, imitador del Hijo en vida y muerte. Los planes divinos sobre el hombre le invitan a participar en la entrega de Cristo. La necesidad que pesaba sobre su vida se ha roto, conservándose a un tiempo el soberano designio del Padre. ¿Cómo? De la única forma posible: cuando sus proyectos se cumplen en la libertad humana, a la que es dado arraigar en la misma libertad del Hijo de Dios.

1.7. Conclusiones

El comentario de Justino al salmo 21, un tanto relegado por los estudiosos del mártir, se ha mostrado rico en contenidos teológicos. Clave de lectura es la piedad de Jesús. Ésta nos introduce en el misterio mismo del Hijo de Dios, engendrado del Padre por su querer. Así, los últimos sucesos de su vida adquieren densidad notable.

En efecto. Jesús es, desde su nacimiento, el más apto para mostrar y cumplir la voluntad paterna. Esto se debe al profundo vínculo entre sus dos generaciones: del Padre antes del tiempo, de María y del Padre en el tiempo. Por eso, también en cuanto hombre es Jesús idóneo para manifestar y realizar los designios divinos. Sin embargo, su filiación requiere en este punto crecimiento, en razón de la carne asumida. Ésta no puede ser plasmada en forma inmediata; ha de esperar el lento sucederse de los acontecimientos, ha de recibir en sí la acción de Dios. Justino presenta la Pasión como el momento en que alcanza plenitud lo que empezó en Belén. He aquí que el Hijo de Dios actúa cabalmente como tal en la carne: lo muestra su abandono sin condiciones al Padre en el momento de la muerte.

La entrega de Jesús, su piedad filial, tiene así enorme transcendencia. Las horas transcurridas entre el Olivete y el Calvario muestran lo más hondo del misterio divino y son la actuación en la historia del designio del Padre, anterior a los tiempos.

Señalemos ahora otros elementos que completan el panorama de Justino. La salvación del hombre ha de superar obstáculos no queridos por el Creador: la rebeldía de Adán y los suyos por instigación del diablo. Originó Satanás una filiación nueva, en el mal. En vez de seguidor del Logos, se hizo el hombre imitador de la serpiente. De ahí que Jesús deba enderezar, en batalla con él, los caminos torcidos de su apostasía. En la carne de Jesús, comienzo de linaje nuevo, querrá Satanás dejar su impronta, para obrar lo mismo que obtuvo en Adán: la prisión de muchos por el engaño de uno.

Así, no prescinde Cristo de los siglos que le anteceden: la carne que asume está sujeta a dolor y pasiones. Aunque no todo es negativo en esta historia; como hijo de los patriarcas, nacido de María, ha heredado Jesús también su respuesta generosa en busca del verdadero Dios. Tal patrimonio consuena con su disposición filial de Hijo de Dios, y le prepara para la entrega de la cruz.

Allí se enfrentan dos semejanzas, dos filiaciones. En medio, el hombre capaz de padecer, maleable para una y otra. La oración en el Huerto de Gethsemaní ilustra bien el combate. En este momento se dejan ver las pasiones de la carne, que el Hijo de Dios ha asumido. En ellas, particularmente en el miedo de Jesús, se da la batalla. Viene el Tentador tratando de apartarle del Padre. No por seducción lisonjera, sino inspirándole terror a la muerte. Vence Jesús, confiándose a Dios en la oscuridad de la noche. En el mismo sitio en que el diablo quería dejar el sello de su apostasía imprime Jesús las huellas de su obediencia filial.

Su victoria no se lleva a cabo sin la actuación del Espíritu divino. Es propio de la componente del hombre que se llama "carne" no disponerlo todo por sí misma. Sujeta a la acción del mundo externo, debe dejarse también modelar por Dios, en recepción humilde más que en autónoma actividad. De ahí que Jesús, en su Pasión, lo refiera todo al Padre, quien actuará por medio de su Espíritu. No es ahora Espíritu de fuerza y sabiduría, sino de piedad filial, que obra en el silencio del Hijo. El Pneuma se concentra de este modo en su trabajo más propio: plasmar la filiación en la carne, por la obediencia de Jesús a la voluntad paterna. Dios vence así a Satanás en forma oculta, evitando al tiempo gestos de violencia, en respeto exquisito de la libertad de sus criaturas.

El estudio de la muerte de Jesús se mostró en consonancia con todo este panorama. Por un lado, se trasluce en la agonía de Cristo el misterio del Unigénito, Logos y fuerza de Dios. Al morir, su justicia y piedad alcanzan la máxima cota. Sus últimas horas están así ancladas en la misma generación divina, anterior al tiempo. Por otro, más le importa a Justino la entrega filial del Hijo en la cruz que los avatares subsiguientes del alma. Atrae su atención el elemento antropológico en que se imprimen las disposiciones filiales; elemento que acomuna a los hombres y en el que recibirán la salvación: la carne.

Hemos concluido el análisis mirando a la voluntad del Padre, quien determina el tiempo y modo de la Pasión. Observábamos así el misterio desde otro punto de vista. Donde aparecía constantemente la piedad del Hijo, debía constituir su contrapunto y reverso la voluntad del Padre. A la definitiva realización en el mundo de la filiación divina de Jesús, acompañaba el máximo cumplimiento de la voluntad paterna.

Pues bien, los designios del Padre sobre la historia no puede contenerlos libro alguno. Se encierran en su mismo Hijo, engendrado antes del tiempo; y se realizan en el tiempo durante la pasión de Jesús, en perfecta consonancia con su ser filial. El plan de Dios sobre el mundo está, pues, en la entrega obediente de su Hijo. El destino del Padre se cumple en esta libertad humana, y a todo hombre es dado unirse a ella.

Bástenos, para poner punto final a este apartado, volver a las preguntas con que comenzábamos el capítulo. Ahora estamos en condiciones de afirmar la profunda coherencia de la teología de Justino en torno a la Pasión. No hay dos líneas que transcurren paralelas, desconocidas entre sí: la del Logos divino e Hijo de Dios, la de su muerte redentora[130]. Ambas se entrelazan y sustentan mutuamente. La Pasión tiene valor salvífico porque se apoya en la generación divina del Hijo de Dios; y es al tiempo su máxima realización en la historia del hombre. El estudio particular de la cruz confirmará nuestras conclusiones.

Excursus. La Pasión según Justino y la carta a los Hebreos

El análisis ha ido desvelando, aquí y allá, semejanzas entre el Diálogo y la carta a los Hebreos. Parece útil considerarlas en conjunto con algo más

---

[130] Cf. las posturas que citábamos al inicio del capítulo, en la página 326, nota 4.

de detalle. Pues pueden aclarar la teología de Justino en torno a la Pasión, mostrando su entronque con la tradición neotestamentaria.

Que el mártir conoció Hebreos es cosa admitida por los intérpretes[131]. Pocos son, sin embargo, los que han sobrepasado los aledaños semánticos para investigar parecidos teológicos[132]. De ahí que el problema de la relación entre ambos escritos esté prácticamente sin abordar. Así lo afirma un reciente estudio de F. Manzi, que inicia este camino de profundización, mostrando netas similitudes entre Hebreos y Justino en la forma de presentar la figura de Moisés[133]. Aquí continuaremos sus reflexiones, concentrándonos en la Pasión de Jesús.

Hemos señalado ya paralelos entre Hb 5, 7, en que se evoca la escena del Huerto, y un párrafo del Diálogo (D 90, 5). Justino parece dar valor propiciatorio a la súplica de Jesús en Gethsemaní, valor afirmado claramente en Hebreos[134]. Resulta que, sin salir de ese versículo, encontramos más conexiones. El texto de Hebreos dice: "[Jesús], habiendo elevado oraciones y súplicas a quien podía salvarlo de la muerte, fue escuchado por su piedad". Véase la tabla:

Justino	Hebreos (Hb 5, 7)
[Escuchad] cómo pide ser salvado por Él de esta muerte (D 98, 1). (δι' ἐκείνου καὶ σωθῆναι ἀπὸ τοῦ θανάτου τούτου αἰτῶν)	Habiendo elevado oraciones y súplicas a quien podía salvarlo de la muerte... (δεήσεις τε καὶ ἱκετηρίας πρὸς τὸν δυνάμενον σῴζειν αὐτὸν ἐκ θανάτου).
de modo que escuchéis su piedad hacia el Padre (D 98, 1) (ὅπως καὶ τὸ πρὸς τὸν πατέρα εὐσεβές αὐτοῦ ἀκούσητε).	por su piedad... (ἀπὸ τῆς εὐλαβείας).

---

[131] Cf. F. MANZI, "La figura di Mosè nell'Epistola agli Ebrei e nel Dialogo con Trifone", *RivBib* 51 (2003) 3-55, con bibliografía sobre la relación entre Justino y Hebreos.

[132] Sí hace una comparación teológica K. BACKHAUS, "Das Bundesmotiv in der frühkirchlichen Schwellenzeit: Hebräerbrief, Barnabasbrief, Dialogus cum Tryphone", *Der Ungekündigte Bund? Antworten des Neuen Testaments* (ed. H. FRANKEMÖLLE) (QD 172; Freiburg im B. 1998) 211-231. Este autor concluye que no hay en Hebreos oposición entre una Alianza nueva y otra antigua; oposición que sí parece darse en Justino. Para una crítica de esta afirmación, cf. nuestro cap. II, apdo. 2.4, p. 99.

[133] Cf. MANZI, "La figura", 3-55; cf. M. MARIN, "Note introduttive sulla presenza di Paolo nel Dialogo con Trifone di Giustino", *ASEs* 3 (1986) 71-83 (82).

[134] Cf. *supra,* páginas 343s.

no me escucharás (D 99, 1; Sal 21, 3) (οὐκ εἰσακούσῃ) – me escuchó el Señor (D 97, 1; Sal 3, 5) (ἐπήκουσέ μου) (es decir, no le ahorró la muerte, pero le resucitó).	fue escuchado (εἰσακουσθείς) (es decir, no le ahorró la muerte, pero le resucitó).

Hebreos y Justino ponen de relieve la piedad de Jesús: ora al Padre en el momento de máxima angustia. En ambos surge la misma dificultad en torno a esta súplica. Pedía el Hijo ser salvado de la muerte, pero murió en cruz; ¿cómo se dice que fue escuchado?[135] La respuesta es idéntica en sendos autores: Jesús miraba más allá de la muerte, a la resurrección. Fue escuchado porque el Padre le salvó, no ahorrándole la cruz, sino a través de ella.

Hebreos continúa diciendo: "a pesar de ser Hijo, aprendió sufriendo a obedecer" (Hb 5, 8). Una frase de D 103, 8, también en torno a Gethsemaní, contiene una idea parecida: aunque era el Hijo, sufrió.

> verdaderamente quiso el Padre que su propio Hijo, por amor nuestro, pasara por estos sufrimientos, y no se nos ocurra decir que, por ser Hijo de Dios, no le afectaba nada de lo que se le hacía y le pasaba (D 103, 8).

Estas semejanzas nos invitan a buscar otras de más alcance. ¿Compartieron Hebreos y Justino similar teología en torno a la acción redentora de Cristo en su Pasión? He aquí los rasgos comunes que hemos podido individuar[136]:

- En primer lugar cobra especial relieve en ambos relatos la filiación divina de Jesús, Hijo de Dios en sentido transcendente (cf. Hb 1, 2; 1, 5; 3, 6...; para Justino, cf. nuestro cap. I).

- Esta filiación divina se muestra en conexión con la piedad y obediencia de Jesús al Padre en su Pasión. Decía Justino que Jesús no se glorió (καυχάομαι) de hacer nada por su propio poder y fuerza (D 101, 1). Y Hebreos, que no se glorificó (δοξάζω) a sí mismo como Sumo Sacerdote, sino que esperó del Padre este don (Hb 5, 5). El cumplimiento de la voluntad de Dios es rasgo decisivo de la vida y obra de Jesús, según ambos escritos (cf. Hb 5, 8; 10, 7.9)[137].

- Tal nexo (obediencia / filiación divina) es fundamento de la obra llevada a cabo por Cristo. Nótese el paralelismo siguiente. Para Hebreos, Jesús *fue perfeccionado* por estos sufrimientos, y se hizo *causa de salva-*

---

[135] La dificultad movió a Harnack a introducir una variante en el texto de Hebreos, que recoge el aparato crítico de Nestle-Aland: "<no> fue escuchado".

[136] Para la teología de Hebreos, cf. A. VANHOYE, *La lettre aux Hébreux. Jésus-Christ, médiateur d'une nouvelle alliance* (Jésus et Jésus-Christ 84; Paris 2002).

[137] Para Justino, cf. el apartado 1.1 de este capítulo, p. 329; cf. MANZI, "La figura", 3-55 (46, nota 150).

ción eterna para quienes le obedecen (Hb 5, 9): por su medio llevó el Padre multitud de *hijos* a la gloria (Hb 2, 10). Para Justino, Jesús *fue salvado* por el Padre, por medio de la muerte y resurrección, *para que los hombres fueran salvados* a través de Él, por comunicación de su *filiación* divina.

- Por tanto, la filiación de Jesús se ve en relación con la de los creyentes. Jesús, al compartir "la carne y la sangre" de sus hermanos, puede hacerse verdadero mediador, capaz de compadecerse de ellos (cf. Hb 2, 11). En Justino hemos puesto ya de relieve la importancia de la carne como elemento antropológico que hermana a Jesús con los demás hombres.

- En torno al silencio de Jesús, testimoniado en el Diálogo, hemos señalado la acción oculta del Espíritu. En la Pasión, no es Espíritu de fuerza y sabiduría, sino de piedad y confianza en el Padre, llevando a plenitud en la carne la entrega filial de Jesús. Por su parte, la acción del Espíritu en la Pasión aparece en Hb 9, 14: en virtud de un Espíritu eterno se ofreció Jesús a sí mismo. Para Hebreos el Espíritu suscita en Jesús la obediencia al Padre, haciendo posible el corazón nuevo de la nueva alianza[138].

Podemos concluir: al explicar la Pasión, la carta a los Hebreos y el Diálogo parecen compartir un mismo enfoque teológico. La piedad filial de Jesús en su Pasión, su oración y abandono en el Padre, se muestran en consonancia con su ser de Hijo de Dios preexistente. La acción de Jesús podrá así tener valor salvífico para los hombres, con quienes le hermana la carne que ha asumido. Llevado a perfección en su humanidad, comunicará a los suyos la filiación divina[139].

2. La cruz

El Hijo de Dios se humilló y sometió a la muerte. La noticia no se hacía fácil de aceptar a judíos ni griegos. Andaba lejos de las ideas humanas sobre lo divino. Y sin embargo no era éste el principal escollo con que tropezó Justino en su predicación. Mal que bien lograba aquí despertar algún acuerdo, encontrar paralelos con los mitos paganos, arrancar a Trifón la aceptación de un Mesías sufriente.

El problema más acuciante era otro. No tanto el hecho de que Cristo padeciera, sino el tormento concreto a que se sometió: la cruz. En este punto se daban la mano escándalo y necedad. Se dirá: ¿qué importaba la forma del suplicio? Veremos que mucho. Lo estudiaremos primero ante

---

[138] Cf. MANZI, "La figura", 3-55 (43-47).

[139] En el próximo capítulo se pondrán de relieve otras semejanzas, en torno al sacerdocio de Cristo; cf. *infra*, cap. VII, pp. 502-511.

paganos, en la Apología (2.1); después en algunas páginas del Diálogo que discurren en torno a la maldición del madero (2.2); la comparación entre la cruz y el árbol de la vida (2.3) completará la visión.

2.1. La cruz, entre locura y sabiduría

En unas líneas de la Apología hace ver Justino a los romanos la semejanza entre el cristianismo y los mitos a que ellos dan fe[140]. ¿Por qué sólo a los cristianos se les odia, si su enseñanza no es, a fin de cuentas, tan diferente? No es que el mártir colocara su religión a la par con las mistéricas. En el fondo entiende los mitos paganos como imitación burda de las profecías sobre Cristo. Sus responsables son los demonios, que buscan crear la confusión para sembrar el error.

Entre las cosas que éstos atisbaron en las Escrituras se encuentra el padecimiento de Jesús. De ahí que forjaran un puñado de mitos a su imagen: Asclepio fulminado por un rayo; Dionisio, descuartizado; Hércules, consumido por el fuego (I 21, 2). La idea de un Hijo de Dios sufriente encontraba paralelos en el paganismo que circundaba a Justino[141]. ¿Descubrió entonces Satanás, aun a tentones, todas las profecías? No. Hubo un misterio que le pasó totalmente oculto: la cruz (I 22, 3-4; I 55, 1). Aquí se cifra en modo especial la novedad cristiana.

No era esto, para Justino, disquisición teórica. Muchos paganos responderían con burlas cuando el mártir les hablara de la cruz. Pues este suplicio inspiraba en el hombre antiguo una repulsión visceral[142]. Es ilustrativo a este respecto que los demás apologetas no mencionen la palabra (σταυρός) en sus escritos. Una elemental prudencia retórica les invitaba a silenciar lo que habría provocado el rechazo instintivo de sus lectores.

Desde este punto de vista resalta la valentía de Justino. No es sólo que las palabras "cruz" (σταυρός) y "crucificar" (σταυρόω) sumen juntas, solo en la Apología, más de treinta ocurrencias; sino que aparecen en momentos claves que estructuran la obra[143]. Veámoslo.

---

[140] Cf. I 20-21; I 54.

[141] Cf. M. HENGEL, "Der stellvertretende Sühnetod Jesu. Ein Beitrag zur Entstehung des urchristlichen kerygmas", *IKaZ* 9 (1980) 1-25.135-147.

[142] Cf. M. HENGEL, "Mors turpissima crucis. Die Kreuzigung in der antiken Welt und die Torheit des *Wortes vom Kreuz*", *Rechtfertigung* Fs. E. Käsemann (ed. J. FRIEDRICH, W. PÖHLMANN - P. STUHLMACHER) (Tübingen - Göttingen 1976) 125-184.

[143] Así, no parece exagerado el elogio que dirigirá Jerónimo a Justino: no haberse avergonzado de la ignominia de la cruz; cf. *De viris illustribus* 23 (ed. CERESA-GASTALDO, 117-118): "Iustinus [...] pro religione Christi plurimum laboravit in tantum ut Antonino quoque Pio [...] librum *Contra gentes* scriptum daret ignominiamque crucis non erubesceret".

La cruz: locura, misterio, sabiduría

La primera mención del Crucificado aparece en los comienzos de la Apología (I 13, 3). Tras los compases iniciales, en que el mártir se ha defendido de las acusaciones paganas, es ahora cuando presenta lo propio de su fe. Lo hace siguiendo una pauta trinitaria:

nosotros damos culto al *Hacedor* de este universo, [...] honramos también a *Jesucristo*, [...] crucificado bajo Poncio Pilato, procurador que fue de Judea en tiempo de Tiberio César, que hemos aprendido ser el Hijo del mismo verdadero Dios, y a quien tenemos en segundo lugar, así como al *Espíritu profético*, a quien ponemos en el tercero (I 13, 1-3).

Y en seguida añade:

Aquí, efectivamente, se nos tacha de locura (μανίαν), diciendo que damos el segundo puesto después del Dios inmutable, aquel que siempre es y creó el Universo, a un hombre crucificado; y es que ignoran el misterio que hay en ello (ἀγνοοῦντες τὸ ἐν τούτῳ μυστήριον), al que os exhortamos que atendáis cuando nosotros lo expongamos (I 13, 3).

El trasfondo paulino de esta página no ha pasado inadvertido a los intérpretes[144]. Hablaba el Apóstol del misterio de la cruz, necedad (μωρία) para los gentiles[145]. En modo similar contrapone Justino locura (μανία) y misterio. ¿Por qué sus afirmaciones son tachadas de necias? "Jesucristo [...] crucificado [...] Hijo de Dios". "Damos el segundo puesto, después del Dios inmutable [...] a un crucificado". El mártir, con la yuxtaposición casi inmediata de los términos, pone el dedo en la llaga. He aquí la locura, he aquí el misterio: un crucificado es el Hijo de Dios.

Resulta que este pasaje es importante en la Apología porque estructura la discusión posterior. A la mención de Cristo como Maestro (I 13, 3), corresponde la sección que resume sus enseñanzas (I 14-29). Y las palabras sobre el Espíritu profético (I 13, 3) se desarrollan más tarde, al presentar la profecía como prueba de la verdad cristiana (I 30-53)[146]. Nos interesa ahora perseguir el curso de la pregunta que deja abierta el mártir:

---

[144] Cf. H. VERWEYEN, "Weltweisheit und Gottesweisheit bei Justin dem Märtyrer", *Weisheit Gottes - Weisheit der Welt* Fs. J. Ratzinger (ed. W. BAIER - S.O. HORN) (Sankt Ottilien 1987) 603-613 (606-607); S. HEID, *Kreuz. Jerusalem. Kosmos. Aspekte frühchristlicher Staurologie* (JAC.E 31; Münster 2001) (15-19).

[145] Cf. 1 Co 1, 23; cf. 1 Co 2, 7: ἐν μυστηρίῳ.

[146] Cf. H.H. HOLFELDER, "Eusebeia kai philosophia: literarische Einheit und politischer Kontext von Justins Apologie", *ZNW* 68 (1977) 48-66. 231-251 (233-242). Un poco distinta es la estructura que propone MUNIER, *L'Apologie* (32-40), quien prefiere considerar la segunda sección (I 30 – I 53) como parte de la primera, dedicada a las enseñanzas de Cristo: Justino prueba aquí que éstas son más antiguas. Munier reconoce en todo caso la importancia de I 13, 3 en el esquema de la obra.

ignoran los paganos el misterio de la cruz, y Justino promete explicarlo[147]. La cuestión reaparece un poco más adelante.

> Si se nos echa en cara que fue crucificado, también esto es común con los antes enumerados hijos de Zeus que vosotros admitís haber sufrido. Y, en efecto, cuéntase de ellos que no sufrieron un mismo género de muerte, sino diferentes; de suerte que ni en el hecho de haber sufrido una pasión particular se queda atrás respecto de aquéllos, antes andando el discurso demostraremos serles muy superior (καὶ κρείττονα ἀποδείξομεν) (I 22, 3-4).

En paralelo con los hijos de Zeus, también sufrió Cristo. Si en esto se le asemejan otros dioses, no en el tipo de muerte, la cruz. Constituye ésta la mejor prenda del Salvador. La cosa es paradójica: la peor de las muertes hace a Jesús destacar sobre todos. ¿En qué encuentra Justino el privilegio? El mártir deja la respuesta para más adelante. Entre tanto se extiende a probar con las profecías la verdad de su enseñanza (I 30-52). La sección es larga. ¿Da esto ocasión a que olvide Justino la pregunta que se hizo? En manera alguna: veamos cómo, una vez concluida la prueba escriturística, la resume.

> Pues, ¿con qué razón íbamos a creer a un hombre crucificado, que él es el primogénito del Dios ingénito y que ha de juzgar a todo el género humano, si no halláramos testimonios sobre Él publicados antes de nacer él hecho hombre y no los viéramos literalmente cumplidos? (I 53, 2)[148].

Estamos ante la misma formulación que encontrábamos al comienzo de la obra (I 13, 3). Esto quería, pues, Justino al explicar los libros proféticos: hacer plausible la aparente locura de que el primogénito de Dios fuera un crucificado. Y enseguida reaparecerá la cuestión que antes se suscitó (en I 22, 3-4), la superioridad de la cruz sobre los otros suplicios:

> Sin embargo, en ninguna parte ni en ninguno de los supuestos hijos de Zeus remedaron la crucifixión, por no haberla entendido, como quiera que, según antes manifestamos, todo lo referente a la cruz fue dicho de modo simbólico (συμβολικῶς). Justamente lo que es, como predijo el profeta, el símbolo más grande de su fuerza y su imperio (τὸ μέγιστον σύμβολον τῆς ἰσχύος καὶ ἀρχῆς αὐτοῦ) (I 55, 2).

---

[147] Nótese como el mártir quiere presentar lo propio de la fe cristiana y no se limita a tratar temas genéricos (existencia de Dios y su culto). De hecho, al final de la Apología hablará del Bautismo y la Encarnación: no es un apéndice, sino el punto culminante de la obra. Cf. C.I.K. STORY, "Justin's Apology I:62-64: its importance for the author's treatment of Christian baptism", *VigChr* 16 (1962) 172-178. Según A.J. GUERRA, "The conversion of Marcus Aurelius and Justin Martyr: the purpose, genre and content of the First Apology", *SecCent* 9 (1992) 171-187, un objetivo de la Apología era lograr la conversión del mismo Marco Aurelio; para esto era preciso abordar lo distintivo de la fe.

[148] El texto es, de nuevo, importante en la estructura de la obra, como fin de la sección profética; cf. MUNIER, *L'Apologie* (35).

La idea nos es conocida. Expectante por descubrir en la Escritura los misterios de Cristo, se le escapó al diablo lo principal, la cruz. Y eso que no faltaban profecías que la anunciasen. Ocurre que todo estaba dicho en símbolos.

A esta luz consideremos un tema que Justino orquesta en diferentes lugares de su obra: Dios se complació en trastornar el juicio de los inteligentes (cf. Is 29, 13-14), de forma que no entendieran sus planes; les queda oculto así (κέκρυπται) el designio y "la gran sabiduría" de Dios (D 38, 2). Se refiere el mártir a la inteligencia de las profecías, manifiesta sólo a los creyentes[149].

Ahora bien, acabamos de leer que el secreto mejor custodiado de toda la Escritura es el de la cruz. Entonces, la inmensa sabiduría del Hacedor del Universo, oculta a los hombres, ha de referirse especialmente al madero del Gólgota[150]. Justino enlaza así a la perfección con el pensamiento de Pablo (1 Co 1, 20-25; 1 Co 2, 7: "la sabiduría escondida")[151]: aparente locura, la cruz es en verdad sabiduría.

Lo que llevamos dicho es ya importante. Lejos de ser cuestión marginal, el misterio y necedad de la cruz marcan el ritmo de la Apología. Tras plantear al inicio la pregunta decisiva, el mártir la pospone; así, al tiempo que prepara la respuesta, suscita interés en el lector[152]. ¿Cómo va a ser un

---

[149] Cf. D 38, 2: "está escondida (κέκρυπται) a vosotros [los judíos] esta gran sabiduría del Creador del Universo". En D 32, 5, D 78, 10-11 y D 123, 4 se cita Is 29, 13-14 ("destruiré la sabiduría de los sabios y esconderé la inteligencia de los inteligentes"), para hacer ver que los judíos no entienden las Escrituras; sí los cristianos, que han recibido gracia de Dios; el texto de Isaías resulta aparecer también en 1 Co 1, 19.

[150] Además, la idea de que Dios esconde la verdad que hay en las Escrituras reaparece en D 90, 2, en referencia a las profecías sobre la cruz. Por otra parte, en D 123, 4, en torno a Is 29, 13-14, se habla de "la voluntad escondida de Dios (βουλὴ θεοῦ κεκρυμμένη)" (refiriéndose a sus designios sobre Israel y la Iglesia). Ahora bien, sabemos que los designios y voluntad divinas apuntan en último término a la cruz, cf. *supra* pp. 373ss.

[151] Léase 1 Co 2, 7 ("hablamos de una sabiduría de Dios misteriosa, escondida"), a la luz de 1 Co 1, 17-24; 2, 1-2. M. MARIN, "Note introduttive sulla presenza di Paolo nel Dialogo con Trifone di Giustino", *ASEs* 3 (1986) 71-83 (80, nota 27) prefiere ver en D 38, 2 ("una sabiduría escondida"), un eco de Mt 11, 25: "has ocultado estas cosas a los sabios e inteligentes, y se las has revelado a los sencillos". Sin embargo, de nuestro análisis se desprende la relación con la cruz, y se hace más fácil pensar, por tanto, en una dependencia de Pablo.

[152] Es el modo corriente en que Justino procede en su Apología. El aparente desorden de composición no es tal. Los temas se solapan una y otra vez, disponiendo así el ánimo de los lectores, en modo casi insensible, para llevarles de la mano a acoger las conclusiones del autor. Cf. HOLFELDER, "Eusebeia" (241): "Die gleitende, den Leser behutsam in neue Gedankengänge leitende Themenführung scheint gleichsam das literarische Abbild der Gedankenführung Justins zu sein. Der Leser wird in die Entwicklung des Arguments mit hineingenommen, ohne dass ihm dies unmittelbar zum Bewusstsein

crucificado el Hijo de Dios? ¿Por qué esta muerte, la más horrenda, es signo de mayor poderío?

Antes de examinar la respuesta podemos ya establecer que Justino no tiene reparo en asociar la doctrina del Logos, Hijo de Dios, con la de su crucifixión redentora[153]. Al contrario: parece interesado en poner de relieve la unión entre ambos polos, lo más noble y lo más vil que una mente griega podía imaginar. Para ello el mártir acude a términos tomados de Pablo: la sabiduría y el misterio de la cruz escondidos por Dios, que parecen necedad a los gentiles. Es interesante que las ideas paulinas reaparezcan precisamente en diálogo con la filosofía pagana. ¿Cómo entendió Justino esta relación entre el Logos y la cruz?

El símbolo más grande de su fuerza

La cruz es, "como predijo el profeta, el símbolo más grande de su fuerza y su imperio (τὸ μέγιστον σύμβολον τῆς ἰσχύος καὶ ἀρχῆς αὐτοῦ)" (I 55, 2). Piensa Justino en Is 55, 6: "lleva a hombros el imperio (ἀρχή)", que citó en I 35, 2. Pues comentaba allí el mártir: "alusión, estas palabras, al poder de la cruz (μηνυτικὸν τῆς δυνάμεως τοῦ σταυροῦ), a la que, al ser crucificado, juntó sus hombros" (cf. I 35, 2)[154]. ¿De qué poder, de qué fuerza se trata?

> [la cruz] es el símbolo más grande de su fuerza y de su imperio, como se muestra aún por las mismas cosas que caen bajo nuestros ojos. Considerad, en efecto, si cuanto hay en el mundo puede ser administrado o tener entre sí comunicación sin esta figura (κατανοήσατε γὰρ πάντα τὰ ἐν τῷ κόσμῳ, εἰ ἄνευ τοῦ σχήματος τούτου διοικεῖται ἢ κοινωνίαν ἔχειν δύναται). Porque el mar no se surca si este trofeo de victoria, que aquí se llama la vela, no se mantiene íntegro en la nave; sin ella no se ara la tierra; ni cavadores ni artesanos llevan a cabo su obra si no es por instrumentos que tienen esta figura... (I 55, 2-3).

---

kommt. Durch die Technik des gleitenden Übergangs versteht es Justin, neue, für die Darlegung wichtige Aspekte in die Diskussion einzubringen und so den Leser in ein Geflecht von Argumenten zu führen".

[153] En contra de la opinión de algunos autores, mencionados en la nota 4 de este capítulo. Recuérdense también, a este respecto, unas líneas de Celso, antes citadas, que se revelan en conexión con el planteamiento del mártir: "[los cristianos] proclaman que el Logos es el Hijo de Dios, pero no muestran al Logos puro y santo, sino a un hombre arrestado y aporreado hasta la muerte en modo ignominioso"; cf. ORÍGENES, *Contra Celso* II, 31 (SC 132, 362).

[154] En I 35, 2 aparecen imperio (ἀρχή) y poder (δύναμις); en I 55, 2, imperio y fuerza (ἰσχύς). Más adelante alude Justino a las enseñas de los emperadores, signos de imperio y poder (I 55, 6): τῆς ἀρχῆς καὶ δυνάμεως τὰ σημεῖα.

El misterio no se anunciaba sólo en profecías. La misma creación testimonia la excelencia de la cruz, dando a entender por qué sobresale este suplicio sobre los demás. Con la figura de la cruz todo se gobierna y adquiere cohesión: lo muestran los barcos, los arados, los utensilios artesanales... Y no solo las herramientas fabricadas por el hombre, sino todo el universo (πάντα τὰ ἐν τῷ κόσμῳ) encuentra en la cruz orden y unidad[155].

Gobernar y dar cohesión eran propiedades que los estoicos atribuían al Logos. Justino, que ante Trifón llamará al Logos principio (ἀρχή) de la creación (cf. D 61, 1), dice ahora que la cruz es el símbolo más grande del poder e imperio (ἀρχή) de Cristo. Además el verbo que usa aquí, διοικέω, significa el gobierno del mundo por parte de Dios[156]. Piensa Justino, por tanto, que el Logos realiza su función rectora precisamente por la figura de la cruz.

Se refiere el mártir a la doctrina de la cruz cósmica, nada extraña en los ambientes cristianos de entonces. Era patrimonio compartido por muchos que la cruz se halla impresa por todo el universo, y que es la que comunica cohesión y gobierno a las cosas. Rastros de esta teología aparecerán en autores del tiempo de Justino[157].

Si seguimos leyendo la Apología encontramos otra muestra de que el mártir ha visto la cruz impresa en la creación misma. He aquí el texto:

> La misma figura humana no se distingue en ninguna otra cosa de los animales irracionales, sino por ser recta, poder extender los brazos y llevar, partiendo de la frente, prominente, la llamada nariz, por la que se verifica la respiración del animal, y que no muestra otra cosa sino la figura de la cruz. Y el profeta dijo de esta manera: "El aliento delante de nuestro rostro, Cristo Señor" (Lm 4, 20) (I 55, 4-5).

La cruz no se encuentra sólo en los instrumentos fabricados por el hombre. Él mismo la lleva en sí; más aún, la cruz constituye la diferencia

---

[155] Ejemplos de este nexo entre el misterio cristiano y las realidades profanas los encontramos en Teófilo y Melitón. El primero se expresa en torno al nombre "cristiano", que significa "ungido": todos los utensilios humanos y la realidad creada reciben una unción que los perfecciona para el uso; cf. *Ad Autol.* I, 12 (SC 20, 84). El segundo habla del Bautismo de Cristo; es una realidad que se encuentra en todo el universo; cf. Frag. VIIIb (SC 123, 229-233). No se trata solo de metáforas; el hecho indica más bien la relación que estos autores perciben entre la salvación cristiana y la creación y mundo del hombre.

[156] Cf. D 29, 3; cf. Lampe, s.v. διοικέω. En II 2, 8 es el gobierno ordinario de una casa.

[157] Cf. E. STOMMEL, "Σημεῖον ἐκπετάσεως (Didache 16, 6)", *RQ* 48 (1953) 21-42 (41-42); F.J. DÖLGER, "Beiträge zur Geschichte des Kreuzzeichens IX", *JAC* 10 (1967) 7-29 (7-11); ORBE, *Introducción* (745-749); R. CANTALAMESSA, *L'Omelia 'in S. Pascha' dello Pseudo-Ippolito di Roma* (Milano 1967) (122-138).

específica de su cuerpo con respecto a los animales: su figura recta asemeja al madero vertical; los brazos extendidos, al horizontal; y la prominente nariz podría equivaler al *sedile*, donde se apoyaba el Crucificado[158]. El cuerpo del hombre, capaz de adoptar la figura de la cruz, está así plasmado según la forma que tiene el mismo Logos creador, la que adoptará Jesús en el Calvario[159].

Respondamos entonces: ¿por qué es superior la muerte de Cristo a la de los otros dioses? Que Cristo colgara de una cruz, dice Justino, parece locura a quienes ignoran el misterio. A ojos más perspicaces, lejos de mostrarse como infame suplicio, revela la grandeza del ajusticiado. Pues la misma forma de cruz es la que toma el Logos divino en el Universo; gracias a ella comunica consistencia a las cosas y las gobierna. Por tanto, no hay para Jesús, Logos encarnado, una muerte que manifieste mejor su potencia: de este modo hace visible ante los hombres la misma disposición que posee como rector del mundo.

He aquí, pues, el modo en que Justino reelabora la reflexión paulina. Podemos preguntarnos si ha permanecido fiel a ella. Explicar la grandeza de la cruz acudiendo al Logos Creador, ¿no es desvirtuar en el fondo el escándalo del Crucificado, haciéndolo, no ya signo de humillación, sino de

---

[158] J. DANIÉLOU, *Études d'exégèse judéo-chrétienne (Les Testimonia)* (ThH 5; Paris 1966) (76-77) y DÖLGER, "Beiträge", 7-29 (8), interpretan el pasaje de otra manera: además de formar la cruz al abrir los brazos, tiene el hombre el signo de la cruz en el rostro, en el cruce de las líneas de nariz y ojos. Pero puede también entenderse la frase: "y que no otra cosa muestra sino la figura de la cruz", como dicha de todo el hombre. Entonces la nariz sería una parte de la cruz que forma la figura humana. Justino sabe que la cruz se construye con cinco extremidades (cf. D 91, 2). La quinta, sobresaliente, es el *sedile*, sobre el que se apoyaba el crucificado, tal como encontramos en IRENEO, *Adv. haer.* II, 24, 4 (SC 294, 242) y Tertuliano, *Ad. Nat.* 1, 12, 4 (CCL I, 31).

[159] J.J. Ayán ha propuesto la siguiente explicación de estas líneas. Pueden entenderse como exégesis de Justino a Gn 1, 26, el hombre creado a imagen de Dios. Cf. AYÁN, *Antropología* (115): "me atrevo a sugerir una hipótesis. Justino piensa que la figura del cuerpo humano es la ideal en orden a expresar la función del Logos en el cosmos gobernándolo y dándole cohesión. Con ello, la reflexión de Justino sobre el hombre hecho a imagen de Dios se proyectaría en dos direcciones: hacia el Verbo, todavía no encarnado, que gobierna y unifica el universo, función que se expresa de manera admirable por la figura de la cruz [...] y hacia el Verbo encarnado que adopta una figura sin gloria y deshonrada pero cuyo destino es la glorificación como aparecerá manifiestamente en la Parusía". La propuesta de Ayán puede enriquecerse con algún texto del Diálogo. Por una parte, en D 112, 2 se habla de la imagen de Jesús crucificado (ἐπὶ τὴν εἰκόνα τοῦ σταυρωθέντος Ἰησοῦ). Por otra, en D 94, 1, en torno a la serpiente que Moisés forjó en el desierto y colocó sobre una cruz, trata Justino de la prohibición de hacer imágenes que se contiene en la Ley. Curiosamente se le desliza entonces la cita de Gn 1, 26, contaminando la de Ex 20, 4: "no haréis ni imagen ni semejanza" (μήτε εἰκόνα μήτε ὁμοίωμα). La confusión se explicaría bien si Justino viese una relación entre la cruz y la creación del hombre a imagen de Dios.

poder y gobierno? ¿No se heleniza así la cruz del Gólgota a partir de los presupuestos filosóficos del tiempo?

Forma de χ en el Universo

Si seguimos leyendo la Apología encontramos unas líneas que parecen dar pie a esta crítica[160]. Señala el mártir que Platón toma de Moisés ciertas verdades que atinó a descubrir:

> Y lo que Platón, investigando sobre la naturaleza, dice en el Timeo sobre el Hijo de Dios: "Le dio forma de χ en el Universo" (ἐχίασεν αὐτὸν ἐν τῷ παντί), lo tomó igualmente de Moisés. [Sigue el texto de las serpientes en el desierto y de la cruz levantada por Moisés para salvación de los que miraban.] Platón hubo de leer esto, y, no comprendiéndolo exactamente ni entendiendo que se trataba de la figura de la cruz y tomándolo él por la χ griega, dijo que la potencia que sigue al Dios primero estaba extendida por el universo en forma de χ (I 60, 1-5).

Es conocida la doctrina de Platón en el Timeo. Mirando al horizonte en una noche estrellada somos capaces de distinguir dos círculos. Además del círculo fijo que rodea la tierra (el Ecuador), las constelaciones trazan al moverse otro. Es la elíptica, la línea que recorren el sol y los demás astros en el firmamento, inclinada con respecto al horizonte. He aquí la forma de la χ, que Platón puso a la base de la constitución del universo[161].

¿Se puede deducir, sólo por este texto, que defendió Justino la doctrina de la cruz cósmica que antes esbozamos? En sí cabría otra interpretación. Bastaría que el mártir pensara en la cruz del Calvario y que concediera a Platón una media verdad: el filósofo vio la cruz, pero la vio en el

---

[160] Cf. W. BOUSSET, "Platons Weltseele und das Kreuz Christi", *ZNW* 14 (1913) 273-285; H. RAHNER, *Griechische Mythen in christlicher Deutung* (Zürich 1945); E. DINKLER, "Kreuzzeichen und Kreuz", *JAC* 5 (1962) 93-107; STOMMEL, "Σημεῖον" (35): "Die Theologie des Kreuzes erscheint demnach bei Irenäus um viele Beziehungen bereichert, die ihren Ursprung nicht in der christlichen Offenbarung, sondern in der platonischen Philosophie haben. Diese vorläufige Mutmassung bestätigt uns Justin".

[161] Cf. PLATÓN, *Timeo* 36b, 7-8; 34b, 3 (ed. RIVAUD, 149.147). Según FÉDOU, "La vision", detrás no están los ingenuos planteamientos de una concepción del mundo ya superada. Se encuentra, por el contrario, la honda reflexión filosófica de Platón. "La phrase du *Timée* n'a pas un sens purement cosmologique, elle renvoie aux enjeux les plus profonds de la pensée platonicienne. Par quoi elle autorise l'interprétation de Justin. Platon n'a pas parlé de la Croix, mais il a compris que l'existence de l'univers reposait sur un croisement énigmatique. La Révélation chrétienne lève l'énigme: le croisement du Même et de l'Autre, que Platon voyait inscrit dans la structure du 'tout', c'est précisément la Croix dont les axes opposés ordonnent l'univers et lui donnent son assise. Car la Croix n'est pas seulement l'événement du Golgotha – ou plutôt cet événement, dans son unicité même, revêt une signification cosmique" (77-78).

Universo, no en el Gólgota; de ahí que la confundiera con la χ. Así no sería obligado interpretar este pasaje referido a la cruz cósmica[162].

Pienso, sin embargo, que el contexto no consiente tal lectura. Acaba de señalar Justino los contrastes entre la doctrina cristiana y los mitos paganos (I 54-55). Acto seguido pasa a hablar de los herejes cristianos (I 56-58). La continuidad entre estas partes la da el protagonista último que forjó los mitos e instigó las herejías: Satanás. Una vez hecho esto comenta el mártir las doctrinas de los filósofos. Quiere esto decir que su juicio será ahora más positivo. Pues lo que va a señalar no es imitación que venga del mal espíritu, sino un ejemplo de las semillas de verdad de que habló más arriba (cf. I 44, 9-10). Trae entonces varios textos que Platón tomó de Moisés:

> De nuestros maestros también, queremos decir, del Logos que habló por los profetas, tomó Platón lo que dijo sobre que *Dios creó el mundo*, transformando una materia informe (I 59, 1) [...] Y lo que Platón, explicando la creación, dice en el Timeo sobre *el Hijo de Dios*: "Le dio forma de χ en el Universo", lo tomó igualmente de Moisés (I 60, 1) [...] Y hablar él de un tercer principio, se debe también a haber leído, como dijimos, en Moisés que *el Espíritu de Dios se cernía sobre las aguas* (I 60, 6).

Nótese: no se trata de trozos inconexos. Hacen todos referencia a un mismo asunto, la creación; y presentan un orden que es difícilmente casual: Padre, Hijo y Espíritu. Lo mismo del Padre que del Espíritu se dan textos del Génesis en que se habla de la obra creadora. Parece lógico pensar que la parte dedicada al Hijo contenga también una enseñanza verdadera sobre la creación. Esta exégesis se confirma con el análisis de I 55 que hemos hecho más arriba. Podemos, pues, decir que las investigaciones de Platón no andaban del todo descaminadas[163]. ¿Cuál fue su error?

> Platón hubo de leer esto [la historia de la serpiente de bronce], y, no comprendiéndolo exactamente ni entendiendo que se trataba de la figura de la

---

[162] Así ORBE, *Los primeros herejes* (234).

[163] Tengamos por último en cuenta que la doctrina que expresa Platón era patrimonio común de la cultura popular de entonces, y no una extraña especulación perdida en las páginas del Timeo. Por otro lado Justino dice, en D 7, 2, que en los profetas se puede encontrar todo acerca de los principios y fin de las cosas (καὶ περὶ ἀρχῶν καὶ περὶ τέλους). Y nótese la coincidencia con lo expuesto ahora en I 59-60, en que se habla primero de los principios (I 59 – I 60, 7) y luego del fin (I 60, 8-9). Por último Justino describe la actividad de Platón con el término φυσιολογεῖν, que según C. ANDRESEN, "Justin und der mittlere Platonismus", *ZNW* 44 (1952-1953) 157-195, procede del platonismo medio. Comenta este autor (189): "Für Justin hat Platon nicht allegorisch, sondern ausdrücklich von dem *Sohn Gottes* in dem Timaios gesprochen".

cruz y tomándolo él por la χ griega, dijo que la potencia que sigue al Dios primero estaba extendida por el universo en forma de χ (I 60, 5).

Platón confundió la cruz con una χ[164]. Acertó al situarla en el Universo, atisbando la doctrina de la cruz cósmica. Su mayor equivocación, sin embargo, no fue la confusión de forma entre un signo y una letra. Se le escapó el principal objetivo de Moisés: la cruz puesta en alto por el Legislador no se refería primeramente a la que atraviesa el Universo, sino a la que se alzó en el Monte Calvario[165]. Precisamente por faltarle esta referencia se equivocó también en cuanto al Universo, hablando de la letra griega, y no más claramente de la forma de cruz.

La cruz y el Templo de Jerusalén

Examinemos ahora el texto de Moisés que, según Justino, tuvo Platón ante sus ojos:

Efectivamente, en los escritos de Moisés se cuenta que por el tiempo en que los israelitas habían salido de Egipto y se hallaban en el desierto, les acometieron fieras venenosas, víboras, áspides y todo género de serpientes, que causaban la muerte al pueblo. Entonces, por inspiración e impulso de Dios, tomó Moisés bronce e hizo una figura de cruz y la colocó sobre el santo tabernáculo (ἐπὶ τῇ ἁγίᾳ σκηνῇ), diciendo al pueblo: Si mirareis a esta figura y creyereis por ella os salvaréis. Y hecho esto, cuenta él que murieron las serpientes y que el pueblo, luego, huyó así de la muerte (I 60, 2-4).

La escena de las serpientes en el desierto cobra en la Apología matices que no tenía en el Diálogo (D 90-91). No se habla de la serpiente de bronce: Justino dice directamente que Moisés forjó una cruz. Se da además otro dato: la colocó sobre el santuario.

En el contexto es importante este último detalle[166]. Nos permite conectar con especulaciones judías sobre el Templo de Jerusalén, que un estudio de

---

[164] STOMMEL, "Σημεῖον" (37), piensa que la conexión entre χ y cruz es algo forzada para el mismo Justino: "Die Verbindung von Chi und Kreuz erscheint Justin selbst etwas gewaltsam; daher sucht er den Unteschied durch ein Missverständnis Platons zu erklären". Por el contrario HEID, Kreuz (24-28) llega a decir que la cruz y la letra χ prácticamente equivalían en la iconografía cristiana. De ahí que este autor piense que Justino no vio aquí ningún error: la equivocación del filósofo estaba en la confusión de la cruz del Gólgota con la cruz cósmica.

[165] Cf. D 131, 4: Moisés alzó un signo del que va a ser crucificado (σημεῖον τοῦ σταυροῦσθαι μέλλοντος).

[166] Cf. STORY, The nature of truth (116-117): "The change from the LXX reading ἐπὶ σημείου, upon a standard, to ἐπὶ τῇ ἁγίᾳ σκηνῇ is purposeful. Justin senses that Plato's χῖ in the cosmos occupies the same central position as the cross on the tabernacle, the tabernacle being here a type of the cosmos".

S. Heid ha puesto de relieve[167]. En el santuario, lugar de la presencia de Dios, se apoyaban las columnas del mundo. Lo que Platón pretendía encontrar en el cielo sabían los judíos que estaba en Jerusalén. Desde allí mantenía Dios la cohesión de todo el Universo, de Oriente a Occidente, del Septentrión al Sur. Heid ha recopilado representaciones judías en que la cruz cósmica aparece situada en el Templo.

Todo esto provocó una fuerte crisis en el judaísmo al producirse la destrucción del Santuario. ¿Cómo explicar que el mundo siguiera en pie tras haberse derrumbado sus cimientos? Se crearon explicaciones basadas en la piedra fundacional del edificio. Ésta no había sido descubierta por los romanos ni, por tanto, destruida. Allí se concentró la presencia de Dios.

A los cristianos, sin embargo, se les ofrecía una explicación menos artificiosa, que usaron en polémica con los judíos. Antes de la destrucción del Templo ya lo había abandonado el Logos, para venir a posarse en la cruz del Gólgota, conservando idéntica forma: he aquí el nuevo lugar de su presencia. El testimonio de Justino se inserta sin dificultad en este esquema. Parece estar pensando en él cuando señala que Moisés colocó el signo sobre el santuario.

La cruz a lo largo de la historia

Si esto es así se nos ofrece un panorama distinto para encuadrar la teoría de la cruz cósmica. En primer lugar, ésta no depende directamente de influjo cultural griego, sino que procede de un ambiente judío que ya había emprendido el diálogo con el mundo helenístico.

Además, en este esquema la cruz no es sólo un principio cosmológico: su actividad se prolonga en la historia de Israel. A más de dar fundamento al mundo creado, interviene para salvación del hombre a lo largo de los siglos. Mirando al Crucificado se reconoce, pues, no solo al Logos creador, sino al designio salvífico realizado por el Padre en la historia. Pero entonces se cumple en la cruz el sentido paulino del misterio: en ella se revelan los planes escondidos de Dios.

Recordemos lo que ocurría con la teología del Logos, a cuyo estudio dedicamos nuestro primer capítulo. Más que elaborar una desmañada síntesis entre filosofía griega y fe cristiana, tomaba Justino entonces un concepto bíblico, presente en ámbito judío: el de la Palabra reveladora del Padre. Partícipe en la Creación, el Logos prolongaba su actividad bien-hechora en la *historia salutis*, haciéndose siempre compañero del hombre. En la teología del Logos todo se orientaba hacia un culmen: la venida de Cristo en carne. Justino ve perfecta coherencia entre el obrar del nazareno

---

[167] Cf. HEID, *Kreuz* (31-49).

en la tierra y la misión del Logos entre los hombres desde su generación divina: en todo revela y sirve al Padre inefable. Al tratar de la Pasión veíamos ya cómo este proceso alcanza plenitud en la última hora de Jesús. Si el Hijo nace del querer del Padre para cumplir plenamente su voluntad, esta obediencia se actuará plenamente en la cruz.

La cruz cósmica viene a corroborar este esquema desde el punto de vista de la forma visible adoptada por el Logos, como manifestación externa de lo apenas descrito. Cuando asistía al Padre en los primeros días, disponiendo los elementos, lo hacía tomando la forma de cruz. Cuando obraba como mensajero suyo entre los hombres, llevaba a cabo su misión en forma de cruz. Todo esto apuntaba a la Encarnación, en que el Hijo tomaría un cuerpo humano, que se distingue precisamente por su capacidad de ponerse en cruz. En el Calvario Cristo asumirá plenamente esta forma, completando así el proceso iniciado en la Encarnación.

Hay una continuidad que es a la vez un *crescendo* entre la forma del Logos en la creación, la forma asumida por Cristo al hacerse hombre, y la forma que adoptará en la cruz. Se dice con esto que toda la historia del mundo y el hombre, desde la misma actividad creadora del Verbo, halla cumplimiento en el Crucificado[168].

¿Por qué precisamente la forma de la cruz? Justino afirma que a través de esta figura se gobierna el mundo y se le da cohesión (κοινωνία) (I 55, 2). Esto se puede interpretar a la luz de algunas páginas de Ireneo, cercanas al pensamiento del mártir[169]. Según el obispo de Lión la figura de la cruz da unidad al universo, porque se extiende a todos los puntos cardinales, y también a lo alto y a los infiernos.

Por otra parte, Ireneo desarrolla más este pensamiento: si en el orden natural la cruz cósmica da cohesión a los componentes del mundo, la misma figura de la cruz alzada en el Gólgota unifica, en el orden de la adopción filial, a todos los hombres[170]. En Justino no encontramos esta

---

[168] La cosa quedó ya patente por el estudio de la acción del Logos entre paganos y en el pueblo elegido (cap. II). En los justos del Antiguo Testamento y también en los paganos (cf. la figura de Sócrates) que vivieron según el Logos, se encontraban los rasgos que en su día iban a caracterizar no sólo la Encarnación, sino la misma Pasión de Cristo (cf. *supra*, pp. 73-76). Donde la presencia del Logos se hace eficaz, entre paganos o judíos, se prefigura al Crucificado, en su entrega obediente al Padre.

[169] Compárese *Adv. haer.* V, 18, 3 (SC 153, 244): "[Verbum Dei] in uniuersa conditione infixus, quoniam Verbum Dei gubernans et disponens omnia" con I 55, 2: κατανοήσατε γὰρ πάντα τὰ ἐν τῷ κόσμῳ, εἰ ἄνευ τοῦ σχήματος τούτου διοικεῖται ἢ κοινωνίαν ἔχειν δύναται - cf. el comentario de A. ORBE, *Teología de San Ireneo II* (BAC.SMa 29; Madrid 1987) (240-242); cf. también *Epid.* 34 (SC 406, 130-132) y D. WANKE, *Das Kreuz Christi bei Irenaeus von Lyon* (BZNW 99; Berlin 2000) (305-325).

[170] Cf. ORBE, *Teología* (238); cf. WANKE, *Das Kreuz* (341-363).

última asociación entre forma y fruto de la cruz del Calvario. Pero sí leemos que la obra de Cristo trae consigo la reconciliación del género humano: por la cruz se logra el restablecimiento (ἀποκατάστασις) de todas las razas de hombres[171]. Piensa el mártir en Noé y en la maldición que cayó sobre la descendencia de Cam: se inició entonces un sucederse de luchas y enemistades que no abandonó ya la historia humana (cf. D 139). La cruz cancela estas divisiones, trayendo la unidad entre los hombres[172]. Su fruto es la amistad (φιλία), conversión, bendición y convivencia (συνοικία) de todos (cf. D 139, 4).

Podemos suponer, a esta luz, que mantuvo el mártir el siguiente esquema. La cruz contiene la figura de un abrazo, portador de comunión[173]. Como por ella se da unidad al mundo creado, también por ella se alcanza la pacífica convivencia entre todos los hombres[174].

Punto de partida: la cruz del Gólgota

Con la idea de la cruz cósmica Justino señala la continuidad de la historia de la salvación. Esto no significa que la cruz sea mera conclusión de premisas anteriores, accesible tal vez a partir de deducciones filosóficas. Mal se la podría llamar entonces escándalo y locura.

Tal era si acaso la ideología de los gnósticos[175]. En aras de la cruz cósmica sacrificaron los herejes la mejor parte de la cruz del Calvario, de la que en último término llegaban a prescindir. Trasladaban el drama del Gólgota a un plano superior, alejado del mundo y la historia. Y así, en vez

---

[171] En exégesis a la historia de Jacob, que trabajó siete años por cada una de sus mujeres, Lía y Raquel, comenta Justino: "Pero Lía era vuestro pueblo y sinagoga, y Raquel nuestra Iglesia. Por una y otra, así como por los esclavos de ambas, está hasta ahora sirviendo Cristo. Pues como Noé dio por siervos de dos de sus hijos a la descendencia del tercero, ahora vino Cristo para el restablecimiento (ἀποκατάστασις) de ambos..." (D 134, 3-4). Este servicio de Cristo se pone enseguida en relación con la cruz: "también Cristo sirvió con servicio hasta la cruz por los hombres de todo linaje, variados y multiformes, ganándoselos por su sangre y por el misterio de la cruz" (D 134, 5).

[172] La palabra ἀποκατάστασις indica así algo más que una simple vuelta a un estado inicial: apunta a la plenitud escatológica. Cf. P. SINISCALCO, "᾽Αποκατάσ-τασις e ἀποκαθίστημι nella tradizione della grande Chiesa fino a Ireneo", *StPatr* 3 (ed. F.L. CROSS) (TU 78; Berlin 1961) 380-396.

[173] Cf. ORBE, *Los primeros herejes* (215).

[174] Justino conoce el signo de la extensión de los brazos, según Is 65, 2: "extendí mis brazos a un pueblo desobediente..." El mártir lo refiere a la cruz (cf. D 97, 2; D 114, 2). Indica para él el ofrecimiento de la salvación a los judíos, que la rechazan" (I 38, 1); pero se asocia también al llamamiento de los gentiles, según el versículo anterior (Is 65, 1: "aquí estoy, para gente que no invocaba mi nombre"): cf. D 119, 4; I 49, 1-2.

[175] Cf. ORBE, *Los primeros herejes* (161-212).

de partir de la cruz para explicarlo todo, acababan sirviéndose de ella para su propia visión del mundo.

Justino esquiva este peligro porque su punto de partida es siempre la cruz del Gólgota. Desde aquí se puede comprender la realidad creada, pero no al revés. Esto queda claro si consideramos el siguiente pasaje de la Apología. El mártir, al acabar de exponer las similitudes entre los filósofos (especialmente Platón) y la doctrina cristiana, termina diciendo:

> Ahora bien, entre nosotros todo eso puede oírse y aprenderse aun de quienes ignoran las formas de las letras, gentes ignorantes y bárbaras de lengua, pero sabias (σοφῶν) y fieles de inteligencia, y hasta de mutilados y privados de vista; de donde cabe entender que no sucede esto por humana sabiduría, sino que se dice por virtud de Dios (οὐ σοφίᾳ ἀνθρωπείᾳ [...] ἀλλὰ δυνάμει θεοῦ) (I 60, 11).

Se inspira Justino en 1 Co 2, 4: la predicación del Apóstol no consistió en palabras de sabiduría, sino en demostración de espíritu y fuerza (οὐκ ἐν πειθοῖς σοφίας λόγοις, ἀλλ' ἐν ἀποδείξει πνεύματος καὶ δυνάμεως). De esta forma se opone la sabiduría humana (piensa Justino en los razonamientos de los filósofos) a otra superior, que es fuerza de Dios.

Los cristianos no parten de perspectivas terrenas, sino que extraen su sabiduría de otro lugar. ¿De dónde? Ya hemos visto que para el mártir la sabiduría escondida de Dios se contiene en las profecías; y que el mayor misterio de la Escritura, nunca entrevisto por el diablo, es la cruz[176]. Establecíamos una relación con 1 Co 2, 7: en el Crucificado está la gran sabiduría del Hacedor del mundo.

Si consideramos ahora que Justino acaba de hablar de la χ que Platón vio en el Universo, y que discurre con el mismo trasfondo paulino, podemos interpretar nuestro pasaje. La sabiduría de los cristianos se apoya en la cruz del Calvario, la que escapó a Platón, la que descubren quienes han aprendido a leer a Moisés. El cristiano es capaz de conocerlo todo, y con luz nueva, porque tiene la clave adecuada que faltó a los mejores filósofos: la cruz de Cristo en el Gólgota. A partir de ella se puede interpretar el verdadero fundamento de la creación; a partir de ella, el verdadero secreto de la constitución del hombre.

"No sucede esto por humana sabiduría, sino que se dice por virtud de Dios" (I 60, 11). Al inicio de la Apología (I 13, 3) hablaba Justino de la locura de la cruz. Parece cerrar aquí una larga inclusión, siempre siguiendo a Pablo en su primera carta a los corintios.

Desde este punto de vista toda la Apología se puede leer como una reflexión sobre la sabiduría de la cruz. Afirmar que un crucificado es el

---

[176] Cf. *supra*, página 389.

hijo de Dios parece locura, pero es gran misterio (I 13, 3). La muerte en cruz, lejos de ser ignominiosa, es la más grande (I 22, 3-4). La larga prueba profética (I 30-53) invita a dar fe a esta doctrina (I 53, 2). ¿Por qué es este suplicio superior? Porque muestra que Jesús es el Logos de Dios, que adopta precisamente esta forma en el Universo. Es así misterio en grado sumo: revelación visible del mismo Padre por su Logos, cumplimiento de sus designios salvadores en Él (I 55, 2). De esta forma la sabiduría de la cruz es superior a la sabiduría humana sin estar en contradicción con ella: los cristianos, iluminados con la cruz de Jesús, son capaces de escrutar los orígenes del universo y de juzgar sobre lo aprendido, imperfectamente, por los filósofos (I 60).

Síntesis: Justino y la sabiduría de la cruz

Justino ha reelaborado, pues, la reflexión de San Pablo sobre el misterio de la cruz, necedad para los gentiles, sabiduría escondida del Padre. ¿Cómo juzgar su interpretación? Hay en Justino un doble movimiento: a) se parte de la cruz del Calvario y a su luz se interpretan el mundo y el hombre; b) esto permite a su vez darse cuenta de que toda la historia apunta hacia el Crucificado.

a) De la cruz del Calvario a la cruz cósmica

Al hablar de la cruz cósmica, ¿traicionó Justino las ideas más queridas al Apóstol, aguándolas en la filosofía del tiempo? Para responder notemos que el punto de partida de Justino es siempre lo acaecido en el Gólgota; nunca los esquemas del mártir hacen vana la cruz que se izó en el Calvario.

La teología de la cruz cósmica aparece como un desarrollo que es homogéneo con su punto de partida, la fe en el Crucificado. No estamos ante la triste suerte de un ajusticiado más. Justino contempla en la crucifixión de Jesús un hecho de significado universal, que toca al mundo y al hombre en sus mismos cimientos. Ha sucedido aquí algo que cambia la relación entre Dios y las cosas. Por la cruz se une el hombre plenamente con el Padre; por ella las razas humanas se acomunarán en amistad y convivencia en una creación renovada.

Se da entonces un proceso análogo al que ocurrió con las fórmulas de preexistencia[177]. Se trata de expresar la importancia decisiva para el cosmos y el hombre de la cruz de Cristo. Y sólo si la cruz estaba ya desde el principio puede tener ahora, en el centro de la historia, tamaña importancia; sólo si regía ya desde siempre los destinos del mundo, puede constituirse luego en timón que los enderece y consume.

---

[177] Cf. cap. III, p. 113.

O lo que es lo mismo: el alcance salvífico que tiene la cruz sólo se explica si quien muere en ella es el mismo Logos de Dios, aquel que tiene en su mano la suerte del mundo y la vocación del hombre. Para expresar esta percepción de fe se toman los elementos de un diálogo ya iniciado entre el judaísmo y la cultura griega. Y se dice: la cruz no es improvisación de última hora en los planes divinos. Estaba ya en la constitución del Universo y acompañó desde sus primeros pasos la peregrinación de Israel.

Mirando al Crucificado se puede entonces comprender el principio y fin de todas las cosas. Se obtiene la clave para juzgar los esfuerzos de los filósofos, valorando cuanto de bueno lograron vislumbrar.

b) Todo apunta hacia la cruz del Calvario

Una vez que la cruz del Gólgota da la clave para entender al mundo y al hombre, es posible trazar el camino inverso: ver cómo todo, en el plan divino, apunta hacia la cruz. Esta perspectiva descubre un aspecto notable de la lectura que Justino hace de Pablo. La sabiduría de la cruz no es ruptura absoluta con la filosofía y cultura helenísticas. En efecto, por estar inscrita en la creación la cruz dejó percibir, ya a los antiguos, su fuerza salvífica. Así es capaz el mártir de integrar en su visión el conocimiento alcanzado por los filósofos.

Justino puede entonces afirmar la continuidad de la cruz con la creación y la historia. La cruz que sostiene el Cosmos, la que está inscrita en el cuerpo humano, la que acompaña la *historia salutis*, preparan la que se alzará en el Gólgota. Desde los inicios procuraba la cruz cósmica a los hombres unidad y cohesión. Pues bien, se trataba entonces de una anticipación y bosquejo de la plena comunión alcanzada por Cristo en la cruz.

No ve Justino ruptura entre preexistencia, Encarnación y cruz: (1) el Logos creador tiene en el Universo disposición cruciforme; (2) poder adquirir esta misma figura constituye la dignidad característica del cuerpo humano, que el Hijo tomará de María; (3) ésta será la forma adoptada por Cristo en el momento de su muerte. Preexistencia y Encarnación apuntan, pues, al madero del Gólgota: se da allí el misterio divino en lo humano y lo humano llevado a perfección.

Ya consideramos esto desde otro punto de vista, al tratar de la Pasión: por ser el mismo Hijo de Dios preexistente, Jesús es idóneo desde su nacimiento de María para cumplir los designios divinos. Los llevará a cabo plenamente en sus últimas horas, acogiendo en obediencia el plan del Padre. Realiza así la vocación de hijo de Dios a que el hombre había sido llamado desde el origen. Plenitud humana y plenitud filial coinciden en su entrega.

Ahora esto se confirma también en su manifestación visible, en la figura exterior tomada por Cristo, como un universal abrazo que tiene unidos cielo y tierra. Así queda de relieve que la entrega de Jesús al Padre no es mera actitud interna, sino disposición plasmada en la misma carne, inscrita en la historia y el mundo. En la cruz del Gólgota se da, por tanto, a la vista de todos, la realización cabal de aquello que comenzó en Nazaret y hundía sus raíces en el misterio del Hijo de Dios preexistente: a un tiempo *ecce homo* y *ecce filius dei*.

Podemos, pues, decir que toda la historia, desde la creación del mundo, apuntaba no solo al Logos encarnado, sino, más precisamente, al Logos crucificado.

La expresión puede despertar recelos. Si la cruz está presente desde la misma creación, ¿es que el mal y el pecado que en ella se cancelan fueron proyectados por el Padre en su designio originario? Para responder hemos de notar que la presentación de Justino está dejando de lado la relación de la cruz con el pecado. El mártir mira al Calvario según sus efectos positivos: es la plenitud del designio de Dios sobre el mundo, máxima cota de la obediencia filial al Padre en la historia, cuyo fruto es la unidad de todos los hombres[178].

De momento podemos concluir. La teología del Logos y las fórmulas que hablan de la redención por la cruz no pueden separarse en Justino. Resaltar la unión entre ambas es el interés principal del santo en toda la Apología. Pues es precisamente aquí donde se sitúa el misterio contenido en la cruz: quien pende de ella es el Logos santo de Dios, a quien los cristianos dan el segundo puesto después del Padre. Vista así, la cruz permite comprender la constitución del mundo e ilumina lo más propio del hombre. Entonces se percibe que todo el plan de Dios apuntaba hacia ella. La locura está en aceptar que esto se encuentre en un crucificado; la sabiduría, en la comprensión total que se dona a quien le presta fe.

2.2. La cruz, entre maldición y bendición

Lo dicho hasta ahora, ya lo hemos notado, ha dejado en la sombra un aspecto importante: la relación de la cruz con el pecado del hombre. Olvidarlo sería dar una impresión demasiado pacífica del Calvario. No estamos ante la simple culminación rectilínea de un designio divino; a la cruz toca también enderezar los renglones del Creador, torcidos por instigación del diablo. Y no lo olvida el mártir: se pondrá de relieve en su discusión con Trifón.

---

[178] El aspecto que se deja de lado se abordará más claramente en el Diálogo con Trifón, como veremos enseguida, apdo. 2.2.

Nos acercamos a una sección del Diálogo importante: en ella empieza a tratar Justino *in recto* de la cruz. Los números que nos interesan (D 89-96) están bien delimitados: siguen al comentario del Bautismo (D 87-88) y preceden a la exégesis del Sal 21 (D 98ss).

¿Cuál es la preocupación principal que guía al mártir en esta sección? Atendamos a los primeros compases del debate (D 89, 1). La iniciativa parece tomarla el judío. Es él, en efecto, quien aporta la escritura que estructurará las páginas que siguen. Se trata de Dt 21, 23: "Maldito el que cuelga del madero"[179].

El texto constituye, para los fines de Trifón, un argumento de peso. Pues si está dispuesto a aceptar que el Mesías deba padecer[180], a sus ojos defiende Justino algo más grave: Cristo ha muerto en forma maldita por la Ley, reservada a los inicuos[181]. Es el suplicio concreto que sufrió, la cruz, el que causa escándalo, ya que contradice las más sagradas convicciones de Trifón, recogidas en la disposición mosaica. Quien muere crucificado no puede ser sino "enemigo de Dios" (cf. D 93, 4).

Si vamos ahora al final de la sección, resulta que Justino vuelve sobre la maldición de la cruz (Dt 21, 23), interpretándola según el comentario de Pablo en Ga 3, 10-14[182]:

En realidad, todo el género humano se verá que está bajo maldición. Según la ley de Moisés, maldito se llama a todo el que no persevere en el cumplimiento

---

[179] Así lo leen Justino y Ga 10, 13; los LXX y el TM: "Maldito *de Dios* el que cuelga del madero".

[180] La idea se introduce tarde en el judaísmo, sólo después de la segunda guerra (135 d.C.). S. HEID, "Frühjüdische Messianologie in Justins *Dialog*", *JBTh* 8 (1993) 219-238 (225-227), piensa que proviene de un contacto con los cristianos.

[181] Cf. D 89, 2: "De lo que dudamos es de que el Cristo hubiera de morir tan ignominiosamente (ἄτιμως), pues en la ley se dice que es maldito el que muere crucificado (Dt 21, 23). De suerte que, de momento, me es muy difícil persuadirme de ello. Que las Escrituras han anunciado un Cristo pasible, es evidente; lo que yo quiero saber, si tienes sobre ello algo que demostrar, es que hubiera de sufrir un suplicio que está maldecido en la Ley". Cf. ya antes, D 32, 1: allí se dice que se trata de la última maldición (ἡ ἐσχατη κατάρα) contenida en la Ley; cf. W.C. VAN UNNIK, "Der Fluch der Gekreuzigten. Deuteronomium 21, 23 in der Deutung Justinus des Märtyrers", *Theologia crucis - signum crucis*. Fs. E. Dinkler (ed. C. ANDRESEN - G. KLEIN) (Tübingen 1979) 483-499 (486): es la última porque ligada a la muerte, sin posible vuelta atrás.

[182] Ga 3, 10-14: "Porque todos los que viven de las obras de la Ley incurren en maldición. Pues dice la Escritura: Maldito todo el que no se mantenga en la práctica de todos los preceptos escritos en el libro de la Ley (Dt 27, 26). Y que la Ley no justifica a nadie ante Dios es cosa evidente, pues el justo vivirá por la fe; pero la Ley no procede de la fe, sino que quien practique sus preceptos vivirá por ellos. Cristo nos rescató de la maldición de la ley, haciéndose él mismo maldición por nosotros, pues dice la Escritura: Maldito todo el que está colgado de un madero (Dt 21, 23), a fin de que llegara a los gentiles, en Cristo Jesús, la bendición de Abraham, y por la fe recibiéramos el Espíritu de la promesa".

de lo que está escrito en la Ley (Dt 27, 26); y que nadie la cumplió exactamente, ni vosotros mismos os atrevéis a contradecirlo [...]. Ahora bien, si fue voluntad del Padre de todo que su Cristo, por los hombres de todas las razas, cargara con las maldiciones de todos, sabiendo que le había de resucitar... (D 95, 1-2).

Es la primera vez que reaparece en la tradición este argumento paulino[183], de importancia para la soteriología[184]. La conexión entre Justino y Pablo en este punto es clara[185]. Pero, ¿tienen estas líneas peso específico en el pensamiento del mártir? ¿O más bien resume Justino de pasada al Apóstol, sin asimilarlo, incluyéndolo en una colección de argumentos de distinta procedencia?[186] La respuesta es importante para interpretar la soteriología del santo, acusada de no tener bastante en cuenta el valor redentor de la cruz[187].

Hay una manera de pronunciarse: considerar el contexto amplio (toda la sección sobre la cruz que va de D 89 a D 96) y ver si el argumento paulino, formulado en D 95, 1-2, encaja bien en él. En la medida en que esto sea así se podrá decir que Justino ha asimilado el pensamiento del Apóstol.

La cosa no es fácil de decidir. Por una parte tal hilazón entre D 95, 1-2 y el contexto parece darse. La pregunta de Trifón al inicio de esta parte del Diálogo (D 89, 1) se corresponde bien con la respuesta final de Justino (en

---

[183] El primer tomo de la *Biblia Patristica* no recoge ninguna otra referencia a Ga 3, 10 que la de Justino. Otra cosa son las alusiones a Dt 21, 23: cf., entre otros, PSEUDO BERNABÉ, *Epistola* 7, 6b (SC 172, 132); 7, 9a (SC 172, 134). En Tertuliano encontramos ecos paulinos, precisamente en una obra que sabemos influida por el Diálogo con Trifón. Cf. TERTULIANO, *Adv. Marc.* V, III, 10-11 (CCL 1, 670): "Cur autem non magis competat creatori filium suum dedisse maledictioni suae quam illi deo tuo subdidisse maledictioni, et quidem pro homine alieno?" Se supone implícitamente que Dios entrega a su Hijo a la maldición, a favor del hombre.

[184] El pasaje es cercano a 2 Co 5, 21: "al que no conocía pecado, Dios lo hizo pecado". En ambos se expresa lo que luego habría de llamarse sustitución vicaria de Cristo por los pecadores.

[185] Cf. MARIN, "Note" (74-75); cf. G. OTRANTO, "Note su Paolo nel *Dialogo con Trifone* di Giustino", *Atti del VII simposio di Tarso su S. Paolo Apostolo* (ed. L. PADOVESE) (Roma 2002) 131-147.

[186] SKARSAUNE, *The Proof* (216-220) analiza la recepción del argumento paulino en el Diálogo. Opina que el santo le da mucho valor; pero dice también que lo mantiene aislado, yuxtapuesto a otros modos de resolver el problema planteado por Dt 21, 23. Pues según él hay dos tradiciones detrás del texto de Justino. La primera, no paulina, explica Dt 21, 23 diciendo que no existe maldición sobre el Crucificado: se trata sólo de una maldición aparente. La segunda, paulina, defiende que Cristo cargó realmente con la maldición. El análisis de Skarsaune, por otra parte valioso, descuida un tanto lo que mostraremos: la unidad de toda la sección que precede a D 95, 1-2. Estas dos tradiciones resultan estar mucho más unidas en el mismo Justino de lo que supone Skarsaune.

[187] Cf. *supra*, página 325, y especialmente las notas 3 y 4 de este capítulo.

D 95, 1-2). Además, Dt 21, 23 reaparece constantemente en el curso de estas páginas[188]. Por otro lado, sin embargo, un vistazo a los asuntos que trata Justino en la sección no desvela excesiva coherencia:

- Justino cita Is 53, poema del siervo (D 89, 3).
- Trae luego algunas imágenes de la cruz: Moisés en lucha con Amalek, los cuernos del unicornio, la serpiente de bronce en el desierto (D 90 - 91).
- Sigue una discusión en torno a la Ley de Moisés y se presenta el doble precepto del amor (D 92 – D 93).
- De nuevo, se trata de la serpiente en el desierto (D 94).

¿Podemos encontrar el hilo conductor de estas páginas? ¿Guardan relación con la profecía de Dt 21, 23, que aparece al inicio y final de las mismas?

Is 53: contado entre los "sin ley"

Tomemos las primeras frases que pronuncia el mártir. Ya dijimos que Trifón, tras largo debate, había resultado convencido: Cristo, según las Escrituras, debía padecer (D 89, 2). Pero el judío no se aviene en ningún modo a admitir que hubiera de morir en cruz (D 89, 2). En respuesta quiere el mártir probar la crucifixión. ¿Lo logran los textos que encadena?

> Si Cristo – le respondí yo – no hubiera de sufrir; si los profetas no hubiesen predicho que por las iniquidades de su pueblo había de ser conducido a la muerte (ἀπὸ τῶν ἀνομιῶν τοῦ λαοῦ) (Is 53, 8), ser deshonrado (ἀτιμω-θήσεται) (Is 53, 3) y azotado y contado entre los "sin ley" (ἐν τοῖς ἀνόμοις) (Is 53, 12) y llevado como oveja al matadero (Is 53, 7) – Él, cuyo linaje dijo el profeta que nadie hay capaz de explicar – habría motivo de mara-villarse. Mas si esto es lo que le distingue y señala a todo el mundo, ¿cómo no habíamos nosotros también de creer en Él con toda seguridad? Cuantos entien-den las palabras de los profetas, con sólo oír que fue crucificado, éste dirán y no otro que es el Cristo (D 89, 3).

Justino se apoya en Is 53. Aunque es profecía muy apta para probar el padecimiento de Cristo, no parece demostrar que hubiera de morir en cruz. Y es esto último lo que ha solicitado Trifón. ¿Hay incoherencia en el mártir?

No, a una lectura reposada. Los versos seleccionados de Is 53 (Is 53, 3.8.12) resultan reflejar la pregunta del judío. Le escandalizaba a éste la muerte ignominiosa (cf. D 89, 2: ἀτίμως) de Jesús, es decir, una muerte maldita por la Ley (cf. D 89, 2: διὰ τοῦ ἐν τῷ νόμῳ κεκατηραμένου πάθους). Justino aporta pruebas de que el Cristo ha de someterse a la

---

[188] Como bien ha visto SKARSAUNE, *The Proof* (216), la palabra maldición (κατάρα) da unidad a toda la sección.

ignominia (ἀτιμωθήσεται) y morir fuera de la Ley (ἐν τοῖς ἀνόμοις) por las faltas del pueblo contra la Ley (ἀπὸ τῶν ἀνομιῶν τοῦ λαοῦ).

Todo esto nos indica que el mártir está leyendo el Canto del Siervo de Is 53 a la luz de Dt 21, 23 ("maldito el que cuelga del madero")[189]. Al predecir Isaías que Jesús moriría ἐν τοῖς ἀνόμοις (entre los "sin ley"), hacía referencia implícita, según el mártir, a la maldición del Deuteronomio: Jesús había de morir en cruz, la muerte maldita por la Ley.

Tanto más que la exégesis de Justino a Is 53, tal como la testimonia un lugar de la Apología (I 50), se fija especialmente en el verso: "entregaron su alma a la muerte y fue contado entre los inicuos (μέτα τῶν ἀνόμων)" (Is 53, 12)[190]. Tras citar el versículo aislado, añade el mártir Is 52, 13 – 53, 8. He aquí su comentario:

> Ahora bien, después de ser crucificado, hasta sus discípulos todos le abandonaron y negaron (ἀρνησάμενοι); pero luego, cuando hubo resucitado de entre los muertos y fue por ellos visto [...] se esparcieron [...] nos enseñaron estas cosas y fueron llamados apóstoles (I 50, 12).

Se pueden identificar los elementos del cántico a que se refiere Justino en este párrafo[191]. ¿Qué versículos profetizaban la negación y huida de los Apóstoles? Tienen que ser estos: "Él fue llagado por causa de nuestras iniquidades y fue debilitado por causa de nuestros pecados [...] Todos anduvimos errantes como ovejas; cada uno erró por su camino..."[192]

Resulta entonces que los pecados con que Jesús carga son precisamente los de sus conocidos (οἱ γνώριμοι - ἀπόστολοι προσηγορεύθησαν)[193]. En este caso son ellos los inicuos por los que da su vida Jesús.

---

[189] Además, la profecía del cordero pascual señala también a la cruz, según D 40, 3: "el cordero se asa colocándole en forma de cruz". La relación, en este pasaje, de Is 53 con la cruz, ha sido entrevista por D.J. BINGHAM, "Justin and Isaiah 53", *VigChr* 54 (2000) 248-261 (251): "the cross, though not explicit in Isaiah 53, is inherently there by means of the theme of shameful, innocent suffering". La cosa pasó por alto a VAN UNNIK, "Der Fluch" (489): "wieder lenkt er [Justin] auf die Linie des Leidens zurück mit dem Verweis auf Jes 53 [...] Damit hat er seine frühere Aussagen wiederholt, aber nicht "bewiesen", daß Jesus, obwohl er am Kreuz gestorben und deswegen mit dem Fluch belastet ist, doch der Messias ist".

[190] La forma de citar aquí el canto del Siervo es interesante: Justino trae primero Is 53, 12 e introduce luego Is 52, 13 - 53, 12 en dos partes: Is 52, 13 - 53, 8 (I 50, 1-11) e Is 53, 8b-53, 12 (I 51, 1-5): cf. FÉDOU, "La vision", (50-51): "Verset capital [Is 53, 12] qui, mis en valeur par Justin, oriente vers une certaine intelligence du texte biblique".

[191] Por ejemplo, cuando el profeta dice: "¿Señor, quién escuchó nuestra voz?", habla de la predicación apostólica: cf. la exégesis a Is 53, 1-2 en D 42, 2-3.

[192] Si tenemos en cuenta Zac 13, 7 (se dispersarán las ovejas), aplicado a los Apóstoles en D 53, 6, Justino podría referir también a ellos Is 53, 6 (I 50, 10): πάντες ὡς πρόβατα ἐπλανήθημεν.

[193] Cf. FÉDOU, "La vision" (51). Opina lo contrario BINGHAM, "Justin" (260, nota 33), quien no ve relación entre el párrafo que hemos citado (I 50, 12) y el poema del siervo.

Nótese cómo para Justino no sólo Pedro, todos los Apóstoles negaron al Señor[194]. Además, al presentar la Pasión en otros lugares, insiste en la infidelidad de los suyos: le abandonaron[195]. No es que el mártir piense sólo en ellos; cargando la mano sobre los seguidores más íntimos de Jesús se aclara *a fortiori* que no hay ningún hombre justo, nadie que pudiese prestarle auxilio[196].

Así, recogiendo Is 53 al inicio de las páginas dedicadas a la cruz, adelanta Justino el razonamiento de Ga 3, 14-15, que aparecerá en D 95, 1-2: Jesús muere fuera de la Ley por los que viven fuera de la Ley. Es decir, por todos los hombres, pues hasta sus conocidos más cercanos se dieron a la huida. Se da así la vuelta al argumento de Trifón. Decir que Jesús murió como un maldito, lejos de descalificarle, es la prueba más fehaciente de su mesianismo.

La cruz, salvación y condena

Continuemos el análisis de la sección. Justino presenta ahora profecías más claras de la cruz:

+ la victoria de Israel sobre Amalek: los brazos abiertos de Moisés, figura de la cruz (Ex 17, 10-12) (D 90, 4-5; D 91, 3)[197].

+ la bendición de José, en que se habla de la fuerza del toro y de los cuernos del unicornio: ambos se refieren a la cruz (Dt 33, 13-17) (D 91, 1-2)[198].

+ la serpiente de bronce elevada en el desierto (Nm 21, 6-9) (D 91, 3)[199].

Sin embargo, hay indicios claros de que esta relación existe, como estamos mostrando; cf. la nota 191 de este capítulo.

[194] Compárese I 50, 12 (ἀρνησάμενοι), con Lc 22, 57; Jn 18, 25.27.

[195] Por ejemplo, cuando comenta Sal 21, 12: "no hay quien me ayude (ὁ βοηθῶν μοι)". Cf. D 103, 2: "Y lo que dijo, no hay quien me ayude, mostraba también lo que ocurrió. Pues ninguno, ni un solo hombre, apareció para ayudarle, como a hombre sin pecado..." El texto puede leerse en general de todos los hombres: ninguno ayudó al único justo. Pero el santo acaba de comentar el prendimiento en el Huerto de los Olivos, siguiendo Sal 21, 13-15 (D 103, 2). Nótese además que la colocación de Sal 21, 12 en este punto es intencionada: Justino ha tenido que cambiar el orden de exposición para situar aquí este versículo. Son indicios de que está pensando particularmente en la deserción de los discípulos, que recogen también los evangelistas (Mt 26, 56b; Mc 14, 50-52).

[196] Con esto reproduce Justino lo que fue la experiencia de la comunidad primitiva ante el Resucitado. Se planteaba el problema del perdón por parte de Cristo, a quien los suyos habían abandonado. Nacía a partir de aquí una reflexión sobre la muerte expiatoria de Jesús: cf. HENGEL, "Der stellvertretende Sühnetod".

[197] Cf. G. OTRANTO, "La tipologia di Giosué nel *Dialogo con Trifone ebreo* di Giustino", *Aug* 15 (1975) 29-48.

[198] Cf. REIJNERS, *The Terminology* (99-102).

¿Hay algo que agrupe estas imágenes? Todas presentan la cruz como signo para salvación o perdición. En efecto, en la bendición de José se dice que Cristo corneará a las naciones (D 91, 3). Justino aplica estas palabras a la cruz, dándoles un doble sentido. Golpeado por la cruz se moverá el hombre a conversión y penitencia; pero también, para los que no creen, el golpe será caída y perdición. Es la misma cruz (τὸ αὐτὸ σχῆμα, como recalca Justino en D 91, 3) la que se alza para redención o condena.

La misma característica se observa en el signo de Moisés contra Amalek. Lo que para unos era victoria suponía la aniquilación de los otros: Amalek era derrotado, Israel vencía (D 91, 3: ὁ Ἀμαλὴκ μὲν ἡττᾶτο, Ἰσραὴλ δὲ ἐνίκα). También la elevación de la serpiente en el desierto presenta esta particularidad. En Nm 21, 6-9 Dios manda a Moisés hacer una serpiente de bronce y colocarla sobre una vara: Justino supone que Moisés clava la fiera en la cruz (cf. I 60, 3)[200]. El mismo signo que salva a quienes lo miran, supone la destrucción del diablo[201].

Justino pudo inspirarse en 1 Co 1, 18: la palabra de la cruz es necedad para los que se pierden, fuerza de Dios para los que se salvan[202]. El mártir ve la cruz como el momento en que se deciden salvación o condena definitivas[203]. ¿Está esto vinculado con la exégesis de Dt 21, 23? Sí, según una doble consideración:

+ Es verdad que no se habla aquí de la maldición del Crucificado, sino de su victoria. Pero a la vez se pone de relieve la derrota de la serpiente, maldita desde el principio. Justino está, pues, diciendo: hay una verdadera

---

[199] Cf. H. MANESCHG, *Die Erzählung von der ehernen Schlange (Num 21, 4-9) in der Auslegung der frühen jüdischen Literatur. Eine traditionsgeschichtliche Studie* (EHS.T 157; Frankfurt am Main - Bern 1981).

[200] Cf. D 94, 2; D 112, 1-2; D 131, 4. Un texto de Tertuliano comenta el pasaje en línea con Justino. Habla de mirar a la cruz y de la serpiente que pende de la cruz. Se trata de *Adv. Marc.* III, XVIII, 7 (SC 399, 164): "Idem rursus Moyses, post interdictam omnis rei similitudinem, cur aereum serpentem *ligno impositum* pendentis habitu in spectaculum salutare proposuit? An et hic dominicae crucis vim intentabat, qua serpens diabolus publicabatur, et laeso cuique a spiritalibus colubris, intuenti tamen et credenti in eam, sanitas morsuum peccatorum et salus exinde praedicabatur?"

[201] Cf. D 91, 4: θάνατος γενήσεσθαι [...] τῷ ὄφει, σωτηρίᾳ δὲ τοῖς καταδακνομένοις - cf. D 94, 2.

[202] En torno a este verso se pensó en la cruz como confín que separa a fieles de infieles; cf. CANTALAMESSA, *L'Omelia* (135s); cf. también D 100, 6.

[203] A este respecto se puede considerar I 35, 6: "A la verdad, David, rey y profeta, que esto dijo, nada de eso padeció, pero Jesucristo tendió sus manos al ser crucificado por los judíos que le contradecían y decían que no era el Mesías. Y, en efecto, como dijo el profeta, le llevaron arrastrando y, sentándole sobre una tribuna, le dijeron: Júzganos (κρῖνον ἡμῖν)". Hay quien ha visto aquí relación con el Evangelio de Pedro (cf. *Ev. Petr.* 7, SC 201, 44); tal vez Justino se inspirara en Jn 19, 13. Podría subyacer la idea de Cristo, juez durante la Pasión. Cf. PRIGENT, *Justin et l'Ancient Testament* (281-282).

maldición ligada a la cruz, pero no es la que los judíos piensan, sino la que toca al diablo[204]. En el Calvario esta maldición se hace eficaz[205]: la serpiente será muerta por Cristo, la gran espada (cf. D 91, 4).

+ Justino insistirá en que Cristo no puede ser *maldito*, porque es fuente de *salvación* (cf. D 94, 5; D 111, 2; D 112, 2). Hemos de ver que la salvación implica recibir los bienes antaño prometidos a los patriarcas, es decir: ser bendito con ellos[206]. Así se ve la fuerza del contraste: es absurdo llamar maldito a la fuente de las bendiciones[207].

Se amplían de este modo perspectivas en torno a Dt 21, 23. En la cruz llegan a su culmen bendición y maldición, dos opuestos que atraviesan la historia del hombre (cf. I 15, 9; D 123, 6; D 139, 1.3). Maldición para los que no aceptan al Crucificado; bendición para los creyentes en Él. Este mismo contraste entre maldición y bendición aparece también en Ga 3, 13-14.

Cómo alcanzar la justicia

La serpiente alzada por Moisés centra acto seguido la atención de Justino. El pasaje está relacionado por doble título con Dt 21, 23:

a) La Ley prohibía hacer imágenes, y sin embargo Dios manda a Moisés forjar una serpiente de bronce. Igual que no obró mal Moisés, por más que quebrantara la Ley, se puede decir que Cristo no es maldito de la Ley, por más que cuelgue del madero.

b) Se habla aquí de la serpiente, y se evoca por tanto su maldición en el Paraíso, anterior a la del Deuteronomio[208].

Ambos aspectos apuntan a lo mismo: la Ley mosaica no es el criterio último, pues el mismo Moisés la quebrantó. Mostraba así el Legislador una economía de más alcance: toda la historia de la salvación, que comienza con la serpiente maldita en el Edén. En virtud de esta disposición, y no de la particular de Moisés, hay que juzgar la figura de Cristo.

Como vemos, el debate se centra ahora en el valor de la Ley. Esto nos ayuda a interpretar los dos números siguientes del Diálogo (D 92-93), que interrumpen la discusión sobre la serpiente de bronce (ésta continuará en D 94). A primera vista estamos tentados de considerarlos mera digre-

---

[204] De ahí que la maldición que toca a Cristo sea llamada "aparente" en D 90, 3.

[205] Como los judíos harán eficaz su maldición contra los cristianos, matándoles (cf. D 96, 2).

[206] Cf. *infra*, cap. VII, apdo. 1.2, p. 443; apdo. 1.4, p. 452.

[207] Cf. D 123, 6, aplicado a la Iglesia, nuevo Israel: los judíos maldicen al pueblo bendito por Dios.

[208] Cf. D 91, 4: ὁπότε καὶ κατηρᾶσθαι αὐτόν.

sión[209]. En efecto, recoge Justino temas ya tratados en la primera parte de la obra (D 10-43, 2), cuando se discutió sobre el sábado, la circuncisión y los otros preceptos. El contexto nos muestra que no desentona encontrar aquí una repetición de la controversia acerca de la Ley.

Hay más: no se limita Justino a tornar sobre lo mismo: desarrolla nuevos aspectos que cuadran bien con el propósito de la sección. En efecto, la aparente vuelta a argumentos ya tratados es en realidad una preparación para el comentario de Dt 21, 23 (a la luz de Ga 3, 13-14) que seguirá (D 95, 1-2). Podemos afirmarlo porque encontramos muchos puntos de contacto entre estas páginas y el pensamiento de Pablo en Rm y Ga. Veamos a qué nos referimos:

+ En primer lugar critica Justino que los judíos pongan la Ley por encima de todo. Acude para sus reproches a personajes que fueron justos sin cumplirla: así Henoc y Noé. Lo que preocupa a Justino es, sobre todo, cómo agradaron a Dios estos hombres. Si Dios justificó a otros por la circuncisión y la Ley, no fue así con ellos:

> Henoc y Noé con sus hijos, y otros como ellos, si los hubo, agradaron a Dios (εὐηρέστησαν τῷ θεῷ) sin estar circuncidados ni observar los sábados [...] Dios justificó (διακιοῦσθαι) por la circuncisión a los que vivieron desde Abraham hasta Moisés... (D 92, 2).

El problema de la justificación, de cómo es posible al hombre agradar a Dios, será clave en estas páginas, igual que en San Pablo (cf. Rm 1, 17; Rm 3, 21ss; Ga 2, 16-17).

+ Líneas después añade Justino:

> Pues tampoco Abraham fue testimoniado por Dios como justo por la circunci-sión (οὐδὲ γὰρ ᾿Αβραὰμ διὰ τὴν περιτομὴν δίκαιος εἶναι ὑπὸ τοῦ θεοῦ ἐμαρτυρήθη), sino a través de la fe (διὰ τὴν πίστιν). Pues antes de circuncidarse se dice de Él: "Creyó Abraham a Dios y le fue contado como justicia" (D 92, 3).

Resulta que se introduce ahora la figura de Abraham, justificado por la fe, y no por la circuncisión. Son ideas que aparecen, de nuevo, en los pasajes paulinos de nuestro interés (cf. Ga 3, 6; Rm 4).

+ Veamos ahora cómo, de la misma forma que Pablo (Ga 3, 6-9), Justino pasa de Abraham a los cristianos. Ellos son también testimoniados (μεμαρτυρήμεθα) como justos y agradables a Dios (δίκαιοι καὶ εὐάρεστοι τῷ θεῷ):

---

[209] Así SKARSAUNE, *The Proof* (216); quien, de resultas, pasa por alto el pasaje en su análisis. Mejor, como mostraremos, VAN UNNIK, "Der Fluch", (497): "das große Zwischenstück in c. 91-92 [ist keine] Abschweifung, sondern ein notwendiges Glied in der Argumentation".

También nosotros, pues, que creemos en Dios por medio de Cristo en el prepucio de nuestra carne, y poseemos una circuncisión que aprovecha (περιτομὴν ἔχοντες τὴν ὠφελοῦσαν) (cf. Rm 2, 25; Rm 3, 1) a quienes la llevamos, es decir, la del corazón (cf. Rm 2, 29), esperamos aparecer justos y gratos a Dios (δίκαιοι καὶ εὐάρεστοι τῷ θεῷ), pues ya hemos recibido el testimonio suyo (μεμαρτυρήμεθα) por boca de sus profetas (D 92, 4).

+ Demos ahora un paso importante. Ha planteado Justino el problema de la justificación: ¿cómo agrada el hombre a Dios? De Noé y Henoc ha pasado a Abraham, justificado por la fe; y luego a los cristianos, que esperan ser justos y gratos a Dios. Pues bien, poco después añadirá:

> para que os salvéis con Cristo, que agradó a Dios y fue testimoniado (ὅπως σωθῆτε μετὰ τοῦ Χριστοῦ, τοῦ εὐαρεστοῦντος τῷ θεῷ καὶ μεμαρτυρημένου), como ya dije, llevando a cabo mi demostración por las palabras de los santos profetas (D 92, 6).

Hemos estudiado ya cómo usa Justino de la expresión "ser testimoniado"[210]. Punto de partida es el testimonio de Dios a Abraham, recogido en la Escritura: "le fue reputado como justicia" (cf. Gn 15, 6; Rm 4, 3; Ga 3, 6). Se trata de la justicia que se alcanza por la fe, y no por la circuncisión. Lo mismo se dice de los cristianos, que han recibido el testimonio de Dios (cf. D 29, 1; D 92, 4; D 110, 6). Ahora se afirma que Cristo es testimoniado en los profetas como hombre grato a Dios. Se refiere el mártir a Is 57, 1:

> Nosotros recibimos de Dios testimonio de que se nos quita de en medio con el más justo y el único sin defecto ni pecado (σὺν τῷ δικαιοτάτῳ καὶ μόνῳ ἀσπίλῳ καὶ ἀναμαρτήτῳ): *mirad cómo ha perecido el justo* [...] *y hombres justos son quitados de en medio* (D 110, 6).

Esto nos invita a considerar la relación, en torno a la justicia y al testimonio divino, entre Abraham, los cristianos y Cristo. Los hombres se salvan con Cristo (ὅπως σωθῆτε μετὰ τοῦ Χριστοῦ)[211]. Por Él, único justo sin pecado, son testimoniados como justos, igual que Abraham[212]. Es clara la perspectiva paulina que adopta nuestro mártir.

+ Justino empieza entonces a hablar de la plenitud de la justicia, justicia universal anterior a la Ley, válida para todos, aun paganos:

---

[210] Cf. *supra*, cap. V, apdo. 3.2, p. 291.

[211] Marcovich (230) cambia: "para que os salvéis, <y estéis> con Cristo" (<καὶ ἦτε> μετὰ τοῦ Χριστοῦ); como única justificación señala (14): "Obviously the sentence is lacunose". El texto hay que mantenerlo, como hace Otto. A la luz de D 73, 2 y D 101, 1 no hay dificultad en afirmar que Cristo fue salvado. El mártir relaciona la salvación de Cristo con la del cristiano.

[212] Cristo es el Justo: cf. D 16, 4; D 119, 3; los cristianos reciben de Cristo la justicia: cf. D 110, 3; D 136, 2.

Pues [Dios] procura a todo el género humano lo que siempre y en absoluto es justo y toda la justicia (τὰ ἀεὶ δίκαια καὶ πᾶσαν δικαιοσύνην); y así todo el mundo reconoce que son malos el adulterio, la fornicación y el asesinato y cosas semejantes, y aun cuando todos cometan esos crímenes; pero, por lo menos, cuando los están cometiendo, no pueden menos de reconocer que están haciendo una iniquidad [...] La prueba está en que aun esos mismos no quieren sufrir lo mismo que ellos hacen a los demás y, con conciencias enfrentadas (ἐν συνειδήσεσιν ἐχθραῖς), se reprochan unos a otros lo mismo que cada uno hace (D 93, 1-2).

Este pasaje encuentra su lugar a la luz del desarrollo de Rm 1-2, donde Pablo habla de los paganos: estos, aun viviendo sin la Ley de Moisés, llevan inscrita la Ley en su corazón[213]. Al tratar la maldición de la serpiente, Justino ya había ampliado perspectivas, pasando de la Ley de Moisés a una ley universal de justicia que alcanza a todo el género humano. Justino apunta aquí a una afirmación posterior, con la que explicará Dt 21, 23: todo hombre ha pecado, el judío como el gentil (cf. D 95, 1-2).

+ De esto toma pie el mártir para hablar del precepto de la caridad, en que se resume toda justicia. Justo es aquel que ama a Dios y al prójimo[214]. Ahora bien, de trasfondo está el cumplimiento de toda la justicia por parte de Cristo. En efecto, por una parte alude el mártir a Mt 3, 15, palabras del Salvador al Bautista: "conviene que cumplamos toda justicia". Por otra, pone de relieve dos elementos: la piedad con Dios (D 93, 2) y el amor al hombre, "animal racional sujeto a las mismas pasiones (ὁμοιοπαθές)" (D 93, 3). Ambos títulos invitan a pensar en Jesús, especialmente en la hora de su pasión, tal como la narrará pronto Justino (D 98-106). Entonces Cristo se distingue, en efecto, por su piedad hacia el Padre (cf. D 98, 1)[215]; y por compartir los sufrimientos del hombre, ligados a la carne pasible que asumió[216].

---

[213] El hecho de que Justino use sólo en dos ocasiones la palabra συνείδησις, una de ellas en el párrafo citado (la otra en I 29, 3), hace pensar en una dependencia de Rm 2, 15: "como quienes muestran tener la realidad de esta Ley inscrita en su corazón, atestiguándolo su conciencia (συνείδησις)". Sobre todo, como estamos mostrando, en un contexto con claro influjo paulino. A esta luz parece difícil aceptar las conclusiones de MERLO, *Liberi* (202-207), quien se esfuerza por negar el alcance moral del término en D 93, 2. Basta leer el párrafo de Justino: las "conciencias enfrentadas" con que se acusan los hombres entre sí son precisamente la prueba de que todos son capaces de conocer la justicia.

[214] La referencia al amor, plenitud de la Ley, la trae Pablo en Ga 5, 14; Rm 13, 8-10.

[215] Cf. *supra*, a partir de la página 329.

[216] Cf. lo que dijimos sobre el término ὁμοιοπαθές en el capítulo dedicado a la Encarnación (cap. III, apdo. 2.2, p. 164). Indica la carne del hombre, en cuanto elemento pasible. Justino usa el término cuatro veces más; tres referidas a la Encarnación: I 10, 8; D 48, 3; D 57, 3. Sobre las pasiones de Jesús, cf. también *supra*, páginas 350ss.

Así, Justino está apuntando ahora a los últimos momentos de Jesús[217]. La cruz del Gólgota aparece como la suma justicia ante Dios y los hombres. De este modo el mártir coincide con un punto esencial del pensamiento de Pablo (cf. Rm 3, 26): la muerte de Cristo en cruz trae al hombre la posibilidad de participar en su justicia[218].

Podemos concluir que estos dos números del Diálogo (D 92-93) presentan un panorama concorde al desarrollo de San Pablo en Rm y Ga en torno a la Ley y la justificación. El hombre es justificado por la fe en Cristo: participa de su justicia, culminada en la cruz. El Crucificado se convierte así en transmisor de la bendición de Abraham al linaje de los hombres.

Justino comentará pronto Dt 21, 23 siguiendo Ga 3, 13-14. Antes de estudiar su exégesis resumamos lo que nos ha desvelado el análisis de toda la sección D 89-93:

(a) Interesa el problema de la justicia: ¿cómo puede el hombre agradar a Dios? Afirma el mártir que a todos es dado cumplir la Ley, pues todos pueden conocerla.

(b) Se presenta, por otro lado, a Cristo como el que ha llevado a cabo, en la cruz, la máxima justicia: amor a Dios y al prójimo. Para el hombre es posible alcanzar la justicia participando de la justicia de Cristo, el justo que agradó a Dios y fue por Él testimoniado.

(c) La cruz aparece así como el signo definitivo ante el que se decide bendición y maldición. En verdad malditos son quienes rechazan al Crucificado; benditos los que creen en Él.

Cristo cargó con las maldiciones de todos (Ga 3, 13-14)

Justino va a tratar ahora de lo que luego habría de llamarse sustitución vicaria; sigue el mártir a Pablo en Ga 3, 13-14. Tal perspectiva se presenta desde dos puntos de vista: el de Cristo, quien carga con las maldiciones de todos; el del Padre, cuyo querer gobierna la Pasión. Comencemos con el primero.

Vuelve Justino a la escena de la serpiente de bronce (D 94). Y con ella, a la maldición que pesa sobre Satanás desde los primeros días de la creación. Sus mordeduras son la idolatría, malas obras y acciones injustas (cf. D 94, 2). Al mencionarse a Adán en este contexto (cf. D 94, 2) se indica el

---

[217] Esta consideración cristológica falta al estudio de MERLO, *Liberi* (208-209) sobre el precepto de la caridad en Justino. Equivoca así este autor un punto decisivo del enfoque moral del santo.

[218] Cf. D 110, 3; cf. también D 135, 6. He aquí por qué la máxima injusticia es maldecir a Cristo, como hacen los judíos (D 93, 4). Que aparezca de nuevo la maldición (cf. D 93, 4: καταρωμένους - κατηραμένον ὡς ἐχθρὸν θεοῦ), confirma que seguimos tratando de Dt 21, 23.

amplio alcance de la apostasía diabólica (a todos los hombres). Y se prepara lo que sigue, al hilo del argumento de Pablo en Ga 3, 13-14:

En realidad, todo el género humano se verá que está bajo maldición. Según la ley de Moisés, maldito se llama a todo el que no persevere en el cumplimiento de lo que está escrito en la ley (Dt 27, 26); y que nadie la cumplió exactamente, ni vosotros mismos os atrevéis a contradecirlo. Unos guardaron más, otros menos, sus mandamientos. Pues si los que están bajo esta ley es patente que llevan una maldición, por no haberla guardado enteramente, ¿cuánto más no la llevarán todas las naciones entregadas a la idolatría, a la corrupción de los jóvenes y demás males que practican? (D 95, 1).

En las páginas anteriores se había afirmado que a todos era posible conocer la Ley. Ahora se añade: aun así, los hombres no la han cumplido. Pesa, pues, sobre la raza humana la maldición de la serpiente, inductora de toda injusticia[219]. No hay quien escape a ella, sea judío o gentil (cf. Rm 2, 9; Rm 3, 9). Explica a continuación Justino:

Ahora bien, si fue voluntad del Padre de todo que su propio Cristo, por los hombres de todas las razas (ὑπέρ τῶν ἐκ παντὸς γένους ἀνθρώπων), cargara con las maldiciones de todos, sabiendo que le había de resucitar después de crucificado y muerto, ¿por qué vosotros habláis como de un maldito de quien se sometió a padecer todo eso según el querer del Padre...? (D 95, 1-2).

Este es el punto central del argumento: quiso el Padre que su Cristo cargara con las maldiciones de todos. Los párrafos anteriores habían indicado que la justicia llega al hombre por medio de Jesús, sin precisar el modo de tal justificación. Ahora sabemos que, para donar la justicia, Cristo ha de deshacer primero la maldición que pesa sobre el hombre injusto, imitador de la serpiente maldita. Entra en juego lo que luego se llamaría sustitución vicaria[220].

Algo similar encontramos en uno de los fragmentos aislados que se conservan de las obras de Justino. Se halla en una *catena* sobre Sal 2, 3:

---

[219] Compárese D 94, 2 (las mordeduras de la serpiente son las malas acciones, idolatrías e injusticias) con D 95, 1 (los paganos están bajo maldición por su idolatría y malas acciones). La misma maldición de la serpiente es la que cae sobre todo hombre.

[220] Cf. Otto *ad locum,* citando a Neander: "Das für geht hier von selbst in das statt über". Por su parte, VAN UNNIK, "Der Fluch" (498) piensa que Justino no recibió el argumento de Pablo. Pensaba el mártir en una maldición "aparente", quitando así fuerza al "se hizo maldición" del Apóstol. Pero cf. lo que ya observaba FEDER, *Justin* (161-162): "Wenn Justin an einem andern Ort sagt, dass der Fluch, den Jesus getragen hat, nur ein scheinbarer gewesen ist, so muss diese seine Aussage nach dem Zusammenhange jener Stelle beurteilt werden. Trypho fasst das Verfluchtsein, das der Kreuzestod in sich berge, als eine Verwerfung Christi von Seiten Gottes auf".

"rompamos sus coyundas"[221]. Texto que pone el mártir en boca de los judíos:

> Pues muchas veces rompieron la atadura del temor divino y se sacudieron el yugo de la ley, arrastrando sus pecados como con una gran cuerda (ὡς σχοινίῳ μακρῷ) (Is 5, 18a) y finalmente cuando ataron las manos y pies de Cristo crucificado. Pues dice: "me ha caído la cuerda (σχοινία) de los mejores" (Sal 15, 6a): en primer lugar, con las que fue atado, y después las de la herencia. Por eso continúa y dice: Mi herencia es para mí la mejor. [Se refiere] sin duda a la llamada que ahora se ha hecho a las naciones, llamada de los lotes (σχοινισμάτων) ensanchados (Dt 32, 9), y de la que se hablará en lo que sigue[222].

Discurre Justino en torno al término clave "cuerda" (σχοινίον)[223]. Resulta ser símbolo de los pecados que arrastran los judíos; ahora bien, esta misma cuerda es la que cae sobre Cristo en su Pasión. El Salvador carga, pues, con los pecados del hombre, en este caso los de sus compatriotas. Inmediatamente se añade que la misma cuerda es la que divide la heredad a las naciones, según la bendición del patriarca. Refleja bien Justino Ga 3, 10-14: Cristo, hecho por nosotros maldición, nos transmite la bendición y herencia de Abraham.

¿Cómo interpretó Justino, el primero en hacerse eco de él, el argumento paulino? Ya hemos visto el contexto en que lo sitúa: es, como en Pablo, la justificación. El hombre, incapaz por sus pecados de agradar a Dios, puede hacerlo por la fe en el Crucificado, de quien recibe la justicia. Para profundizar, atendamos a los siguientes paralelismos:

> Si fue voluntad del Padre del universo que su Cristo *cargara por amor al género humano con las maldiciones de todos* [...] Si bien es cierto que fue su Padre mismo quien hizo que *padeciera todo lo que padeció por el género humano* [...] Si el Padre quiso que Él *padeciera estas cosas* (ταῦτα παθεῖν) *para que por sus heridas llegara la curación al género humano* (Is 53, 5)... (D 95, 2-3).

Cargar las maldiciones de todos equivale entonces a asumir los sufrimientos de la Pasión. Notemos que, igual que al inicio de nuestra sección (D 89, 3), Is 53 se relaciona con Dt 21, 23: hay una equivalencia entre tomar sobre sí las maldiciones de todos para eliminar la maldición (Dt 21, 23) y sufrir las heridas de la pasión para sanar las heridas del hombre (Is 53, 5). Al hombre herido se aplican como emplasto las heridas de Cristo; al hombre maldito las maldiciones con que carga Cristo.

---

[221] Cf. G. MERCATI, "Un frammento nuovo del Dialogo di S. Giustino", *Bib.* 22 (1941) 354-362.

[222] Tomamos el texto de la edición del Diálogo de Marcovich, p. 316.

[223] Cf. FÉDOU, "La vision" (42-43).

Ahora bien, por otros lugares de Justino podemos descubrir su exégesis de Is 53, 5; y, dado el paralelismo, interpretar Dt 21, 23. En torno a la curación de las heridas del hombre dice el mártir: "[Cristo], por amor nuestro, se hizo partícipe de nuestras pasiones para sanarlas" (II 13, 5). La frase nos mereció amplio estudio en un capítulo anterior[224]. La explicábamos así. Cristo asume la carne del hombre, es decir la parte pasible de su constitución, capaz de elevarse a lo más alto o de sumirse en lo más vil. Por el pecado, este elemento se ha hecho rebelde al Logos divino y lleva en sí la marca de la apostasía. El Salvador asumirá esta carne e imprimirá en ella, con su obediencia hasta la muerte, sus disposiciones filiales. Sus heridas, el sufrimiento y muerte hasta la cruz en la hora del pavor, serán así sanación de las heridas de los hombres.

Podemos entonces concluir. Justino se hace eco del pensamiento de Pablo en Ga 3, 13-14. Según el Apóstol, Dios hizo a Cristo maldición. Justino afirma: el Padre hizo que Cristo acogiera en sí las maldiciones de todos. Y lo entiende: el Salvador corrió la misma suerte del hombre[225], asumiendo una misma carne pasible, sujeta a sufrimiento hasta la muerte; fue su obra imprimir en esta carne las señales de la obediencia, convirtiéndola así en fuente de bendición para todos. De ahí que Cristo no sea maldito, aunque cuelgue del madero: antes al contrario, de él cuelga nuestra esperanza de alcanzar bendición definitiva, los bienes prometidos por el Padre (cf. D 96, 1).

El Padre entrega a su Hijo

Otro elemento de peso en torno a la maldición del crucificado se ofrece ahora a nuestra consideración. Se trata del papel activo del Padre. Por querer suyo carga el Hijo con las maldiciones de todos[226]:

Ahora bien, si fue voluntad del Padre del universo que su propio Cristo (τὸν ἑαυτοῦ Χριστὸν) recibiera (ἀναδέξασθαι) por los hombres de toda raza (ὑπὲρ τῶν ἐκ παντὸς γένους ἀνθρώπων) las maldiciones de todos (τὰς

---

[224] Cf. cap. III, apdo. 2.2, p. 158.

[225] En relación con esto puede ponerse la maldición que acompañó a los hijos de Canaán (D 139, 4). El mártir identifica la vida maldita con la del esclavo, que sufre las consecuencias del pecado paterno. Vino entonces Cristo; y liberó a los esclavos haciéndolos hijos, dando a todos los hombres igual dignidad (D 140, 1). ¿Cómo se llevó esto a cabo? Cristo, por (ὑπὲρ) el hombre, se hizo esclavo hasta la esclavitud de la cruz (D 134, 5): ἐδούλευσε καὶ τὴν μέχρι σταυροῦ δουλείαν ὁ Χριστός ὑπὲρ [...] τῶν ἀνθρώπων. Justino pudo bien haberse inspirado en Fil 2, 7-8 (μορφὴν δούλου λαβών [...] μέχρι θανάτου). Cristo compartió por tanto la maldición de los hombres malditos. Y esto quiere decir: corrió, por los esclavos, su misma suerte, hasta el suplicio de la cruz.

[226] De acuerdo con 2 Co 5, 21 (Dios le hizo pecado); cf. también Ga 1, 4.

πάντων κατάρας), sabedor de que lo resucitaría (εἰδὼς ὅτι ἀναστήσει αὐτὸν), después de ser crucificado y morir, ¿por qué vosotros habláis como de un maldito del que se sometió a padecer todo esto según la voluntad del Padre (τοῦ ὑπομείναντος κατὰ τὴν τοῦ πατρὸς βουλὴν ταῦτα παθεῖν)? (D 95, 2).

Hay algún detalle interesante. Se habla, por ejemplo, del Padre y de *su propio Cristo*. En D 103, 8 dice Justino, también aludiendo a la Pasión: el Padre ha querido que *su propio hijo* (τὸν ἑαυτοῦ υἱὸν) se encontrara por nosotros en estos sufrimientos[227]. Ambas expresiones recuerdan a Rm 8, 32: "Dios no se reservó *a su propio hijo* (τοῦ ἰδίου υἱοῦ), sino que lo entregó por todos nosotros"[228], en unión con Rm 8, 3: "Dios, habiendo enviado *a su propio hijo* (τὸν ἑαυτοῦ υἱὸν) [...] condenó al pecado en su carne"[229].

Los textos de Romanos, en especial Rm 8, 32, se refieren a la historia del sacrificio de Abraham (cf. Gn 22, 16: Abraham no se reservó a su hijo). Justino parece depender de las expresiones de San Pablo. ¿Pensaba también él en el relato del Génesis? Hay otro paralelo interesante que invita a responder que sí: Hb 11, 17-19.

Por la fe, Abraham, sometido a la prueba, presentó a Isaac como ofrenda, y el que había recibido las promesas (ὁ τὰς ἐπαγγελίας ἀναδεξάμενος) ofrecía a su unigénito, respecto del cual se le había dicho: por Isaac tendrás descendencia. Pensaba que poderoso era Dios aun para resucitar de entre los muertos (λογισάμενος ὅτι καὶ ἐκ νεκρῶν ἐγείρειν δυνατὸς ὁ θεός). Por eso lo recobró para que Isaac también fuera figura (Hb 11, 17-19).

Llama la atención el contraste. Dice Hebreos que Abraham *recibió* las promesas; Justino, que Cristo *recibió* las maldiciones de todos. Ambos usan el mismo verbo (ἀναδέχομαι): es *hapax* en Hebreos y en Justino y extraño en el Nuevo Testamento[230]. Hebreos lo usa para hablar de las

---

[227] ὁ πατὴρ τὸν ἑαυτοῦ υἱὸν καὶ ἐν τοιούτοις πάθεσιν ἀληθῶς γεγονέναι δι' ἡμᾶς βεβούληται.

[228] ὅς γε τοῦ ἰδίου υἱοῦ οὐκ ἐφείσατο ἀλλὰ ὑπὲρ ἡμῶν πάντων παρέδωκεν αὐτόν.

[229] ὁ θεὸς τὸν ἑαυτοῦ υἱὸν πέμψας [...] κατέκρινεν τὴν ἁμαρτίαν ἐν τῇ σαρκί.

[230] Vuelve a aparecer sólo en Hch 28, 7, con la acepción de "recibir a unos huéspedes". Es interesante encontrarlo en la Epístola a Diogneto, en un contexto muy parecido al que tratamos, y con la misma mención del "propio hijo": Dios recibió nuestros pecados, entregó a su propio hijo por nosotros pecadores... Cf. *Ad Diog* IX, 2 (SC 33b, 74): αὐτὸς τὰς ἡμετέρας ἁμαρτίας ἀνεδέξατο, αὐτὸς τὸν ἴδιον υἱὸν ἀπέδοτο λύτρον ὑπὲρ ἡμῶν, τὸν ἅγιον ὑπὲρ <τῶν> ἀνόμων, τὸν ἄκακον ὑπὲρ τῶν κακῶν, τὸν δίκαιον ὑπὲρ τῶν ἀδίκων... Cf. también *Ad Diog.* X, 6 (SC 33b, 76): el que recibe (ἀναδέχομαι) el peso del hermano se hace imitador de Dios.

promesas (en plural) recibidas por Abraham; Justino, de las maldiciones (también en plural), recibidas por Cristo. Y la estructura es paralela:

Hb 11, 17-19: Abraham consiente al sacrificio, pensando que existe la resurrección (λογισάμενος ὅτι καὶ ἐκ νεκρῶν ἐγείρειν δυνατὸς ὁ θεός).

Justino, D 95, 2: Dios Padre entrega a su hijo, sabedor de que lo resucitará (εἰδὼς ὅτι ἀναστήσει αὐτὸν σταυρωθέντα καὶ ἀποθανόντα).

Estos datos hacen probable que Justino viera la muerte de Jesús a la luz del sacrificio de Abraham[231]. Se ilumina desde aquí la acción del Padre, que entrega a su propio Cristo a la muerte. Quien está llamado a acoger las bendiciones de todos, ¿cómo quiere Dios que reciba las maldiciones? Igual que Abraham confiaba en último término en el poder divino, capaz de resucitar de entre los muertos, el Padre sabe que no todo acaba en la cruz: se adivina en el horizonte la resurrección. Será entonces cuando Cristo se haga transmisor de la promesa: Él introducirá al pueblo en la tierra prometida a los patriarcas[232]. La cruz se convierte entonces en signo de bendición.

Justicia y verdad de Dios

Lo dicho no basta para entender el alcance de la acción paterna en nuestro texto (D 95, 2). Pues la figura del Padre no aparece sólo aquí: estaba presente en toda la amplia sección que analizamos (D 89-96).

En efecto, ya la discusión sobre el valor de la Ley (D 92-93) lleva implícita una pregunta sobre el Padre: la coherencia del actuar de Dios con sus criaturas. La cuestión se hizo para Justino urgente ante los ataques marcionitas al Creador. Según el mártir, Trifón da pie a tales blasfemias de los herejes: insistiendo en la necesidad absoluta de la antigua ley, presenta un Dios inconstante, que justifica al hombre en modos diversos. Es notable: en torno a la justicia del hombre surge inevitablemente la pregunta por la justicia del mismo Dios.

En efecto, si no fuera así, se podría acusar a Dios de no tener previsión y de no enseñar a todos a conocer y practicar las mismas normas de justicia – y a fe que hubo muchas generaciones de hombres antes de Moisés. No sería entonces palabra la que dice: "Verdadero y justo es Dios, y todos sus caminos son rectitud, y no hay en Él injusticia" (Dt 32, 4; Sal 109, 16) (D 92, 5-6).

---

[231] Sobre Isaac, tipo de Cristo, en Justino, cf. M. MEES, "Isaaks Opferung in frühchristlicher Sicht, von Clemens Romanus bis Clemens Alexandrinus", *Aug* 28 (1988) 259-272 (267-268). Es interesante que Tertuliano, en una obra que depende en muchos puntos de Justino, cite seguidos Dt 21, 23 y el sacrificio de Isaac, como testimonios de la cruz: cf. TERTULIANO, *Adv. Marc.* III, XVIII, 1-2 (SC 399, 156-157).

[232] Cf. *infra*, cap. VII, apdo. 1.4, p. 455.

La verdad y justicia de Dios se muestran en su comportamiento con los hombres: Dios no varía a capricho lo que exige de su criatura, sino que se mantiene constante en sus leyes. Para probarlo mostrará Justino (D 93, 1-2) cómo es dado a todo hombre conocer los preceptos eternos. Pero notemos que, entre medias, añade:

"Verdadero y justo es Dios, y todos sus caminos son rectitud, y no hay en Él injusticia". Mas como esa palabra es verdadera, también quiere Dios que vosotros no seáis siempre insensatos y amadores de vosotros mismos, sino que os salvéis unidos a Cristo, el que agradó a Dios y fue testimoniado... (D 92, 6).

La verdad y justicia de Dios de que habla el oráculo van más allá. No se trata sólo de juzgar siempre por igual rasero. Ni sólo de exigir que se respeten siempre los mismos eternos preceptos. En efecto, fijémonos: el Padre, precisamente por ser justo, no quiere que los judíos sean siempre insensatos y amadores de sí mismos. Es ante el pecador donde brillan la verdad y justicia paternas, vistas como un nuevo ofrecimiento de conversión.

Surge entonces la pregunta: ¿cómo es capaz el Padre de mantener sus exigencias de justicia y de abrir a su vez al hombre el camino de regreso? Según acabamos de leer, la clave está en Cristo crucificado, el que agradó a Dios y fue testimoniado como justo, que ofrece al hombre la posibilidad de salvarse con Él[233]. Así se puede decir que en la cruz se da la plena manifestación de la verdad de Dios, de su comportamiento justo con el hombre.

Hay aquí un paralelo con el pensamiento de Pablo en torno a la justificación. El Apóstol dice también que Dios se muestra "verdadero" (cf. Rm 3, 4). No se trata tanto de una propiedad intelectual como de la fidelidad de Dios a sus planes[234]. De ahí que se oponga, no a la mentira, sino a la injusticia del hombre (cf. Rm 1, 18; Rm 1, 25; Rm 2, 2; Rm 3, 7). La justicia y verdad de Dios llegan a su culmen en la cruz de Cristo, por la que el Padre justifica a los creyentes (cf. Rm 3, 26)[235].

Curioso: al final de esta sección del Diálogo, tras la exégesis de Dt 21, 23, volvemos a encontrar una alusión a la verdad de Dios:

---

[233] Cf. *supra*, pp. 409-413.

[234] Cf. J.A. FITZMEYER, *Romans. A New Translation with Introduction and Commentary* (AB 33; New York 1993) (328).

[235] Lo dicho puede completar las reflexiones de STORY, *The nature of truth* y ALLERT, *Revelation* sobre la verdad en Justino. Ninguno de ellos se fija en los textos que hemos comentado: D 92, 5-6; D 96, 2. Nuestro análisis viene a confirmar, con argumentos nuevos, las conclusiones generales de ALLERT, *Revelation* (186): "The foundational understanding of *Dialogue with Trypho* is that it is a presentation of what Justin believed to be the ultimate truth – salvation for all men through Jesus Christ".

A todos vosotros [judíos y gentiles] nosotros os decimos que "sois hermanos nuestros" (cf. Is 66, 5), reconoced más bien la verdad de Dios (ἐπίγνωτε μᾶλλον τὴν ἀλήθειαν τοῦ θεοῦ) (D 96, 2).

¿Cuál es la verdad de Dios que el mártir exhorta a reconocer?[236] El contexto es decisivo para interpretar la frase. Los dos párrafos que la enmarcan describen comportamientos encontrados:

Los judíos **critican el plan del Padre** tal como lo presenta Justino. Si era su voluntad que el Hijo muriera, ¿a qué acusarles a ellos de pecado? Nada injusto hicieron (οὐδὲν ἠδικήσαμεν) (D 95, 2-4). Para justificarse, hacen injusto a Dios.
Los judíos (y los gentiles instigados por ellos) (D 96, 1-2): **maldicen al Crucificado** por no comprender que se trata de Cristo, el Ungido (rey, sacerdote y Cristo), **de quien nos viene toda bendición**.
"Sois hermanos nuestros" (Is 66, 5), **reconoced la verdad de Dios** (D 96, 2).
Los cristianos (D 96, 2): actúan de modo contrario a los judíos, **orando por sus enemigos**, para que Cristo se apiade de ellos.
Los cristianos **imitan así al Padre**, que hace brillar el sol sobre justos e injustos (D 96, 3)[237].

A dos concepciones opuestas sobre el plan del Padre corresponden opuestos comportamientos. Tratan los judíos de justificarse: al matar a Cristo no hicieron nada injusto (cf. D 95, 2: οὐδὲν ἠδικήσαμεν), pues fue el Padre quien quiso que muriera su Hijo. En el fondo, es un reproche dirigido contra el designio paterno, en el que entraba la muerte de Jesús[238]. No entienden que es precisamente en la cruz donde Dios ofrece al hombre la reconciliación. Aun siendo grave, no fue su peor pecado crucificar a Cristo (también los discípulos le abandonaron en aquel momento); sino que se negaran a reconocer su propia injusticia (cf. D 95, 3-4). De ahí que maldigan al Crucificado, sin comprender que por Él nos viene la bendición.

---

[236] En el Nuevo Testamento aparece la expresión "conocimiento de la verdad" (ἐπίγνωσιν ἀληθείας) referida a la obra de salvación llevada a cabo por Dios en Cristo: cf. 1 Tm 2, 4; 2 Tm 2, 25; 3, 7; Tt 1, 1; Hb 10, 26. Es interesante la relación entre el último texto de la lista y D 110, 6. Hebreos habla del castigo que espera a los que, tras llegar al conocimiento de la verdad, se vuelven atrás. Justino dice que los cristianos, después del conocimiento de la verdad, no han vuelto a sus antiguas injusticias.

[237] En relación con Lc 6, 28 (bendecid a los que os maldicen), citado en I 15, 9. En el contexto (I 15, 7-8) se afirma también la misericordia de Dios, que se hace patente ante el hombre pecador.

[238] Parecidas acusaciones escuchaba Pablo, cf. Rm 3, 7-8. De esto dijimos ya al hablar del destino, cf. *supra*, pp. 373ss.

De modo opuesto actúan los cristianos. No se les ocurre maldecir a Cristo: sería responder a la bendición con maldiciones. Lo que hacen es justo lo contrario: amando a los enemigos pagan las maldiciones con bendición. Obran en esto igual que Dios, quien hace salir el sol sobre justos e injustos. Por ello, con su propia actuación misericordiosa ponen de relieve la justicia paterna que, ofreciendo a su mismo Cristo, ha querido perdonar a los pecadores. Al obrar en imitación del Padre testimonian los cristianos la justicia del proceder divino.

El contexto nos invita, pues, a concluir: la verdad de Dios se relaciona con su justicia, una justicia tanto más poderosa cuanto que se muestra capaz de justificar al hombre pecador, de anular la maldición que pesa sobre los injustos para convertirlos en justos. Es decir, la verdad de Dios es, como en Pablo, su fidelidad, su voluntad misericordiosa de ofrecer al hombre la reconciliación a través del Crucificado[239]. Si esto es así, la justicia del cristiano, recibida de la cruz de Cristo, habrá de presentar los mismos rasgos que distinguen la del Padre. Y en efecto: el discípulo puede decir a sus enemigos: "sois hermanos nuestros", como quería el profeta (Is 66, 5).

"El Padre quiso que su propio Cristo cargara con las maldiciones de todos" (D 95, 2). En el trasfondo de la frase está la comparación con el sacrificio de Abraham. Sirve a Justino para poner de relieve la inmensa verdad y justicia del Padre: llega hasta la entrega de su propio Hijo para obrar la justicia del hombre (cf. Rm 8, 32-34).

Conclusión: la cruz, fin de la maldición, origen de bendición

Entre paganos la cruz provocaba horror instintivo. Era necedad suma aceptar que del madero colgara el Logos de Dios. Cristo no podía ser sino un esclavo, emblema de la vergüenza. Contra ellos hacía valer Justino la *sabiduría* escondida en tan infame suplicio. Ahora, en diálogo con Trifón, la cruz despierta horror por otros motivos, esta vez religiosos: es una muerte maldita por la Ley, un escándalo. Cristo no podía ser sino un hombre injusto, enemigo de Dios. Contra ellos hace valer el mártir la *justicia* del Crucificado.

La cruz se enmarca así en una visión amplia. Está de fondo la pregunta por la justicia del hombre: ¿cómo puede éste agradar a Dios? Y a la vez, la pregunta por la justicia de Dios en su comportamiento respecto al hombre.

Partiendo de la pregunta de Trifón por la maldición de la Ley (Dt 21, 23), ensancha el mártir sus perspectivas: la Ley es una etapa de una econo-

---

[239] Justino usa en D 96, 2 y en D 110, 6 la expresión "la verdad de Dios", que en el Nuevo Testamento sólo aparece en Rm 1, 25, Rm 3, 7, Rm 15, 8. Nuevo indicio del trasfondo paulino de nuestras páginas.

mía más amplia. La verdadera maldición se remonta a la serpiente que engañó a los primeros padres en el Paraíso; y cae sobre los que obran de modo semejante a ella. Junto a la maldición recorre la historia una bendición, prometida al patriarca Abraham.

En esta visión de la historia la cruz es el centro. Hacia ella confluyen las dos líneas apenas indicadas: bendición y maldición. Por una parte, las obras de aquellos que agradaron a Dios prefiguraban la plena justicia del Crucificado. Por otra, la cruz destruye la maldición que pesaba sobre el hombre, incapaz de cumplir la Ley.

En efecto, Jesús toma sobre sí la maldición de todos. Cristo, el Justo, carga con ella para eliminarla. El mártir recoge así la exégesis paulina (Ga 3, 13-14) de Dt 21, 23. ¿Cómo la entiende? Nos dio luz un verso equivalente de Isaías: "sus heridas nos han curado" (Is 53, 5). Cristo toma nuestras maldiciones, es decir, una carne enferma como la nuestra; capaz de padecer en sufrimiento hasta la muerte. La sanará imprimiendo en ella la plena justicia, los rasgos de la obediencia al Padre, en medio de las heridas que recibió en la Pasión. Su carne se hace entonces fuente de bendición para el hombre (Ga 3, 14).

Por otro lado, quien rechaza la cruz hace definitiva su propia injusticia y mentira. En vez de reconocer la maldición que pesa sobre él por su propio pecado, prefiere arrojarla sobre el Cristo de Dios y sus discípulos, acusando al Padre de llevar a cabo un plan inicuo. A la bendición responde con maldición, por negarse al arrepentimiento. Así, la cruz contiene también el juicio definitivo de Dios sobre los malvados, la maldición verdadera e irrevocable.

En un pasado se llegó a decir que Justino ponía la salvación del hombre únicamente en sus propias manos, en función del libre albedrío. Las páginas que hemos analizado contribuyen a mostrar lo descaminado de tales afirmaciones[240]. En los pasajes del mártir se ve que éste se apropia del núcleo del pensamiento de Pablo sobre la justificación por la fe.

Esta es la justicia del hombre: reconocerse pecador ante la cruz, y aceptar la misericordia divina. Se le da entonces la posibilidad de imitar al Padre, en amor a sus enemigos, a quienes se hace capaz de llamar hermanos. *Esta es la justicia de Dios*: insiste en ofrecer la bendición, y no abandona al hombre a la maldición a que le llevó el pecado. Tal justicia culmina en la cruz, en que Cristo carga con las maldiciones de todos. La cruz muestra hasta qué punto Dios es justo y verdadero, es decir, fiel a su

---

[240] Cf. A. HARNACK, *Lehrbuch I* (502. 527). Como ha mostrado este análisis no es pertinente tampoco la crítica de VERWEYEN, "Weltweisheit" (612-613); según él no captó Justino la importancia de la justificación del pecador en su lectura de Pablo y cifró sobre todo la perfección cristiana en la generosa disponibilidad al martirio.

proyecto salvador; y también cómo el hombre puede ser justo, uniéndose a Cristo, el único Justo.

"Maldito el que cuelga del madero" (Dt 21, 23). Para entender el verso hay que distinguir maldición de maldición. La verdadera maldición es la que cayó en el Paraíso sobre la serpiente y la que heredan todos sus imitadores. Cristo carga con ella porque asume la carne del hombre, sujeta a dolor y sufrimiento. Al hacerlo, en su pasión y muerte, dará a la carne un sesgo nuevo, el de su obediencia filial. Quien le preste fe se verá entonces libre de la maldición, recibiendo de Él la justicia. El Crucificado se convertirá en fuente de bendición para los creyentes y hará definitiva la maldición de quienes le rechacen, obstinados en renunciar a la salvación.

2.3. El árbol de la vida

El madero de la cruz evoca otro madero, el árbol de la vida plantado por Dios en el Paraíso (Gn 2, 9). Justino es el primero en quien encontramos explícita esta asociación[241]. El texto principal ya lo comentamos al tratar del Bautismo de Jesús:

> Y escuchad cómo éste que las escrituras muestran que volverá glorioso tiene, después de ser crucificado, un símbolo del árbol de la vida, que se dijo haber sido plantado en el Paraíso, y [un símbolo] de lo que sucederá a todos los justos

> Ὅτι δέ, μετὰ τὸ σταυρωθῆναι τοῦτον ὃν ἔνδοξον πάλιν παραγενήσεσθαι ἀποδεικνύουσιν αἱ γραφαί, σύμβολον εἶχε τοῦ ξύλου τῆς ζωῆς, ὃ ἐν τῷ παραδείσῳ πεφυτεῦσθαι ἐλέλεκτο, καὶ τῶν γενησομένων πᾶσι τοῖς δικαίοις, ἀκούσατε (D 86, 1).

En la frase, de factura un tanto enrevesada, se relacionan dos términos[242]. De una parte está el árbol de la vida. ¿De la otra? No dice Justino "la cruz", sino Cristo "después de crucificado"[243]. Para probar tal nexo se introducen algunos pasajes de la Escritura. Aquí están resumidos:

---

[241] En la literatura cristiana anterior encontramos ya alusiones a esta identificación; cf. G.Q. REIJNERS, *Das Wort vom Kreuz. Kreuzes und Erlösungssymbolik bei Origenes* (BoBKG 13; Köln - Wien 1983) (29), que se refiere a Ignacio, *Ad Trall.*, 11, 1-2 (SC 10bis, 120); cf. también V. PFNÜR, "Das Kreuz: Lebensbaum in der Mitte des Paradiesgartens", *Garten des Lebens*, Fs. W. Cramer (ed. M.-B. VON STRITZKY - C. UHRIG) (MThA 60; Altenberge 1999) 203-222 (219).

[242] Sigo aquí el análisis de REIJNERS, *The Terminology* (38-44), que traduce (41): "Learn that He who, as it is said in the Scriptures will come again in glory, after His crucifixion possessed a symbol of the tree of life, which is said was planted in Paradise and (a symbol) of what happened to all the righteous". Cf. también SKARSAUNE, *The Proof* (374).

[243] PRIGENT, *Justin et l'Ancient Testament* (197) piensa que las imágenes usadas por Justino en D 86 no señalan directamente a la cruz, sino a Cristo. SKARSAUNE, *The Proof*

Moisés: con un bastón atraviesa el mar; con un bastón hace brotar agua de la piedra; lanza un leño y vuelve dulces las aguas. **Jacob**: lanza varas de madera en las aguas; con su vara atraviesa el río; ve a Dios encima de una escalera; unge una piedra. **Aarón**: la vara que florece le muestra como sacerdote. **Isaías 11, 1**: Cristo profetizado como vara del tronco de Jesé. **David:** Habla del justo como árbol plantado a la salida de las aguas (Sal 1, 3). El justo es como una palma (Sal 92, 13). El pueblo encuentra setenta sauces y doce fuentes al cruzar el Jordán (Ex 15, 27). **Abraham**: ve a Dios en la encina. **Sal 22, 4**: tu vara y tu cayado me sosiegan; (el salmo habla luego de la fuente de agua, aunque Justino no lo cita). **Eliseo:** Lanza el madero en el río Jordán y recupera el hacha de los profetas. **Judá**: La vara le muestra como padre.

Son textos casi todos que giran en torno al madero y al agua[244]. ¿En cuáles de estas imágenes ve Justino relación con el árbol del Paraíso de Gn 2, 9 y por qué? Para responder examinaremos las tradiciones de que bebió.

El árbol de la vida y el Logos

El árbol de la vida gozó siempre de gran prestigio en la tradición judía. Ya en el libro de los Proverbios lo vemos comparado con la Sabiduría, "árbol de vida para los que a ella están asidos, felices son los que la abrazan" (Pr 3, 18). Justino conoció el libro de los Proverbios, del que trae una larga cita (Pr 8, 21a-36 en D 61, 3-5). En ella se habla también de la Sabiduría, que el mártir identifica con el Logos[245]. Algunos de los pasajes citados en D 86 van en esta línea: Dios se aparece sobre una escala a Jacob (D 86, 2); se deja ver a Abraham en un árbol (D 86, 5): en ambos casos, se trata del Logos, no del Padre invisible (cf. D 86, 2).

Tal presentación se puede ver en contraste con la exégesis rabínica, que encontraba un nexo entre el árbol de la vida y la Ley[246]. Precisamente gran parte de la argumentación de Justino en el Diálogo mira a mostrar la supremacía del Cristo sobre la Ley. El verdadero árbol de la vida no es la legislación mosaica, viene a decir Justino, sino el Logos.

Llamar a la Sabiduría "árbol de vida" implica considerarla bajo un punto de vista particular: no tanto en sí, sino en cuanto vivifica al hombre. Ya en el Génesis se menciona su fruto: la inmortalidad (cf. Gn 3, 22); y en

---

(376, nota 338) opina lo contrario. El dilema es aparente: en realidad, Justino piensa en Cristo crucificado como árbol de vida, según lo que enseguida diremos.

[244] Sobre este número del Diálogo, cf. *supra*, cap. V, pp. 252-256.

[245] Cf. D 61, 3. En esta línea tenemos la exégesis de Filón: para el alejandrino el árbol era el Logos; cf. M. HARL, "Adam et les deux arbres du Paradis (Gen II-III) ou l'homme milieu entre deux termes (μέσος-μεθόριος) chez Philon d'Alexandrie. Pour une histoire de la doctrine du libre-arbitre", *RechScRel* 50 (1962) 321-388 (353); cf. AYAN, *Antropología* (142); ORBE, *Antropología* (346).

[246] Cf. Strack-Billerbeck III, 129.

textos rabínicos se une a los cuatro ríos que manan del Edén[247]. Por su parte, Justino agrupa en D 86 pasajes en que aparecen el agua y el madero: piensa en el Bautismo, agua que viene del Crucificado y es capaz de engendrar el nuevo pueblo de los cristianos. Relaciona así al Crucificado con el Logos que se apareció a los patriarcas, visto como manantial de vida para el hombre.

En esta línea notemos un hecho llamativo. Justino interrumpe la serie de imágenes en torno al madero y el agua con un párrafo distinto, a cuento de la historia de Jacob, que ungió con óleo una piedra. El mártir ve aquí un anuncio del Cristo. Ungido por el Padre, es Él quien participa el crisma a todo ungido:

> También hemos demostrado por varios pasajes de las Escrituras que Cristo es llamado simbólicamente "piedra" e igualmente cómo a Él se refiera toda unción, ora de aceite ($\chi\rho\tilde{\iota}\sigma\mu\alpha$ $\dot{\epsilon}\lambda\alpha\dot{\iota}o\upsilon$), ora de mirra o de cualquier otro compuesto de bálsamo, pues dice la palabra: "Por eso te ungió, oh Dios, tu Dios, con óleo de regocijo, con preferencia a tus compañeros". Y es así que de Él participaron los reyes y ungidos todos el ser llamados reyes y ungidos, a la manera como Él mismo recibió de su Padre el ser Rey y Cristo y Sacerdote y Mensajero y todos los otros títulos que tiene o tuvo (D 86, 3).

Los intérpretes ven en estas líneas una digresión: el párrafo no parece encajar en la serie sobre el árbol de la vida, en torno al madero y al agua[248]. Notemos, sin embargo, que existía una tradición rabínica sobre el tipo de árbol que plantó Dios en el centro del Edén. Se trataba de un olivo, del que manaba un aceite con cualidades bienhechoras para el hombre. Se cuenta de Adán que, una vez expulsado del Paraíso, cayó enfermo; trató entonces de obtener el preciado ungüento[249]. Al árbol de la vida se le llama

---

[247] Cf. Strack-Billerbeck IV/2, 1143 z.

[248] Así REIJNERS, *The Terminology* (42) y SKARSAUNE, *The Proof* (375). La conexión la ha visto H. COURATIN, "Justin Martyr and confirmation - A Note", *Theology* 55 (1952) 458-460, aunque sus conclusiones son un poco forzadas: trata de probar que en el rito bautismal que conoció Justino había lugar para una unción, separada de la inmersión en agua.

[249] Cf. *Vida de Adán y Eva (Apocalypsis Mosis)* 9, 3-4 (ed. ANDERSON, 40): "Adán [enfermo] contestó a Eva: Levántate y vete con nuestro hijo Set a las inmediaciones del paraíso, poneos tierra sobre vuestras cabezas y llorad suplicando a Dios que se apiade de mí, envíe a su ángel al paraíso y me dé fruto del árbol que produce el aceite, para que lo traigas, me unja y descanse" (traducción en ApAT II, 326). Un reciente estudio data la obra entre 100 a.C. y 200 d.C., y la supone de origen judío: cf. M.D. ELDRIDGE, *Dying Adam with his Multiethnic Family. Understanding the Greek Life of Adam and Eve* SVTP 16, Leiden 2001. Sobre el óleo de la vida, cf. M.E. STONE, "The fall of Satan and Adam's penance", *Literature on Adam and Eve. Collected Essays* (ed. G.A. ANDERSON – M.E. STONE – J. TROMP) (SVTP 15; Leiden 2000) (51-53). Es interesante la interpolación cristiana en la versión latina, *Vita Adae et Evae* 42 (ed. ANDERSON, 45): el aceite que buscan Eva y Set lo dará Cristo después de ser bautizado en el Jordán: "et ipse filius dei

árbol "del que surge el aceite" (ἐκ τοῦ δένδρου ἐν ᾧ ῥέει τὸ ἔλαιον ἐξ αὐτοῦ). Los rabinos hablaban también de los ríos de bálsamo que brotaban de este árbol[250].

En este contexto no extraña la inclusión del pasaje sobre la unción en nuestra lista. El árbol, fuente de agua viva, es manantial también de toda unción. Este árbol es Cristo, ungido por el Padre, que hace participar su crisma a todos sus compañeros. Resulta entonces que el árbol de vida, lejos de abandonar al hombre tras su expulsión del Paraíso, no cesó de acompañarle. El óleo de su unción vivificadora siguió repartiéndose en la historia del pueblo sobre reyes, sacerdotes y todos los ungidos.

Ahora bien, recordemos la clave de lectura del entero pasaje: Cristo, una vez crucificado, es fuente del Espíritu, que puede engendrar el nuevo pueblo de la Iglesia[251]. He aquí, pues, el cumplimiento definitivo a que todo apuntaba. He aquí el verdadero árbol y el verdadero ungüento que mana de él.

El árbol al final de los tiempos

Anotemos por ahora este resultado y pasemos a considerar otro aspecto. Ya en las tradiciones rabínicas el árbol de la vida no es sólo una realidad protológica. Existe también un paraíso que recibirá a los justos al término de los siglos. Y allí hay también un árbol de vida, del que brotan ríos de bálsamo[252]. Esta referencia al final de los tiempos parece estar muy presente en la página de Justino que nos ocupa.

Así es: consideremos el contexto inmediatamente anterior. Justino introduce, en D 85, 7, una profecía de Isaías (Is 66, 5-11). Los versos aluden, entre otras cosas, "al misterio de nuestra regeneración y, en general, de todos los que esperan *que Cristo ha de aparecer en Jerusalén*". Esta mención a la Jerusalén futura tiene apoyo en el texto del profeta. En efecto, la cita acaba con Is 66, 10-11 (cf. D 85, 9): "Alégrate, Jerusalén, y congregaos todos los que la amáis".

---

veniens baptizabitur in flumine Jordanis et dum egressus fuerit de aqua Jordanis, tunc de oleo misericordiae suae perunguet omnes credentes in se. Et erit oleum misericordiae in generationem et generationem eis, qui renascendi sunt ex aqua et spiritu sancto in vitam aeternam"; cf. también E. STONE, "Oil of Life" *EJ* XII, 1347; Strack-Billerbeck IV/2, 1123-1124; cf *1 Henoc* 24, 4 (ApAT IV, 60).

[250] Se trata esta vez del árbol plantado en el paraíso escatológico, cf. Strack-Billerbeck IV/2, 1143, notas z y aa; IV/2, 1152. Tenemos también un texto de Celso en que se relaciona la unción con el árbol de la vida: cf. ORÍGENES, *Contra Celso* 6, 27 (SC 147, 244): κέχρισμαι χρίσματι λευκῷ ἐκ ξύλου ζωῆς.

[251] Cf. *supra*, cap. V, pp. 252-256.

[252] Cf. Strack-Billerbeck IV, 2, 1152, k; IV, 2, 1143, x.z.aa. Cf. AUNE, *Revelation* (I, 152-153).

Inmediatamente después hablará Justino del árbol de la vida. Notemos que recoge la mención a la parusía segunda. "Éste *que las Escrituras muestran que ha de venir glorioso* tiene, después de crucificado, un símbolo del árbol de la vida" (D 86, 1). ¿Dio aquí Justino alcance escatológico al árbol de la vida?

Tal posibilidad se afianza si atendemos a lo siguiente. La cita de Is 66, 5-11, que precede al pasaje sobre el árbol de la vida, termina así: "Regocijaos, todos los que lloráis sobre ella [Jerusalén], para que maméis y os hinchéis del pecho de su consolación; para que después de mamar abundéis en deleite por la venida de la gloria *de Él*". El texto de Justino varía con respecto a los LXX, que leen "de la gloria de ella (αὐτῆς), y no "de Él" (αὐτοῦ). Con esto, el mártir puede terminar su cita refiriéndose a la segunda venida de Cristo en Jerusalén. El mismo Cristo será fuente de abundantes delicias para el hombre[253]. La imagen concuerda sin duda con el árbol de la vida, que enseguida aparecerá: fuente de un manjar exquisito[254].

Resulta, además, que el texto que introduce ahora Justino, Is 66, 5-11 es prácticamente la continuación de Is 65, que alegó el mártir poco antes, hablando del milenio (D 81). En Is 65, 22 se dice: "como los días del árbol de la vida serán los días de mi pueblo". Aquí el árbol de la vida se relaciona con la Jerusalén reconstruida. Si Justino ha leído en forma continua las líneas proféticas, entonces es lógico que ahora, al citar Is 66 en D 85, piense en la presencia del árbol de la vida en la Jerusalén del milenio.

Por otra parte, en el contexto del milenio, comentando a Isaías y apenas mencionado el árbol de la vida, Justino habla de una revelación que se hizo al apóstol Juan (cf. D 81, 4): se trata del libro del Apocalipsis. Pues bien, precisamente allí aparece el árbol de la vida en contexto escatológico. Lo encontramos mencionado cuatro veces (Ap 2, 7; Ap 22, 2. 14. 19). En la nueva Jerusalén tendrá el hombre acceso a este árbol de la inmortalidad, que era vigilado por un ángel desde el pecado del primer hombre. En San Juan el árbol de la vida se vincula al agua de la vida, los ríos que recorren la nueva Jerusalén (cf. Ap 22, 1). Es fácil que Justino haya seguido las imágenes del Apocalipsis[255].

---

[253] Cf. Otto, *ad locum* (310, nota 31): "Legitur αὐτῆς in Bibliis, idque ipsi fonti consentaneum: sed libenter crediderim Iustinum scripsisse αὐτοῦ, quod ad Christum referri potest. Hunc enim ex hoc loco concludit visum in Ierosolymis idque satis congruit cum his verbis: ab ingressu gloriae eius".

[254] Es curioso que Justino termine su cita justo antes de Is 66, 12, que habla del río de paz que vendrá sobre Jerusalén. Sin duda, tenía presente el versículo cuando enseguida empieza a hablar del agua, en torno al árbol de la vida. El trasfondo, como veremos a continuación, es el del Apocalipsis: cf. Ap 22, 1-2.

[255] Cf. AYÁN, *Antropología* (137-142).

Notemos a este respecto que algún pasaje de los que trae Justino en D 86 habla del justo, a quien se compara con un árbol plantado a la salida de las aguas (Sal 1, 3), a la palma que florece (Sal 91, 13). Tal imagen está en relación con el árbol de la vida[256]: en efecto, la tradición rabínica veía también en el hombre justo al árbol de la vida, precisamente en torno a Sal 1, 3[257].

El contexto (se acaba de hablar del brote de la raíz de Jesé, Is 11, 1) apunta a una exégesis cristológica del pasaje[258]: Cristo es el justo por excelencia. Ahora bien, esto no excluye que el verso se pueda aplicar a los demás hombres justos. Justino ha dicho que hay en el Crucificado "un símbolo de lo que sucederá a todos los justos" (D 86, 1). Y el entero pasaje gira en torno a una participación de la vida que mana de Cristo. Entonces, los textos del justo como árbol pueden entenderse también de quienes comparten las propiedades de Cristo (cf. D 86, 3)[259].

Hay quien propuso corregir el manuscrito y leer "lo *sucedido* a todos los justos". En este caso la frase se aplicaría a los justos del Antiguo Testamento, cuyas historias se narran en D 86[260]. Pienso, sin embargo, que no hay problema en mantener la lectura del códice. En Cristo crucificado, que ha de volver glorioso, hay un símbolo de "lo que *sucederá* a todos los justos" (D 86, 1). La frase hay que entenderla en conexión con lo que ha dicho el mártir poco antes (D 85, 7): a Cristo le verán en Jerusalén "todos los que agradan a Dios". Viene así a confirmar la orientación escatológica del pasaje: se refiere Justino principalmente a los justos que serán semejantes al árbol de la vida al fin de los tiempos[261].

La justicia de los cristianos deriva de la de Cristo (cf. D 136, 3). Justino está viendo, pues, al Crucificado, del que mana agua viva, como fundamento de lo que ocurre a los creyentes a partir del Bautismo, y que alcan-

---

[256] Cf. SKARSAUNE, *The Proof* (377).

[257] Cf. las referencias en AUNE, *Revelation* (III, 1177).

[258] Cf. un análisis detallado en D.A. KOCH, "Auslegung von Psalm 1 bei Justin und im Barnabasbrief", *Neue Wege der Psalmenforschung* Fs. W. Beyerlin (ed. K. SEYBOLD - E. ZENGER) (HBS 1; Freiburg im B. 1994) 223-242 (227).

[259] Así lo confirma la exégesis de Justino al salmo 1, en I 40, 5: la escritura muestra cómo el Espíritu profético exhorta a vivir a los hombres.

[260] La corrección la introdujo Thirlby; cf. Marcovich, 219, que le sigue en parte. La interpretación apuntada es de REIJNERS, *The Terminology* (41): "So far as we can see the only acceptable interpretation is to apply πᾶσι τοῖς δικαίοις to the persons from the Old Testament who are then to be named. In addition we should prefer to replace γενησομένων by γενομένων".

[261] En Ap 22, 2, la mención del árbol de la vida, plantado aquí y allá, puede interpretarse como dicho de muchos árboles de la vida, que florecen en la nueva Jerusalén. El singular sería un plural colectivo, y con los árboles se indicarían los elegidos para habitar la ciudad: cf. AUNE, *Revelation* (III, 1177-1178).

zará plenitud al final del tiempo[262]. Allí estará Cristo como árbol de vida del que participarán los bienaventurados, árboles también de vida plantados al borde de la acequia.

La cruz como símbolo

Resumamos lo dicho. La tradición del árbol de la vida es rica en contenidos, que Justino ha sabido recoger y presentar en modo armónico. Le ha interesado sobre todo una característica del árbol: la capacidad de dar vida, en forma de agua o unción. Su punto principal de referencia es Cristo crucificado, manantial del Espíritu para los creyentes.

Desde aquí contempla el mártir toda la historia, a partir de su origen hasta su consumación. Ya en la creación del hombre estaba junto a él el árbol de la vida, plantado por Dios en el Paraíso. Se refiere Justino al Logos, fuente de vida para el hombre. Con la expulsión del Edén, el árbol siguió de cerca las andanzas de sus criaturas. Le encontramos en todo el Antiguo Testamento, haciendo partícipe al hombre de su unción. Y le volveremos a hallar en la consumación definitiva: en Cristo, que volverá al final de los tiempos, está el árbol del Edén, fuente de inmortalidad para todos los justos en la Jerusalén reconstruida.

Hay un detalle interesante que hemos pasado por alto. No dice Justino que el árbol de la vida sea un símbolo del Crucificado, sino al contrario: es el Crucificado quien contiene un símbolo del árbol del Paraíso. ¿Qué se quiere indicar con esto? La tipología que encontramos con más frecuencia en la exégesis patrística lee los sucesos del Antiguo Testamento orientados hacia Cristo. Apunta hacia el futuro, de la prefiguración a su cumplimiento. Así, por ejemplo, los ocho hombres salvados en el arca de Noé contienen un símbolo del día octavo, el de la resurrección[263]. Resulta que ahora tenemos, en D 86, 1, una referencia en dirección contraria: el símbolo apunta desde la cruz hacia el árbol de la vida en el Paraíso, en sentido retrospectivo[264].

Hemos visto, sin embargo, que la mirada de Justino va también hacia el futuro: hasta la Jerusalén reconstruida y el árbol allí presente. Se abre, pues, una doble consideración. Por un lado, la relación entre el Crucificado y el árbol que daba vida al hombre desde el Paraíso y fue compañero suyo a lo largo de la historia; por otro, el vínculo entre el Crucificado y el árbol de la vida en cuanto realidad escatológica. La cruz apunta así al pasado: es la realización de las figuras del Testamento Antiguo. Pero mira

---

[262] Cf. KOCH, "Auslegung" (239-240): la primitiva exégesis del salmo 1 tenía también una orientación escatológica.

[263] Cf. D 138, 1: σύμβολον εἶχον τῆς [...] ὀγδόης ἡμέρας.

[264] Cf. REIJNERS, *The Terminology* (41); cf. también R. BORNERT, "La Croix dans le rite byzantin", *La Maison Dieu* 75 (1963) 92-108 (104).

también al futuro: Cristo aparece como fundamento de lo que ya ha empezado a suceder a los creyentes y encontrará plenitud en la consumación definitiva[265].

Hay indicios que permiten pensar que el término "símbolo" conserva en Justino el carácter de doble referencia. Indica una relación mutua entre dos realidades: una señala a la otra y viceversa[266]. De esta forma no es aquí un mero indicador, un signo que se refiere a otra realidad externa. Hay, por el contrario, una mutua inmanencia de ambas realidades: la una está en la otra, como la otra en la una.

El Crucificado del Gólgota, de quien mana el Espíritu, está así presente a lo largo de toda la historia de la salvación, y constituye su clave[267]. Él es el árbol de la vida: hacia Él apuntaban los siglos anteriores y en él encuentran fundamento los futuros[268]. Ninguna salvación donada al hombre es verdadera, si se le deja de lado.

Conclusión

Los dos primeros apartados de este capítulo han presentado la cruz ante gentiles y judíos. Locura para los primeros, la cruz es en realidad sabiduría. Escándalo para los segundos, la cruz es en verdad justicia de Dios. Ahora, en torno al árbol de la vida, se recoge una visión de la historia que tiene al Crucificado, hecho manantial del Espíritu, como centro.

Ya en los albores de la humanidad, y luego durante la historia de Israel, la vida que se daba al hombre era anuncio y actuación anticipada del Pneuma que Cristo entregaría tras su muerte. Y cuando este Espíritu se done a los santos en la Jerusalén reconstruida para procurarles la incorruptibilidad, el mismo que fue traspasado en el Gólgota será fundamento de tal donación. Se ve así la unidad del plan paterno, mantenido con fide-

---

[265] De ahí que la cruz sea el símbolo por excelencia. Acerca de ella se dijo todo en modo simbólico, se trata del símbolo más grande del poder de Cristo (cf. I 55, 1-2).

[266] Cf. REIJNERS, *The Terminology* (41): "It es even possible to wonder whether the bilateral character originally inherent in the meaning of σύμβολον: a mutual relation (συν- βάλλειν) between two things was completely obscured for Justin [cf. D 111, 4 y D 138, 2]. So in σύμβολον τοῦ ξύλου τῆς ζωῆς we see the Cross as referring to the tree of Life in Paradise. At the same time the prospective aspect of the reference is not excluded".

[267] Cf. PFNÜR, "Das Kreuz" (217), comentando D 86, 1: "von daher wird die Bedeutung des Kreuzes erhellt, und umgekehrt erhellt dann das Kreuz die Bedeutung der Geschichte. Es geht damit um den Grundanspruch christlicher Schriftauslegung".

[268] Con respecto al símbolo, cf. *supra*, cap. IV, apdo. 3.5, p. 222, dedicado al crecimiento y vida oculta de Cristo. El símbolo es una dimensión de toda la vida de Jesús; en él se cumplen las profecías y se prefigura también la vida posterior de la Iglesia.

lidad desde el jardín del Edén hasta la creación nueva: dar vida al hombre a través de Cristo crucificado[269].

Decíamos al inicio de este apartado que no es propiamente la cruz, sino Cristo, una vez crucificado, quien contiene un símbolo del árbol de la vida. Justino considera así al Crucificado como manantial del Espíritu, vida que se entrega al hombre. Esta visión supone la unidad del misterio pascual: abarca, en una sola mirada, la crucifixión y la donación del Pneuma. Nos sirve así de introducción a los últimos misterios de la vida de Cristo, que consideraremos en el próximo capítulo.

---

[269] De nuevo hemos de notar, como hicimos al hablar de la cruz cósmica (cf. *supra*, p. 402): si la cruz puede entrar, como árbol de vida, en el plan originario del Padre, es porque no se la contempla en relación con el pecado, sino en cuanto el Crucificado es manantial del Espíritu, causa del nacimiento nuevo de los creyentes. Supuesto el vigor que brota del Crucificado, habría que añadir su efecto medicinal sobre el hombre enfermo, después de caer éste. Tal propiedad entraría en relación con el árbol de vida si se lo contrapusiera al árbol de la ciencia del bien y del mal, del que Justino no hace mención en las obras que nos han llegado (cf., por ejemplo, IRENEO, *Adv. haer.* V, 16, 3, SC 153, 218-220). Ciertamente, al comparar a Eva con María (en D 100, 4), el mártir nos hace pensar que tal tradición no le era ajena.

CAPÍTULO VII

De la resurrección a la venida gloriosa

Las escrituras proféticas contienen cuanto el hombre desea saber. Hay en ellas filosofía bastante para desvelar no sólo el origen de todas las cosas, sino también su fin (cf. D 7, 2; D 8, 1). Se nos ofrece así una perspectiva interesante: vistos desde su meta última cobrarán mejor relieve los principales hitos del plan de Dios sobre el mundo.

Esta consumación de la historia no se reduce a un momento aislado: comenzó con la resurrección y ascensión del Señor; se cumplirá plenamente en la segunda parusía. Analizaremos primero la resurrección (1); se nos mostrará, por un lado, como plenitud de lo ocurrido en el Gólgota; por otro, como adelanto del tiempo todo de la Iglesia hasta el fin de los siglos. Tocará en segundo lugar estudiar la ascensión (2), misterio especialmente ligado a la presencia regia de Jesús entre los suyos; presencia misteriosa, cuyos fundamentos interesará determinar. Trataremos, por último, de la segunda parusía del Cristo (3): el adjetivo "gloriosa" con que el mártir la califica nos servirá de cauce para exponer el misterio, acabamiento de la misión de Jesús; recapitularemos así las líneas principales del plan divino[1].

1. Resurrección

Los cristianos fueron tachados de ateos por no sacrificar a los ídolos. Tal injuria despertaba en Justino indignación. ¡Ellos, que se habían consa-

---

[1] En la exposición procuraremos girar en torno a secciones enteras del Diálogo, de forma que el contexto ilumine las frases aisladas y se pueda captar el desarrollo de los razonamientos. Este método, que supone que el mártir no compone al acaso, nos ha dado ya buenos resultados en otras ocasiones de este estudio.

grado al Dios ingénito[2], bajo acusación de ateísmo! Cuando lo que ocurre es precisamente lo contrario: más creen en Dios los discípulos de Jesús que todos los otros hombres[3]. ¿La razón? Confían en que el Padre es capaz de devolver a la vida los cuerpos de los difuntos, sepultos en tierra. ¿Hay quien ose compartir tal seguridad en el poder divino?

Muestra así Justino que, cuando se trata de encomiar la fe de los cristianos, es obligado referirse a la resurrección: en ella brilla de modo particular la novedad evangélica[4]. A tal luz la resurrección del Señor, fundamento de la resurrección cristiana[5], habrá de gozar de especial relevancia entre los misterios. Sorprende entonces que parezca relegada por Justino a segundo lugar; a juzgar, al menos, por el reducido espacio que dedica a exponerla[6]. Tal vez por eso el asunto ha merecido escasa atención a los exegetas[7].

Hemos de comprobar que tal descuido por parte del mártir es sólo aparente. Es cierto que no ha dedicado muchas páginas a hablar *in recto* de la resurrección; aparte de las alusiones esparcidas aquí y allí, hay solo un pasaje de una cierta longitud (D 106-107). Sin embargo, la poca extensión

---

[2] Cf. I 25, 2; 49, 5; 61, 1.

[3] Cf. I 18, 6: "no creemos en Dios menos que ellos [Platón, Pitágoras...], sino más"; cf. I 19, 1.6.

[4] En consonancia con esto dice el tratado *De Resurrectione*: "Si el Salvador hubiera anunciado sólo la vida al alma, ¿qué nos habría traído de nuevo que no hubiesen dicho ya Platón y Pitágoras y el coro de los tales? Pero ahora ha llegado a los hombres la esperanza nueva e inaudita (τὴν καινὴν καὶ ξένην ἐλπίδα). Pues era en verdad inaudito y nuevo que Dios prometiera, no conservar en incorrupción lo incorruptible, sino hacer incorruptible lo corruptible": *De Resurrectione* 10, 3 (ed. D'ANNA, 52). Sobre los intentos cristianos de explicar la resurrección con instrumentos filosóficos, cf. M. POHLENZ, "Die griechische Philosophie im Dienste der christlichen Auferstehungslehre", *ZWTh* 47 (1904) 241-250, quien se centra sobre todo en Atenágoras.

[5] Justino dice: "A Cristo le salvó el Padre, resucitándolo" (D 73, 2). Y añade poco después: "por este misterio salvador [la muerte y resurrección de Jesús], Dios salva a los hombres" (D 74, 3). Salvación equivale aquí a resurrección: expresa de este modo el mártir el nexo entre resurrección de Cristo y de los cristianos; cf. *infra*, pp. 441ss.

[6] Una amplia sección del Diálogo gira en torno a la Encarnación (D 43-85), a la que siguen unos números dedicados al Bautismo (D 86-88). Toca luego gran espacio a la cruz (D 89-105). Se habla después de la resurrección, pero Justino le dedica solo dos números del Diálogo (D 106-107) para pasar enseguida a tratar de la Iglesia, nuevo Israel (D 108-143).

[7] La necesidad de un estudio sobre la resurrección ya la señaló FEDOU, "La vision" (103): "Qui sait si d'autres points de vue, peu explorés jusqu'ici, ne seraient pas extrêmement féconds? Tel celui de la Résurrection, étroitement liée au mystère de la Passion et dont l'étude présente, plusieurs fois, a suggéré l'importance". Por otra parte, llama la atención que Harnack, poco dado a reconocer hitos cristianos en el pensamiento del mártir, encuentre al menos uno: la importante figura del Resucitado. Aquí lograba Justino apartarse del esquema dogmático y moralista a que reducía, según el estudioso prusiano, su cristianismo: cf. HARNACK, *Lehrbuch I* (545).

se compensa con el puesto privilegiado de estos números en la arquitectura del Diálogo. Ponen punto final, por una parte, al comentario del salmo 21, referido a la Pasión (D 91-106); y contienen *in nuce*, por otra, la larga sección dedicada a la Iglesia, nuevo Israel (D 107-142). La resurrección aparece consonando tanto con la muerte de Cristo como con la nueva condición de sus discípulos. Nos bastará analizar D 106-107 para ver en qué modo.

1.1. Anunciaré tu nombre a mis hermanos (Sal 21, 23)

Al exponer la Pasión discurría Justino en exégesis al salmo 21. Ya hemos comentado esta profecía de la oración de Jesús[8]. Añadamos ahora: a pesar de sus tonos dramáticos no se trató de una súplica desesperada. Siempre supo Cristo que sería escuchado. Así lo hacen ver los últimos versículos que Justino comenta: "Anunciaré tu nombre a mis hermanos, en medio de la asamblea te cantaré himnos..." (Sal 21, 23)[9]. Glosa el mártir:

> Y que sabía que su Padre iba a concederle todo, según su beneplácito, y le iba a resucitar de entre los muertos (καὶ ὅτι ἠπίστατο τὸν πατέρα αὐτοῦ πάντα παρέχειν αὐτῷ, ὡς ἠξίου, καὶ ἀνεγερεῖν αὐτὸν ἐκ τῶν νεκρῶν) [...]. Y que Él se puso en medio de sus hermanos, sus Apóstoles, quienes después de la resurrección se persuadieron de que Él les había dicho de antemano que todo aquello lo tenía que sufrir y que todo estaba anunciado por los profetas [...] lo muestra lo que sigue del salmo [se refiere a Sal 21, 23-24] (D 106, 1).

Según estas líneas la resurrección no es pequeño misterio. Al contrario: se trata del momento en que el Padre entrega *todo* al Hijo. Acaso recordaba Justino lo que escribe Juan antes de narrar la Pasión: "sabiendo

---

[8] Cf. capítulo VI, pp. 327-385.

[9] Nótese que esta alabanza no la realizó Jesús después de resucitar, sino antes. Son los himnos que cantó con sus discípulos tras la última cena (cf. la alusión a Mt 26, 30 y Mc 14, 26 en D 106, 1: καὶ μετ' αὐτῶν διάγων ὕμνησε τὸν θεόν, ὡς καὶ ἐν τοῖς ἀπομνημονεύμασι τῶν ἀποστόλων δηλοῦται γεγενημένον, τὰ λείποντα τοῦ ψαλμοῦ ἐδήλωσεν). Las alabanzas no las profiere, pues, el Resucitado: las pronuncia Jesús en carne mortal, confiado en que el Padre le concederá lo que pide. En el capítulo anterior hemos tratado de explicar la muerte de Jesús a partir de su oración. Era la mejor forma de acercarnos al misterio que allí tenía lugar: el de un Hijo en diálogo con su Padre. Correspondía perfectamente a la obediencia y piedad filial de Cristo, que llegaba a su plenitud (en cuanto realizada en una historia humana) en su *via crucis*. Ahora podemos completar este punto de vista. La oración de Jesús en su Pasión no es sólo súplica, sino también alabanza, acción de gracias por la vida nueva que el Padre proyecta donar a su Cristo. Y esto hace que la resurrección no venga sólo después de la muerte, como un misterio yuxtapuesto: Jesús la vive por anticipado en medio de su sufrimiento. Ya el punto de vista de Jesús orante nos muestra la honda articulación de estos misterios, que habremos de ver desde otros ángulos andando el capítulo.

que el Padre había puesto todo en sus manos..." (Jn 13, 3). O aquellas palabras de Mateo en que Jesús exclama: "Todo me lo ha entregado mi Padre" (Mt 11, 27)[10]. Si así fuera, al releer estas frases evangélicas el mártir las entendería como referidas a la resurrección. Observemos atentamente el versículo de Mateo y notaremos alguna semejanza más con nuestro pasaje:

- En Mt 11, 26 se dice: "Sí, Padre, pues tal ha sido tu beneplácito (οὕτως εὐδοκία ἐγένετο ἔμπροσθέν σου)"; y hemos oído decir a Justino: "su Padre iba a concederle todo, según su beneplácito (ὡς ἠξίου)" (D 106, 1)[11].

- Mt 11, 27 habla de una revelación del Padre por medio del Hijo. En el texto apenas citado Justino comenta la actividad exegética de Jesús tras su resurrección: explicaba a los suyos la Escritura, que contiene el designio paterno.

Para afianzar esta relación conviene retroceder un poco en el Diálogo. En efecto, no sólo al final de su súplica se abre a Jesús un horizonte de resurrección. Toda su oración estaba, desde el inicio, colma de esperanza en los bienes futuros. Atendamos si no a los primeros compases del salmo:

Lo que sigue: "Mas tú moras en tu santuario, ¡oh alabanza de Israel!" (Sal 21, 4), significaba que había de hacer algo digno de alabanza y admiración, resucitando al tercer día de entre los muertos, después que fue crucificado: lo que tiene efectivamente por haberlo recibido de su Padre [...] "Todo me ha sido entregado por mi Padre". Y: "Nadie conoce al Padre sino el Hijo..." (Mt 11, 27) (D 100, 1).

¡Oh alabanza de Israel! Son palabras con que Jesús, por sobrenombre Israel, invoca al Padre. Si puede llamar a Dios *alabanza de Israel*, es decir *alabanza mía*, es porque el acto más admirable que realizará, la resurrección, lo recibirá del Padre[12]. En consonancia con lo que antes decíamos: todo lo ha entregado a Jesús su Padre al volverle a la vida (cf. D 106, 1). Sigamos leyendo:

---

[10] Son dos de las referencias que da Otto, *ad locum*, p. 378, n. 1.

[11] Archambault (151): "selon son dessein"; Otto (379): "ut voluntas eius erat"; Visonà (311): "secondo il suo beneplacito". En otro sentido va la traducción de Ruiz Bueno: "cuanto pedía [el Hijo]". ¿Significa ἀξιόω "pedir" (y el sujeto es el Hijo) o "juzgar conveniente" (y el sujeto es entonces el Padre)? A esto último nos inclinan otros lugares del mismo comentario al salmo 21: la petición de Jesús al Padre se expresa siempre con otro verbo: αἰτέω (cf. D 98, 1; 105, 3); en D 100, 1 se dice que el Padre iba a hacer algo digno (ἄξιον) de alabanza y asombro, resucitar a Jesús. El uso de ἀξιόω referido al beneplácito del Padre lo encontramos también en D 92, 2, con respecto a la justificación del hombre; por otro lado, en D 74, 3 Justino dice que el Hijo fue considerado digno (usa el verbo καταξιόω) de la resurrección por el Padre (y añádase lo que sobre este último verbo se dice *infra*, n. 28 de este capítulo).

[12] Sobre esta interpretación cf. *supra*, cap. VI, p. 334, n. 32.

"Todo me ha sido entregado por mi Padre y nadie conoce al Padre sino el Hijo, ni al Hijo sino el Padre y a quienes lo quiera revelar el Hijo" (Mt 11, 27). A nosotros, en efecto, nos ha revelado cuanto por su gracia hemos entendido de las escrituras... (D 100, 2).

¿Es casualidad que encontremos aquí una cita explícita de Mt 11, 27, cuya conexión con la resurrección hemos supuesto más arriba (D 106, 1)? ¿Y que le siga (como en D 106, 1) un párrafo sobre Jesús, revelador de la Escritura? No lo parece. Más bien hay que pensar que el mártir adopta un esquema coherente (reflejado tanto en D 100 como en D 106) en que el verso de Mateo se aplica a la resurrección. *Todo me ha sido entregado por mi Padre*: al resucitar, Jesús recibe todo del Padre, según su designio y beneplácito (cf. Mt 11, 26-27; D 100, 1; D 106, 1), y empieza a ejercer una actividad reveladora entre los suyos (cf. Mt 11, 27; D 100, 2; D 106, 1)[13].

La cosa despierta algún interrogante. ¿Qué se contiene en ese "todo" que el Hijo recibe? ¿Por qué se le concede precisamente en este momento? ¿Hay relación con que justo ahora empiece Jesús a explicar la Escritura a los suyos? Nos dará luz profundizar en el verso del salmo 21 en que está basando el mártir sus afirmaciones.

"Y que el Padre iba a entregarle todo, resucitándolo de entre los muertos [...] lo muestra lo que sigue del salmo" (D 106, 1). Se trata de Sal 21, 23: "Anunciaré tu nombre a mis hermanos (διηγήσομαι τὸ ὄνομα σου τοῖς ἀδελφοῖς μου), en medio de la asamblea te alabaré". El versículo concuerda bien con la actividad reveladora de Jesús, convertido en exegeta de la Escritura el mismo domingo de Pascua[14]. Pero, ¿es válido para probar – tal y como pretende el mártir – la resurrección, entendida como entrega a Cristo del entero patrimonio divino? Para responder acudamos al comentario que le acompaña, un tanto desconcertante a primera vista:

El hecho de que Jesús cambiara por Pedro su anterior nombre a uno de los apóstoles y que se escriba en los *Recuerdos* de éste[15], donde también '·ᴖ dice que a otros dos hermanos, que eran hijos del Zebedeo, les puso el nombre de Boanerges, que significa "hijos del trueno", significaba que Él era el que había dado los nombres de Jacob y de Israel, y a Ausés el sobrenombre de Jesús, y

---

[13] La acción del Padre en la resurrección se pone de relieve también en D 85, 1: "es Señor de las potencias por voluntad del Padre que se lo dio"; D 85, 4: "resucitado de entre los muertos como Señor de las potencias según la voluntad del Padre" (ὁ ἐκ νεκρῶν ἀναστὰς κύριος τῶν δυνάμεων κατὰ τὸ θέλημα τοῦ πατρός).

[14] Otro indicio más de que Mt 11, 27 ("...y aquel a quien el Hijo se lo quiera revelar") se encuentra en el trasfondo; cf. también I 32, 2: Jesús es τῶν ἀγνοουμένων προφητειῶν ἐξηγητής.

[15] Según C.J. THORNTON, "Justin und das Markusevangelium", *ZNW* 84 (1993) 83-110, Justino dice aquí "los recuerdos de él [de Pedro]", para referirse al Evangelio de Marcos.

por este nombre de Jesús fue introducido en la tierra prometida a los patriarcas lo que quedó del pueblo que salió de Egipto (D 106, 3).

Comenta Otto que es difícil relacionar la mención de Pedro y de los hijos del Zebedeo con el contexto anterior[16]. ¿A qué versículo del salmo se ha de referir? La cosa se aclararía, añade, si leyéramos en el salmo τὸ ὄνομα μου ("mi nombre"), en vez de τὸ ὄνομα σου ("tu nombre"). Cristo explicaría su propio nombre a los discípulos, haciéndolos ver que Él es Jacob, Israel, Jesús. Pienso que atina el estudioso alemán al ver un vínculo entre los cambios de nombre, por una parte, y la mención del nombre en Sal 21, 23, por otra. Pero que no es necesario para establecerla cambiar la lectura del manuscrito.

Para verlo considérese más en detalle qué quiere decir el cambio de nombre. Tal mecanismo es usado por Justino para estructurar la *historia salutis*, pues explica bien cómo Dios hace a sus criaturas partícipes de su propio ser[17].

En efecto. El nombre designa el centro de la persona, su profundidad. Quien impone un nombre revela sus propiedades y las comunica. Precisamente la transcendencia del Padre se establece con decir que no tiene nombre impuesto. No que no posea nombre, sino que de nadie lo ha recibido: es inefable, como su forma y gloria, índice de su misterio. ¿Hay manera de llegar a él? Nada más que una: por medio del Hijo. Pues todos los nombres que éste tiene le han sido impuestos por el Padre para que pueda comunicarlos en la historia. Por eso Cristo, al revelar su mismo nombre, da a conocer el nombre paterno. Siguiendo esta teología podrá decir Ireneo, años más tarde: "nomen Filii proprium Patris est"[18].

A esta luz no hay dificultad en que Cristo revele el nombre *del Padre* a sus hermanos. Le basta para ello revelar su propio nombre, recibido del Padre[19]. Y se explica por qué Justino ve profetizada la resurrección en Sal 21, 23 ("anunciaré tu nombre a mis hermanos"): si el Resucitado es capaz de revelar el nombre del Padre, es decir todo lo referente a Él (cf. D 121, 4: τὰ τοῦ πατρὸς πάντα), es porque ha recibido en la resurrec-

---

[16] Cf. Otto, *ad locum*, 381: "Sed facile non est haec Iustini de Petro et filiis Zebedaei dicta cum superioribus connectere et ad quem psalmi versum referantur ostendere. Equidem fateor me seriem et continuationem non animadvertere, nisi legamus τὸ ὄνομα μου".

[17] Para lo que sigue, cf. *supra*, cap. I, apdo. 3: "La donación del nombre", pp. 50ss.

[18] Cf. IRENEO, *Adv. haer.* IV, 17, 6 (SC 100, 594): "Jesu Christi nomen, quod per universum mundum glorificatur in Ecclesia, suum esse confitetur Pater, et quoniam Filii eius est et quoniam ipse scribens id ad salutem dedit hominum. Quoniam ergo nomen Filii proprium Patris est…"

[19] Cf. D 121, 4: "a nosotros se nos ha dado […] por medio de este Cristo, conocer plenamente todo lo del Padre (τὰ τοῦ πατρὸς ἐπιγνῶναι πάντα)".

ción la plenitud de este nombre (cf. D 106, 1: πάντα), la total comunicación paterna. Otros elementos afianzarán lo dicho:

a) Atendamos en primer lugar a un pasaje del Diálogo (D 100) cercano, como sabemos, al que acabamos de estudiar (D 106). Se hace en él exégesis de Sal 21, 4 (el Padre es "alabanza de Israel", es decir, de Cristo, por resucitarlo). En torno a este versículo resulta hablar Justino también del cambio de nombre. Jesús, que llamó "Pedro" a Simón, se da a conocer como aquel que ha recibido del Padre todos los nombres (cf. D 100, 4).

Ya tuvimos ocasión de estudiar en detalle este texto[20]. Se concentra Justino en uno de estos títulos, el de *hijo*, que Cristo posee desde antes de la creación. Tal nombre se interpreta entonces en sentido funcional: hijo es el que en todo asiente al querer del Padre. De acuerdo con ello se entiende la misión de Jesús: su obediencia, que precede los tiempos, debe realizarse en el tiempo; los rasgos filiales de su nacimiento divino han de plasmarse en su humanidad. Cristo se enfrenta de este modo a otra filiación opuesta, la que transmite la serpiente con su apostasía; y hace expedito a los hombres el camino de su vocación primera: llegar a ser hijos de Dios.

Concluíamos que tal obediencia alcanza en la Pasión su vértice. Pero notemos ahora cómo se enmarca todo este número del Diálogo: tanto al principio como al final se alude a la resurrección[21]. Justino presenta por tanto este misterio como el que consuma la misión de Jesús entre los hombres: sólo entonces plasmará plenamente en su humanidad la filiación divina y podrá participarla a los creyentes.

Pues bien, recordemos ahora que hay un vínculo estrecho entre "recibir un nombre" y "ser engendrado"[22]; entonces podemos asentar nuestras conclusiones anteriores. Pues decíamos (en torno a D 106) que Jesús recibe la mañana de Pascua la plenitud del nombre paterno para comunicarlo a los suyos. Y ahora (analizando D 100) concretamos: sobre todos los nombres que recibe Cristo descuella el de "Hijo"; sobre todo lo que anuncia y entrega a los cristianos, la filiación divina.

---

[20] Cf. sobre todo cap. III, apdo. 2.3: "Hijo de Abraham", pp. 168ss.

[21] Cf. D 100, 1: "Iba a resucitar de entre los muertos al tercer día, lo que tiene por haberlo recibido de su Padre"; D 100, 6: "Y de la Virgen nació Jesús, al que hemos demostrado se refieren tantas Escrituras, por quien Dios destruye la serpiente y a los ángeles y hombres que a ella se asemejan y obra la liberación de la muerte (ἀπαλλαγὴν τοῦ θανάτου ἐργάζεται) para quienes se arrepienten de sus malas obras y creen en Él". A la resurrección corresponden dos de los efectos señalados: arrepentimiento de las malas obras (cf. D 107-109; cf. *infra* pp. 447ss) y liberación de la muerte (cf. I 63, 16).

[22] Cf. *supra*, cap. I, apdo. 3.2: "El Hijo revela el nombre del Padre. Nombre y generación", pp. 52ss. También la recepción del nombre, como la filiación, se relaciona con el cumplimiento de la voluntad divina, cf. *supra*, cap. I, apdo. 3.3: "El nombre y el cumplimiento de la voluntad del Padre", pp. 54ss.

b) Otro detalle de la exégesis de Justino apunta en la misma dirección. El salmo dice: "anunciaré tu nombre *a mis hermanos*" (Sal 21, 23). El mártir lo explica:

> Y Él se puso en medio de sus hermanos (καὶ ὅτι ἐν μέσῳ τῶν ἀδελφῶν αὐτοῦ ἔστη), los Apóstoles, quienes, después de que Él resucitara de entre los muertos y les persuadiera de que, ya antes de padecer, Él les había dicho de antemano que todo aquello lo tenía que sufrir y que todo estaba anunciado por los profetas, se convirtieron de haberle abandonado cuando fue crucificado... (D 106, 1).

Los hermanos son, pues, los Apóstoles[23]. Justino narra, acto seguido, su arrepentimiento. Los íntimos de Jesús no hicieron excepción al resto de los hombres, también ellos abandonaron a Cristo; sólo que después acogieron la misericordia de Dios que se les ofrecía en el Resucitado. ¿Hay algún secreto en que Jesús les llame "hermanos"? Volvamos de nuevo a D 100, que acabamos de explicar. Conocemos de qué trata: la entrega del nombre de "hijo" a los creyentes. Pues bien, allí se menciona la bendición de José (D 100, 2), de la que interesa al mártir la frase: "serás glorificado *como primogénito entre tus hermanos*" (Dt 33, 16-17). Se presenta así la filiación en su dimensión participativa, como algo llamado a propagarse a multitud de *hermanos* (en consonancia con el tenor de todo el número D 100).

Los datos pueden enlazarse en modo coherente. El domingo de Pascua Jesús recibe del Padre la plenitud de la filiación, en cuanto será ahora capaz de donarla al hombre; establecerá entonces nuevos vínculos fraternos. Al llamar Cristo a los apóstoles "hermanos suyos" les estaba dando, pues, un título nuevo. Tras convertirse pasan a ser hermanos de Jesús por participar en el nombre de "hijo de Dios".

c) Notemos también cómo, un poco más adelante en el Diálogo, reaparece esta donación de nombres (cf. D 123-125)[24]. La Iglesia hereda las denominaciones de Cristo, de las que interesa a Justino una en particular. Se trata, no podía ser de otra manera, de "hijo de Dios":

> por Cristo, que nos ha engendrado para Dios (ἀπὸ τοῦ γεννήσαντος ἡμᾶς εἰς θεὸν Χριστοῦ), nos llamamos y somos verdaderos hijos [...] de Dios (D 123, 9).

Sigue el mártir mostrando que los cristianos se precian con fundamento de este nombre: hunde sus raíces en el mismo ser divino de Cristo,

---

[23] Esta identificación entre "hermanos" y "apóstoles" la encontramos también en Mt 28, 10 y Jn 20, 27.

[24] Comenzamos así a ver cómo todos los temas que se mencionan de pasada en D 106 recibirán tratamiento en la sección posterior, eclesiológica, del Diálogo: el misterio del Resucitado contiene el destino de sus discípulos.

engendrado del Padre antes de los siglos (cf. D 126-129; D 129, 4: γεγεννῆσθαι ὑπὸ τοῦ πατρὸς τοῦτο τὸ γέννημα)[25]. Ahora bien, de esa nueva generación se volverá a hablar algo después:

[Noé y los suyos], ocho en número, representaban el día que por su número es octavo, en que apareció nuestro Cristo, resucitado de entre los muertos, aunque por su virtud sigue siempre día primero. Y es así que Cristo, primogénito que es de toda la creación, vino también a ser principio de un nuevo linaje, por Él regenerado... (ἀρχὴ πάλιν ἄλλου γένους γέγονε, τοῦ ἀναγεννη-θέντος ὑπ' αὐτοῦ) (D 138, 2).

Como vemos la primogenitura se asocia al octavo día, el de la resurrección. Es entonces cuando Cristo transmite lo que poseía desde antes del tiempo. Así, la dignidad cristiana se apoya tanto en la generación divina del Hijo como en lo acaecido el día de Pascua. Liga estos dos momentos un vínculo profundo.

d) Otro lugar del Diálogo nos ofrece confirmación de lo dicho hasta aquí. Discurre Justino en exégesis al salmo 95[26]. Nos interesa la siguiente referencia a la resurrección:

Entre las naciones jamás se dijo de ninguno de los hombres de vuestro linaje, como de Dios y Señor, que reinó, excepto de este que fue crucificado, de quien en el mismo salmo [Sal 95] nos dice el Espíritu Santo que fue salvado, pues resucitó (ὃν καὶ σεσῶσθαι ἀναστάντα) (D 73, 2).

Cristo fue salvado y su salvación consiste en resucitar. La cosa es importante para la exégesis del entero salmo. Quiere el mártir referir a Cristo algunos versos en que se le llama *Dios* y *Señor*. Trifón se opone: la escritura no ha de aplicarse sino al único Creador de todo, como aparece claro en los primeros compases del himno (cf. Sal 95, 10: "el Señor hizo los cielos"). Pero el argumento no calla a Justino: aunque el salmo diga *Señor* al Padre, en otros lugares la invocación se refiere al Hijo. ¿Cómo discernir?

Y yo le respondí: Reflexionad, os lo ruego, sobre un término [Διὰ λέξεως, ἥν...], que el Espíritu Santo emplea en este salmo, mientras yo os lo recito, y os daréis cuenta de que ni yo hablo mal ni vosotros estaréis realmente burlados (D 74, 2).

---

[25] Para todo esto cf. cap. V, páginas 276ss.

[26] Cf. D 73-74. Justino está reprochando a los judíos haber eliminado trozos de la Escritura. Después de citar unos cuantos textos se detiene en el salmo 95. En Sal 95, 10 lee, en vez de "el Señor reina", "el Señor reina desde el madero". Las últimas palabras, dice a Trifón, han sido suprimidas por vuestros rabinos.

Justino quiere fijarse ahora en una determinada palabra del salmo que le ayudará a diferenciar las dos personas[27]. ¿Cuál es el término a que concede el mártir tanto valor? Su comentario lo desvela:

"cantad al Señor un cántico nuevo. Llevad día a día la buena nueva de su *salvación* (τὸ σωτήριον αὐτοῦ) y en todos los pueblos sus maravillas" (Sal 95, 1-2). Lo que aquí manda el Espíritu Santo es que canten sin interrupción y celebren con instrumentos al Dios y Padre del universo cuantos en toda la tierra han conocido este misterio *salvador* (τὸ σωτήριον τοῦτο μυστή-ριον), es decir, la pasión de Cristo, por la que los *salvó* (ἔσωσεν); recono-ciendo que es digno de alabanza y terrible y hacedor del cielo y la tierra el que por amor del género humano obró esta *salvación* (ὁ τοῦτο τὸ σωτήριον [...] ποιήσας), la cual [salvación, es decir, Jesucristo] también murió después de ser crucificado y a quien Él [el Padre] concedió ser rey sobre toda la tierra... (D 74, 2-3).

He aquí el término que buscábamos: Jesús es la *salvación* (σωτήριον) realizada por el Padre a favor del hombre. Se refiere Justino a la muerte de Cristo y a su reinado subsiguiente sobre la tierra tras resucitar. El Padre, *salvando* a Cristo, lo constituyó en misterio de *salvación* para *salvar* por Él a los hombres[28]. Ser resucitado significa ser establecido como fuente de resurrección[29].

A esta luz se puede recoger el siguiente resultado. En otro lugares de su obra, cuando Justino quiere distinguir entre el Padre y el Hijo acude a la generación divina. Uno es el Dios inefable, otro el engendrado por Él[30]. En

---

[27] Λέχις puede significar una expresión, un conjunto de palabras; pero es más propia-mente un solo término. Nótese que poco antes, refiriéndose a "desde el madero", ha usado Justino λέξις en plural (cf. D 73, 1).

[28] Compárese D 74, 2: "[el Padre] *concedió* [a Cristo] ser rey sobre toda la tierra", y I 10, 3: "nos *concederá* [el Padre] la incorrupción y convivencia [con Él]". Con el mismo verbo (καταξιόω) se designa la glorificación definitiva de Cristo y la de los cristianos, ambas por obra del Padre. Idéntica palabra se usa en otros textos aplicada a Cristo, que concede la vida eterna a los cristianos (D 120, 5; 134, 4). La explicación está a la mano: Cristo recibe del Padre la resurrección para comunicarla a la vez.

[29] A este respecto es interesante que el vocablo "salvación", usado para distinguir al Padre del Hijo, halle continuación lógica en el siguiente número del Diálogo (D 75). Pues allí se habla precisamente del nombre de Jesús, que Justino sabe significa "salvador" (cf. I 33, 7; II 6 [5], 4); y se introduce con el mismo fin de distinguir al Padre y al Hijo, su enviado; además, enseguida se menciona la entrada del pueblo en la tierra (cuya conexión con la resurrección mostraremos más adelante). La continuidad que aquí señalo es un tanto sorprendente, pues en este punto señalan muchos exegetas una laguna; algunos la consideran de gran longitud. Otros elementos de continuidad, que abogan por una pérdida muy breve, fueron resaltados en su día por Maran, cuyo análisis aprobaba Otto (*ad locum*, p. 266s, n. 7); véanse, por su parte, las razones contrarias que dan Archambault (LXVII, LXXXI), OTRANTO, *Esegesi* (161-170) y Marcovich (5-6).

[30] Cf. sobre todo D 129, 4: τὸ γεννώμενον τοῦ γεννῶντος ἀριθμῷ ἕτερόν ἐστι.

nuestro pasaje persigue similar objetivo: diferenciar las dos personas. Pero notemos el cambio: se apoya ahora en la resurrección, momento en que Cristo es constituido σωτήριον. Traza de este modo una trayectoria continua entre la generación ocurrida antes del tiempo y la resurrección del domingo de Pascua. Si antes de los siglos el Hijo recibió del Padre todo lo que tiene (cf. D 129, 1), en este día el Padre se lo entrega también todo (cf. D 106, 1).

La potencia que Dios pone en acto en la resurrección refleja así la de la generación divina. Ciertamente con una diferencia: receptáculo de la acción paterna es ahora el cuerpo de Jesús, que vuelve a vivir. Pero entonces aquello mismo que el Padre puso en juego al engendrar al Hijo, su misterio más profundo y elevado, se comunica ahora a lo más humilde del hombre, la carne. Queda así claro que, si Cristo quería este don, era para poder comunicarlo. Por eso se llama "salvación" a lo que Jesús recibe del Padre: salvado por Dios puede a su vez salvar a los suyos.

Podemos ahora concluir este apartado. *Todo me lo ha concedido mi Padre* (Mt 11, 27). *Anunciaré tu nombre a mis hermanos* (Sal 21, 23). Ambos versos ayudan a interpretar la resurrección. El misterio está en sintonía con la generación divina: significa recibirlo todo de Dios. Lo adquirido la mañana de Pascua es la plenitud del nombre paterno, por el que Jesús es ahora cabalmente "Hijo". ¿Cómo es esto posible, visto que Cristo es ya Hijo de Dios por su generación divina? Justino se muestra aquí coherente con el resto de su cristología. La resurrección la recibe Jesús para poder comunicarla; la plenitud de la filiación se le concede en bien del hombre, a quien hará hermano suyo, hijo de Dios.

1.2. Su nombre es Oriente (Zac 6, 12) ·

Anunciaré tu nombre a mis hermanos (Sal 21, 23; D 106, 2). En relación con este anuncio del nombre trae Justino una profecía algo enigmática que importa descifrar: *Su nombre es Oriente* (Zac 6, 12; D 106, 4).

Atendamos para ello al contexto donde se inserta esta escritura. Acaba de citar el mártir Sal 21, 24: "Cantadle, toda la descendencia de Jacob (τὸ σπέρμα ᾿Ιακώβ), glorificadle; que le tema toda la descendencia de Israel (τὸ σπέρμα ᾿Ισραήλ)". Justino retomará en su exégesis estos nombres de Jacob e Israel:

significaba que Él era el que había dado los nombres de Jacob y de Israel, y a Ausés el sobrenombre de Jesús, y por este nombre de Jesús fue introducido en la tierra prometida a los patriarcas lo que quedó del pueblo que salió de Egipto (D 106, 2-4).

Piensa Justino en la promesa hecha a Abraham, padre de Jacob: vería larga descendencia y se le daría entrada en la tierra. De ahí que añada enseguida:

Y que Él [Cristo] había de levantarse como una estrella por medio del linaje de Abraham (καὶ ὅτι ὡς ἄστρον ἔμελλεν ἀνατέλλειν αὐτὸς διὰ τοῦ γένους τοῦ ᾿Αβραάμ) lo manifestó Moisés cuando dijo: "Se levantará una estrella de Jacob, y un caudillo de Israel" (ἀνατελεῖ ἄστρον ἐξ ᾿Ιακὼβ καὶ ἡγούμενος ἐξ ᾿Ισραήλ) (cf. Nm 24, 17). Y otra Escritura dijo: "Mirad a un hombre. Su nombre es Oriente" (᾿Ιδοὺ ἀνήρ, ἀνατολὴ ὄνομα αὐτῷ) (cf. Zac 6, 12). Levantándose (ἀνατείλαντος), pues, en el cielo una estrella apenas hubo nacido Cristo, como se escribe en los Recuerdos de sus Apóstoles, reconociéndole por ella los magos de Arabia, vinieron y le adoraron (D 106, 4).

Recoge Justino dos profecías: Nm 24, 17b ("se levantará una estrella") y Zac 6, 12 ("su nombre es Oriente"), fijándose en los términos ἀνα-τέλλειν y ἀνατολή[31]. Y afirma que Cristo surge como estrella por medio del linaje de Abraham.

La unión de la estrella con la figura del patriarca es sugestiva. Recordemos a este respecto la promesa que escuchó Abraham: tendría una descendencia "como las estrellas del cielo, como la arena de las playas marinas" (Gn 15, 5; 22, 17). Sabemos que Justino veía aquí una distinción entre hijos e hijos de Abraham. Los unos, brillantes como estrellas; baldíos como la arena del mar los otros. Descendencia espiritual, según la fe, la primera; confiada en la mera carne la segunda[32].

Ahora bien, unas líneas más arriba (D 106, 1) el Resucitado exhortaba a la *raza* de los hombres creyentes (πᾶν γένος τῶν πιστευόντων ἀνθρώπων) a cantar a Dios. A la luz del contexto, ¿no está aludiendo Justino a los hijos de Abraham según la fe? (cf. D 119, 6). Todo parece indicar que se establece un vínculo entre la resurrección y la promesa que se hizo al patriarca. Como si Cristo fuese llamado "Oriente" por inaugurar un nuevo linaje de estrellas.

Para confirmar esta impresión notemos algo que empieza a sernos familiar. Lo tratado con brevedad en D 106 hallará amplio eco en la sección siguiente del Diálogo (D 108-142). Encontramos allí, en efecto, una alusión a Nm 24, 17b, esta vez en una cita compuesta con Sal 71, 17: "su nombre dura por siempre, se levanta más arriba que el sol (ὑπὲρ τὸν

---

[31] Es probable que Justino empleara aquí una lista de testimonios que agrupara versículos bíblicos en torno a esta raíz: cf. DANIÉLOU, *Judéo-Christianisme* (242). La denominación de Cristo como Oriente aparece ya en Lc 1, 78ss: "sol que nace de lo alto" (ἀνατολὴ ἐξ ὕψους). Entre los rabinos se conocía la interpretación mesiánica de Nm 24, 17: cf. MISIARCZYK, *Il midrash* (233-240).

[32] Cf. *supra*, cap. II, apdo. 2.3: "La Alianza con Abraham", pp. 92ss.

ἥλιον ἀνατέλει)" (D 121, 1). Enseguida sigue el otro texto que antes hallábamos, Zac 6, 12: "su nombre es Oriente" (D 121, 2).

Ahora bien, notemos dónde se sitúan estas escrituras: Justino acaba de hablar de los creyentes, nueva descendencia de Abraham (D 119-120); ha aludido también a la distinción entre los hijos del patriarca (D 120, 5-6), cuyo trasfondo es la diferente cualidad de arena y estrellas (D 120, 2). Llega entonces nuestra cita: el nombre de Cristo se levanta por encima del sol. La explicación es interesante: muchos mueren por Cristo, nadie *por la fe* en el sol (διὰ τὴν πρὸς τὸν ἥλιον πίστιν), considerado dios por los antiguos paganos (D 121, 2). Con lo que se nos invita a recordar la fe del patriarca, a quien Justino caracteriza precisamente por haber abandonado los ídolos y haberse dedicado a la búsqueda del Dios verdadero (cf. D 119, 6).

Se confirma así el vínculo entre el título de Oriente y lo prometido a Abraham. Los números siguientes del Diálogo concuerdan con esta lectura. Tras la resurrección Cristo es luz de las naciones y los cristianos son iluminados por Él (D 121-122), nacidos para Dios como nueva raza (cf. D 123, 9). La estrella será capaz de engendrar multitud de estrellas[33].

Tengamos además en cuenta que el verbo ἀνατέλλειν estaba ya siendo usado entre los cristianos para indicar la resurrección. Así lo prueba el testimonio de Ignacio de Antioquía. Para él el domingo es el día en que "ha surgido (ἀνέτειλεν) nuestra vida"[34]. Justino no es ajeno a este modo de pensar. Así lo muestra cuando llama al domingo, por primera vez en la tradición cristiana, "día del sol":

> El día que se llama del sol se celebra una reunión de todos los que moran en las ciudades o en los campos [...]. Y celebramos esta reunión general el día del sol, por ser el primero, en que Dios, transformando las tinieblas y la materia, hizo el mundo, y el día también en que Jesucristo, nuestro Salvador, resucitó de entre los muertos (I 67, 3.8).

Entre paganos estaba solo parcialmente difundida la costumbre de llamar a los días de la semana según los planetas. Esto implica: es Justino quien tiene interés en subrayar la coincidencia, con fines apologéticos[35].

---

[33] Justino compara una vez a los cristianos con el sol (I 16, 12), siguiendo Mt 13, 43: "Brillarán como el sol en el reino de Dios" (cf. también IRENEO, *Adv. haer.* IV, 5, 3, SC 100, 432; IV 7, 3, SC 100, 460). Lo refiere a la situación definitiva de los justos, tras la resurrección de la carne, cuando a los cristianos se apliquen plenamente los efectos de la resurrección de Cristo.

[34] Cf. IGNACIO, *Ad Mag.* 9, 1 (SC 10b, 102). En otro lugar, equipara su propia muerte con la puesta de sol, y su ida al Padre con el amanecer (ἵνα εἰς αὐτὸν ἀνατείλω) (cf. *Ad Rom.* II, 2, SC 10b, 128).

[35] Cf. M. WALLRAFF, *Christus verus Sol. Sonnenverehrung und Christentum in der Spätantike* (JAC.E 32; Münster Westfalen 2001) (89-93).

La resurrección de Jesús se equipara a la creación de la luz, a la salida del sol.

Hay un pasaje de la apología que parece en contraste con lo que venimos diciendo. Se cita allí también Nm 24, 17b:

E Isaías, otro profeta, viene a decir lo mismo por otras palabras, profetizando así: "Se levantará una estrella de Jacob y una flor subirá de la raíz de Jesé; y sobre su brazo las gentes esperarán" (Nm 24, 17b; Is 11, 1b; Is 51, 5b). Y, en efecto, una estrella brillante se levantó y una flor subió de la raíz de Jesé, que es Cristo. Porque Él fue concebido, con virtud de Dios, por una virgen, descendencia ella de Jacob, que fue padre de Judá [...]; y Jesé, según el oráculo, fue su abuelo (I 32, 12-13).

¿Cuándo surge Cristo como nueva estrella? El orto del astro parece situarse, según este pasaje, en el alumbramiento de Jesús. Así lo indica la mención de María virgen, de la que nace el Cristo. Y vendría a confirmarlo la asociación, antes apuntada, entre el oráculo de Balaam (Nm 24, 17b) y la estrella que guió a los magos hasta Belén (cf. D 106, 4).

¿Aparece la estrella, pues, en Navidad o en Pascua? Justino parece afirmar ambas cosas. Lo cual, a la luz de sus principios cristológicos, no implica contradicción. Desde su nacimiento en Belén, engendrado de la virgen por voluntad del Padre, es Cristo Hijo de Dios también en cuanto hombre. Como tal le señala la estrella, y bajo este signo le reconocen y adoran los magos, imitadores de la fe de Abraham. Se ha empezado, pues, a cumplir la promesa hecha al patriarca: la historia alberga desde entonces la posibilidad de un nuevo nacimiento, que no es aquel de la carne y sangre.

Ahora bien, Hijo de Dios desde que vino a la tierra, entra en los planes divinos que Jesús recorra todo el curso de su vida; no por carencia personal, sino porque el hombre no puede recibir de golpe filiación de tal categoría. En Belén se inicia, por tanto, un proceso que sólo en Pascua verá su plenitud. Entonces sí: se cumplirá en verdad la promesa; una estrella surge: Jesús tiene en modo nuevo, plasmada en su carne, la filiación divina; nada le falta para transmitir vida nueva a multitud de hombres.

Concluimos. *Anunciaré tu nombre a mis hermanos* (Sal 21, 23). En ese *nombre* se contienen muchos, entre ellos el de "Oriente". ¿Qué se quiere decir con él? Antes hemos establecido que el nombre nuevo de la resurrección procede del Padre: tiene su fundamento en la generación divina de Cristo. El título de Oriente nos ayuda a completar este punto de vista. Pues designa a Cristo como la verdadera descendencia que anhelaba el Patriarca. Y esto implica: no recibió Jesús un nombre sin conexión con sus avatares terrenos y los de sus progenitores. Aun viniendo de lo alto, pasa a través de una larga genealogía. Se llama Oriente porque en él se consuma la historia de sus padres, que desde tiempos antiguos se consagraron a la búsqueda de Dios; se consuma también su propia historia empezada en Nazaret, lenta plasmación de la filiación divina en su carne[36].

De ahí que resucitar signifique plenificar la Encarnación y, con ella, los largos siglos de camino del pueblo elegido.

1.3. El signo de Jonás

Además del salmo 21 el mártir usa otra profecía para explicar la resurrección: la historia de Jonás[37].

Y como había de resucitar al tercer día después de ser crucificado, se escribe en los Recuerdos de los Apóstoles que, discutiendo con Él los de vuestro pueblo, le dijeron: "Muéstranos un signo", a lo que les contestó: "Esta generación mala y adúltera busca un signo, y no se les dará otro signo que el de Jonás profeta". Y aunque esto lo dijo ocultamente, todavía podían los que escuchaban haber entendido que, después de ser crucificado, resucitaría al tercer día. Y Jesús puso de manifiesto que vuestra generación era más perversa y más adúltera que los habitantes de la ciudad de Nínive... (D 107, 1).

En los evangelios la historia de Jonás se presta a dos consideraciones. Primera: la estancia del profeta en el vientre del cetáceo y su final liberación al tercer día son signo de la muerte y resurrección de Jesús. Segunda: la penitencia de los ninivitas sirve para exhortar a conversión. Vemos que Justino recoge los datos evangélicos: tanto los tres días del profeta en la ballena como la predicación en la gran ciudad[38].

Fijémonos en un detalle que aparece en Justino y no en los evangelistas. El mártir une expresamente la resurrección, no sólo con la estancia de Jonás en el cetáceo, sino también con la predicación del profeta en Nínive. En efecto, si Jonás permaneció tres días en el pez que lo engulló (Jon 2, 1),

---

[36] Sobre esto, cf. *supra*, cap. III, apdo. 2.3: "Hijo de Abraham", pp. 168ss.

[37] Para lo que sigue se puede ver Y.-M. DUVAL, *Le livre de Jonas dans la littérature chrétienne grecque et latine. Sources et influence du Commentaire sur Jonas de saint Jérôme* (EAug; Paris 1973) (123-130).

[38] Mateo (Mt 12, 39-41) conoce, por un lado, la predicación a los ninivitas; e interpreta los tres días de Jonás en el cetáceo como signo de la resurrección de Jesús. Lucas (Lc 11, 32) es más misterioso: sin mencionar el tiempo transcurrido por el profeta en la ballena, dice sólo que Jesús fue un signo para los de Nínive. Los estudiosos del tercer evangelista se dividen en la exégesis. Para unos el signo de Jonás es la predicación de Jesús, de rasgos similares a la que escucharon los ninivitas; para otros es su resurrección, en consonancia con la maravillosa liberación de Jonás del vientre del monstruo. Cf. H. SCHÜRMANN, *Das Lukasevangelium 2/1* (HThK; Freiburg im B. 1994) (272). La primera opción, minoritaria entre los estudiosos de Lucas, es la que vamos a ver desarrollada en Justino, pero unida también al momento de la resurrección.

éste fue también el tiempo dado por Dios para la conversión de la ciudad pagana (Jon 3, 4)[39]:

> vuestra generación era más perversa [...] que los habitantes de la ciudad de Nínive. Porque éstos, al predicarles Jonás, después que un enorme pez le vomitó de su vientre *al tercer día* de haberle tragado, que *a los tres días* perecerían en masa, pregonaron un ayuno general... (D 107, 2).

La cosa despierta extrañeza. Jonás engullido por la ballena bien puede señalar la muerte y resurrección de Cristo. Pero, ¿qué relación hay entre esta última y la predicación del profeta? A determinarla nos ayudarán los números que siguen en el Diálogo (D 107 – D 109): Justino se centra en la conversión y penitencia de los de Nínive.

La unión de estos números la da precisamente la historia de Jonás. El mártir pone en paralelo tres comportamientos: los de ninivitas, judíos y gentiles. En todos ellos queda de relieve: a) la misericordia divina; b) la necesidad de que el hombre haga penitencia[40]. Comencemos con la ciudad pagana:

> [Los habitantes de Nínive] pregonaron un ayuno general [...]; vestirse de saco, gemir intensamente, arrepentirse sinceramente de corazón y apartarse de la iniquidad. Y es que tenían fe en que Dios es misericordioso y benigno (ἐλεή-μων καὶ φιλάνθρωπος) para todos los que se apartan de la maldad... (D 107, 2).

Acto seguido Justino comparará la respuesta de Nínive con la de los judíos tras la resurrección. Lejos de hacer penitencia, propagaron calumnias contra Cristo y los cristianos. De nuevo aparecen en primer plano la piedad (ἔλεος) de Dios (cf. D 108, 3) y la conversión (μετά-νοια) que se pide al hombre (cf. D 108, 1-3)[41]. Por último se pondrá de

---

[39] Los tres días dados a la ciudad para su conversión aparecen en los LXX, y no en el TM, que da la cifra de cuarenta. Justino vuelve a hablar de estos tres días en D 107, 3.

[40] Sobre el pasaje, cf. M. MERINO, "La conversión cristiana. El concepto de ἐπιστρέ-φειν y μετανοεῖν en S. Justino", *StLeg* 20 (1979) 89-126 (116-124).

[41] "A pesar de que todo vuestro pueblo conoce esta historia de Jonás y de que Cristo, estando entre vosotros, os gritó que os había de dar el signo de Jonás, exhortándoos a que por lo menos después de su resurrección de entre los muertos os arrepintierais (μετανοήσητε) de vuestras malas acciones [...] vosotros, apenas supisteis que había resucitado de entre los muertos, no sólo no hicisteis penitencia (οὐ μετενοήσατε)..." (D 108, 1-2); cf. D 108, 3: "Nosotros, sin embargo, no os aborrecemos a vosotros [...] sino rogamos que ahora al menos hagáis penitencia (μετανοήσαντας) y alcancéis todos misericordia (ἐλέους τυχεῖν) del Dios que es Padre del universo, compasivo y misericordioso (παρὰ τοῦ εὐσπλάγχνου καὶ πολυελέου πατρὸς τῶν ὅλων θεοῦ)". Justino no se ha apartado del libro de Jonás: se refiere ahora a Jon 4, 2: "yo sabía que tú eres un Dios clemente y piadoso (ἐλεήμων καὶ οἰκτίρμων), lento a la cólera y rico en piedad (μακρόθυμος καὶ πολυέλεος)". Especialmente este último adjetivo

relieve la positiva actitud de los gentiles, que imitaron a los de Nínive al convertirse (μετανοεῖν) de su maldad (cf. D 109, 1)[42].

Volvamos ahora por un instante a D 106, el número dedicado a la resurrección dentro del comentario al salmo 21. Justino comenzaba precisamente poniendo el acento en la misericordia paterna:

> Y como Jesús sabía que su Padre había de concederle todo, según su beneplácito, y que había de resucitarle de entre los muertos, exhortó a todos los que temen a Dios a que le alabaran, pues por el misterio de su muerte en la cruz había tenido misericordia (διὰ τὸ ἐλεῆσαι) de todo el linaje de los hombres creyentes (D 106, 1).

Notemos lo que añade a continuación el mártir:

> Y Él se puso en medio de sus hermanos, sus Apóstoles, quienes después de la resurrección (μετὰ τὸ ἀναστῆναι αὐτὸν ἐκ νεκρῶν) se persuadieron de que Él les había dicho de antemano que todo aquello lo tenía que sufrir [...] y se arrepintieron (μετενόησαν) de haberle abandonado cuando fue crucificado... (D 106, 1).

He aquí, de nuevo, el nexo entre misericordia y arrepentimiento, justo tras la resurrección de Jesús. Sabemos que Justino insiste en la huida de los Apóstoles; su penitencia tiene que ver con la obra redentora de Cristo; es curación alcanzada para los suyos por el Resucitado[43]. D 106, 1 es, pues, el anuncio de un tema que Justino desarrollará enseguida (en D 107-108). Veamos en una tabla el resumen de lo que decimos:

Apóstoles (D 106, 1)	Ninivitas (D 107)	Judíos (D 108)	Gentiles (D 109, 1)
Dios tiene misericordia del género humano. Los Apóstoles se convierten tras la Resurrección	Dios es misericordioso. Los ninivitas se convierten tras los tres días de predicación de Jonás, signo de la resurrección.	Por no convertirse tras la resurrección no alcanzan los judíos la misericordia de Dios.	Los gentiles hacen penitencia tras oír la predicación apostólica.

La tabla muestra la unidad de todo el pasaje. Luz cierta para interpretar la resurrección es, pues, la historia de Jonás. Y no tanto por los días trans-

---

delata la inspiración en el texto bíblico (referencia que no recoge ni la *Biblia Patristica* ni la reciente edición de Marcovich).

[42] Cf. D 109, 1: "Permitidme, en cambio, que os cite unas breves palabras de Miqueas, uno de los doce profetas, por las que veréis cómo los gentiles habían de hacer penitencia (μετανοεῖν) de la maldad en que anduvieron errantes..."

[43] Sobre el abandono de los discípulos, cf. *supra*, pp. 405ss.

curridos en el cetáceo, sino por la predicación a Nínive. El enfoque es interesante: el signo del profeta no ha concluido; sus tres días, lejos de ser pretéritos, transcurren ante nuestros ojos y nuestra libertad. La señal de Jonás permanece abierta porque mira al presente y futuro de la Iglesia. La resurrección se ve entonces como manifestación de la misericordia paterna, que llama a penitencia a todos los hombres. Veamos en detalle estos elementos:

+ Aparece por un lado la "misericordia" del Padre (ἔλεος: D 106, 1; D 107, 2)[44]. Se trata de la actitud de Dios con respecto al pecador: su disposición a perdonarle. Ocurre lo mismo con la palabra φιλανθρωπία, usada en este contexto (D 107, 2). No es simplemente amor de Dios por el hombre sino, más precisamente, por el hombre pecador. Justino quiere evidenciar la paciencia divina ante la maldad humana[45].

+ No sólo unos pocos necesitan que Dios les muestre esta misericordia. De ahí que Justino, antes que hablar de ninivitas, judíos o gentiles (D 107-109), mencione el abandono de los discípulos (D 106, 1). De este modo la resurrección, como lugar en que se manifiesta la misericordia del Padre, es el momento en que el perdón se ofrece a todo hombre. Puede por eso parangonarse a lo ocurrido en Nínive: Jesús es el Jonás escatológico que predica la nueva llamada de conversión[46].

---

[44] El texto de Jonás lo usó Marción para acusar de malicia al Creador. Tertuliano lo vuelve contra el hereje, interpretándolo como testimonio de la misericordia divina: cf. *Adv. Marc.* II, XVII, 2 (SC 368, 108); II, 24, 2-6 (SC 368, 142-146); IV, 10, 3 (SC 456, 130); V, 11, 2 (CCL I, 695); cf. DUVAL, *Le livre de Jonas* (158-160). San Ireneo se centrará más en el signo de la ballena, pasando por alto la conversión de Nínive. Y lo aplicará directamente, no a la resurrección de Cristo, sino a la de los cristianos (cf. *Adv. haer.* III, 20, 1-2, SC 211, 382-392; V, 5, 2, SC 153, 66). Sin embargo pondrá de relieve también la paciencia y magnanimidad de Dios; cf. DUVAL, *Le livre de Jonas* (131-147). Detrás de esta página de Justino podría estar asimismo una intención antimarcionítica. Presentando, por un lado, la bondad del Dios del Antiguo Testamento; y resaltando, por otro, que Cristo no es ajeno al Creador y estaba profetizado ya en la historia de Jonás.

[45] En el mundo pagano la φιλανθρωπία era atributo propio del rey, magnánimo y perdonador de sus súbditos; cf. C. SPICQ, "La philanthropie hellénistique, vertu divine et royale (à propos de Tit. III,4)", *StTh* 12 (1958) 169-191. Justino pone de relieve el matiz de paciencia ante el pecador; cf. especialmente D 47, 5, donde aparecen unidas φιλανθρωπία y bondad (χρηστότης) para describir cómo Dios se comporta ante el hombre injusto. El mismo par se encuentra en Tt 3, 4, en un contexto (Tt 3, 1-7) que muestra ideas similares a las del mártir: también se asocia la φιλανθρωπία de Dios a la misericordia (ἔλεος); el Creador se apiada de un pueblo pecador y malvado dándole nueva vida. Encontramos un uso parecido de φιλανθρωπία en *Ad Diog.* 8, 7 (SC 33b, 70); 9, 2 (SC 33b, 74).

[46] Hay aquí un enfoque similar al que siguen los Hechos de los Apóstoles (cf. Hch 2, 38; Hch 3, 19; Hch 5, 31): con la resurrección se exhorta a la penitencia y se abre la posibilidad de la vuelta al Padre. Justino relaciona así la muerte y resurrección de Cristo con la expansión posterior del evangelio: sus apariciones a los Apóstoles (D 106, 1)

+ Fijémonos ahora en este otro término, conversión (μετάνοια), que hemos visto aparecer con frecuencia en torno a la historia de Jonás. Se trata de la respuesta adecuada del hombre ante el perdón divino. Esta respuesta cuenta con la libertad; pero a la vez se consigue sólo como don participado de Cristo, el único justo[47]. Este último extremo queda claro de los efectos que tiene la conversión: el cristiano se hace imitador de las cualidades divinas. La φιλανθρωπία, virtud propia del Padre, la veremos enseguida aparecer en el cristiano, a quien se le concede por la muerte de Cristo (cf. D 110, 3; D 136, 2). Y a cuento de la historia de Jonás se dice de los creyentes:

> Nosotros, sin embargo, no os aborrecemos a vosotros [a los judíos] ni a quienes por culpa vuestra piensan de nosotros todas esas abominaciones, sino rogamos que ahora al menos hagáis penitencia y alcancéis todos misericordia del Dios que es Padre del universo, compasivo y misericordioso (παρὰ τοῦ εὐσπλάγχνου καὶ πολυελέου πατρὸς τῶν ὅλων θεοῦ) (D 108, 3).

No devuelven los cristianos males por males[48]. Obran así de igual modo que su Padre, quien no quiere que los pecadores perezcan[49]. Imitadores de Dios, muestran en sí mismos cómo la resurrección es capaz de transformar al hombre.

Todo lo dicho nos recuerda un asunto tratado en el capítulo anterior. La cruz era allí máxima manifestación del designio paterno. En ella Dios se muestra justo y verdadero, es decir, fiel a su proyecto salvador. Así es: lejos de detenerse ante el pecado humano, el Padre entrega a su propio

---

fundan la proclamación de la buena nueva por toda la tierra (cf. D 109, 1); cf. *infra*, pp. 469ss.

[47] Cf. *supra*, cap. VI, pp. 409ss; cf. también MERINO, "La conversión".

[48] Los judíos, por el contrario, respondieron a la bendición con maldición, cf. D 108, 1-2: "A pesar de que todo vuestro pueblo conoce esta historia de Jonás y de que Cristo, estando entre vosotros, os gritó que os había de dar el signo de Jonás, exhortándoos a que por lo menos después de su resurrección de entre los muertos os arrepintierais de vuestras malas acciones [...] vosotros, apenas supisteis que había resucitado de entre los muertos, no sólo no hicisteis penitencia, sino, como antes dije, escogisteis a hombres especiales y los enviasteis por toda la tierra que fueran repitiendo a voz de pregón que una secta sin Dios y sin ley se había levantado en nombre de un Jesús de Galilea, que fue un impostor...".

[49] La actitud cristiana se ilumina con la historia del ricino que daba sombra a Jonás, de la cual el mártir cuenta los pormenores (D 107, 3). Ningún esfuerzo costó al profeta que naciera aquel árbol, y sin embargo le dio pena su muerte. Soberbia lección que muestra su mezquindad ante la suerte de Nínive. Salta a la vista el contraste con la postura de Dios y de los creyentes. Cf. DUVAL, *Le livre de Jonas* (124-125): "Il semble que Justin oppose ici à ce qui a été l'égoïsme de Jonas devant le pardon accordé à Ninive, la générosité des païens convertis au Christ: loin de conserver pour eux seules la faveur qui leur a été faite, ils sont tout disposés à en voir profiter ceux-là même qui la leur refusaient".

Hijo para que el hombre pueda alcanzar la justicia, participando en la de Cristo. Por eso la cruz es signo de bendición o maldición definitivas: a quienes la rechacen no quedará ya puerta donde llamar[50].

Ahora vemos que Justino presenta la resurrección según esta misma óptica. En el Resucitado se muestra plenamente la piedad del Padre, siempre dispuesto a recibir al pecador. Su firme decisión salvadora se hace patente y eficaz en este nuevo Jonás de la Nínive del mundo. Según acojan o desprecien su último signo pueden los hombres participar de la justicia de Cristo (hechos imitadores de la bondad de Dios) o negarse a reconocer el designio del Padre, acusándole de injusto proceder (cf. D 108, 2). De aquí que la resurrección adquiera rasgos de juicio. Pues cuando Dios se da enteramente, rechazarle es rechazarlo todo: la perdición se convierte entonces en definitiva.

La historia de Jonás nos muestra así la resurrección no tanto como el final feliz de una historia, sino como el inicio de un drama de libertad en el que la misericordia de Dios tiene siempre la iniciativa. Al tiempo que nos permite verla estrechamente vinculada a la cruz de Jesús, signo escatológico del perdón paterno

Antes de seguir, recapitulemos los resultados obtenidos hasta el momento en torno al Resucitado. a) El nuevo nombre recibido por Jesús nos ha permitido ver las hondas raíces de lo acaecido la mañana de Pascua: nada menos que la generación divina del Hijo de Dios, anterior al tiempo. b) Pero a su vez (en torno al nombre de Oriente) se han establecido vínculos entre la resurrección y toda la historia que la precedió: la de Jesús desde la Encarnación, la del pueblo de Israel desde que Abraham comenzó a seguir al Verbo. c) Ahora la historia de Jonás ha completado el panorama, mostrando la unión entre muerte y vida nueva de Cristo.

Podemos entonces decir que la resurrección es el punto en donde confluyen todas las trayectorias recorridas por el Hijo de Dios en su misión salvífica. Lo que sigue nos permitirá precisar el modo en que estas trayectorias se entrelazan.

1.4. Josué, tipo de Jesús

"Anunciaré tu nombre a mis hermanos" (Sal 21, 23). La exégesis del versículo (en D 106, 3) esconde aún su teología. En efecto, sabemos que Justino alude a varios cambios de nombre (Pedro, los Zebedeo, Jacob e Israel). Pues bien, entre ellos cobra especial relieve el de Josué [=Jesús], ya que a su mención se añade: por este nombre (δι' οὗ ὀνόματος) entra

---

[50] Cf. *supra*, cap. VI, apdo. 2.2, pp. 402.

el pueblo en la tierra prometida[51]. ¿Hay algún vínculo entre el nombre que el Resucitado anuncia a sus hermanos (según Sal 21, 23) y el que recibió el hijo de Nave?

El mártir no dice mucho, por el momento. Ahora bien, como venimos viendo, varios de los elementos recogidos en este número del Diálogo encuentran amplio desarrollo en la última sección de la obra[52]. Es nuestro caso: sobre el nombre de Josué volverá Justino a partir de D 111. El pasaje empieza recordando cómo Israel venciera a Amalek:

> en lo que realizaron Moisés y Josué se dijo y anunció con antelación lo mismo [las dos parusías del Señor], en forma simbólica. Pues uno de ellos permaneció hasta la tarde sobre la colina con las manos extendidas [...] (lo que no mostraba sino el tipo de la cruz); el otro, por su parte, a quien se le cambió el nombre por el de Jesús, conducía la batalla (ἦρχε τῆς μάχης), e Israel vencía (ἐνίκα᾽ Ἰσραήλ). Una cosa era de considerar en aquellos dos hombres santos y profetas de Dios, a saber, que uno solo de ellos no era capaz de llevar sobre sí ambos misterios, quiero decir, la figura de la cruz y la figura de la imposición del nombre. Sólo uno tiene, tuvo y tendrá esa fuerza, y es Aquel ante cuyo nombre tiembla toda potestad, con la angustia de ser por Él destruida (D 111, 1-2).

La victoria de Israel vino por medio de dos hombres: Moisés y Josué. De ahí que la batalla signifique la doble parusía del Salvador. Pues ambos personajes tienen funciones distintas: Moisés permanece hasta la tarde con los brazos extendidos y por eso simboliza la cruz; toca a Josué dirigir la batalla y vencer, prefigurando así el segundo advenimiento glorioso. Ahora bien, la victoria y derrota de las potestades adversas no se reserva sólo para la segunda venida: ha comenzado la mañana de Pascua[53]. Así las cosas, corresponde a Josué ser cifra de la resurrección y de la etapa que

---

[51] Cf. D 106, 3: "Y [Cristo dio] a Ausés el sobrenombre de Josué [=Jesús], y por este nombre (δι᾽ οὗ ὀνόματος) fue introducido en la tierra prometida a los patriarcas (εἰς τὴν ἐπηγγελμένην τοῖς πατριαρχαῖς γῆν) lo que quedó del pueblo que salió de Egipto". Para la figura de Josué en Justino cf. OTRANTO, "Tipologia di Giosué".

[52] Efectivamente. La mención de Jonás en D 107, 1 se desarrolla en D 107-110 (el tema estaba ya presente en D 106, 1). D 111-118 se mueve en torno a Josué (D 106, 3) o temas anejos, como veremos. El nombre de Oriente (D 106, 4) se relaciona con la estirpe de Abraham, y se retoma a partir de D 119. El esquema de anuncio y cambio de nombre (D 106, 2-3) encuentra eco en D 124-125.

[53] En efecto, toda potestad tiembla ya ante el nombre de Jesús (D 111, 2); el conducir (ἦρχε) como jefe al pueblo contrasta con las potestades (πᾶσα ἀρχή) que son destruidas; cuando se habla de victoria (ἐνίκα᾽ Ἰσραήλ), se piensa también en la resurrección: cf. I 63, 16.

entonces comienza hasta el regreso en gloria[54]. Tratemos de confirmar este extremo.

Un poco después en el Diálogo (D 113) volverá Justino a centrarse en la figura de Josué y la tratará con amplitud. El texto que hemos citado (D 111, 1-2) dejaba entrever ese desarrollo e insistía en el nuevo nombre dado al sucesor de Moisés. ¿En qué se entretiene Justino mientras tanto (D 111, 2 - D 113)? Se suceden los temas que siguen:
- (A) Cristo no es maldito por la Ley (en referencia a Dt 21, 23: "maldito el que cuelga del madero") (D 111, 2).
- (B) Cristo, Pascua: los primogénitos de Egipto salvados por la sangre de la Pascua (cf. Ex 12, 7) (D 111, 3-4).
- (C) La prostituta Rajab (cf. Jos 2, 18; Jc 2, 25): el hilo rojo que colgaba de su casa, señal de la sangre de Cristo (D 111, 4).
- (D) Moisés y la serpiente elevada en el desierto (Nm 21, 6-9) (D 112, 1-3).
- (E) Reproche a los judíos sobre su modo de hacer exégesis: son así incapaces de entender los misterios que se acaban de enumerar (D 112, 4-5).

Las escenas se agrupan en torno a la Pasión. ¿Qué relación guarda todo esto con el nombre de Josué - Jesús? Justino parece suponer un nexo, pues cuando reprocha a los rabinos su poco entendimiento de estos misterios (parte E), es para volver sobre el cambio de nombre de Josué, totalmente descuidado por los maestros judíos (cf. D 113, 1-2)[55]. La cosa se aclara si atendemos a un particular que agrupa todas estas escenas. Se trata de la presencia continua del verbo "salvar" en el pasaje:
- (A) Cristo no es maldito, sino que *salva*[56].
- (B) Como en la Pascua Cristo *salvó* a los primogénitos, así nos *salva* ahora[57].
- (C) El signo de Rajab *salva* a los hombres de todas las naciones[58].

---

[54] La historia de Amalek ya había sido tratada por Justino en relación con la cruz (D 90, 4-5), y ahora se vuelve sobre ella. No se trata de mera repetición; encontramos diferentes enfoques. Si antes el interés se ponía en la figura de Moisés, pasa ahora, en contexto de resurrección, a concentrarse sobre Josué.

[55] OTRANTO, "Tipologia di Giosué" (31), pone de relieve como los judíos dejaban de lado la figura de Josué para no disminuir la importancia de Moisés.

[56] Cf. D 111, 2: Χριστὸς οὐ κατηράθη ὑπὸ τοῦ νόμου, ἀλλὰ μόνος σώσειν τοὺς μὴ ἀφισταμένους τῆς πίστεως αὐτοῦ ἐδήλου.

[57] Cf. D 111, 3: καὶ τοὺς ἐν Αἰγύπτῳ δὲ σωθέντας [...] ὡς δὲ τοὺς ἐν Αἰγύπτῳ ἔσωσε τὸ αἷμα τοῦ πάσχα; D 111, 4: ὅτι προεκήρυσσε τὴν μέλλουσαν δι' αἵματος τοῦ Χριστοῦ γενήσεσθαι σωτηρίαν τῷ γένει τῶν ἀνθρώπων.

[58] Cf. D 111, 4: δι' οὗ οἱ πάλαι πόρνοι καὶ ἄδικοι [...] σώζονται.

- (D) Lo mismo ocurre con el signo de la serpiente, que *salva* al hombre[59].

Ahora bien, ¿no significa el nombre de Jesús precisamente "Salvador" (cf. II 6 [5], 4; I 33, 7)? Y esta salvación, ¿no quiere decir para Justino "resucitar"?[60] Desde aquí no es difícil ver la coherencia de estos números del Diálogo (D 111-112).

En la batalla contra Amalek la acción conjunta de dos personas era símbolo de la obra de Cristo, presentada así como unión de elementos en apariencia dispares. Moisés representaba la muerte en cruz; Josué (Salvador) la victoria que por ella venía, la resurrección (D 111, 1). Justino insiste en este vínculo: sólo Cristo podía llevar a cabo la unión de tales contrarios (cf. D 111, 2). A esta luz cobran relieve los pasajes que siguen (D 111, 2-112, 3). Es cierto que se centran en la Pasión de Jesús; pero el análisis nos ha mostrado la presencia continua en ellos del verbo "salvar". Es decir, contemplan el *via crucis* sólo en cuanto conduce a la salvación (resurrección), en línea con la historia de Amalek. Todo tiende así a mostrar el misterio de Pascua en su paradójica unidad: esta muerte conduce a la vida; quien parece maldito es fuente de bendiciones.

Podemos entonces entender lo que Josué representa. Por su mismo nombre toca al hijo de Nave prefigurar la resurrección. Que aparezca en torno a Sal 21, 23-24 (D 106, 3) no es, pues, fortuito. Pero fijémonos: no simboliza Josué la resurrección en modo aislado, como evento solitario; sino en conjunción inextricable con la cruz. Su figura puede ayudarnos a indagar el vínculo entre resurrección y muerte de Cristo.

La entrada en la tierra

Tomemos para ello otro hito en la historia de Josué: él introdujo al pueblo en la tierra prometida. El tema, anunciado por Justino en torno al salmo 21 (D 106, 3), reaparece pronto:

> Porque no sólo se le cambió el nombre, sino que, habiendo sido sucesor de Moisés, fue el único de los que a su edad salieron de Egipto que introdujo en la tierra santa a los restos que quedaron del pueblo. Y al modo que fue él, y no Moisés, el que introdujo al pueblo en la tierra santa y se la distribuyó por suerte a los que con él entraron; así Jesús, el Cristo, hará volver la dispersión del pueblo y distribuirá a cada uno la tierra buena... (D 113, 3).

Jesús hará lo mismo que su homónimo del Antiguo Testamento: nos dará en herencia una tierra. Ahora bien, muy distinta de la que sorteó el sucesor de Moisés:

---

[59] Cf. D 112, 1: ὁ ὄφις ἄρα νοηθήσεται σεσωκέναι τὸν λαὸν τότε.
[60] Cf. *supra*, pp. 441ss.

Porque Josué les dio una herencia momentánea, por no ser el Cristo, Dios ni Hijo de Dios; pero Jesús, después de la santa resurrección, nos dará una posesión eterna (μέτα τὴν ἁγίαν ἀνάστασιν αἰώνιον ἡμῖν τὴν κατάσχεσιν δώσει) (D 113, 4).

¿Cuál es esta posesión que no terminará? Sigamos leyendo al mártir:

Porque ya he demostrado que Jesús fue quien se apareció a Moisés y Abraham y a los otros patriarcas en general y conversó con ellos [...]; el cual también vino a hacerse hombre por la virgen María; y permanece para siempre. Porque, en efecto, éste es a partir de quien y por quien ha de renovar el Padre el cielo y la tierra (οὗτος γάρ ἐστιν ἀφ᾽ οὗ καὶ τὸν οὐρανὸν καὶ τὴν γῆν καὶ δι᾽ οὗ ὁ πατὴρ μέλλει καινουργεῖν) (D 113, 4-5).

Esta es la tierra que se dará en posesión eterna a los cristianos: la nueva creación que permanece siempre. El Padre la llevará a cabo por medio de Cristo (δι᾽ οὗ) al final de los tiempos. Para expresar esta mediación usa Justino también la preposición ἀπό. ¿Qué valor darle? Admite en principio los sentidos causal y temporal. El último parece avalarlo el contexto, que sigue el ritmo de la *historia salutis*: Cristo se apareció a patriarcas y profetas, se hizo hombre de María, y permanece para siempre; esta permanencia eterna se prueba porque, después (ἀπό) de su nacimiento, el Padre renovará cielo y tierra.

Ahora bien, aun dando valor temporal a esta partícula, no se puede excluir un matiz causal[61]: hay ilación entre la venida de Cristo y el mundo nuevo. Esto es lo que Otto supone cuando interpreta: la renovación ha comenzado ya al encarnarse el Logos[62]. Su exégesis, en lo esencial correcta, ha de matizarse en un punto. Esa renovación del mundo debe unirse, mejor que a la Encarnación, a la Resurrección: es el domingo de Pascua cuando el Padre empieza a hacer cielo y tierra nuevos. Así lo indica el contexto, en que destaca la figura de Josué, símbolo de la Resurrección. Y lo confirman otros lugares del mártir, como el siguiente:

Y celebramos esta reunión general el día del sol, por ser el día primero, en que Dios, transformando las tinieblas y la materia, hizo el mundo (ὁ θεὸς τὸ σκότος καὶ τὴν ὕλην τρέψας κόσμον ἐποίησε), y el día también en que Jesucristo, nuestro salvador, resucitó de entre los muertos (I 67, 8).

Cristo resucitó el mismo día en que tinieblas y materia fueron transformadas por Dios. Hay aquí un paralelismo: como el primer día de la crea-

---

[61] Lo prueban otros usos en Justino: cf. AYÁN, *Antropología* (223); J.D.M. DERRETT, " Ο Κύριος ἐβασίλευσεν ἀπὸ τοῦ ξύλου", *VigChr* 43 (1989) 378-392 (385, n. 48).

[62] Cf. Otto, *ad locum* (p. 404, nota 14): "Sensus: semper est Christus; a Christo enim inde ab eius incarnatione mundus renovatur: frustra igitur alius ab Iudaeis exspectatur Christus".

ción se eliminaron las tinieblas, así el día de la Resurrección surge Cristo, astro del linaje de Abraham, que Justino comparará al sol (cf. D 121, 1-2)[63]. A partir de aquí podemos inferir otro nexo: como Dios modela la materia el primer día (τὴν ὕλην τρέψας κόσμον ἐποίησε), así la renueva en la Resurrección de Cristo.

En Justino encontramos más textos que indican en esta misma dirección: con la Resurrección se inicia la creación renovada[64]. Ahora bien, puesto que la tierra santa, que Cristo dará en posesión eterna a los cristianos, es la nueva creación, entonces esta tierra santa comienza ya con la Resurrección de Jesús. Tiene que anticiparse, por tanto, en su cuerpo resucitado. Según esto, releamos la siguiente frase:

> Jesús, después de la santa resurrección, nos dará una posesión eterna (D 113, 4).

La resurrección de los cristianos precederá en el tiempo a la posesión eterna de la tierra. Pero la relación entre ambos hechos (resucitar, poseer la tierra), ¿es sólo temporal? Si el cuerpo resucitado de Jesús era ya origen de la tierra santa, parece que lo mismo haya de suceder con los cristianos: que en la resurrección de los justos se empiece ya a repartir la tierra en los mismos cuerpos vueltos a la vida. Así parece indicarlo un adjetivo usado en nuestro pasaje:

> introducir en la *santa* tierra (εἰς τὴν ἁγίαν γῆν) (D 113, 3).

> después de la *santa* resurrección (μετα τὴν ἁγίαν ἀνάστασιν) (D 113, 4).

---

[63] Cf. *supra*, pp. 443ss.

[64] Véase el texto siguiente: "el justo Noé con los demás hombres del diluvio, [...] ocho en número, representaban el día que por su número es octavo, en que se apareció nuestro Cristo, resucitado de entre los muertos, aunque por su virtud sigue siempre día primero. En efecto, Cristo, primogénito que es de toda la creación, vino también a ser principio de un nuevo linaje, por Él regenerado con el agua, la fe y el madero..." (D 138, 1-2). Se relaciona el día octavo (de la resurrección) con el primero (de la creación); el primogénito de lo creado es también primogénito de un nuevo linaje. Léase también el siguiente texto, que comentamos hace poco. Justino pretende aplicar Sal 95, 10 ("el Señor reina") a Cristo; distingue para ello entre el Padre Creador y la salvación que Éste realiza, es decir, Cristo resucitado: "es digno de alabanza y terrible y hacedor (ποιητής) del cielo y la tierra el que por amor del género humano hizo esta salvación (ὁ τοῦτο τὸ σωτήριον [...] ποιήσας), la cual salvación [es decir, Jesucristo] también murió después de ser crucificado y a quien Él [el Padre] concedió ser rey sobre toda la tierra..." (D 74, 3). El paralelismo indica la continuidad de las dos operaciones paternas: "hacer" cielo y tierra y "hacer" la resurrección de Cristo.

Justino dice "santa resurrección", expresión que no encontramos en la Escritura y que el mártir no volverá a emplear[65]. Su uso aquí parece depender de la expresión "tierra santa", frecuente en estas páginas. Se establece así un paralelismo entre resurrección y tierra que concuerda con nuestra hipótesis anterior. La resurrección se llama santa porque es el inicio de la tierra santa.

Todo esto lo confirma un fragmento de Justino conservado por Metodio, en que se relaciona la heredad con la carne: "es heredado lo que muere, hereda lo que vive; y lo que muere es la carne, lo que vive el reino de los cielos"[66]. Piensa el mártir en la resurrección final. Y el objeto de la herencia, que es en otros lugares la tierra, se identifica aquí con la carne en la resurrección.

Con esto Justino se coloca en línea con una exégesis muy difundida en su tiempo, que encontramos ya en el pseudo-Bernabé[67]. La tierra prometida es la carne de los cristianos, dada en herencia con la resurrección. Así, la posesión de la tierra se adelanta ya en Cristo y se dará plenamente al fin de los siglos.

Tierra santa

No debe pasarnos desapercibido un hecho un tanto enigmático: ¿por qué usa Justino repetidas veces la expresión "tierra santa", que el pseudo Bernabé no conoce?[68] Tampoco el Pentateuco o el libro de Josué la

---

[65] Con la "santa resurrección" se refiere Justino a la de los santos, en contraste con la resurrección general, en que también los impíos volverán a la vida (cf. D 81, 4). Otto (*ad locum*, p. 402, n. 9) la identifica con la resurrección del milenio y la contrapone a la resurrección eterna, de que se habla en D 81, 4. Pienso que la contraposición no está tanto ahí, sino en la que se da entre los santos y los hombres inicuos. Pues la resurrección *santa* es también *eterna*, y así lo confirma nuestro contexto: se habla de una posesión eterna (D 113, 4) y de Cristo como luz eterna (D 113, 5); Justino mezcla las características del milenio con las del reino subsiguiente: cf. lo que diremos *infra*, pp. 485ss.

[66] Cf. METODIO, *De resurrectione* 2, 18, 9 (ed. BONWETSCH, GCS 27, 370); sobre este texto cf. *infra,* p. 486.

[67] Cf. *Epístola* 6, 8-19 (SC 172, 120-128); cf. la exposición de A. JAUBERT, *Origène. Homélies sur Josué* (SC 71; Paris 1960).

[68] La encontramos varias veces en el Diálogo; su uso se limita prácticamente a la sección que analizamos: D 113, 3 (2x); 113, 7; 115, 2; 115, 5; 119, 5 (cf. también D 62, 5, en cita de Ex 3, 5). Es la primera vez que aparece la expresión "tierra santa" en un texto cristiano: recurrirá en Tertuliano y Orígenes; cf. R.L. WILKEN, "Early Christian Chiliasm, Jewish Messianism, and the Idea of the Holy Land", *HThR* 79 (1986) 298-307, que presta poca atención a Justino.

atestiguan[69]: hablan mejor de la tierra buena, de la que mana leche y miel (Dt 1, 25 y Dt 31, 20; cf. también Ex 33, 1-3 y Lv 20, 24).

Sí que oímos llamar "santa" a la tierra en otros lugares, pocos, de la Escritura. Referido a Palestina aparece en 2 Mac 1, 7 y Sb 2, 13. Pero nos interesa sobre todo Zac 2, 16, citado por Justino precisamente en este contexto:

> Mas a Zacarías, que por comparación y veladamente muestra y anuncia el misterio de Cristo, sí que debierais creerle. He aquí sus palabras: "Alégrate y regocíjate, hija de Sión, porque mira que vengo yo y acamparé en medio de ti (κατασκηνώσω ἐν μέσῳ σου), dice el Señor. En aquel día se adherirán al Señor muchas naciones, y serán para mí pueblo y acamparé en medio de ellos, y conocerás que el Señor de las potencias me envió a ti. Y heredará el Señor a Judá, y su porción *en la tierra santa* (κατακληρονομήσει κύριος τὸν Ἰούδαν τὴν μερίδα αὐτοῦ ἐπὶ τὴν γῆν τὴν ἁγίαν), y se escogerá todavía a Jerusalén. Tema toda carne ante la presencia del Señor, porque Él se levanta de sus nubes santas. Y me mostró a Jesús, el gran sacerdote, de pie delante del ángel del Señor..." (D 115, 1).

El texto de Zacarías utiliza la expresión "tierra santa" en conexión con el templo. El sacerdote Jesús de Yosadaq, de que enseguida tratará el profeta, es uno de los reconstructores de la casa de Dios. Palestina no es ya sólo tierra buena, tierra prometida: es ahora tierra *santa*, porque en medio de ella está Jerusalén, y en Jerusalén el santuario, donde el Dios santo habita (Zac 2, 14: "acamparé en medio de ti, dice el Señor").

Justino tiene presentes estos versos de Zacarías desde antes de citarlos; se explica así que use repetidas veces la expresión "tierra santa" (a partir de D 113). De hecho este texto bíblico guía su exposición: de la tierra santa de que viene hablando en torno a Josué (Zac 2, 16; cf. D 113-114) pasará al sacerdocio de otro Josué, hijo de Yosadaq, también figura de Jesús (Zac 3, 1ss; cf. D 115ss). Además, el mártir conserva el contexto cultual del profeta. En efecto, hablará enseguida del sacerdocio de los cristianos, que ofrecen el verdadero sacrificio; de ahí que sean el verdadero pueblo sacerdotal (cf. D 116, 3). Por otra parte, Jesús es llamado santo (Cf. D 116, 1), apelativo que podía aplicarse al sumo sacerdote[70]. Se

---

[69] Exceptuando Ex 3, 5, en que se refiere al Sinaí cuando la zarza ardiendo: Moisés ha de descalzarse porque es santa la tierra que pisa. La santidad se asocia a la presencia divina, como enseguida veremos que ocurre en otro texto, Zac 2, 16.

[70] Cf. Sal 105, 16, donde se aplica a Aaron. Algunos intérpretes (cf. R.E. BROWN, *The Gospel according to John (i-xii)* (AB; Garden City, NY 1966), p. 298) leen una referencia sacerdotal en Jn 6, 69 ("Tú eres el santo de Dios"); cf. también Hch 3, 14; 4, 27. 30. Desde este punto de vista carece de sentido el cambio que Marcovich (*ad locum*, 269) introduce en el manuscrito para leer τοῦ ἁγίου Ζαχαρίου, con lo cual el apelativo "santo" se aplica al profeta Zacarías, y no a Cristo. Dice haberle convencido la argumentación de Otto (*ad locum*, 413-414, nota 1), que sin embargo no introduce esa

establece también una relación con Jerusalén como lugar donde ha de presentarse el sacrificio, y donde Cristo ofrecerá una ofrenda en su segunda venida (D 118, 2; cf. Zac 2, 16; Zac 3, 2)[71]. Por último se llega a decir que los cristianos no son solo pueblo, sino pueblo santo (cf. D 119, 3: λαὸς ἅγιος)[72].

A esta luz no sería raro que la expresión "tierra santa" adquiriera para Justino el sentido que ya tenía para Zacarías: que se denominara "tierra santa" por hospedar la presencia de Dios, que ha venido a acampar en ella.

El cambio de túnica

Para comprobarlo atendamos al pasaje del sacerdote Josué (=Jesús), hijo de Yosadaq[73]. Narra Zacarías (Zac 3, 1-7) cómo el sumo pontífice llevaba puestas vestiduras sucias que le fueron cambiadas por otras limpias. Es imagen que Justino traslada a los creyentes. Los nuevos vestidos se caracterizarán por la santidad, opuesta a la impureza del pecado[74]. Ahora bien, junto a este cambio de indumentaria se alude a otro futuro, todavía no ocurrido:

> Nosotros hemos sido como sacados del fuego, primero purificados de nuestros anteriores pecados y luego librados de la tribulación e incendio en que quieren abrasarnos el diablo y todos sus ministros. Mas también de manos de éstos nos arranca Jesús, hijo de Dios, que nos prometió, si guardamos sus mandamientos, *vestirnos de las vestiduras que nos tiene preparadas* (τὰ ἡτοιμασμένα ἐνδύματα, cf. Mt 25, 34; Mc 10, 40) *y disponernos un reino eterno* (D 116, 2).

---

lectura en su texto: "Tu reposueris Ζαχαρίου τοῦ ἁγίου [...]. At [...] Iesus Christus ὁ ἅγιος dicitur, quia opponitur Iesu filio Iosedech qui ἦν ἐνδεδυμένος ἱμάτια ῥυπαπά".

[71] En el contexto inmediatamente anterior hay también una referencia al cuerpo de Cristo como Templo: cf. D 114, 4.

[72] Justo después de hablar del "pueblo santo" aparece de nuevo la herencia de la tierra santa (cf. D 119, 5: τὴν ἁγίαν κληρονομήσομεν γῆν), señalando un vínculo entre la santidad del pueblo y la del suelo que habita. La expresión "pueblo santo" puede estar inspirada en Dn 7, 27 (citado en D 31, 7): se da el reino a un pueblo santo.

[73] Sobre el asunto cf. J. LECUYER, "Jésus, Fils de Josédec, et le sacerdoce du Christ", *RSR* 43 (1955) 82-103.

[74] Cf. D 116, 1: "Mas para daros razón de la revelación hecha sobre Jesucristo, el santo, tomo otra vez la palabra del profeta, y afirmo que aquella revelación se ha cumplido también en nosotros. [...] Porque nosotros, que vivíamos entre fornicaciones y, sencillamente, en toda clase de sucias acciones, con ayuda de la gracia que de nuestro Jesús nos ha venido por voluntad de su Padre, nos hemos despojado de todas las impurezas de que estábamos vestidos".

Hay, pues, dos cambios de vestidos. En el primero se quitan las vestiduras de pecado; en el segundo, las vestiduras de la persecución e infamia. Lo confirma Justino algo más adelante:

Mas vuestros sumos sacerdotes y vuestros rabinos han hecho que el nombre de Él fuera profanado y blasfemado por toda la tierra; sucias vestiduras – vuestras blasfemias – que vosotros echáis sobre todos los que del nombre de Jesús traen su origen de cristianos; pero que Dios quitará potentemente de nosotros, cuando los resucite a todos y a unos, incorruptibles, inmortales y exentos de dolor (ἀφθάρτους καὶ ἀθανάτους καὶ ἀλύπους), los coloque en su reino eterno e indestructible, y a otros los envíe al eterno suplicio del fuego (D 117, 3).

Se trata ahora de vestiduras sucias, no por el pecado, sino por las afrentas e insultos de la persecución. La vestidura nueva será dada el día de la resurrección y consiste en la incorrupción e inmortalidad que envolverán el cuerpo de los santos. Así lo prueba el siguiente texto, inspirado en 1 Co 15, 53[75]:

así, considerad que no es imposible que los cuerpos humanos, después de disueltos y esparcidos como semillas en la tierra, resuciten a su tiempo por orden de Dios y se revistan de la incorrupción (τὰ ἀνθρώπεια σώματα κατὰ καιρὸν προστάξει θεοῦ ἀναστῆναι καὶ ἀφθαρσίαν ἐνδύσασθαι οὐκ ἀδύνατον) (I 19, 4)[76].

Sintetizando, hay dos interpretaciones del cambio de túnica:

(1) Quitar las vestiduras del pecado...	...para dar una vestidura sacerdotal a un pueblo de sacerdotes, la Iglesia.
(2) Quitar las vestiduras sucias por la persecución...	...para revestir de la inmortalidad, transformación que toca a la carne resucitada.

Justino ha aplicado ambos cambios de vestido a los cristianos. Pero no debemos olvidar el trasfondo cristológico: el hijo de Yosadaq es tipo de Cristo (cf. D 115, 1)[77]. Ciertamente, el primer cambio de túnica no podía

---

[75] 1 Co 15, 53: "es necesario que este ser corruptible se revista de incorruptibilidad; y que este ser mortal se revista de inmortalidad" (δεῖ γὰρ τὸ φθαρτὸν τοῦτο ἐνδύσασθαι ἀφθαρσίαν καὶ τὸ θνητὸν τοῦτο ἐνδύσασθαι ἀθανασίαν). Según lo que estamos viendo hay similitudes entre Justino e Ireneo en torno a la imagen de la vestidura, cf. ANDIA, *Homo vivens* (95-99).

[76] Cf. también I 52, 3: "...resucitará también los cuerpos de todos los hombres que han existido, y a los que sean dignos los revestirá de incorrupción (ἐνδύσει ἀφθαρσίαν)"

[77] El sacerdocio de los cristianos se funda en el de Cristo; cf. LÉCUYER, "Jésus" (88). Jesucristo, el santo (D 116, 1), hace posible un pueblo santo (119, 3). En D 116, 3 se dice: "nosotros, todos los que como un solo hombre hemos creído por el nombre de Jesús en el

Justino entenderlo de Jesús, a quien confiesa repetidas veces justo y sin pecado. Sí el segundo, y es lógico suponer que lo haya hecho: el Señor es el que primero se reviste de inmortalidad, liberado por el Padre de las persecuciones e injurias de sus enemigos[78].

Tenemos, por tanto, dos imágenes: la entrada en la tierra y el cambio de túnica. Ambas se refieren a los cuerpos resucitados; primero de Jesús, luego de los creyentes. Ambas giran en torno a dos Josué, cuyas historias Justino entrelaza en el Diálogo. Todo lo cual nos invita a combinar estas dos imágenes. Santa será la tierra porque revestida con las propiedades divinas, a manera de túnica. Las prerrogativas del Padre, incorrupción e inmortalidad, envolverán la carne de los creyentes, que recibe así con propiedad el apelativo de "santa": colmada de la presencia de Dios. Justino sigue aquí a Zacarías (Zac 2, 15-16), quien profetizaba que Dios santificaría la tierra acampando entre los suyos. El mártir refiere esto a la resurrección: sucede en Jesús y sucederá para los cristianos al consumarse la historia.

Profundicemos aún: la nueva túnica no se reserva al cristiano sólo para el final de los tiempos. Hay ya un primer cambio de indumentaria que hace de él verdadero sacerdote y de la Iglesia verdadero pueblo santo. La santidad se entiende aquí como santidad de vida, en sentido moral: la de quien abandonó todo consorcio con el pecado. Dado el paralelismo de imágenes, ¿repercute esto en la concepción de la tierra santa? ¿Es poseída ya en modo incipiente por los cristianos? Así parece indicarlo la exégesis, en este contexto (cf. D 113, 6-7), de la circuncisión segunda realizada por Josué (Jos 5, 2-5). Al pueblo que entró en la tierra de la promesa (cf. D 113, 7), lo circuncidó por segunda vez su guía. Era prefiguración del

---

Creador de todo, Dios, por el nombre de su Hijo primogénito [...] somos el verdadero linaje sacerdotal de Dios". Al decir "como un solo hombre", se pone de relieve el vínculo con el único Jesús de que habla Zacarías y que es figura de Cristo sacerdote. Y cuando se habla del "Hijo primogénito de Dios" se le vincula con los otros hijos, sus hermanos.

[78] La aplicación explícita del cambio de túnica a Cristo la leemos en Tertuliano, en obra afín a los planteamientos de Justino: "Sic et apud Zachariam in persona Iesu... Christus Iesus duplici habitu in duos adventus deliniatur: Primum sordibus indutus est, id est carnis passibilis et mortalis indignitate... dehinc, spoliatus pristinas sordes, exornatus podere et mitram et cidarim mundam est, secundi adventus quoniam gloriam et honorem adeptus demonstratur" (Adv. Iudaeos XIV, 7, ed. TRÄNKLE, 39). Notemos cómo el texto se acerca mucho a la exégesis que hace Justino del segundo cambio de vestiduras en los cristianos. En efecto, para Tertuliano la carne de Cristo, capaz de padecer y morir, es el vestido sucio que se cambiará en la segunda venida en gloria y honor. Para Justino los cristianos padecen ahora oprobios y persecuciones que se cambiarán en la segunda venida en inmortalidad e incorrupción. Tertuliano usa aquí el mismo esquema de las dos parusías (primera humilde, segunda gloriosa) que conocemos en Justino.

Bautismo, la circuncisión verdadera[79]; por él el cristiano está ya santificado, hecho casa de adoración (cf. D 86, 3). Parece pues lógico pensar que el bautizado ha entrado ya, en cierto modo, en la tierra santa; igual que posee ya la túnica sacerdotal[80].

En resumen: la entrada en la tierra (como la posesión de la túnica sacerdotal) no se da de una vez. Atraviesa, por el contrario, la historia. La herencia la disfruta ya el bautizado, aunque lo hará en plenitud sólo en la resurrección de la carne. Santo ahora por vivir lejos del pecado, lo será entonces por revestirse de la incorrupción.

La santificación de la tierra: de la muerte a la resurrección

Entre las dos etapas, ¿hay algún vínculo? La cuestión es importante, pues está en juego la unidad entre vida terrena y cumplimiento definitivo; tanto de los cristianos como de su Maestro, el primero en poseer la tierra santa. Recordemos a este respecto una conclusión obtenida hace poco, en torno a la batalla de Amalek. Dos hombres, Moisés y Josué, simbolizaron las dos parusías de Jesús. Añadía el mártir:

> Una cosa era de considerar en aquellos dos hombres santos y profetas de Dios, a saber, que uno solo de ellos no era capaz de llevar sobre sí ambos misterios, quiero decir, la figura de la cruz y la figura de la imposición del nombre. Sólo uno hay y hubo y habrá que tenga esa fuerza... (ἑνὸς γὰρ μόνου ἡ ἰσχὺς αὕτη ἐστὶ καὶ ἦν καὶ ἔσται) (D 111, 2).

Se expresa con esto la riqueza de Cristo, que no puede contenerse en una sola figura. Pero recordemos que no se refiere Justino a todos los tipos del Antiguo Testamento en general, sino a dos muy concretos: Moisés y Josué[81]. Simboliza el primero la cruz y la parusía humilde; el segundo, la salvación definitiva, ya anticipada en la resurrección. Lo que admira a

---

[79] Cf. D 113, 6. La entrada del pueblo en la tierra se liga a una segunda circuncisión que Josué realizó con cuchillos de piedra, luego que Israel atravesara el Jordán y antes que recibiera la herencia (cf. Jos 5, 2-5). Es profecía de la circuncisión del corazón que llevará a cabo Cristo (el Bautismo, cf. D 43, 2), cuando se arranca al hombre el prepucio del engaño a que el diablo le sometió desde Adán. Por la circuncisión segunda Jesús incorpora al pueblo al ámbito divino, pues lo separa de cuanto lo separaba de Dios. Esto concuerda con la santidad de la tierra a que los cristianos se dirigen, pues implica una consagración y cercanía a Dios, una preparación del cristiano para habitar con Él.

[80] En consonancia con el pseudo-Bernabé: en torno a la posesión de la tierra habla su epístola de una nueva *plasmatio* de la carne en el Bautismo; cf. *Epístola* 6, 14a (SC 172, 124).

[81] Dice OTRANTO, "Tipologia di Giosué" (46-47), comentando nuestro texto: "ogni personaggio o fatto del Vecchio testamento preannunzia solo qualche aspetto della figura del Messia o qualche momento della sua vita". Esta prudente exégesis se contenta con una afirmación general. Creo que el mártir quiso decir más: apuntaba a la unidad que hay entre cruz y resurrección, entre una y otra parusía: cf. *supra*, pp. 452ss.

Justino de Cristo es, por tanto, una fuerza capaz de reunir en sí ambos extremos: muerte y resurrección; primer y segundo advenimiento, que surcan la historia. De ahí que resalte la secuencia temporal: "uno sólo tiene, tuvo y tendrá esta fuerza". ¿Qué unión confirió entonces Jesús a su cruz y resurrección para proyectarla luego sobre el tiempo de los cristianos?

Atendamos primero a los creyentes. Poseen ya la tierra santa por vivir según virtud y la poseerán al hacerse incorruptibles. Hay modos de interpretar a Justino que hacen difícil ver algún nexo entre los dos momentos. Por un lado su concepción de la vida moral parece a algunos la simple decisión libre del hombre por el bien, motivada por la instrucción y ejemplos del Salvador[82]. Por otro, la inmortalidad e incorrupción se suponen a veces meras propiedades físicas, conceptos filosóficos acogidos por Justino[83].

Las perspectivas del mártir son, sin embargo, muy diferentes. Para entenderlas hemos de considerar el proyecto del Padre sobre el hombre. Quiere Dios llevar a la criatura a unidad consigo. En esto comparte Justino ideal con muchas escuelas filosóficas del tiempo, que proponían como camino el ejercicio de la virtud: por ella se imitaba a Dios hasta unirse con Él. Pero el dogma cristiano de la resurrección de la carne ofrece a los creyentes novedad de planteamiento. Pues lo que el Padre busca unir a sí no es sólo lo más elevado del hombre (como suponía el helenismo), sino lo más humilde que hay en él: la carne plasmada del barro.

A partir de estos presupuestos es lógico que se modifique la concepción de la virtud, por la que se imita al Padre; si es otra la meta, habrá de ser otra la ruta. En efecto: la vida virtuosa, vida según el Logos, no se entiende como mera interioridad, replegada en los cuarteles del espíritu. Supone, por el contrario, la sanación de las pasiones del hombre, que son propiedades de la carne pasible. Si éstas se alzaban antes en rebelión contra el Logos, ahora aprenderán a seguirle.

Por otra parte, tampoco las nociones de incorrupción e inmortalidad proceden exclusivamente de suelo pagano. Hemos comprobado ya el trasfondo paulino de su uso por el mártir. Éstas no se entienden como

---

[82] Es la postura que sostuvo Harnack, de la que ya hablamos en la introducción, cf. *supra*, p. 12.

[83] Cf. R. FRICK, *Die Geschichte des Reich-Gottes-Gedankens in der Alten Kirche bis zu Origenes und Augustin* (BZNW 6; Giessen 1928) (45): "die Aussicht auf das verheissene Heilsgut findet ihren Ausdruck weniger in dem Begriff der βασιλεία τοῦ θεοῦ als in den griechischen Begriffen der Unsterblichkeit, des ewigen Lebens und der vollkommenen Erkenntnis"; lo mismo expresa, con mayor cautela, E. DAL COVOLO, "Regno di Dio nel Dialogo di Giustino con Trifone Giudeo", *Aug* 28 (1988) 111-123 (122).

propiedades físicas del alma perfecta, sino como la participación en el ser mismo divino, máxima comunión del hombre con Dios[84].

De esta forma se puede ver la relación entre la vida moral de los cristianos y la resurrección que esperan. a) Por un lado, la vida según las virtudes afecta a la misma carne y supone así un preanuncio de la resurrección celeste; b) por otro, la carne resucitada es aquella que vive plenamente el seguimiento de Dios, comenzado ya en la tierra. Así la vida toda es un *crescendo* continuo en la imitación de Dios, desde la posesión de las virtudes hasta la perfección en carne resucitada[85].

Pasemos ahora a considerar la figura del Salvador. Ya que su historia es el fundamento de la existencia cristiana, será lícito iluminarla con lo sucedido a los discípulos. Ahora bien, si en los creyentes se da continuidad entre vida virtuosa y resurrección de la carne; si en ellos la tierra santa se va así constituyendo paulatinamente; entonces podemos ver también conexión entre a) la justicia de Cristo en su vida terrena, de relieve sobre todo en su obediencia y entrega al Padre ante la cruz y b) su Resurrección, inicio de la tierra santa que heredarán sus hermanos.

---

[84] La incorruptibilidad se reserva a Dios en cuanto no engendrado: cf. D 5, 4: "Dios es incorruptible e inengendrado, y por esto es Dios, todo lo demás es engendrado y corruptible". De ahí que la incorrupción e impasibilidad se relacionen con la convivencia con Dios, con reinar a su lado (cf. I 10, 2); y que la inmortalidad se asocie a "estar con Él" ($\sigma\nu\nu\nu\sigma\acute{\iota}\alpha$) (cf. I 10, 4; cf. I 21, 6: inmortales serán quienes hayan vivido cerca de Dios). Por eso es don que sólo Dios puede conceder (cf. I 39, 5); el diablo apenas alcanza a remedar burdamente lo inmortal (cf. II 11, 7). De hecho, aunque resuciten buenos y malos, sólo los primeros se revestirán de incorrupción (cf. I 52, 3); inmortalidad e impasibilidad son propiedades que hacen al hombre semejante a Dios (cf. D 124, 4). Aunque la cosa merecería estudio más detenido, baste lo dicho para confirmar la conexión con la teología de Ireneo, según resulta del análisis de ANDIA, *Homo vivens* (20-21): para el obispo de Lión la inmortalidad e incorrupción es propiedad divina, donada al hombre por medio del Verbo, muy relacionada con la acción del Espíritu. Estamos lejos, pues, del uso servil de algunos términos filosóficos a mano.

[85] Muestra de lo que decimos es la presentación que Justino hace en la Apología de la enseñanza de Cristo (I 15-19). A la doctrina moral (I 15-17) sigue, sin solución de continuidad, la fe en la resurrección (I 18-19). Ambas ponen de relieve el poder divino, capaz de suscitar imitación en los hombres: primero por sus buenas obras, por las que les concede participar de su virtud; después por la resurrección, en que el hombre participa totalmente de las propiedades divinas. Otro ejemplo nos lo ofrece el siguiente pasaje: Cristo se hizo hombre para destruir al demonio y para que "sea despreciada ($\kappa\alpha\tau\alpha\phi\rho\nu\eta\theta\tilde{\eta}$) la muerte. Y en la segunda venida cesará ella totalmente en los que en Él creyeron..." (cf. D 45, 4). El verbo $\kappa\alpha\tau\alpha\phi\rho\nu\acute{\epsilon}\omega$ es el que emplea Justino para decir la actitud de los mártires ante el suplicio: desprecian la muerte (II 10, 8; 11, 8). Se indica así un vínculo entre el comportamiento cristiano y la resurrección final, como dos etapas en la victoria sobre la muerte. Si los mártires pueden confesar a Cristo es porque se da en ellos una novedad que toca a su misma carne: sus pasiones ya no les esclavizan, ha desaparecido el miedo con que el diablo les sometía. Se anticipa así la destrucción definitiva de la muerte.

a) Asumió el Logos una carne como la nuestra, transida de dolorosas pasiones, para sanarla. Este proceso dura toda la vida de Jesús, en docilidad y obediencia a su Padre, y llega a su cima en la Pasión. El Salvador obró así una transformación en la carne pasible, en la que imprimió sus disposiciones filiales. La vida de Jesús consistió, pues, en ir haciendo nueva la tierra que tomó al encarnarse, en ir transformándola y convirtiéndola en "tierra santa" por comunicación de las virtudes divinas.

b) Esta vida en obediencia será lo que llegue a plenitud el domingo de Pascua. El mismo trabajo que la obediencia al Padre había ido obrando en la carne será el que complete, por don nuevo, la resurrección: entonces se revestirá plenamente la carne de las propiedades divinas, en perfecta unión con Dios, y será definitivamente tierra santa[86]. Se ve así que la inmortalidad concedida a Jesús no es algo extrínseco a su recorrido terreno, como si se tratara de una recompensa ajena a los avatares que corrió su alma[87]. Podemos explicarlo de esta forma: el Padre toma las disposiciones filiales de Jesús, inscritas por el Hijo en la carne durante la Pasión, y les imprime un sello definitivo, la incorruptibilidad e inmortalidad, a manera de nueva vestidura sacerdotal.

Esto implica, por un lado, que la vida y muerte de Jesús desembocan sin forzamientos en la resurrección. Y por otro, que sólo un nuevo don del Padre puede llevar a plenitud lo iniciado en su existencia terrena. Las líneas que trazó durante su muerte se prolongan en su vida nueva, yendo a su vez más allá de sí mismas. Tal unidad pone de relieve la fuerza de Cristo, único capaz de llevar sobre sí ambos misterios: cruz y resurrección (cf. D 111, 2).

---

[86] Tertuliano hará explícitas estas ideas: la tierra santa es la carne de Cristo; cf. TERTULIANO, *De resurrectione carnis* XXVI, 11 (CCL II, 955): "Sicut et ipsam terram sanctam Iudaicum proprie solum reputant, *carnem potius domini interpretandam*, quae exinde et in omnibus Christum indutis sancta sit terra, *uere sancta per incolatum spiritus sancti*, uere lac et mel manans per suauitatem spei ipsius, uere Iudaea per fidei familiaritatem". Es interesante la razón que se da: será tierra santa por habitación del Espíritu Santo. Es lo mismo que Justino expresaría de otra forma: por habitación de las propiedades paternas, incorrupción e inmortalidad.

[87] También los estoicos habrían criticado el comportamiento de Jesús en su Pasión. Lejos de amar la virtud por sí misma, dejando de lado toda esperanza y temor, obraba por amor a la recompensa, envileciendo así la belleza de su entrega. Más les habría gustado que se contentara Jesús con unirse al Padre, en manera toda interior; y no que pidiera constantemente su resurrección corporal. ¿Cómo respondería Justino? Para él, lo que Jesús realiza no puede ser mero acto interno de unión con el Padre; por el contrario, debe llevarse a cabo en la carne del hombre, a la que Jesús ha venido a sanar. Por lo mismo la resurrección de la carne no es interés mercenario, extrínseco a la misma acción. Sino el fin mismo a que la acción tiende, la perfección de la imitación divina en carne que se iba perfilando en el Calvario.

He aquí, pues, adónde apunta la teología de la tierra santa, que resume todo el plan divino de salvación. Dios quiere habitar con el hombre; su santo misterio proyecta acampar en el barro humano. Pero hacer santa la tierra requiere paciente gradación. Primero Dios se hace cercano en la obediencia en carne de su Hijo; después, en la definitiva incorrupción del Resucitado. Los cristianos poseen a partir de entonces la tierra santa, porque su carne (antes rebelde) es ahora dócil al Logos, obediente por tanto al Padre. Y al final de los tiempos la habitarán en modo estable y cabal, cuando la incorrupción divina revista sus cuerpos resucitados.

1.5. Resurrección: visión sintética

Todo me ha sido entregado por mi Padre (Mt 11, 27). Es el Resucitado quien pronuncia estas palabras. ¿A qué todo, a qué plenitud se refiere?

Una antigua escritura nos ayudará a entenderlo: *Anunciaré tu nombre a mis hermanos* (Sal 21, 23). Con el nombre se obtienen las propiedades de quien lo impone; propiedades que se pueden a un tiempo comunicar. El nombre de Dios, por nadie impuesto, indica su misma esencia inefable. Ahora bien, si el Resucitado es capaz de anunciar el nombre del Padre es porque lo ha recibido todo entero, porque al resucitar se le entregó la plenitud del misterio divino. El "todo" de que habla Jesús no puede indicar mayor profundidad.

Estas afirmaciones tal vez despierten extrañeza. Pues sabemos bien que el Hijo lo es desde su generación anterior al tiempo y que recibió entonces los nombres que tiene. ¿Qué le queda por heredar? Consideremos los principios cristológicos del mártir. Si Cristo recibe nueva filiación no es por carencia suya, sino en bien del hombre. Cuanto posee antes del tiempo debe trasladarse a su humanidad, en cuerpo y alma, para luego derramarse sobre sus hermanos.

Entra en juego aquí otra profecía en que se llama a Cristo "Oriente" (Zac 6, 12). Con ella se dice que el nombre de Cristo, además de venir de lo alto, atraviesa una larga genealogía terrena. En efecto, por ser "Oriente" Jesús se presenta como el astro en que empieza a realizarse la promesa dada a Abraham: tener tantos hijos como las estrellas del cielo. Este cumplimiento tuvo inicio cuando María virgen alumbró a Jesús. Su nacimiento humano del poder y voluntad del Padre sucedía a imagen de su mismo nacimiento divino. Aseguraba así que en él podamos encontrar dentro de la historia la comunicación máxima del Padre a los hombres. Brota ahora de entre los hijos de Abraham una vida nueva, preludio de la descendencia prometida. Por eso una estrella indica el lugar de su nacimiento.

Pero el nombre de Oriente se aplicará con propiedad sólo al Resucitado. ¿Qué ha pasado entre tanto, de la cueva de Belén al sepulcro vacío?

Ocurre que, precisamente por darse en la historia, respetando sus leyes y ritmos, se requieren largos años para que se desarrolle el plan paterno. El niño tiene que crecer e ir viviendo en su humanidad las disposiciones filiales. En el *via crucis* de Jesús este proceso llegará a su culmen. El que es Hijo de Dios por generación divina vivirá como hombre la condición filial, a través de su obediencia; y devolverá así la salud a las pasiones humanas.

¿Qué aporta a todo esto la resurrección? Su novedad sólo es patente si vista en conexión con los anteriores misterios, especialmente con la Pasión y cruz. Pues los une un lazo estrecho, que establece relaciones de mutua inmanencia. Nos lo ha confirmado la exégesis del signo de Jonás en su predicación a Nínive. Resurrección y cruz adquieren un mismo sesgo: son evento escatológico de la misericordia paterna que no se detiene frente al hombre pecador, sino que busca tornarlo en justo.

Ahora bien, ¿qué forma hay de explicar esta unidad entre cruz y resurrección? Lo hemos hecho acudiendo a la relación entre dos términos: a) la disposición filial de Jesús en su *via crucis* y b) su carne resucitada, hecha incorruptible. Lo primero (la disposición filial) no es mera actitud interior, propia del alma, sino el habituarse de la carne pasible al seguimiento del Logos. Lo segundo (la incorrupción) no es simple inmutabilidad física, sino la donación de toda la riqueza paterna a la carne del hombre. Entre vida y muerte de Jesús, por un lado, y resurrección, por otro, hay así neta continuidad. a) La obediencia filial en el Gólgota se ejerce en la carne de Jesús; por eso es ya preludio de la resurrección. b) La resurrección supone la plena comunión de Jesús con Dios; por eso prolonga la misma línea de entrega al Padre trazada en la cruz.

Este extremo no debe hacernos olvidar que, para pasar de la muerte a la resurrección, de la entrega filial a la carne incorruptible, hace falta nueva intervención divina. Ocurre que en la resurrección el Padre toma las disposiciones filiales que el Hijo ha impreso en su carne y las reviste de la inmortalidad e incorrupción que le corresponden como inengendrado. Hace así estable, con firmeza inamovible, la misma entrega de su Hijo; hace así eterna la obediencia temporal de Jesús, convirtiendo su carne en nueva creación, partícipe de las virtudes divinas; verdadera tierra santa donde Dios se complace en habitar.

Todo esto permite entender cómo lo efectuado en Jesús adelanta lo que ocurrirá en los creyentes. El Resucitado se hace fuente de resurrección para sus hermanos, que seguirán su ruta. Primero, a partir del Bautismo, los discípulos se harán capaces de imitar el abandono filial de su Maestro en el camino humilde del *via crucis*. Después, cuando la santa resurrección, compartirán en modo definitivo y pleno las mismas propiedades paternas. Se habrá llevado entonces a cabo el designio divino: acampar entre nosotros (cf. Zac 2, 15).

2.   La ascensión: el Rey de la gloria

En torno al signo de Jonás veíamos cómo la resurrección de Jesús es inicio de un nuevo tiempo de misericordia y conversión, el tiempo de la Iglesia. No es nuestro propósito estudiar aquí la eclesiología de Justino; pero sí será bueno asentar sus fundamentos cristológicos. Se han de analizar para ello los días que el Resucitado transcurrió con los suyos antes de subir al cielo (2.1); y tratar luego con más detalle del misterio de la Ascensión, que Justino liga especialmente al reinado de Cristo (2.2).

2.1. Entre la Resurrección y la Ascensión

He aquí un sumario de los sucesos posteriores a la crucifixión y resurrección de Jesús:

> Ahora bien, después de ser crucificado, hasta sus discípulos todos le abandonaron y negaron; pero luego, cuando hubo resucitado de entre los muertos y fue por ellos visto (ὀφθέντος αὐτοῖς); después que les enseñó a leer las profecías en que estaba predicho que todo eso había de suceder y le vieron subir al cielo y creyeron (καὶ εἰς οὐρανὸν ἀνερχόμενον ἰδόντες καὶ πιστεύσαντες); después que recibieron la fuerza que de allí les fue por Él enviada, se esparcieron por todo género de hombres, nos enseñaron todas estas cosas y fueron llamados apóstoles (I 50, 12).

La etapa entre resurrección y ascensión se caracteriza por las apariciones del resucitado (ὀφθέντος αὐτοῖς), que explica a los discípulos las Escrituras. Le vieron éstos subir al cielo y creyeron. Se deja ver en esta síntesis la influencia de Lucas y del final de Marcos[88]. En efecto, los evangelistas distinguen con claridad un periodo entre resurrección y ascensión; y les preocupa la fe de los discípulos, de quienes mencionan la incredulidad primera ante los anuncios de la resurrección[89].

No hacen explícito, ni Marcos ni Lucas, algo que dan por obvio: los Apóstoles, después de dudar, creyeron. Precisamente esto es lo que impor-

---

[88] Véase la secuencia de Lucas, la misma que en Justino: Lc 24, 25-26. 44-46 (explicación de las Escrituras); Hch 1, 8-9 (ascensión, envío del Espíritu, misión); Hch 1, 13 (se nombra a los Apóstoles). Con respecto a Marcos, cf. Mc 16, 20 y compárese: ἐκεῖνοι δὲ ἐξελθόντες ἐκήρυξαν πανταχοῦ (Mc 16, 20); οἱ ἀπόστολοι αὐτοῦ ἐξελθόντες πανταχοῦ ἐκήρυξαν (I 45, 5); es muy probable la dependencia, cf. V. LARRAÑAGA, *La Ascensión del Señor en el Nuevo Testamento* (Madrid 1943) (I, 153).

[89] Justino nos dice que los discípulos vieron subir a Jesús al cielo y que creyeron. En lo primero refleja influencia de Lucas (Hch 1, 9: βλεπόντων αὐτῶν). Lo segundo puede apoyarse en Mc 16, 14, donde el Señor echa en cara a los discípulos su incredulidad; y también en Lc 24, 41: los discípulos no creen por la mucha alegría.

ta a Justino, quien une fe de los discípulos y ascensión del Maestro: le vieron subir y creyeron (ἰδόντες [...] πιστεύσαντες). ¿Por qué este interés del mártir? Un texto del *De Resurrectione* nos ayuda a interpretarlo:

> Como sus discípulos no creían (μὴ πιστευόντων) que hubiese resucitado verdaderamente en cuerpo, quiso hacérselo creíble (βουλόμενος πιστῶσαι) y cuando ellos miraban y dudaban, les dijo: "¿Aún no tenéis fe? *Ved que yo soy* (cf. Lc 24, 39)". Les ordenó que lo tocasen y les mostró las señales de los clavos en las manos. Cuando se percataron totalmente de que era Él mismo y en cuerpo, lo invitaron a comer con ellos para que así también conociesen con firmeza que en verdad había resucitado carnalmente. Y comió miel y pescado. Tras mostrarles que existe verdaderamente resurrección de la carne, quiso mostrarles también – pues había dicho que nuestra morada está en el cielo (Jn 14, 2-3; Fil 3, 20) – que tampoco es imposible a la carne subir al cielo (ὅτι οὐκ ἀδύνατον καὶ σαρκὶ εἰς οὐρανὸν ἀνελθεῖν). [Por ello] cuando lo miraban (βλεπόντων αὐτῶν), fue ascendido al cielo, tal como estaba, en la carne[90].

También aquí se deja ver la influencia de Lucas y Marcos (clara distinción entre resurrección y ascensión, incredulidad primera de los discípulos). Pero ahora, como en Justino, se señala explícitamente su fe: éste era el objetivo de las apariciones del Resucitado y de que los suyos presenciaran la ascensión. Así los apóstoles se convierten en testigos fidedignos de la resurrección en carne del Señor, y de su ascensión a los cielos, también en carne[91].

Desde aquí hace sentido la insistencia de Justino en la fe de los Apóstoles: estos creyeron tras haber visto subir al cielo al Resucitado. El tiempo que Jesús transcurrió con ellos y su ascensión a la vista de todos testimonian la realidad corporal de la resurrección. Tal conclusión concuerda con la crítica de Justino a la postura de algunos herejes que defendían la ascensión de las almas al cielo justo después de la muerte,

---

[90] *De Resurrectione* 9, 3-4 (ed. D'ANNA, 48); traducción de AYÁN, "El tratado" (611-612).

[91] El autor distingue claramente entre la resurrección de la carne y su ascensión a los cielos. Ambas cosas las muestra Jesús a los discípulos. Por la primera les hace ver la realidad de la carne resucitada; por la segunda, que es una carne capaz de vivir junto a Dios, en el cielo. Es probable que esta distinción obedezca a la que existe entre los resucitados en el milenio y en el reino eterno posterior. Así sucede en IRENEO, *Adv. haer.* V, 31, 2 (SC 153, 392-396), según A. ORBE, *Teología de San Ireneo III* (BAC.SMa 33; Madrid 1988) (III, 322): "El intervalo entre la resurrección y la Ascensión – de uno o de cuarenta días – indica el orden a que se atuvo. Las fundamentales dos etapas a que se deberán atener los Justos: resucitados en carne, para los tiempos del Reino (Milenario); subidos, después del Juicio final, al Padre"; lo mismo sostiene ANDIA, *Homo vivens* (303).

negando así la resurrección de la carne[92]. Los cuarenta días de Jesús con los suyos muestran bien no ser este el caso: no ascendió el Señor al cielo sólo en alma, sino también en carne[93].

Así se puede explicar el sentido que da el mártir a este tiempo medio. Todas las actividades del Señor durante estos días miran a lo mismo. Al explicar la Escritura muestra cómo las profecías se cumplieron en su historia, la del Logos encarnado; luego se deja ver de los suyos resucitado en carne; y a su vista asciende a los cielos, también en carne. El lapso tiene así gran valor porque asegura que los discípulos puedan ser testigos de los misterios en carne de Jesús a la luz de su resurrección y ascensión corporales[94]. Aquí está el centro de la economía divina y el fundamento de la vida y predicación de la Iglesia. Veremos enseguida cómo sobre esta historia terrena se asienta el reinado celeste de Cristo.

2.2. Ascensión: comienza el reinado de Cristo

El Padre subió a Cristo a los cielos. Tal hecho, atestiguado por los Apóstoles, lo profetizaban ya las Escrituras. Y, en concreto, algunos salmos de David que estructuran una sección del Diálogo (D 30-39). Justino no sólo lee en ellos el anuncio del misterio: encuentra también su explicación.

---

[92] Cf. D 80, 4: "dicen que no hay resurrección de los muertos, sino que en el momento de morir son sus almas recibidas en el cielo"; los cristianos, por el contrario, confiesan la "resurrección de la carne" (σαρκὸς ἀνάστασιν) (D 80, 5); para una exposición sobre esta fórmula en Justino cf. G. KRETSCHMAR, "Auferstehung des Fleisches. Zur Frühgeschichte einer theologischen Lehrformel", *Leben angesichts des Todes. Beiträge zum theologischen Problem des Todes. Fs. H. Thielicke* (Tübingen 1968) 101-137 (112-115.128ss), quien toma en cuenta también el tratado *De Resurrectione*.

[93] El mártir no conoce la fórmula "ascensión en carne", que encontramos en Ireneo: *Adv. haer.* I, 10, 1, (SC 264, 156); pero el texto que acabamos de analizar indica que comparte igual pensamiento. Cf. TERTULIANO, *De resurrectione mortuorum* LI, 1-3 (CCL 2, 993-994): "Securae estote, caro et sanguis, usurpastis et caelum et regnum dei in Christo! Aut si negent uso in Christo, negent et in caelo Christum qui uobis caelum negauerunt".

[94] De ahí la importancia de los relatos evangélicos, escritos según testimonio apostólico. A esta luz es vano pensar que Justino los menosprecia en beneficio de las profecías; es la opinión de C.H. COSGROVE, "Justin Martyr and the Emerging Christian Canon", *VigChr* 36 (1982) 209-232. Tiene razón, en su crítica, ALLERT, *Revelation* (217): "Thus the significance of the Memoirs does not lie solely in their function as *historical* records. It rests also in the fact that they saw and heard the ultimate revelation of God. The Apostles witnessed that to which the Prophets pointed [...]. Thus, in a very real sense, the Prophets and the Memoirs must be viewed together in that they are witnesses to God". Tanto los profetas como los apóstoles dan testimonio del suceso salvífico central: la historia en carne de Jesús.

Se habla aquí de Cristo rey y de su reinado, que se vincula a la ascensión. Resulta ser Justino el primer escritor post-apostólico en que cobra relieve el tema del reino de Dios o reino los cielos[95]. Será interesante ver cómo lo recibe. ¿Cuándo comienza el reinado y en virtud de qué? ¿Hasta dónde se extienden sus límites? ¿Es interior o exterior, material o espiritual, presente o por venir?

Adelantemos ya que reaparece, en torno a este asunto, un escollo con que ha de vérselas todo lector del mártir: el problema de la relación entre eternidad y tiempo. En efecto, sus páginas testimonian, por un lado, que la realeza de Cristo deriva de su ser divino; esto nos empuja a considerarla magnitud atemporal[96]. Y, sin embargo, de otros lugares podemos inferir que Cristo recibe el título de rey por su obra salvífica a favor del hombre, cual dignidad obtenida en los misterios de su economía, y especialmente en la cruz[97]. ¿Cómo explicar estos datos?

A disipar ambigüedades nos ayudará poner las afirmaciones del mártir en su contexto. Abordaremos para ello una sección amplia (D 30-39) y nos preguntaremos qué puesto ocupa en la arquitectura del Diálogo.

Al tratar de descubrir el plan de la obra podría parecer que el debate sobre la Ley con que empezó la conversación entre Justino y Trifón (en

---

[95] Particularmente en el Diálogo. Así lo nota DAL COVOLO, "Regno" (111-114), aunque concluye (123): "possiamo confermare che il 'Dialogo con Trifone Giudeo' costituisce un'eccezione più formale che reale all'interno di una tradizione povera di riferimenti alla 'Basileia'. Di fatto, neppure nel 'Dialogo' la predicazione di Gesù sul Regno trova un'elaborazione teologica adeguata e coerente con la rivelazione storico-salvifica della Bibbia". El estudio que sigue nos permitirá revisar estas afirmaciones, en línea con A. D'ANNA, "Note sul concetto di "Regno di Dio" nelle opere di Giustino Martire", *SROC* 18 (1995) 1/2, 23-39.

[96] Como hace J. LECLERCQ, "L'idée de la royauté du Christ dans l'oeuvre de Saint Justin", *ATh* 7 (1946) 83-95: "Le Fils de Dieu est, de toute éternité, verbe et puissance [...] Sa royauté est donc attachée à lui en vertu de sa divinité. Il est roi dans tous les états de sa vie humaine, terrestre d'abord, puis glorieuse. Il n'y a pas évolution quant à l'acquisition de sa royauté, mais quant à sa manifestation seulement" (94-95).

[97] El titubeo de algunos autores que se han ocupado del asunto testimonia la existencia del problema. Cf. FEDER, *Justin* (222): "Der innere Grund für die Königswürde Jesu ist seine Gottessohnschaft; gleich vom ersten Augenblick seiner Geburt an besitzt er die Fülle seiner Macht, und als Kind empfängt er schon die Huldigungen der arabischen Magier. Gleichwohl führt Justin *die äußere Offenbarung, ja die Übertragung des Königtums* fast immer auf den Kreuzestod zurück" (el subrayado es nuestro); cf. BESKOW, *Rex* (98): "The *testimonia* tradition, as we find it in St. Justin and his successors, is always expounded in such a way as to represent the Kingship of Christ as realised in time. Although the royal power of Christ is stated to be derived from his Divinity, it is manifested in the context of the economy of salvation, and particularly in the resurrection, ascension, *sessio* and parusia of Christ". Más claridad encontramos en D'ANNA, "Note" (24-25): "il regno di Cristo, inteso come azione di dominio sulle potenze malvagie e di salvezza degli uomini, si è realizzato sulla croce".

D 10) da paso muy pronto (en D 30) a otro cristológico (D 30-39). Pero se trata de un error de perspectiva; sólo en apariencia hay cambio de asunto entre estas dos partes del Diálogo[98]; las páginas centradas en Cristo apuntan a completar la discusión sobre la Ley, que terminará más adelante (en D 43, 2).

En efecto. Al comenzar la conversación (D 10, 2-4) dirige Trifón un reproche a Justino: se precia éste de conocer a Dios y, sin embargo, no cumple sus mandatos. La primera respuesta del mártir (D 11, 1-2) es ejemplo de una hábil *captatio benevolentiae*. Evita el asunto que más podría herir a su contertulio: la preexistencia de Cristo como Dios[99]. Y profesa: no ha habido ni habrá otro Dios sino el Creador del Universo, y ese Dios es el mismo para judíos y cristianos[100]. ¿Qué es entonces lo que diferencia a unos de otros? Que, mientras los judíos esperan en ese Dios a través (διά) de Moisés y la Ley, los cristianos lo hacen a través (διά) de una Ley nueva.

Se delinea aquí el programa para la sección que sigue. En efecto, *un primer apartado* dirá que no se alcanza la salvación por la Ley antigua (D 11-30). Se afirmará, *en un segundo momento*, que se obtiene por la Ley nueva, Cristo (D 30-39)[101]. El centro de gravedad se sitúa, por lo tanto, en

---

[98] Cf. lo que sobre esto se dijo en el capítulo II, pp. 107ss.

[99] Cf. D 11, 1: "Otro Dios, ¡oh Trifón!, ni lo habrá ni lo hubo desde la eternidad – así le contesté yo – fuera del que creó y ordenó este universo mundo. Mas tampoco creemos nosotros que uno sea nuestro Dios y otro el vuestro, sino el mismo que sacó a vuestros padres de la tierra de Egipto con mano poderosa y brazo excelso; ni en otro alguno hemos puesto nuestra confianza – pues tampoco lo hay – sino en el mismo que vosotros, en el Dios de Abraham y de Isaac y de Jacob. Pero la hemos puesto, no por mediación de Moisés ni de la Ley, pues en ese caso haríamos lo mismo que vosotros. No; pues sí he leído, ¡oh Trifón!, que había de venir una ley última y un testamento principal sobre todos..."

[100] ¿En contradicción con otras de sus afirmaciones? Podría parecerlo. Pues Justino dirá que el Dios de Abraham, Isaac y Jacob es el Logos (cf. I 63, 17), que es llamado Dios junto al Creador del Universo (cf. sobre todo D 55-62; D 126-129). Pero no hay por qué suponer incoherencia en el santo: basta pensar que Justino presenta aquí su pensamiento desde otra perspectiva. Puede hacer esto porque el Hijo, siendo Dios, no lo es de modo ajeno al Padre (cf. las interesantes observaciones de HENNE, "Autre Dieu" (59): Justino evita en general hablar de Cristo como ἄλλος θεός, y prefiere ἕτερος θεός, expresión relacional); además, lo que el Hijo realiza en la historia lo hace siempre por mandato del Padre, y puede atribuirse también a este último.

[101] Hay varios elementos que confirman lo que decimos. La idea de llegar a Dios por medio de Cristo (διά τοῦ Χριστοῦ) aparece varias veces en los primeros compases de la discusión con Trifón, y es característica siempre que Justino debate sobre la Ley (cf. D 11, 1; 11, 4; 11, 5; 13, 1...). Justo antes de la sección cristológica que vamos a estudiar (D 30-39) leemos: "Alabemos [a Dios] a través (διά) del rey de la gloria, a través (διά) del señor de las potencias" (D 29, 1). Es un claro anuncio del tema que se desarrollará enseguida, en torno a los títulos de Cristo rey y señor de las potencias (entre los salmos

una cuestión decisiva: la mediación para llegar al Padre, que conoce diversas etapas según su designio.

Todo esto nos permite sacar ya alguna conclusión. El esquema que sigue Justino en estas páginas es temporal: según el curso de la *historia salutis*. Cristo aparece como mediador definitivo, que ocupa el puesto antes desempeñado por la Ley. Cuando se nos hable entonces de su reinado debemos pensar, en principio, en algo llevado a cabo en la historia, algo que viene a sustituir a la antigua disposición mosaica. Si Justino afirma que Cristo es "ley eterna", no quiere decir "ley atemporal" o "estática", sino: "ley definitiva e irrevocable", "ley que no pasará"[102]. Lo confirmarán los textos que comenta el mártir, a comenzar por uno del profeta Daniel.

Daniel 7, 9-28

Justino empieza esta sección transcribiendo Dn 7, 9-28 (D 31): el vidente describe los imperios que se suceden en el tiempo, cuatro bestias que se pisotean unas a otras hasta que llegue el reino eterno del Altísimo. Sorprende en el contexto una cita tan larga. Si Justino quería hacer valer la gloria de la segunda venida, como declara a Trifón (cf. D 31, 1), le bastaba copiar los versículos 13 y 14: el hijo del hombre viene entre las nubes a presentarse ante el anciano de días, y recibe de él un reino eterno[103].

Veremos, sin embargo, que transcripción tan extensa no es ociosa. Con ella Justino está dando el marco general que permitirá entender los números que siguen. En efecto, a continuación se recogerán (hasta D 39) muchos de los elementos aquí citados; siempre en relación con el reino de

---

aducidos en D 30-39 se encuentra Sal 23, 20, donde se leen ambos títulos): Cristo aparece como mediador (de nuevo, διά: cf. D 34, 8; D 39, 2). El pasaje conclusivo de la parte dedicada a la Ley, en D 43, 2, vuelve a hablar de la mediación, confirmando la unidad de los números anteriores: "nosotros, que por medio de Él hemos llegado a Dios (οἱ διὰ τούτου προσχωρήσαντες τῷ θεῷ)".

[102] En el sentido de D 30, 1: "es eterna la profecía que vino después de la muerte de Moisés". Los elementos estructurales que estamos resaltando nos hacen ver que este esquema histórico no puede atribuirse sólo a los testimonios escriturísticos de que bebió Justino; el mismo mártir lo hizo suyo.

[103] El problema lo ha puesto de relieve R. BODENMANN, *Naissance d'une Exégèse. Daniel dans l'Église ancienne des trois premiers siècles* (BGBE 28; Tübingen 1986) (227-231), quien propone una solución: Justino intenta ocultar la doctrina sobre el fin de los tiempos, pues podría comprometerle ante las autoridades romanas; citando a Daniel se hace entender por los judíos, sin despertar inútiles recelos entre paganos, incapaces de captar el sentido de la profecía. Enseguida daremos una interpretación distinta, basándonos en la estructura misma del Diálogo.

Dios, tema recurrente en estas páginas[104]. Nos interesa poner de relieve los siguientes aspectos del reinado de Cristo que el mártir retomará luego:

+ En torno a la profecía de Daniel concuerdan en parte las exégesis de Trifón y Justino: es un texto mesiánico *cuyo cumplimiento tendrá lugar al final de los tiempos*. Sólo entonces se dará al Cristo un poderío eterno (Dn 7, 14). Un poco más adelante unas palabras de Trifón confirmarán esta perspectiva:

> Sea todo eso como tú dices; concedido también que esté profetizado que el Cristo […] después de su primera venida, en que estaba anunciado aparecería pasible, vendrá glorioso y como juez ya de todos los hombres, y que será después rey y sacerdote eterno (ἐλευσόμενος καὶ κριτῆς πάντων λοιπὸν καὶ αἰώνιος βασιλεὺς καὶ ἱερεὺς γενησόμενος). Demuéstranos ahora que es ese Jesús precisamente sobre quien todo eso estaba profetizado (D 36, 1).

Trifón acepta lo expuesto por Justino con respecto al Mesías, y rechaza sólo que éste se identifique con Jesús de Nazaret. Notemos cómo la gloria, el reino y sacerdocio eternos se le darán a Cristo en su segunda venida[105]. Justino logra este acuerdo dejando de lado, por el momento, el problema de la preexistencia[106].

+ *El reinado de Cristo, sin identificarse con un reino terreno, no es tampoco puramente interior.* Pues se entiende como dominio concreto

---

[104] Los salmos que citará (Sal 109, Sal 71, Sal 23, Sal 44...) están unidos por la palabra clave "rey", "reino", "reinar", u otras relacionadas ("señorío", "dominio sobre los enemigos"). Los judíos aplicaban estos textos a sus reyes, Salomón o Ezequías.

[105] Cf. las formas futuras (vendrá, será juez de todos, rey y sacerdote eterno) y el uso de λοιπόν (*posthac*, después: tiene aquí sentido temporal); cf. D 34, 2: *vendrá* con gloria, *poseerá* el reino eterno.

[106] Resolvamos una dificultad. Antes de escribir el texto que comentamos, Justino ha hablado de que Cristo es llamado "Dios" (cf. D 34, 2). ¿No hemos dicho que, de momento, se dejaba de lado la preexistencia? Creo que aquí el título de "Dios" hay que interpretarlo como algo que se concede a Cristo en su glorificación: de esta forma Trifón puede aceptarlo. Para Justino hay mucho más detrás de este nombre, como mostrará después, pero de momento se contenta con mencionar algo que el judío escuchará sin escandalizarse; algo que él mismo puede compartir, pues, como nos mostró el estudio de la resurrección, Cristo llega entonces a poseer plenamente las propiedades divinas en su humanidad. Esta interpretación la confirma la siguiente frase: "Por otra parte, si les citamos [a ciertos judíos] escrituras que expresamente demuestran que el Cristo ha de ser juntamente pasible y adorable y *Dios* – y son esas que os he alegado a vosotros – convienen a la fuerza que sí se refieren al Cristo, pero tienen la audacia de decir que Jesús no es el Cristo, no obstante confesar que vendrá y sufrirá y reinará y *se hará Dios adorable...*" (D 68, 9). Los judíos, que no aceptan la preexistencia de Dios como Cristo (cf. D 38, 1), pueden sin embargo admitir que el Mesías adquiera rango divino.

sobre la historia: su plena presencia es incompatible con la tiranía ejercida por muchos imperios (Dn 7, 18. 23-24)[107].

+ Trifón objetará, en D 32, 1, que la profecía de Daniel no puede aplicarse a Jesús, hombre crucificado, falto a todas luces de la gloria que narra el profeta. La respuesta de Justino mostrará la diferencia que va de exégesis judía a cristiana. Dice el mártir que la Escritura profetizaba dos venidas del Cristo: una humilde, otra gloriosa. Le interesa señalar que la primera, a pesar del aspecto despreciable de Jesús, obtiene ya un poderío inaudito (cf. D 30, 3; D 31, 1); *el reinado de Cristo*, en contra de las apariencias, *hace tiempo que ha comenzado*.

+ No se habla sólo del reinado de Cristo: también *al pueblo santo se dará un reino eterno* (cf. Dn 7, 22. 27).

A partir de ahora el interés de Justino será mostrar este poderío y reinado incipiente de Cristo. Juega aquí papel decisivo la ascensión del Señor, a que se refieren los salmos que citará.

Sal 109: siéntate a mi derecha

"Dice el Señor a mi Señor: Siéntate a mi derecha, hasta que ponga a tus enemigos por escabel de tus pies" (Sal 109, 1). Antes de citar el salmo, Justino lo explica:

> entenderéis cómo el Espíritu Santo profético llama Señor a Cristo y cómo el Padre, Señor de todos, le levanta de la tierra y le sienta a su derecha (τὸν κύριον πάντων πατέρα ἀναγόντα αὐτὸν ἀπὸ τῆς γῆς καὶ καθί- ζοντα αὐτὸν ἐν δεξιᾷ αὐτοῦ), hasta que ponga a sus enemigos por esca- bel de sus pies. Así se cumple desde el momento (ἐξ ὅτου) en que nuestro Señor Jesucristo fue levantado al cielo (ἀνελήφθη), después de resucitar de entre los muertos, cuando los tiempos están ya cumpliéndose y a las puertas ya aquel que ha de hablar arrogancias y blasfemias contra el Altísimo, ese mismo que Daniel indica que ha de dominar tiempo y tiempos y mitad de tiempo (cf. Dn 7, 25) (D 32, 3).

---

[107] Han acusado algunos a Justino de ocultar a los emperadores (por miedo o astucia) su verdadero pensamiento; pues les dice que no espera reino humano alguno (I 11, 1) mientras a Trifón confesará que cree en el reino milenario de la Jerusalén reconstruida (D 80-81) (cf. R. BODENMANN, *Naissance*, 227-231). No pienso, sin embargo, que enga- ñe el mártir a nadie en la Apología. Su afirmación hay que entenderla así: el reino, aun trayendo consigo la ruina de los imperios temporales, vendrá dado por Dios mismo, no por revoluciones humanas que puedan inquietar al César. De hecho, en el mismo escrito no tendrá reparo en hablar de la conflagración universal, que implica necesariamente la caída del imperio. Los cristianos no son su causa (si acaso la retrasan: cf. II 7 [6], 1); por eso no deben ser perseguidos. Cf. a este respecto DAL COVOLO, "Regno" (119-120, n. 34).

Resaltemos, en primer lugar, la actividad del Padre. Es Él quien sube a Cristo y lo sienta a su derecha. Cristo es "Señor" de las potencias, por concesión de aquel que es "Señor" de todos (κύριος πάντων)[108]. Recordemos, a este respecto, al anciano de días de que hablaba Daniel (Dn 7, 9. 13. 22, citado en D 31) y que entrega el reino al hijo del hombre.

El título de Señor lo recibe Jesús al subir al cielo[109]. En efecto, es entonces cuando comienza el dominio sobre los enemigos: "así se está realizando desde el momento (ἐξ ὅτου) en que nuestro Señor Jesucristo fue levantado al cielo". Pero el mismo salmo abre también la perspectiva escatológica: "hasta que ponga a tus enemigos como escabel de tus pies". Si a partir de la ascensión han comenzado a caer sus contrarios, este proceso no está concluido. Cristo posee ya una fuerza que actúa a lo largo de la historia, pero no despliega todavía su entero potencial. Este enfoque se refuerza mezclando en el comentario algunas alusiones a Dn 7, 24-25: el Anticristo se encuentra a las puertas[110]; los tiempos, tras la ascensión, están ya cumpliéndose[111]. Tales expresiones muestran el dinamismo del reino: realidad viva y presente que aún no ha alcanzado la plenitud.

La exégesis de Justino a este salmo se completa en la Apología:

Dios, Padre del universo, había de llevar a Cristo al cielo después de su resurrección de entre los muertos, y retenerle consigo hasta herir a los demonios, enemigos suyos [...] "Siéntate a mi derecha, hasta que ponga a tus enemigos por escabel de tus pies" (Sal 109, 1). "Vara de poder te enviará el Señor desde Jerusalén" (Sal 109, 2) [...] eso que dice: "Vara de poder te enviará desde Jerusalén", era anticipado anuncio de la palabra poderosa que, saliendo de Jerusalén, predicaron por doquiera sus apóstoles, y que nosotros, a despecho de la muerte decretada contra los que enseñan o en absoluto confiesan el nombre de Cristo, por doquiera también la abrazamos y la enseñamos (I 45, 1-6).

---

[108] Lo confirmará Justino más adelante: "es Señor de las potencias por la voluntad del Padre, que se lo concedió" (D 85, 1).

[109] La ascensión es considerada inicio de una nueva etapa. Así lo ponen de relieve algunas expresiones de Justino como las que siguen, todas construidas con el término ἀνέλευσις: μετὰ τὴν εἰς οὐρανὸν ἀνέλευσιν (I 26, 1); μετὰ τὴν τοῦ Χριστοῦ εἰς οὐρανὸν ἀνέλευσιν (D 39, 8); μετὰ τὴν εἰς οὐρανὸν ἀνέλευσιν (D 87, 6). La palabra ἀνέλευσις (que no aparece en el Nuevo Testamento) indica así la ascensión como algo ya realizado, como punto de partida para una serie de sucesos. Por el contexto estos son: el don del Espíritu, la liberación del cristiano, la persecución desatada por el diablo contra los discípulos.

[110] ἐπὶ θύραις: idéntica expresión, en el mismo contexto escatológico, en Mt 24, 33; Mc 13, 29.

[111] τῶν χρόνων συμπληρουμένων: cf. Lc 9, 51; Hch 2, 1. La forma verbal (participio presente) indica que la consumación definitiva es un proceso en curso, porque desde la ascensión Cristo ejerce ya su poderío sobre la muerte y el demonio.

Sal 109, 1 tuvo gran influencia en la primera predicación cristiana. No solamente sirvió para explicar un misterio cristológico; contribuyó también a modelar la secuencia del credo: *et ascendit in caelum, sedet ad dexteram Patris*. Justino sintetiza todas las tradiciones neotestamentarias en torno a este verso[112]: a) Para él la *sessio* se distingue de la exaltación de Jesús; es un misterio presente, intermedio entre la subida al cielo y la parusía segunda. b) Además lee a continuación Sal 109, 2 ("vara de poder te enviará el Señor..."), que interpreta de la misión apostólica; la misma secuencia del salmo le permite de este modo ver la continuidad entre *sessio* y *missio* a que apunta algún pasaje del Nuevo Testamento (cf. Mc 16, 19-20; Hch 2, 33).

Así, el tiempo en que Cristo está sentado a la derecha del Padre es el tiempo en que va derrotando a sus enemigos por medio de la predicación: de los apóstoles primero (I 45, 5), de todos los cristianos después (I 45, 5-6). El demonio es vencido, "a despecho de la muerte" por la que antaño esclavizara al hombre. En suma, la *sessio ad dexteram Patris* asegura la presencia de Cristo en cada época, al mostrarlo operante en la predicación y vida valerosa de los cristianos. Estos son los poderes de su reino, como nos confirmará otra escritura.

Sal 71: le adorarán todos los reyes

A continuación interpreta Justino en sentido mesiánico el Sal 71 ("¡Oh Dios!, da tu juicio al rey, tu justicia al hijo de reyes..."). Es imposible aplicar esta escritura a un rey judío. La razón es la duración del reinado que se promete, más largo que el del mismo Salomón (cf. D 34, 7).

> Y donde se dice: "¡Oh Dios!, da tu juicio al rey", como Salomón fue rey, inmediatamente le aplicáis el salmo, cuando sus palabras mismas están pregonando que se refiere a un rey eterno, es decir, a Cristo [...] que ha de venir de nuevo con gloria y poseer un reino eterno (D 34, 2).

La exégesis de Justino retoma elementos que ya han aparecido. a) Al hablar del rey que ha de venir con gloria y del reino eterno se enlaza de nuevo con el comentario de Dn 7 (cf. Dn 7, 14; Dn 7, 27). El texto del profeta domina, como estamos viendo, toda la sección: a su luz se interpretan los salmos regios. b) Este reino se describe enseguida conforme a Sal 71, 8-11: llega hasta el confín de la tierra y supone la victoria

---

[112] Lo ha mostrado J. DANIÉLOU, "La session à la droite du Père", *Studia Evangelica* (ed. K. ALAND - F.L. CROSS) (TU 73; Berlin 1959) 689-698: en Justino (I 45, 5) cristalizan las tradiciones neotestamentarias en torno a Sal 109, 1-2. El texto del mártir puede así ayudar a interpretar algunos pasajes del Nuevo Testamento. Daniélou señala especialmente Hch 2, 33 y Mc 16, 19-20 (cf. p. 697), en que se unen también *sessio* y *missio*.

sobre todo enemigo[113]. Según esto tendrá sólo cumplimiento al final de los días. c) Y, sin embargo, su dominio es también presente; la forma como concluye Justino así lo va a probar: los demonios, acostumbrados a que se les preste servidumbre idólatra, están ya siendo vencidos por el valiente testimonio de los mártires.

Es más, me atrevo a recordar lo que de él [Salomón] se escribe en los libros de los Reyes, que por amor de una mujer idolatró en Sidón. Lo cual no se someten a hacer aquellos que, venidos de las naciones, han conocido a Dios, creador del universo, por medio de Jesucristo crucificado; sino que soportan todo tormento y castigo, hasta el extremo de la muerte, por no idolatrar ni comer nada ofrecido a los ídolos (D 34, 8).

Podemos, pues, decir: en la medida en que el culto idolátrico deja de esclavizar al hombre, Satanás cae ya bajo el señorío divino; en la medida en que el diablo sigue teniendo poder para obrar el mal, el reinado de Cristo debe aún extenderse, y no se completará sino en la segunda parusía. Se recoge así un aspecto importante: el verdadero enemigo no es un rey temporal, sino el Tentador. La batalla se libra allí donde la serpiente quiere derribar al hombre, haciéndolo apóstata de la voluntad divina. En consecuencia, las armas con que Cristo extiende su poder son las de la obediencia confiada al Padre, a la vista en el martirio de los creyentes[114].

Sal 23: Ascensión sin gloria

También el salmo 23 da cuenta de la ascensión de Cristo. Allí se le llama "rey de la gloria" y "Señor de las potencias":

Levantad, ¡oh príncipes! vuestras puertas; alzaos, ¡oh puertas eternas!, y entrará el rey de la gloria. ¿Quién es este rey de la gloria? El Señor poderoso y potente en la guerra. Levantad, ¡oh príncipes! vuestras puertas y alzaos, ¡oh

---

[113] Cf. D 34, 7: "Sé muy bien que Salomón, bajo cuyo reinado se construyó el llamado templo de Jerusalén, fue un rey ilustre y grande; pero es evidente que nada de lo que se dice en el salmo le sucedió a él. Efectivamente, ni le adoraban todos los reyes, ni reinó hasta los confines de la redondez de la tierra, ni, cayendo a sus pies, mordieron el polvo sus enemigos (cf. Sal 71, 8-11)".

[114] Cf. también D 121, 3: "Pues si en su primera venida, que fue sin gloria, sin hermosura y con desprecio, tanto brilló y tanta fuerza tuvo Cristo que en ningún linaje de hombre se le desconoce y de todos se hace penitencia abandonando cada uno su antigua mala conducta, y los mismos demonios se someten a su nombre y a éste temen todos los imperios y reinos más que a todo el mundo de los muertos, ¿no destruirá absolutamente en su venida gloriosa a todos los que le han odiado y apostatado de Él inicuamente, y concederá descanso a los suyos, dándoles todo lo que esperan?" Sobre el combate entre Cristo y Satanás, cf. lo que dijimos *supra*, pp. 270ss.

puertas eternas!, y entrará el rey de la gloria. ¿Quién es este rey de la gloria? El Señor de las potencias, ése es el rey de la gloria (D 36, 4)[115].

Leamos la exégesis de Justino, un tanto sorprendente:

Ahora bien, demostrado está que Salomón no fue el rey de las potencias; mas cuando nuestro Cristo resucitó de entre los muertos y subió al cielo, los príncipes ordenados por Dios en los cielos reciben orden de abrir las puertas para que entre éste que es el rey de la gloria y, subido allí, se siente a la diestra del Padre hasta que éste ponga sus enemigos por escabel de sus pies, como por otro salmo se nos pone de manifiesto (cf. Sal 109, 1). Y es que, como los príncipes del cielo le vieron que venía con rostro informe, deshonrado y sin gloria, al no reconocerle preguntaron: "¿Quién es ese rey de la gloria?" Y el Espíritu Santo, en persona del Padre o en su propio nombre, les responde: "El Señor de las potencias, ése es el rey de la gloria". Y cualquiera confesará que ni sobre Salomón, rey lleno de gloria, ni sobre la tienda del testimonio, se habría atrevido a decir ninguno de los que vigilaban las puertas del templo de Jerusalén: "¿Quién es este rey de la gloria?" (D 36, 5-6)[116].

Aun resucitado y en plena ascensión al cielo, Cristo tiene un rostro deforme y sin gloria. Las características humildes que describía el poema del siervo (cf. Is 53, 2-3) las conserva el Señor exaltado. Junto a la elevación del rey de la gloria, propia de la segunda venida, se dan rasgos que pertenecen a la primera. ¿Cómo entender esto?

No se trata en Justino de achacar la falta de gloria a la naturaleza humana de Jesús[117], como hacen Ireneo e Hipólito[118]. Lo prueba la comparación con Salomón, rey glorioso. Viendo a este último, era inmediato caer en la cuenta de su esplendor y nadie habría osado preguntar por el rey de la gloria delante de él: por obvia se hacía irrespetuosa la demanda. No está, pues, el problema en la humanidad de Jesús, la misma en Cristo que en Salomón[119].

Justino se fija más bien en la humillación que a Cristo trajo el ser crucificado[120]. Su interés se explica atendiendo a la objeción presentada por su

---

[115] En la Apología se cita también Sal 23, 7-8 como testimonio de la ascensión: cf. I 51, 6-7.

[116] Cf. también D 85, 1-2.

[117] Así piensa BESKOW, *Rex* (103): "It is his human nature which hides Christ's identity from the angels. It is in this respect that Justin parts company with all gnosticizing interpretations of the Ascension, and it is his interpretation which influences later exposition of Psalm 23 [...] it was the human nature of Christ which was exalted at the Ascension".

[118] Cf. IRENEO, *Epid.* 84 (SC 406, 196-199); cf. ZANI, *Ippolito* (673-674); cf. CANTALAMESSA, *L'Omelia* (265-268).

[119] Y menos se podría inquirir esto ante la tienda del testimonio: la llenaba la gloria misma de Dios, el Logos (cf. D 127, 3; D 132, 2).

[120] Cf. ORBE, *Introducción* (912).

adversario tras escuchar a Daniel (Dn 7, 9-28). Trifón estaba dispuesto a aceptar a este Mesías triunfante, pero no al que murió en cruz, falto de gloria (cf. D 32, 1); valga que Cristo haya de alcanzar juicio y reino, pero sólo al final de los siglos. Como respuesta quiere mostrar el mártir que el dominio de Cristo no es sólo futuro: la superación de la antigua Ley, sobre la que ahora debaten, ha tenido ya lugar. En efecto. Signo de la presencia del reino es que los demonios son derrotados. Ahora bien, quien les vence como Señor de las potencias es precisamente Cristo en cruz. Y esto permite decir, contra Trifón: no es vano poner la esperanza en un hombre crucificado (cf. D 10, 3); por su primera venida humilde Cristo ya es rey. De él se puede proclamar: "el Señor reina desde el madero"[121].

A esta luz, echemos una ojeada al desarrollo seguido por Justino. a) Primero ha afirmado que el reinado de Cristo comienza en la ascensión, pues a partir de entonces domina sobre los enemigos (Sal 109, Sal 71). b) Ahora precisa: tal reinado no puede separarse de la obra llevada a cabo por Jesús en su Pasión (Sal 23); es ahí precisamente donde hunde sus raíces.

La ascensión es así el *comienzo* del reinado de Cristo, que encuentra en la cruz su *fundamento* y hallará en la segunda parusía su *plenitud*. ¿En qué se basa este enfoque teológico que une con tanta fuerza Pasión y subida al cielo? Al interpretar los salmos 109 y 71 Justino ha preparado ya la respuesta. En efecto, hace allí del testimonio de los mártires el signo principal del señorío de Cristo. Y ha de ser esta unión entre Jesús y los suyos la que desvele el porqué de su reino humilde. Ahondaremos en esto según avance nuestra exégesis.

Sal 44: Un pueblo regio

De las escrituras que cita a continuación Justino nos interesa fijarnos en el salmo 44. Éste encaja muy bien en el contexto: se trata de un salmo real, como los citados antes, donde se canta la unción del rey y sus nupcias. Justino lo introduce anunciando doctrinas sorprendentes para Trifón (cf. D 38, 2). ¿Qué enseñanzas son estas? Lo desvela el mártir tras citar la Escritura: una vez subido al cielo derramó Cristo sobre los suyos la participación del Pneuma divino. La cosa provoca, en efecto, sorpresa y escándalo en Trifón (D 39, 3). ¿Qué nexo ha establecido Justino entre el salmo 44, la ascensión de Jesús y la entrega del Espíritu?

---

[121] Cf. I 41, 4; D 73, 1. La frase tiene sentido temporal y causal: después de la crucifixión y por causa de ella; cf. DERRETT, "Κύριος" (385). Según lo que decimos no pueden sostenerse las afirmaciones de LECLERCQ, "L'idée" (95): "Justin n'indique pas clairement ce que la Passion du Christ à ajouté à sa royauté. Il semble que, à ses yeux elle n'ait ajouté rien d'essentiel. La Passion a été l'un des actes royaux de la vie du Christ, qui fut roi toute sa vie: elle a été l'un des actes où il apparut roi".

Resulta que esta escritura no habla solo de la unción del rey. Aparecen también sus compañeros, que participan del crisma regio; y, junto con ellos, la reina, conducida a la presencia del soberano. Por otro lugar del Diálogo (D 63, 5) sabemos que, en la exégesis de Justino, los compañeros del rey son los creyentes, la reina es la Iglesia. A esta luz se puede ver cómo se hilvanan las ideas: el reino poseído por Cristo pasa a los cristianos por participación en su unción real; de ahí que la Iglesia sea llamada reina. Notemos que también en la visión de Daniel, texto que inspira toda esta parte del Diálogo, el reino se daba a un pueblo santo (Dn 7, 22. 27). Citando ahora el Sal 44 viene a concluir Justino: los cristianos son este pueblo real, el pueblo de los santos del Altísimo, a quien se entrega el reino[122].

No es difícil ver entonces la conexión entre este salmo y el don del Espíritu: basta entender la unción regia como participación del Pneuma. Tiene su lógica, pues, que el mártir comente enseguida los misterios de ascensión y Pentecostés: al Sal 44 añadirá Justino el 67 (cf. Ef 4, 8).

Pues fue profetizado que después de su ascensión al cielo nos había Cristo de sacar de la cautividad del error y darnos sus dones. Dicen así las palabras: "Subió a la altura, llevó cautiva la cautividad, dio dones a los hombres" (Sal 67, 18). Nosotros, pues, que hemos recibido dones de Cristo, que subió a la altura, os demostramos por las palabras de los profetas que sois unos insensatos [...] Nosotros, empero, que hemos sido instruidos con la verdad plena (οἱ ἐκ πάσης τῆς ἀληθείας μεμαθητευμένοι), le honramos también con nuestras obras, con el conocimiento y el corazón hasta la muerte (D 39, 4-5).

El cristiano honra a Cristo hasta la muerte. Sabemos que el reino se muestra operante precisamente en este desprecio de que hacen gala los creyentes frente a la idolatría. Pues bien, si son capaces de esto es por haber recibido dones de Cristo. Justino se refiere al Espíritu de Pentecostés, que es quien enseña la verdad plena y empuja a dar testimonio del Señor[123]. Cristo reina porque su fuerza, el Espíritu que ha donado a la Iglesia, actúa entre los hombres.

---

[122] El reino no se entiende, pues, en el sentido individualista que le atribuye K.L. SCHMIDT, "Βασιλεία (του θεοῦ) in der alten Kirche", *ThWNT* I (1966) 593-595 (594).

[123] La expresión: "ser instruidos en la verdad plena" se inspira en Jn 16, 13, donde se refiere a la obra del Espíritu. Para Justino tiene el mismo sentido: así lo prueba el contexto pneumatológico en que se usa. En los números que analizamos se repetirá que los cristianos han sido "hechos sabios por la gracia de Cristo" (cf. D 30, 2: σοφισθέντες; D 35, 2: παρ' ἡμῶν μανθάνοντες τῶν σοφισθέντων ἀπὸ τῆς τοῦ Χριστοῦ χάριτος), "iluminados" (D 39, 2: φωτιζόμενοι), "instruidos" (D 35, 2: οἱ τῆς ἀληθινῆς Ἰησοῦ Χριστοῦ καὶ καθαρᾶς διδασκαλίας μαθηταί; D 39, 2: μαθητευομένους); esto se relaciona con el "espíritu de inteligencia" que han recibido (cf. D 39, 2: λαμβάνουσι δόματα, ὁ μὲν γὰρ λαμβάνει συνέσεως πνεῦμα...-

Espíritu y reino

Justino desarrolla en otros lugares este vínculo entre Espíritu y reino[124]. A partir de él se terminan de explicar algunas dificultades antes suscitadas.

a) ¿Preexiste el reino a los siglos o se realiza en la historia?[125] Considerar el poder regio como presencia del Espíritu facilita la respuesta. En la unción precósmica Cristo ha recibido el Pneuma. Es rey, por tanto, desde antes que el mundo existiera, por la fuerza de la divinidad que le comunicó el Padre[126]. Pero su reinado debe ejercerse en el mundo, a modo por tanto humano; en forma capaz de atraer al hombre libre al servicio de Dios. Poseído desde el inicio del tiempo, el reino está jalonado así por las etapas de la economía divina.

Recordémoslas brevemente. Por medio del Espíritu reina Cristo en Israel: unge entonces a los reyes, que se suceden según las generaciones. A esta dispensación ha de seguir una nueva, en que el Hijo de Dios venga en persona a reinar. Desde su nacimiento es Jesús poseedor pleno del Pneuma, y por eso rey: como tal lo reconocen y adoran los magos. En el Jordán se abre una etapa distinta: el reino cesa entre el pueblo y pasa a concentrarse en el Salvador. Habremos de esperar a la Pasión para contemplar la máxima actuación del Pneuma en Jesús: Cristo es rey por su obediencia al Padre, con la cual pone las bases para la derrota final del diablo. Luego, resucitado y subido al cielo, podrá hacer partícipes a los hombres del mismo poder regio que ejerció desde el madero[127].

b) A tal Espíritu – podemos entonces resumir – tal rey y tal reinado. Desde aquí podemos iluminar otra de las dificultades antes apuntada: ¿por qué une Justino la ascensión a la ignominia de la cruz? Ya dijimos que la respuesta dependía del nexo entre Jesús y los suyos, entre el Crucificado y

---

D 39, 5: λαβόντες δόματα παρὰ τοῦ εἰς ὕψος ἀναβάντος Χριστοῦ). Son todo referencias a la obra del Espíritu, nueva ley en contraposición con la antigua (cf. *supra*, pp. 103ss). No quiere esto decir que su actividad se limite al conocimiento; tal iluminación toca la vida entera: "nosotros le honramos con nuestras obras, con nuestro conocimiento y con el corazón hasta la muerte (ἐν ἔργοις καὶ γνώσει καὶ καρδίᾳ μέχρι θανάτου)" (D 39, 5).

[124] Tal como ya consideramos al hablar del Bautismo del Jordán: cf. cap. V, pp. 242ss; los textos principales son I 32 y D 52-53. El pueblo de Israel conservó sus reyes mientras mantuvo el Espíritu; cuando éste le abandonó desapareció también la casa real.

[125] Cf. *supra*, p. 472, y especialmente las notas 96 y 97.

[126] En este sentido es muy acertada una de las conclusiones de LECLERCQ, "L'idée" (94-95): Cristo era rey por el don de una fuerza divina, don recibido antes de crearse el mundo.

[127] Cuando hablamos de la Resurrección dijimos poco del papel del Espíritu. No es que esté ausente de este misterio, sino que su acción se ha expresado con otro esquema teológico, el de la donación del nombre, apto también para decir la comunicación de la esencia divina. Ya sabemos que el Espíritu y el cambio de nombre se asocian en el pensamiento del mártir (cf. capítulo I, pp. 57ss).

los discípulos perseguidos. Ahora se concreta: este vínculo es el Pneuma, donado por Cristo tras subir al cielo. Atendamos a las siguientes líneas:

la primera venida del Espíritu [...] fue también sin gloria. Y, en efecto, con oculta mano dícese que hacía el Señor la guerra a Amalec; y, sin embargo, no vais a negar que cayó Amalec. Y si sólo con la gloriosa venida de Cristo se dijera que ha de ser combatido Amalec, ¿qué sentido tendría la escritura que dice: "con oculta mano hace Dios la guerra a Amalec"? Podéis, pues, comprender que alguna oculta fuerza de Dios tuvo el Cristo crucificado, cuando ante Él se estremecen los demonios y absolutamente todos los principados y potestades de la tierra (D 49, 8).

La fuerza oculta es el Espíritu[128]. Al Pneuma se atribuyen las características humildes de la parusía primera (cf. D 49, 7). Como acción suya se menciona la victoria sobre los demonios, que sabemos es el signo del señorío de Cristo. La conexión reino-espíritu se hace así de nuevo patente. Ahora bien, si el Espíritu obra en modo oculto entonces se da también un reinado oculto de Cristo, un reinado con los rasgos humildes del siervo de Yahveh.

A esta luz: ¿a qué se debe el rostro deforme que Cristo tiene cuando sube al cielo? Es que Justino cualifica su poder regio según la forma en que actúa su Espíritu entre los suyos; serán las obras que el Pneuma lleve a cabo, su potencia efectiva en la historia, las que midan la realeza del Señor[129]. ¿Cuáles son esas obras? Cuando estudiamos la Pasión analizamos la actuación del Espíritu en la cruz: no obraba con la fuerza ni la sabiduría que le son connaturales, sino como espíritu de piedad filial y obediencia al Padre. Ahora bien, éste es precisamente el modo de acción que prolonga en la Iglesia: el Espíritu actúa en los cristianos, dispuestos a morir antes que a renegar de su Señor.

Si San Juan veía en la cruz la exaltación y realeza del Hijo de Dios, contempla el mártir la otra cara de la misma moneda: en el Cristo que sube al cielo se encuentran los rasgos deformes del siervo humillado. Este enfoque teológico no esta libre de reproches. ¿No se pone demasiado peso sobre la humillación y muerte, retrasando hasta el último día la gloria de Cristo? ¿No se olvida la parte de plenitud que hay en su resurrección? Pienso que para dar un juicio equilibrado hay que entender el contexto vital del mártir. Habitó una época de persecuciones; sobre él mismo pesaba una amenaza de muerte que vino a hacerse efectiva ante el prefecto

---

[128] Cf. MARTÍN, *El Espíritu* (213); cf. *supra*, cap. V, pp. 235-239.

[129] Según afirmación expresa de Justino en la Apología; que Cristo es superior a los ídolos paganos, se muestra por sus obras: ὁ γὰρ κρείττων ἐκ τῶν πράξεων φαίνεται (cf. I 22, 4).

Rústico. Los cristianos eran perseguidos por todos, judíos y griegos; la cruz no era en algún modo reliquia del pasado, sino cotidiano peligro[130].

Se entiende entonces el porqué de la ascensión sin gloria. Se basa en la estrecha unión que Justino nota entre el Maestro y los discípulos, fundada a su vez en el don del Espíritu. No puede el mártir imaginar un Cristo que goce de plenitud gloriosa mientras los cristianos son perseguidos. Como es el rostro de la Iglesia, así el de Cristo; si deforme y sin gloria el primero, deforme y sin gloria el segundo[131].

Justino habla por eso de la fuerza ($\delta\acute{u}\nu\alpha\mu\iota\varsigma$) que acompañó *y aun ahora acompaña* a la dispensación de la Pasión (D 31, 1); la potencia que en nuestros días ejerce Cristo es la misma de su primera venida, ligada a su obra en la cruz. También puede afirmar que Cristo se hizo esclavo por su Iglesia hasta servicio de cruz (D 134, 5), y *sigue siendo todavía esclavo* (D 134, 3). En este servicio transcurre el tiempo presente de su reino: he aquí su paradójico señorío.

Reino eterno

Para completar la doctrina sobre el reino será bueno considerar su estado definitivo, aunque esto suponga ir más allá del misterio de la ascensión. En efecto: el reinado, que se realiza progresivamente en la historia, llegará a su plenitud sólo con la segunda parusía. Jesús será entonces propiamente rey de la gloria[132]; todo enemigo quedará aniquilado y,

---

[130] Este trasfondo vital aparece claramente en una página del Diálogo. Comenta allí Justino, al hilo de Mi 4, 1-5, cómo se prolonga en la Iglesia la parusía primera: "Y cosa patente es que nadie hay capaz de intimidarnos ni someternos a servidumbre a los que por todo lo descubierto de la tierra creemos en Jesús. Se nos decapita, se nos clava en cruces, se nos arroja a las fieras, a la cárcel, al fuego, y se nos somete a toda clase de tormentos; pero a la vista de todos está que no apostatamos de nuestra fe. Antes bien, cuanto mayores son nuestros sufrimientos, tanto más se multiplican los que abrazan la fe y la piedad por el nombre de Jesús" (D 110, 4). Mientras que en la segunda venida se verificará el resto de la profecía (Mi 4, 6-7): "Yo congregaré a la atribulada y juntaré a la expulsada y a la que maltraté. Y haré de la atribulada un residuo y de la oprimida un pueblo poderoso..." (D 109, 3). Puede interpretar Justino: "El resto de la profecía, sí, se cumplirá en su segundo advenimiento. Porque hablar de la atribulada y expulsada es decir que, en cuanto de vosotros y de todos los demás hombres depende, cada cristiano es expulsado no sólo de sus propias posesiones, sino del mundo entero, pues a ninguno le consentís el derecho a la vida..." (D 110, 5).

[131] ¿A qué parusía pertenece el tiempo de la Iglesia? ¿A la humildad de la cruz o a la gloria de la resurrección? El mártir tiene un criterio claro para responder. La presencia actual de Cristo se mide según su modo de estar ($\pi\acute{\alpha}\rho\epsilon\iota\mu\iota$) en los cristianos. Tal como atestigua la siguiente frase: "en los que ya está presente por su fuerza ($\delta\upsilon\nu\acute{\alpha}\mu\epsilon\iota$ $\pi\acute{\alpha}\rho\epsilon\sigma\tau\iota$) y en los que estará presente en modo manifiesto ($\dot{\epsilon}\nu\alpha\rho\gamma\hat{\omega}\varsigma$ $\pi\alpha\rho\acute{\epsilon}\sigma\tau\alpha\iota$) en su segunda parusía ($\pi\alpha\rho\upsilon\sigma\acute{\iota}\alpha$)" (D 54, 1).

[132] Cf. D 70, 4; cf. *infra*, apdo. 3.1, p. 489.

después de los mil años en la Jerusalén reconstruida (cf. D 80-81), empezará un reino eterno[133]. A este respecto nos interesa examinar el siguiente fragmento de Justino, citado por Metodio:

> Dice Justino el de Neápolis, varón no lejano a los apóstoles ni por el tiempo ni por la virtud, que es heredado lo que muere, hereda lo que vive; y muere la carne, vive el reino de los cielos (κληρονομεῖσθαι μὲν τὸ ἀποθνῆσκον, κληρονομεῖν δὲ τὸ ζῶν λέγει, καὶ ἀποθνήσκειν μὲν σάρκα, ζῆν δὲ τὴν βασιλείαν τῶν οὐρανῶν)[134].

Detrás del fragmento está el texto paulino de 1 Co 15, 50: "ni la carne ni la sangre pueden heredar el reino de los cielos". Los gnósticos lo usaban para negar la resurrección. Justino les replica: no consiste la resurrección en que la carne herede el reino, sino al contrario, en que el reino herede la carne[135]. Por reino hay que entender aquí las mismas propiedades divinas, la incorrupción e inmortalidad[136]. La carne no se apropiará de ellas, sino ellas de la carne, porque Dios no puede ser poseído: es Él quien domina y

---

[133] No entramos a analizar el periodo de mil años que precederá al reino eterno. Baste decir que ambas etapas guardan continuidad y que Justino las contempla a veces de un solo golpe de vista. Su centro principal de interés es el estado escatológico definitivo (en la Apología, por ejemplo, no juzga preciso mencionar el milenio). Así lo muestra el análisis de D'ANNA, "Note", que concluye (37): "Il vero orizzonte della teologia giustinea non è la Gerusalemme ricostruita, ma la vita eterna, e non a caso al millennio affianca subito la resurrezione generale, il giudizio, la retribuzione eterna"; cf. también G. PANI, "Il millenarismo: Papia, Giustino e Ireneo", *ASEs* 15 (1998) 53-84 (71-72). Con esto se precisa la relación entre reino eterno y milenio, sin negar la importancia que tenía para Justino el segundo; a este respecto cf. S. HEID, *Chiliasmus und Antichrist-Mythos. Eine frühchristliche Kontroverse um das Heilige Land* (Hereditas 6; Bonn 1990) (31-51). Por su parte, C.E. HILL, *Regnum Caelorum. Patterns of Millennial Thought in Early Christianity* (Cambridge 2001) (23-27) no acaba de percibir la continuidad que existe entre milenio y reino eterno, y de esta forma la escatología del mártir le parece un tanto contradictoria.

[134] La cita está en METODIO, *De resurrectione* 2, 18, 9 (ed. BONWETSCH, GCS 27, 370). Al menos hasta aquí llega el fragmento, aunque algunos lo prolongan más. Cf. una discusión en HEIMGARTNER, *Pseudo Justin* (53-71), que se muestra favorable a cortar en este punto la cita.

[135] La misma idea de Justino la tomará Ireneo, quien contrapone carne-espíritu, en vez de carne-reino (cf. IRENEO, *Adv. haer.* V, 9, 4; SC 153, 112). El cambio obrado por el obispo de Lión es afín con el pensar de Justino. Pues sabemos que para el mártir la presencia del Espíritu es la que da vigor al reino (cf. *supra*, pp. 242ss; pp. 481ss).

[136] Cf. FRICK, *Die Geschichte* (43). Indicio de esta unión entre resurrección y reino es el uso de la frase evangélica "para Dios nada hay imposible" (Mt 19, 26; Mc 10, 27; Lc 18, 27). Lo que los sinópticos entienden de la entrada en el reino de Dios (Mt 19, 24; Mc 10, 25, Lc 18, 25), lo refiere Justino a la resurrección; cf. también D 105, 6, donde "entrar en el reino de los cielos" equivale a salvarse, y esto último a resucitar (cf. D 106, 1, que sigue inmediatamente).

posee. El fragmento nos informa acerca del reino de los cielos en su estado definitivo, cuando la resurrección.

Entonces adquirirá el reino su dilatación máxima. Pues se posesionará de las últimas parcelas de lo humano, particularmente de lo más humilde: la propia carne, elemento antropológico que expresa la inserción del hombre en el mundo material y en el tiempo finito. Es notable cómo este concepto de reino lleva consigo la idea de donación: Dios comunica sus mismas propiedades para unir a sí lo que le es distinto. Con la venida del reino el Padre eleva al hombre a comunión consigo. Lo confirma el siguiente texto:

> [los hombres], como por sus obras se muestren dignos del designio de Dios, nosotros hemos recibido la creencia que se les concederá la convivencia con Él, participando de su reino, hechos incorruptibles e impasibles (τῆς μετ' αὐτοῦ ἀναστροφῆς καταξιωθῆναι προσειλήφαμεν συμβασιλεύοντας, ἀφθάρτους καὶ ἀπαθεῖς γενομένους) (I 10, 2).

Justino emplea aquí el verbo συμβασιλεύω, "reinar con". Y lo equipara a la convivencia con el Padre, que se dará al resucitar (ἀφθάρτους καὶ ἀπαθεῖς γενομένους). El dominio de Dios supone así, en definitiva, que el Padre quiere compartir su cetro con el hombre. Un reinado altamente particular, pues se lleva a cabo sólo cuando se corona a los mismos súbditos.

Se establece así un vínculo entre el reino y la comunión de Dios con su criatura. Ahora bien, esto nos permite esclarecer, desde el reino futuro, las características del presente. En efecto, el contexto en que se sitúan las líneas citadas (I 10, 1-3) describe este consorcio entre Dios y hombre en modo gradual: quien se muestre digno del designio divino no sólo merecerá la convivencia con el Padre; la posee ya en cierto modo, por imitar la justicia y benignidad divinas[137].

Probemos a combinar esta idea con los resultados anteriores. En el tiempo actual Dios reina allí donde el hombre se le somete en filial acatamiento, con actitud opuesta a la del diablo; brilla esto con especial claridad en los mártires. Nos interesa notar ahora por qué estos vencen: no lo hacen fiados en su fuerza, sino por las virtudes que el Padre les da a participar a través de su Hijo. Éste es el único justo, el que reina desde la cruz por su entrega filial en el Gólgota. La obediencia de los mártires significa

---

[137] Cf. I 10, 1: "aquellos le son a Él gratos que imitan los bienes *que le son propios* (τὰ προσόντα αὐτῷ ἀγαθὰ μιμουμένους): la templanza, la justicia, el amor a los hombres y *cuanto conviene [a Dios]* (ὅσα οἰκεῖα θεῷ ἐστι)"; I 10, 3: "a quienes han elegido lo que a Él es grato concederá, en premio de esa misma elección, la incorrupción y convivencia con Él".

ante todo que han recibido un don por medio del Crucificado; don que les lleva a la unión con el mismo Padre.

Así el dominio de Dios se diferencia del que ejercen los grandes de la tierra. Pues aquí el soberano, antes que exigir algo del súbdito le comunica sus mismas propiedades (la justicia y demás virtudes primero, la incorrupción después) para que pueda imitarle y acercarse a él. La meta que el reino persigue, tanto en su estado presente como definitivo, es la convivencia y comunión entre Dios y el hombre[138].

2.3. Ascensión: visión sintética

En la ascensión tiene lugar la entronización de Cristo rey. ¿En qué consiste su poderío? No es un dominio sobre los imperios terrenos; más allá de los césares, por tiranos que sean, hay quien se ocupa de instigar toda maldad. Se trata del diablo, cuyo objetivo es la apostasía del género humano, en rebelde desobediencia al Creador.

Las armas del nuevo monarca serán acordes con un tal adversario: la obediencia y piedad. Es decir, las mismas que usó en su Pasión y cruz. Por eso puede decirse: el Señor reina desde el madero (cf. D 73, 1). Esencial en el concepto de reino para Justino es la obediencia y abandono en el Padre.

Ahora bien, si esto había sucedido ya en el Calvario, ¿por qué se dice que el reino comienza en la ascensión? La respuesta hay que buscarla en la transmisión a los hombres de lo obrado por Cristo. Tal participación se basa en un vínculo muy real: el Pneuma que dona Jesús. En efecto, el reino de Cristo está allí donde actúa el Espíritu de Cristo. Derramado éste sobre la Iglesia tras ser levantado Jesús al cielo, se sitúa aquí el comienzo efectivo de su reinado.

Pero no sólo marca el Espíritu un inicio temporal. Cualifica también el señorío ejercido por Jesús: según sea la actuación del Pneuma entre los discípulos así será el gobierno regio del Cristo. Ahora bien, el Espíritu actúa haciendo eficaz en la historia, entre los creyentes, la obediencia filial del Maestro. Es su disposición ante la cruz la que se prolongará en la vida

---

[138] Este análisis nos permite revisar las afirmaciones de FRICK, *Die Geschichte* (44): hay mucha más continuidad de la que este autor supone entre el concepto neotestamentario de Reino y el usado por Justino. Al hablar de inmortalidad e incorrupción no disuelve el mártir la idea evangélica del reino en elementos cosmológicos. Estas categorías expresan para Él la comunión plena del hombre con Dios, cuando se reviste de sus mismas propiedades; comunión que se anticipa ya en la vida y testimonio de los cristianos. Justino podría suscribir la concepción que Frick cree ausente de los apologetas: "Für Jesus handelt es sich bei der βασιλεία τοῦ θεοῦ einzig um die Durchführung der göttlichen Herrschaft durch die persönliche Bindung des Menschen an Gott" (44).

de los cristianos; particularmente en los mártires, cuya entrega al Creador hasta la muerte vence la seducción diabólica.

Fiado en esta unión estrecha que el Espíritu establece entre Jesús y los suyos, proyecta Justino sobre el Señor que asciende los rasgos bochornosos del Crucificado. Podemos entonces decir que el reinado de Cristo comienza en la ascensión y tiene su fundamento en la cruz. Conserva por eso un carácter oculto hasta la segunda parusía.

Es verdad que Cristo, desde la resurrección, posee en su carne las propiedades paternas. Esto implica en Él la presencia acabada (libre de persecución y sufrimiento) del reino. Por eso puede aproximar Justino, en algún pasaje, ascensión y segunda parusía, y describir la primera en términos de elevación y glorificación. Pero no es esta la nota dominante en sus escritos. Prefiere usar de otro rasero para cualificar la realeza de Jesús: la fuerza que es capaz de comunicar a los suyos. Y entonces predomina la visión de un Cristo humilde, y el tiempo presente es aún el de la primera venida, tal cual lo describe el poema del Siervo de Yahveh.

Momento llegará en que Jesús reciba del Padre poder para distribuir las propiedades divinas que posee en su carne desde la Resurrección. El dominio de Dios se extenderá entonces a todos los hombres, en cuerpo y alma. Y se descubrirá su intención última: Dios reina cuando, a través de la obediencia filial, lleva al hombre a comunión consigo, dándole a participar de sus propiedades. Con esto nos hemos adentrado ya en la consideración del novísimo misterio, la segunda parusía.

3.   La parusía gloriosa

Una nota distingue la segunda parusía. Llegó Cristo, la primera vez, humilde y sin aspecto atrayente; al fin del tiempo lo hará *con gloria*[139]. Comencemos con esta palabra, "gloria", la exposición del último misterio en carne de Jesús.

3.1. La comunicación de la gloria

Partiremos de unas páginas ya analizadas que recogen un animado intercambio de opiniones entre Justino y Trifón (D 64-65)[140]. Acepta el judío que Jesús sea *un* camino para llegar al Padre; rechaza que sea *el*

---

[139] Cf. D 70, 4, en exégesis a Is 33, 17: "veréis al rey con gloria". El adjetivo "glorioso" (ἔνδοξος) se aplica con frecuencia a la segunda parusía: D 31, 1; 32, 2; 35, 8; 36, 1; 49, 2; 49, 8; 83, 4; 110, 1; 121, 3. La importancia que para el mártir tiene este misterio ha sido reconocida por los intérpretes: cf., por ejemplo, O. GIORDANO, "S. Giustino e il Millenarismo", *Asprenas* 10 (1963) 155-171 (163); L.W. BARNARD, "Justin Martyr's eschatology", *VigChr* 19 (1965) 86-98 (157).

[140] Cf. cap. III, apdo. 1.3, páginas 135ss.

único (D 64, 1). Él, con todo su pueblo, prefiere acceder directamente a Dios, sin auxilio de mediadores.

No está de acuerdo Justino. Ilustrará su postura acudiendo al concepto de gloria (δόξα). Entre griegos δόξα quería decir primariamente "opinión"; a partir de aquí adquirió otro significado, que giraba también en torno a la percepción subjetiva de la realidad: "fama" o "buen nombre", la apreciación que otros tienen de uno. Pero el término cobra un sentido diferente en la traducción de los LXX, donde se usa para verter el hebreo *kabôd*. Así, pasa a indicar la esencia misma de Dios en cuanto que se manifiesta y comunica al hombre[141].

Justino conoce las dos acepciones de la palabra, y adapta el uso a sus interlocutores, judíos o griegos. Δόξα como manifestación divina aparece sobre todo en el Diálogo, en torno a pasajes del Antiguo Testamento, mientras que ante paganos prevalece el significado de "opinión"[142]. Un texto de la Apología, sin embargo, considera también la δόξα un atributo divino, perteneciente al Padre inefable. En efecto, la gloria, que se equipara a los conceptos de "forma" y "nombre", viene a indicar la misma esencia de Dios, en cuanto al hombre es imposible contemplarla (I 9, 3).

Esta idea de una gloria inalcanzable es la que domina a Trifón cuando esgrime contra Justino un texto de Isaías en que Dios dice "no dar su gloria a nadie" (Is 42, 8; D 65, 1). La lectura de este versículo en su contexto amplio permite al mártir superar la objeción, dirigida contra la divinidad de Cristo: el Hijo, llamado luz de las naciones (Is 42, 6), recibe la gloria del Padre.

> ¿Entendéis, amigos, cómo Dios dice que dará su gloria a éste, a quien puso por luz de las naciones, y no a otro alguno? Y no, como dijo Trifón, que Dios retenga para sí mismo su gloria? (ὡς ἑαυτῷ κατέχοντος τοῦ θεοῦ τὴν δόξαν) (D 65, 7).

Hay aquí un reproche de Justino a Trifón. Concibe este último un Dios avaro que reserva para sí su gloria; mientras el mártir piensa en la comunicación de la gloria de Dios a Cristo y, por su medio, a toda la tierra, según las expresiones bíblicas que se citan en el contexto (cf. Sal 71, 19:

---

[141] Cf. el conocido artículo de G. Kittel y G. von Rad en *ThWNT* II, 234-259, con las reservas al respecto de F. RAURELL, *"Doxa" en la teologia i antropologia dels LXX* (CStP 59; Sant Adrià del Besòs 1996) (25-44).

[142] Es significativo el cambio que el mártir introduce al citar en la Apología Mt 5, 16: "vean vuestras buenas obras, para que glorifiquen (δοξάζω) al Padre". Justino modifica el verbo, consciente de que podría quedar incomprendido entre paganos, y lee θαυμάζω: "para que se admiren de vuestro Padre..." (I 16, 2). Sobre la gloria en Justino cf. LAURENTIN, *Doxa* (35-40); MARTÍN, *El Espíritu* (196-199).

toda la tierra se llena de su gloria; Sal 18, 2: los cielos proclaman la gloria de Dios[143]).

Tocamos aquí el punto candente del debate. Escandaliza al judío que Dios entregue a su Hijo la gloria; pero más aún el fin último a que mira con esto: su difusión por toda la tierra[144]. El mismo hecho constituye la maravilla del cristiano: Dios está deseoso de compartir su misterio; a tal fin comunica su gloria a Cristo quien, hecho luz de las naciones, la difundirá por el mundo. Está en juego toda una visión del proyecto de Dios sobre la historia: el Creador hizo el mundo para el hombre, y al hombre para depositar en él cuanto es y tiene.

Puede extrañar entonces el siguiente pasaje de la Apología, en que vuelve a aparecer el verbo "retener" (κατέχειν):

> Y ahora escuchad lo que dijo el profeta David sobre que Dios, Padre del universo, había de llevar a Cristo al cielo después de su resurrección de entre los muertos y retenerle (κατέχειν) hasta herir a los demonios, enemigos suyos, y completar el número de los por Él de antemano conocidos como buenos y virtuosos, aquellos justamente por cuyo respeto no ha llevado todavía a cabo la universal conflagración (I 45, 1-5).

Si antes dijo el mártir que Dios no retenía (κατέχειν) su gloria, afirma ahora que el Padre retiene (κατέχειν) al Hijo, retrasando su venida gloriosa y la consiguiente participación de la gloria a los hombres. La paradoja nos ayudará a profundizar: ¿qué puesto guarda la segunda parusía en el conjunto del plan paterno?

Nada se libra de su calor (Sal 18, 7)

Tomemos para ello el salmo 18, citado por Justino en el contexto del Diálogo que estamos examinando (D 64-65):

> "Los cielos cuentan la gloria de Dios, y el firmamento anuncia la creación de sus manos. [...] A toda la tierra salió su sonido, y a los confines del orbe de la tierra llegaron sus palabras. En el sol puso tienda, y Él, como esposo que sale de su cámara nupcial, se regocijará como gigante, para recorrer su camino: de las cumbres de los cielos es su salida, y hasta la otra punta del cielo su recorrido, y no hay quien se esconda de su calor" (D 64, 8).

---

[143] Cf. el comentario de OTRANTO, *Esegesi* (62; 67-73): "Ps 18, 2-5, che l'esegeta applica al Cristo, è un inno alla gloria di Dio annunciata dal firmamento e trasmessa in ogni angolo della terra. Giustino compone in una visione cosmica di estrazione biblica la grandezza della gloria del Cristo-Dio".

[144] Cf. D 38, 1-2: Justino avisa a Trifón: va a escuchar cosas más disparatadas a sus oídos que la misma Encarnación. ¿De qué se trata? Lo leemos enseguida, en D 39, 3: Dios se da a participar a todos los hombres por el don de su Espíritu.

La palabra "gloria" y la imagen de Cristo sol, presentes en el contexto precedente, han hecho de gancho para introducir el salmo[145]. Según la exégesis de Justino, esta escritura profetiza que:

> Jesús había de salir de las cumbres de los cielos (cf. Sal 18, 7) y volver nueva-mente a los mismos lugares, a fin de que lo reconozcáis como Dios que viene de arriba y hecho hombre entre los hombres, y que otra vez vendrá aquel a quien habrán de ver y por él golpearse los mismos que le traspasaron (cf. Zac 12, 10-12) (ἵνα καὶ θεὸν ἄνωθεν προελθόντα καὶ ἄνθρωπον ἐν ἀνθρώποις γενόμενον γνωρίσητε, καὶ πάλιν ἐκεῖνον παραγενη-σόμενον, ὃν ὁρᾶν μέλλουσι καὶ κόπτεσθαι οἱ ἐκκεντήσαντες αὐτόν) (D 64, 7).

He aquí una visión de conjunto de la *historia salutis*, desde la Encarnación a la parusía gloriosa. ¿Dice tanto la escritura citada por Justino? ¿Qué verso se atribuye a cada misterio? Vayamos paso a paso.

La expresión "salir de las cumbres de los cielos" (Sal 18, 7) constituye prueba de la Encarnación: Cristo es "Dios que viene de lo alto y hecho hombre entre los hombres". Mencionar la Encarnación en este contexto tiene mucho sentido, como ya estudiamos en otro capítulo[146]. En el naci-miento humano de Jesús se traduce para el hombre la generación divina del Hijo como gloria del Padre (D 61, 1). Es por eso un momento decisivo en la comunicación de la gloria a toda la tierra.

Pero el recorrido del Hijo no se detiene aquí. Como el sol, que ilumina el mundo entero en su viaje de oriente a occidente, así también Cristo. En el verso "hasta la otra punta del cielo su recorrido" (Sal 18, 7), hay una referencia a la ascensión: "había de volver nuevamente a sus mismos lugares"[147]. ¿En qué contribuye la ascensión a este comunicarse de la gloria divina? Nos lo muestra otro pasaje del mártir en que se interpreta el mismo salmo (Sal 18, 5) y se hace referencia también a la gloria[148]. Esta vez se trata de la predicación de los apóstoles, por la que el mundo se llena

---

[145] Cf. OTRANTO, *Esegesi* (62).

[146] Cf. *supra* capítulo III, apartado 1.3, páginas 135ss.

[147] Que el salmo se refiere a la ascensión nos lo confirma otro lugar, en que se trata de los misterios paganos de Heracles; cf. D 69, 3: "De Heracles nos dicen que fue fuerte y recorrió toda la tierra, que fue también hijo de Zeus, que nació de Alcmena, y que después de muerto subió al cielo; ¿no es todo eso igualmente un remedo de la Escritura dicha de Cristo: *Fuerte como un gigante para recorrer su camino* (Sal 18, 6)?"; cf. también I 54, 9.

[148] Cf. D 42, 1: "las doce campanillas que se mandaba colgar de la veste talar del sumo sacerdote eran símbolo de los doce apóstoles, que estaban colgados de la potencia de Cristo, Sacerdote eterno, y por cuya voz toda la tierra se llenó de la gloria y de la gracia de Dios y de su Cristo (ἡ πᾶσα γῆ τῆς δόξης καὶ χάριτος τοῦ θεοῦ καὶ τοῦ Χριστοῦ αὐτοῦ ἐπληρώθη). Por ello dice también David: *A toda la tierra llegó la voz de ellos y a los confines del orbe de la tierra las palabras de ellos* (Sal 18, 5)".

de la gloria de Cristo. Si consideramos que Justino ve una gran unidad entre la ascensión y el envío de los discípulos, la cosa tiene coherencia[149]. La gloria del que sube a los cielos es la misma que se comunica a la Iglesia y que ésta difunde por el mundo. La predicación es una etapa más, subsiguiente a la ascensión, de la participación de la gloria. En forma, eso sí, oculta, según la figura del Crucificado: su mejor enseña es el testimonio de los mártires.

Pero hay que dar todavía otro paso, el que más nos interesa ahora. Pues el salmo 18 contiene también una referencia a la segunda venida. "Y que otra vez vendrá aquel a quien habrán de ver y por él golpearse los mismos que le traspasaron" (cf. Zac 12, 10). ¿En qué versículo piensa el mártir? Algunos intérpretes, no hallando respuesta, han supuesto que Justino se refiere a otras escrituras que no cita en este momento[150].

Fijémonos, sin embargo, en Sal 18, 7: "Sale de un extremo del cielo, y su órbita llega al otro extremo. Nada se libra de su calor". Y acudamos a la exégesis de Ireneo a este mismo verso. Para el obispo de Lión el curso solar "desde un extremo del cielo al otro extremo" es profecía de la ascensión; y al decirse "nada se libra de su calor", se preanuncia el juicio final, en la segunda parusía[151]. Desde aquí no hace dificultad el pasaje de Justino. Al cantar David: "nada se libra de su calor" (Sal 18, 7), profetizaba que "otra vez vendrá aquel a quien habrán de ver y por él golpearse los mismos que le traspasaron (cf. Zac 12, 10-12)" (D 64, 7); es decir, proclamaba la segunda venida, asociándola al juicio definitivo[152].

En resumen, Justino lee en el Sal 18 una comunicación progresiva de la gloria divina, a imagen del recorrido solar, cuya órbita abarca los extremos

---

[149] Sobre esta unión dijimos *supra*, pp. 476ss.

[150] Cf. PRIGENT, *Justin et l'Ancient Testament* (107-108): "Si Justin allègue ici le Psaume en l'insérant de force dans le cadre d'une démonstration qu'il sert si mal, c'est bien que le texte lui est fourni par un groupement déjà organisé"; y, de forma más prudente, OTRANTO, *Esegesi* (65) "Ps 18, 2-7 [...] preannuzia solo il particolare della provenienza del Cristo ἀπ' ἄκρων τῶν οὐρανῶν. Non è da escludere, ma si tratta di una semplice ipotesi, che l'esegeta intendesse riproporre a Trifone anche i salmi 23 e 109 e che l'intervento dell'ebreo, appena dopo la citazione di Ps 18, 2-7, glielo abbia impedito".

[151] Cf. IRENEO, *Epid.* 84 (SC 406, 198-199); *Adv. haer.* IV, 33, 13 (SC 100, 838): "In eo autem quod dixerunt: A summo caelo egressio ejus, et occursus ejus usque ad summum caeli, et non est qui se abscondat a calore eius, quoniam illuc assumptus est unde et descendit, et non est qui justum judicium ejus effugiat, id ipsum annuntiabant".

[152] Confirma lo dicho el uso de Zac 12, 10-12, que en otros pasajes se une a la manifestación definitiva de la gloria de Cristo; cf. *infra*, cuando se hable del juicio, pp. 496ss.

de la tierra[153]. A través de su Hijo, engendrado como Gloria del Señor, proyecta el Padre manifestar y comunicar al mundo su gloria (cf. D 61, 1; D 61, 3). En el Antiguo Pacto tal gloria brillaba en modo deslumbrante (D 127, 3; 131, 3). Prueba de que Cristo poseía desde el principio el máximo resplandor; pero también de que el hombre no era capaz de contemplarlo. Para esto último habrá que esperar a la Encarnación, nueva alianza, que ya no se establecerá en el pánico del Sinaí (cf. D 67, 10).

Es aquí donde el salmo 18 sirve de guía. Todo el recorrido en carne de Jesús, "fuerte para recorrer su camino" (cf. Sal 18, 6), lo ve Justino necesario para la entrega al hombre de la gloria paterna. Indica con esto que la donación de la gloria no puede ser inmediata. No por avaricia divina, sino por razón del hombre, incapaz de acoger de golpe tamaño don. Deseo de darse totalmente a su criatura, por una parte; respeto exquisito de las propiedades de ésta, por otra: he aquí las dos columnas que sostienen el proyecto divino sobre el mundo[154].

Desde este punto de vista, la retención de la gloria es una regla común a toda la *historia salutis*. Sucede ya, en efecto, en la vida y muerte de Jesús. Entonces la gloria se manifiesta y comunica, sí, pero en modo oculto: en la humilde apariencia del Crucificado. Ahora bien, ¿es necesario seguir reteniendo esta gloria después de la resurrección? Si se da entonces la entrega plena del misterio paterno a la humanidad de Jesús, es que el hombre ya está dispuesto para recibir el don divino. ¿Por qué esperar entonces a la segunda venida? Para responder investigaremos las características de esa manifestación definitiva de la gloria, cuando nada se libre de su calor (cf. Sal 18, 7). Pero antes es preciso preparar el terreno.

Elías y la segunda unción

Lo haremos acudiendo a otras líneas del Diálogo. Nos trasladamos ahora a un momento distinto de la discusión entre Trifón y Justino (D 87-88). Allí objeta el judío: Jesús no es el Cristo porque no ha venido Elías a ungirle. Y el mártir responde: ¿no están predichas dos parusías del Señor? Pues bien, la de Elías corresponde, según Malaquías profeta (Mal 3, 23), al día grande y terrible, el de su segundo advenimiento.

---

[153] Es interesante la unión entre gloria y luz que muestran estos textos. Se constata en Justino el influjo de Isaías, que dejó también impronta sobre el evangelio de Juan: cf. RAURELL, *"Doxa"* (388-389).

[154] Como se ve, a partir del concepto de δόξα podemos presentar una visión global de la historia de la salvación. Se completaría, en sentido cristiano, el panorama que ya concibieron los LXX; cf. RAURELL, *"Doxa"* (18): "Els LXX, de fet, veuen tota la història bíblica amb el relat de la manifestació de la δόξα Κυρίου, veuen tota la història orientada a aquesta δόξα, que resumeix tota l'actuació del Senyor en el cosmos i en la història".

Con esto logra Justino su propósito. Le interesa mostrar la posibilidad de un primer precursor, heraldo de la parusía humilde, Juan Bautista; y de una unción correspondiente, acaecida en el Jordán: en ella el Espíritu baja sobre Jesús. Pero nótese: centrar el interés en el Bautista no implica negar la venida de Elías al fin de los siglos. Al contrario: de pasada se deja entrever que se dará un segundo descenso del Pneuma, precedido por el mismo profeta Elías.

¿Le hace falta a Cristo nueva unción, después de resucitar y ascender al cielo? Así parece desprenderse de las anteriores reflexiones sobre la gloria. Pues gloria y Pneuma son conceptos relacionados[155]; dicen ambos la participación al hombre de la esencia divina. Ahora bien, si sólo al final de los tiempos Cristo vendrá en plenitud de gloria, es porque sólo al final tendrá la total posesión del Pneuma.

El Espíritu que bajará entonces sobre Jesús será glorioso, y no oculto; en consonancia con la parusía segunda. ¿Qué novedad aportará, si la humanidad de Cristo está ya plenamente glorificada, en cuerpo y alma, desde su resurrección y ascensión? Algo le falta todavía al Salvador: donar a los hombres sin tasa cuanto ha recibido al resucitar. Poseída para sí la incorrupción, no le ha otorgado todavía el Padre el poder comunicarla totalmente a sus hermanos. La última unción supondrá, pues, la efectiva constitución de Cristo como primogénito en todos los órdenes.

Ya sabemos que en el Jordán Cristo era engendrado por el Padre para los hombres: poseía desde entonces el principio que, andando el tiempo, haría comunicable su filiación. Pues bien, algo parecido ocurrirá en el día terrible y glorioso, pero ahora en modo cabal. Se puede delinear la gradación siguiente: a) En el Bautismo Cristo posee en germen lo que será principio de nueva vida. b) En la Resurrección lo posee ya desarrollado, pero lo dona sólo en forma oculta, no en su plenitud de actuación. c) Corresponde esto último a la segunda parusía: sólo entonces podrá Cristo consumar su obra comunicando al mundo la entera gloria del Padre.

Todo esto nos permite entender la parusía gloriosa a partir de la unción del Espíritu, según las tres especies de cristos que conoce Justino: profeta, rey, sacerdote[156]. La unción última traerá novedad en el ejercicio de estos títulos. Habiendo ya tratado del reino eterno nos queda por considerar profecía y sacerdocio[157].

---

[155] Cf. MARTÍN, *El Espíritu* (196-199); cf. L.F. LADARIA, "La unción de la gloria celeste. Gloria y Espíritu Santo en Hilario de Poitiers", RCatT 25 (2000) 131-140.

[156] Cf. MARTÍN, *El Espíritu* (231-235); ORBE, *La unción del Verbo* (32-38).

[157] Sobre el reino eterno, cf. *supra*, pp. 485ss.

3.2. La plenitud de la profecía

Nos ocupará en primer lugar la unción profética. Comencemos recogiendo datos ya sabidos. Es misión del Hijo comunicar al hombre el querer del Padre. Recibe por eso los títulos de "ángel" (mensajero) y "apóstol" (enviado). Ambos nombres equivalen para Justino a este otro: "profeta". La asociación tiene coherencia: lo que Cristo desvela, como mensajero y enviado, son los grandes designios del Padre sobre el sentido y fin de la historia. El mártir supone para esta tarea una unción particular del Espíritu: actuaba en los profetas de la Antigua Alianza y obrará tanto en la predicación de Cristo como en la apostólica.

Gusta Justino de expresar en imágenes su teología[158]. No es raro por tanto que, para decir la actividad reveladora de Jesús, le compare con el sol. Ya lo hemos visto en la exégesis del salmo 18. Como el sol que con sus rayos llena de luz y calor toda la tierra, así es Cristo en su manifestación de la gloria del Padre. La cosa reaparece en otro testimonio, combinación de Sal 71, 17 ("su nombre es anterior al sol") y Nm 24, 17 ("se levantará un astro")[159], en que Justino se detiene más:

"Su nombre dura para siempre; se levantará por encima del sol" (cf. Sal 71, 17; Nm 24, 17) [...] Dios, como está escrito, permitió antaño que fuera adorado el sol; pero no se ve que nadie estuviera dispuesto a morir por su fe en el sol; en cambio, por el nombre de Jesús, es fácil ver cómo gentes de todo linaje de hombres lo han soportado y soportan todo antes que renegarle. Y es que su palabra de verdad y sabiduría (αὐτοῦ ὁ τῆς ἀληθείας καὶ σοφίας λόγος) es más abrasadora y más luminosa que los rayos del sol y penetra hasta las profundidades del corazón y de la inteligencia. De ahí que la palabra dijera: "Sobre el sol se levantará su nombre" (cf. Sal 71, 17; Nm 24, 17). Y otra vez: "Oriente es su nombre" (Zac 6, 12), dice Zacarías (D 121, 2).

Aprovechando una lectura distinta de Sal 71, 17 ("por encima del sol", y no "anterior al sol"), se presenta a Cristo como vencedor de los ídolos. Es superior al sol porque sus rayos son más incisivos. Ilumina el astro por defuera; el Salvador, por dentro. Justino se refiere a la palabra de Cristo, que actúa a través de la predicación apostólica (cf. I 45, 5), encendiendo a los hombres para que consagren a Dios su vida. La comparación sirve, por tanto, para indicar el oficio de Cristo, revelador del designio paterno[160]. Con esta perspectiva prosigamos leyendo el texto apenas citado:

---

[158] Como ha probado G. OTRANTO, "Lo sviluppo della similitudine nella struttura del 'Dialogo con Trifone' di Giustino", *VetChr* 11 (1974) 65-92.

[159] Para un análisis de este testimonio, cf. SKARSAUNE, *The Proof* (84).

[160] Enseguida lo confirmará Justino: "A nosotros, pues [los cristianos] se nos ha concedido escuchar y entender y ser salvados por medio de Cristo y conocer todo lo del Padre (τὰ τοῦ πατρὸς ἐπιγνῶναι πάντα)" (cf. D 121, 4). El Resucitado, que ha recibido la plenitud del nombre del Padre, es enviado para anunciar su misterio a los

Y el mismo Zacarías, hablando sobre Él, había dicho: "Se golpearán tribu contra tribu" (Zac 12, 12). Pues si en su primera venida, que fue sin gloria, sin hermosura y con desprecio, tanto brilló y tanta fuerza tuvo Cristo que en ningún linaje de hombre se le desconoce y de todos se hace penitencia abandonando cada uno su antigua mala conducta y los mismos demonios se someten a su nombre y a éste temen todos los imperios y reinos más que a todo el mundo de los muertos, ¿no destruirá absolutamente en su venida gloriosa a todos los que le han odiado y apostatado de Él inicuamente y concederá descanso a los suyos dándoles todo lo que esperan? (D 121, 3).

El desarrollo de la imagen del sol desemboca ahora en el escenario de la segunda parusía. He aquí la cima de la actividad iluminadora de Cristo. Cobrará entonces su máximo brillo la luz de las naciones, cuyos rayos eran capaces de alumbrar lo profundo del corazón. Notemos ahora que algo similar ocurría con la imagen del sol en la exégesis del salmo 18. Allí también la segunda venida correspondía al pleno brillo de la gloria de Cristo. Ambas exégesis concuerdan: en el advenimiento glorioso llegará a su máxima cota la actividad profética de Jesús.

La forma escatológica de la profecía

Esto nos va a permitir profundizar en las reflexiones, antes inacabadas, sobre la comunicación al mundo de la gloria divina. ¿Qué características tiene su donación definitiva, al fin del tiempo? Tratemos de responder considerándola como vértice de la actividad profética de Cristo. Salta entonces a la vista una novedad. En efecto, la profecía no será ya desvelación del futuro, pues todo estará cumplido. El oficio, en su forma escatológica, habrá de adquirir rasgos nuevos.

¿Cuáles son? Comencemos fijándonos en la cita de Zac 12, 12 en el texto apenas citado: "se golpearán tribu contra tribu". El brillo definitivo de Cristo se asocia al juicio: entonces todo el mundo le reconocerá; sus palabras se desvelarán, a un tiempo, como condenación para los malos y descanso para los buenos[161]. Ahora bien, recordemos que Justino veía en Sal 18, 7 ("nada se libra de su calor"), junto al cenit solar, el juicio defini-

---

hombres (cf. D 100, 1; D 106, 1, y lo que se dijo sobre la resurrección, plenitud de la revelación filial, *supra*, pp. 435ss). El texto se explica enseguida según una profecía (Is 49, 6): Cristo es luz de las naciones (D 121, 4). Los números que siguen en el Diálogo (D 122-123) desarrollarán aún más la idea: Cristo, y no la Ley mosaica, he aquí el verdadero iluminador del hombre; los cristianos son los iluminados, aquellos a quienes se han abierto los ojos (D 122, 3: φῶς ἐθνῶν; D 122, 5: οὓς ἐφώτισεν; D 123, 2: πεφωτισμένους).

[161] Así lo experimentó el mismo Justino al convertirse; cf. D 8, 2: "hay en ellas [las palabras del Salvador] un no sé qué de temible y son capaces de conmover a los que se apartan del recto camino, a par que, para quienes las meditan, se convierten en dulcísimo descanso".

tivo. Y traía para ello los versículos de Zacarías: "Mirarán al que traspasaron [...] Se golpeará tribu contra tribu" (cf. Zac 12, 10-12) (D 64, 8). Este último texto resulta estar asociado, tanto en torno al salmo 71 como al 18, a la gloria final de Cristo. Un lugar de la Apología apunta a la misma concatenación:

"Se golpearán tribu contra tribu" (Zac 12, 12). "Entonces mirarán al que traspasaron" (Zac 12, 10). "Y dirán: ¿por qué, Señor, nos hiciste desviar de tu camino?" (Is 63, 17). "La gloria que bendijeron nuestros padres se nos ha vuelto oprobio"(Is 64, 10) (I 52, 12).

La gloria (ahora en Is 64, 10) está unida de nuevo a la aparición del Crucificado, que se dejará ver de los suyos el último día. Pero ya no será gloria oculta, sino manifiesta. La reconocerán los malvados, a quienes quedará sólo el lamento de Isaías: la gloria se nos ha cambiado en oprobio. La visión última traerá consigo, por tanto, el juicio.

Podemos entonces recapitular. ¿Cuándo alcanza la profecía plenitud? Sin duda, al final de los tiempos. Pero entonces, ¿qué sentido tiene un profeta sin futuro que desvelar? Los textos anteriores nos dan la respuesta: la profecía se transformará en juicio y el profeta pasará a ser juez. Cristo seguirá siendo aquel que da a conocer los grandes designios del Padre sobre el mundo, pero ahora serán designios realizados. Y como los planes de Dios contaban con la libertad del hombre, se pondrá entonces de relieve el único destino irrevocable: la condena de los que obraron mal, el premio de los que hicieron bien[162].

Esto nos ayuda a su vez a entender desde qué punto de vista contempla Justino el juicio: no es sino la plenitud de la profecía, su realización escatológica. Tan es así que el mártir puede sustituir la terna "profeta, rey sacerdote", por esta otra: "juez, rey, sacerdote" (D 36, 1; cf. D 46, 1: juez, rey).

---

[162] Cf. I 43, 7: "Lo que sí afirmamos ser destino ineludible es que a quienes escogieron el bien, les espera digna recompensa; y a los que lo contrario, les espera igualmente digno castigo". Recuérdese, por otra parte, la importancia que tenía el título "Ángel del Gran Consejo" (Is 9, 5) en relación con la actividad reveladora de Cristo, enviado para desvelar los grandes consejos (decisiones) paternos tocantes al fin del tiempo. Pues bien, en su explicación de este nombre incluía Justino muchos textos unidos al juicio (cf. D 76, 3-7). A este respecto puede verse lo que se dijo *supra* (cap. VI, apdo. 1.6, pp. 373ss) sobre el destino. En esta línea, cf. ALLERT, *Revelation* (240): "the second advent is not only presented as being dependent on the first, but as also fulfilling it, much in the same way that the new Law fulfils the old Law. At the second advent the glory of the first will be recognized because no one will be able to deny the completion of God's plan through his Christ".

La luz del juicio

Nos estamos preguntando cómo será la gloria en la parusía segunda. Y hemos visto que la cuestión se ha reconducido a esta otra: ¿en qué forma se desenvolverá el juicio? Una de sus características ha sido puesta ya de relieve. El Salvador brillará entonces con su máxima fuerza. Propio del último día será su manifestación a todos los hombres, sin excepción. En nuestro tiempo puede quien lo quiera cerrar los ojos para no ver el resplandor de Cristo; no así en su venida gloriosa, en que se hará claro a todos, de grado o por fuerza. La gloria se volverá de nuevo deslumbrante, como ocurriera en la Alianza de Moisés.

Y, sin embargo, tiene que ir mucho de una a otra aparición, de la Ley antigua a la plenitud de la Ley nueva; de no ser así, poco sentido tendría la economía del Padre. A examinar la diferencia nos ayudará otra imagen usada del mártir, la del fuego. Justino ha hablado, hasta ahora, del brillo de Cristo, en comparación con el del sol. Pero le ha asociado también otro efecto de nuestra estrella: el calor. Recordemos, por una parte, Sal 18, 7: "nada se libra de su calor". Por otra parte, la idea aparece también en torno a Sal 71, 17: Cristo es superior al sol porque inflama los corazones de los cristianos para que le sigan hasta dar la vida por Él[163]. De la misma forma sus palabras inflamaron el corazón de Justino cuando su conversión[164]. A este valor salvífico del fuego hay que añadir una vertiente negativa: actuará como castigo de los malos. Justino habla repetidas veces de las penas del fuego eterno[165].

Pienso que estas dos imágenes (el fuego que incendia el corazón y conduce al bien; el fuego como tormento) están unidas, son producidas por una misma causa. Hacia esto indica un texto (II 7 [6], 2) en que se afirma que el fuego sirve para distinguir a los buenos de los malos[166]. El mismo fuego será para unos condena y castigo eterno, para otros salvación. Igual que las brasas destruyen los falsos metales y acrisolan los buenos. Cristo, con su sola presencia, ardiente y luminosa, distinguirá entre justos e injustos[167].

---

[163] Cf. D 121, 2: πυρωδέστερος.

[164] Cf. D 8, 1: ἐμοὶ δὲ παραχρῆμα πῦρ ἐν τῇ ψυχῇ ἀνήφθη.

[165] Cf. I 12, 2; 15, 2; 16, 2 et passim.

[166] Cf. II 7 [6], 2: ἀλλὰ τὸ πῦρ τὸ τῆς κρίσεως κατελθὸν ἀνέδην πάντα διέκρινεν, ὡς καὶ πρότερον ὁ κατακλυσμὸς μηδένα λιπὼν ἀλλ᾽ ἢ τὸν μόνον σὺν τοῖς ἰδίοις παρ᾽ ἡμῖν καλούμενον Νῶε. Igual que un mismo diluvio distinguió entre buenos y malos, así será con el fuego. Justino dirá enseguida que ésta es la verdadera ἐκπύρωσις cristiana (cf. II 7 [6], 3); cf. I 60, 9.

[167] La idea no es extraña: la encontramos en Hipólito; cf. ZANI, Ippolito (634): "come il fuoco dissolve e corrode quanto è inautentico o inconsistente, così, sul versante opposto, rende scintillante ed evidente ciò che è prezioso o nobile". Cf., por otra parte, I 16, 12, donde el fuego y la luz describen la suerte de justos e injustos: "los justos brilla-

Desde aquí se ve la gran diferencia entre la gloria del santuario y la reservada a la Parusía, con ser ambas de gran brillo. La última tendrá efectos contrarios según haya sido la vida del hombre que la contemple. Los malos habrán de reconocerle, forzados por su claridad, aunque de nada les valga tal arrepentimiento[168]. Para los buenos brillará entonces como luz eterna (cf. D 113, 5) que les convertirá a ellos mismos en luz. La gloria definitiva tiene así un carácter de juicio (salvífico o condenatorio) de que carecía la del Horeb, que se imponía por su solo resplandor, sin contar con el humano albedrío. ¿Qué ha sido necesario para que alcanzara tal propiedad?

Mirarán al que traspasaron (Zac 12, 10)

Para responder volvamos al texto de Zac 12, 10, asociado como sabemos a la epifanía última de la gloria de Jesús: "Mirarán al que traspasaron". Recordemos ahora que la cruz era signo escatológico de condena y salvación, y que esta cualidad permanece velada en nuestro tiempo. Pues bien: el juicio consistirá en ponerla de manifiesto a todos; no se hará otra cosa sino descubrir la potencia escondida en el Crucificado[169]. He aquí la novedad con respecto al Testamento Antiguo: la luz brilla a través de aquel a quien traspasaron; nos llega filtrada por la pasión y muerte de Cristo.

Recordemos este resultado, y tengamos en cuenta otro elemento que enriquecerá nuestra exposición. En un momento del Diálogo Justino habla de la vocación primera a que fue llamado el hombre según Sal 81, 6: la filiación divina ("Yo he dicho: sois dioses, e hijos del Altísimo"). Pues bien, se pone entonces de relieve la figura de Cristo juez:

Escuchad, amigos, cómo el Espíritu Santo dice de este pueblo que son todos hijos del Altísimo y que en medio de su asamblea estará Cristo, haciendo justicia de todo linaje de hombres (τὴν κρίσιν ἀπὸ παντὸς γένους

---

rán como el sol, los injustos serán enviados al fuego". Justino toma el texto de Mateo (Mt 13, 42-43), pero cambia el orden (coloca primero los justos) y refuerza el paralelismo oponiendo a justos e injustos: cf. BELLINZONI, *The Sayings* (67-69). Sobre los efectos contrarios del mismo sol, cf. IRENEO, Adv. haer. IV, 29, 1 (SC 100, 766): "Unus enim et idem Dominus his quidem qui non credunt sed nullificant eum infert caecitatem, quemadmodum sol qui est creatura ejus his qui propter aliquam infirmitatem oculorum non possunt contemplari lumen ejus, his autem qui credunt et sequuntur eum pleniorem et majorem illuminationem mentis praestat"; cf. también CLEMENTE ALEJANDRINO, *Protrep.* I, 8, 3 (SC 2bis, 63): "[la columna que guió al pueblo en el desierto fue] signo a la vez de gracia y de temor: si se obedece, la luz; si se desobedece, el fuego".

[168] Cf. M. MERINO, "Condicionantes espacio-temporales de la conversión cristiana en San Justino Mártir", *Scripta Theologica* 19 (1987) 831-840.

[169] Cf. también D 40, 4: entonces, en la segunda parusía, verán los judíos que Cristo era ofrenda por los pecadores.

ἀνθρώπων ποιούμενος) [...] "Dios se levantó en la junta de los dioses y en medio está juzgando a los dioses [...] Levántate, Dios, juzga la tierra, pues tú heredarás en todas las naciones" (cf. Sal 81, 1.8) (D 124, 1-2).

Filiación divina y juicio de Cristo; los proyectos originales de Dios y el cumplimiento final de la historia. ¿Qué relación ve el mártir entre ambos momentos? Enseguida tornará a hablar del juicio, siguiendo esta vez la parábola de los talentos (cf. Lc 19, 11-27). "Mi señor", dice, "vendrá a pedir lo que es suyo (τὰ ἴδια) de todos [los hombres]" (D 125, 2). Del pasaje ya hicimos exégesis al tratar del Logos σπερματικός[170]. Nos interesaba la expresión τὰ ἴδια, que explicábamos así: hay algo en todo hombre que pertenece a Cristo porque fue sembrado por Él o confiado como un talento. Y entra entonces la idea de juicio: viene Cristo en busca de lo suyo, la semilla o el patrimonio que depositó en Adán y su descendencia.

En su momento asociamos esta semilla a la presencia del *Pneuma* en el hombre, que conoce grados diversos según las etapas de la *historia salutis*. Su actividad permitió a algunos paganos obrar según virtud y rechazar la idolatría; con más intensidad se manifestó en los profetas. Prefiguraba siempre, en mayor o menor medida, una plenitud: la de Cristo, en quien llegó al máximo la acción del Espíritu. Momento culminante de su vida fue la Pasión, donde Jesús dio su mayor testimonio de obediencia al Padre, desvelando lo que el hombre estaba llamado a ser: hijo de Dios. Su carne crucificada y vuelta a la vida es la obra maestra del Espíritu, translúcida de la gloria divina.

Podemos entonces entender mejor en qué consiste el juicio. Delante de Cristo en cruz, ahora en plenitud de gloria, verificará cada uno el estado, fructuoso o baldío, de la vocación a que Dios le destinó. Comprobará si sus caminos terrenos se parecen a los seguidos por Jesús, si culminan en la misma obediencia filial al Padre.

Notemos que este juicio no llegará desde arriba, como si lo ejerciera un magistrado distante. En efecto, Justino ha dicho que Cristo no reclamará nada ajeno, sino lo suyo propio. Y es que por participación en su Espíritu, a modo de semilla sembrada o talento confiado, a todos se ha ofrecido conformarse con los misterios de la vida de Jesús y cumplir así la vocación filial[171]. La luz del juicio brillará entonces desde dentro de cada uno, para ceguera de los malos y alumbramiento de los buenos. Se reconocerá el plan de Dios, no como bella utopía, sino como concreta realidad que

---

[170] Cf. capítulo II, pp. 78ss.

[171] Así se entiende que Cristo sea juez de todos, hasta del mismo Adán (D 132, 1; cf. D 118, 1, "juez de vivos y muertos", siguiendo a 2 Tm 4, 1; 1 Pe 4, 5). Cristo puede ser juez de todos porque todos han recibido (en grado distinto, según las etapas de la historia de la salvación) una semilla de filiación que debe fructificar.

Cristo vivió y ofreció a vivir. En este sentido podemos defender que el hombre será juzgado según los misterios en carne de Cristo, no cual meros modelos externos de comportamiento, sino como fuerza interior que invita a conformar con ella la vida.

Esto nos permite explicar por qué el Padre retuvo esta gloria hasta el último día, pregunta que hemos dejado antes abierta. De haber brillado con plena intensidad el domingo de Pascua nadie habría podido salvarse. Sin mediar tiempo para que Jesús comunicase a los suyos el nombre del Padre, para que sus pasos fueran seguidos y su vida imitada (cf. II 1, 2), su luz habría sido fuego consumidor y no claridad salvífica. Y no porque falten cualidades a la luz, sino al ojo que la mira.

En efecto, el día del juicio no se presentará Cristo en forma distinta a justos y pecadores, y sin embargo ambos verán cosas bien diferentes. Es que para que su conocimiento sea salvífico hace falta sintonizar con su interior, reconocerse en Él; hace falta ser de los suyos, de los que a Él pertenecen porque han hecho germinar la semilla que sembró en ellos[172]. El sentido de la retención de la gloria, y por tanto de todo el tiempo medio de la Iglesia, es dar al hombre la posibilidad de adherirse a la entrega y abandono pacientes del Hijo (especialmente en su *via crucis*) para poder contemplar desde dentro su resplandor manifiesto cuando llegue[173]. Sólo así la gloria que emana del Crucificado nos llevará al descanso del conocimiento del Padre (cf. D 121, 3; I 16, 12)[174]. Antes de sacar conclusiones examinemos un último oficio del Cristo.

3.3. La ofrenda definitiva

También los sacerdotes de la Antigua Ley, según Justino, eran ungidos con el Espíritu. Participaban de la unción total de Cristo, sumo sacerdote del Padre (D 86, 3); sólo así podían ofrecer los sacrificios (D 52, 3). Surge entonces la pregunta: la unción de la segunda venida, ¿es también sacer-

---

[172] Hay una relación entre lo que Cristo pedirá de cada hombre al final del tiempo (cf. D 125, 2: τὰ ἴδια), y aquellos a quienes entonces dará descanso: "en su parusía gloriosa dará descanso a los suyos (τοὺς ἰδίους)" (D 121, 3); cf. la próxima nota 174.

[173] De ahí la insistencia de Justino: retrasa el Padre la consumación del mundo porque quiere salvar al hombre: cf. I 28, 2; I 45, 1; D 39, 2.

[174] Justino habla del descanso que traen las palabras del Salvador (D 8, 2); y en otro lugar refiere el descanso a la posesión de los bienes escatológicos (D 121, 3) en relación con el brillo definitivo de Cristo como sol, es decir con la plenitud de su misión reveladora. Similar nexo de ideas encontramos en *De Resurrectione* 1, 7 (ed. D'ANNA, 28): se considera también el "descanso" como categoría gnoseológica, equivalente al conocimiento del Padre que trae el Hijo de Dios. Detrás está probablemente la ilación de Mt 11, 27-28: "Nadie conoce al Padre sino el Hijo [...] Venid a mí [...] yo os descansaré". Tanto Justino como el *De Resurrectione* ven un nexo entre ambos versículos: el descanso traído por Jesús es el conocimiento del misterio divino.

dotal? A responder nos ayudarán estas líneas, en torno a un pasaje del Levítico (Lv 16, 5-10):

> También los dos machos cabríos que se mandaba en el ayuno fueran iguales, uno de los cuales se hacía emisario y otro se destinaba a ofrenda (ὁ δὲ ἕτερος εἰς προσφοράν), eran anuncio de los dos advenimientos de Cristo, uno en que vuestros ancianos del pueblo y sacerdotes le enviaron como emisario, echando sobre él sus manos y matándole; otro en que, en el mismo lugar de Jerusalén, reconoceréis al que fue por vosotros deshonrado y era la ofrenda por todos los pecadores que quieran hacer penitencia... (D 40, 4).

Los dos machos cabríos indican la parusía doble del Señor. Uno, referido a la primera venida, se envía al desierto; el otro, que simboliza la segunda, se presenta como ofrenda[175]. Cierto que para Justino hay un sacrificio asociado al Gólgota; y que por tanto se da una ofrenda en la parusía humilde[176]. Pero no deja de ser llamativo que la ofrenda no se asocie en primer lugar al Calvario, sino al advenimiento glorioso. Como si el sacrificio que empezó en la cruz encontrara plenitud sólo al fin de los tiempos[177].

Concuerda esto con un aspecto del sacerdocio de Cristo ya considerado cuando presentamos la figura de Josué, hijo de Yosadaq[178]. Llamaba entonces Justino a los cristianos pueblo sacerdotal (cf. D 116, 3). Se refería a un sacerdocio ya presente que tiene además proyección escatológica. Pues si es cierto que los creyentes han recibido su túnica sacra, lo es también que la recibirán en plenitud sólo en la segunda parusía, con la resurrección de la carne. A esta luz había que concebir el sacerdocio mismo de Cristo, pues de él tienen el suyo participado los creyentes[179]: a) Se realiza ya en la cruz para limpiar a los hombres pecadores[180]. b) Se actúa plenamente en la resurrección, cuando el Padre reviste a Cristo con

---

[175] Cf. ZANI, *Ippolito* (504-517), que compara cómo recogen esta tradición el pseudo-Bernabé, Justino, Tertuliano e Hipólito. Antecedente de Justino es PSEUDO-BERNABÉ 7, 6a. 9-10 (SC 172, 132-134).

[176] Dice el mártir, refiriéndose a la cruz: "Cristo era la Pascua verdadera que Dios había mandado sacrificar" (cf. D 40, 1 y D 111, 3). Justino hablará también de la ofrenda de "los dos machos cabríos" (D 40, 5): con esto engloba en uno ambos momentos y no reserva la ofrenda sólo a la segunda parusía. En efecto, entonces se reconocerá al que ya "era ofrenda" por los pecados (cf. D 40, 4).

[177] En la línea de lo que indica ALLERT, *Revelation* (231): "In placing the discussion of the two advents above in sacrificial language, Justin points to the issue of salvation as it relates to the advents as well".

[178] Cf. *supra*, pp. 460ss.

[179] Cf. *supra*, p. 461, n. 77.

[180] Cf. D 116, 1: "Cristo, el sacerdote crucificado"; cf. D 41, 1; D 116, 2.

la túnica nueva de la inmortalidad e incorrupción; y será comunicado a los suyos con la misma plenitud cuando la segunda venida[181].

Sacrificios verdaderos y espirituales

Los datos concuerdan en unir ofrenda y sacerdocio. Jesús, que es ofrenda y lo será plenamente, es también, y será plenamente, sacerdote. ¿Cómo se han de concebir a esta luz el sacerdocio y ofrenda de Cristo? Leamos otro texto del mártir:

Porque Él es sacerdote escogido y rey eterno, el Cristo, como Hijo de Dios; en cuya segunda venida no penséis que Isaías ni los otros profetas digan han de ofrecerse sobre el altar sacrificios de sangre o de libaciones, sino verdaderas y espirituales alabanzas y acciones de gracias (ἀληθινοὺς καὶ πνευμα-τικοὺς αἴνους καὶ εὐχαριστίας) (D 118, 2).

Piensa el mártir sobre todo en un texto de Isaías (Is 56, 7: "sus sacrificios y oblaciones serán aceptados sobre mi altar [...] mi casa será llamada casa de oración..."), que refiere a la parusía segunda[182]. Entonces se ofrecerán sacrificios. ¿Quién lo hará? Cristo, sin duda, a quien se acaba de llamar sacerdote escogido. ¿Y cuáles serán estas ofrendas escatológicas? No inmolaciones sangrientas, sino "alabanzas y acciones de gracias", sacrificios verdaderos y espirituales[183]. Analicemos qué quiere decir Justino:

a) Cristo ofrecerá "acciones de gracias" (εὐχαριστίας). La afirmación cobra relieve leída en el contexto del Diálogo. Poco antes ha dicho el

---

[181] En D 118, 1 se asocia el sacerdocio de Cristo según el orden de Melquisedec al momento de la resurrección y al juicio final; cf. también D 33, 2. Realeza y sacerdocio mantienen un mismo esquema, con realización total sólo al fin de los tiempos; cf. LÉCUYER, "Jésus" (103). Tertuliano conserva este mismo enfoque en Adv. Marc. V, IX (CCL I, 690-691). Sobre la figura de Melchisedeq en Justino y Tertuliano, cf. C. GIANOTTO, Melchisedeq e la sua tipologia. Tradizione giudaiche, cristiane e gnostiche (sec. II a.C.- sec. III d. C.) (SRivBib 12; Brescia 1984) (145-154).

[182] La referencia falta en las ediciones de Marcovich y Otto. Es clara la semejanza entre Justino, D 118, 2: θυσίας [...] ἐπὶ τὸ θυσιαστήριον, e Is 56, 7: θυσίαι [...] δεκταὶ ἐπὶ τοῦ θυσιαστηρίου. Además, el profeta habla de una casa de oración, Justino de las alabanzas y acciones de gracias. Cf. también Is 60, 7.

[183] Justino aplica los adjetivos "verdaderos y espirituales" (ἀληθινοὺς καὶ πνευματικοὺς) a los "cantos y acciones de gracias". Pero lo hace considerando estos últimos como sacrificios y en oposición a los ofrecidos en la Antigua Ley. Se podría, pues, decir también que estos son los "sacrificios verdaderos y espirituales". A esto apunta, un poco antes, D 117, 2: "los únicos sacrificios perfectos y gratos a Dios son las oraciones y acciones de gracias hechas por los que son dignos"; y el análisis que conduciremos enseguida sobre la expresión "verdaderos y espirituales". En este sentido va la corrección introducida por Thirlby y aceptada por Marcovich (273): "sacrificios verdaderos y espirituales (ἀληθινὰς καὶ πνευματικὰς θυσίας), es decir, cantos y acciones de gracias".

mártir que los únicos sacrificios gratos a Dios son las oraciones y acciones de gracias (εὐχαριστίας) (D 117, 2. 3), refiriéndose entonces claramente a la eucaristía del pan y el vino que ofrecen los cristianos en memorial de la pasión de Jesús[184].

b) Por otra parte, el adjetivo "verdadero" lo usa Justino con frecuencia para caracterizar el cumplimiento de una figura veterotestamentaria. Habla del sábado verdadero, del verdadero ayuno, de la verdadera circuncisión[185]. "Verdadero" se refiere así a la revelación llevada a cabo por Jesucristo, en quien encuentran cumplimiento todas las profecías. A esta luz el verdadero sacrificio es el que realiza los tipos anunciados en el Testamento Antiguo. Ahora bien, el cumplimiento de todos los sacrificios tiene lugar, para Justino, en la pasión de Cristo y en la eucaristía (cf. D 40-41). De hecho, en D 116, 3 acaba de hablar del "verdadero" linaje sacerdotal (ἀρχιερατικὸν τὸ ἀληθινὸν γένος), indicando cuál es el sacrificio que éste ofrece: la eucaristía del pan y vino (cf. D 117, 1)[186].

Podemos concluir que hay estrecho vínculo entre los sacrificios definitivos de Jerusalén y la eucaristía cristiana[187]; la cual es, a su vez,

---

[184] Cf. D 117, 3: "el alimento seco y húmedo en el que se recuerda la pasión que padeció por ellos el Hijo de Dios"; D 41, 3: los sacrificios son el pan de la eucaristía y la bebida de la eucaristía; I 67, 5: "ofrecemos el pan y el vino"; concuerdo con el análisis de J. WATTEVILLE, *Le sacrifice dans les textes eucaristiques des premiers siècles* (Neuchâtel 1966) (65-84).

[185] Cf. D 12, 3: el sábado verdadero; D 15, 1: el ayuno verdadero; D 18, 2; 41, 4: la verdadera circuncisión; D 116, 3: el verdadero linaje sacerdotal; D 135, 3: el verdadero linaje de Israel.

[186] El otro adjetivo, "espiritual", se opone a la forma carnal de leer la Ley propia de los judíos. Cf. D 14, 2 (los judíos entienden la ley carnalmente, σαρκικῶς); 18, 3 (sábados y fiestas carnales); 23, 5 (una circuncisión carnal); 125, 5 (una descendencia carnal). Al designar los sacrificios como "verdaderos y espirituales" piensa el mártir en el nuevo culto "en espíritu y verdad" que Jesús prometió a la samaritana (Jn 4, 24). La yuxtaposición la volvemos a encontrar en D 11, 5: allí se habla del Israel "verdadero y espiritual". Cf. también IRENEO, *Adv. haer.* IV, 14, 3 (SC 100, 546): "[Deus] facilem autem ad idola reverti populum erudiebat, per multas vacationes praestruens eos perseverare et servire Deo, per ea quae erant secunda ad prima vocans, hoc est *per typica ad vera* et per temporalia ad aeterna et *per carnalia ad spiritalia* et per terrena ad caelestia".

[187] La relación entre la eucaristía y la segunda venida aparece apuntada en este pasaje de Tertuliano, en una obra que debe mucho a Justino: "Si enim et duorum hircorum qui ieiunio offerebantur faciam interpretationem, nonne et illi utrumque ordinem Christi figurant? Pares quidem atque consimiles propter eundem dominum conspectum, quia non in alia venturus est forma, ut qui agnosci habeat a quibus laessus est. Alter autem eorum circumdatus coccino, maledictus et consputatus et convulsus et compunctus, a populo extra civitatem abiciebatur in perditionem, manifestis notatus insignibus dominicae passionis, alter vero, *pro delictis oblatus et sacerdotibus tantum templi in pabulum datus*, secundae repraesentationis argumenta signabat, qua *delictis omnibus expiatis sacerdotes templi spiritalis, id est ecclesiae, dominicae gratiae quasi visceratione quadam frueren-*

recuerdo del sacrificio de la cruz[188]. He aquí, pues, tres hitos de un mismo proceso: ofrenda de Cristo en el Gólgota, sacrificios eucarísticos de los cristianos, los sacrificios de la Jerusalén reconstruida. ¿Qué relación guardan entre sí?

Del Calvario a la segunda parusía

Empecemos recordando que, para Justino, Cristo es a la vez ofrenda y sacerdote. Y pues este sacrificio se lleva a cabo en la cruz, hay que entender que allí Cristo se ofrece a sí mismo al Padre (según la idea de Hb 9, 14; 9, 25). La continuidad entre pasión y eucaristía nos invita a precisar: es la carne y sangre de Jesús lo ofrecido en ambos casos: a) por el Hijo en su Pasión, b) por los cristianos en la celebración eucarística:

a) En la cruz Cristo tomó las pasiones del hombre, propiedades de la carne en cuanto elemento pasible, e imprimió en ellas sus propias disposiciones filiales. Se pone así de relieve el valor del elemento corporal: el Logos viene a salvar la carne asumida y, en ella, el mundo e historia humanos. Pero se subraya también la dimensión espiritual del sacrificio: es decisiva la entrega y abandono de Jesús al Padre, su súplica confiada[189]. Por tanto, lo que ocurre en la pasión: i) es ante todo una oración filial y una alabanza; ii) pero no hecha en solo espíritu, sino plasmada en la carne del Hijo de Dios. Como si Jesús tomase los rudos utensilios humanos y los hiciese vehículo para expresar su profunda relación con el Padre.

b) Consideremos ahora la Eucaristía. En ella se ofrece, dice Justino, el verdadero sacrificio, la oración y alabanza; pero añade el mártir que este

---

tur, ieiunantibus ceteris a salute" (cf. *Adv. Marc.* III, VII, 7, SC 399, 90-92 con la nota de Braun, n. 3, p. 92).

[188] Cf. E. CHAT, *Die Opferlehre des Apologeten Justins. Religionswissenschaftliche Studie* (Bonn 1981) (219): "Sie [die Eucharistie] ist dadurch das Opfer, weil sie die objektive Anamnese des Kreuzopfers ist". El sacrificio puro y agradable a Dios (cf. D 116, 3; D 117, 1. 2. 4) lo es por apoyarse en el único hombre que le fue agradable y justo; los cristianos agradan a Dios μέτα τοῦ Χριστοῦ, τοῦ εὐαρεστοῦντος τῷ θεῷ, cf. D 92, 6.

[189] En D 90, 5 se describe la oración que más aplaca (μειλίσσεται) a Dios según la forma como Jesús oró en el Huerto. Tenemos aquí un lenguaje sacrificial; y recordemos que el texto lo hemos relacionado con Hb 5, 7: Jesús "ofrece" oraciones y súplicas (cf. *supra*, pp. 342ss). La cosa encaja con lo que considera Justino verdaderos sacrificios: las alabanzas y acciones de gracia. Se puede pensar que también para el mártir es esto lo que Cristo ofrece en su Pasión. Parecido trasfondo cristológico es posible entreverlo en IRENEO, *Adv. haer.* IV, 18, 3 (SC 100, 604): "concedente Deo justum, ut hic quidem *ex his quae passus est* [cf. Hb 5, 8] et sustinuit probatus recipiatur, qui autem malignatus est ex his quae egit adjudicatus expellatur. Igitur non sacrificia sanctificant hominem, non enim indiget sacrificio Deus, sed conscientia ejus qui offert sanctificat sacrificium, pura existens, et praestat acceptare Deum quasi ab amico".

sacrificio es el pan y el vino, es decir, la carne y sangre de Cristo[190]. De nuevo tenemos aquí dos elementos, en apariencia dispares. ¿Cómo combinarlos? Nos ayudará la relación entre Eucaristía y Pasión (cf. D 41, 1; D 70, 4). En efecto, si la carne y sangre de Cristo se han hecho expresión de la oración filial y abandono al Padre; entonces lo que se presenta a Dios en la Eucaristía no son la carne y sangre de Jesús en abstracto, sino tal como las modeló él mismo en su sufrimiento: seguidoras de la voluntad paterna, vehículos de confiada oración. De esta disposición es dado a los cristianos participar cuando ofrecen la Eucaristía[191]. Su oración y acción de gracias es agradable a Dios, verdadera ofrenda espiritual, no a pesar de que se ofrezca en ella la carne y sangre de Cristo, sino precisamente por eso[192].

c) Podemos entonces explicar cuál será el sacrificio de Jesús al final de los tiempos. Tengamos para ello en cuenta que la resurrección (de Cristo y de los cristianos) constituye la plenitud adonde apuntaba la Pasión: las disposiciones filiales del Hijo quedan ahora definitivamente escritas en la carne del hombre por don nuevo del Padre; don que consiste en su misma incorrupción e inmortalidad. Esto traerá consigo la plenitud del sacerdocio iniciado en el Gólgota, tal como lo hemos concebido. Pues cuando ahora Jesucristo ofrezca, junto con los cristianos, la carne y sangre que ha liberado y unido al Padre, se dará un sacrificio plenamente espiritual: esta carne y sangre estarán transformadas, habituadas totalmente a la oración filial de Jesús hasta revestirse de las mismas propiedades paternas. Serán alabanza y eucaristía.

---

[190] Por un lado tenemos que el sacrificio agradable a Dios y puro (D 116, 3) son oraciones y acciones de gracia (D 117, 3; D 117, 5). Por otro (D 41, 3, D 117, 1), que el sacrificio que ofrecen los cristianos es el pan y el vino, que no son pan y vino corrientes, sino (I 66, 2) el cuerpo y sangre de Cristo. Justino es el primer autor en que ambos elementos aparecen con claridad: cf. R.P.C. HANSON, "Eucharistic Offering in the pre-Nicene Fathers", *Sudies in Christian Antiquity* (Edinburgh 1985) 83-112 (83-90). Esto ha dado lugar a una larga discusión entre los exegetas. ¿Sostenía el mártir que la Eucaristía es sacrificio? Cf. las diferentes posiciones en E. CHAT, *Die Opferlehre des Apologeten Justins. Religionswissenschaftliche Studie* (Bonn 1981) (131-147). Nuestro análisis corroborará su respuesta afirmativa.

[191] Si hemos afirmado antes que Cristo fue ofrenda y sacerdote, Justino dice en la Apología que los cristianos se han consagrado a sí mismos a Dios por medio de Cristo (cf. I 25, 2; I 49, 5; I 61, 1: referido al Bautismo). El verbo que usa ($\dot{\alpha}\nu\alpha\tau\acute{\iota}\theta\eta\mu\iota$) pertenece al vocabulario sacrificial. Significa dedicar una ofrenda votiva a Dios, de modo que pasa a formar parte del ámbito divino (cf. Liddell-Scott: "to set up as a votive gift, dedicate").

[192] El sacrificio consta así de un doble elemento; cf. CHAT, *Die Opferlehre* (220): "Trotz des pneumatischen Charakters der Eucharistie ist die äußere Opferhandlung nach Justin wesentlich". Hemos tratado de mostrar cómo no se trata de una yuxtaposición. También Ireneo hablará de un elemento material y una invocación espiritual en la Eucaristía; cf. *Adv. haer.* IV, 18, 5 (SC 100, 612); V, 2, 3 (SC 153, 34-40).

Inmediatamente antes de hablar de la ofrenda escatológica trae Justino las líneas siguientes, confirmación de lo que venimos diciendo:

> El mismo Natán, hablando con David sobre Cristo, dijo así: "Yo seré para él padre y él será para mí hijo, y no apartaré de él mi misericordia, como hice con los que fueron antes de él. Y le colocaré en mi casa, y en su propio reino para siempre" (1 Cro 17, 13-14a). Y a éste y no otro designa Ezequiel como príncipe en la casa (Ez 45, 17). Porque Él es sacerdote escogido y rey eterno, el Cristo, *como Hijo de Dios*; en cuya segunda venida no penséis que Isaías ni los otros profetas digan han de ofrecerse sobre el altar sacrificios de sangre o de libaciones, sino verdaderas y espirituales alabanzas y acciones de gracias (D 118, 2).

Los dos pasajes que se citan, el de Ezequiel y el de las Crónicas, aluden al reino de Cristo, pero hay también en ellos una referencia al sacerdocio[193]. Al relacionarlos con 1 Cro 17, 13 ("yo seré para él padre..."), Justino puede unir el sacerdocio de Cristo a la filiación divina: Jesús será sumo sacerdote *como hijo de Dios*. Podemos ahora explicar bien el porqué: la ofrenda de Jesús, su misma carne entregada en el Calvario, es agradable a Dios por estar llena de espíritu filial, de oración en obediencia[194].

Sacrificio y unión con Dios

Lo dicho puede ayudarnos a explorar la noción de sacrificio que mantuvo Justino. Para los paganos el sacrificio era la forma de unirse a la divinidad. Ésta se tornaba propicia al hombre a cambio de ofrendas y libaciones. El mártir critica esta concepción en unas páginas de la Apología[195]: Dios no necesita los dones que el hombre le ofrece, pues todo

---

[193] En 1 Cro 17, 12 se dice que el hijo del rey construirá el Templo: es esta la casa en que Dios lo colocará. El texto de Ezequiel regula los sacrificios que ha de ofrecer el príncipe en la casa de Dios, el Templo.

[194] En D 118, 2; D 114, 4; D 116, 2 Justino insiste en que el sacerdote es el Hijo de Dios. Encontramos igual perspectiva en Hebreos: cf. VANHOYE, *La lettre* (47-65); cf. Hb 3, 5-6: Cristo es introducido como hijo en el templo, en contraposición al siervo Moisés. Esta relación entre sacerdocio y filiación asoma de nuevo en IRENEO, *Adv. haer.* IV, 18, 2 (SC 100, 598): "Et non genus oblationum reprobatum est: oblationes enim et illic, oblationes autem et hic, sacrificia in populo, sacrificia et in Ecclesia; sed species immutata est tantum, quippe cum jam non a servis, sed a liberis offeratur. Unus enim et idem Dominus, proprius autem character servilis oblationis et proprius liberorum, uti et per oblationes ostendatur indicium libertatis..."; IRENEO, *Adv. haer.* IV, 30, 4 (SC 100, 784): "in fine educens eam hinc in suam hereditatem, quam non Moyses quidem famulus Dei, sed Jesus Filius Dei in hereditatem dabit".

[195] Cf. sobre todo I 9-10; I 13, 1-3. A pesar de la crítica del santo los sacrificios paganos daban también expresión a una idea noble: no se trataba de un burdo comercio, sino de buscar la amistad con los dioses a través del intercambio de dones: cf.

nos lo ha concedido Él mismo gratuitamente (cf. I 9-10, 1). La forma de alcanzar la unión con Él es bien otra. En lugar de los sacrificios propone Justino el obrar virtuoso, grato y familiar al Padre (I 10, 1-3), por el que imitamos sus propiedades. A los que así se comportan, usando de las potencias racionales que Él mismo les regaló (I 10, 4: διὰ τῶν λογικῶν δυνάμεων), sí que les está reservada la convivencia con el Padre (cf. I 10, 2-3). El argumento de Justino es apto para hacer mella en el emperador romano, recordándole lo que era aspiración antigua de la filosofía griega: un sacrificio racional (λογικὴ θυσία) que subiera hasta Dios del interior del hombre[196].

En las líneas del mártir, sin embargo, se conserva la originalidad cristiana. Basta leerlas sobre un trasfondo cristológico, siguiendo indicación del mismo Justino[197]. El "sacrificio racional" (λογικὴ θυσία) llega en la nueva fe a su máxima expresión, insospechada para un griego, porque lo ha llevado a cabo el mismo Logos en su Encarnación y muerte redentora[198]. Si Justino opone a los sacrificios paganos la vida según virtud (cf. I 10, 1-2: "ser grato a Dios", "imitar los bienes que le son propios", poseer "la templanza, la justicia y el amor a los hombres", "mostrarse digno del designio de Dios"), estas palabras pueden resumir muy bien la existencia de Cristo, sobre todo en la entrega obediente de sus últimas horas; y no sólo eso: en Jesús se abre además la posibilidad de que todo hombre las haga suyas, viviendo como Él (cf. II 1, 2). Por eso en óptica cristiana, es decir mirado a través de la cruz de Jesús, el "sacrificio racional" a que aspiraban los paganos se define mejor como sacrificio

---

A.J. FESTUGIÈRE, "᾽ ΑΝΘ ᾽ ΩΝ. La formule 'en échange de quoi', dans la prière grecque hellénistique", *RSPT* 60 (1976) 398-418.

[196] Cf. A.J. FESTUGIERE, *Corpus Hermeticum* (I, 27-28, n. 83): "c'est le 'sacrifice en parole' par opposition à l'offrande de l'encens ou d'une victime, mais c'est aussi le sacrifice du *logikos*, de celui qui a reçu le Verbe"; X.P.B. VIAGULAMUTHU, *Offering our Bodies as a Living Sacrifice to God. A Study in Pauline Spirituality Based on Romans 12, 1* (TGr.Sp 7; Roma 2002) (334-336).

[197] El pasaje de I 13, 2, en que se contrapone la actitud cristiana al sacrificio pagano concluye: "honramos también a Jesucristo, que ha sido nuestro maestro en estas cosas y que para ello nació, el mismo que fue crucificado..." (I 13, 2). No hay aquí un intelectualismo que reduzca la Encarnación a mera doctrina. Nació Cristo para enseñarnos a ofrecer verdaderos sacrificios, muriendo en cruz. Su obra se puede resumir así porque en la noción de sacrificio se condensa toda una visión cristiana del mundo; cf. también I 10, 5-6.

[198] Cf. CHAT, *Die Opferlehre* (219): "Die biblische Lehre über das Opfer vereint sich bei ihm [Justin] mit dem Einfluß der Stoiker und Platoniker. Die Eucharistie ist auch nach der Auffassung Justins die Erfüllung des von den griechischen Philosophen ersehnten geistigen Opfers, das von ihnen als einzig würdige Form der Gottesverehrung gefordert wird. Sie ist einzig λογικὴ θυσία, weil der menschgewordene Logos selbst, Jesus Christus, ihr Mittelpunkt ist".

"filial": el Logos es el Hijo de Dios, cuyo ser lo constituye la obediencia a los designios paternos.

Sacrificio tan perfecto habría de conducir, para griegos, a la unión del hombre con Dios. Justino concordaría con ellos en este punto, pero manejando un concepto muy diferente de unidad. Si ésta atañía para los paganos a la parte más espiritual del hombre, no es así en el mártir[199]. En efecto, consideremos la ofrenda de Jesús: lejos de realizarse en puro espíritu, tuvo lugar en la carne que el Logos había asumido para sanar[200]. Fue su concreta pasión y muerte, llevada a cabo en la historia, la portadora de su oración y alabanza filiales. Su sacrificio es así, a un tiempo, material (por ofrecido en la carne del Hijo de Dios) y espiritual (por transformado en oración ferviente de abandono en el Padre). La unidad con Dios en que esto desemboca ha de ser, en consonancia, la de la resurrección: es la carne la que se reviste entonces con las propiedades del Dios inengendrado[201].

Cristo, al ofrecer entonces su cuerpo y sangre junto al de todos los creyentes, devolverá a Dios el máximo don que el mismo Creador ha hecho: las propiedades divinas, que envolverán entonces la carne de los santos. Y este intercambio de dones, con origen en la dádiva continua de Dios, fundará una amistad duradera. A esto mira la dinámica del sacrificio, que es dinámica de comunión. La ofrenda escatológica sacerdotal trae así

---

[199] Cf. O. CASEL, "Die λογικὴ θυσία der antiken Mystik in christlich-liturgischer Umdeutung", *JLW* 4 (1924), 37-47 (39): "Der oberste Teil der menschlichen Seele, der Geist, opfert sich in stummer Verzückung dem götlichen Geiste, den er durch die Beschauung berührt".

[200] En el sacrificio se ofrecen, por eso, los mismos dones de la creación material en que fue plasmado el hombre (cf. I 10, 2; I 13, 1-2).

[201] Así lo resalta Justino, poniendo como horizonte de la unión con Dios la incorrupción e impasibilidad, que servirán de vestido a la carne resucitada (I 10, 3; I 13, 1-2). De paso critica el mártir la visión pagana: Dios nada precisa del hombre. Nótese cómo en I 10, 1-2 pone de relieve que todo es don de Dios: (1) la creación material, por la que se da gracias: "[Dios] no tiene necesidad de ofrenda alguna por parte de los hombres, pues vemos ser Él quien todo nos lo procura"; (2) las potencias racionales con las que es posible obedecer al Padre: "para que sigamos, por libre elección, por medio de las potencias racionales *que Él mismo nos regaló*, lo que a Él es grato"; esto llegará a plenitud cuando se participe de la justicia de Cristo, Logos encarnado. Por último, a quien realice esta ofrenda le está prometido un nuevo don (3), la incorrupción definitiva: "a quienes han elegido lo que a Él es grato, concederá en premio de esa misma elección, la incorrupción y convivencia con Él" (cf. I 10, 1-3). Creo que hay aquí profunda coherencia con las páginas que Ireneo dedica al sacrificio cristiano en *Adv. haer.* IV, 18 (SC 100, 596-614); la siguiente frase suya podría resumir bien el enfoque de Justino: "qui enim nullius indigens est Deus, ipse assumit bonas operationes nostras, ad hoc ut praestet nobis retributionem bonorum suorum" (*Adv. haer.* IV, 18, 6, SC 100, 612).

consigo la culminación del plan divino sobre la historia: la máxima cercanía entre el Creador y su creatura[202].

3.4. Segunda parusía: visión sintética

Mirado desde el último de los misterios, como desde el final elevado de una ruta, se observa bien el trazado de los designios divinos sobre la historia.

Reserva Justino a la parusía segunda el nombre de "gloriosa". Al hacerlo está concediéndole un puesto de relieve en su cristología y manteniendo hasta el final la tensión dramática de los siglos. Pues la *historia salutis* se deja resumir como entrega paulatina de la "gloria" divina a los hombres por medio de Cristo. Y por tanto la última hora, cuando su retorno con gloria, ha de revestir gran importancia en la misión del Salvador.

Puede la cosa despertar extrañeza. En efecto, ¿qué le queda todavía a Jesús por hacer? ¿No ha cumplido ya, al resucitar, todo su destino? Ante tales preguntas se está tentado de explicar la parusía segunda como el eco eclesiológico del misterio de Cristo, que ya de tiempo concluyó; eco que a Él no afectaría sino en cuanto evento epifánico, el simple hacerse patente de lo antes logrado en plenitud.

Y sin embargo dice el mártir que Jesús recibirá algo aquel día: una novedad de gloria, que es también plenitud de unción. La hemos estudiado según el triple oficio real, sacerdotal y profético: su poder regio, su ofrenda y profecía son misiones que sólo hallarán cumplimiento al cabo de la historia.

Para entender la postura de Justino hay que empezar deslindando los confines entre este misterio, por un lado, y la resurrección y ascensión, por otro. ¿Cómo lograr que estas últimas no absorban todo el significado cristológico, dejando a la segunda venida el papel de mera manifestación?

He aquí la clave de la respuesta: el poder de Cristo no se mide solo por lo que Él posee para sí, sino por lo que puede donar al hombre. De hecho, es este un principio que regula toda la economía salvífica. El Salvador no

---

[202] La visión de Justino puede encontrar cierto precedente en la carta a los Hebreos. Allí el sacrificio se despliega también en el tiempo, con la diferencia de que en este caso la ofrenda de Cristo al Padre se lleva a cabo en el momento de la ascensión (cf. Hb 9, 24; sigue, en Hb 9, 28, una mención a la parusía); de este sentir son también otros Padres, entre ellos Ireneo e Hipólito (cf. ORBE, *Introducción,* 913-916; ZANI, *Ippolito,* 675). La originalidad de nuestro mártir responde a su visión general de la economía, que retrasa la gloria definitiva de Cristo. El santo consigue así una amplia panorámica de la *historia salutis*: hay un sacrificio que abarca los siglos, desde la cruz hasta la segunda venida. En su enfoque la parusía cobra mayor peso como misterio cristológico: entonces Jesús lleva a perfección la ofrenda salvadora por toda la humanidad y consuma así el plan del Padre.

necesita apropiarse de nada, porque de nada carece; si busca poseer la salvación es para poder comunicarla. Realiza esto último en un proceso, del que ahora nos interesan tres etapas:

a) En la resurrección: Jesús recibe en su carne la plenitud del don paterno, el nombre y misterio mismo del Padre.

b) En la ascensión: es capaz a partir de este momento de comunicar vida a sus discípulos. Ahora bien, da a participar su fuerza en modo oculto, según obró en Él durante su pasión y muerte. Y esto quiere decir: no puede entregar todavía cuanto posee.

c) En la segunda venida: recibirá un nuevo don paterno, la posibilidad de compartir totalmente los bienes que son suyos desde la resurrección.

Queda así de manifiesto, por un lado, que los tiempos finales toca al Padre determinarlos, que Él conserva siempre la iniciativa a la hora de escanciar la salvación. Se ve además que, como la cruz se proyecta sobre todo el tiempo de la Iglesia, invitando a los hombres a recorrer el camino filial del Jesús terreno; así la parusía se relaciona especialmente con el domingo de Pascua y la figura celeste del Cristo exaltado. Nada extraño que sea la resurrección de la carne la pieza clave que permite explicar el último misterio. Y que podamos resumirlo atendiendo a la resurrección de Jesús, según una consideración doble.

a) La parusía se asienta en los misterios terrenos del Salvador

Recordemos primero el nexo establecido entre cruz y resurrección. Es posible considerar el domingo de Pascua como prolongación del camino terreno de Cristo. Plasmó primero el Hijo en la carne las características filiales que le son propias, a las que la resurrección comunicará luego estabilidad definitiva. Desde este punto de vista los sucesos gloriosos de Jesús se construyen siempre sobre sus horas de dolor y paciencia y las contienen como un momento interno de su composición.

Esto mismo podrá decirse de la segunda parusía de Cristo. No significa la supresión de lo que Jesús hizo entre su nacimiento y muerte, sino su perenne validez. Ocurre a los misterios terrenos de Cristo lo que a sus palabras: no pasarán aunque pasen los cielos.

Considérese, si no, cuál es el estado definitivo de su misión profética y sacerdotal. i) La profecía se convertirá en juicio, y consistirá en poner a la vista de todos la fuerza oculta del Traspasado. Sólo si filtrada a través de la cruz de Cristo se hará lámpara para el hombre la gloria de Dios. Y quien haya vivido según los misterios del Salvador poseerá en sí esta misma luz. ii) Otro tanto ocurre con el sacerdocio: en la Jerusalén reconstruida del reino eterno presentará Cristo una ofrenda perfecta. Se basa ésta en la oración filial plasmada por Cristo en la carne durante sus últimas horas.

En este sacrificio escatológico culmina el sacrificio del Calvario y el eucarístico que ofrece la Iglesia.

b) La parusía es la consumación del plan divino

La resurrección, aun prolongando líneas ya iniciadas en el Calvario, supera toda posible meta a que el *via crucis* pudiera llegar por sí solo. De igual modo la segunda parusía traerá también su novedad: la resurrección de la carne.

Sólo al caer el telón de la historia se nos desvela el don último a que apuntaban las otras dádivas divinas. Se consumará entonces la unión entre Dios y el hombre. ¿En qué modo? La consideración de la realeza y sacerdocio de Cristo, orientadas particularmente a esta unidad, nos ayuda a responder. i) Dios reina allí donde el hombre, por obediencia a sus designios, puede entrar en comunión con Él. Pues bien, sólo al final de los tiempos el reino de Dios colonizará las últimas parcelas de lo humano. Lo hará revistiendo y heredando su misma carne. ii) También el sacerdocio de Jesús mira a unir al hombre con su Creador. Y alcanzará la plenitud cuando todos, adheridos a Cristo, ofrezcan al Padre sus propios cuerpos, partícipes ya de las propiedades divinas.

Este es, pues, el fin a que mira toda la economía salvífica: derramar el beneficio más elevado de Dios sobre lo más humilde del hombre, su carne.

Se nos ofrece a esta luz un panorama de la entera *historia salutis*. Los designios del Padre jalonan en el tiempo la entrega al hombre del misterio divino. Importan los dos extremos de esta donación. Por un lado, lo que se comunica: la gloria; y esto es lo más profundo de Dios, su nombre y forma, su Espíritu. Por otro, aquel a quien se le comunica: se trata del hombre, considerado singularmente en su constitución corporal, en su carne. Pues sólo gracias a este elemento, por el que se inserta en su tiempo y mundo, le será permitido escalar las alturas del don divino.

CONCLUSIÓN

Llegados al fin de nuestro trabajo evoquemos otra vez el problema del que hemos partido. Leyendo a los intérpretes de Justino de un siglo para acá, caíamos en la cuenta de una tarea pendiente: reconsiderar su cristología. En efecto, los estudios sobre el mártir describían un trazado inconcluso; tal trayectoria, además, no giraba en círculos, sino que alimentaba la esperanza de poder arribar a una meta nueva.

¿Qué recorrido debíamos seguir? Harnack había individuado un punto focal de la teología de Justino: la doctrina del Logos preexistente. Según el estudioso prusiano, poco espacio cabía en este enfoque para la vida, muerte y resurrección de Jesús. Estas perspectivas dejaron honda impronta en los lectores del mártir. Pero otra exégesis muy distinta fue cobrando paulatinamente cuerpo. Se caía en la cuenta de lo importante que era en el pensamiento del santo la *historia salutis*: Justino recogía la línea mesiánica del Antiguo Testamento y presentaba la vida de Cristo como su cumplimiento definitivo.

¿Era posible desde aquí una nueva visión de la cristología de Justino? ¿Una perspectiva que combinase la teología de la preexistencia del Logos con lo obrado y sufrido (cf. D 42, 4) por el Nazareno? Para lograrla debía poderse estructurar la cristología en torno a la historia terrena de Jesús, de modo que se evitasen los dos siguientes extremos. Por un lado, el relato no podía convertirse en anécdota fugaz, vacía de sentido; las horas de Cristo debían ser lo bastante densas como para poner al hombre en contacto con Dios, y salvarlo así plenamente. Por otro, tampoco debía acabar en fábula moralizante, cuyo único interés estribara en destilar la ideología que empapa los hechos; en ese caso se estaría renunciando a la historia humana como tal; la vida de Jesús se reduciría a mero modelo externo, más propio para admirar que para prestarse a imitación.

Es decir, debía poderse contar una historia en la que los distintos episodios vividos por Jesús, sin dejar de estar tejidos con verdadero tiempo humano, llevaran más allá de sí mismos, fueran verdaderos misterios. Fue la óptica que adoptamos: "los misterios de la vida de Cristo en Justino mártir". ¿Qué resultados ha desvelado el estudio? Al final de cada apartado hemos ido incluyendo visiones de conjunto del mismo. Tal previsión nos pone ahora en franquía para prescindir del detalle, y ofrecer a grandes rasgos una síntesis de la visión de Justino.

Un proyecto de comunión

¿De dónde tomar principio? El mártir nos invita a remontarnos a la fuente primera: la iniciativa del Dios trascendente, quien ha decidido no retener para sí su gloria. Quiere, más bien, comunicarla al hombre, hasta colmar con ella toda la tierra.

Este proyecto de comunión es el que permite realmente entender la *historia salutis*. Se trata de unir lo divino y lo humano, de llevar a la máxima cercanía estos extremos. Ahora bien, tal aspiración podía el mártir compartirla con muchos de sus coetáneos; es precisa, por eso, una *declaratio terminorum* que nos haga percibir su novedad. a) El Padre que quiere darse a conocer es inefable; su misterio – en contra de lo que suponían muchos filósofos – trasciende toda posibilidad humana de llegar a Él. b) El hombre a quien quiere comunicarse se considera en su entereza, en cuerpo y alma, inserto en su mundo y tiempo; y no – así pensaban muchos griegos – un residuo espiritual, elevada abstracción de lo humano.

El plan del Padre se haría ciertamente más fácil de explicar si se disminuyera la trascendencia divina o si se destilara la parte en apariencia más noble de la condición humana. Pero Justino obra en modo opuesto; realza más bien la diferencia entre los dos polos. Será precisamente esta tensión la que dé dinamismo y vitalidad a la historia. Por eso trasluce de continuo en sus escritos el difícil equilibrio entre tiempo y eternidad. Tal y como Justino plantea las cosas, algo grande debe suceder para que se lleve a cabo tamaño proyecto.

El Hijo y la voluntad del Padre

De ahí que nuestro primer movimiento tratara de resolver un problema de cimentación. Si la *historia salutis* no quiere disolverse en conjunto de anécdotas, si no quiere ser de frágil estructura, ha de poder conducirnos más allá de sí misma, ha de hundir sus raíces en el subsuelo divino. Y efectivamente, la donación de Dios en el tiempo se funda en otro acto anterior al tiempo: el Padre ha entregado la gloria entera a su Hijo, Palabra suya, en quien se concentra toda forma de comunicación paterna. Detengámonos aquí.

Justino insiste: el Padre engendró esta Palabra por su voluntad. Quiere esto decir que el Hijo siempre obedece a su querer y en esto se muestra uno con el Padre. No se piense que es unidad pequeña, de fábrica moral por oposición a otra ontológica. Pues la voluntad del Padre no es algo a lo que el Hijo se adhiere en un segundo momento, en modo independiente de su constitución, sino que viene a formar parte de su mismo ser. Podríamos así definir al Hijo como el designio mismo del Padre, apto por esencia para llevarlo a cabo entre los hombres. Tal enfoque nos asegura que el Verbo no se limitará a trasmitir conocimientos; se trata, por el contrario, de una Palabra eficaz, capaz de desplegarse en la historia de la salvación.

Recordemos que este designio no persigue otro fin sino la comunión entre Dios y el hombre. Y ahora vemos cómo se llevará a cabo: el Hijo es idóneo, por nacimiento anterior al mundo, para servir a la voluntad paterna; en esto estriba su unión plena con Él. En perfecta sintonía con el querer paterno, es capaz de obrar el perfecto amor a su voluntad, y mediar así la máxima comunión con el Creador. Ser hijo de Dios, unirse al Padre con la cercanía que le tiene su propio Hijo y llegar, de esta forma, a reinar con Él; no cabe vocación más grande y es la que ha tocado en suerte a Adán y los suyos.

Logos y Cristo

Además de la generación del Hijo por voluntad del Padre presenta Justino otro hecho ocurrido antes que el mundo fuera: la unción precósmica del Logos con el Espíritu, unción que le constituye como "Cristo" de Dios. He aquí la otra columna portante sobre la que se apoya la historia de la salvación. En efecto, el Pneuma es, por un lado, el mayor don del Padre al Hijo, la unción que perfecciona su divinidad; y consiste, por otro, en el don que hace posible la graduada entrega de lo que Cristo tiene, en el don que se puede paulatinamente donar.

Hemos dicho antes que el Hijo es el designio personal del Padre. Añadimos ahora: para que este proyecto paterno se pueda llevar a cabo en la historia hace falta la intervención del Espíritu. Veamos por qué. Es voluntad del Padre unirse con el hombre; y al hacerlo quiere respetar la constitución de su criatura. Ahora bien, ya hemos dicho que Justino se separa radicalmente del espiritualismo griego que le rodea. Entra en su definición del hombre, amén de la vocación sublime a que está llamado en el Hijo, otro elemento fundamental por el que se inserta en su tiempo y mundo creados: la carne formada del barro de la tierra, requerida de largos tiempos de maduración. Si el hombre pretendiera de un salto colocarse a la altura de Dios habría de pagar por ello un alto precio: dejar tras de sí una buena parte de lo que es, escindirse en dos en división irreparable.

¿Cómo superar este obstáculo? ¿Cómo logrará el Creador donarse a su criatura sin apabullarla, sin que haya de imponer su designio a seres incapaces de aceptarlo? Trama el Padre hacerlo estableciendo etapas en su proyecto salvífico; a la limitación del hombre responderá el Creador con la donación escalonada de su misterio. Se trata de hacer que el designio divino, la obediencia del Hijo que conduce a comunión con el Padre, se realice en el tiempo y mundo del hombre. Ahora bien, esto sólo es posible gracias al Espíritu, principio de participación dinámica; y a la donación gradual que el Pneuma permite, en exquisito respeto de todo lo humano.

Tenemos, pues, ante nosotros, una línea que es la historia; podemos partirla en diferentes segmentos, fases de un plan bien determinado. Objetivo: unir al hombre, con todo su mundo y tiempo a cuestas, con lo más profundo del Dios inefable. Medio para ello: el Hijo, en comunión con el Padre por una obediencia filial que le constituye en su mismo ser; y dotado con el Espíritu, principio dinámico y de participación que consentirá la donación gradual del misterio paterno. La configuración al Hijo es la meta; la participación paulatina del Espíritu, el camino, franco a las cortas zancadas del hombre.

De este modo, tanto la generación por voluntad del Padre como la unción precósmica fundamentan el desenvolverse de la *historia salutis*. Justino coordina así las funciones del Hijo y del Pneuma, sin que ninguna haga vana la otra. Por un lado, toda donación del Espíritu al mundo, ya desde la creación, sucede por medio del Hijo. Por otro, esta entrega del Pneuma es siempre imperada por el Padre: fue Él quien lo donó totalmente a su Cristo al inicio del mundo, y es Él quien determina los ritmos de su dispensación.

Las edades de la historia

¿Cómo se diferencian, a esta luz, las edades de la historia? Sus hitos no los determina el continuo caer o resurgir de grandes imperios. Es un factor de otro rango, la graduada comunicación del Pneuma, la que permite distinguir las épocas y cualificar teológicamente las estaciones del mundo. Se miden éstas por la distinta presencia de Dios entre los suyos, por los grados de comunión que el Creador establece cada vez con su criatura, dispensando su Espíritu[1].

Esta unidad fue concedida ya al hombre apenas salía el mundo de las manos del Padre. Creado en el Hijo y ungido con su Espíritu, poseía el ser humano una participación al Logos divino, a modo de semilla. Por ella

---

[1] Con lo que se ve que toda cristología que quiera tomar en serio los misterios de la vida de Jesús ha de dar papel preponderante a la actuación del Espíritu en ellos.

podía imitar a Dios con una vida virtuosa, hacerse digno de Él, acercársele.

Más cierta e inmediata se obraba esta unidad entre bárbaros que entre griegos. Por visión y audición directa unos hombres profetas y amigos de Dios fueron testigos de la verdad, y pudieron decirla sin ambages a los hombres. Cuanto los filósofos, cuidando su poca semilla, eran capaces de alcanzar, parecía sombra en comparación con esto.

Preguntémonos ahora: el Espíritu, que habitaba en grados diversos en aquellos hombres, ¿qué les permitía ver?, ¿qué les hacía vivir? Responde Justino: los profetas preveían la historia en carne de Jesús y la prefiguraban con sus obras. Y también ciertos sabios paganos, entre los que descuella Sócrates, llegaron a anticipar con su muerte algunos rasgos de la obediencia al Padre que viviría el Salvador. En la historia de Cristo halla así su vértice la historia anterior a su venida. Lo cual se presta a una doble consideración:

a) Lo acontecido al hombre desde el inicio se explica y sostiene a partir de Cristo, su destino último; como la meta de un camino explica y sostiene los pasos del caminante. Los mismos elementos que veremos actuar en la vida de Jesús son los que obraban desde antaño en todos los hombres, realizando en modo incipiente cuanto sólo entonces alcanzaría solidez.

b) Pero Justino ha visto también un camino de sentido opuesto. La historia del mundo se explica, sí, a partir de Cristo; mas ella también prepara y dispone la obra del Salvador. El sí de Abraham, en generoso seguimiento del Verbo, se prolonga en su descendencia hasta la virgen María, la madre de Jesús. Y dispone la historia para que acoja la perfecta obediencia filial del Hijo de Dios.

Todo apunta, pues, a la Encarnación. ¿Qué sucede entonces? Por un lado el Logos entronca con la historia humana: toma sobre sí, para sanarla, la misma carne que desobedeció en Adán; y hereda también la obediencia a Dios que habían ido viviendo los patriarcas. Por otro lado la Encarnación trae consigo un nuevo inicio. Pues hay gran armonía entre el nacimiento humano de Cristo y su generación *a Patre* antes del tiempo. Ambos sucedieron por la voluntad del Padre, por ambos es Jesús Hijo de Dios. Se hace posible desde este momento el cumplimiento definitivo de la voluntad divina dentro de la historia; se presiente el realizarse de la máxima cercanía entre el Creador y la criatura.

Eso sí, puesto que Jesús ha venido a salvar al hombre, recorriendo como Maestro el camino que luego seguirán sus discípulos, ha de amoldarse a la constitución humana. Y una de sus características es haber sido plasmada de la tierra, necesitar de lento crecimiento para realizar su vocación. Por eso la unión entre Creador y criatura que la Encarnación hace factible no se consuma en este momento. El Hijo de Dios debe irse haciendo hijo del hombre, para que el hombre vaya trasformándose en hijo de Dios.

Sabemos que en ese proceso juega un papel importante el Espíritu. Ahora bien, tanto en la Encarnación como en la vida oculta falta una acción especial del Pneuma que no sea común a la que se ejercía ya en Israel. Es que para Justino el nacimiento de Jesús no supone cambio en los movimientos del Espíritu, no hay en rigor una fase nueva, aunque se pongan las bases para que esto tenga lugar. Ocultamente ha entrado ya el rey en su reino; pero las cosas siguen por el momento como si tal cosa. Los años de crecimiento de Jesús en Nazaret prolongarán semejante estado. Sometido a la ley temporal de la maduración, Cristo resume en su vida oculta los siglos de paciente espera del mundo hasta su venida.

Y llegamos al Jordán. Aquí sí: cae una página en la historia del Espíritu: el Pneuma se derrama sobre Jesús y empieza a actuar en Él. Su eficacia es doble: a) En primer lugar le constituye primogénito de muchos hermanos, por posesión de un nuevo principio generativo, a la manera de un nuevo Adán. Al derramar sobre Él el Espíritu, puede el Padre llamarle "Hijo" en modo nuevo, pues posee el Pneuma que le permitirá comunicar su filiación. La cosa no pasa desapercibida a Satanás, que se acerca a tentarle, sabiendo que ganará a muchos si consigue derribar a uno. b) A su vez el Espíritu perfecciona a Jesús en su humanidad, va traspasando a su carne las disposiciones filiales del Hijo de Dios: predicará a partir de ahora la palabra del Padre, y en el nombre del Creador realizará milagros.

El tiempo de Jesús va transcurriendo y se van oscureciendo sus horas. Se acerca la última, la de las tinieblas. Allí se consumará su obra en el mundo. En efecto, coronará la cima su entrega filial, merced a una cabal actuación del Pneuma. La estrategia del Espíritu es ahora distinta. Acallará en Jesús lo secundario, la fuerza de sus obras y la sabiduría de sus respuestas, para hacer más elocuente su silencio. Se concentrará en lo esencial, la piedad y obediencia filiales del Hijo de Dios.

He aquí, pues, al hombre; he aquí al Hijo de Dios, vocación última y destino de todo hombre. Tomemos este foco de luz y, girándolo, iluminemos con él la historia entera anterior. Lo que buscaba a tentones la semilla del Verbo entre paganos; lo que vieron y previvieron los profetas; la historia toda del pueblo de Israel, embarcado desde Abraham hasta María en búsqueda apasionada de Dios; las horas de Jesús desde su nacimiento en Belén... Todo apuntaba aquí, todo culmina aquí, en la perfecta entrega del Hijo de Dios que ora mientras muere colgado de la cruz.

Todo apuntaba aquí, todo culmina aquí. Ahora bien, aquí quedaría, en la muerte y soledad del sepulcro, si por sí solo hubiera de continuar. Vuelve a ponerse de relieve que la iniciativa pertenece siempre al Padre: quien ha suscitado la entrega del Hijo por el don de su Espíritu filial debe, por nueva dádiva, superar la muerte a que esta obediencia ha conducido. Es la resurrección.

Este misterio corona así la unidad perfecta entre Dios y el hombre; es prolongación de las líneas trazadas sobre la cruz, que no podían por sí solas impactar en su blanco. Expliquémoslo. En el Calvario se ofreció Cristo a sí mismo y su ofrenda apuntaba a la unión consumada con el Padre; en efecto, imprimía en la carne los mismos rasgos de su filiación divina, por la que nunca se aparta del querer paterno. Al resucitarlo, tomó entonces el Padre la ofrenda de su Hijo y le comunicó la inamovible firmeza de sus distintivos paternos, la inmortalidad e incorrupción. La convirtió así en entrega definitiva, obediencia para siempre en la carne de Jesús.

Culminó entonces la historia de Jesús; y, sin embargo, continúa en marcha hasta su parusía gloriosa. ¿Precisa Cristo alguna novedad digna de este nombre, es decir, algún otro don del Espíritu, alguna otra comunicación de la gloria paterna? Así es: si el Padre le ha concedido todo su misterio el domingo de Pascua, sólo a instancias paternas podrá irlo a su vez donando a sus hermanos.

Sucede esta comunicación en varias fases. Desde su ascensión al cielo se le otorga al Hijo que pueda repartir a los suyos el Espíritu. El tiempo que sigue a la resurrección se alimenta así de las horas terrenas de Jesús, lo mismo que los siglos que precedieron a su venida. Su valor, sin embargo, tiene muy otros quilates. Pues ya no se imita o preanuncia en semilla, a modo de sombra, la plenitud; tampoco se vive, como los profetas, un adelanto de lo que algún tiempo habrá de consumarse. Se ha recibido la presencia del Espíritu del Resucitado, que comunica al creyente la misma obediencia, la misma unión con Dios, que Cristo llevó a cabo en el Gólgota.

Es cierto que este Espíritu no se da, todavía, en plenitud de ejercicio. Actúa en forma oculta, como alargando en la historia los momentos humildes de Jesús, a un tiempo dolorosos y llenos de esperanza. Tiene el Padre sus motivos para retener de esta forma la gloria: han de hacerse eficaces en los cristianos los misterios terrenos de Cristo, para que los discípulos puedan seguir en todo a su Maestro.

Ocasión llegará en que el plan del Padre podrá consumarse. Recibirá entonces Jesús su última unción, la que le consentirá repartir cuanto ya es suyo desde que abandonara el sepulcro. Entonces, unido a sus hermanos, hijos también de Dios, podrá ofrecer el sacrificio definitivo de alabanza al Padre, y lograr de este modo la unión perfecta del Creador con su criatura.

La cristología de Justino responde así a las expectativas que sobre ella nos habíamos forjado. a) Se deja narrar al hilo de la vida de Jesús, y da a cada momento peso específico y específica relevancia teológica. El tiempo se hace así verdadero vehículo y receptor de la salvación: de ninguna etapa es dado prescindir si queremos captar el sentido de la historia; de ninguno de sus misterios, si queremos contemplar el Misterio que nos revelan. b) Porque, ciertamente, hay un sentido y un misterio en la historia. Esta apunta más allá de sí misma, nos introduce en el mismo ámbito divino; con sus vericuetos y altibajos es por eso portadora de salvación, de comunión con el Padre. c) Centro de esa historia es la vida en carne de Cristo: en ella se resumen los tiempos, tanto pasados como futuros, y se llevan a plenitud.

En suma: esta cristología se deja mirar según la óptica de los misterios de la vida de Cristo. A quien quiera desarrollar hoy una tarea semejante pueden interesarle los elementos que nuestra síntesis ha puesto de relieve.

Los misterios de la vida de Cristo, punto focal de la cristología

Siguiendo la perspectiva de Justino hemos contado las cosas desde su principio, según el orden en que sucedieron. Esto significa partir del Padre transcendente y del Hijo engendrado y ungido por Él antes del tiempo; y narrar luego la historia desde la creación hasta su consumación definitiva. No puede entonces dejar de despertarse una sospecha. ¿Significa esto traicionar el kerygma apostólico, que empieza predicando la vida, muerte y resurrección del Nazareno? ¿No se da con esto un desplazamiento del centro de interés?

Estos interrogantes están vinculados con otros que nos han salido al paso a lo largo de nuestro camino. ¿Cómo llegó Justino a forjar esta cristología? Sus ideas sobre Cristo, ¿establecían vínculos con su vida cristiana, con su confesión creyente? No se pregunta aquí tanto por la esencia de la teología del mártir, sino por su génesis, por cómo se formó en relación con la fe profesada, con la tradición recibida.

Era de esperar que estas preguntas se suscitaran, aun sin haberlo pretendido directamente; pues ya cuando expusimos la historia de la interpretación las vimos salir a plaza, de mano de distintos exegetas. Y es que quien después de Harnack se ha acercado a leer al mártir no ha podido dejar de lado tales cuestiones. Pues gran parte del esfuerzo científico del estudioso prusiano giraba precisamente en torno a ellas. Pretendía éste demostrar cómo el dogma cristológico se constituía sin conexión con la vivencia cristiana primitiva. Era el caso de Justino.

Para probarlo Harnack dividía en dos planos las afirmaciones cristológicas del mártir. Uno que propugna la teoría de la preexistencia; otro que confiesa la vida y muerte de Jesús de Nazaret. El toque estaba en mantenerlos cuidadosamente separados. El primero es la elaboración teológica de Justino, en servil dependencia de la cultura filosófica imperante; el segundo, la tradición que confesó hasta la muerte. Ahora bien, siendo así que toda experiencia creyente nace del encuentro con Jesús de Nazaret, una teología que olvide esto, que no refleje en su constitución el dinamismo que la originó, podrá ser fácilmente tildada de especulación abstracta.

Aun oponiéndose a los fines perseguidos por Harnack otros intérpretes conservaban este punto de vista. Salvaban estos la fe de Justino, pero al precio de sacrificar su valía como pensador. Resultaba así una visión del cristianismo en que no parecía necesaria una reflexión cristológica, porque se consideraba mero ejercicio especulativo, mal avenido con la simplicidad de la experiencia creyente.

Ahora bien, esta forma de ver la cristología de Justino ha ido sufriendo honda revisión. Se ha ido salvando lentamente la distancia entre los dos planos que distinguió Harnack. En esta línea se ha situado nuestro trabajo. Hemos descrito el pensamiento teológico del santo tratando de ver la relación entre dos mitades que para muchos no se compadecían. Nos ha resultado un cuadro coherente en que el vínculo entre la teología de la preexistencia y la historia de la salvación ocupa el lugar principal.

En efecto, la generación divina del Hijo de Dios engarza sin fisuras con la obediencia de Jesús, consumada en su muerte. Su unción con el Pneuma antes del tiempo refleja la actividad del Espíritu del Jordán en las horas terrenas del Salvador. Se permite así un ir y venir de la economía a la teología, de la teología a la economía.

Concluíamos, por eso: la cristología del mártir no se puede etiquetar sin más como "teología desde arriba". Permite, más bien, ascenso y descenso, evitando toda estéril contraposición. Por un lado Justino puede narrar la historia desde sus comienzos, poniendo así de relieve la preeminencia de la iniciativa divina. Por otro, el punto donde esos designios se realizan, el momento en que se los ve operantes, es la vida en carne de Cristo. Podríamos decir entonces: si la preexistencia es el origen de la historia, los misterios de la vida de Jesús constituyen el punto focal; desde ellos se alcanza a percibir el sentido de todo el designio paterno.

Forzosamente han de modificar estos resultados el juicio sobre la génesis de la cristología del mártir. Desde el momento en que entran a formar parte de su sistema teológico los misterios de la vida de Jesús, no se puede ya postular una sima que separe confesión de fe y dogma cristológico. Ocurre más bien que la forma de su teología concuerda con el hacerse de la misma. Y en efecto, en nuestro trabajo hemos podido comprobar cómo la experiencia que Justino tiene de Cristo, su encuentro con Él en la predicación de la Iglesia, explica más de una vez sus enfoques teológicos.

Este punto de vista podría completarse estudiando más en detalle la misma vivencia de fe del mártir. Se trataría de ver al Cristo de Justino a través del hombre Justino, del creyente Justino. Tal experimento es posible realizarlo en nuestro autor, mejor que en otros muchos, por el carácter autobiográfico de varias de sus páginas, especialmente las que narran su conversión[2].

Queda la cosa fuera de nuestra visual, orientada a escudriñar el pensamiento del mártir. Pero una simple ojeada al relato de su conversión ilustra lo que queremos decir. El anciano con que Justino conversa en la playa de Éfeso tiene rasgos que permiten identificarlo con el mismo Logos, presente en la predicación de su Iglesia. En diálogo con Justino termina haciendo ver al mártir la autoridad de los profetas, testigos de la verdad. Ahora bien, ¿qué fue lo que estos vieron y oyeron? Precisamente los misterios en carne del Salvador[3].

Hay quien ha establecido similitudes entre la conversión de Justino y el camino del Resucitado hacia Emaús (Lc 24, 13-35)[4]. A los dos discípulos se les abrieron los ojos tras larga conversación con un desconocido; mientras hablaban con él un fuego les ardía en el corazón. De modo parecido, tras dialogar con un anciano misterioso se le abren a Justino las puertas de la luz (cf. D 7, 3) y se enciende fuego en su alma (cf. D 8, 1). Si los de Emaús encontraban en Cristo la clave para interpretar la Escritura, lo mismo sucede a Justino. El mártir va incluso más allá, pues acierta a comprender no sólo el Antiguo Testamento, sino toda la historia humana, el principio y fin de las cosas que se afanaba por descubrir como filósofo (cf. D 7, 2).

En su conversión Justino percibe, por tanto, merced a una iluminación divina, que Jesús de Nazaret es el Logos del Padre; y lo hace a partir de los misterios de su vida terrena. Adquiere aquí una mirada nueva para penetrar en el sentido de la historia.

Ahora bien, recordemos los resultados de nuestro análisis sobre la cristología del mártir. El centro de todo es la historia de Jesús, que Justino expone precisamente en cuanto misterio, es decir, en cuanto capaz de

---

[2] No es que sepamos mucho de la vida de Justino, pero lo que conocemos es precisamente lo que nos interesa a este propósito; cf. HYLDAHL, *Philosophie* (258): "Justin ist der einzige unter den Apologeten, von dessen Person man sich ein Bild machen kann. Er ist ein Mensch aus Fleisch und Blut. Die Schriften der andern Apologeten sind entweder nur fragmentarisch überliefert oder von solcher Beschaffenheit, dass die Person nicht weiter zu fassen oder zu erfassen ist".

[3] Para lo que decimos aquí remitimos a los estudios de G.-I. GARGANO, "L'anziano incontrato da Giustino: un amico del Logos? o il Logos stesso?", *Geist und Erkenntnis. Zu spirituellen Grundlagen Europas. Fs. Spidlík* (ed. K. MÁCHA) (Integrale Anthropologie 5; München 1985) 41-64; SKARSAUNE, "The Conversion"; HOFER, "The old man".

[4] Cf. HOFER, "The old man", 1-21.

conducir más allá de sí, de explicar la historia toda y alcanzar el mismo ser del Padre. De este modo se testimonia una nueva visión de Dios y del hombre, desconocida en los círculos filosóficos del tiempo.

Salta entonces a la vista la sintonía profunda entre la génesis de la fe de Justino y la estructura de su reflexión teológica. Lo que nos invita a concluir: es de su conversión de donde el pensamiento del mártir extrae vigor y originalidad. Si historia y preexistencia se dan unidos en su pensamiento es porque se daban unidos en su misma experiencia de fe, desde que se hizo cristiano.

Esto lleva a entender de forma fecunda la relación entre fe y cristología: a) La cristología no se desliga de la experiencia de fe. En efecto, por estar centrada en la historia en carne de Cristo, entendida como historia de la comunicación del misterio de Dios al hombre, la cristología asume en sí el encuentro con el Logos encarnado, muerto y resucitado, presente en su Iglesia b) La fe está llamada a desarrollarse en cristología. En efecto, por nacer la fe del encuentro con el mismo Logos divino, que permite el acceso al Padre inefable y a su misterio último, es dado al creyente percibir el sentido de toda la historia. c) Esta síntesis entre el Logos preexistente y lo que Jesús de Nazaret obró y padeció, la percibe Justino al convertirse. El mártir adquiere a su luz novedad de pensamiento sobre lo divino y lo humano; y no sólo es capaz de apropiarse de cuanto los sabios griegos habían descubierto verdadero; puede también juzgar acerca de sus filosofías.

En este trabajo hemos tratado de contestar a una pregunta: ¿quién fue Jesús de Nazaret para el mártir Justino? Responder ha sido a un tiempo desvelar la fuente de donde la respuesta nacía. El mártir dio fe a cuanto los profetas vieron y oyeron, a cuanto los apóstoles testimoniaron: los misterios en carne del Hijo de Dios; desde allí pudo alcanzar la comprensión de todas las cosas, en camino hacia la visión del Padre. Sucedió esto en diálogo con el mismo Logos encarnado; entonces se le abrieron a Justino las puertas de la luz y un gran fuego y amor se adueñó de su alma. De aquí toma inicio su pensamiento; es este el más seguro fundamento de su cristología; y justifica a la vez el esfuerzo dedicado a desentrañarla.

SIGLAS Y ABREVIATURAS

Los libros bíblicos aparecen citados según las abreviaturas de la Biblia de Jerusalén (Bilbao ³1998), XIV-XV.

I	*Apologia maior*
II	*Apologia minor*
AB	The Anchor Bible (New York)
AGJU	Arbeiten zur Geschichte des Antiken Judentums und des Urchristentums (Leiden)
AKG	Arbeiten zur Kirchengeschichte (Berlin)
al.	*Alii*
AnGr	Analecta Gregoriana (Roma)
ApAT	A. Díez Macho (ed.), *Apócrifos del Antiguo Testamento* I-V, Madrid 1984-1987.
apdo.	Apartado
Archambault	G. Archambault, *Justin: Dialogue avec Tryphon* I-II, TDEHC, Paris 1909.
ASEs	Annali di storia dell'esegesi (Bologna)
ASNU	Acta Seminarii Neotestamentici Upsaliensis (Stockholm)
Asprenas	Asprenas. Organo dell'accademia ecclesiastica napoletana (Napoli)
AT	Antiguo Testamento
ATA	Alttestamentliche Abhandlungen (München)
ATh	Année théologique (Paris)
AThANT	Abhandlungen zur Theologie des Alten und Neuen Testaments (Zürich)
AThD	Acta theologica Danica (Arhus)
AThR	Anglican theological review (New York)
Aug	Augustinianum (Roma)

BAC	Biblioteca de autores cristianos (Madrid)
BAC.SMa	Biblioteca de autores cristianos. Serie Maior (Madrid)
BAGB	Bulletin de l'association Guillaume Budé (Paris)
Bailly	A. Bailly, *Dictionnaire grec français*, Paris 1950.
BALAC	Bulletin d'ancienne littérature et d'archéologie chrétienne (Paris)
BFChTh	Beiträge zur Förderung christlicher Theologie (Gütersloh)
BGBE	Beiträge zur Geschichte der biblischen Exegese (Tübingen)
BHTh	Beiträge zur historischen Theologie (Tübingen)
Bib.	Biblica. Commentarii periodici ad rem biblicam scientifice investigandam (Roma)
BibInt	Biblical interpretation (Leiden)
BJRL	Bulletin of the John Rylands Library (Manchester)
BoBKG	Bonner Beiträge zur Kirchengeschichte (Bonn)
Bpat	Biblioteca patristica (Firenze)
BSRel	Biblioteca di scienze religiose (Roma)
BT	Bibliothèque de théologie (Paris)
BVC	Bible et vie chrétienne (Paris)
BZNW	Beihefte zur Zeischrift für die neutestamentliche Wissenschaft und die Kunde der älteren Kirche (Berlin)
c. (cc.)	columna(s)
cap.	capítulo
CBQ	Catholic biblical quarterly (Washington, D.C.)
CCL	Corpus Christianorum. Series Latina (Turnhout)
CEA	Collection d'études anciennes. Série Grecque (Paris)
cf.	*Confer*
ChH	Church history. American Society of Church History (Chicago)
CoTh	Collectanea theologica (Wasrzawa)
CSComp	Collectanea scientifica Compostellana (Santiago de Compostela)
CSEL	Corpus Scriptorum Ecclesiasticorum Latinorum (Vindobonae)
CStP	Col-lectània Sant Pacià (Barcelona)
CUFr	Collection des Universités de France publiée sous le patronage de l'Association Guillaume Budé (Paris)
D	Diálogo con Trifón

Div.	Divinitas. Pontificiae Academiae Theologicae Romanae commentarii (Roma)
DR	The Downside review (Bath)
DSp	Dictionnaire de spiritualité ascetique et mystique (Paris)
DT	Divus Thomas. Jahrbuch für Philosophie und spekulative Theologie (Freiburg, Schweiz)
EAug	Études augustiniennes (Paris)
ed.	Editor / editores
EE	Estudios eclesiásticos (Madrid)
EHPhR	Études d'histoire et de philosophie religieuses (Paris)
EHS.T	Europäische Hochschulschriften, Theologie (Frankfurt a.M.)
EJ	C. Roth (ed.), *Encyclopaedia Judaica* I-XII, Jerusalén 1971-72.
EphMar	Ephemerides mariologicae (Madrid)
ErJb	Eranos Jahrbuch (Zürich)
EtB	Études bibliques (Paris)
EtB.NS	Études bibliques. Nouvelle série (Paris)
EthL	Ephemerides theologicae Lovanienses (Louvain)
EvTh	Evangelische Theologie (Gütersloh)
FChLDG	Forschungen zur christlichen Literatur und Dogmengeschichte (Paderborn)
FP	Fuentes Patrísticas (Madrid)
FP.E	Fuentes Patrísticas. Estudios (Madrid)
FRLANT	Forschungen zur Religion und Literatur des Alten und Neuen Testaments. Neue Folge (Göttingen)
FThSt	Freiburger theologische Studien (Freiburg, Br.)
FV	Foi et vie (Paris)
FzB	Forschung zur Bibel (Stuttgart)
FZPhTh	Freiburger Zeitschrift für Philosophie und Theologie (Freiburg, Schweiz)
Gr.	Gregorianum (Roma)
GCS	Die griechischen christlichen Schriftsteller der ersten drei Jahrhunderte (Leipzig)
HBS	Herders Biblische Studien (Freiburg, Br.)
HDG	Handbuch der Dogmengeschichte (Freiburg, Br.)
HDR	Harvard dissertations in religion (Missoula, MT)

Hereditas	Hereditas. Studien zur Alten Kirchengeschichte (Bonn)
HThK	Herders Theologischer Kommentar zum Neuen Testament (Freiburg, Br.)
HThR	Harvard theological review (Cambridge, Mass.)
Ibid.	*Ibidem*
IkaZ	Internationale katholische Zeitschrift Communio (Frankfurt a.M.)
IThS	Innsbrucker theologische Studien (Innsbruck)
JAC	Jahrbuch für Antike und Christentum (Münster)
JAC.E	Jahrbuch für Antike und Christentum. Ergänzungsband (Münster)
JBL	Journal of biblical literature (Philadelphia, PA)
JBTh	Jahrbuch für biblische Theologie (Neukirchen)
JCPS	Jewish and Christian perspectives series (Leiden)
JECS	Journal of early Christian studies (Baltimore)
JLW	Jahrbuch für Liturgiewissenschaft (Münster)
JQR	Jewish quarterly review (Philadelphia, Pa.)
JR	Journal of religion (Chicago, IL)
JSNT.S	Journal for the study of the New Testament. Supplement series (Sheffield)
JThS	Journal of theological studies (Oxford)
Kairos	Kairos. Zeitschrift für Religionswissenschaft und Theologie (Salzburg)
Lampe	G.W.H. Lampe, *A Patristic Greek Lexicon*, Oxford 1961.
LCA.T	Letteratura cristiana antica. Testi (Brescia)
LCPM.T	Letture cristiane del primo millennio. Testi (Torino)
LeDiv	Lectio divina (Paris)
Liddell-Scott	H.G. Liddell – R. Scott, *A Greek-English lexicon*, Oxford 1961.
LXX	Setenta
Maran	P. Maran, *S.P.N. Justini philosophi et martyris opera quae exstant omnia* PL 6, Paris 1857.
Marcovich	M. Marcovich, *Iustini Martyris Apologiae pro Christianis* PTS 38, Berlin 1994; M. Marcovich, *Iustini Martyris Dialogus cum Tryphone* PTS 47, Berlin 1997.
MBTh	Münsterische Beiträge zur Theologie (Münster)
MCom	Miscelánea Comillas (Comillas, Santander)

MGWJ	Monatsschrift für Geschichte und Wissenschaft des Judentums (Breslau)
MthA	Münsteraner Theologische Abhandlungen (Altenberge)
n.	Nota
NT	Novum Testamentum. An international quarterly for New Testament and related studies (Leiden)
NT.S	Supplements to Novum Testamentum (Leiden)
NTS	New Testament studies (Cambridge)
OECT	Oxford early Christian texts (Oxford)
orig.	Original
Otto	J.C.T. Otto, *Corpus Apologetarum Christianorum Saeculi Secundi I-III*, Jena 1876-1879.
p. (pp.)	Página(s)
Par.	Paradosis. Beiträge zur Geschichte der altchristlichen Literatur und Theologie (Freiburg, Schweiz)
PatMS	Patristic monograph series (Cambridge, MA)
PE	Pro Ecclesia (Northfield, MN)
PL	Patrologiae cursus completus. Accurante Jacques-Paul Migne. Series Latina (Paris)
PP	Philosophia patrum. Interpretations of patristic texts (Leiden)
PTS	Patristische Texte und Studien (Berlin)
QVetChr	Quaderni di Vetera Christianorum (Bari)
RAC	Th. Klauser (ed.), *Reallexikon für Antike und Christentum*, Stuttgart 1950-2001
RCatT	Revista catalana de teologia (Barcelona)
RAE	Revista augustiniana de espiritualidad (Calahorra)
RB	Revue biblique (Paris)
RechAug	Recherches augustiniennes (Paris)
RET	Revista española de teología (Madrid)
RevAug	Revista agustiniana (Madrid)
RevBib	Revista bíblica (Buenos Aires)
RevSR	Revue des sciences religieuses. Faculté Catholique de Théologie (Strasbourg)
RFNS	Rivista di filosofia neo-scolastica
RHE	Revue d'histoire ecclésiastique (Louvain)
RHPhR	Revue d'histoire et de philosophie religieuses (Strasbourg)

RivBib	Rivista biblica (Roma)
RQ	Römische Quartalschrift für christliche Altertumskunde und Kirchengeschichte (Freiburg, Br.)
RSLR	Rivista di storia e letteratura religiosa (Firenze)
RSPT	Revue de sciences philosophiques et théologiques (Paris)
RTHP	Recueil de travaux d'histoire et de philologie (Louvain)
Ruiz Bueno	D. Ruiz Bueno, *Padres apologetas griegos* BAC 116, Madrid 1979.
RUO	Revue de l'Université d'Ottawa (Ottawa)
s.v.	*Sub voce*
SBF.CMa	Studium biblicum Franciscanum. Collectio maior (Jerusalén)
SBS	Stuttgarter Bibelstudien (Stuttgart)
SBLEJL	Society of Biblical Literature. Early Judaism and its literature
SC	Sources chretiennes (Paris)
ScC	Scuola cattolica. Rivista di scienze religiose (Milano)
ScrTh	Scripta theologica (Pamplona)
SecCen	Second Century: A Journal of early Christian studies (Baltimore, MD)
SHAW	Sitzungsberichte der Heidelberger Akademie der Wissenschaften (Heidelberg)
SJTh	Scottish journal of theology (Edinburgh)
SPFTM	Scripta Pontificiae Facultatis Theologicae 'Marianum' (Roma)
SRivBib	Supplementi alla Rivista biblica (Bologna)
SROC	Studi e ricerche sull'Oriente cristiano (Roma)
StANT	Studien zum Alten und Neuen Testament (München)
StLeg	Studium legionense (León)
StMiss	Studia missionalia (Roma)
StPatr	Studia patristica (Berlin)
StPatrMed	Studia patristica Mediolanensia (Milano)
Strack-Billerbeck	H.L. Strack – P. Billerbeck, *Kommentar zum Neuen Testament aus Talmud und Midrasch*, I-IV, München 1922-28 [reimpr. 1974-78].
StTh	Studia theologica. Scandinavian journal of theology (Lund)
SVigChr	Supplements to Vigiliae Christianae (Leiden)
SVTP	Studia in Veteris Testamenti Pseudepigrapha (Leiden)

TDEHC	Textes et documents pour l'étude historique du christianisme (Paris)
TGr.Sp	Tesi Gregoriana. Serie spiritualità (Roma)
ThemThes	Themen und Thesen der Theologie (Köln)
Theol.	Theology (London)
Theoph.	Theophaneia. Beiträge zur Religions- und Kirchengeschichte des Altertums (Bonn)
ThH	Théologie historique (Paris)
ThPh	Theologie und Philosophie. Vierteljahresschrift (Freiburg, Br.)
ThWNT	G. Kittel – G. Friedrich, ed., *Theologisches Wörterbuch zum Neuen Testament,* Stuttgart, 1933-79.
TM	Texto masorético
TS	Theological studies. Theological Faculties of the Society of Jesus in the United States (Woodstock, MD)
Ttod	Theology today (Princeton, NJ)
TU	Texte und Untersuchungen zur Geschichte der altchristlichen Literatur (Berlin)
TyV	Teología y vida (Santiago de Chile)
v. (vv.)	Versículo(s)
VC	Verbum caro. Revue théologique et ecclésiastique oecuménique (Taizé)
VetChr	Vetera christianorum (Bari)
VigChr	Vigiliae christianae. Review of early Christian life and language (Amsterdam)
Visonà	G. Visonà, *Dialogo con Trifone,* Milano 1988.
VLAR	Veröffentlichungen der Luther-Akademie Ratzeburg (Erlangen)
VT	Vetus Testamentum (Leiden)
Wartelle	A. Wartelle, *Saint Justin. Apologies* EAug, Paris 1987.
WBC	Word biblical commentary (Dallas, Texas)
ZKG	Zeitschrift für Kirchengeschichte (Stuttgart)
ZKTh	Zeitschrift für katholische Theologie (Wien)
ZNW	Zeitschrift für die Neutestamentliche Wissenschaft und die Kunde der Älteren Kirche (Berlin)
ZThK	Zeitschrift für Theologie und Kirche (Tübingen)
ZWTh	Zeitschrift für wissenschaftliche Theologie (Jena)

BIBLIOGRAFÍA

I. Fuentes

a) Obras de Justino mártir

Diálogo y Apologías

ARCHAMBAULT, G., *Justin: Dialogue avec Tryphon. Texte grec, traduction francaise, I&II* Textes et documents pour l'étude historique du christianisme, Paris 1909.

GOODSPEED, E.J., *Die ältesten Apologeten. Texte mit kurzen Einleitungen*, Göttingen 1914.

MARAN, P., *S.P.N. Justini philosophi et martyris opera quae exstant omnia* PL 6, Paris 1857.

MARCOVICH, M., *Iustini Martyris Apologiae pro Christianis* PTS 38, Berlin 1994.

_____, *Iustini Martyris Dialogus cum Tryphone* PTS 47, Berlin 1997.

MUNIER, C., *Saint Justin. Apologie pour les chrétiens* Par. 39, Fribourg S. 1995.

OTTO, J.C.T., *Corpus Apologetarum Christianorum Saeculi Secundi I-III*, Jena 1876-1879.

RUIZ BUENO, D., *Padres apologetas griegos* BAC 116, Madrid 1979.

VISONÀ, G., *Dialogo con Trifone*, LCPM.T 5, Milano 1988.

WARTELLE, A., *Saint Justin. Apologies* Études Augustiniennes, Paris 1987.

Fragmentos

HOLL, K., *Fragmente vornizänischer Kirchenväter* TU 20, 2, Leipzig 1899.

De Resurrectione

D'ANNA, A., *Pseudo-Giustino. Sulla Resurrezione. Discorso cristiano del II secolo* LCA.T, Brescia 2001.
HEIMGARTNER, M., *Pseudo Justin. Über die Auferstehung. Text und Studie* PTS 54, Berlin - New York 2001.

Actas de los mártires

MUSURILLO, H., *The Acts of the Christian Martyrs. Introduction, Texts and Traslations* OECT, Oxford 1972.

Índice

GOODSPEED, E.J., *Index Apologeticus*, Leipzig 1912.

b) Otros autores cristianos

Clemente Romano

JAUBERT, A., *Épître aux Corinthiens* SC 167, Paris 1971.
AYAN, J.J., *Clemente de Roma: carta a los Corintios. Homilia anónima (Secunda Clementis)* FP 4, Madrid 1994.

Ad Diognetum

MARROU, H. I., *A Diognète* SC 33 bis, Paris 1951.
NORELLI, E., *A Diogneto*, LCPM.T 11, Torino 1991.

Eusebio de Cesarea

BARDY, G., *Eusèbe de Césarée. Histoire ecclésiastique. Libres I-IV*, SC 31, Paris 1952.

Evangelios apócrifos

MARA, M. G., *Évangile de Pierre* SC 201, Paris 1973.
SANTOS OTERO, A. *Los evangelios apócrifos* BAC 148, Madrid [7]1991.

Hermas

JOLY, R. *Hermas. Le Pasteur* SC 53, Paris 1958.
AYÁN, J.J., *Hermas. El Pastor* FP 6, Madrid 1995.

Ignacio de Antioquía

AYÁN, J.J., *Ignacio de Antioquía: cartas. Policarpo de Esmirna: carta de la Iglesia de Esmirna a la Iglesia de Filomelio* FP 1, Madrid 1991.

CAMELOT, P.TH., *Lettres [de] Ignace d'Antioche, Polycarpe de Smyrne, Martyre de Polycarpe* SC 10 bis, Paris 1958.

Ireneo de Lión

ROUSSEAU, A. – DOUTRELEAU, L. *Irénée de Lyon: Contre les hérésies, Livre III, Tomes I-II* SC 210-211, Paris 1974.

ROUSSEAU, A., *Irénée de Lyon: Contre les hérésies, Livres I, II, IV, V* (SC 263-264, 293-294, 100, 152-153), Paris 1979, 1982, 1965, 1969.

ROUSSEAU, A., *Irénée de Lyon: Démonstration de la prédication apostolique* SC 406, Paris 1995.

ROMERO POSE, E. *Ireneo de Lión. Demonstración de la predicación apostólica* FP 2, Madrid 1992.

Jerónimo

CERESA-GASTALDO, A., *Girolamo. Gli uomini illustri* BPat 12, Firenze 1988.

Melitón de Sardes

PERLER, O., *Méliton de Sardes. Sur la Pâque et fragments*, SC 123, Paris 1966.

Metodio de Olimpo

BONWETSCH, N. G., *Methodius* GCS, Leipzig 1917.

MUSURILLO, H. – DEBIDOUR, V.-H., *Méthode d'Olympe. Le Banquet* SC 95, Paris 1963.

Orígenes

BORRET, M. *Origène. Contre Celse. Tomes I, II, III, IV, V* SC 132, 136, 147, 150, 227, Paris 1967, 1968, 1969, 1969, 1976.

JAUBERT, A., *Origène. Homélies sur Josué* SC 71, Paris 1960.

JAHN, A. *Des h. Eustathius Erzbischofs von Antiochien Beurtheilung des Origenes betreffend die Auffassung der Wahrsagerin I.Kön. (Sam.) 28 und die bezügliche Homilie des Origenes* TU 2/4, Leipzig 1886.

Pseudo Bernabé

PRIGENT, P. – KRAFT, R. A., *Épître de Barnabé* SC 172, Paris 1971.

AYÁN, J.J., *Didaché. Doctrina apostolorum. Epístola del Pseudo-Bernabé* FP 3, Madrid 1992.

Ptolomeo

QUISPEL, G., *Ptolémée. Lettre a Flora*, SC 24, Paris 1948.

Taciano

WHITTAKER, M., *Tatianus. Oratio ad graecos and fragments* OECT, Oxford
1982.

Teófilo de Antioquía

BARDY, G. – SENDER, J., *Trois livres a Autolycus* SC 20, Paris 1948.
GRANT, R.M., *Ad Autolycum* OECT, Oxford 1970.

Tertuliano

BORLEFFS, J. G. PH. – *al. Quinti Septimi Florentis Tertulliani Opera, Pars I-II*
CCL I-II, Turnhout 1954.
BRAUN, R., *Tertulien. Contre Marcion. Livres I, II, III, IV* (SC 365, 368, 399,
456), Paris 1990, 1991, 1994, 2001.
HOPPE, H., *Quinti Septimi Florentis Tertulliani Apologeticum secundum
utramque libri recensionem* CSEL 69, Vindobonae 1939.
MAHE, J.-P., *Tertullien. La chair du Christ, Tomes I-II* SC 216-217, Paris
1975.
MATTEI, P., *Tertullien. Le mariage unique (De monogamia)* SC 343, Paris
1988.
TRÄNKLE, H., *Q. S. F. Tertulliani Aduersus Iudaeos. Mit Einleitung und
kritischem Kommentar*, Wiesbaden 1964.

c) Fuentes judías

ANDERSON, G.A. – STONE, M.E., *A synopsis of the books of Adam and Eve*
SBLEJL 17, Atlanta, GA 1999.
BRAUDE, W.G., *The Midrash on Psalms* I-II Yale Judaica series 13, New
Haven 1976.
DÍEZ MACHO, A. (ed.), *Apócrifos del Antiguo Testamento* I-V, Madrid 1984-
1987.
————, *Neophyti 1, I-V. Targum Palestinense. Ms de la Biblioteca Vati-
cana*, Madrid - Barcelona 1968-78.
GINZBERG, L. *The Legends of the Jews* I-VII, Philadelphia 1909-1938.
STRACK, H. L. – BILLERBECK, P., *Kommentar zum Neuen testament aus
Talmud und Midrasch* I-IV, München 1922-28 [reimpr. 1974-78].
FREEDMAN, H. – SIMON, M., *Midrash Rabba* I-X, London 1939 [reimpr.
1983].

d) Fuentes paganas

Albino / Alcinoos

HERMANN, C. FR., "Albini Isagoge", *Platonis Dialogi secundum Thrasylli tetralogias dispositi VI* (Bibliotheca scriptorum graecorum et romanorum teubneriana; Lipsiae 1907), 147-151.

INVERNIZZI, G., "Il *prologo* di Albino. Introduzione, traduzione e note", *RFNS* 71 (1979) 352-361.

WHITTAKER, J. – LOUIS, P., *Alcinoos, Enseignement des doctrines de Platon. Introduction, texte établi et commenté par J. Whittaker et traduit par P. Louis* CUFr, Paris 1990.

Corpus Hermeticum

NOCK, A.D. – FESTUGIERE, A.J., *Corpus Hermeticum. I. Traités I-XII; II. Traités XIII-XVIII. Asclepius; III. Fragments extraits de Stobée I-XXII; IV. Fragments extraits de Stobée XXIII-XXIX. Fragments divers* CUFr, Paris 1945, 1945, 1954, 1954.

Estoicismo

VON ARNIM, H. F., *Stoicorum veterum fragmenta. I. Zeno et Zenonis discipuli; II. Chrysippi fragmenta logica et physica; III. Chrysippi fragmenta moralia, fragmenta successorum Chrysippi; IV. Indices,* Lipsiae 1903-1924.

Numenio

DES PLACES, E., *Numénius. Fragments* CUFr, Paris 1973.

Platón

Platon, *Œuvres complètes* CUFr, I-XIII, Paris 1920-1956.

Porfirio

DES PLACES, É., *Porphyrius. Vie de Pythagore. Lettre a Marcella* CUFr 118, Paris 1982.

II. Estudios

ABRAMOWSKI, L., "Die *Erinnerungen der Apostel* bei Justin", *Evangelium und die Evangelien* (ed. P. STUHLMACHER) (Tübingen 1983) 341-353.

AEBY, G., *Les misions divines de saint Justin à Origène,* Fribourg 1958.

ALCÁIN, J.A., *Cautiverio y redención del hombre en Orígenes,* Bilbao 1974.

ALDAMA, J.A., "El Protoevangelio de Santiago y sus problemas", *EphMar* 12 (1962) 107-130.

_____, *María en la patrística de los siglos II y III* BAC 300, Madrid 1970.

ALEITH, E., *Paulusverständnis in der alten Kirche* BZNW 18, Berlin 1937.

ALETTI, J.-N., "Romans 8: The Incarnation and its Redemptive Impact", *The Incarnation. An Interdisciplinary Symposium on the Incarnation of the Son of God* (ed. S.T. DAVIS - D. KENDALL - G. O'COLLINS) (Oxford 2002) 93-115.

ALFONSI, L., "Eraclito in Giustino", *RFNS* 39 (1947) 238-239.

_____, "Giustino, Apol I: 2, 4", *VigChr* 16 (1962) 77-78.

_____, "La struttura della I Apologia di Giustino", *Paradoxos politeia. Studi patristici in onore di Giuseppe Lazzati* (ed. R. CANTALAMESSA - L.F. PIZZOLATO) (StPatrMed 10; Milano 1979) 57-76.

ALLERT, C.D., *Revelation, Truth, Canon and Interpretation. Studies in Justin Martyr's Dialogue with Trypho* SVigChr 64, Leiden 2002.

ALONSO SCHÖKEL, L. - CARNITI, C., *Salmos*, Estella 1992.

ALTANER, B., *Patrologie. Leben, Schriften und Lehre der Kirchenväter*, Freiburg im B. ⁵1958.

AMAND, D., *Fatalisme et liberté dans l'Antiquité Grecque. Recherches sur la survivance de l'argumentation morale antifataliste de Carnéade chez les philosophes grecs et les théologiens chrétiens des quatre premiers siècles* RTHP 19, Louvain 1945.

ANDIA, Y, *Homo vivens. Incorruptibilité et divinisation de l'homme selon Irénée de Lyon* EAug, Paris 1986.

ANDRES, F., *Die Engellehre der griechischen Apologeten des zweiten Jahrhunderts und ihr Verhältnis zur griechisch-römischen Dämonologie* FChLDG XII, 3, Paderborn 1914.

ANDRESEN, C., "Justin und der mittlere Platonismus", *ZNW* 44 (1952-1953) 157-195.

_____, *Logos und Nomos. Die Polemik des Kelsos gegen das Christentum* AKG 30, Berlin 1955.

_____, "Erlösung", *RAC* VI (ed. T. KLAUSER) (Stuttgart 1964) 54-219.

ATZBERGER, L., *Geschichte der christlichen Eschatologie innerhalb der vornicaenischen Zeit*, Freiburg 1896.

AUBINEAU, M., "La tunique sans couture de Christ. Exégèse patristique de Joh. 19, 23", *Kyriakon. Fs. J. Quasten* (ed. P. GRANFIELD - J.A. JUNGMANN) (Münster Westfalen 1970) 100-127.

AUNE, D., *Revelation* WBC 52A-52C, Dallas, Texas 1997-1998.

AYÁN, J.J., *Antropología de San Justino* CSComp 4, Santiago de Compostela - Córdoba 1988.

_____, "El tratado de San Justino sobre la resurrección", *RevAg* 31 (1990) 591-614.

_____, "La venida sin gloria del Espíritu. A propósito de la dificultad textual de Diálogo 49, 7", *En camino hacia la gloria. Miscelánea en honor de Mons. Eugenio Romero Pose* (ed. L. QUINTEIRO FIUZA - A. NOVO) (Santiago de Compostela 1998) 238-247.

BACHT, H., "Die Lehre des hl. Justinus Martyr von der prophetischen Inspiration", *Scholastik* 26-27 (1951-1952) 481-495; 12-33.

BACKHAUS, K., "Das Bundesmotiv in der frühkirchlichen Schwellenzeit: Hebräerbrief, Barnabasbrief, Dialogus cum Tryphone", *Der Ungekündigte Bund? Antworten des Neuen Testaments* (ed. H. FRANKEMÖLLE) (QD 172; Freiburg im B - Basel - Wien 1998) 211-231.

BAERT, E., "Le Thème de la vision de Dieu chez S. Justin, Clément d'Alexandrie et S. Grégoire de Nysse", *FZPhTh* 12 (1965) 439-497.

BAGATTI, B., "San Giustino nella sua patria", *Aug* 19 (1979) 319-331.

BAKER, A., "Justin's agraphon in the dialogue with Trypho", *JBL* 87 (1968) 277-287.

BAMMEL, E., "Die Täufertraditionen bei Justin", *StPatr 8* (ed. F.L. CROSS) (TU 93; Berlin 1966) 53-61.

BARBEL, J., *Christos Angelos. Die Anschauung von Christus als Bote und Engel in der gelehrten und volskstümlichen Literatur des christlichen Altertums, zugleich ein Beitrag zur Geschichte des Ursprungs und der Fortdauer des Arianismus* Theoph. 3, Bonn 1941.

BARCLAY, J.M.G. - SWEET, J.P.M., *Early Christian thought in its Jewish context*, New York 1996.

BARDENHEWER, O., *Geschichte der Altkirchlichen Litteratur I*, Freiburg im B. 1902.

BARNARD, L.W., "Old Testament and Judaism in the writings of Justin Martyr", *VT* 14 (1964) 395-406.

_____, "Justin Martyr's eschatology", *VigChr* 19 (1965) 86-98.

_____, *Justin martyr. His life and thought*, Cambridge 1967.

_____, "Justin Martyr in recent study", *SJTh* 22 (1969) 152-164.

_____, "The Logos Theology of Justin Martyr", *DR* 89 (1971) 132-141.

BARSOTTI, D., *La dottrina dell'amore nei Padri della Chiesa fino a Ireneo*, Milano 1963.

BARTHELEMY, D., "Redécouverte d'un chaînon manquant de l'histoire de la Septante", *RB* 60 (1953) 18-29.

BASEVI, C., "La generazione eterna di Cristo nei Ps. 2 e 109 secondo S.Giustino e S.Ireneo", *Aug* 22 (1982) 135-147.

BASTIT, A., "Le tentations de Jésus au désert: interprétation patristique", *Le désert, un espace paradoxal. Actes du colloque de l'Université de Metz (13-15 septembre 2001)* (ed. G. NAUROY - P. HALEN - A. SPICA) (Bern 2001) 79-99.

BATLOGG, A.R., *Die Mysterien des Lebens Jesu bei Karl Rahner. Zugang zum Christusglauben* IThS 58, Innsbruck 2001.

BAUER, W., *Das Leben Jesu im Zeitalter der neutestamentlichen Apokryphen*, Tübingen 1909.

BAUMEISTER, T., "Das Martyrium in der Sicht Justins des Märtyrers", *StPatr 17* (ed. E.A. LIVINGSTONE) (Oxford 1982) 631-642.

_____, "*Anytos und Meletos können mich zwar töten, schaden jedoch können sie mir nicht* Platon, Apologie des Sokrates 30c-d bei Plutarch, Justin Martyr und Clemens Alexandrinus", *Platonismus und Christentum. Fs. H. Dörrie* (ed. H.-D. BLUME - F. MANN) (JAC.E 10; Münster Westfalen 1983) 58-63.

BEHR, J., "The Word of God in the Second Century", *PE* 9 (2000) 85-107.

BELLINI, E., "Dio nel pensiero di San Giustino", *ScC* 90 (1962) 387-406.

BELLINZONI, A.J., "Source of the Agraphon in Justin Martyr's Dialogue with Trypho 47:5", *VigChr* 17 (1963) 65-70.

_____, *The Sayings of Jesus in the Writings of Justin Martyr*, Leiden 1967.

BENOIT, A., *Le baptême chrétien au second siècle. La Théologie des Pères* EHPhR 42, Paris 1953.

BENZ, E., "Christus und Socrates in der alten Kirche: ein Beitrag zum altkirchlichen Verständnis des Märtyrers und des Martyriums", *ZNW* 43 (1950/51) 195-224.

_____, "Die heilige Höhle in der Ostkirche", *ErJb* 22 (1953) 365-432.

BERGER, K., *Die griechische Daniel-Diegese*, Leiden 1976.

BERTRAM, G., "Die Himmelfahrt Jesu vom Kreuz aus und der Glaube an seine Auferstehung.", *Fs. A. Deissmann* (Tübingen 1927) 187-217.

BERTRAND, D.A., *Le baptême de Jésus. Histoire de l'exégèse aux deux premiers siècles* BGBE 14, Tübingen 1973.

BESKOW, P., *Rex Gloriae. The Kingship of Christ in the Early Church*, Uppsala 1962.

BINGHAM, D.J., "Justin and Isaiah 53", *VigChr* 54 (2000) 248-261.

BOBICHON, P., "Fonctions et valeurs des noms dans les écrits de Justin Martyr", *Apochrypha* 11 (2000) 93-121.

BODENMANN, R., *Naissance d'une Exégèse. Daniel dans l'Église ancienne des trois premiers siècles* BGBE 28, Tübingen 1986.

BOKSER, B.Z., "Justin Martyr and the Jews", *JQR* 64 (1974) 97-122.

BOURGEOIS, D., *La Sagesse des Anciens dans le Mystère du Verbe. Évangile et Philosophie chez Saint Justin*, Paris 1983.

BOUSSET, W., *Der Antichrist in der Überlieferung des Judentums, des Neuen Testaments und der alten Kirche. Ein Beitrag zur Auslegung der Apocalypse*, Göttingen 1895.

_____, "Platons Weltseele und das Kreuz Christi", *ZNW* 14 (1913) 273-285.

_____, *Jüdisch-Christlicher Schulbetrieb in Alexandria und Rom. Litera-rische Untersuchungen zu Philo und Clemens von Alexandria, Justin und Irenäus* FRLANT 6, Göttingen 1915.

BOYARIN, D., "Justin Martyr invents Judaism", *ChH* 70 (2001) 427-461.

BRAUN, F.M., "Qui ex Deo natus est", *Aux sources de la tradition chrétienne. Fs. M. Goguel* (Neuchâtel - Paris 1950) 11-31.

_____, *Jean le théologien et son évangile dans l'église ancienne*, Paris 1959.

BRAUN, H., "Entscheidende Motive in den Berichten über die Taufe Jesu von Markus bis Justin", *ZThK* 50 (1953) 39-42.

BROTHERS, T.J., "The interpretation of παῖς θεοῦ in Justin Martyr's Dialogue with Trypho", *StPatr* 9 (ed. F.L. CROSS) (TU 94; Berlin 1966) 127-138.

BROWN, R.E., *The Gospel according to John (i-xii)* AB, Garden City, NY 1966.

BROX, N., "Zum literarischen Verhältnis zwischen Justin und Irenäus", *ZNW* 58 (1967) 121-128.

BURINI, C., "Il nutrimento eucaristico *per nostra trasformazione* (Giustino, Apologia I,66, 2)", *Sangue e antropologia nella letteratura cristiana II* (ed. F. VATTIONI) (Roma 1983) 913-929.

BURKE, G.T., "Celsus and Justin: Carl Andresen revisited", *ZNW* 76 (1985) 107-116.

BURKITT, F.C., "Justin Martyr and Jeremiah XI, 19", *JThS* 33 (1932) 371-373.

CAMPENHAUSEN, H., *Die Idee des Martyriums in der alten Kirche*, Göttingen 1936.

_____, *Die Jungfrauengeburt in der Theologie der alten Kirche* SHAW 3, Heidelberg 1962.

_____, *Das Alte Testament als Bibel der Kirche vom Ausgang des Urchristentums bis zur Entstehung des Neuen Testaments* Aus der Frühzeit des Christentums. Studien zur Kirchengeschichte des ersten und zweiten Jahrhunderts, Tübingen 1963.

_____, *Die Entstehung der christlichen Bibel* BHTh 39, Tübingen 1968.

CANAL, J.M., "María nueva Eva en Justino, Ireneo, Tertuliano y Agustín", *EphMar* 45 (1996) 41-60.

CANTALAMESSA, R., "La primitiva esegesi cristologica di Romani 1, 3-4 e Luca 1, 35", *RSLR* 2 (1966) 71-76.

_____, *L'Omelia 'in S. Pascha' dello Pseudo-Ippolito di Roma*, Milano 1967.

_____, "Les homélies pascales de Méliton de Sardes et du Pseudo-Hippolyte et les extraits de Théodote", *Epektasis. Fs. J. Daniélou* (ed. J. FONTAINE - C. KANNENGIESSER) (Beauchesne 1972) 263-271.

CARRIKER, A.J., *The library of Eusebius of Caesarea*, SVigChr 67, Leiden 2003 (220-223).

CASEL, O., "Die λογική θυσία der antiken Mystik in christlich-liturgischer Umdeutung", *JLW* 4 (1924) 37-47.

CHADWICK, H., "Justin's Defence of Christianity", *BJRL* 47 (1964/1965) 275-297.

_____, *Early christian thought and the classical tradition. Studies in Justin, Clement, and Origen*, Oxford 1966.

CHAT, E., *Die Opferlehre des Apologeten Justins. Religionswissenschaftliche Studie*, Bonn 1981.

COLISH, M.L., *The Stoic tradition from Antiquity to the early Middle Ages* 1, Leiden 1985.

COLPE, C., "Gottessohn", *RAC XII* (Stuttgart 1983) 19-58.

COSGROVE, C.H., "Justin Martyr and the Emerging Christian Canon", *VigChr* 36 (1982) 209-232.

COURATIN, H., "Justin Martyr and confirmation - A Note", *Theol.* 55 (1952) 458-460.

COURTH, F., *Trinität. In der Schrift und Patristik* HDG II/1a, Freiburg im B. 1988.

CUMING, J., "ΔΙ ʾΕΥΧΕΣ ΛΟΓΟΥ (Justin, Apology, i. 66. 2)", *JThS* 31 (1980) 80-82.

DAL COVOLO, E., "Regno di Dio nel Dialogo di Giustino con Trifone Giudeo", *Aug* 28 (1988) 111-123.

DANIELOU, J., "La charrue comme symbole de la croix (Irénée, Adv. haer. IV, 34, 4)", *RSR* 42 (1954) 193-203.

_____, *Théologie du Judéo-Christianisme* BT, Tournai 1958.

_____, "La session à la droite du Père", *Studia Evangelica* (ed. K. ALAND - F.L. CROSS) (TU 73; Berlin 1959) 689-698.

_____, *Message Évangelique et culture Hellénistique aux IIe et IIIe siècles* BT, Tournai 1961.

_____, *Études d'exégèse judéo-chrétienne (Les Testimonia)* ThH 5, Paris 1966.

_____, "Fels", *RAC* VII (Stuttgart 1966) 723-732.

D'ANNA, A., "Note sul concetto di *Regno di Dio* nelle opere di Giustino Martire", *SROC* 18 (1995) 1/2, 23-39.

DASSMANN, E., *Der Stachel im Fleisch. Paulus in der frühchristlichen Literatur bis Irenäus*, Münster Westfalen 1979.

DE DURAND, G.M., "*Sa génération, qui la racontera?* Is 53, 8b: l'exégèse des Pères", *RSPT* 53 (1969) 638-657.

DELEANI, S., *Christum sequi. Étude d'un thème dans l'oeuvre de saint Cyprien*, Paris 1979.

DENNING-BOLLE, S.J., "Christian dialogue as apologetic: the case of Justin Martyr seen in historical context", *BJRL* 69 (1987) 492-510.

DERRETT, J.D.M., "῾Ο Κύριος ἐβασίλευσεν ἀπὸ τοῦ ξύλου", *VigChr* 43 (1989) 378-392.

DILLON, J., *The Middle Platonists. A study of Platonism 80 BC to AD 220*, Bristol 1977.

DINKLER, E., "Kreuzzeichen und Kreuz", *JAC* 5 (1962) 93-107.

DOIGNON, J., "Le salut par le fer et le bois chez Saint Irénée. Notes de Philologie et d'exégèse sur Adversus Haereses IV, 34, 4", *RSR* 43 (1955) 535-544.

DÖLGER, F.J., "Die Glöckchen am Gewande des jüdischen Hohenpriesters nach der Ausdeutung jüdischer, heidnischer und frühchristlicher Schriftsteller", *Antike und Christentum* 4 (ed. F.J. DÖLGER) (Münster 1934) 233-242.

_____, "Beiträge zur Geschichte des Kreuzzeichens IX", *JAC* 10 (1967) 7-29.

DOZEMAN, T.B., "Sperma Abraam in John 8 and related literature", *CBQ* 42 (1980) 342-358.

DROBNER, H.R., *Manual de Patrología*, Barcelona 1999.

DUMEIGE, G., "(Christ) Médecin", *DSp* X (Paris 1980) 892.

DUNN, J.D.G., *Christology in the Making. An Inquiry into the Origins of the Doctrine of the Incarnation*, London 1980.

DÜNZL, F., *Pneuma. Funktionen des theologischen Begriffs in frühchristlicher Literatur* JAC.E 30, Münster Westfalen 2000.

DUQUOC, C., *Christologie. Essai dogmatique*, Paris 1972.

DUVAL, Y.-M., *Le livre de Jonas dans la littérature chrétienne grecque et latine. Sources et influence du Commentaire sur Jonas de saint Jérôme* EAug, Paris 1973.

EDWARDS, M.J., "On the Platonic schooling of Justin Martyr", *JThS* 42 (1991) 17-34.

_____, "Justin's Logos and the Word of God", *JECS* 3 (1995) 261-280.

EIJK, A.H.C., "Only that can rise which has previously fallen: the history of a formula", *JThS* 22 (1971) 517-529.

ELDRIDGE, M.D., *Dying Adam with his Multiethnic Family. Understanding the Greek Life of Adam and Eve* SVTP 16, Leiden 2001.

VON ENGELHARDT, M., *Das Christentum Justins des Märtyrers. Eine Untersuchung über die Anfänge der katholischen Glaubenslehre*, Erlangen 1878.

FEDER, A.L., *Justins des Märtyrers Lehre von Jesus Christus dem Messias und dem menschgewordenen Sohne Gottes*, Freiburg im B. 1906.

FEDOU, M., "La vision de la Croix dans l'oeuvre de saint Justin *philosophe et martyr*", *RechAug* 19 (1984) 29-107.

_____, "La figure de Socrate selon Justin", *Les apologistes chrétiens et la culture grecque* (ed. B. POUDERON - J. DORÉ) (ThH 105; Paris 1998) 51-66.

FEE, G.D., "St. Paul and the Incarnation: A Reassessment of the Data", *The Incarnation. An Interdisciplinary Symposium on the Incarnation of the Son of God* (ed. S.T. DAVIS - D. KENDALL - G. O' COLLINS) (Oxford 2002) 62-92.

FERGUSON, E., "Justin Martyr on Jews, Christians and the covenant", *Early Christianity in context. Monuments and documents* (ed. E. ALLIATA - F. MANNS) (SBF.CMa 38; Jerusalem 1993) 395-405.

FERNÁNDEZ, A., *La escatología del siglo II*, Burgos 1978.

FESTUGIERE, A.J., *La Révélation d'Hermes Trimégiste I. L'Astrologie et les sciences occultes; II. Le Dieu cosmique; III. Les doctrines de l'âme; IV: Le Dieu inconnu et la gnose* CEA 75-77, Paris ²1950-54.

_____, " ' ΑΝΘ ' ΩΝ. La formule "en échange de quoi", dans la prière grecque hellénistique", *RSPT* 60 (1976) 398-418.

FIGURA, M., "Der göttliche Logos und die menschliche Vernunft beim Philosophen und Märtyrer Justin", *IKaZ* 22 (1993) 486-493.

FINÉ, H., *Die Terminologie der Jenseitsvorstellungen bei Tertullian. Ein semasiologischer Beitrag zur Dogmengeschichte des Zwischenzustandes* Theoph. 12, Bonn 1958.

FITZMEYER, J.A., "The Ascension of Christ and Pentecost", *TS* 45 (1984) 409-440.

_____, *Romans. A New Translation with Introduction and Commentary* AB 33, New York 1993.

FOWL, S., "Texts Don't Have Ideologies", *BibInt* 3 (1995) 15-34.

FREDE, M., "Epilogue", *The Cambridge History of Hellenistic Philosophy* (ed. K. ALGRA) (Cambridge 1999) 771-797.

FRICK, R., *Die Geschichte des Reich-Gottes-Gedankens in der Alten Kirche bis zu Origenes und Augustin* BZNW 6, Giessen 1928.

GARCÍA, J., "L'umanità di Cristo, strumento della nostra salvezza, oggi", *Cristocentrismo. Riflessione teologica* (ed. P. SCARAFONI) (Roma 2002) 89-113.

GARGANO, G.-I., "L'anziano incontrato da Giustino: un amico del Logos? o il Logos stesso?", *Geist und Erkenntnis. Zu spirituellen Grundlagen Europas. Fs. Spidlík* (ed. K. MÁCHA) (Integrale Anthropologie 5; München 1985) 41-64.

GELSTON, A., "ΔΙ ' ΕΥΧΕΣ ΛΟΓΟΥ (Justin, Apology i. 66. 2)", *JThS* 33 (1982) 172-175.

GIANOTTO, C., *Melchisedeq e la sua tipologia. Tradizione giudaiche, cristiane e gnostiche (sec. II a.C.- sec. III d. C.)* SRivBib 12, Brescia 1984.

GIORDANO, O., "S. Giustino e il Millenarismo", *Asprenas* 10 (1963) 155-171.

GIRGENTI, G., "Giustino Martire, il primo platonico cristiano", *RFNS* 82 (1990) 214-255.

_____, "Teologia, cosmologia e antropologia di Giustino Martire", *RFNS* 83 (1991) 51-89.

GOLDFAHN, A.H., "Justin Martyr und die Agada", *MGWJ* 22 (1873).

GONZÁLEZ DE CARDEDAL, O., *Cristología*, Madrid 2001.

GOODENOUGH, E.R., *The Theology of Justin Martyr. An investigation into the conceptions of Early Christian Literature and its Hellenistic and Judaistic influences*, Jena 1923.

GOURGUES, M., *À la droite de Dieu. Résurrection de Jésus et actualisation du Psaume 110, 1 dans le Nouveau Testament* EtB, Paris 1978.

GRÄBE, P.J., *Der neue Bund in der frühchristlichen Literatur unter Berücksichtigung der alttestamentlich-jüdischen Voraussetzungen* FzB 96, Würzburg 2001.

GRANADO, C., "Simbolismo del vestido. Interpretación patrística de Gén 49, 11", *EE* 59 (1984) 313-357.

_____, *El Espíritu Santo en la teología patrística* ICHTHYS 4, Salamanca 1987.

GRANADOS, J., "Vivere secondo il Logos. Giustino martire e l'unità della vita dell'uomo", *La Sequela Christi. Dimensione morale e spirituale dell'esperienza cristiana* (ed. L. MELINA - O. BONNEWIJN) (Roma 2003) 253-260.

GRANT, R.M., *Miracle and Natural Law in Graeco-Roman and Early Christian Thought*, Amsterdam 1952.

_____, "Aristotle and the conversion of Justin", *JThS* 7 (1956) 246-248.

GREENSPAH, F.E., "Why Prophecy Ceased", *JBL* 108 (1989) 37-49.

GRELOT, P., *Sentido cristiano del Antiguo Testamento. Bosquejo de un tratado dogmático*, Bilbao 1995.

GRESHAKE, G., *Gottes Heil - Glück des Menschen. Theologische Perspektiven*, Freiburg i. B. 1983.

GRILLMEIER, A., "Geschichtlicher Überblick über die Mysterien Jesu im allgemeinen", *Mysterium Salutis III/2. Das Christusereignis* (ed. J. FEINER - M. LÖHRER) (Einsiedeln - Zürich - Köln 1969) 3-22.

_____, *Christ in Christian Tradition I. From the Apostolic Age to Chalcedon (451)*, Oxford 1974.

_____, "Hellenisierung - Judaisierung des Christentums als Deuteprinzipien der Geschichte des kirchlichen Dogmas", *Mit ihm und in ihm. Christologische Forschungen und Perspektiven* (Freiburg im B. [2]1975) 423-488.

_____, *Jesus der Christus im Glauben der Kirche I. Von der Apostolischen Zeit bis zum Konzil von Chalcedon (451)*, Freiburg im B. 1979.

GRUBE, K.L., *Darlegung der hermeneutischen Grundsätze Justins des Märtyrers*, Mainz 1880.

GRÜNBECK, E., *Christologische Schriftargumentation und Bildersprache. Zum Konflikt zwischen Metapherinterpretation und dogmatischen Schriftbeweistraditionen in der patristischen Auslegung des 44. (45.) Psalms* SVigChr 26, Leiden 1994 (35-39).

GRY, L., *Le millénarisme dans son origine et ses développements*, Paris 1904.

GUERRA, A.J., "The conversion of Marcus Aurelius and Justin Martyr: the purpose, genre and content of the First Apology", *SecCen* 9 (1992) 171-187.

HABERMANN, J., *Präexistenzaussagen im Neuen Testament*, Frankfurt 1990.

_____, "Präexistenzchritologische Aussagen im Johannesevangelium. Annotationes zu einer angeblich *verwegenen Synthese*", *Gottes ewiger Sohn. Die Präexistenz Christi* (ed. R. LAUFEN) (Paderborn - München - Wien - Zürich 1997) 115-141.

HAHN, F., "Methodologische Überlegungen zur Rückfrage nach Jesus", *Rückfrage nach Jesus. Zur Methodik und Bedeutung der Frage nach dem historischen Jesus* (ed. K. KERTELGE) (QD 63; Freiburg i. Br. 1974) 11-77.

HAMMAN, A., "Essai de chronologie de la vie et des oeuvres de Justin", *Aug* 35 (1995) 231-239.

HANSON, R.P.C., "Eucharistic Offering in the pre-Nicene Fathers", *Sudies in Christian Antiquity* (Edinburgh 1985) 83-112.

HARL, M., "Adam et les deux arbres du Paradis (Gen II-III) ou l'homme milieu entre deux termes (μέσος-μεθόριος) chez Philon d'Alexandrie. Pour une histoire de la doctrine du libre-arbitre", *RSR* 50 (1962) 321-388.

HARNACK, A., *Das Wesen des Christentums*, Leipzig 1900.

_____, *Lehrbuch der Dogmengeschichte I. Die Entstehung des kirchlichen Dogmas*, Tübingen 1909.

_____, *Judentum und Judenchristentum in Justins Dialog mit Trypho nebst einer Collation der Pariser Handschrift Nr. 450* TU 39, 1, Leipzig 1913.

_____, *Marcion. Das Evangelium vom fremden Gott* TU 45, Leipzig 1921.

_____, *Die Mission und Ausbreitung des Christentums in der ersten drei Jahrhunderten*, Leipzig 1924.

HEID, S., *Chiliasmus und Antichrist-Mythos. Eine frühchristliche Kontroverse um das Heilige Land* Hereditas 6, Bonn 1990.

_____, "Frühjüdische Messianologie in Justins *Dialog*", *JBTh* 8 (1993) 219-238.

_____, *Kreuz. Jerusalem. Kosmos. Aspekte frühchristlicher Staurologie* JAC.E 31, Münster 2001.

HEITMANN, A., *Imitatio Dei*, Roma 1940.

HENGEL, M., *Der Sohn Gottes. Die Entstehung der Christologie und die jüdisch-hellenistische Religionsgeschichte*, Tübingen 1975.

————, "Mors turpissima crucis. Die Kreuzigung in der antiken Welt und die Torheit des *Wortes vom Kreuz*", *Rechtfertigung. Fs. E. Käsemann* (ed. J. FRIEDRICH - W. PÖHLMANN - P. STUHLMACHER) (Tübingen - Göttingen 1976) 125-184.

————, "Der stellvertretende Sühnetod Jesu. Ein Beitrag zur Entstehung des urchristlichen kerygmas", *IKaZ* 9 (1980) 1-25.135-147.

————, "Christological Titles in Early Christianity", *The Messiah. Developments in Earliest Judaism and Christianity* (ed. J.H. CHARLESWORTH) (Minneapolis 1992) 425-448.

————, *Judentum und Hellenismus. Studien zu ihrer Begegnung unter besonderer Berücksichtigung Palästinas bis zur Mitte des 2. Jh.s v. Chr.*, Tübingen ³1998.

HENNE, P., "Pourquoi le Christ fut-il baptisé? La réponse de Justin", *RSPT* 77 (1993) 567-583.

————, "Pour Justin, Jésus est-il un autre Dieu?", *RSPT* 81 (1997) 57-68.

HERZOG, R., "Asklepios", *RAC* I (Stuttgart 1950) 795-798.

HIGGINS, A.J.B., "Jewish Messianic belief in Justin Martyr's Dialogue with Trypho", *NT* 9 (1967) 298-305.

HILL, C.E., *Regnum Caelorum. Patterns of Millennial Thought in Early Christianity*, Cambridge 2001.

HOFER, A., "The old man as Christ in Justin's Dialogue", *VigChr* 57 (2003) 1-21.

HOFFMANN, M., *Der Dialog bei den christlichen Schriftstellern der ersten vier Jahrhunderte* TU 96, Berlin 1966.

HOFRICHTER, P., "Logoslehre und Gottesbild bei Apologeten, Modalisten und Gnostikern: johanneische Christologie im Lichte ihrer frühesten Rezeption", *Monotheismus und Christologie. Zur Gottesfrage im hellenistischen Judentum und im Urchristentum* (ed. H.-J. KLAUCK) (QD 138; Freiburg im B. 1992) 187-217.

HOLFELDER, H.H., "Eusebeia kai philosophia: literarische Einheit und politischer Kontext von Justins Apologie", *ZNW* 68 (1977) 48-66. 231-251.

HOLTE, R., "Logos Spermatikos. Christianity and Ancient Philosophy according to St. Justin's Apologies", *StTh* 12 (1958) 109-168.

HORBURY, W., "Messianism among Jews and Christians in the second century", *Aug* 28 (1988) 71-88.

HORNER, T., *Listening to Trypho. Justin Martyr's Dialogue Reconsidered* CBET 28, Leuven 2001.

HOUSSIAU, A., *La Christologie de Saint Irénée*, Louvain - Gembloux 1955.

HOWTON, J., "The Theology of the Incarnation in Justin Martyr", *StPatr* 4/2 (ed. F.L. CROSS) (TU 94; Berlin 1966) 231-239.

HYLDAHL, N., *Philosophie und Christentum. Eine Interpretation der Einleitung zum Dialog Justins* AThD 9, Kopenhagen 1966.

INOSTROZA BIDART, R., "El Logos en Heráclito y San Justino", *TyV* 39 (1998) 345-352.

INWOOD, B. - DONINI, P., "Stoic Ethics", *The Cambridge history of Hellenistic Philosophy* (ed. K. ALGRA) (Cambridge 1999) 675-738.

JOLY, R., *Christianisme et Philosophie. Études sur Justin et les Apologistes grecs du deuxième siècle*, Bruxelles 1973.

JOSSA, G., *La teologia della storia nel pensiero cristiano del secondo secolo*, Napoli 1965.

JOUASSARD, G., "Le parallèle Ève-Marie aux origines de la patristique", *BVC* 7 (1954) 19-31.

KÄHLER, E., *Studien zum Te Deum und zur Geschichte des 24. Psalms in der alten Kirche*, Göttingen 1958.

KERESZTES, P., "The Literary Genre of Justin's First Apology", *VigChr* 19 (1965) 99-110.

KESSLER, H., *Die theologische Bedeutung des Todes Jesu. Eine traditions-geschichtliche Untersuchung* ThemThes, Düsseldorf 1971.

KOCH, D.A., "Auslegung von Psalm 1 bei Justin und im Barnabasbrief", *Neue Wege der Psalmenforschung. Fs. W. Beyerlin* (ed. K. SEYBOLD - E. ZENGER) (HBS 1; Freiburg im B. 1994) 223-242.

KOLTUN-FROMM, N., "Psalm 22's Christological Interpretive Tradition in Light of Christian Anti-Jewish Polemic", *JECS* 6 (1998) 37-57.

KOMINIAK, B., *The theophanies of the Old Testament in the writings of St. Justin*, Washington, DC 1948.

KÖPPEN, K.P., *Die Auslegung der Versuchungsgeschichte unter besonderer Berücksichtigung der alten Kirche* BGBE 4, Tübingen 1961.

KRAFT, H., *Einführung in die Patrologie*, Darmstadt 1991.

KRETSCHMAR, G., "Auferstehung des Fleisches. Zur Frühgeschichte einer theologischen Lehrformel", *Leben angesichts des Todes. Beiträge zum theologischen Problem des Todes. Fs. H. Thielicke* (Tübingen 1968) 101-137.

_____, "Le développement de la doctrine du Saint-Esprit du Nouveau Testament à Nicée", *VC* 22 (1968) 5-55.

KÜHNEWEG, U., "Die Griechischen Apologeten und die Ethik", *VigChr* 42 (1988) 112-120.

_____, "Das *Umstürzen des Leuchters* (Justin, 1 apol 26, 7) - eine versteckte jüdische Polemik", *StPatr* 26 (ed. E.A. LIVINGSTONE) (Louvain 1993) 151-155.

KUSCHEL, K.-J., *Geboren vor aller Zeit? Der Streit um Christi Ursprung*, München - Zürich 1990.

_____, "Exegese und Dogmatik - Harmonie oder Konflikt? Die Frage nach einer Präexistenzchristologie bei Paulus als Testfall", *Gottes ewiger Sohn. Die Präexistenz Christi* (ed. R. LAUFEN) (Paderborn - München - Wien - Zürich 1997) 143-161.

LAGRANGE, M.J., *Saint-Justin*, Paris 1914.

LAMPE, G.W.H., "Some Notes on the Significance of Βασιλεία τοῦ θεοῦ, Βασιλεία χριστοῦ, in the Greek Fathers", *JThS* 49 (1948) 58-73.

LANE, W.L., *Hebrews 9-13* WBC 47B, Dallas, TX 1991.

LANGERBECK, H., "Zur Auseinandersetzung von Theologie und Gemeindeglauben in der römischen Gemeinde in den Jahren 135-165", *Aufsätze zur Gnosis* (ed. H. DÖRRIE) (3. F. Nr. 69; Göttingen 1967) 167-279.

LARRAÑAGA, V., *La Ascensión del Señor en el Nuevo Testamento*, Madrid 1943.

LATHROP, G.W., "Justin, Eucharist and 'Sacrifice': A Case of Metaphor", *Worship* 64 (1990) 30-48.

LAUFEN, R., "Der Anfanglose Sohn. Eine christologische Problemanzeige", *Gottes ewiger Sohn. Die Präexistenz Christi* (ed. R. LAUFEN) (Paderborn - München - Wien - Zürich 1997) 9-29.

_____ (ed.), *Gottes ewiger Sohn. Die Präexistenz Christi*; Paderborn - München - Wien - Zürich 1997.

LAURENTIN, A., *Doxa. I. Problèmes de Christologie. Étude des Commentaires de Jean 17,5 depuis les origines jusqu'à S. Thomas d'Aquin*, Paris 1972.

LE BOULLUEC, A., *La notion d'hérésie dans la littérature grecque IIe-IIIe siècles, I-II* EAug, Paris 1985.

LECLERCQ, J., "L'idée de la royauté du Christ dans l'oeuvre de Saint Justin", *ATh* 7 (1946) 83-95.

LECUYER, J., "Jésus, Fils de Josédec, et le sacerdoce du Christ", *RSR* 43 (1955) 82-103.

LENTZEN-DEIS, F., "Ps 2, 7, ein Motiv früher *hellenistischer* Christologie? Der Psalmvers in der Lectio varians von Lk 3, 22 im Ebionäerevangelium und bei Justinus Martyr", *ThPh* 44 (1969) 342-362.

LEVISON, J.R., "Did the Spirit Withdraw from Israel? An Evaluation of the Earliest Jewish Data", *NTS* 43 (1997) 35-57.

_____, *The Spirit in First Century Judaism* AGJU 29, New York - Köln 1997.

LIEU, J.M., "Circumcision, Women and Salvation", *NTS* 40 (1994) 358-370.

LILLA, S., *Clement of Alexandria. A study in Christian Platonism and Gnosticism* Oxford theological monographs, London 1971.

LÖHR, W., "The theft of the Greeks: Christian self definition in the age of the schools", *RHE* 95 (2000) 403-426.

LOOFS, F., *Leitfaden zum Studium der Dogmengeschichte*, Halle 1906.

LÜDEMANN, G., "Zur Geschichte des ältesten Christentums in Rom: Valentin und Marcion; Ptolemäus und Justin", *ZNW* 70 (1979) 86-114.

LUNDBERG, P., *La Typologie baptismale dans l'ancienne église* ASNU 10, Leipzig - Uppsala 1942.

MALINGREY, A.-M., *Philosophia. Étude d'un groupe de mots dans la littérature grecque, des Présocratiques au IVe siècle après J.-C.* Études et Commentaires 40, Paris 1961.

MANESCHG, H., *Die Erzählung von der ehernen Schlange (Num 21, 4-9) in der Auslegung der frühen jüdischen Literatur. Eine traditions-geschichtliche Studie* EHS.T 157, Frankfurt am Main - Bern 1981.

MANNS, F., *Le judéo-christianisme, mémoire ou prophétie?* ThH 112, Paris 2000.

MANZI, F., "La figura di Mosè nell'Epistola agli Ebrei e nel Dialogo con Trifone", *RivBib* 51 (2003) 3-55.

MARIN, M., "Note introduttive sulla presenza di Paolo nel Dialogo con Trifone di Giustino", *ASEs* 3 (1986) 71-83.

MARITANO, M., "Giustino Martire e gli eretici negatori della maternità di Maria", *Aug* 37 (1997) 285-301.

MARTÍN, J.P., *El Espíritu Santo en los orígenes del cristianismo, Estudio sobre I Clemente, Ignacio, II Clemente y Justino Mártir* BSRel 2, Zürich 1971.

_____, "Hermenéutica en el cristianismo y en el judaísmo según el *Diálogo* de Justino mártir", *RevBib* 39 (1977) 327-344.

_____, "Los evangelios de Justino y la nueva tesis de M.-E. Boismard", *RevBib* 55 (1993) 91-101.

MAYS, J.L., "Prayer and Christology: Psalm 22 as perspective on the Passion", *TTod* 42 (1985) 322-331.

MAZZUCCO, C. - PIETRELLA, E., "Il rapporto tra la concezione del millennio dei primi autori cristiani e l'Apocalisse di Giovanni", *Aug* 18 (1978) 29-45.

MC DONNELL, K., *The Baptism of Jesus in the Jordan. The Trinitarian and Cosmic Order of Salvation*, Collegeville 1996.

MCGOWAN, A.B., "*Is There a Liturgical Text in This Gospel?*: The Institution Narratives and Their Early Interpretive Communities", *JBL* 118 (1999) 73-87.

MEES, M., "Isaaks Opferung in frühchristlicher Sicht, von Clemens Romanus bis Clemens Alexandrinus", *Aug* 28 (1988) 259-272.

MENARD, J.E., "L'interpretation patristique de Jean VII, 38", *RUO* 25 (1955) 5*-25*.

MERCATI, G., "Un frammento nuovo del Dialogo di S. Giustino", *Bib.* 22 (1941) 354-362.

MERINO, M., "La conversión cristiana. El concepto de ἐπιστρέφειν y μετανοεῖν en S. Justino", *StLeg* 20 (1979) 89-126.

————, "El pecado de injusticia en San Justino mártir", *Reconciliación y penitencia. V Simposio Internacional de Teología de la Universidad de Navarra* (ed. J. SANCHO) (Colección Teológica; Pamplona 1983) 481-492.

————, "Los caminos de la conversión cristiana en el pensamiento de san Justino", *RAE* 27 (1986) 117-146.

————, "Condicionantes espacio-temporales de la conversión cristiana en San Justino Mártir", *ScrTh* 19 (1987) 831-840.

MERKI, H., *ΌΜΟΙΩΣΙΣ ΘΕΩ. Von der platonischen Angleichung an Gott zur Gottähnlichkeit bei Gregor von Nyssa*, Freiburg in S. 1952.

MERLO, P., *Liberi per vivere secondo il Logos. Principi e criteri dell'agire morale in San Giustino filosofo e martire* BSRel 111, Roma 1994.

MEYER, H., *Geschichte der Lehre von den Heimkräften von der Stoa bis zum Ausgang der Patristik*, Bonn 1914.

MISIARCZYK, L., *Il midrash nel* Dialogo con Trifone *di Giustino martire*, Płock 1999.

MORALES, J., "La investigación sobre San Justino y sus escritos", *ScrTh* 16 (1984) 869-896.

MORGAN WYNNE, J.E., "The Holy Spirit and Christian Experience in Justin Martyr", *VigChr* 38 (1984) 172-177.

MORTLEY, R., *From Word to Silence. I. The rise and fall of logos. II. The way of negation, Christian and Greek* Theoph. 31, Bonn 1986.

MOSETTO, F., *I miracoli evangelici nel dibattito tra Celso e Origene* BSRel 76, Roma 1985.

MÜLLER, A., *Ecclesia - Maria* Par. 5, Freiburg i. B. ²1955.

MÜLLER, W.W., "Die Salbung Christi - ein Stück vergessener Christologie?", *FZPhTh* 43 (1996) 420-435.

MUNIER, C., "La structure littéraire de l'Apologie de Justin", *RevSR* 60 (1986) 34-54.

————, "A propos des Apologies de Justin", *RevSR* 61 (1987) 177-186.

————, "La méthode apologétique de Justin le martyr", *RevSR* 62 (1988) 90-100. 227-239.

————, *L'apologie de Saint Justin, philosophe et martyr* Par. 38, Fribourg S. 1994.

————, "L'Apologie de Justin: notes de lecture", *RevSR* 77 (2003) 287-300.

NIELSEN, H.K., *Heilung und Verkündigung. Das Verständnis der Heilung und Ihres Verhältnisses zur Verkündigung bei Jesus in der ältesten Kirche* AThD 22, Leiden 1987.

NILSON, J., "To whom is Justin's Dialogue with Trypho addressed", *TS* 38 (1977) 538-546.

NEYMEYR, U., *Die christlichen Lehrer im zweiten Jahrhundert* SVigChr 4, Leiden 1989.

NOCE, C., "Giustino: I. Il nome di Dio", *Div.* 23 (1979) 220-238.

_____, "La tipologia di Giacobbe in Giustino", *Early Christianity in context. Monuments and documents* (ed. E. ALLIATA - F. MANNS) (SBF.CMa 38; Jerusalem 1993) 407-418.

NOCK, A.D., *Conversion. The Old and the New in Religion from Alexander the Great to Augustine of Hipo*, Oxford 1933.

NORMANN, F., *Christos Didaskalos. Die Vorstellung von Christus als Lehrer in der christlichen Literatur des ersten und zweiten Jahrhunderts*, Münster Westfalen 1967.

_____, *Teilhabe - ein Schlüsselwort der Vätertheologie* MBTh 42, Münster Westfalen 1978.

NORRIS, R.A., *God and the World in Early Christian Theology: A Study in Justin Martyr, Irenaeus, Tertullian, and Origen*, New York 1965.

NUSSBAUM, M., *The fragility of goodness. Luck and ethics in Greek tragedy and philosophy*, Cambridge 1986.

_____, *The Therapy of Desire. Theory and Practice in Hellenistic Ethics* Martin Classical Lectures. New Series 2, Princeton NJ 1994.

OEYEN, C., "Die Lehre der göttlichen Kräfte bei Justin", *StPatr 11, 2* (ed. F.L. CROSS) (TU 108; Berlin 1972) 214-221.

ORBE, A., *Los primeros herejes ante la persecución. Estudios Valentinianos V* AnGr 83, Roma 1956.

_____, *Hacia la primera teología de la procesión del Verbo. Estudios Valentinianos I/1-I/2* AnGr 99-100, Roma 1958.

_____, *La unción del Verbo. Estudios Valentinianos III* AnGr 113, Roma 1961.

_____, "Homo nuper factus", *Gr.* (1965) 481-544.

_____, "La definición del hombre en la teología del siglo II", *Gr.* 48 (1967) 522-576.

_____, *Antropología de San Ireneo* BAC 286, Madrid 1969.

_____, "La revelación del Hijo por el Padre según San Ireneo (Adv. haer. IV, 6) (Para la exégesis prenicena de Mt 11, 27)", *Gr.* 51 (1970) 5-83.

_____, "Ipse tuum calcabit caput. San Ireneo y Gen 3, 15", *Gr.* 52 (1971) 95-150; 215-271.

_____, *Cristología gnóstica. Introducción a la soteriología de los siglos II y III, I-II* BAC 384-385, Madrid 1976.

_____, "¿San Ireneo adopcionista? En torno a adv. haer. III, 19, 1", *Gr.* 65 (1984) 5-50.

_____, *En torno a la Encarnación* CSComp 3, Santiago de Compostela 1985.

_____, *Teología de San Ireneo* I-IV BAC.SMa 25, 29, 33, 53, Madrid 1985, 1987, 1988, 1996.

_____, *Introducción a la teología de los siglos II y III*, Salamanca 1988.

_____, *Estudios sobre la teología cristiana primitiva* FP.E 1, Madrid 1994.

_____, "Omnia in semetipso recapitulans", *Compostellanum* 39 (1994) 7-24.

OSBORN, E.F, *Justin Martyr* BHTh 47, Tübingen 1973.

_____, "L'ingresso del mondo greco-romano", *Storia della teologia. I. Epoca patristica* (ed. A. DI BERARDINO - B. STUDER) (Casale Monferrato 1993) 99-144.

_____, "Justin Martyr and the Logos Spermatikos", *StMiss* 42 (1993) 143-159.

OTILIO DEL NIÑO JESÚS, "Doctrina eucarística de San Justino, filósofo y mártir", *RET* 4 (1944) 3-58.

OTRANTO, G., "Lo sviluppo della similitudine nella struttura del 'Dialogo con Trifone' di Giustino", *VetChr* 11 (1974) 65-92.

_____, "La tipologia di Giosué nel 'Dialogo con Trifone ebreo' di Giustino", *Aug* 15 (1975) 29-48.

_____, *Esegesi biblica e storia in Giustino (Dial. 63-84)* QVetChr 14, Bari 1979.

_____, "In margine a una guerra giudaica: epoca di ambientazione e data di composizione del Dialogo con Trifone di Giustino", *VetChr* 16 (1979) 237-249.

_____, "L'incarnazione del Logos nel Dialogo con Trifone di Giustino", *Bessarione II. La cristologia nei Padri della Chiesa. Le due culture* (Roma 1981) 45-61.

_____, "La terminologia esegetica in Giustino", *La terminologia esegetica nell'antichità. Atti del Primo Seminario di antichità cristiane. Bari, 25 ottobre 1984* (QVetChr 20; Bari 1987) 61-77.

_____, "Note su Paolo nel 'Dialogo con Trifone' di Giustino", *Atti del VII simposio di Tarso su S. Paolo Apostolo* (ed. L. PADOVESE) (Roma 2002) 131-147.

PALMER, D.W., "Atheism, apologetic, and negative theology in the Greek apologists of the second century", *VigChr* 37 (1983) 234-259.

PANI, G., "Il millenarismo: Papia, Giustino e Ireneo", *ASEs* 15 (1998) 53-84.

PANIMOLLE, S.A., "Storicità dell'incarnazione del Verbo e Vangelo dell'Infanzia nel Dialogo con Trifone di san Giustino", *Marianum* 52 (1990) 63-85.

_____, "Storicità e umanità del Cristo nelle Apologie di S. Giustino Martire", *RivBib* 38 (1990) 191-223.

_____, "Il ministero pubblico di Gesù nel Dialogo con Trifone di Giustino", *Aug* 31 (1991) 277-307.

PARVIS, P., "The textual tradition of Justin's Apologies: a modest proposal", *StPatr* 36 (ed. M.F. WILES - E.J. YARNOLD) (Louvain 2001) 54-60.

PERETTO, E., *La Giustizia. Ricerca su gli autori cristiani del secondo secolo* SPFTM 29, Roma 1977.

PERLER, O., "Logos und Eucharistie nach Justinus I Apol. c. 66", *DT* 18 (1940) 296-316.

PFÄTTISCH, J.M., *Der Einfluss Platos auf die Theologie Justins des Märtyrers* FChLDG 10, Paderborn 1910.

PFNÜR, V., "Das Kreuz: Lebensbaum in der Mitte des Paradiesgartens", *Garten des Lebens. Fs. W. Cramer* (ed. M.-B. VON STRITZKY - C. UHRIG) (MThA 60; Altenberge 1999) 203-222.

PILHOFER, P., *Presbyteron Kreitton. Der Altersbeweis der jüdischen und christlichen Apologeten und seine Vorgeschichte*, Tübingen 1990.

PIPER, O.A., "The Nature of the Gospel According to Justin Martyr", *JR* 41 (1961) 155-168.

DES PLACES, É., "Platonisme moyen et apologétique chrétienne au IIe siècle ap. J.-C. Numénius, Atticus, Justin", *StPatr* 15 (ed. E.A. LIVINGSTONE) (TU 128; Berlin 1984) 432-441.

POHLENZ, M., "Die griechische Philosophie im Dienste der christlichen Auferstehungslehre", *ZWTh* 47 (1904) 241-250.

_____, *Vom Zorne Gottes. Eine Studie über den Einfluss der griechischen Philosophie auf das alte Christentum* FRLANT 12, Göttingen 1909.

_____, *Die Stoa. Geschichte einer geistigen Bewegung*, Göttingen 1948.

POUDERON, B., "Sur la formation d'une élite chrétienne", *Les apologistes chrétiens et la culture grecque* (ed. B. POUDERON - J. DORE) (ThH 105; Paris 1998) 237-269.

_____, "Étude critique: À propos de l'ouvrage récent d'Alberto D'Anna, Pseudo-Giustino, Sulla Resurrezione", *Apochrypha* 13 (2002) 245-256.

PRICE, R.M., "*Hellenization* and Logos Doctrine in Justin Martyr", *VigChr* 42 (1988) 18-23.

_____, "Are there 'holy pagans' in Justin Martyr", *StPatr* 31 (ed. E.A. LIVINGSTONE) (Louvain 1997) 167-171.

PRIGENT, P., *Justin et l'Ancien Testament. L'argumentation scripturaire du traité de Justin contre toutes les hérésies comme source principale du Dialogue avec Tryphon et de la première Apologie*, Paris 1964.

PRÖPPER, T., *Erlösungsglaube und Freiheitgeschichte*, München [3]1991.

PUECH, A., *Les Apologistes Grecs du IIe siècle de notre ére*, Paris 1912.

PYCKE, N., "Connaisance rationelle et connaisance de grâce chez Saint Justin", *EThL* 37 (1961) 52-85.

QUACQUARELLI, A., "L'epiteto sacerdote (ἱερεύς) ai cristiani in Giustino Martire (Dial. 116, 3)", *VetChr* 7 (1970) 5-19.

RAHNER, H., "Flumina de ventre Christi. Die patristische Auslegung von Joh 7, 37.38", *Biblica* 22 (1941) 269-302; 367-403.

_____, *Griechische Mythen in christlicher Deutung*, Zürich 1945.

RAJAK, T., "Talking at Trypho: Christian apologetic as anti-Judaism in Justin's *Dialogue with Trypho the Jew*", *Apologetics in the Roman Empire* (ed. M. EDWARDS - M. GOODMAN - S. PRICE) (Oxford 1999) 59-80.

RAURELL, F., *"Doxa" en la teologia i antropologia dels LXX* CStP 59, Sant Adrià del Besòs 1996.

REALE, G., *I problemi del pensiero antico. Le scuole ellenistico-romane*, Milano 1973.

REIJNERS, G.Q., *The Terminology of the Holy Cross in Early Christian Literature as based upon Old Testament Typology*, Nijmegen 1965.

_____, *Das Wort vom Kreuz. Kreuzes und Erlösungssymbolik bei Origenes* BoBKG 13, Köln - Wien 1983.

REMUS, H., *Pagan-Christian Conflict over Miracle in the Second Century* PatMS 10, Cambridge, MA 1983.

RENAUD, B., *Nouvelle où éternelle Alliance?: Le message des prophèthes* LeDiv 2002, Paris 2002.

RESCH, A., *Aussercanonische Paralleltexte zu den Evangelien* TU 10, 3, Leipzig 1896.

RITTER, C., *Rachels Klage im antiken Judentum und frühen Christentum. Eine auslegungsgeschichtliche Studie* AGJU 52, Boston 2003.

RIZZI, M., *Ideologia e retorica negli 'exordia' apologetici. Il problema dell'altro (II-III secolo)* StPatrMed 18, Milano 1993.

ROBINSON, J.A., "On a quotation from Justin Martyr in Irenaeus", *JThS* 31 (1930) 374-378.

RODRÍGUEZ, E., "La Dynamis de Dios en San Justino", *Anales de la Facultad de Teología* 31/2 (1980) 229-317.

RODRÍGUEZ CARMONA, A., *La religión judía. Historia y teología* BAC 611, Madrid 2001.

ROKÉAH, D., *Justin Martyr and the Jews* JCPS 5, Leiden 2002.

RORDORF, W., *Der Sonntag. Geschichte des Ruhe- und Gottesdiensttages im ältesten Christentum* AThANT 43, Zürich 1962.

_____, "Christus als Logos und Nomos. Das Kerygma Petrou in seinem Verhältnis zu Justin", *Kerygma und Logos. Fs. C. Andresen* (ed. A.M. RITTER) (Göttingen 1979) 424-434.

_____, "La Trinité dans les écrits de Justin Martyr", *Aug* 20 (1980) 285-297.

RUDOLPH, A., *"Denn wir sind jenes Volk..." Die neue Gottesverehrung in Justins Dialog mit dem Juden Tryphon in historisch-theologischer Sicht* Hereditas 15, Bonn 1999.

———, "Die Judenchristen in Justins Dialog mit Tryphon", *StPatr* 36 (ed. M.F. WILES - E. YARNOLD - P.M. PARVIS) (Louvain 2001) 300-306.

RUPPERT, L., *Jesus als der leidende Gerechte? Der Weg Jesu im Lichte eines alt- und zwischentestamentlichen Motivs* SBS 59, Stuttgart 1972.

RÜTHER, TH., *Die sittliche Forderung der Apatheia in den beiden ersten christlichen Jahrhunderten und bei Klemens von Alexandrien* FThSt 63, Freiburg 1949.

SABUGAL, S., "El vocabulario pneumatológico en la obra de S. Justino y sus implicaciones teológicas", *Aug* 13 (1973) 459-467.

SAGNARD, F.M.-M., "Y-a-t-il un plan du *Dialogue avec Tryphon?*", *Mélanges J. de Ghellinck* (Gembloux 1951) I, 171-182.

SCHÄFER, P., *Die Vorstellung vom heiligen Geist in der rabbinischen Literatur* StANT 28, München 1972.

SCHIMANOWSKI, G., "Die frühjüdischen Voraussetzungen der urchristlichen Präexistenzchristologie", *Gottes ewiger Sohn* (ed. R. LAUFEN) (Paderborn - München - Wien - Zürich 1997) 31-55.

SCHLINGENSIEPEN, H., *Die Wunder des Neuen Testamentes. Wege und Abwege ihrer Deutung in der alten Kirche bis zur Mitte des fünften Jahrhunderts* BFChTh, Gütersloh 1933.

SCHLÜTZ, K., *Isaias 11, 2 (Die sieben Gaben des heiligen Geistes) in den ersten vier christlichen Jahrhunderten* ATA 11/4, Münster 1932.

SCHMIDT, K.L., "Βασιλεία (τοῦ θεοῦ) in der alten Kirche", *ThWNT* I (1966) 593-595.

SCHNACKENBURG, R., *Gottes Herrschaft und Reich. Eine biblisch-theologische Studie*, Freiburg im B. ³1963.

SHOTWELL, W.A., *The Biblical Exegesis of Justin Martyr*, London 1965.

SCHÜRMANN, H., *Das Lukasevangelium 2/1* HThK, Freiburg im B. 1994.

SCHÜTZ, C., "Die Mysterien des Lebens Jesu als Prisma des Glaubens", *IKaZ* 31 (2002) 8-21.

SCHWAGER, R., *Der wunderbare Tausch. Zur Geschichte und Deutung der Erlösunglehre*, München 1986.

SCHWANZ, P., "Zum *Logos spermatikos*: Das Problem der Vermittlung", *Kairos* 17 (1975) 123-125.

SEEBERG, B., "Die Geschichtstheologie Justins des Märtyrers", *ZKG* 58 (1939) 1-81.

SEEBERG, R., *Lehrbuch der Dogmengeschichte I*, Leipzig 1908.

SEMISCH, C., *Justin der Märtyrer. Eine kirchen- und dogmengeschichtliche Monographie* I-II, Breslau 1840-1842.

SIKER, J.S., *Disinheriting the Jews: Abraham in Early Christian Controversy*, Louisville, KY 1991.

SIMONETTI, M., "Note di cristologia pneumatica", *Aug* 12 (1972) 201-232.

_____, "L'Apocalissi e l'origine del millennio", *VetChr* 26 (1989) 337-350.

_____, "Paolo nell'Asia cristiana del II secolo", *VetChr* 27 (1990) 123-144.

SINISCALCO, P., " Ἀποκατάστασις e ἀποκαθίσημι nella tradizione della grande Chiesa fino a Ireneo", *StPatr* 3 (ed. F.L. CROSS) (TU 78; Berlin 1961) 380-396.

SJOBERG, E., "Justin als Zeuge vom Glauben an den verborgenen und den leidenden Messias im Judentum", *Interpretationes ad Vetus Testamentum pertinentes Sigmundo Mowinckel septuagenario missae* (Oslo 1955) 173-183.

SKARSAUNE, O., "The Conversion of Justin Martyr", *StTh* 30 (1976) 53-73.

_____, *The Proof from Prophecy. A Study in Justin Martyr's Proof-Text Tradition: Text-Type, Provenance, Theological Profile* NT.S 56, Leiden 1987.

_____, "Schriftbeweis und christologisches Kerygma in der ältesten kirchlichen Schriftauslegung", *Schrift und Auslegung* (ed. H. KRAFT) (VLAR 19; Erlangen 1987)

_____, *Incarnation - myth or fact?*, St. Louis, MO 1991.

_____, "Judaism and Hellenism in Justin Martyr, elucidated from his portrait of Socrates", *Geschichte - Tradition - Reflexion, Fs. M. Hengel* (ed. H. CANCIZ - H. LICHTENBERGER - P. SCHÄFER) (Tübingen 1996) 585-611.

_____, "Altkirchliche Christologie - jüdisch/unjüdisch", *EvTh* 59 (1999) 267-285.

_____, *In the shadow of the Tempel. Jewish influence on Early Christianity*, Downers Grove, IL 2002.

SMELIK, K.A.D., "The witch of Endor. I Samuel 28 in Rabbinic and Christian exegesis till 800 A.D.", *VigChr* 33 (1977) 160-179.

SMIT SIBINGA, J., *The Old Testament Text of Justin Martyr. I: The Pentateuch*, Leiden 1963.

SMULDERS, P., "Dogmengeschichtliche und lehramtliche Entfaltung der Christologie", *Mysterium Salutis III/I* (ed. J. FEINER - M. LÖHRER) (Einsiedeln - Zürich - Köln 1970) 389-476.

SPANNEUT, M., *Le Stoïcisme des Pères de l'Église de Clément de Rome à Clément d'Alexandrie* Patristica Sorbonensia 1, Paris 1957.

SPEIGL, J., "Die Rolle der Wunder im vorkonstantinischen Christentum", *ZKTh* 92 (1970) 286-312.

_____, "Die Diskussion um Pluralismus und Universalität in der Religion. Ein Schlüssel zum Verständnis des apologetischen Werkes des Justins", *Garten des Lebens, Fs. W. Cramer* (ed. M.-B. VON STRITZKY - C. UHRIG) (MThA 60; Altenberge 1999)

SPICQ, C., "La philanthropie hellénistique, vertu divine et royale (à propos de Tit. III, 4)", *StTh* 12 (1958) 169-191.

STÄHLIN, A., *Justin der Märtyrer und sein neuester Beurteiler*, Leipzig 1880.

STANTON, G.N., "The two parousias of Christ: Justin Martyr and Matthew", *From Jesus to John. Essays on Jesus and New Testament Christology in Honour of Marinus de Jonge* (ed. M.C. DE BOER) (JSNT.S 84; Sheffield 1993) 183-195.

_____, "The Fourfold Gospel", *NTS* 43 (1997) 317-346.

STEINER, M., *La tentation de Jésus dans l'interprétation patristique de Saint Justin a Origène*, Paris 1962.

STOMMEL, E., "Σημεῖον ἐκπετάσεως (Didache 16, 6)", *RQ* 48 (1953) 21-42.

STORY, C.I.K., "Justin's Apology I: 62-64: its importance for the author's treatment of Christian baptism", *VigChr* 16 (1962) 172-178.

_____, *The Nature of Truth in The Gospel of Truth and in the Writings of Justin Martyr: A Study of the Pattern of Orthodoxy in the Middle of the Second Christian Century* NT.S 25, Leiden 1970.

STUDER, B., "Der apologetische Ansatz zur Logos-Christologie Justins des Märtyrers", *Kerygma und Logos. Fs. C. Andresen* (ed. A.M. RITTER) (Göttingen 1979) 435-448.

_____, *Dio salvatore nei Padri della Chiesa. Trinità-cristologia-soteriologia*, Roma 1986.

STYLIANOPOULOS, T., *Justin Martyr and the Mosaic Law*, Missoula, MT 1975.

STYS, S., "De antitesi Eva-Maria eiusque relatione ad Protoevangelium apud Patres", *CoTh* 23 (1952) 318-365.

THORNTON, C.J., "Justin und das Markusevangelium", *ZNW* 84 (1993) 83-110.

TRAKATELLIS, D.-C., *The pre-existence of Christ in the writings of Justin Martyr* HDR 6, Missoula 1976.

TRAKATELLIS, D.M., "Sharing with you the words: Justin Martyr, a man of dialog", *The contentious triangle: church, state, and university. Fs. G.H. Williams* (ed. R.L. PETERSEN - C.A. PATER) (Sixteenth Century Essays & Studies 51; Kirksville, Mo 1999) 71-80.

TURNER, H.E.W., *The patristic doctrine of Redemption. A study of the Development of Doctrine during the First Five Centuries*, London 1952.

VON UNGERN-STERNBERG, A.F., *Der traditionelle alttestamentliche Schriftbeweis* de Christo *und* de Evangelio *in der Alten Kirche bis zur Zeit Eusebs von Caesarea*, Halle a. S. 1913.

VAN UNNIK, W.C., "Der Fluch der Gekreuzigten. Deuteronomium 21, 23 in der Deutung Justinus des Märtyrers", *Theologia crucis - signum crucis. Fs. E. Dinkler* (ed. C. ANDRESEN - G. KLEIN) (Tübingen 1979) 483-499.

URÍBARRI, G., "Las teofanías veterotestamentarias en Justino, Dial 129 y Tertuliano, Prax 11-13: Un caso de continuidad en la argumentación exegética antimonarquiana", *MCom* 52 (1994) 305-319.

VANHOYE, A., *La lettre aux Hébreux. Jésus-Christ, médiateur d'une nouvelle alliance* Jésus et Jésus-Christ 84, Paris 2002.

VERBEKE, G., *L'Evolution de la doctrine du pneuma du Stoïcisme à S. Augustin*, Paris 1945.

VERWEIJS, P.G., *Evangelium und neues Gesetz in der ältesten Christenheit bis auf Marcion*, Utrecht 1960.

VIAGULAMUTHU, X.P.B, *Offering our Bodies as a Living Sacrifice to God. A Study in Pauline Spirituality Based on Romans 12, 1* TGr.Sp 7, Roma 2002.

VIGNE, D., *Christ au Jourdain. Le Baptême de Jésus dans la tradition judéochrétienne* EtB.NS 16, Paris 1992.

_____, "*Pneuma prophetikon*: Justin et le prophétisme", *Anthropos Laïkos. Fs. Faivre* (ed. M.-A. VANNIER - O. WERMELINGER - G. WURST) (Par. 44; Fribourg 2000) 335-347.

VOGEL, C.J., "Problems concerning Justin Martyr. Did Justin find a Certain Continuity between Greek Philosophy and Christian Faith?", *Mnemosyne* 31 (1978) 360-388.

_____, C.J., "Der sogennante Mittelplatonismus, überwiegend eine Philosophie der Diesseitigkeit?", *Platonismus und Christentum. Fs. H. Dörrie* (ed. H.-D. BLUME - F. MANN) (JAC.E 10; Münster 1983) 277-302.

WALLRAFF, M., *Christus verus Sol. Sonnenverehrung und Christentum in der Spätantike* JAC.E 32, Münster Westfalen 2001.

WANKE, D., *Das Kreuz Christi bei Irenaeus von Lyon* BZNW 99, Berlin 2000.

WARTELLE, A., "Saint Justin, philosophe et martyr: De la résurrection. Introduction et traduction", *BAGB* 1 (1993) 66-82.

_____, "Quelques remarques sur le vocabulaire philosophique de saint Justin dans le Dialogue avec Tryphon", *Les apologistes chrétiens et la culture grecque* (ed. B. POUDERON - J. DORE) (ThH 105; Paris 1998) 67-80.

WASZINK, J.H., "Bemerkungen zu Justins Lehre vom Logos Spermatikos", *Mullus (Fs. Th. Klausner)* (JAC.E 1; Münster 1964) 380-390.

_____, "Der Einfluss des Platonismus im Frühen Christentum", *VigChr* 19 (1965) 129-162.

WATTEVILLE, J., *Le sacrifice dans les textes eucaristiques des premiers siècles*, Neuchâtel 1966.

WEIS, P.R., "Some Samaritanisms of Justin Martyr", *JThS* 45 (1944) 199-205.

WERLINE, R., "The Transformation of Pauline Arguments in Justin Martyr's Dialogue with Trypho", *HThR* 92 (1999) 79-93.

WEY, H., *Die Funktionen der bösen Geister bei den griechischen Apologeten des zweiten Jahrhunderts nach Christus*, Winterthur 1957.

WIDDICOMBE, P., "Justin Martyr and the Fatherhood of God", 54 (1998) 109-126.

_____, "Fatherhood and the conception of God in early Greek Christian literature", *AThR* 82 (2000) 519-536.

_____, "Justin Martyr's apophaticism", *StPatr* 36 (ed. M.F. WILES - E.J. YARNOLD) (Louvain 2001) 313-319.

WIDMANN, M., "Irenäus und seine theologischen Väter", *ZThK* 54 (1957) 156-173.

WILES, M.F., "Miracles in the Early Church", *Miracles. Cambridge Studies in their Philosophy and History* (ed. C.F.D. MOULE) (London 1965) 219-234.

WILKEN, R.L., "Early Christian Chiliasm, Jewish Messianism, and the Idea of the Holy Land", *HThR* 79 (1986) 298-307.

VAN WINDEN, J.C.M., *An Early Christian Philosopher. Justin Martyr's Dialogue with Trypho Chapters One to Nine. Introduction, Text and Commentary*. PP 1, Leiden 1971.

_____, "Le portrait de la philosophie grecque dans Justin, Dialogue I 4-5", *VigChr* 31 (1977) 181-190.

WITT, R.E., *Albinus and the History of Middle Platonism* CCIS 3, Cambridge 1937.

WOLFF, H.W., *Jesaja 53 im Urchristentum*, Berlin [3]1952.

ZANI, A., *La Cristologia di Ippolito*, Brescia 1984.

ÍNDICE BÍBLICO

GÉNESIS

Gn 1, 2: 48, 150
Gn 1, 3: 48
Gn 1, 26: 30, 146, 392
Gn 1, 28: 214, 215
Gn 2, 7: 69, 190
Gn 2, 9: 423, 424
Gn 3, 4: 306
Gn 3, 15: 172, 209, 212-213, 216
Gn 3, 22: 30, 424
Gn 3, 22a: 275
Gn 6, 1-4: 55
Gn 9, 2: 345
Gn 9, 3: 93
Gn 11, 6: 209, 212
Gn 15, 5: 444
Gn 15, 6: 96, 291, 411
Gn 17, 4: 214
Gn 22, 16: 417
Gn 22, 17: 96, 444
Gn 30, 37-38: 254
Gn 32, 13: 214
Gn 32, 26: 353
Gn 32, 28: 182
Gn 49, 10: 39, 102, 131, 134, 180,
    181, 243, 244
Gn 49, 10-11: 101, 121, 153, 170,
    244, 250, 260
Gn 49, 11: 121, 123, 125, 132, 190
Gn 49, 11b: 125
Gn 49, 8-12: 169, 170, 243

ÉXODO

Ex 3, 2ss: 290
Ex 3, 5: 53, 458, 459
Ex 12, 7: 454
Ex 15, 16: 345
Ex 15, 27: 424
Ex 17, 10-12: 407
Ex 20, 18-19: 345
Ex 20, 4: 392
Ex 32: 329
Ex 33, 1-3: 459

LEVÍTICO

Lv 16, 5-10: 503
Lv 20, 24: 459

NÚMEROS

Nm 11, 17: 319
Nm 21, 6-9: 407, 408, 454
Nm 24, 17: 96, 181, 444, 496
Nm 24, 17b: 444, 446

DEUTERONOMIO

Dt 1, 25: 459
Dt 2, 25: 345
Dt 11, 25: 345
Dt 21, 23: 403-423, 454
Dt 27, 26: 403-404, 414
Dt 31, 20: 459

Dt 32, 4: 418
Dt 32, 9: 415
Dt 33, 13-17: 169, 407
Dt 33, 16-17: 170, 440

JOSUÉ

Jos 2, 18: 454
Jos 5, 2-5: 462, 463

JUECES

Jc 2, 25: 454

1 SAMUEL

1 Sam 28, 7: 368

2 SAMUEL

2 Sm 7, 12: 126

1 CRÓNICAS

1 Cro 10, 13: 368
1 Cro 17, 12: 508
1 Cro 17, 13: 508
1 Cro 17, 13-14a: 508

JUDIT

Jdt 15, 2: 345
Jdt 2, 28: 345

1 MACABEOS

1 Mac 7, 18: 345

2 MACABEOS

2 Mac 1, 7: 459

SALMOS

Sal 1: 428
Sal 1, 3: 424, 428
Sal 2, 3: 414
Sal 2, 7: 260, 261, 262, 263, 270,
    281, 321

Sal 2, 7-8: 262
Sal 2, 8: 262
Sal 2, 11: 345
Sal 3, 5: 335, 346, 384
Sal 15, 6a: 415
Sal 18: 106, 109, 131, 138, 140,
    493, 496, 497, 498
Sal 18, 2: 491
Sal 18, 2-5: 491
Sal 18, 2-7: 138, 493
Sal 18, 5: 492
Sal 18, 6: 492, 494
Sal 18, 7: 491-494, 497, 499
Sal 18, 8a: 106
Sal 18, 8b: 106
Sal 18, 11b: 106
Sal 18, 14a: 106
Sal 18, 14b: 106
Sal 20, 5: 348
Sal 21: 271, 275, 290, 327, 328,
    329, 331, 338, 339, 342, 344,
    345, 351, 354, 355, 356, 362,
    380, 403, 435, 437, 447, 449, 455
Sal 21, 2: 327, 344
Sal 21, 2-3: 342, 343, 347
Sal 21, 3: 332, 346, 347, 384
Sal 21, 4: 168, 332, 334, 346, 436,
    439
Sal 21, 5: 95, 174, 332, 333
Sal 21, 9: 334
Sal 21, 10: 195, 209, 332, 357
Sal 21, 10-11: 334, 356, 360
Sal 21, 10-11a: 356
Sal 21, 10-16: 355
Sal 21, 11-12: 332
Sal 21, 11b-12a: 356, 360
Sal 21, 12: 275, 407
Sal 21, 12b-15: 356
Sal 21, 13: 340
Sal 21, 13-15: 407
Sal 21, 14: 197, 339, 341
Sal 21, 15: 342, 344, 355
Sal 21, 16: 355, 356, 358, 360
Sal 21, 17: 365
Sal 21, 19: 327, 365
Sal 21, 20: 332

Sal 21, 20-21: 334
Sal 21, 20-22: 365, 366
Sal 21, 21: 369
Sal 21, 21-22: 341
Sal 21, 23: 54, 435, 437, 438, 440,
    443, 446, 452, 453, 467
Sal 21, 23-24: 332, 435, 455
Sal 21, 24: 443
Sal 22, 4: 253, 424
Sal 23: 475, 479, 480, 481
Sal 23, 20: 474
Sal 23, 7-8: 480
Sal 32, 6: 30
Sal 44: 42, 57, 71, 108, 123, 136,
    140, 475, 481, 482
Sal 44, 2: 31, 136
Sal 44, 7-13: 125, 136
Sal 44, 8: 42, 47, 57, 71, 166
Sal 44, 9: 58
Sal 44, 9-10: 140
Sal 44, 10: 42, 137
Sal 44, 11: 42
Sal 44, 18: 58
Sal 54, 6: 345
Sal 67: 482
Sal 67, 18: 482
Sal 67, 19: 109
Sal 71: 57, 107, 123, 140, 475, 478,
    481, 498
Sal 71, 1-5; 17b-19: 138
Sal 71, 4: 138
Sal 71, 8-11: 478, 479
Sal 71, 5: 39, 131-132
Sal 71, 14: 57
Sal 71, 17: 39, 131-132, 444, 496,
    499
Sal 71, 19: 138, 490
Sal 81: 145, 277
Sal 81, 1: 277, 501
Sal 81, 6: 143, 500
Sal 81, 7: 173
Sal 81, 8: 277, 501
Sal 91, 13: 428
Sal 92, 13: 424
Sal 95: 348, 441
Sal 95, 1-2: 442

Sal 95, 10: 441, 457
Sal 98, 1-7: 137
Sal 98, 6: 137
Sal 98, 7: 99, 108, 137
Sal 105, 16: 459
Sal 106, 20: 30
Sal 106, 20a: 30
Sal 109: 107, 123, 130, 201, 202,
    475, 481
Sal 109, 1: 476, 477, 478, 480
Sal 109, 1-2: 478
Sal 109, 2: 80, 201, 300, 477, 478
Sal 109, 3: 39
Sal 109, 3bc: 130
Sal 109, 3bc-4: 125, 130
Sal 109, 3c: 130, 132
Sal 109, 16: 418
Sal 113, 13b: 314

PROVERBIOS

Pr 3, 18: 424
Pr 8, 21-36: 33
Pr 8, 21a-36: 424
Pr 8, 25: 33
Pr 8, 27: 33
Pr 8, 27-30: 30
Pr 8, 34-36: 41

SABIDURÍA

Sb 2, 13: 459

ISAÍAS

Is 1, 9: 77
Is 2, 3: 80
Is 2, 5-6: 187
Is 5, 18a: 415
Is 6, 10: 314
Is 7: 123
Is 7, 10-17: 118, 122
Is 7, 14: 116, 118, 119, 121, 122,
    124, 125, 128, 130, 135, 141,
    142, 149, 150, 151, 194, 202,
    252, 265, 266
Is 7, 16: 194

Is 8, 4: 118, 119, 194, 195, 196, 197,
    202
Is 8, 14: 122
Is 9, 5: 39, 205, 498
Is 9, 6: 39, 123, 125, 132
Is 11, 1: 181, 257, 320, 424, 428
Is 11, 1-3: 256, 257
Is 11, 1b: 446
Is 11, 2: 48, 199, 252, 329, 364
Is 11, 2-3: 234
Is 11, 10: 181
Is 16, 33: 187
Is 19, 16: 345
Is 28, 16: 189
Is 29, 13-14: 389
Is 33, 13-17: 185
Is 33, 13-19: 184, 185
Is 33, 14: 345
Is 33, 16: 186, 188, 191
Is 33, 16a: 183
Is 33, 16b: 185, 186
Is 33, 17: 489
Is 35, 1: 308, 313
Is 35, 1-7: 308, 310
Is 35, 5: 314
Is 35, 7: 298, 308
Is 39, 8: 239
Is 39, 8 - 40, 17: 243
Is 40, 5: 245
Is 40, 17: 239
Is 42, 1-4: 58, 187
Is 42, 5-13: 140
Is 42, 6: 490
Is 42, 8: 139, 490
Is 49, 6: 497
Is 50, 4: 355, 358
Is 51, 1: 187
Is 51, 1-2: 187
Is 51, 4-5: 187
Is 51, 5b: 446
Is 52, 13 - 53, 12: 406
Is 53: 290, 405, 406, 415
Is 53, 1-2: 406
Is 53, 2-3: 223, 480
Is 53, 3: 405
Is 53, 5: 159, 415, 416, 422

Is 53, 6: 406
Is 53, 7: 405
Is 53, 8: 39, 123, 125, 128, 129, 131,
    132, 245, 405
Is 53, 8b - 53, 12: 406
Is 53, 9: 362
Is 53, 12: 405, 406
Is 55, 6: 390
Is 56, 7: 504
Is 57, 1: 226, 411
Is 61, 1: 241
Is 63, 17: 498
Is 64, 1-3: 345
Is 64, 10: 498
Is 65, 1: 398
Is 65, 2: 398
Is 65, 9-12: 187
Is 65, 22: 427
Is 66: 427
Is 66, 5: 225, 252, 288, 420, 421
Is 66, 5-11: 426, 427
Is 66, 7: 266
Is 66, 7-8: 252
Is 66, 8: 266
Is 66, 10-11: 426
Is 66, 12: 427

JEREMÍAS

Jr 2, 13: 190, 298, 308
Jr 4, 3: 77
Jr 38 [TM 31], 15: 181, 182, 200
Jr 38 [TM 31], 27: 77

LAMENTACIONES

Lm 4, 20: 391

EZEQUIEL

Ez 12, 12: 104
Ez 12, 20: 104
Ez 45, 17: 508
Ez 47: 189

DANIEL

Dn 2, 34: 39, 123, 125, 132, 185, 189, 190, 192
Dn 2, 34a: 184
Dn 4, 37: 345
Dn 7, 9: 477
Dn 7, 9-28: 107, 474, 481
Dn 7, 13: 477
Dn 7, 13-14: 39, 123, 125, 132
Dn 7, 14: 475, 478
Dn 7, 18: 476
Dn 7, 22: 476-477, 482
Dn 7, 23-24: 476
Dn 7, 24-25: 477
Dn 7, 25: 281, 476
Dn 7, 27: 460, 476, 478, 482

OSEAS

Os 10, 6: 339

JOEL

Jl 3, 1-2 [TM: 2, 28-29]: 245

JONÁS

Jon 2, 1: 447
Jon 3, 4: 448
Jon 4, 2: 448

MIQUEAS

Mi 4, 1-5: 485
Mi 4, 3: 223, 224, 225, 226
Mi 5, 1: 180, 181, 182

ZACARÍAS

Zac 2, 14: 459
Zac 2, 15: 469
Zac 2, 15-16: 462
Zac 2, 16: 459, 460
Zac 3, 1-7: 460
Zac 3, 2: 460
Zac 3, 12: 96
Zac 6, 12: 443, 444, 445, 467, 496

Zac 9, 9: 247
Zac 12, 10: 493, 498, 500
Zac 12, 10-12: 492, 493, 498
Zac 12, 12: 497, 498
Zac 13, 7: 406

MALAQUÍAS

Mal 1, 10: 54
Mal 3, 23: 236, 494

MATEO

Mt 1, 16: 175
Mt 1, 21: 151
Mt 2, 1-23: 180, 194
Mt 2, 2: 180
Mt 2, 6: 180
Mt 2, 17-18: 200
Mt 3, 3: 239
Mt 3, 14: 257
Mt 3, 15: 248, 330, 412
Mt 4, 1-11: 270
Mt 4, 10: 272
Mt 4, 11: 272
Mt 5, 16: 285
Mt 5, 17: 83
Mt 5, 20: 370, 371
Mt 5, 44: 225, 252
Mt 7, 21: 55, 56
Mt 7, 22-23: 40, 55-56
Mt 9, 34: 307
Mt 10, 40: 290
Mt 11, 25: 332, 389
Mt 11, 26: 436
Mt 11, 26-27: 437
Mt 11, 27: 169, 170, 289, 290, 291, 293, 335, 436, 437, 443, 467
Mt 11, 27-28: 502
Mt 11, 29-30: 223
Mt 12, 24: 307
Mt 12, 39-41: 447
Mt 13, 3-9: 65-66, 76, 78
Mt 13, 18-23: 78
Mt 13, 22: 77
Mt 13, 42-43: 500
Mt 13, 43: 445

Mt 16, 15-18: 169
Mt 16, 17: 291
Mt 17, 10-12: 236
Mt 19, 16: 272
Mt 19, 17: 333
Mt 19, 24: 486
Mt 19, 26: 486
Mt 21, 2: 247
Mt 21, 7: 247
Mt 21, 32: 248
Mt 22, 37-39: 272
Mt 22, 38: 272
Mt 24, 33: 477
Mt 24, 37-38: 93
Mt 25, 14: 79
Mt 25, 14-30: 78
Mt 25, 24: 78
Mt 25, 26: 78
Mt 25, 27: 79
Mt 25, 34: 460
Mt 26, 30: 435
Mt 26, 36: 342
Mt 26, 38: 345, 350
Mt 26, 39: 343
Mt 26, 56b: 407
Mt 27, 12-14: 355
Mt 27, 40-43: 333
Mt 27, 43: 334
Mt 27, 50: 370
Mt 27, 63: 307
Mt 28, 10: 440

MARCOS

Mc 1, 2-3: 239
Mc 4, 18: 77
Mc 6, 3: 222
Mc 9, 11-13: 236
Mc 10, 17-18: 272
Mc 10, 18: 333
Mc 10, 25: 486
Mc 10, 27: 486
Mc 10, 40: 460
Mc 12, 30-31: 272
Mc 13, 29: 477
Mc 14, 26: 435

Mc 14, 32: 342
Mc 14, 33: 345
Mc 14, 34: 345, 350
Mc 14, 36: 343
Mc 14, 50-52: 407
Mc 14, 58: 189
Mc 15, 4-5: 355
Mc 15, 29-30: 333
Mc 15, 37: 370
Mc 16, 14: 469
Mc 16, 19-20: 478
Mc 16, 20: 469

LUCAS

Lc 1, 17: 236
Lc 1, 31: 151
Lc 1, 32: 151
Lc 1, 35: 150, 151
Lc 2, 1-5: 180
Lc 2, 2: 180
Lc 2, 4: 180
Lc 2, 40: 206, 207
Lc 2, 41-52: 205, 206
Lc 2, 52: 206
Lc 3, 22: 261, 262
Lc 3, 23: 175, 206, 207
Lc 4, 1-13: 270
Lc 4, 13: 352
Lc 4, 18-19: 241
Lc 6, 27: 252
Lc 6, 28: 420
Lc 6, 36: 285
Lc 6, 47: 55
Lc 9, 51: 477
Lc 9, 62: 223
Lc 10, 16: 55, 56
Lc 10, 27: 272
Lc 11, 22: 198
Lc 11, 32: 447
Lc 17, 18: 311
Lc 17, 26-27: 93
Lc 18, 18-19: 272
Lc 18, 19: 333
Lc 18, 25: 486
Lc 18, 27: 486

Lc 19, 11-27: 501
Lc 20, 36: 280
Lc 22, 4: 345
Lc 22, 39: 342
Lc 22, 41: 344
Lc 22, 42: 343
Lc 22, 44-46: 469
Lc 22, 57: 407
Lc 23, 9: 355
Lc 23, 35: 333
Lc 23, 44: 370
Lc 23, 46: 369, 370, 371
Lc 23, 47: 371
Lc 24, 13-35: 524
Lc 24, 25-26: 469
Lc 24, 39: 470
Lc 24, 41: 469
Lc 24, 44-46: 287

JUAN

Jn 1, 3: 280
Jn 1, 11: 79
Jn 1, 13: 125, 146
Jn 1, 13-14: 126, 146
Jn 1, 14: 366
Jn 1, 18: 28, 366
Jn 2, 21: 191, 192
Jn 3, 3: 131
Jn 3, 5: 299
Jn 3, 7: 131
Jn 3, 16: 366
Jn 3, 18: 366
Jn 4, 10: 299
Jn 4, 14: 299
Jn 4, 24: 505
Jn 7, 12: 307
Jn 7, 27-28: 358
Jn 7, 37-39: 188, 189
Jn 7, 38: 188, 190
Jn 8, 56: 95
Jn 9: 314
Jn 13, 3: 436
Jn 14, 2-3: 470
Jn 16, 13: 109, 301, 482
Jn 17, 5: 140

Jn 18, 25: 407
Jn 18, 27: 407
Jn 19, 9-10: 355, 358
Jn 19, 13: 408
Jn 19, 24: 365
Jn 19, 30: 370
Jn 19, 34: 188, 189, 190
Jn 20, 27: 440

HECHOS

Hch 1, 8-9: 469
Hch 1, 9: 469
Hch 1, 13: 469
Hch 2, 1: 477
Hch 2, 24: 371
Hch 2, 27: 371
Hch 2, 31: 371
Hch 2, 33: 478
Hch 2, 38: 450
Hch 3, 14: 459
Hch 3, 19: 450
Hch 4, 20: 88
Hch 4, 27: 339, 459
Hch 4, 27-28: 336
Hch 4, 30: 459
Hch 5, 31: 450
Hch 14, 15: 164
Hch 17, 23: 74
Hch 22, 15: 88
Hch 28, 7: 417

ROMANOS

Rm 1-2: 412
Rm 1, 3-4: 114
Rm 1, 17: 410
Rm 1, 18: 330, 419
Rm 1, 25: 419, 421
Rm 2, 2: 419
Rm 2, 9: 414
Rm 2, 15: 412
Rm 2, 25: 411
Rm 2, 29: 411
Rm 3, 1: 411
Rm 3, 4: 419
Rm 3, 7: 419, 421

Rm 3, 7-8: 420
Rm 3, 9: 414
Rm 3, 21: 410
Rm 3, 26: 413, 419
Rm 4: 410
Rm 4, 3: 411
Rm 8, 3: 417
Rm 8, 4: 346
Rm 8, 32: 346, 374, 417
Rm 8, 32-34: 421
Rm 13, 8-10: 412
Rm 15, 8: 421

1 CORINTIOS

1 Co 1, 17-24: 389
1 Co 1, 18: 408
1 Co 1, 19: 389
1 Co 1, 20-25: 389
1 Co 1, 23: 387
1 Co 1, 26-27: 301
1 Co 1, 26-29: 363
1 Co 2, 1-2: 389
1 Co 2, 3: 345
1 Co 2, 4: 301, 399
1 Co 2, 5: 301
1 Co 2, 7: 387, 389, 399
1 Co 2, 16: 301
1 Co 3, 16: 255
1 Co 10, 17: 192
1 Co 12, 9: 320
1 Co 13, 13: 225
1 Co 15, 50: 486
1 Co 15, 53: 461

2 CORINTIOS

2 Co 5, 21: 404, 416
2 Co 7, 15: 345

GÁLATAS

Ga 1, 4: 416
Ga 2, 16-17: 410
Ga 3, 6: 410, 411
Ga 3, 6-9: 410
Ga 3, 10: 404

Ga 3, 10-14: 403, 415
Ga 3, 13-14: 409, 410, 413, 414,
    416, 422
Ga 3, 14-15: 407
Ga 3, 15-18: 95
Ga 3, 23-25: 83
Ga 5, 14: 412
Ga 10, 13: 403

EFESIOS

Ef 1, 9-10: 219
Ef 2, 20: 189
Ef 4, 8: 109, 482
Ef 6, 5: 345

FILIPENSES

Fil 2, 6-8: 135
Fil 2, 7-8: 416
Fil 2, 12: 345
Fil 3, 20: 470

COLOSENSES

Col 1, 15: 68

2 TESALONICENSES

2 Ts 2, 3: 281

1 TIMOTEO

1 Tm 2, 4: 420
1 Tm 6, 16: 28

2 TIMOTEO

2 Tm 2, 25: 420
2 Tm 3, 7: 420
2 Tm 4, 1: 501

TITO

Tt 1, 1: 420
Tt 3, 1-7: 450
Tt 3, 4: 450
Tt 3, 5: 299

HEBREOS

Hb 1, 2: 384
Hb 1, 5: 384
Hb 2, 10: 385
Hb 2, 11: 385
Hb 2, 14: 165
Hb 2, 15: 354
Hb 3, 5-6: 508
Hb 3, 6: 384
Hb 4, 12: 228
Hb 5, 5: 384
Hb 5, 7: 344, 348, 383, 506
Hb 5, 7-10: 343
Hb 5, 8: 384, 506
Hb 5, 9: 385
Hb 7, 8: 292
Hb 7, 17: 292
Hb 8, 13: 100
Hb 9, 14: 385, 506
Hb 9, 24: 511
Hb 9, 25: 506
Hb 9, 28: 511
Hb 10, 7: 384
Hb 10, 9: 384
Hb 10, 15: 292
Hb 10, 26: 420
Hb 11: 291
Hb 11, 2: 291, 292
Hb 11, 4: 292
Hb 11, 5: 292
Hb 11, 7: 366
Hb 11, 17-19: 417, 418
Hb 11, 39: 292

SANTIAGO

St 5, 17: 164

1 PEDRO

1 Pe 2, 1-10: 189
1 Pe 3, 20: 93
1 Pe 4, 5: 501
1 Pe 5, 8: 341

1 JUAN

1 Jn 1, 1: 88
1 Jn 1, 3: 88
1 Jn 2-3: 280
1 Jn 2, 29: 280
1 Jn 3, 1: 277
1 Jn 3, 1-2: 276
1 Jn 3, 8: 274
1 Jn 3, 10: 280
1 Jn 4, 9: 366

APOCALIPSIS

Ap 2, 7: 427
Ap 21, 6: 299
Ap 22, 1: 299, 427
Ap 22, 1-2: 427
Ap 22, 2: 427, 428
Ap 22, 14: 427
Ap 22, 17: 299
Ap 22, 19: 427

ÍNDICE DE AUTORES ANTIGUOS

APÓCRIFOS DEL ANTIGUO TESTAMENTO

1 Henoc 24, 4: 426
Oda 8 de Salomón: 186
Vita Adae et Evae 42: 425
Vida de Adán y Eva (Apocalypsis Mosis) 9, 3-4: 425

ALCINOOS

Didaskalikos XXXII: 208

BERESHITH RABBAH

Bereshith Rabbah 2, 4: 48, 573

CLEMENTE ALEJANDRINO

Protrep. I, 8, 3: 500

CLEMENTE ROMANO

Ad Cor. 17-19: 292

EPÍSTOLA A DIOGNETO

Ad Diog. 8, 7: 450
Ad Diog 9, 2: 417, 450
Ad Diog. 10, 6: 417

EUSEBIO

Eusebio, *Historia Eclesiástica*, IV, XVII, 13: 26

EVANGELIOS APÓCRIFOS

Evang. Petr. 7: 408
Protoev. de Santiago 18, 2: 183
Pseudo Mateo 13, 2: 184

IGNACIO DE ANTIOQUÍA

Ad Eph. 3, 2: 331
Ad Eph. 15: 355
Ad Eph. 19, 2-3: 378
Ad Mag. 9, 1: 445
Ad Rom. 2, 2: 445
Ad Trall. 11, 1-2: 423

IRENEO DE LIÓN

Aduersus Haereses

Adv. haer. I, 1: 32
Adv. haer. I, 4, 5: 163
Adv. haer. I, 6, 1: 154-155
Adv. haer. I, 10, 1: 471
Adv. haer. I, 20, 1: 207
Adv. haer. II, 22: 282
Adv. haer. II, 22, 4: 205-206, 217, 218, 220

Adv. haer. II, 23: 316
Adv. haer. II, 24, 4: 392
Adv. haer. II, 32, 3: 311
Adv. haer. III, 8, 2: 197
Adv. haer. III, 8, 22: 273
Adv. haer. III, 9, 3: 265
Adv. haer. III, 10, 2: 177
Adv. haer. III, 10, 12: 167
Adv. haer. III, 16, 4: 198
Adv. haer. III, 18, 1: 220
Adv. haer. III, 18, 7: 172
Adv. haer. III, 19, 1: 177
Adv. haer. III, 20, 1-2: 450
Adv. haer. III, 21, 7: 189
Adv. haer. III, 22, 3: 220
Adv. haer. III, 22, 4: 274
Adv. haer. III, 34, 4: 225, 226
Adv. haer. IV, 5, 3: 445
Adv. haer. IV, 6, 2: 156, 218, 288
Adv. haer. IV, 7, 1: 176
Adv. haer. IV, 7, 3: 445
Adv. haer. IV, 11, 2: 215
Adv. haer. IV, 14, 3: 505
Adv. haer. IV, 16, 1: 98
Adv. haer. IV, 17, 6: 54, 438
Adv. haer. IV, 18: 510
Adv. haer. IV, 18, 2: 508
Adv. haer. IV, 18, 3: 506
Adv. haer. IV, 18, 5: 507
Adv. haer. IV, 18, 6: 510
Adv. haer. IV, 28, 1: 210
Adv. haer. IV, 29, 1: 500
Adv. haer. IV, 30, 4: 508
Adv. haer. IV, 33, 13: 493
Adv. haer. IV, 34, 4: 224
Adv. haer. IV, 36, 4: 210
Adv. haer. IV, 37, 6: 212
Adv. haer. IV, 38, 1: 213
Adv. haer. IV, 38, 2: 217
Adv. haer. IV, 38, 4: 164, 216
Adv. haer. IV, 41, 1ss: 172
Adv. haer. V, Prólogo: 158, 167
Adv. haer. V, Prólogo - V, 1, 1: 297
Adv. haer. V, 1, 1: 212
Adv. haer. V, 1, 2: 157
Adv. haer. V, 1, 3: 146, 147

Adv. haer. V, 2, 3: 507
Adv. haer. V, 5, 2: 450
Adv. haer. V, 6, 2: 191
Adv. haer. V, 9, 1: 166
Adv. haer. V, 9, 3: 163
Adv. haer. V, 9, 4: 486
Adv. haer. V, 15, 2-3: 312
Adv. haer. V, 16, 3: 431
Adv. haer. V, 17, 2: 311
Adv. haer. V, 18, 3: 397
Adv. haer. V, 21-25: 273
Adv. haer. V, 22, 1: 273
Adv. haer. V, 26, 2: 40, 306
Adv. haer. V, 31, 1: 373
Adv. haer. V, 31, 2: 470

Epideixis

Epid. 6: 248
Epid. 16: 274
Epid. 24: 94
Epid. 34: 397
Epid. 54: 266
Epid. 56: 248
Epid. 63-64: 180
Epid. 72: 348
Epid. 84: 480, 493
Epid. 86: 248

JERÓNIMO

De viris illustribus 23: 386

JUSTINO MÁRTIR

Fragmentos

Fragmento Mercati: 415

De Resurrectione

De Resurrectione 1, 7: 290, 502
De Resurrectione 4, 1-2: 313
De Resurrectione 9, 3-4: 470
De Resurrectione 10, 3: 434
De Resurrectione 10, 5-6: 161

Apologías

I 4, 1: 55
I 5, 1: 165
I 5, 2: 54, 354
I 5, 3: 73, 74
I 5, 3-4: 72, 75
I 5, 4: 64, 133
I 6, 1: 285
I 6, 2: 113, 284, 294
I 9: 51
I 9, 1: 51, 52, 133
I 9, 2: 51, 52
I 9, 3: 490
I 9 - I 10: 508, 509
I 10 - I 13: 53
I 10, 1: 51, 52, 487
I 10, 1-2: 509, 510
I 10, 1-3: 487, 509, 510
I 10, 2: 465, 487, 510
I 10, 2-3: 509
I 10, 3: 442, 487, 510
I 10, 4: 465, 509
I 10, 5-6: 509
I 10, 8: 412
I 11, 1: 476
I 12, 2: 46, 499
I 12, 9: 55, 284
I 13, 1: 113, 256, 285
I 13, 1-2: 510
I 13, 1-3: 387, 508
I 13, 2: 153, 157, 509
I 13, 3: 294, 387, 388, 399, 400
I 13, 4-5: 166
I 14 - I 19: 55
I 14 - I 29: 387
I 14, 1: 305
I 14, 1-3: 285
I 14, 2: 39, 256
I 14, 3: 225
I 14, 5: 299
I 15: 296
I 15 - I 17: 296, 465
I 15 - I 19: 284, 285, 296, 299, 465
I 15, 1: 285
I 15, 2: 499

I 15, 5: 285
I 15, 7-8: 420
I 15, 9: 252, 409, 420
I 15, 16-17: 285
I 16, 2: 285, 499
I 16, 6: 272
I 16, 6-7: 272
I 16, 6-14: 285
I 16, 7: 333
I 16, 9: 56
I 16, 9-14: 56
I 16, 10: 56, 286
I 16, 10-11: 56
I 16, 11: 56
I 16, 12: 445, 499, 502
I 17, 1: 113
I 17, 3: 285
I 17, 4: 285
I 18 - I 19: 296, 465
I 18, 6: 434
I 19, 1: 434
I 19, 2-3: 256
I 19, 4: 461
I 19, 6: 434
I 19, 6-7: 296
I 19, 8: 296
I 20 - I 21: 386
I 20, 4: 44
I 21, 2: 386
I 21, 6: 304, 465
I 22, 2: 30, 366
I 22, 3-4: 386, 388, 400
I 22, 4: 484
I 23, 1: 287
I 23, 2: 39, 127, 294, 366
I 23, 3: 38, 227
I 25, 2: 434, 507
I 26, 1: 477
I 26, 2: 227, 306
I 26, 3: 84
I 26, 4: 306
I 28, 2: 502
I 29, 3: 412
I 29, 4: 354
I 30: 91
I 30 - I 52: 388

I 30 - I 53: 55, 101, 387, 400
I 30, 1: 86, 91, 304
I 31, 7: 91, 204, 209, 310
I 31, 8: 245
I 32: 125, 181, 243, 483
I 32, 1: 101, 153, 181
I 32, 1-3: 101
I 32, 2: 243, 251, 287, 437
I 32, 3: 181, 244
I 32, 3-4: 101
I 32, 4: 244, 246
I 32, 5: 184, 228
I 32, 7-8: 191
I 32, 8: 153
I 32, 8-11: 126, 153
I 32, 10: 156, 191, 327
I 32, 12: 181
I 32, 12-13: 446
I 32, 13: 175
I 32, 14: 245
I 33: 149, 150
I 33, 1: 151
I 33, 4: 150
I 33, 5: 151, 288
I 33, 6: 170, 366
I 33, 7: 151, 152, 442, 455
I 33, 9: 30
I 34, 1: 180
I 34, 1-2: 180
I 35, 1: 39, 204, 205, 209
I 35, 1-2: 205
I 35, 2: 132, 390
I 35, 5: 365
I 35, 6: 408
I 35, 8: 365
I 36 - I 39: 294
I 37, 9: 294
I 38, 1: 398
I 39, 1: 223
I 39, 4: 224, 225
I 39, 5: 465
I 40, 5: 428
I 40, 6: 339
I 40, 17: 345
I 41, 4: 481
I 43, 1: 377

I 43, 6: 330
I 43, 7: 498
I 43, 8: 213
I 43 - I 44: 374, 378
I 44, 1: 377
I 44, 8-9: 88
I 44, 9-10: 394
I 44, 10: 64
I 44, 12: 227, 354, 378
I 44, 13: 354
I 45: 80
I 45, 1: 80, 502
I 45, 1-5: 491
I 45, 1-6: 477
I 45, 5: 31, 81, 469, 478, 496
I 45, 5-6: 80, 478
I 45, 6: 79, 81
I 46: 80, 283
I 46, 1: 68, 81
I 46, 1-2: 67, 75
I 46, 2: 64, 65, 66, 68, 69, 70, 80,
    81, 113, 366
I 46, 3: 72, 92
I 46, 4: 79, 90, 354
I 46, 5: 38
I 48, 1-3: 310
I 49, 1-2: 398
I 49, 5: 176, 287, 434, 507
I 50: 406
I 50, 1-11: 406
I 50, 10: 406
I 50, 12: 129, 287, 406, 407, 469
I 51, 1: 129
I 51, 1-5: 406
I 52, 2: 190
I 52, 3: 461, 465
I 52, 12: 498
I 53, 2: 366, 388, 400
I 53, 12: 162, 165
I 54: 119, 386
I 54 - I 55: 394
I 54, 1: 227
I 54, 1-3: 304
I 54, 7: 134, 153, 184, 228
I 54, 10: 310
I 55: 394

I 55, 1: 183, 305, 386
I 55, 1-2: 430
I 55, 2: 183, 184, 227, 228, 388,
    390, 397, 400
I 55, 2-3: 390
I 55, 3: 224
I 55, 4-5: 391
I 55, 6: 390
I 56 - I 58: 394
I 56, 1: 306
I 57, 1: 162, 165
I 59 - I 60, 7: 394
I 59, 1: 294, 394
I 60: 400
I 60, 1: 394
I 60, 1-5: 393
I 60, 2-4: 395
I 60, 3: 227, 408
I 60, 5: 395
I 60, 6: 394
I 60, 8-9: 394
I 60, 9: 499
I 60, 11: 300, 399
I 61: 53
I 61 - I 63: 186
I 61, 1: 434, 507
I 61, 1-4: 299
I 61, 4-5: 265
I 61, 10: 53, 265, 377, 378
I 61, 10-13: 264
I 61, 12: 265, 296
I 61, 13: 288
I 62 - I 63: 53, 99
I 62, 4: 199, 320
I 63: 53, 86
I 63, 2-3: 290
I 63, 3: 290, 293
I 63, 4: 327
I 63, 4-10: 290
I 63, 5-6: 287
I 63, 5-8: 290
I 63, 10: 38
I 63, 12-13: 290
I 63, 13: 290
I 63, 13-17: 290
I 63, 14: 290

I 63, 15: 293, 366
I 63, 16: 325, 439, 453
I 63, 17: 86, 93, 174, 473
I 64: 53
I 66, 2: 113, 153, 156, 157, 158,
    191, 507
I 66, 3: 83, 191
I 67, 3: 287
I 67, 3: 445
I 67, 5: 505
I 67, 8: 445, 456
II 1, 1: 208
II 1, 2: 159, 502, 509
II 2, 8: 391
II 2, 13: 285
II 3 [8], 6-7: 72
II 4 [3], 1: 354
II 4 [3], 3: 283
II 5 [4] - II 6 [5]: 55
II 5 [4], 2: 44
II 5 [4], 4: 54, 305, 307, 354
II 5 [4], 6: 54, 307, 317
II 6 [5], 1-2: 51, 52, 53
II 6 [5], 3: 33, 43, 45, 47, 55
II 6 [5], 4: 160, 442, 455
II 6 [5], 5: 38
II 6 [5], 6: 31
II 7 [6], 1: 77, 81, 476
II 7 [6], 2: 93, 499
II 7 [6], 3: 377, 378, 499
II 7 [6], 3-4: 72, 75
II 7 [6], 4: 377
II 8 [7], 1: 65, 90
II 8 [7], 1-3: 64
II 8 [7], 1-5: 73
II 8 [7], 2: 227
II 8 [7], 3: 65
II 9, 3: 295
II 10: 90
II 10, 1: 155, 158, 295
II 10, 1-8: 64
II 10, 2: 65
II 10, 4: 65, 73
II 10, 4-8: 72
II 10, 5-8: 299
II 10, 6: 90, 299, 301, 310

II 10, 6-7: 74
II 10, 6-8: 286
II 10, 7: 90, 300
II 10, 8: 65, 75, 295, 300, 354, 465
II 11, 4: 46
II 11, 5: 46
II 11, 7: 465
II 11, 8: 465
II 12, 1: 354
II 12, 1-2: 142
II 12, 4: 227
II 13, 1-6: 64
II 13, 3: 65, 67, 68, 89-90
II 13, 4: 64, 158, 216, 250, 351
II 13, 5: 65, 72, 89, 416
II 13, 6: 65, 69, 286

Diálogo con Trifón

D 1, 2: 113
D 1, 4: 73
D 1-8: 64
D 2, 2: 286
D 2, 6: 214
D 3, 4: 310
D 3, 5: 310
D 3, 6: 89
D 4, 1: 46, 71, 248
D 4, 2: 68
D 4, 3: 46, 248
D 4, 7: 330
D 5, 3: 367
D 5, 4: 465
D 6, 1: 68, 69, 70
D 7, 1: 72, 89, 90, 91, 301
D 7, 1-2: 88, 301
D 7, 1-3: 289
D 7, 2: 84, 86, 91, 312, 394, 433,
    524
D 7, 3: 90, 142, 227, 264, 287, 288,
    306, 524
D 8 - D 30: 107
D 8, 1: 63, 86, 284, 287, 433, 499,
    524
D 8, 2: 289, 300, 309, 497, 502
D 8, 3: 107
D 8, 4: 205, 238

D 9, 1: 301
D 10: 473
D 10 - D 43: 103, 121, 410
D 10, 2: 286
D 10, 2-4: 103, 473
D 10, 3: 84, 327, 481
D 10, 3-4: 107
D 11 - D 30: 473
D 11, 1: 84, 86, 473
D 11, 1-2: 473
D 11, 2: 100, 102
D 11, 3: 187
D 11, 4: 247, 473
D 11, 5: 107, 291, 473, 505
D 12, 2: 241, 247
D 12, 3: 103, 107, 329, 505
D 13 - D 29: 284
D 13, 1: 325, 473
D 14, 1: 107, 264, 298, 299
D 14, 2: 103, 107, 184, 505
D 14, 8: 190
D 15: 103
D 15, 1: 505
D 16, 1: 103
D 16, 2: 97, 296
D 16, 2-17: 104
D 16, 4: 411
D 17, 1: 159, 248, 371
D 17, 3: 248
D 18, 2: 505
D 18, 3: 227, 280, 505
D 19, 2: 104, 107, 298
D 19, 3-6: 103
D 19, 4: 93
D 19, 5-6: 296
D 19, 6: 104
D 20, 1: 93, 103, 104
D 20, 2: 84, 93
D 21, 1: 104
D 22, 1: 84, 104
D 22, 11: 104
D 23, 1-2: 84
D 23, 2: 104
D 23, 3: 84, 103
D 23, 4: 38
D 23, 4-5: 97

D 23, 5: 97, 330, 505
D 24, 1: 97
D 25, 3: 345
D 27, 2: 104, 105, 106
D 27, 4: 104, 105, 106
D 27, 5: 103, 227
D 28, 2-3: 77
D 28, 4: 110
D 28, 5: 54
D 29, 1: 255, 292, 299, 411, 473
D 29, 3: 291, 391
D 30: 105, 473
D 30 - D 39: 107, 118, 471-474
D 30 - D 76: 118
D 30, 1: 84, 104, 105, 106, 299, 474
D 30, 1-3: 106, 107
D 30, 2: 106, 109, 482
D 30, 3: 106, 330, 476
D 31: 107, 474, 477
D 31, 1: 474, 476, 485, 489
D 32, 1: 403, 476, 481
D 32, 2: 77, 159, 190, 489
D 32, 3: 476
D 32, 4: 281
D 32, 5: 301, 389
D 32, 6: 107
D 33, 2: 42
D 34: 107
D 34, 2: 42, 475, 478
D 34, 5: 57
D 34, 5-6: 57
D 34, 7: 478, 479
D 34, 7-8: 57
D 34, 7 - D 35: 57
D 34, 8: 474, 479
D 35, 1-8: 57
D 35, 2: 227, 312, 482
D 35, 2-3: 241
D 35, 2-8: 57
D 35, 5: 84
D 35, 5-6: 55, 312
D 35, 6: 57, 84, 286
D 35, 7-8: 225
D 35, 8: 287, 293, 489
D 36, 1: 42, 124, 475, 489, 498
D 36, 2: 108

D 36, 4: 480
D 36, 5-6: 480
D 37, 2-3: 108
D 37, 2-4: 99
D 37, 4: 99, 108
D 38: 31
D 38, 1: 99, 108, 124, 475
D 38, 1-2: 491
D 38, 2: 108, 286, 389, 481
D 38, 3-4: 43
D 38, 3-5: 58
D 39, 2: 43, 108, 109, 255, 257, 320,
    474, 482, 502
D 39, 2-6: 58
D 39, 3: 108, 481, 491
D 39, 4: 109
D 39, 4-5: 482
D 39, 5: 301, 483
D 39, 6: 227, 274
D 39, 7: 120
D 39, 8: 120, 477
D 40 - D 41: 505
D 40 - D 42: 100
D 40 - D 43, 2: 118, 120
D 40, 1: 87, 111, 156, 190, 503
D 40, 3: 184, 406
D 40, 4: 500, 503
D 40, 5: 503
D 41, 1: 38, 153, 157, 274, 503, 507
D 41, 2-3: 54
D 41, 3: 505, 507
D 41, 4: 505
D 42: 31
D 42, 1: 184, 201, 492
D 42, 1-3: 138, 140
D 42, 2: 76
D 42, 2-3: 406
D 42, 3: 192
D 42, 3-4: 140
D 42, 4: 98, 228, 515
D 43: 118, 265
D 43 - D 65: 123
D 43 - D 84: 116, 119
D 43 - D 85: 434
D 43, 1: 38, 98, 102, 118, 175, 247
D 43, 2: 463, 473, 474

D 43, 2 - D 63: 120
D 43, 2 - D 65: 122
D 43, 3: 118, 123, 129, 159
D 43, 3-4: 128
D 43, 4: 264
D 43, 4-6: 141
D 43, 4-8: 122
D 43, 4 - D 43, 8: 122
D 43, 6: 194
D 43, 7: 122, 141
D 44 - D 47: 123
D 44, 1: 141
D 44, 2: 93, 171, 264, 330
D 45, 2: 372
D 45, 3-4: 103
D 45, 4: 131, 156, 159, 171, 191,
    372, 465
D 45, 5: 54, 105, 175, 274
D 46, 1: 498
D 46, 5: 309
D 47, 5: 450
D 48: 120
D 48 - D 53: 245
D 48 - D 54: 121, 123, 181
D 48, 1: 121, 124, 286
D 48, 3: 38, 412
D 48, 4: 287
D 48, 8: 165
D 49 - D 51: 235, 257
D 49 - D 54: 121, 244
D 49, 1: 83, 84, 134, 148, 236, 238
D 49, 2: 236, 237, 489
D 49, 3: 236, 237, 240
D 49, 4: 123, 237
D 49, 5: 236
D 49, 6: 49, 237, 320
D 49, 6-7: 237
D 49, 7: 110, 239, 484
D 49, 7-8: 238, 363
D 49, 8: 179, 227, 275, 484, 489
D 50, 1: 120, 239
D 50, 2: 120, 237
D 50, 3: 120, 237, 245
D 50, 3-5: 239
D 50, 8: 246
D 51: 102

D 51, 1: 102, 243
D 51, 1-2: 240
D 51, 2: 102, 240, 242, 251
D 51, 3: 109, 247
D 52: 243
D 52 - D 53: 101, 483
D 52 - D 54: 101, 244
D 52, 2: 169, 170
D 52, 3: 42, 101, 102, 237, 242, 243,
    246, 502
D 52, 4: 102, 330
D 53, 1: 228, 247
D 53, 4: 102, 228, 246, 247, 254
D 53, 6: 330, 406
D 54: 121, 245
D 54, 1: 71, 485
D 54, 1-2: 125
D 54, 2: 125, 153, 156, 185
D 55: 120
D 55 - D 60: 28, 31
D 55 - D 62: 86, 121, 122, 123, 124,
    125, 129, 135, 136, 139, 144,
    145, 235, 279, 473
D 55, 3: 77
D 56: 125
D 56 - D 62: 108
D 56, 11: 38, 331
D 56, 12: 331
D 57, 3: 120, 412
D 57, 4: 120
D 58 - D 62: 120
D 58, 1: 299
D 58, 3: 264
D 58, 7: 57
D 60, 2: 28, 36, 38
D 61 - D 62: 30
D 61 - D 64: 55
D 61, 1: 30, 31, 33, 36, 38, 41, 52,
    126, 139, 185, 335, 379, 391,
    492, 494
D 61, 2: 28, 32, 34, 35, 127
D 61, 3: 33, 327, 366, 424, 494
D 61, 3-5: 33, 424
D 61, 4: 33
D 61, 5: 41
D 62: 53

D 62, 1: 215, 264
D 62, 3: 275
D 62, 4: 33, 42
D 62, 5: 458
D 63: 58, 116, 120, 122, 123, 124,
    125, 135, 136
D 63 - D 65: 121, 125, 135
D 63, 1: 124
D 63, 2: 39, 125, 128
D 63, 3: 126, 130, 152, 153
D 63, 4: 125
D 63, 5: 43, 58, 59, 71, 136, 137,
    140, 166, 293, 482
D 63, 15: 124
D 64 - D 65: 116, 135, 140, 489,
    491
D 64, 1: 136, 137, 490
D 64, 2: 77
D 64, 3: 137
D 64, 3-4: 138
D 64, 5-6: 138
D 64, 5-8: 140
D 64, 6: 131
D 64, 7: 127, 131, 492, 493
D 64, 7-8: 138
D 64, 8: 491, 498
D 65: 139, 140
D 65, 1: 139, 309, 490
D 65, 7: 139, 140, 490
D 66: 122, 125
D 66 - D 67, 1-2: 123
D 66 - D 76: 123
D 66, 1 - D 67, 1: 122
D 66, 3: 194
D 66, 4: 122
D 67, 2: 123
D 67, 4-11: 123
D 67, 5-6: 98
D 67, 9: 99
D 67, 9-10: 133
D 67, 10: 104, 494
D 68 - D 75: 124
D 68, 1: 123, 264, 286
D 68, 1-5: 123
D 68, 3-4: 123, 128
D 68, 4: 124

D 68, 5: 126, 180
D 68, 6: 175, 227, 228
D 68, 7: 309
D 68, 8: 119
D 68, 9: 48, 121, 475
D 69 - D 70: 88, 119, 304
D 69, 1: 227
D 69, 3: 492
D 69, 4: 308, 314
D 69, 4-5: 308
D 69, 4-6: 313
D 69, 4-7: 305, 307
D 69, 5: 308
D 69, 5-6: 298
D 69, 6: 264, 265, 299, 308, 309,
    313, 358
D 69, 6-7: 256, 310
D 69, 7: 307, 312, 313
D 70: 192
D 70, 1: 184
D 70, 2: 345
D 70, 2-3: 185
D 70, 4: 156, 157, 186, 485, 489,
    507
D 70, 4-5: 191
D 71 - D 74: 119, 123
D 71, 3: 113, 119
D 72, 4: 372
D 73 - D 74: 441
D 73, 1: 442, 481, 488
D 73, 2: 337, 348, 411, 434, 441
D 74: 123
D 74, 2: 441, 442
D 74, 2-3: 442
D 74, 3: 264, 338, 434, 436, 457
D 75: 116, 123, 125, 135, 252, 442
D 75 - D 88: 252
D 75, 1: 52, 57
D 75, 3: 40, 125, 132, 241
D 75, 4: 38, 40, 132, 135
D 76: 123, 124, 125, 130, 135, 226
D 76, 1: 127, 132, 184, 185
D 76, 2: 40
D 76, 3: 39, 74, 241, 379
D 76, 3-7: 39, 241, 498
D 76, 7: 38, 40, 48, 379

D 76, 8: 128
D 77 - D 78: 196, 202, 305, 306
D 77 - D 83: 202
D 77 - D 84: 125
D 77, 1: 309
D 77, 4: 194, 197
D 78: 180
D 78 - D 83: 202
D 78, 1: 180, 196
D 78, 1-2: 194
D 78, 1-8: 194
D 78, 2: 195
D 78, 3: 195
D 78, 3-5: 195
D 78, 4: 180, 195
D 78, 5: 274
D 78, 5-6: 183
D 78, 6: 195, 227
D 78, 7: 195, 196
D 78, 7-8: 181, 195
D 78, 8: 194, 200
D 78, 9: 73, 182, 194, 196, 198, 227, 275, 280, 368
D 78, 10: 194, 197
D 78, 10-11: 389
D 79: 202
D 79 - D 82: 202
D 79, 4: 74, 199, 227, 305, 306, 311, 319
D 80 - D 81: 476, 486
D 80, 4: 373, 471
D 80, 5: 46, 471
D 81: 427
D 81 - D 82: 202
D 81, 4: 210, 280, 427, 458
D 83: 201, 202
D 83 - D 85: 83
D 83, 3: 203, 300
D 83, 4: 202, 204, 489
D 84: 116, 118, 130, 142, 256, 265, 266
D 84, 1: 142, 366
D 84, 1-2: 145
D 84, 2: 35, 38, 127, 142, 145, 153, 154, 156, 191, 266, 366
D 85: 427

D 85 - D 86: 256, 261, 266
D 85, 1: 437, 477
D 85, 1-2.: 480
D 85, 2: 366
D 85, 4: 39, 437
D 85, 7: 253, 254, 262, 266, 426, 428
D 85, 7-8: 225, 288
D 85, 9: 426
D 86: 252, 253, 254, 266, 423, 424, 425, 428
D 86 - D 88: 434
D 86, 1: 254, 255, 256, 423, 427, 428, 429, 430
D 86, 1-2: 253
D 86, 2: 262, 266, 424
D 86, 3: 42, 47, 49, 58, 71, 89, 166, 199, 237, 242, 255, 257, 425, 428, 463, 502
D 86, 3-4: 42
D 86, 4: 45, 256, 257
D 86, 5: 186, 424
D 86, 6: 102, 190, 254, 262, 266
D 87 - D 88: 220, 235, 240, 250, 252, 253, 255, 256, 266, 320, 403, 494
D 87, 1: 220
D 87, 1-2: 233
D 87, 2: 38, 156, 191, 256, 257, 364
D 87, 3: 245, 257
D 87, 3 - D 88, 1: 244
D 87, 3-4: 42
D 87, 4: 110, 329, 364
D 87, 4-5: 102
D 87, 4-6: 110
D 87, 5: 102, 246, 250
D 87, 5-6: 102
D 87, 6: 102, 245, 477
D 88: 118
D 88, 1: 48
D 88, 2: 199, 205, 206, 207, 215, 217, 221, 237, 240, 309
D 88, 3: 265
D 88, 4: 369
D 88, 4-5: 258, 261, 265
D 88, 4-8: 265

D 88, 6: 234, 259, 264
D 88, 6-7: 265
D 88, 6-8: 206
D 88, 7: 221, 237, 239, 240
D 88, 8: 223, 228, 240, 260, 261,
    263, 264, 265, 266
D 89: 252, 253
D 89 - D 93: 413
D 89 - D 96: 403-404, 418
D 89 - D 105: 434
D 89, 1: 253, 309, 403, 404
D 89, 2: 403, 405
D 89, 3: 405, 415
D 90 - D 91: 395, 405
D 90, 2: 389
D 90, 3: 409
D 90, 4-5: 407, 454
D 90, 5: 59, 184, 343, 344, 383, 506
D 91 - D 106: 435
D 91, 1: 169, 170
D 91, 1-2: 407
D 91, 2: 392
D 91, 3: 330, 407, 408
D 91, 4: 408, 409
D 92 - D 93: 405, 409, 413, 418
D 92, 1: 299
D 92, 2: 93, 97, 292, 410, 436
D 92, 2-3: 97
D 92, 3: 291, 410
D 92, 4: 54, 105, 292, 411
D 92, 5-6: 418, 419
D 92, 6: 292, 411, 419, 506
D 93, 1: 110, 248
D 93, 1-2: 412, 419
D 93, 2: 225, 272, 330, 331, 412
D 93, 2-3: 364, 371
D 93, 3: 164, 225, 412
D 93, 4: 403, 413
D 94: 405, 413
D 94, 1: 227, 392
D 94, 2: 274, 408, 413, 414
D 94, 5: 409
D 95, 1: 104, 414
D 95, 1-2: 404, 405, 407, 410, 412,
    414

D 95, 2: 38, 227, 329, 336, 373, 375,
    417, 418, 420, 421
D 95, 2-3: 376, 415
D 95, 2-4: 420
D 95, 3-4: 420
D 96, 1: 327, 416
D 96, 1-2: 420
D 96, 2: 208, 228, 409, 419, 420,
    421
D 96, 2-3: 225
D 96, 3: 420
D 97, 1: 91, 335, 346, 384
D 97, 2: 398
D 97, 3: 91, 328, 365
D 98: 403
D 98 - D 106: 169, 271, 328, 412
D 98, 1: 156, 169, 174, 293, 328,
    329, 331, 333, 339, 348, 349,
    353, 358, 383, 412, 436
D 99, 1: 91, 384
D 99, 2: 332, 342, 344, 346, 349,
    350
D 99, 3: 347, 348, 351, 367, 371
D 100: 334, 340, 437, 439, 440
D 100, 1: 169, 289, 290, 332, 334,
    346, 436, 437, 439, 497
D 100, 1-2: 169
D 100, 2: 156, 170, 172, 174, 191,
    287, 290, 335, 366, 437, 440
D 100, 2-3: 169, 170, 290
D 100, 3: 95, 168, 173, 175
D 100, 4: 35, 127, 150, 169, 170,
    258, 264, 274, 291, 335, 431,
    439
D 100, 4-6: 169, 258, 272
D 100, 5-6: 74, 170, 176
D 100, 6: 171, 197, 210, 212, 274,
    340, 341, 408, 439
D 101, 1: 38, 95, 174, 242, 271, 332,
    337, 362, 372, 384, 411
D 101, 1-2: 204, 333, 337
D 101, 2: 333
D 101, 3: 333, 334, 347
D 102: 355
D 102 - D 103: 180
D 102, 1: 332, 336

D 102, 1-2: 348
D 102, 2: 126, 195, 196, 206, 209,
   210, 216, 247, 282, 283, 286,
   293, 325, 334, 356, 357, 358,
   373, 375
D 102, 2-4: 215, 216, 258, 340
D 102, 3: 213, 216
D 102, 3-4: 209, 210, 356, 357, 364
D 102, 4: 216, 336
D 102, 5: 39, 179, 227, 228, 275,
   336, 355, 356, 358, 361
D 102, 6: 332, 337, 356, 361, 362,
   378
D 102, 6-7: 334
D 102, 7: 258, 362, 364, 372
D 103: 270, 356
D 103, 1: 342
D 103, 1-2: 353
D 103, 2: 171, 407
D 103, 2-4: 340
D 103, 3: 38, 198, 336, 378
D 103, 3-4: 197, 339, 340
D 103, 4: 197
D 103, 4-9: 275
D 103, 5: 197, 270, 280, 341
D 103, 5-6: 258, 270, 353
D 103, 6: 173, 262, 270, 271, 272,
   276, 281
D 103, 7: 342
D 103, 7-8: 342
D 103, 7-9: 353
D 103, 8: 38, 156, 325, 334, 344,
   345, 346, 349, 353, 361, 374,
   375, 384, 417
D 103, 9: 275, 356, 360
D 105, 1: 334, 365, 366, 369
D 105, 2: 367
D 105, 3: 332, 436
D 105, 3-4: 341, 367
D 105, 3-6: 367
D 105, 4: 369, 370
D 105, 5: 369
D 105, 5-6: 370
D 105, 6: 371, 486
D 106: 437, 439, 440, 444, 449
D 106 - D 107: 434-435

D 106, 1: 54, 169, 287, 332, 348,
   373, 435, 436, 437, 439, 440,
   443, 444, 449, 450, 486, 497
D 106, 2: 182, 443
D 106, 2-3: 453
D 106, 2-4: 443
D 106, 3: 171, 438, 452, 453, 455
D 106, 4: 96, 201, 264, 443, 444,
   446, 453
D 107: 96, 449
D 107 - D 109: 439, 448, 450
D 107 - D 110: 453
D 107 - D 142: 435
D 107, 1: 447, 453
D 107, 2: 448, 450
D 107, 3: 448, 451
D 108: 449
D 108 - D 142: 444
D 108 - D 143: 434
D 108, 1-2: 448, 451
D 108, 1-3: 448
D 108, 2: 452
D 108, 3: 225, 448, 451
D 109, 1: 449, 451
D 109, 2: 223
D 109, 3: 485
D 110, 1: 489
D 110, 2: 179, 227, 281, 330
D 110, 3: 223, 224, 371, 411, 413,
   451
D 110, 4: 225, 330, 485
D 110, 5: 485
D 110, 6: 226, 248, 293, 411, 420,
   421
D 111: 453
D 111 - D 112: 455
D 111 - D 118: 453
D 111, 1: 183, 184, 455
D 111, 1-2: 453, 454
D 111, 2: 409, 453, 454, 455, 463,
   466
D 111, 2 - D 112, 3: 455
D 111, 2 - D 113: 454
D 111, 3: 91, 330, 454, 503
D 111, 3-4: 454
D 111, 4: 184, 430, 454

D 112, 1: 455
D 112, 1-2: 408
D 112, 1-3: 454
D 112, 2: 274, 392, 409
D 112, 4-5: 454
D 113: 454, 459
D 113 - D 114: 459
D 113, 1-2: 454
D 113, 3: 455, 457, 458
D 113, 3-5: 312
D 113, 4: 38, 42, 48, 59, 87, 92, 320,
    456, 457, 458
D 113, 4: 457
D 113, 4-5: 42, 456
D 113, 5: 458, 500
D 113, 6: 463
D 113, 6-7: 98, 462
D 113, 7: 458, 462
D 114, 2: 398
D 114, 3: 30, 86, 153, 311
D 114, 4: 189, 256, 298, 460, 508
D 115: 459
D 115, 1: 459, 461
D 115, 2: 458
D 115, 5: 458
D 116, 1: 39, 73, 281, 459, 460, 461,
    503
D 116, 2: 460, 503, 508
D 116, 3: 366, 459, 461, 503, 505,
    506, 507
D 117: 54
D 117, 1: 505-507
D 117, 2: 504, 506
D 117, 3: 461, 505, 507
D 117, 4: 506
D 117, 5: 507
D 118, 1: 501, 504
D 118, 2: 42, 460, 504, 508
D 119 - D 120: 187, 445
D 119, 1: 299
D 119, 3: 411, 460
D 119, 4: 398
D 119, 4-6: 94, 96
D 119, 5: 280, 458, 460
D 119, 5-6: 201

D 119, 6: 94, 176, 201, 287, 330,
    444, 445
D 120, 1: 95
D 120, 2: 96, 99, 184, 228, 254, 280,
    445
D 120, 5: 442
D 120, 5-6: 445
D 120, 6: 306
D 121 - D 122: 445
D 121, 1: 95, 445
D 121, 1-2: 457
D 121, 2: 33, 445, 496, 499
D 121, 3: 479, 489, 497, 502
D 121, 4: 28, 438, 496, 497
D 122: 296
D 122 - D 123: 497
D 122, 1-2: 171
D 122, 2: 171
D 122, 3: 497
D 122, 5: 247, 497
D 122, 6: 262
D 123 - D 125: 440
D 123 - D 129: 171
D 123, 2: 497
D 123, 3: 309
D 123, 4: 389
D 123, 5: 77
D 123, 6: 280, 409
D 123, 8: 58
D 123, 9: 57, 58, 143, 144, 145, 187,
    253, 261, 262, 263, 266, 276,
    277, 278, 279, 280, 440, 445
D 123, 9 - D 129: 193, 276
D 124: 57, 79, 143, 145, 261, 277,
    278, 279, 280
D 124, 1: 79, 143, 277
D 124 - D 125: 278, 453
D 124, 1-2: 501
D 124, 2-3: 79
D 124, 3: 173
D 124, 3-4: 79
D 124, 4: 79, 171, 213, 273, 277,
    465
D 124, 6: 277
D 125: 145, 270, 278
D 125, 1-2: 76, 78, 278

D 125, 2: 79, 273, 279, 501, 502
D 125, 3: 38, 79, 182, 270, 273, 279, 280, 288, 366
D 125, 3-4: 258, 273
D 125, 3-5: 79, 144, 270, 279
D 125, 4: 198, 271, 272, 273, 280, 331
D 125, 4-5: 360
D 125, 5: 182, 187, 275, 280, 353, 505
D 126 - D 127, 2: 28
D 126 - D 127, 3: 28
D 126 - D 129: 32, 144, 145, 279, 441, 473
D 126, 1: 144
D 126, 2: 144
D 127, 1: 93
D 127, 2-4: 28
D 127, 3: 99, 480, 494
D 127, 4: 36
D 128: 150
D 128 - D 129: 145
D 128, 2: 30, 35
D 128, 2-3: 34
D 128, 3: 30, 36
D 128, 4: 35, 36, 127
D 129, 1: 443
D 129, 4: 441, 442
D 130, 3: 39, 56
D 130, 3-4: 57
D 130, 4: 39, 56
D 131, 2: 329
D 131, 3: 494
D 131, 3-6: 92
D 131, 4: 395, 408
D 131, 5: 330
D 132, 1: 501
D 132, 2: 480
D 132, 3: 59, 92
D 133, 1: 280
D 133, 6: 113, 225, 252
D 134, 1: 286, 309
D 134, 2: 264
D 134, 3: 183, 485
D 134, 3-4: 398
D 134, 4: 93, 280, 442

D 134, 5: 254, 398, 416, 485
D 134, 6: 208
D 135: 187, 188
D 135, 3: 182, 187, 188, 505
D 135, 6: 46, 58, 189, 253, 263, 413
D 135, 9: 182
D 136, 2: 77, 226, 248, 371, 411, 451
D 136, 3: 39, 289, 428
D 137, 1: 159
D 138: 93
D 138, 1: 93, 97, 184, 429
D 138, 1-2: 457
D 138, 2: 93, 143, 253, 366, 430, 441
D 138, 2-3: 184
D 138, 3: 253
D 139: 398
D 139, 1: 409
D 139, 1-2: 87, 93
D 139, 3: 409
D 139, 4: 398, 416
D 139, 5: 287
D 140, 1: 256, 280, 298, 309, 416
D 140, 4: 39
D 141, 1: 376

MELITÓN DE SARDES

Fragmento 6: 318
Fragmento 8b: 391
Sobre la Pascua 3: 247
Sobre la Pascua 4: 247
Sobre la Pascua 7: 247
Sobre la Pascua 47-56: 162
Sobre la Pascua 66: 162
Sobre la Pascua 74-76: 376

METODIO DE OLIMPO

De resurrectione 2, 18, 9: 458, 486
Sympos. 8, 9: 263

ORÍGENES

Contra Celso, Prólogo, 2: 355
Contra Celso I, 51: 183

Contra Celso II, 20: 377
Contra Celso II, 31: 327, 390
Contra Celso V, 61: 134
Contra Celso VI, 27: 426
Contra Celso VI, 34: 224
In Matt. XI, 18: 313

PLATÓN

Timeo 28c, 3-5: 74, 90
Timeo 34b, 3: 393
Timeo 36b, 7-8: 393
Timeo 69b: 44

POLICARPO

Ad Phil. I, 2: 371

PORFIRIO

Porfirio, *Ad Marcellam.* 31, 294 N:
   160

PSEUDO – BERNABÉ

Epistola 1, 7: 228
Epístola 4, 6-8: 84
Epístola 6, 8-19: 458
Epístola 6, 9a: 164
Epístola 6, 14a: 463
Epístola 7, 6a. 9-10: 503
Epístola 7, 6b: 404
Epístola 7, 9a: 404
Epístola 11, 5: 188, 186
Epístola 12, 8: 291

PTOLOMEO

EPIFANIO, Panarion 33, 4, 2: 85
EPIFANIO, Panarion 33, 6, 2-4: 85

TACIANO

Or. 8-9: 377
Or. 9: 378
Or. 12: 47
Or. 18: 12, 311

TARGUM NEOPHYTI

Targum Neophyti 1, ad Gn 49, 10:
   102

TEÓFILO DE ANTIOQUÍA

Ad Autol. I, 5: 44
Ad Autol. I, 12: 44, 391
Ad Autol. II, 22: 33

TERTULIANO

Adv. Iudaeos XIV, 7: 462
Adv. Marc. II, 7, 1-3: 211
Adv. Marc. II, 10, 5-6: 211
Adv. Marc. II, 17, 2: 450
Adv. Marc. III, 6: 205
Adv. Marc. III, 7, 7: 506
Adv. Marc. III, 8, 4: 310
Adv. Marc. III, 13: 194
Adv. Marc. III, 17, 5: 282
Adv. Marc. III, 18, 1-2: 418
Adv. Marc. III, 18, 7: 408
Adv. Marc. IV, 10: 223
Adv. Marc. IV, 10, 3: 450
Adv. Marc. IV, 21, 11: 216
Adv. Marc. IV, 35, 11: 311
Adv. Marc. V, 3, 10-11: 404
Adv. Marc. V, 6, 7: 212
Adv. Marc. V, 9: 504
Adv. Marc. V, 9, 7: 131
Adv. Marc. V, 11, 2: 450
Adv. Marc. V, 17, 1-2: 219
Adv. Marc. V, 17, 15: 146
Ad. Nat. 1, 12, 4: 392
Adv. Prax. I, 1-2: 212
Adv. Val. V, 1: 10
Apol. XXII, 11: 311
De carne Christi XVII: 147
De monogamia V: 219
De resurrectione carnis XXVI, 11:
   466
De resurrectione mortuorum LI, 1-3:
   471

ÍNDICE DE AUTORES MODERNOS

Aeby: 28
Alcáin: 369
Aldama: 126, 128, 130, 149, 172, 176, 177, 212, 218
Allert: 24, 103, 302, 419, 471, 498, 503
Alonso Schökel: 328
Amand: 375
Andia: 69, 461, 465, 470
Andresen: 17, 18, 20, 28, 29, 31, 66, 88, 155, 157, 224, 394, 403
Archambault: 334, 362, 436, 442, 527
Aune: 426, 428
Ayán: 25, 49, 69, 73, 133, 153, 155, 159, 161, 162, 191, 214, 238, 256, 271, 278, 377, 392, 424, 427, 456, 470
Bacht: 49
Backhaus: 85, 101, 383
Bagatti: 9
Bammel: 232, 240
Barbel: 28
Barnard: 16, 29, 76, 164, 232, 325, 326, 489
Bastit: 273
Batlogg: 24
Bauer: 175, 180, 183, 195, 207, 223, 261, 263, 282
Baumeister: 74, 91

Baur: 12
Behr: 29
Bellinzoni: 56, 270, 343, 500
Bénoit: 232, 233
Benz: 72, 184
Bertram: 227
Bertrand: 232, 233, 244
Beskow: 232, 241, 472, 480
Bietenhard: 50
Bingham, D. J.: 406
Bobichon: 51
Bornert: 429
Bourgeois: 22, 67, 70, 113, 115, 363, 379
Bousset: 393
Braun, F.M.: 125, 370
Braun, H.: 232, 261
Braun, R.: 506
Brothers: 337
Brown: 459
Burini: 157
Campenhausen: 82, 87, 130, 288
Canal: 176
Cantalamessa: 149, 150, 151, 162, 391, 408, 480
Casel: 510
Chat: 506, 507, 509
Colish: 44, 45
Colpe: 113
Cosgrove: 471

Couratin: 425
Daniélou: 51, 163, 187, 189, 218, 224, 392, 444, 478
D'Anna: 26, 161, 302
Davies: 200
Deléani: 286
Derrett: 456, 481
Dinkler: 393, 403
Doignon: 224
Dölger: 391, 392
Dunn: 113
Dünzl: 232, 234
Durand: 129
Duval: 447, 450, 451
Edwards: 29, 76
Eldridge: 425
von Engelhardt: 12, 15
Feder: 10, 11, 12, 13, 14, 30, 32, 33, 113, 116, 117, 134, 155, 156, 164, 173, 414, 472
Fédou: 22, 23, 72, 74, 326, 327, 328, 334, 356, 393, 406, 415, 434
Fee: 113
Ferguson: 82
Festugière: 28, 51, 89, 509
Figura: 72
Finé: 367, 371, 373
Fitzmeyer: 419
Frede: 63
Frick: 464, 486, 488
Gargano: 524
Gianotto: 504
Girgenti: 64
González de Cardedal: 115, 325
Goodenough: 9, 14, 15, 16, 29, 232, 303
Granado: 191, 232, 234
Granados: 375
Grant: 304
Greenspah: 242
Grelot: 83
Grillmeier: 10, 11, 20, 115, 177
Guerra: 388
Habermann: 113, 115, 147, 148
Hahn: 115

Hamman: 9
Hanson: 507
Harl: 424
Harnack: 12, 13, 14, 15, 16, 17, 20, 22, 158, 283, 326, 384, 422, 434, 464, 515, 522, 523
Heid: 387, 395, 396, 403, 486
Heimgartner: 26, 161
Hengel: 21, 22, 68, 113, 114, 148, 386, 407
Henne: 30, 232, 233, 240, 253, 259, 261, 473
Hill: 486
Hofer: 287, 524
Hofrichter: 30
Holfelder: 25, 284, 387, 389
Holte: 65, 66, 67, 68, 76, 88, 113
Horner: 118
Houssiau: 47, 218, 220, 232, 233
Howton: 21, 174
Hyldahl: 12, 67, 88, 367, 524
Joly: 16
Jouassard: 172
Kessler: 326
Kittel: 29, 490
Kleinknecht: 29
Koch: 428, 429
Koltun-Fromm: 328, 365
Köppen: 276
Kretschmar: 471
Kuschel: 115, 142
Ladaria: 495
Larrañaga: 469
Laufen: 114, 115
Laurentin: 140, 490
Leclercq: 472, 481, 483
Lécuyer: 460, 461, 504
Levison: 242
Lilla: 67, 68
Loofs: 158
Lüdemann: 84
Lundberg: 186, 187, 188, 190
Malingrey: 284
Maneschg: 408
Manns: 82, 92, 119
Manzi: 383, 384, 385

Marcovich: 26, 123, 136, 237, 255, 263, 334, 362, 411, 415, 428, 442, 449, 459, 504, 530
Marin: 383, 389, 404
Maritano: 149
Martín: 11, 20, 42, 60, 70, 140, 151, 232, 234, 299, 360, 484, 490, 495
Mays: 328
Mees: 418
Ménard: 188
Mercati: 415
Merino: 448, 451, 500
Merlo: 330, 412, 413
Meyer: 66
Misiarczyk: 25, 28, 42, 102, 444, 553
Morgan: 245
Mortley: 50, 51
Mosetto: 313, 318
Müller: 172
Munier: 9, 24, 25, 26, 387, 388
Nielsen: 314
Noce: 51, 52, 92, 182
Normann: 66, 67, 70, 157, 283, 294, 326
Nussbaum: 160
Oeyen: 232
Orbe: 11, 19, 20, 33, 34, 36, 37, 39, 42, 43, 44, 45, 47, 49, 51, 54, 69, 71, 78, 85, 110, 116, 131, 134, 146, 149, 150, 154, 155, 162, 163, 172, 180, 191, 204, 207, 212, 213, 217, 219, 221, 224, 232, 234, 235, 249, 257, 263, 278, 288, 291, 297, 310, 312, 315, 317, 319, 337, 341, 350, 352, 359, 369, 372, 378, 391, 394, 397, 398, 424, 470, 480, 495, 511
Osborn: 10, 18, 19, 265
Otranto: 25, 31, 92, 123, 128, 130, 131, 135, 136, 138, 162, 186, 308, 404, 407, 442, 453, 454, 463, 491, 492, 493, 496

Otto: 30, 33, 43, 47, 53, 123, 131, 153, 173, 194, 202, 237, 253, 314, 334, 362, 411, 414, 427, 436, 438, 442, 456, 458, 459, 504, 531
Palmer: 51
Panimolle: 23, 232
Peretto: 248
Perler: 157, 247
Pfättisch: 66
Pfnür: 423, 430
Pilhofer: 88
Pohlenz: 29, 30, 45, 51, 64, 65, 159, 163, 208, 350, 374, 434
Pouderon: 9
Price: 29
Prigent: 84, 117, 136, 202, 211, 232, 408, 423, 493
Procksch: 41
Puech: 47
Pycke: 67, 69, 70, 77
Quispel: 84, 85
von Rad: 490
Rahner: 24, 188, 190, 393
Raurell: 490, 494
Reale: 63, 64
Reijners: 254, 407, 423, 425, 428, 429, 430
Remus: 318
Resch: 140
Ritschl: 12
Ritter: 31, 200
Rizzi: 24
Rodríguez Carmona: 84
Rokéah: 94, 187
Rousseau: 206
Rudolph: 25, 117, 118, 141, 232
Ruppert: 328
Rüther: 163
Sagnard: 25, 117, 118, 119
Schäfer: 242
Schimanowski: 114
Schlingensiepen: 312
Schlütz: 232, 233
Schmidt: 482
Schürmann: 447

Siker: 97, 98, 99
Simonetti: 152
Siniscalco: 398
Skarsaune: 21, 25, 29, 48, 68, 72,
   73, 75, 80, 84, 85, 104, 106, 107,
   113, 177, 180, 197, 205, 232,
   233, 237, 238, 258, 259, 260,
   261, 283, 285, 300, 333, 339,
   372, 404, 405, 410, 423, 425,
   428, 496, 524
Smelik: 368
Smulders: 17, 158, 326
Speigl: 141, 304
Spicq: 450
Stählin: 9
Steiner: 92, 276, 281
Stommel: 391, 393, 395
Stone: 425, 426
Story: 53, 264, 326, 388, 395, 419
Studer: 31
Stylianopoulos: 97, 101
Stys: 171, 172, 335
Thornton: 437

Trakatellis: 20, 21, 65, 70, 71, 73,
   76, 79, 132, 135, 156, 164, 174,
   209
Turner: 158
van Unnik: 403, 406, 410, 414
Uríbarri: 34
Vanhoye: 384, 508
Verbeke: 47
Verweyen: 387, 422
Viagulamuthu: 509
Vigne: 232, 251
Wallraff: 445
Wanke: 397
Wartelle: 26, 43, 155, 156, 159, 160,
   161, 208, 533
Waszink: 65, 66, 67, 68, 76
Watteville: 505
Widdicombe: 41, 51, 52, 124
Wiles: 51, 310
Wilken: 458
van Winden: 69, 367
Wolff: 129
Zani: 133, 480, 499, 503, 511

ÍNDICE GENERAL

INTRODUCCIÓN 9

1. EL CRISTO DE JUSTINO, SEGÚN SUS INTÉRPRETES..........................11
   Adolf von Harnack: Cristo, Logos y Nomos 12
   Alfred Feder: Jesucristo, Mesías e Hijo de Dios encarnado 13
   Goodenough: el Cristo creído y confesado hasta el martirio 14
   Carl Andresen: Cristo, Salvador en la historia.............................17
   Antonio Orbe: la unción del Verbo......................................19
   Perspectivas recientes 20

2. ITINERARIO DE LA EXPOSICIÓN 23

3. ACERCA DEL MÉTODO...24

CAPÍTULO I: PREEXISTENCIA DEL CRISTO 27

1. GENERACIÓN DIVINA DEL HIJO DE DIOS 28
   1.1. El Logos en la historia de la salvación...........................29
   1.2. La generación divina, fundamento de la misión del Logos.......31
   1.3. Engendrado de la voluntad del Padre............................34

2. LA UNCIÓN PRECÓSMICA: EL NOMBRE DE CRISTO 41
   2.1. Unción de profetas y reyes.......................................42
   2.2. Unción del mundo en la creación.................................43
   2.3. Κοσμεῖν en Justino...45
   2.4. Unción recibida por Cristo 47

3. LA DONACIÓN DEL NOMBRE...50
   3.1. El nombre no impuesto del Padre. 51
   3.2. El Hijo revela el nombre del Padre. Nombre y generación.......52

3.3.   El nombre y el cumplimiento de la voluntad del Padre 54
3.4.   Donación del nombre y donación del Espíritu. 57

4. CONCLUSIÓN 59

CAPÍTULO II: ACCIÓN DEL LOGOS ANTES DE LA ENCARNACIÓN 63

1. LA ACCIÓN DEL LOGOS EN TODO HOMBRE 63
1.1.   Doctrina sobre el Logos σπερματικός..........................64
La semilla del Logos y el Logos σπερματικός 65
Relación entre la semilla del Logos y el Logos σπερματικός.....66
1.2.   La semilla del Logos en la antropología de Justino 68
Participación del Logos por la creación.....................................68
La participación del Logos por el Espíritu.................................69
1.3.   La vida conforme al Logos prefigura la vida de Cristo............72
La lucha contra los demonios 73
Conducir al conocimiento del Padre 74
Cristo, plenitud de lo que intentaba Sócrates............................75
1.4.   La predicación cristiana y la semilla del Logos 76
La semilla de la predicación 76
Una semilla sembrada en todo hombre......................................78
1.5.   Conclusiones...81

2. CRISTO EN EL ANTIGUO TESTAMENTO 82
2.1.   El problema: valor de la Antigua Alianza...........................82
a) En Diálogo con los judíos...83
b) Ante la postura marcionita y gnóstica 84
c) Acción de Cristo en la historia del Pueblo según Justino 86
2.2.   Acción del Logos en los patriarcas y profetas 87
La experiencia profética, orientada a la Encarnación 91
2.3.   La Alianza con Abraham 92
2.4.   La Ley de Moisés..99
El Espíritu anima la Ley 100
El cumplimiento en Espíritu, fin último de la Ley....................103
La Ley nueva, plenitud de la antigua...107
2.5.   Conclusiones...110

CAPÍTULO III: LA ENCARNACIÓN...113

1. HIJO DE DIOS: EL NACIMIENTO NUEVO DE CRISTO (D 43-84)......116
1.1.   La Encarnación en la estructura del Diálogo (D 43-84)..........116
Tres pasos para acercarse a Is 7, 14 (D 43, 2 – D 63)....................120
Un paralelismo importante..122
1.2.   Generación divina y nacimiento humano (D 63; D 76) 125
Gn 49, 11b: lavará sus vestidos en la sangre de la uva 125
Similitud entre generación divina y Encarnación 126
Is 53, 8: su nacimiento, ¿quién lo explicará?....................................128

Sal 109, 3c: antes del lucero, del vientre, te engendré 130
Is 9, 6: Ángel del Gran Consejo...132
Engendrado de María como Hijo de Dios...................................134
1.3. Cristo, mediador de la gloria del Padre (D 63-65) 135
Una cita inesperada 136
El problema de la mediación...137
El salmo 18 y la Encarnación..138
La gloria del Padre en su pueblo, la Iglesia 139
El salmo 44 en nuestro contexto 140
Contexto vital de la reflexión de Justino....................................141
1.4. Primogénito del Padre y de María (D 84) 142
1.5. Conclusiones 147

2. HIJO DEL HOMBRE: LO COMÚN DE SU NACIMIENTO....................**149**

2.1. Encarnación y creación 149
Acción del Espíritu en la Encarnación..150
El Padre y la autoencarnación...152
2.2. Asumió la carne para salvarla 154
Valor salvífico de la asunción de la carne...................................157
Partícipe de nuestras pasiones...158
La curación de las pasiones, fin de la filosofía 160
Concepciones contemporáneas a Justino 162
Πάθος, propiedad de la carne..164
La pasión, ¿opuesta al Logos? 165
El intercambio 166
Conclusiones: valor salvífico de la Encarnación 167
2.3. Hijo de Abraham..168
Fe y alegría..175
2.4. Conclusiones 178

CAPÍTULO IV: INFANCIA Y VIDA OCULTA **179**

1. NACIMIENTO EN LA CUEVA DE BELÉN **179**

1.1. Belén, Judá, Jacob...179
1.2. En una cueva 183
El símbolo de la cueva 183
La cueva y el nacimiento de la voluntad del Padre......................184
La cueva y el nacimiento de la Iglesia 185
Encarnación y fabricación del Templo 190
Conclusión 192

2. LA LLAMADA DE LOS MAGOS **193**

Protagonismo de Dios Padre..195
Los verdaderos combatientes...196
La fuerza del Espíritu..198
La voz del Logos..200

Un marco más amplio 202
Conclusión 203

3. CRECIMIENTO DE JESÚS DURANTE LA VIDA OCULTA....................**204**

3.1.   Hasta alcanzar la madurez para acercarse al Bautismo..........205
3.2.   Según el común de todos los hombres 206
3.3.   El crecimiento de Jesús en el designio del Padre...................209
3.4.   Hacia el Bautismo del Jordán...220
3.5.   Valor simbólico de la vida de Cristo en Nazaret....................222
        Los símbolos de la justicia...223
        Enseñaba una vida fecunda 227
        El símbolo en la vida de Cristo 228

4. CONCLUSIÓN **229**

CAPÍTULO V: BAUTISMO Y VIDA PÚBLICA....................................**231**

1. EL BAUTISMO DE JESÚS **232**

1.1.   Jesús recibe el Espíritu (D 49-51).......................................235
        A Cristo oculto, Espíritu oculto 235
        De Juan Bautista a Jesús 239
1.2.   El Bautismo: entre la antigua y la nueva disposición.............242
        Novedad de la presencia del Espíritu....................................244
        Vida de Jesús y actuación del Espíritu..................................250
1.3.   El Bautismo, Cristo nace para los hombres (D 87-88)...........252
        El contexto anterior: nacimiento nuevo de los cristianos 252
        El Bautismo de Cristo a la luz del Bautismo cristiano.................256
1.4.   Visión sintética...267

2. TENTACIONES DE JESÚS **270**

2.1.   Análisis del relato de las tentaciones 270
        La tentación diabólica..271
        La respuesta de Jesús 272
        Huida del diablo derrotado...273
        Conclusión 275
2.2.   Significado de las tentaciones en la vida de Jesús 275
        El contexto de las tentaciones (D 123, 9 - D 129) 276
        La historia de las tentaciones (D 125, 3-5) 279

3. PREDICACIÓN DE JESÚS..**282**

3.1.   El contenido de la enseñanza de Cristo.................................284
3.2.   La enseñanza de Cristo y el testimonio profético 287
        Nadie conoce al Hijo, sino el Padre....................................289
        El testimonio del Padre 291
3.3.   La enseñanza de Cristo y la Encarnación..............................294

3.4.   Enseñanza en el Espíritu 297
        El Espíritu y el agua viva...298
        La fuerza de la predicación..299
3.5.   Conclusiones sobre el magisterio de Cristo. 303

4. MILAGROS DE JESÚS..**304**

4.1.   El arte mágica de los demonios.......................................305
4.2.   Milagros, profecías y creación (D 69, 4-7) 307
        El marco de D 69, 4-7..307
        Milagro y profecía 309
        Milagro y creación 310
4.3.   Síntesis: los milagros en el marco de la predicación.............315
        Postura gnóstica 315
        Respuesta de Justino 316
4.4.   La fuerza con que se realizan los milagros 318

5. CONCLUSIONES **320**

CAPÍTULO VI: LA PASIÓN DE JESÚS Y LA CRUZ............................**325**

1. PASIÓN DEL HIJO DE DIOS **327**

1.1.   La Pasión y la piedad con el Padre.................................329
        La piedad en la obra de Justino......................................329
        La piedad en el comentario al salmo 21 331
        Piedad y filiación divina 335
1.2.   Adversarios de Jesús en la Pasión..................................339
1.3.   La oración en el Huerto...342
        La oración más intensa...342
        El miedo de Jesús..344
        ¿No escuchó el Padre a su Hijo?.....................................346
        El Huerto, testimonio antidoceta....................................349
        Gethsemaní y las pasiones de Jesús 350
        Gethsemaní y la relación Padre - Hijo 351
        Gethsemaní y las tentaciones 352
        Síntesis 354
1.4.   Silencio de Jesús en su Pasión 355
        El silencio en el plan del Padre.......................................356
        Silencio como ausencia del Espíritu 358
        No por ser sabio, ni por ser fuerte...................................360
        Silencio de Jesús y paciencia del Padre 364
1.5.   Muerte de Cristo..365
        ¿Quién recita el salmo?...365
        La hora de la muerte 367
        Batalla del alma de Jesús 368
        Oración de Jesús al Padre 369
        Una justicia mayor 370
        La verdadera batalla de Jesús..372

1.6.   Acción del Padre en la Pasión 373
El problema del destino 374
Destino y voluntad del Padre 375
El designio del Padre y la piedad filial de Jesús 377
1.7.   Conclusiones 380
Excursus. La Pasión según Justino y la carta a los Hebreos 382

2. LA CRUZ 385
2.1.   La cruz, entre locura y sabiduría 386
La cruz: locura, misterio, sabiduría 387
El símbolo más grande de su fuerza 390
Forma de χ en el Universo 393
La cruz y el Templo de Jerusalén 395
La cruz a lo largo de la historia 396
Punto de partida: la cruz del Gólgota 398
Síntesis: Justino y la sabiduría de la cruz 400
2.2.   La cruz, entre maldición y bendición 402
Is 53: contado entre los "sin ley" 405
La cruz, salvación y condena 407
Cómo alcanzar la justicia 409
Cristo cargó con las maldiciones de todos (Ga 3, 13-14) 413
El Padre entrega a su Hijo 416
Justicia y verdad de Dios 418
Conclusión: la cruz, fin de la maldición, origen de bendición 421
2.3.   El árbol de la vida 423
El árbol de la vida y el Logos 424
El árbol al final de los tiempos 426
La cruz como símbolo 429
Conclusión 430

CAPÍTULO VII: DE LA RESURRECCIÓN A LA VENIDA GLORIOSA 433

1. RESURRECCIÓN 433
1.1.   Anunciaré tu nombre a mis hermanos (Sal 21, 23) 435
1.2.   Su nombre es Oriente (Zac 6, 12) 443
1.3.   El signo de Jonás 447
1.4.   Josué, tipo de Jesús 452
La entrada en la tierra 455
Tierra santa 458
El cambio de túnica 460
La santificación de la tierra: de la muerte a la resurrección 463
1.5.   Resurrección: visión sintética 467

2. LA ASCENSIÓN: EL REY DE LA GLORIA 469
2.1.   Entre la Resurrección y la Ascensión 469
2.2.   Ascensión: comienza el reinado de Cristo 471
Daniel 7, 9-28 474

Sal 109: siéntate a mi derecha..476
Sal 71: le adorarán todos los reyes.......................................478
Sal 23: Ascensión sin gloria...479
Sal 44: Un pueblo regio 481
Espíritu y reino...483
Reino eterno 485
2.3.   Ascensión: visión sintética..488
3. LA PARUSÍA GLORIOSA **489**
3.1.   La comunicación de la gloria 489
Nada se libra de su calor (Sal 18, 7) 491
Elías y la segunda unción..494
3.2.   La plenitud de la profecía..496
La forma escatológica de la profecía 497
La luz del juicio 499
Mirarán al que traspasaron (Zac 12, 10) 500
3.3.   La ofrenda definitiva..502
Sacrificios verdaderos y espirituales...................................504
Del Calvario a la segunda parusía.......................................506
Sacrificio y unión con Dios..508
3.4.   Segunda parusía: visión sintética 511
CONCLUSIÓN...**515**
Un proyecto de comunión...516
El Hijo y la voluntad del Padre 516
Logos y Cristo..517
Las edades de la historia 518
Los misterios, punto focal de la cristología 522
SIGLAS Y ABREVIATURAS..**527**
BIBLIOGRAFÍA...**535**
ÍNDICE BÍBLICO..**563**
ÍNDICE DE AUTORES ANTIGUOS..**573**
ÍNDICE DE AUTORES MODERNOS...**589**
ÍNDICE GENERAL **593**

STAMPA: Settembre 2005

presso la tipografia
"Giovanni Olivieri" di E. Montefoschi
ROMA • tip.olivieri@libero.it